La alimentación, la tercera medicina

DR. JEAN SEIGNALET

LA ALIMENTACIÓN, LA TERCERA MEDICINA

La dieta revolucionaria que ha curado a miles de personas

Traducción de
NUTEFGIA/MARGARITA RIBÓ COLL
Y JOSÉ MANUEL GARCÍA VERDUGO

integral

NOTA IMPORTANTE: en ocasiones las opiniones sostenidas en el sello Integral pueden diferir de las de la medicina oficialmente aceptada. La intención es facilitar información y presentar alternativas, hoy disponibles, que ayuden al lector a valorar y decidir responsablemente sobre su propia salud, y en caso de enfermedad, a establecer un diálogo con su médico o especialista. Este libro no pretende, en ningún caso, ser un sustituto de la consulta médica personal.

Aunque se considera que los consejos e informaciones son exactas y ciertas en el momento de su publicación, ni los autores ni el editor pueden aceptar ninguna responsabilidad legal por cualquier error u omisión que se haya podido producir.

Título original: *L'alimentation ou la troisième médicine*

Diagonal, 189 – 08018 Barcelona.
rbalibros.com

Primera edición en esta colección: febrero de 2016
Tercera edición: octubre de 2018

RBA INTEGRAL
REF: RPRA306
ISBN: 978-84-9118-041-8
DEPÓSITO LEGAL: B-30.094-2015

Impreso en España - *Printed in Spain*

El papel utilizado para la impresión de este libro es cien por cien libre de cloro y está calificado como **papel ecológico**.

ÍNDICE

Prólogo a la edición española 25
Prólogo a la primera edición 27

CAPÍTULO 1
Una cuestión científica: ¿Por qué? ¿Cómo?

A) Los motivos de la búsqueda 29
1. Mi convicción acerca de la extrema importancia de la nutrición 29
2. Los trabajos de Kousmine, Burger y Fradin 30
3. Los irritantes misterios de la medicina 31
4. Mi doble cultura médica y biológica 33

B) El curso de la búsqueda 33
1. Los primeros pasos. 33
2. Las investigaciones teóricas 34
3. Las aplicaciones prácticas 36

CAPÍTULO 2
Estructura del libro

A) Contenido de los capítulos 37
B) Comentarios 43

CAPÍTULO 3

El intestino delgado

A) Arquitectura del intestino delgado 44

1. Anatomía 44
2. Estructura 45

B) La mucosa del intestino delgado 46

1. Los enterocitos o células absorbentes 46
2. Las células mucosas 47
3. Las células de Paneth 48
4. Las células endocrinas 48
5. Las células M 48

C) Función del intestino delgado 48

1. Participa en la digestión de los alimentos 48
2. Asegura una absorción selectiva de las sustancias digeridas 49
3. Permite la progresión del quilo 49

D) La flora bacteriana del intestino delgado 49

E) Las defensas del intestino delgado 52

1. Defensas no inmunes 52
2. Defensas inmunes 52

F) La tolerancia oral 55

1. Necesidad de la tolerancia oral 55
2. Demostración de la tolerancia oral 55
3. Mecanismos de la tolerancia oral 56

G) La hiperpermeabilidad del intestino delgado 56

1. Aspecto fisiológico 56
2. Aspecto patológico 56
3. Métodos para medir la permeabilidad del intestino delgado 57
4. Causas de la hiperpermeabilidad 57
5. Consecuencias de la hiperpermeabilidad 59
6. Algunas palabras sobre el colon derecho 59

CAPÍTULO 4
Alimentación antigua y alimentación moderna

A) Cambios en la alimentación a lo largo de la historia . . . 60
1. La prehistoria 60
2. El periodo neolítico 61
3. La época moderna 62
4. Las seis diferencias principales 62
5. Alimentación y evolución 63
B) El problema de los cereales refinados. 64
1. Definición de cereales 64
2. Importancia de los cereales en la alimentación 65
3. De los cereales prehistóricos a los cereales modernos . 65
4. El trigo 68
5. El arroz 69
6. El maíz 69
7. Efectos nocivos de los cereales 70
C) El problema de la leche animal 71
1. Historia de la leche animal 71
2. La leche materna 72
3. Comparación entre la leche materna y la leche de vaca 72
4. Las leches maternizadas 78
5. Algunas reflexiones de sentido común 79
6. Los efectos nocivos de la leche de vaca 80
D) El problema de la cocción 81
1. Objetivos y métodos de coccion 81
2. Consecuencias visibles de la cocción 81
3. Consecuencias químicas de la cocción 82
4. Acciones de la cocción en las proteínas 83
5. Efectos nocivos de la cocción 84
6. Consecuencias prácticas 86
E) La preparación de los aceites 87
F) La contaminación alimentaria 89
1. Los aditivos alimentarios 90
2. Los productos administrados a los animales y a los vegetales 90
3. La contaminación del suelo 91
4. El recurso de los alimentos biológicos 92

G) Las carencias en vitaminas y minerales 94
H) Otros errores en el ámbito alimentario 95
1. La enfermedad de las vacas locas 95
2. Los excesos de la pesca en el mar 97
I) Conclusión 98

CAPÍTULO 5

Los principios del régimen alimenticio

A) El método Kousmine 99
1. Las bases. 99
2. Las reglas que seguir 100
3. Los resultados. 101
4. Comentarios. 101
B) El método Burger 102
1. Las bases. 102
2. Las reglas que seguir 103
3. Los resultados. 103
4. Comentarios sobre la teoría 104
5. Comentarios sobre la práctica 105
C) El método Fradin 106
1. Las ideas principales 106
2. Comentarios. 107
D) Las bases de mi régimen. 108
E) Análisis de los distintos alimentos 108
1. Los cereales 108
2. La leche animal 109
3. Las carnes 109
4. Los productos de charcutería 110
5. Los huevos 110
6. Los pescados 110
7. Otros productos del mar 111
8. Las verduras frescas 111
9. Las legumbres o leguminosas 111
10. Las *crudités* 111
11. Las frutas frescas 111
12. Los frutos secos o en conserva 111
13. Alimentos diversos 112

14. Los aceites 112
15. Los condimentos 112
16. Las bebidas 112

F) Otras recomendaciones dietéticas 113
1. Evitar al máximo los alimentos cocidos 113
2. ¿Es peligroso comer «crudo»? 115
3. Equilibrio entre alcalinos y ácidos 116
4. Otros consejos 117
5. Composición de las comidas 118
6. Cantidad de alimentos 118

G) Medidas complementarias del régimen 119
1. Suprimir el tabaco 119
2. Tener una actividad física suficiente 119
3. Evitar al máximo el impacto del estrés 119
4. Tomar fermentos lácticos 120
5. Tomar suplementos de vitaminas, magnesio y oligoelementos 120

H) Conclusión 121

CAPÍTULO 6
Nociones esenciales de genética

A) Los cromosomas 123
B) Los ácidos nucleicos 124
C) Los genes estructurales 126
D) Del gen a la proteína 129
E) Los genes reguladores 135
F) Progresos recientes en genética 135
G) Posibles modificaciones de los genes 136

CAPÍTULO 7
El medio ambiente

A) Lista de los principales factores medioambientales 138
1. Radiaciones 138
2. Agentes climáticos y físicos 139
3. Contaminantes del aire 140
4. Contaminantes del agua 141

5. Contaminantes del suelo 141
6. Tabaco 142
7. Alcohol 142
8. Medicamentos 142
9. Alérgenos 143
10. Parasitosis 145
11. Hongos 145
12. Bacterias 145
13. Virus 146
14. Alimentos 147
15. Estrés 147

B) Jerarquía de los factores medioambientales 148

CAPÍTULO 8

Nociones esenciales de inmunología

A) La respuesta inmunitaria 150

1. Definición de antígeno y respuesta inmunitaria 150
2. Células que presentan antígenos (CPA) 151
3. Células que responden a los antígenos 151
4. El reconocimiento del antígeno 153
5. La activación de las células y la cooperación celular . . 157
6. Mecanismos de acción 159
7. Supresión de la respuesta inmunitaria 161
8. Principales características de la respuesta inmunológica 162
9. Interacciones entre sistema inmunitario, sistema nervioso y sistema endocrino 163

B) La reacción inflamatoria 164

1. Definición 164
2. La reacción inflamatoria aguda 164
3. La reacción inflamatoria crónica 166
4. Inflamación e inmunidad 166
5. Los radicales libres 168

C) Tolerancia y autoinmunidad 172

1. La tolerancia 172
2. La autoinmunidad 173

D) El sistema HLA 177

1. Los genes HLA 177

2. Las moléculas HLA 179
3. Función de las moléculas HLA en la respuesta 181
taria 181
4. HLA y autoinmunidad 184

CAPÍTULO 9

La poliartritis reumatoidea

A) Aparición de la enfermedad 187
1. Circunstancias de la aparición 187
2. Sintomatología y diagnóstico 187
3. Las lesiones generadas por la PR 188
4. Mecanismo 189
5. Evolución 189
6. Tratamiento 189

B) Etapas del razonamiento 191
1. La PR es una enfermedad polifactorial 191
2. El primer gen de susceptibilidad es el HLA-DR 192
3. Un péptido desempeña un papel causal en la PR . . . 193
4. Podría tratarse de un péptido ajeno procedente del intestino 193
5. El primer factor de influencia del medio ambiente es la alimentación 194
6. El segundo factor del medio ambiente es una bacteria intestinal 197
7. La hiperpermeabilidad del intestino delgado en la PR y sus causas 200
8. El tercer factor del entorno es el estrés 201
9. El segundo gen de susceptibilidad está ligado al sexo femenino 201
10. El tercer gen de susceptibilidad podría controlar las enzimas o las mucinas intestinales 202

C) Una teoría sobre la patogenia de la PR 203
D) Variantes de la teoría patogénica 205
1. La hipótesis de la reacción cruzada 205
2. La hipótesis del superantígeno 205
3. La hipótesis de los compuestos bacterianos 207

E) Consecuencias prácticas de esta teoría 207
1. El peligro proviene del intestino 208
2. Los medicamentos clásicos están dirigidos a un estadio demasiado avanzado 208
3. Es lógico modificar la alimentación 208

F) La dietética y sus resultados 208
1. El régimen alimenticio 208
2. Los enfermos tratados con este método 210
3. Observación de los pacientes 210
4. Duración del régimen 211
5. Resultados en el reumatismo inflamatorio 211
6. Autenticidad de los resultados 212
7. Modos de acción del régimen 213
8. ¿Cómo se explican los fracasos? 213

G) Observación de los enfermos 214
1. Observación PR 26 214
2. Observación PR 15 215
3. Observación PR 91 217

H) Conclusión 219

CAPÍTULO 10

Espondilitis anquilosante

A) Presentación de la enfermedad 221
1. Circunstancias de su aparición 221
2. Sintomatología y diagnóstico 221
3. Evolución y tratamiento 222
4. El concepto de espondiloartropatías 222
5. Problemas que resolver 224

B) Etapas del razonamiento 224
1. La EA es una enfermedad polifactorial 224
2. El primer gen es el HLA-B27 224
3. Un péptido aparece como causante de la EA 225
4. El primer factor ambiental es una bacteria 225
5. El segundo factor ambiental es la alimentación moderna 226
6. A menudo en la EA se desarrolla hiperpermeabilidad y/o lesiones del intestino 227
7. El segundo gen está ligado al sexo masculino 227

8. El tercer gen gobierna la producción de enzimas y/o mucinas de los enterocitos 227

C) Una teoría sobre la patogenia de la EA 227
D) Discusión, variantes y consecuencias prácticas de la teoría . 228

1. Un punto discutible 228
2. Variantes de la teoría 230
3. Consecuencias prácticas de esta teoría 231

E) La dietética y sus resultados 231

1. El régimen alimenticio 231
2. Los enfermos tratados 231
3. Observación de los pacientes 232
4. Duración del régimen 232
5. Resultados 233
6. Autenticidad de los resultados 234
7. Modo de acción del régimen 234

F) Observaciones de los enfermos 234

1. Observación EA 3 234
2. Observación EA 16 236

G) Conclusión 238

CAPÍTULO 11
Otras enfermedades autoinmunes de carácter reumatológico

A) Reumatismos inflamatorios 239

1. El reumatismo psoriásico (RP) 239
2. La polimialgia reumática (PPR) 240
3. La artritis reumatoidea juvenil (ARJ) 241
4. El reumatismo palindrómico 249
5. Los reumatismos inflamatorios no clasificados 249

B) Síndrome de Gougerot-Sjögren 249

1. Presentación de la enfermedad 249
2. Una teoría sobre el mecanismo del GS 251
3. Resultados 251

C) Lupus eritematoso diseminado 252

1. Presentación de la enfermedad 252
2. Reflexiones sobre el mecanismo del LED 253
3. Los resultados 254

D) Esclerodermia 258
1. Presentación de la enfermedad 258
2. Reflexiones sobre el mecanismo de la SD 259
3. Los resultados 262

E) Otras conectivopatías 262

CAPÍTULO 12

Enfermedades autoinmunes tiroideas

A) Enfermedad de Basedow 266
1. Presentación de la enfermedad 266
2. Una hipótesis sobre la patogenia de la enfermedad de Basedow 268
3. Los resultados 272

B) Tiroiditis de Hashimoto 275
1. Presentación de la enfermedad 275
2. Hipótesis sobre la patogenia de Hashimoto 276
3. Los resultados 276

CAPÍTULO 13

Esclerosis múltiple

1. Presentación de la enfermedad 278
2. Una hipótesis sobre la patogenia de la EM 280
3. Regímenes alimenticios y EM 286
4. Resultados personales 287
5. Conclusión 292

CAPÍTULO 14

Otras enfermedades autoinmunes y heteroinmunes

A) Enfermedades en las que se ha aplicado la dieta 293
1. Enfermedad celíaca (EC) 293
2. Dermatitis herpetiforme (DH) 295
3. Miastenia 296
4. Pénfigo 297

5. Púrpura trombocitopénica idiopática (PTI) 298
6. Hepatitis crónica activa (HCA) 298
7. Cirrosis biliar primaria (CBP) 299
8. Uveítis anterior aguda (UAA) 303
9. Síndrome de Guillain-Barré 304
10. Vasculitis con ANCA 306
11. Neuropatías periféricas idiopáticas 307
12. Nefropatía por IgA 308
13. Enfermedad de La Peyronie 313

B) Enfermedades en las cuales la dietética debería probarse como tratamiento curativo 313
C) Enfermedades en las cuales la dietética debería probarse como tratamiento preventivo 314
D) Conclusión 322

CAPÍTULO 15
Nociones esenciales de química

A) Los materiales del organismo 324

1. El agua 324
2. Los minerales 324
3. Las vitaminas 325
4. Los glúcidos, azúcares o hidratos de carbono 325
5. Los lípidos o grasas 328
6. Las proteínas 331
7. Los nucleótidos 336

B) Catabolismo y anabolismo 337

1. El metabolismo energético 337
2. El metabolismo de síntesis 343

CAPÍTULO 16
Nociones esenciales de fisiología celular

A) Algunas definiciones 346
B) Estructura de las células humanas 346
C) Comunicación de las células con el medio exterior 351
D) Comunicaciones entre las células 352
E) La mitosis 356

F) La apoptosis 360
G) Órganos, tejidos, aparatos y sistemas 361

CAPÍTULO 17
Teoría del ensuciamiento

A) El funcionamiento de las células 366
B) Los residuos procedentes del intestino 367
C) El concepto de «ensuciamiento» 368
D) La evolución de las células «ensuciadas» 370
E) ¿Cómo prevenir o tratar el «ensuciamiento»? 372

CAPÍTULO 18
La patología del ensuciamiento en reumatología

A) Fibromialgia (FM) 374
B) Tendinitis 380
1. Tendinitis inflamatorias 380
2. Tendinitis mecánicas 380
3. Tendinitis por «ensuciamiento» 380
C) Artrosis 383
D) Osteoporosis 391
E) Gota 395
F) Otras enfermedades 398

CAPÍTULO 19
La patología del ensuciamiento en neuropsiquiatría

A) Cefaleas 399
B) Psicosis maniacodepresiva 403
C) Depresión nerviosa endógena 403
D) Esquizofrenia 409
E) Enfermedad de Alzheimer 412
F) Enfermedad de Parkinson 416
G) Distonía 420
H) Esclerosis lateral amiotrófica (ELA) 422

CAPÍTULO 20

Otras enfermedades de ensuciamiento no malignas

A) Diabetes de tipo 2 424
B) Otros trastornos metabólicos 441
1. Hipoglucemia 441
2. Hipercolesterolemia 442
3. Espasmofilia 443
4. Sobrepeso y obesidad 444
C) Arteriosclerosis 445
D) Hemopatías no malignas 454
E) Enfermedades diversas 456
F) Envejecimiento prematuro 456

CAPÍTULO 21

Cánceres y leucemias

A) Definición 460
B) Los genes del cáncer 460
1. Loa genes directamente responsables 460
2. Los genes que intervienen de forma indirecta 462
C) Anomalías genéticas que conducen a la transformación maligna de una célula 463
1. Análisis de las modificaciones genéticas 463
2. Consecuencias de las modificaciones genéticas 465
D) Cánceres hereditarios y cánceres adquiridos 465
1. Los cánceres hereditarios 465
2. Los cánceres adquiridos 466
E) Constitución de un cáncer 466
1. Formación de una célula maligna inicial 466
2. Formación del tumor maligno 467
3. Metástasis 467
F) Factores del medio ambiente y cánceres 469
1. Las radiaciones 469
2. Los productos químicos 470
3. Los virus 471
4. Las bacterias no intestinales 472

G) Tratamiento del cáncer 472
1. Terapéuticas clásicas 472
2. Los resultados 473
3. Comentarios 474
4. ¿Existen otras vías terapéuticas? 476

H) ¿Cómo el ensuciamiento puede causar cáncer? 476
1. ¿Cuáles son las sustancias que causan el ensuciamiento? 476
2. El ensuciamiento extracelular 476
3. El ensuciamiento intracelular 477
4. El ensuciamiento de las células inmunes 478

I) Alimentación y cáncer 479
1. Correlaciones entre ciertos alimentos y algunos cánceres 479
2. El ejemplo del cáncer de mama 480
3. Alimentos peligrosos y alimentos protectores 481

J) Régimen hipotóxico y prevención del cáncer 482
1. La lógica del régimen hipotóxico 482
2. Los resultados 484

K) Régimen hipotóxico y tratamiento del cáncer 486
1. ¿Qué se puede esperar del cambio nutricional? 486
2. Los resultados 487

L) Conclusión 492
1. Sobre el cáncer 492
2. Sobre el régimen 493

CAPÍTULO 22
La teoría de la eliminación

A) Existencia de una eliminación 494
B) Vías de eliminación 495
C) Mecanismos de eliminación 496
1. Moléculas accesibles a la acción de las enzimas 496
2. Moléculas inaccesibles a la acción de las enzimas . . . 496

D) La eliminación fisiológica y su valor terapéutico 497
E) La eliminación patológica 498
F) ¿Cómo prevenir o tratar la patología de eliminación? . . 499

CAPÍTULO 23
La patología de eliminación cólica

A) Colopatía funcional 501
B) Colitis microscópicas 504
C) Rectocolitis hemorrágica 506
D) Enfermedad de Crohn 509

CAPÍTULO 24
La patología de eliminación cutánea

A) Acné 521
B) Eccema 523
C) Urticaria 524
D) Psoriasis vulgar 526
E) Otras afecciones dermatológicas 530

CAPÍTULO 25
La patología de eliminación bronquial

A) Bronquitis crónica 531
B) Asma 534

CAPÍTULO 26
Otras patologías de eliminación

A) Enfermedades de las mucosas de la esfera ORL y de las conjuntivas 542
1. Infecciones de repetición 542
2. Alergias 543
3. Pólipos nasales 543
4. Aftas 543
B) Enfermedades que se caracterizan por la activación de algunas variedades de leucocitos 544

CAPÍTULO 27
Enfermedades de mecanismos complejos

A) Enfermedad de Behçet 549
B) SAPHO 560
C) Sarcoidosis 564
D) Sensibilidad bioquímica medioambiental (SBM) 565
E) Fatiga crónica 566

CAPÍTULO 28
Síntesis de la teoría y de los resultados

A) Concepción del conjunto de la teoría 570
B) Los resultados completos 572
1. Los éxitos 572
2. Los fracasos 577
3. Los casos intermedios 584
4. Los límites del método 584
5. Aplicación a los animales 585
6. Autenticidad de los resultados 585

CAPÍTULO 29
Práctica del régimen alimenticio

A) Seguimiento del régimen alimenticio 588
1. Proporción de sujetos que aplican las prescripciones . 588
2. Manera de seguir el régimen 589
3. Coste del régimen 589
4. Facilidad para seguir el régimen 590
5. Los plazos que respetar 590
6. Necesidad de un largo plazo 590
B) Otros problemas relacionados con el régimen 591
1. Los medicamentos 591
2. Las variaciones de peso 592
3. Las depuraciones 592
4. Las eventuales carencias 592
5. Las infecciones bacterianas y las parasitosis 593
C) Conclusión 594

CAPÍTULO 30
La micronutrición

A) Las reacciones enzimáticas 596
I. Los oligoelementos, catalizadores enzimáticos 596
1. Definición 596
2. La acción catalítica 597
3. Situación actual de los oligoelementos 599
4. Consecuencias de una subcarencia en oligoelementos 600
5. Una solución fisiológica: la oligoterapia bionutricional. 601
II. Las vitaminas del grupo B, cofactores enzimáticos . . 602
III. Pérdida de actividad enzimática y exceso de radicales libres. 602
1. Definición, estructuras alteradas 604
2. Acumulación de radicales libres 604
IV. Los ácidos grasos poliinsaturados: sustrato esencial . 606
1. Definición 606
2. Acciones fisiológicas de los ácidos grasos y de las prostaglandinas 607
3. Metabolismo de los ácidos grasos 608

B) Consecuencias clínicas 608
I. El terreno carencial en AGPI 610
II. El terreno hipoglucémico. 613
III. El terreno ácido 615
1. Definición. Presentación 615
2. Circunstancias de aparición de una acidosis tisular 616
3. Consecuencias de la acidosis tisular 617
4. Cómo identificar una acidosis 619
5. Enfoque bionutricional 619
IV. El terreno neurodistónico. 620
1. Micronutrientes y salud mental. 620
2. El estrés 621
3. Enfoque bionutricional 622
V. El terreno basocolítico 624
1. La microflora intestinal 624
2. Los probióticos y los prebióticos en el equilibrio intestinal 625
3. Enfoque bionutricional 628

VI. El terreno intoxicado 628
1. Definición. Presentación 628
2. Una fuente de intoxicación frecuente: los problemas dentales. 629
3. Enfoque bionutricional. 630
VII. El terreno oxidado-degenerativo 631

C) Conclusión 632

CAPÍTULO 31
Conclusión

A) Aspecto médico 634
B) Más allá de la medicina 637
1. Los principales errores 637
2. Los peligros que nos acechan 641
3. Las medidas que debemos tomar 643

C) Algunas palabras para terminar 647

Agradecimientos 649
Bibliografía 651

PRÓLOGO A LA EDICIÓN ESPAÑOLA

Fue en 1969 cuando conocí a Jean Seignalet en el Laboratorio de Inmunología del profesor Cazal en la Facultad de Medicina de Montpellier.

Siendo yo en aquel tiempo un joven interno en biología con ganas de aprender, me impresionó su gran erudición. Él era entonces pionero en la inmunología moderna y sobre todo en el sistema de histocompatibilidad HLA que se acababa de descubrir.

Durante más de 30 años, Jean Seignalet dirigió el Laboratorio HLA de Montpellier, contribuyendo al desarrollo y la mejora de los transplantes, sobre todo renales. Científico de alto nivel, publicó numerosos estudios y colaboró en más de 200 publicaciones científicas internacionales sobre la materia.

Nuestros diferentes caminos en la vida hicieron que perdiéramos un poco el contacto durante algunos años, pero conservamos nuestra amistad y respeto mutuos.

En 1988 nos volvimos a encontrar y compartimos una pasión común: la SALUD a través de la alimentación.

Nos convertimos en amigos fieles, manteniendo frecuentes encuentros en los cuales intercambiábamos nuestros avances, nuestras reflexiones, nuestras convicciones, así como nuestras dudas... que tanto han ayudado a enriquecer mis conocimientos.

Sus ideas, tan originales y sobre todo muy bien documentadas, con bibliografías intachables, han contribuido a mejorar el estado de salud de varios miles de pacientes que sufrían diferentes patologías, en particular autoinmunes, para las cuales la medicina alopática no disponía de soluciones de mejora satisfactorias.

Le encantaba decir: «*...nuestros conocimientos son complementarios, tú eres especialista en micronutrición, y yo en macronutrición...*".

En mi opinión, hace falta estudiar el conjunto, es decir estudiar en su globalidad la nutrición, incluyendo la macro y micronutrición.

Sus investigaciones en macronutrición, le llevaron a estudiar y comprender el problema causado por las macromoléculas mal digeridas.

Estas macromoléculas traspasan el intestino delgado, única barrera entre nuestra sangre, linfa y peligrosos agentes ambientales tales como bacterias y alimentos, que van a instalarse en numerosos lugares de nuestro organismo. Dichas macromoléculas van a contribuir a la aparición de diversas patologías, en función del lugar en el que se instalan, provocando así una reacción del organismo, que busca eliminarlas.

Ahí se resume toda su filosofía, su concepto, y todo su genio, demostrado de manera brillante a través de numerosos estudios científicos y biológicos.

Gran trabajador, Jean Seignalet ha sido un precursor adelantado a su época.

Su trabajo abrió un camino hoy en día utilizado por miles de médicos y terapeutas. Ha permitido una mejora en el tratamiento de los pacientes crónicos, cada día más numerosos, ya que estamos cada vez más debilitados por las diferentes carencias y contaminaciones generadas por nuestro modo de vida occidental.

Sólo faltaban algunas semanas para su jubilación en el Hospital, pero Jean Seignalet ya había decidido desde hacía tiempo abrir una consulta para poder seguir atendiendo a sus enfermos y sobre todo para poder seguir aprendiendo.

El doctor Jean Seignalet nos dejó el 13 de julio del 2003. Fue un gran humanista, y un gran científico, que marcará sin duda alguna nuestra época.

Estoy muy orgulloso de haber sido su amigo.

CLAUDE LAGARDE
Doctor en Farmacia.
Ex docente en la Facultad de Medicina de Montpellier.
Licenciado en Biología Médica.
Presidente y fundador de los Laboratorios NUTERGIA.

PRÓLOGO A LA PRIMERA EDICIÓN

Al escribir este libro, quería cumplir dos objetivos difíciles de ensamblar:

1) Presentar a los médicos y, de una forma más general, a las personas que tuvieran una cultura científica, una nueva teoría del mecanismo de ciertas enfermedades.
2) Interesar a los lectores, los que constituyen «el gran público».

Con seguridad, mi visión de la patología parecerá sorprendente a muchos de mis colegas. Era necesario, por lo tanto, analizar de forma detallada todas las etapas de mi razonamiento y respaldar mis hipótesis con sólidos argumentos científicos. Creo haber cumplido esos requisitos y haber logrado mi primer objetivo.

El principal peligro de esta opción era escribir una obra complicada, que no llegara a muchas personas. Ahora bien, tanto los enfermos como los individuos sanos deben poder comprender mis teorías, pues éstas desembocan en la práctica en un régimen alimenticio capaz de prevenir, mejorar o curar las afecciones graves.

Evidentemente, las cosas no son sencillas. De lo contrario, conoceríamos desde hace tiempo el mecanismo de la espondilitis anquilosante, la fibromialgia primaria, la psoriasis o los tumores malignos, y sabríamos tratarlos con eficacia.

La verdad es relativamente compleja. Incluso si pueden presentarse algunas rectificaciones, correcciones a mis proposiciones, o perfeccionarlas, estoy convencido de haberme acercado a esa verdad. Quedaba acercarla a quienes no son especialistas. Para ello, me he valido de varios medios:

- Explicar extensamente las bases de la química, la fisiología, la genética y la inmunología necesarias para la comprensión del resto de la obra.
- Recordar las principales características de las enfermedades: circunstancias de aparición, signos clínicos, resultados de los exámenes complementarios, evolución, etc.
- Emplear siempre que fuera posible el lenguaje coloquial en lugar de la jerga médica: fatiga en lugar de astenia, pérdida de apetito en lugar de anorexia, etc. Cuando un término científico es irreemplazable, se explica su significado.
- Acompañar el texto de numerosas figuras y tablas, pues un buen esquema es a veces más claro que un largo parlamento.

¿He tenido éxito con mi segundo objetivo? Espero que sí, aunque no estoy seguro. Los lectores juzgarán y tendré en cuenta sus opiniones si tuviera la ocasión de redactar una nueva versión de este libro.

DOCTOR JEAN SEIGNALET

Capítulo 1

UNA CUESTIÓN CIENTÍFICA: ¿POR QUÉ? ¿CÓMO?

Para llegar a la verdad, hace falta, una vez en la vida, desechar todas las opiniones adquiridas y reconstruir, desde el principio, todo el sistema de conocimientos.

RENÉ DESCARTES

Buscar la causa de las causas.

HIPÓCRATES

En 1988 empecé mis investigaciones sobre el mecanismo de ciertas enfermedades. La teoría que primero perfilé, y más adelante completé, me ha llevado a proponer, como tratamiento principal de esas afecciones, un simple régimen alimenticio. En numerosos casos de estados patológicos aparentemente diferentes entre sí, considerados misteriosos desde el punto de vista causal y difíciles o incurables desde el punto de vista terapéutico, se han obtenido claras mejorías o remisiones completas. Estos éxitos frecuentes, sin duda sorprendentes, son, sin embargo, lógicos y constituyen el resultado práctico de mi teoría.

A) LOS MOTIVOS DE LA BÚSQUEDA

En 1988 concurrieron varios elementos que me encaminaron hacia una nueva vía de investigación, bastante alejada de mis trabajos anteriores.

1. Mi convicción acerca de la extrema importancia de la nutrición

Esta convicción era ya la de Hipócrates, cuya obra contiene numerosos alegatos a favor de una alimentación sana y en la que llegó a decir: «Que tu alimento sea tu único medicamento». Su mensaje fue olvidado por la mayoría de sus sucesores y, en la actualidad, la dietética desempeña un papel terapéutico insuficiente:

- En primer lugar, porque sus indicaciones se limitan a un número restringido de situaciones.
- En segundo lugar, porque la dietética actual resulta relativamente simplista: reducción de sal en el caso de la hipertensión arterial y la insuficiencia cardiaca, reducción de proteínas en el de la insuficiencia renal crónica, reducción de glúcidos en el de la diabetes, reducción de

lípidos en el de la hipercolesterolemia y reducción de calorías en el de la obesidad.

• Finalmente, porque con estas medidas se pretende tratar los síntomas o, dicho de otro modo, las consecuencias de la enfermedad y no las causas. El caso de la enfermedad celíaca, que puede curarse con la supresión del agente causal, el gluten, es una de las excepciones.

Las concepciones actuales de la dietética se basan principalmente en el número de calorías que se consumen, el equilibrio entre glúcidos, lípidos y proteínas, y en un aporte suficiente de vitaminas y de calcio. Algunos precursores, como Menetrier (1958) y Kousmine (1980) señalaron la importancia de los oligoelementos.

Sabemos que los constituyentes de nuestro cuerpo se renuevan progresivamente en el curso de los años, y que las sustancias necesarias para esa renovación se obtienen de los alimentos, de los cuales, por otra parte, nuestras células extraen la energía indispensable para su funcionamiento. Sin embargo, debemos evitar que la alimentación genere excesivos desechos que puedan obstaculizar el desarrollo normal de nuestro metabolismo.

La visión cuantitativa de la nutrición debe sustituirse por una visión cualitativa. Si un vehículo está fabricado para funcionar con gasolina súper, a nadie se le ocurriría llenar el depósito de gasóleo. Puesto que la buena salud de nuestro organismo es más importante que la de nuestro automóvil, me parece primordial determinar cuáles son los alimentos que nos convienen y cuáles los que debemos evitar.

2. Los trabajos de Kousmine, Burger y Fradin

Desde tiempos inmemoriales, médicos y no médicos han preconizado numerosas variedades de regímenes alimenticios. Cada investigador atribuye grandes virtudes a la dietética que ha elaborado y afirma que ésta tiene efectos favorables en la salud de las personas. En un libro reciente, Joyeux (1994) ha revisado los principales regímenes propuestos en nuestra época. En la mayoría de los casos, los resultados adelantados por los autores son muy discutibles y las razones científicas aducidas para adoptar unas u otras prácticas nutricionales no parecen fundadas.

De esta cohorte de pseudoinvestigadores, que incluye iluminados y estafadores, se excluyen ciertos precursores:

• Edward Bach. Ha señalado el papel fundamental del intestino tanto en la buena como la mala salud, el peligro de los alimentos cocidos, y las relaciones entre algunas bacterias de la flora intestinal y las enfermedades crónicas.

- Paul Carton. Ha propuesto por primera vez la definición de los procesos de ensuciamiento y eliminación.
- En las últimas décadas, debemos citar principalmente a Kousmine, Burger y Fradin. Los tres han construido una teoría lógica. Los tres han obtenido éxitos rotundos.

Kousmine y Burger establecieron una relación entre dos hechos:

- El hombre moderno no come igual que antes.
- Ciertas enfermedades raras en tiempos antiguos son frecuentes hoy en día.

Por tanto, hay que volver a una alimentación ancestral para prevenir o curar estas afecciones. La diferencia entre las teorías de estos dos autores estriba en la fecha en la cual indican que se produjo el cambio de alimentación:

- Para Kousmine, fue a principios de la era industrial, es decir, en los primeros años del siglo XIX.
- Para Burger, tuvo lugar al comienzo del periodo neolítico, hace 5.000 años.

Los éxitos obtenidos por Kousmine han sido autentificados por un número importante de médicos. Los de Burger han sido verificados por algunos facultativos y por testigos fiables.

Fradin denuncia los peligros de la alimentación occidental, causantes de un aumento notable de las patologías denominadas degenerativas: arteriosclerosis, cánceres, afecciones autoinmunes y diabetes NID (no insulinodependiente), entre otras. Estableció un régimen hipotóxico con resultados muy beneficiosos en muchos casos para los pacientes.

A lo largo de este libro se revisa con más detalle los métodos de Kousmine, Burger y Fradin, y se incluyen notas complementarias a sus teorías. Por otra parte, la dietética propuesta en este manual tiene puntos comunes con las de estos tres autores, pero también algunas diferencias. Todos estos aspectos se describen más adelante.

3. Los irritantes misterios de la medicina

Durante muchos siglos, la medicina fue ignorante e ineficaz. Antes de 1940, los medicamentos verdaderamente útiles eran muy pocos: aspirina, heparina, insulina y digitalina. A partir de esa fecha, se hicieron numerosos descubrimientos. Desde entonces hasta nuestros días, los exámenes biológicos se han multiplicado; los trasplantes de órganos y de tejidos son habituales; el arsenal de medicamentos se ha potenciado considerablemente con los antibióticos, los corticoides, los inmunosupresores, los antiinflamatorios, etc.; la biología molecular localiza los genes y determina su estructura.

Las revistas especializadas, la prensa escrita y la televisión, se ocupan ampliamente de estos importantes progresos. Los comentarios son muy admirativos y, a menudo, demasiado optimistas. Trabajos preliminares, medicamentos aún por ensayar, se presentan como soluciones definitivas. Cuántas veces nos han anunciado la curación de todos los cánceres o la vacuna contra el sida, sin que las promesas fueran seguidas de hechos.

Empecé mis estudios de medicina en 1953, y he vivido esta epopeya científica, en particular en el campo de los trasplantes de órganos, del cual soy uno de los pioneros en Montpellier. Valoro con satisfacción los adelantos de la medicina, de la cirugía y de la biología, pero considero que nuestro conocimiento en esos campos es aún escaso con relación a todo cuanto queda por descubrir.

La patogenia (mecanismo de desarrollo) de numerosas enfermedades sigue siendo desconocida o muy mal conocida. Entre éstas, podemos citar el asma, la rinitis crónica, las alergias, los numerosos estados autoinmunes enumerados en la tabla VI, el acné, la psoriasis, las aftas de Behçet, la colitis, la enfermedad de Crohn, la rectocolitis hemorrágica, la nefropatía de la inmunoglobulina A, la fibromialgia primaria, la diabetes de tipo 2, la gota, la depresión nerviosa endógena, la esquizofrenia, la enfermedad de Alzheimer, la aplasia medular, las hemopatías malignas, los cánceres, etc.

Nuestro desconocimiento de los procesos que originan estas afecciones tiene repercusiones negativas en la práctica médica. No sabemos prevenirlas y, cuando se declaran, nuestra terapéutica es ineficaz, insuficiente o raramente eficaz. Lo ideal sería combatir las causas (tratamiento etiológico), pero sólo intentamos curar las consecuencias (tratamiento sintomático) con resultados inconstantes o limitados.

El desconocimiento de los procesos patogénicos conduce a una frustración muy irritante para el médico. Esta irritación crónica me llevó a plantearme la pregunta clave: «¿Cómo puede ser, con los importantes progresos realizados en numerosas ciencias, que seamos incapaces de solucionar el mecanismo de tantas enfermedades?». Y una respuesta probable era la siguiente: «La creciente complejidad de la medicina ha llevado a la mayor parte de clínicos e investigadores de alto nivel a una especialización cada vez mayor. Por tanto, conocen algunas facetas de un estado patológico, pero no todas. La visión parcial de las mismas les impide llegar a una concepción global del problema».

4. Mi doble cultura médica y biológica

Aunque es imposible ser omnisciente, mi cultura es relativamente amplia, ya que he trabajado en dos ámbitos diferentes: la medicina y la biología.

Tras nueve años de estudios de medicina, tanto especializada como general, realizados durante la carrera, los años de residencia y el servicio militar, he dedicado treinta años al estudio de la biología, consagrados esencialmente al sistema HLA. Este sistema, descubierto en 1965 por Dausset, y que engloba aspectos inmunológicos y genéticos, ha dado lugar, en razón de su gran importancia teórica y práctica, a numerosos trabajos en todo el mundo.

En el transcurso de la segunda parte de mi carrera, nunca abandoné la clínica, pues para mí conservaba al menos tres aspectos de interés:

- Los trasplantes de órganos y de tejidos, donde me encargaba de la selección inmunológica de los donantes y los receptores. Deseoso de comprender esta rama en su conjunto, fui responsable durante mucho tiempo de la consulta clínica de los receptores de riñón, antes y después del trasplante.
- Las enfermedades hematológicas, que han constituido a menudo el tema de mi docencia.
- Las enfermedades autoinmunes, ya que están íntimamente ligadas al sistema HLA.

Desde hace doce años, y aparte de seguir ejerciendo como inmunólogo, he reanudado mi actividad clínica, y consagro gran parte de mi tiempo de ocio a la medicina general.

Esta doble cultura, en otro tiempo factible, se ha vuelto hoy en día casi imposible de adquirir. En efecto, desde el principio de su especialización, los estudiantes deben elegir entre la clínica y la biología. Hoy se habla incluso de prohibir la prescripción y la receta de medicamentos a los biólogos. Creo que esta evolución es lamentable. La doble formación de la que me he beneficiado me ha proporcionado una base sólida a partir de la cual he podido desarrollar mis investigaciones actuales.

B) EL CURSO DE LA BÚSQUEDA

1. Los primeros pasos

Deseaba comprender el mecanismo de algunas enfermedades para satisfacer a un tiempo mi curiosidad intelectual y mejorar el tratamiento de los pacientes, y mi primer objetivo fue el estudio del reumatismo inflamatorio: la poliartritis reumatoidea. En esta elección influyeron varios motivos:

- La gran frecuencia de este reumatismo.
- La gravedad de las lesiones que causa: las articulaciones son minadas por un proceso destructivo muy doloroso y puede llegar a provocar deformaciones óseas incapacitadoras.
- La curación de la enfermedad no evoluciona con los medicamentos clásicos.
- La clara relación entre la poliartritis reumatoidea y los genes HLA.
- El hecho de que suelen transcurrir varios años entre los primeros dolores y la constitución de deformaciones articulares. Un tratamiento precoz, si es eficaz, puede hacer esperar una vuelta a la normalidad, lo cual no es el caso en otras afecciones, por ejemplo, la diabetes juvenil. Cuando se diagnostica es demasiado tarde, ya que el páncreas endocrino está prácticamente destruido.

Por todas las razones anteriores, elegí la poliartritis reumatoidea. A partir de mis conocimientos clínicos y biológicos, he podido elaborar con relativa rapidez una teoría sobre la patogenia de este reumatismo. Mi conclusión es que un régimen alimenticio, y más precisamente un régimen inspirado en el de Burger, debería ser un tratamiento efectivo. Los primeros ensayos en voluntarios han confirmado mi teoría.

Desde entonces, he continuado con mis investigaciones tanto en el aspecto teórico como en el práctico.

2. Las investigaciones teóricas

Me impuse la lectura durante varias horas a la semana de numerosos artículos médicos, facilitados por la excelente biblioteca del Centro Hospitalario de Montpellier. No me limité, como había hecho antes, a las publicaciones basadas en mi especialidad o sobre algunas cuestiones clínicas limitadas. Mis lecturas incluyeron:

- **La mayoría de los campos de la medicina**, principalmente reumatología, gastroenterología, endocrinología, neurología, psiquiatría, dermatología, oftalmología, neumología, oncología y, por supuesto, dietética.
- **Varios campos de la biología**, en especial inmunología, genética, antropología, bacteriología, biología molecular, biología del envejecimiento y fisiología, con una atención particular en el caso de esta última rama a la fisiología celular y al intestino delgado, doblemente interesante por su pared y su flora bacteriana.

Estas sesiones de bibliografía son comparables a la pesca. Puedes volver con las manos vacías o con algunas capturas pequeñas. Pero a veces se pesca un pez grande. Se trata de un artículo que refuerza, amplía o contradice una hipótesis. Recuerdo una publicación que demostraba que el interferón gamma puede fijarse a las células de la mucosa del intestino delgado y disminuir notablemente la resistencia eléctrica de la barrera intestinal. Ese día comprendí por qué las agresiones psicológicas suelen provocar pequeñas recaídas en los reumatismos inflamatorios. La relación se explicará más adelante.

El autor de la publicación se limitaba a la fisiología digestiva y no imaginaba que su descubrimiento podía tener importancia en los reumatismos inflamatorios. Por otra parte, sería sorprendente que un reumatólogo leyese ese artículo, a primera vista muy alejado de su especialidad. Así, un eslabón en la cadena de los acontecimientos que conduce a una poliartritis reumatoidea o a una espondilitis anquilosante puede pasar inadvertido, cuando en una visión más global se distinguiría con claridad.

Estas lecturas instructivas alternadas con periodos de reflexión me han permitido:

- Primero, consolidar y elaborar minuciosamente mi teoría sobre la poliartritis reumatoidea.
- En segundo lugar, ampliar la teoría con ciertas variantes de otros trastornos autoinmunes.
- Para concluir, formular otras dos hipótesis: la del ensuciamiento y la de la eliminación, que explican de forma lógica el mecanismo de numerosas afecciones.

Mi criterio siempre ha sido dar importancia a las preguntas fundamentales y escoger los caminos más cortos. Muchos investigadores desperdician esfuerzos enormes al centrarse en detalles, a menudo sin interés práctico, tanto a corto como a largo plazo. He intentado evitar ese escollo. Así, por ejemplo, atribuyo la diabetes de la madurez a una acumulación de suciedad en el páncreas y los músculos. Entre las numerosas enzimas que intervienen en los procesos de las células beta del páncreas y las células musculares, ignoro cuáles se bloquean por el ensuciamiento. El futuro aclarará este punto, interesante pero no esencial. Lo importante es que un régimen alimenticio bien hecho limpia los tejidos enfermos y normaliza la glucemia. Para mí, eso es lo principal.

3. Las aplicaciones prácticas

Siempre que, a mi entender, una enfermedad pueda beneficiarse de la dietética, he buscado voluntarios que quisieran probar mi método. Son numerosos los pacientes que sufren enfermedades que se han mostrado resistentes, en parte o totalmente, a los tratamientos ya aplicados.

Convoco a estas personas a una consulta inicial en la que confirmo el diagnóstico y establezco un balance clínico y biológico. Cuando el enfermo toma medicamentos, se dan dos casos:

- O bien se trata de medicación administrada desde hace tiempo sin que produzca efectos beneficiosos, en cuyo caso la suprimo.
- O bien se trata de medicamentos antiguos que tienen una eficacia parcial, o de medicamentos recientes que pueden ser eficaces, y los mantengo.

Desde esta primera entrevista, considero esencial exponer de manera detallada mi opinión sobre el mecanismo de la afección y que el paciente comprenda por qué un cambio nutricional puede transformar profundamente la situación. Un régimen alimenticio no debe ser adoptado como una religión. No pido al paciente una fe ciega, sino un esfuerzo intelectual con el fin de que pueda captar claramente los motivos de este nuevo tratamiento.

A pesar de estas precauciones, al cabo de unos días o de algunas semanas, el 50% de los pacientes abandona la dietética. El 50% restante persevera, debido a una voluntad más fuerte o bien a una mejor comprensión del mensaje.

Se realizan controles cada tres meses, durante el primer año. Cuando se comprueba un beneficio evidente, conviene que el paciente deje la medicación o el régimen para determinar cuál de los dos factores es la causa de la mejora. En ciertos casos, los dos elementos han aportado su contribución y vale la pena seguir empleándolos conjuntamente.

Al final del primer año, efectúo un nuevo balance clínico y biológico y lo comparo con el primero:

- En caso de fracaso, el régimen ancestral se suspende, aunque algunos voluntarios que han querido continuar hayan obtenido, a veces, un efecto favorable tardío.
- En caso de éxito, el paciente debe seguir el régimen ancestral durante toda la vida, si no quiere correr el riesgo de una recaída.

Capítulo 2

ESTRUCTURA DEL LIBRO

Existen excelentes métodos para ayudar a los enfermos, pero no se aplican.

Doctora CATHERINE KOUSMINE

Saber todo sobre una cosa es menos importante que saber poco sobre todo.

PASCAL

A) CONTENIDO DE LOS CAPÍTULOS

Este libro se compone de 31 capítulos:

Capítulo 3. El intestino delgado

El intestino delgado constituye para mí un primer elemento clave en el cuidado de la salud o en el nacimiento y mantenimiento de un estado patológico. La mucosa intestinal es la única barrera entre, por un lado, nuestra sangre y nuestra linfa y, por otro, peligrosos agentes ambientales: bacterias y alimentos. El estado de esa barrera depende en gran parte de dos factores: las células epiteliales de la mucosa y la flora bacteriana del intestino delgado.

Capítulo 4. Alimentación antigua y alimentación moderna

La nutrición actual es el segundo elemento clave del estado de salud, pues, en mi opinión, es la causa, de manera directa o indirecta, de numerosas afecciones. Si comparamos la alimentación tradicional con la moderna, comprobaremos que las principales diferencias se encuentran en el consumo de leche animal y de cereales, en la cocción, la preparación de los aceites, la contaminación y el contenido en vitaminas y minerales.

Capítulo 5. Los principios del régimen alimenticio

Después de mencionar los trabajos de Kousmine, Burger y Fradin, propongo un régimen alimenticio que explico con detalle en este capítulo. En esta exposición preciso los puntos comunes y las diferencias entre esta dietética y las de Kousmine, Burger y Fradin. Algunas medidas tienen por objeto completar el régimen de tipo ancestral: suplementos de minerales, oligoelementos, vitaminas, fermentos lácticos y una buena higiene.

Capítulo 6. Nociones esenciales de genética
En el origen de la mayoría de las enfermedades y, de forma sistemática, de las autoinmunes, hay un componente hereditario. Antes de abordar el estudio de la autoinmunidad, es necesario tener unas nociones básicas de genética. Esta rama de la biología ha progresado positivamente en el transcurso de los últimos años, gracias al aporte de la biología molecular. En este capítulo se tratan los principales conocimientos adquiridos en el ámbito de la genética.

Capítulo 7. El medio ambiente
En el caso de la mayoría de las enfermedades, no basta un terreno hereditario favorable para que se desarrollen, sino que se necesita, además, la intervención de ciertos factores externos que penetren en el organismo humano. Vamos a estudiar los quince principales factores ambientales susceptibles de causar efectos en nuestra salud. El valor o la jerarquía otorgada a esos elementos tiene una gran importancia en nuestra concepción de la medicina. Como veremos, mi jerarquía es diferente de la que suele proponerse.

Capítulo 8. Nociones esenciales de inmunología
Las enfermedades autoinmunes necesitan genes de susceptibilidad y factores ambientales para desarrollarse, pero también respuestas inmunitaria e inflamatoria dirigidas contra los propios constituyentes del organismo. Es esencial hacer hincapié en los conocimientos actuales en inmunología. Este capítulo es bastante arduo, debido a los grandes progresos recientes en este campo.

Capítulo 9. Poliartritis reumatoidea
En este capítulo propongo una teoría sobre la patogenia del reumatismo inflamatorio, clásicamente de origen autoinmune. Cada fase del razonamiento se explica de forma extensa. Esta teoría sostiene que el mejor tratamiento de la poliartritis reumatoidea es el retorno a una nutrición de tipo original. Se ha demostrado que este método consigue éxitos claros y duraderos en el 80% de los casos.

Capítulo 10. Espondilitis anquilosante
A diferencia de la mayoría de los autores, considero este reumatismo como un estado autoinmune. Se puede adaptar la teoría propuesta para la poliartritis reumatoidea, si se introducen algunos cambios: papel causal de bacterias diferentes (*Klebsiella* en lugar de *Proteus*), intervención de moléculas HLA diferentes (B27 de clase I en lugar de DR4 de clase II). El cambio nutricional es aún más eficaz que en el caso de la poliartritis reumatoidea.

Capítulo 11. Otras enfermedades autoinmunes de carácter reumatológico

En este capítulo se tratan la artritis psoriásica, la polimialgia reumática, la artritis reumatoidea juvenil, el síndrome de Gougerot-Sjögren, el lupus eritematoso sistémico, la esclerodermia, la dermatomiositis, la fascitis de Shulman, el reumatismo palindrómico y los reumatismos inflamatorios no determinados.

Capítulo 12. Enfermedades autoinmunes tiroideas

La enfermedad de Basedow, aunque se trate con algunos medicamentos antitiroideos modernos de síntesis, es peligrosa por sus complicaciones oculares. La tiroiditis de Hashimoto, muy propagada, sigue siendo una incógnita, y su tratamiento es únicamente paliativo. En este capítulo expongo mi teoría sobre el mecanismo de estas dos enfermedades, así como los resultados casi siempre positivos de la dietética.

Capítulo 13. Esclerosis múltiple

Este daño neurológico relativamente frecuente es inquietante por su evolución relativamente rápida. Se desconoce su causa y su tratamiento es muy limitado. Es interesante, pues, proponer una teoría explicativa de su desarrollo. El régimen ancestral es un explicación lógica de esta teoría. Los resultados suelen ser casi siempre positivos. El cambio nutricional consigue atenuar la esclerosis múltiple en la mayoría de los pacientes. Una intervención precoz, antes de la aparición de secuelas irreversibles, permite a menudo el retorno a un estado normal.

Capítulo 14. Otras enfermedades autoinmunes y heteroinmunes

Examinamos en este capítulo la enfermedad celíaca, la dermatitis herpetiforme, la enfermedad de La Peyronie, la nefropatía por IgA (enfermedad de Berger), la dermatomiositis, la miastenia, la púrpura trombocitopénica idiopática, la hepatitis crónica activa, la cirrosis biliar primaria, la uveítis anterior aguda, el síndrome de Guillain-Barré, las vasculitis con anticuerpos anticentrómero (ACA), las neuropatías periféricas idiopáticas, el pénfigo, la narcolepsia y la diabetes mellitus insulinodependiente.

Capítulo 15. Nociones esenciales de química

Ésta es una de las partes más indigestas del libro. No obstante, para comprender el mecanismo del ensuciamiento, debemos situarnos a una escala microscópica e incluso a veces molecular. Es importante conocer los principales constituyentes del organismo, en particular las proteínas y las enzimas, así como las principales reacciones metabólicas.

Capítulo 16. Nociones esenciales de fisiología celular
La suciedad se acumula en el medio extracelular pero también en el interior de las células. Es necesario comprender la estructura y el funcionamiento de las células y las vías de comunicación a través de las cuales están conectadas.

Capítulo 17. Teoría del ensuciamiento
En 1991, una reflexión sobre los residuos de origen intestinal a los que atribuyo la causa del desarrollo de numerosas afecciones, me llevó a distinguir entre los péptidos y las proteínas, que pueden generar un trastorno autoinmune, y otras sustancias, incapaces de provocar una respuesta inmunitaria y, sin embargo, nocivas cuando se depositan en los tejidos.

La acumulación progresiva de suciedad en el medio extracelular, las membranas plasmáticas y el medio intracelular, acaba por alterar el funcionamiento de algunas células. Este proceso me llevó a elaborar el concepto de una patología de ensuciamiento. Aplicando este concepto, clasifiqué, primero, numerosas enfermedades no malignas y, a partir de 1994, la mayoría de leucemias y cánceres.

Capítulo 18. La patología del ensuciamiento en reumatología
El ensuciamiento nos proporciona una explicación plausible para el mecanismo de varias afecciones reumatológicas, entre ellas la fibromialgia, algunas tendinitis, la artrosis, la osteoporosis espontánea, la gota, la condrocalcinosis articular y algunas poliartralgias de origen desconocido.

Capítulo 19. La patología del ensuciamiento en neuropsiquiatría
La neurología y la psiquiatría son dos campos en los que a menudo se puede atribuir a los depósitos de moléculas exógenas la distorsión del funcionamiento de ciertas células y su destrucción. En este capítulo se tratan las cefaleas (tanto las migrañas como las asociadas a la tensión), la depresión nerviosa endógena, la esquizofrenia, la enfermedad de Alzheimer, la enfermedad de Parkinson y la distonía. El régimen ancestral suele tener sobre estos trastornos efectos beneficiosos, preventivos o curativos, según el caso. Se estudia también el problema de la esclerosis lateral amiotrófica.

Capítulo 20. Otras enfermedades de ensuciamiento no malignas
A mi juicio, el ensuciamiento está implicado en afecciones tan variadas como la diabetes de tipo 2, la hipoglucemia, la hipercolesterolemia, la espasmofilia, el sobrepeso y la obesidad, la arteriosclerosis, la aplasia

medular, los problemas dispépticos, la litiasis vesical, las pancreatitis agudas y crónicas, las caries dentales, la amenaza de glaucoma y el envejecimiento prematuro.

Capítulo 21. Cánceres y leucemias

En la inmensa mayoría de los cánceres y leucemias intervienen factores ambientales. Estos factores se conocen en un tercio de los casos: tabaco, virus, radiaciones, etc. Atribuyo los dos tercios restantes a las macromoléculas bacterianas y alimentarias procedentes del intestino delgado. Encontraremos en este capítulo una explicación probable del mecanismo de desarrollo de los cánceres. Veremos cómo la forma de alimentarse es importante en la prevención y en el tratamiento de las afecciones malignas.

Capítulo 22. La teoría de la eliminación

En 1992 di otro paso adelante al pensar en cuál era el destino de los residuos. Me pareció evidente que el organismo debía buscar cómo liberarse de los desechos. Estas moléculas indestructibles para nuestras enzimas deben ser transportadas por los glóbulos blancos a través de los diversos emuntorios, lo que puede provocar una inflamación de esos emuntorios con consecuencias nefastas. Así surgió el concepto de una patología de eliminación, que me llevó a proponer nuevas indicaciones para el régimen hipotóxico, que obra con frecuencia maravillas en este tipo de situaciones.

Capítulo 23. La patología de eliminación cólica

La mucosa cólica es un importante emuntorio. Cuando un gran número de macromoléculas son expulsadas a través de la pared del intestino grueso, pueden causar afecciones diversas: colopatía funcional, colitis microscópica o la enfermedad de Crohn, si partimos de lo más benigno a lo más grave. Debemos subrayar los extraordinarios éxitos obtenidos con el cambio nutricional como tratamiento de la terrible enfermedad de Crohn.

Capítulo 24. La patología de eliminación cutánea

En algunos individuos, los residuos se eliminan preferentemente a través de la piel. La depuración puede realizarse a través de varias vías: secreción de las glándulas sebáceas, que se manifiesta en el acné; descamación de la epidermis, característica de la psoriasis, o inflamación con supuración, observada en el caso del eccema.

Capítulo 25. La patología de eliminación bronquial
En el caso de otras personas, las sustancias nocivas suelen ser excretadas a través de los bronquios. La inflamación crónica de la pared bronquial favorece las infecciones recurrentes y la contracción espasmódica de la musculatura. Así, se desarrolla, según el caso, la bronquitis crónica o el asma. Para el tratamiento del asma, sea alérgica o no, el régimen ancestral es una de las mejores recomendaciones.

Capítulo 26. Otras patologías de eliminación
Clasifico dentro de este cuadro las infecciones ORL repetitivas en los niños: la rinitis crónica, la sinusitis crónica, la rinitis alérgica, el edema de Quincke, las conjuntivitis alérgicas, las aftas, la histiocitosis de Langerhans, la mastocitosis y el síndrome de activación de los macrófagos.

Capítulo 27. Enfermedades de mecanismos complejos
En este capítulo se agrupan la enfermedad de Behçet, el síndrome SAPHO, la sarcoidosis, la sensibilidad bioquímica ambiental y la fatiga crónica. Se tratan su patogenia y la importancia del régimen hipotóxico.

Capítulo 28. Síntesis de la teoría y de los resultados
La concepción global de la teoría se representa en un único esquema. Al principio de la larga cadena de acontecimientos que conducen a las diversas enfermedades se sitúa la alimentación moderna. Por lo tanto, no es sorprendente que se obtengan a través de un régimen de tipo ancestral excelentes resultados para diversas patologías: autoinmunidad, ensuciamiento y eliminación. Hay también fracasos, cuyas causas se estudian en este capítulo.

Capítulo 29. Práctica del régimen alimenticio
La aplicación de la dietética implica numerosos problemas prácticos: obligaciones que asumir, gastos, plazo de acción contra las enfermedades, largo tiempo de tratamiento necesario, efectos diversos en el organismo, compatibilidad con otros tratamientos o riesgos eventuales. No hay ningún impedimento insuperable para seguir el tratamiento, pero es necesario que el enfermo participe activamente y no adopte una actitud pasiva.

Capítulo 30. La micronutrición
El método terapéutico que preconizo tiene como principal finalidad permitir a las enzimas del organismo humano funcionar en las mejores

condiciones. Un primer paso consiste en practicar un régimen alimenticio bien elegido: la macronutrición. Un segundo paso es aportar al paciente las vitaminas, minerales, ácidos grasos y otros elementos que son los colaboradores de las enzimas: la micronutrición, una rama que ha progresado espectacularmente en el curso de los últimos veinte años.

El doctor Claude Lagarde, farmacéutico y biólogo, es uno de los mejores especialistas mundiales en ese ámbito, y aceptó redactar este interesante capítulo.

Capítulo 31. Conclusión

Desde el punto de vista médico, se demuestra de manera evidente que es posible comprender el mecanismo de numerosas enfermedades consideradas como misteriosas, y mejorar o curar a la mayoría de las personas aquejadas de alguna enfermedad con un régimen alimenticio bien elegido. Sin embargo, la alimentación moderna no es más que otro error entre los numerosos cometidos por el hombre. Las profundas y aberrantes modificaciones de nuestro medio ambiente amenazan en un futuro próximo la salud de nuestros descendientes. En este capítulo se sugieren algunas medidas preventivas, que pueden parecer ciencia ficción, pero constituyen, en mi opinión, una solución eficaz a estos graves problemas.

B) COMENTARIOS

Este libro aporta dos tipos de información: los datos médicos y las nociones básicas necesarias para comprender el mecanismo de diversas enfermedades. Las nociones básicas se agrupan en los capítulos 3, 4, 5, 6, 7, 8, 15 y 16.

Las informaciones que se presentan en estos ocho capítulos pueden parecer, sin duda, para algunos especialistas, incompletas o simplificadas. Me he limitado de forma voluntaria a los hechos principales, que son los verdaderamente importantes, para comprender los problemas médicos que se examinan en otras partes del libro.

A la inversa, algunos profanos en la materia considerarán estos capítulos largos y a veces difíciles, pero, del mismo modo que una casa no se construye sin unos fundamentos sólidos, la construcción de una medicina que tiene la ambición de ser global no puede realizarse sin unos buenos conocimientos dentro de unos ámbitos aparentemente independientes, pero de hecho interrelacionados. Invito, por tanto, a los lectores que no sean médicos ni biólogos, es decir, a la mayoría, a hacer un esfuerzo para asimilar las nociones que creo necesarias para aclarar el mecanismo de algunas enfermedades y que son igualmente enriquecedoras desde el punto de vista cultural.

Capítulo 3

EL INTESTINO DELGADO

Se suele considerar el intestino impermeable a las macromoléculas.

Sin embargo, tenemos cada día más pruebas de que, incluso en una persona sana, las macromoléculas atraviesan la barrera intestinal, en cantidades insuficientes para tener importancia nutritiva, pero suficientes para desarrollar una actividad antigénica o biológica.

W. A. WALKER y K. J. ISSELBAKER

El intestino, expuesto a estimulaciones antigénicas múltiples, contiene del 70 al 80% de las células productoras de anticuerpos del organismo humano.

WALEED S.W. SHALABY

El intestino delgado merece un estudio detallado, ya que es, a mi parecer, un órgano clave. La mucosa del intestino delgado sirve de barrera entre el medio interior del organismo y los peligrosos factores del medio ambiente: bacterias y alimentos. En la mayoría de las personas, esa barrera desempeña mal su papel y permite que la atraviesen demasiadas macromoléculas. Algunas de estas sustancias son nocivas y su acumulación, junto con factores hereditarios favorables, produce numerosas enfermedades.

A) ARQUITECTURA DEL INTESTINO DELGADO

1. Anatomía

El intestino delgado es la parte del tracto digestivo comprendida entre el estómago y el colon o, de forma más precisa, entre el píloro y el esfínter ileocecal. Mide de 5 a 6 m y tiene tres partes (figura 1):

- El **duodeno,** que forma un cuadrado en el cual se sitúa la cabeza del páncreas.
- El **yeyuno,** que adopta una forma de asas dispuestas horizontalmente.
- El **íleon,** que está constituido por asas verticales.

Las vías biliares y pancreáticas vierten sus secreciones en el duodeno.

Figura 1. **EL INTESTINO DELGADO**

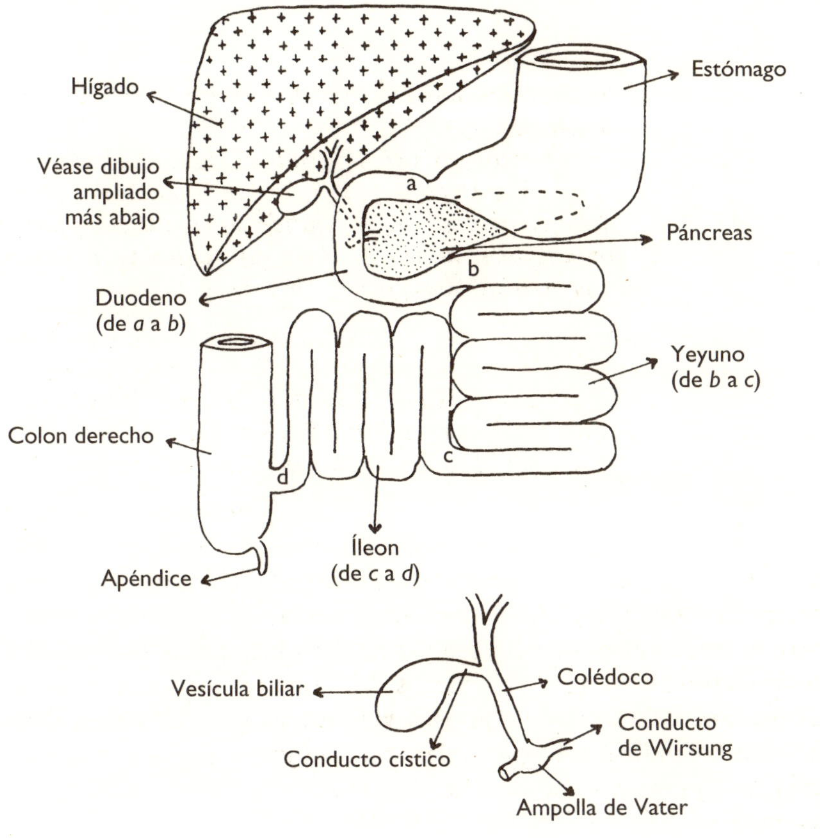

2. Estructura

La pared intestinal tiene varias capas que son, empezando por la luz intestinal: la mucosa, la muscular, la submucosa y la serosa (figura 2). Sólo describiremos la mucosa, que desempeña un papel fundamental en la elaboración de mis teorías.

La mucosa es un epitelio formado por una única capa de células que reposan sobre un corion conjuntivo llamado lámina propia. La mucosa presenta numerosas protuberancias, de 0,1 a 0,8 mm de altura, llamadas vellosidades, separadas por depresiones, denominadas criptas. Esta estructura aumenta considerablemente la superficie funcional del intestino, que supera los 100 m^2 (Minaire y col., 1990). Si tenemos en cuenta el borde en cepillo de los enterocitos, la superficie puede llegar a los 600 m^2.

Figura 2. **ESTRUCTURA DE LA PARED DEL INTESTINO DELGADO**

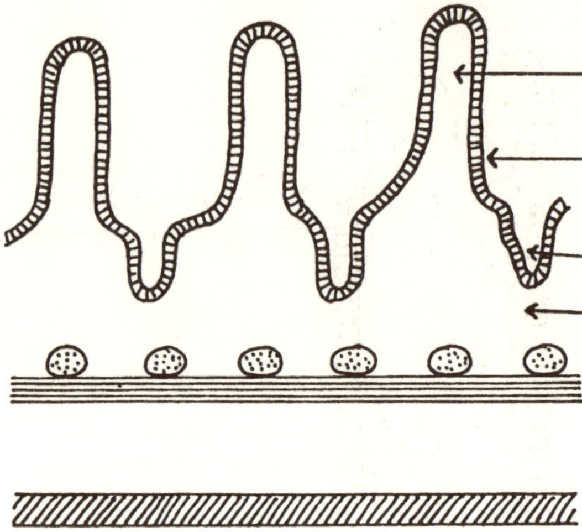

Cada vellosidad tiene una arteriola, una red capilar, una vénula y pequeños vasos linfáticos drenados por un vaso quilífero central (figura 3). También encontramos en la mucosa los folículos linfáticos y las placas de Peyer, de las cuales hablaremos más adelante al describir las defensas del intestino delgado.

B) LA MUCOSA DEL INTESTINO DELGADO

El epitelio está constituido por diversos tipos de células que provienen de una célula de origen pluripotente, situada en las criptas (Haffen y col., 1990). La renovación de las células de las vellosidades se lleva a cabo desde la base hasta la cima. Se distinguen cinco variedades de células:

1. Los enterocitos o células absorbentes

Con diferencia, son las células más numerosas, tienen forma alargada y estrecha, forman una pared (epitelio cilíndrico) interrumpida en algunas zonas por una célula mucosa, y a la altura de las placas de Peyer, por las células M. En el polo apical, los enterocitos tienen un borde en cepillo.

La duración media de vida de los enterocitos es corta: siete días en el caso de los del duodeno y el yeyuno, tres en los del íleon. Las agresiones de elementos intraintestinales acortan su vida, pero la renovación a partir de las células originarias es rápida.

Figura 3. **ESTRUCTURA DE UNA VELLOSIDAD Y DE DOS CRIPTAS**

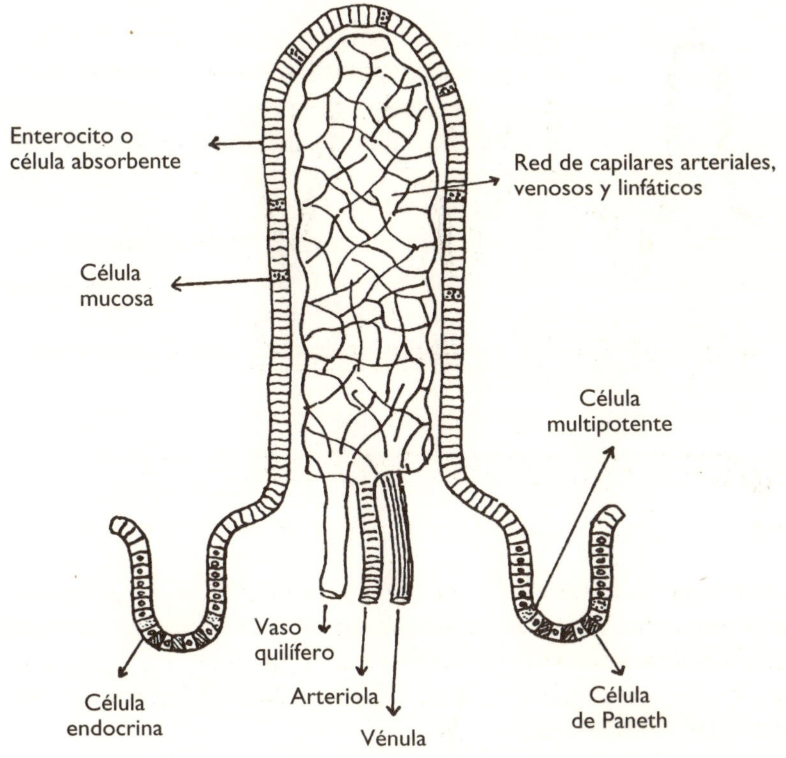

Los enterocitos están conectados entre sí por tres tipos de uniones (Minaire y col., 1990).

- Uniones estrechas.
- Uniones intermediarias.
- Desmosomas.

La barrera que forman los enlaces estrechos se manifiesta por la resistencia eléctrica transepitelial.

2. Las células mucosas

Estas células segregan los péptidos trifoliados y el moco.

Los péptidos trifoliados tienen una estructura particular, con tres puntos desulfurados tensos entre seis cisteínas, lo que les confiere un aspecto en hoja de trébol. Su estructura compacta les permite resistir a las enzimas proteolíticas. Probablemente desempeñan un papel importante en el mantenimiento de la integridad de la mucosa intestinal y en la cicatrización de las heridas (Sands y Podolsky, 1996), (Amiranoff, 1996).

Se producen tres litros de moco diariamente, de pH alcalino, cuya función es proteger la mucosa intestinal frente a diversos agresores, como los pH extremos de los jugos digestivos, las enzimas digestivas, las bacterias y los alimentos. El moco es una mezcla de mucinas. Las mucinas son glicoproteínas en las que los glúcidos (glicanos) son mucho más abundantes que los péptidos: el 85% frente al 15%.

Sin embargo, la fracción más interesante está constituida por los péptidos, ya que son extremadamente variados. Existen centenares de mucinas diferentes. Gum y col. (1989) demostraron que los genes de las mucinas están reagrupados en dos zonas, una situada en el cromosoma 11 y la otra en el cromosoma 7.

El notable polimorfismo de las mucinas tiene un significado biológico. Porchet y col. (1991) plantearon la hipótesis de que cada mucina estaba especializada en la neutralización de un agresor determinado.

3. Las células de Paneth

Están situadas en el fondo de las criptas. Estas células secretan las lisozimas y las defensinas (Ganz, 2000).

4. Las células endocrinas

Están localizadas principalmente en el fondo de las criptas. Segregan varios péptidos, los más importantes son: el GIP *(gastric inhibitory peptide)*, la secretina, la colecistokinina, el péptido YY, el GLP-1 *(glucagon like peptide 1)* y el enteroglucagón.

5. Las células M

Representan entre el 5 y el 10% del total. Las estudiaremos junto con las defensas inmunitarias del intestino delgado.

C) FUNCIÓN DEL INTESTINO DELGADO

Aparte de su función en las reacciones de inmunidad y de tolerancia, que examinaremos más adelante, el intestino delgado desempeña tres funciones:

1. Participa en la digestión de los alimentos

La digestión consiste en la degradación de grandes moléculas complejas en pequeñas moléculas simples. En una situación ideal:

- Los polisacáridos son degradados en azúcares simples.
- Los lípidos son degradados en cuerpos grasos simples.
- Las proteínas son degradadas en aminoácidos.

La digestión se realiza gracias a las enzimas glicolíticas, lipolíticas y proteolíticas presentes en las diversas secreciones que se vierten en el tubo digestivo: saliva, jugo gástrico, bilis y, principalmente, jugo pancreático y jugo intestinal.

La digestión se efectúa en el duodeno y termina en el yeyuno y el íleon.

2. Asegura una absorción selectiva de las sustancias digeridas

Esta absorción se efectúa en las vellosidades, mientras que, de forma inversa, en las criptas se produce una secreción. Los productos de la digestión pueden atravesar la barrera intestinal por dos vías (Minaire y col., 1990):

a) Entre los enterocitos, es decir, en forma de un transporte pasivo cuyo obstáculo principal son las uniones estrechas;

b) A través de los enterocitos, atravesando primero la membrana apical y después la membrana basolateral. Se trata de un transporte activo con pinocitosis o endocitosis por parte del receptor, que obtiene la energía del adenosintrifosfato (ATP).

La absorción de las diversas sustancias está regulada. Así, la absorción de hierro, por ejemplo, debe ser suficiente, pero no demasiado elevada, pues se correría el riesgo de contraer una grave enfermedad: la hemocromatosis.

Los productos de la digestión de los glúcidos y de las proteínas, así como de los triglicéridos de cadena media, se drenan a través de la sangre. Estos últimos pasan, por tanto, por el hígado. Los productos de la digestión de los lípidos se drenan a través de la linfa.

3. Permite la progresión del quilo

Las sustancias que se digieren en la luz intestinal constituyen el quilo. El quilo avanza en el interior del intestino delgado y pasa al colon. Este tránsito es provocado por las contracciones de los músculos lisos de la pared del intestino delgado, que producen un movimiento peristáltico que hace progresar la ración alimenticia.

D) LA FLORA BACTERIANA DEL INTESTINO DELGADO

El tracto digestivo del hombre contiene alrededor de 10^{14} bacterias, lo que equivale más o menos a diez veces el número total de células del organismo (Cerf, 1991). Desde el nacimiento, las bacterias aportadas por el aire y por los alimentos invaden el tubo digestivo.

La flora varía en cantidad según las zonas:

- Tiene una abundancia media en la boca.
- Es más escasa en el estómago, ya que la acidez gástrica destruye el 99% de los gérmenes.
- Es más numerosa en el intestino delgado superior, donde se estima el número de bacterias por mililitro entre 10^3 y 10^6, según los autores.
- Es más abundante aún en el intestino delgado inferior.
- Es extremadamente abundante en el colon, hasta el punto de que las bacterias representan más del 50% del peso de las heces.

La composición de la flora varía según el nivel del intestino. Los microorganismos aerobios, presentes en la parte superior del tubo digestivo, son progresivamente sustituidos por microorganismos anaerobios, que constituyen el 99% del total de la flora en el colon. En el intestino delgado se da una confluencia de las dos variedades de flora:

- En el duodeno y el yeyuno encontramos principalmente bacterias aerobias, en particular colibacilos, enterococos, estreptococos, estafilococos, *Pseudomonas*, *Enterobacter*, *Citrobacter* y *Klebsiella* (Cerf, 1991). No hay bacterias anaerobias estrictas y pocos lactobacilos.
- En el íleon, por el contrario, predominan las anaerobias.

En total, alrededor de 500 especies bacterianas cohabitan en el intestino delgado (Floch y Moussa, 1998). Se distingue una flora de paso, incapaz de desarrollarse, y una flora residente, capaz de multiplicarse y de implantarse. Esta última se encuentra sobre todo en el intestino delgado terminal y principalmente en el colon.

En la composición de esta flora intestinal influyen varios factores:

1) La acidez gástrica: en caso de aclorhidria o de hipoclorhidria, el número de bacterias se multiplica por 10.000 en el intestino delgado superior, aumentan los lactobacilos y aparecen bacterias anaerobias.

2) El peristaltismo, principalmente activo en el intestino delgado superior, tiende a empujar los gérmenes hacia el extremo inferior del tubo digestivo.

3) Las interacciones entre bacterias: algunas especies inhiben o facilitan el desarrollo de otras especies (Ducluzeau, 1993).

4) La alimentación: está demostrado que un régimen rico en carne favorece el desarrollo de una flora de «putrefacción», mientras que un

régimen vegetariano induce la proliferación de una flora de «fermentación». Veremos más adelante que la dietética que preconizo modifica la flora intestinal.

5) Los anticuerpos secretados por los plasmocitos de la pared intestinal. Los más importantes son los IgA secretores que inhiben la proliferación microbiana e impiden la adherencia de bacterias al epitelio de la mucosa.

6) La mucosidad, que obstaculiza la acción de algunas bacterias y que, a la inversa, protege a otras contra los efectos destructores del ácido clorhídrico, de los anticuerpos y de las enzimas digestivas.

7) La capacidad de algunas bacterias de adherirse a los receptores específicos de las células epiteliales, lo que puede alterar la morfología y las funciones de las vellosidades.

Es curioso comprobar que pocos investigadores se han interesado por esta inmensa población bacteriana que habita en nuestro intestino. Asimismo, nuestros conocimientos son limitados sobre este tema. Se distinguen de forma habitual dos estados:

- Un estado fisiológico en el cual la flora es saprofita, ocupa la luz intestinal y es beneficiosa. Se establece una simbiosis entre los gérmenes y el huésped humano. Las bacterias se alimentan de nutrientes, es decir, de los productos que resultan de la digestión de los alimentos. Viven a expensas de su huésped, pero ejercen acciones beneficiosas: completan la digestión de algunos alimentos, degradan los pigmentos biliares, participan en la fabricación de la vitamina K, frenan el desarrollo de las levaduras y los hongos (Besson, 1994b) y liberan poliaminas que, en dosis fisiológicas, son nutritivas para los enterocitos (Loser y col., 1999).
- Un estado patológico en el cual la flora se vuelve patógena: una bacteria peligrosa prolifera en exceso y provoca una enfermedad, ya sea al liberar una toxina (colibacilos, estafilococos), o bien al dañar, incluso atravesar, el epitelio de la mucosa *(Shigella, Salmonella)* (Cerf, 1993).

En mi opinión, las bacterias intestinales, y más concretamente las aerobias del intestino delgado superior, son las responsables de muchas otras enfermedades. Podemos implicar a *Klebsiella* en el desarrollo de la espondilitis anquilosante, a *Proteus mirabilis* en la poliartritis reumatoidea, a *Yersinia enterocolitica* en la hipertiroiditis de Basedow, etc.

La mayoría de las bacterias que se encuentran en el intestino delgado están muertas, lo que facilita su descomposición en péptidos, lipopolisacáridos y otras sustancias más o menos peligrosas.

Sería muy útil que se efectuasen investigaciones más exhaustivas sobre las relaciones entre bacterias intestinales y patología. Dichas investigaciones podrían inspirarse en trabajos (Megraud, 1993) que han demostrado claramente que *Helicobacter pylori*, una bacteria de la mucosa gástrica, es el mayor agente causal de la úlcera gastroduodenal y de algunos cánceres gástricos.

E) LAS DEFENSAS DEL INTESTINO DELGADO

La mucosa del intestino delgado es un inmenso filtro cuya superficie funcional llega a ocupar 100 m^2, incluso 600 m^2 si se consideran los bordes en cepillo, cuyo espesor es muy reducido (0,025 mm), ya que los enterocitos están dispuestos en una sola capa. Sin embargo, este epitelio delgado es la única barrera que separa nuestro medio interior de ciertos agentes nocivos del medio ambiente: parásitos, bacterias, virus y alimentos digeridos de forma incompleta. La mucosa del intestino delgado está protegida por dos sistemas de defensas: no inmunes e inmunes.

1. Defensas no inmunes

Intervienen en primera línea y comprenden (Sarker y Gyr, 1992):

- El jugo gástrico, que, por su acidez, tiene propiedades bactericidas.
- El jugo pancreático y la bilis, que fraccionan las macromoléculas alimentarias y forman una corriente líquida que arrastra numerosos gérmenes.
- La motricidad del intestino producida por el peristaltismo.
- La rápida renovación de las células epiteliales de la mucosa.
- La flora intestinal, ya que los gérmenes saprofitos impiden la multiplicación de los gérmenes patógenos.
- Las secreciones intestinales de las criptas.
- La mucosidad de los péptidos trifoliados y numerosas variedades de mucinas, cada una de las cuales puede estar especializada en la neutralización de un agresor (Porchet y col., 1991).
- La lisozima, una enzima que elimina muchas bacterias de las paredes (Ganz, 2000).
- Las defensinas, que son péptidos antimicrobianos que se sintetizan a un ritmo mucho más rápido que la velocidad de multiplicación de las bacterias (Nicolas y col., 1992).

2. Defensas inmunes

Actualmente se conocen bastante bien (Cerf-Bensussan y col., 1991) y se apoyan en dos tipos de estructuras:

a) *Células diseminadas en la mucosa*

1) Los linfocitos B y los plasmocitos segregan mucha más IgA que IgM e IgG. La situación es muy diferente de la de la sangre, en la que las proporciones son inversas: hay más cantidad de IgG, menor de IgM y mucha menos de IgA. Por otra parte, las IgA sanguíneas son monómeras, mientras que las IgA intestinales son dímeras: las dos unidades están unidas por la cadena J y por la pieza secretora (figura 4).

2) Los linfocitos T, de dos clases: auxiliares de tipo CD4 y citotóxicos de tipo CD8.

3) Los macrófagos son numerosos, mientras que los mastocitos, los neutrófilos polinucleares y los eosinófilos polinucleares son raros.

b) *Los folículos linfáticos o placas de Peyer*

Son formaciones complejas recubiertas por un epitelio de superficie especializada. Este epitelio, que carece de vellosidades, contiene unas células particulares, las células M, que se intercalan entre los enterocitos (Owen, 1994) (figura 5).

Las células M son muy pobres en lisosomas, están desprovistas del borde en cepillo, emiten largos pseudópodos y no sintetizan IgA.

Estas cuatro propiedades, junto a la ausencia de células mucosas en las placas de Peyer, explican por qué la mayoría de los antígenos que proceden de la luz intestinal penetran en las células M antes que en los enterocitos.

Figura 4. **ESTRUCTURA DE UNA IgA SECRETORA**

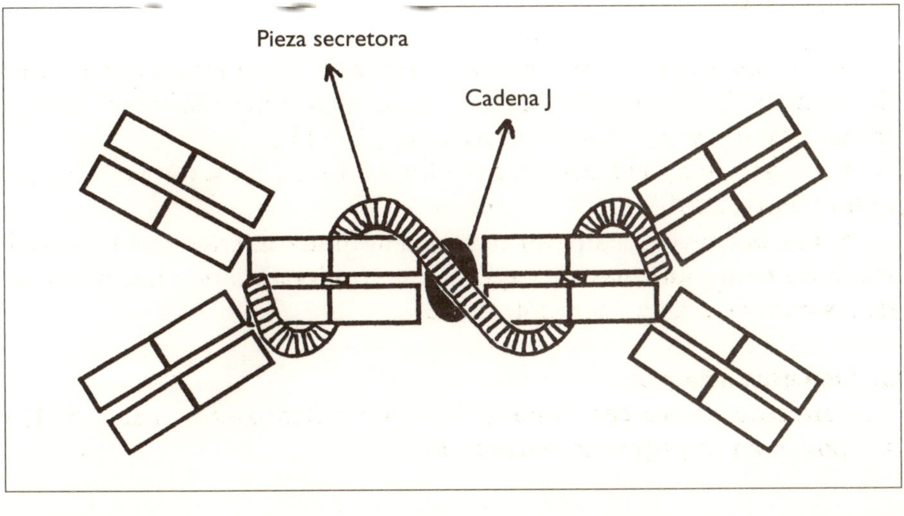

Figura 5. **LA CÉLULA M**

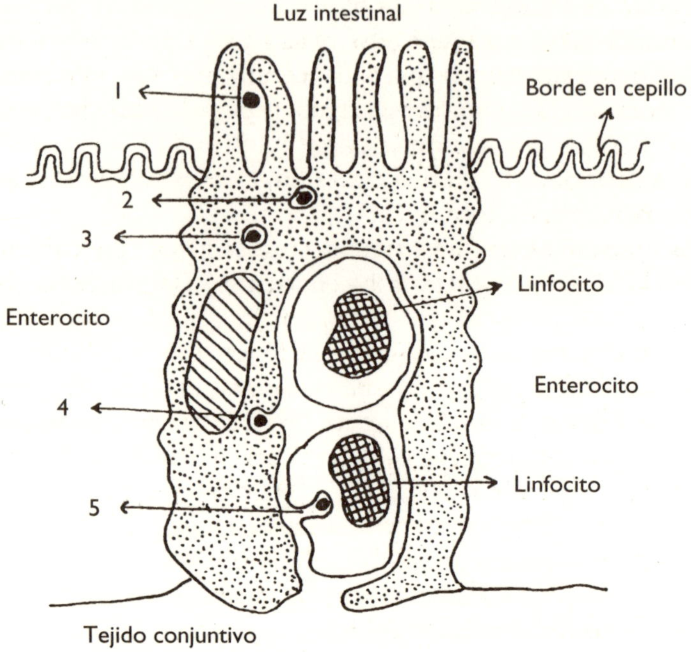

La célula M se ha representado con el citoplasma punteado y el núcleo rayado. Hemos de señalar que:

- Se encuentra entre dos enterocitos que tienen un borde en cepillo.
- Tiene una fuerte actividad de endocitosis, favorecida por largos pseudópodos.
- Está en contacto con dos linfocitos (representados con un núcleo cuadriculado) y envía informaciones antigénicas a estos linfocitos.

I = Captación del antígeno.
2 = Endocitosis del antígeno.
3 = Progreso del antígeno hacia el interior de la célula.
4 = Exocitosis del antígeno.
5 = Información del linfocito intraepitelial.

El citoplasma de las células M forma unos repliegues donde se alojan los linfocitos T y B, los plasmocitos y los macrófagos. Es importante señalar que la membrana basal es discontinua en los lugares ocupados por las células M, lo que facilita todavía más este alojamiento. Las células captan los antígenos procedentes del medio y los presentan a los linfocitos, por lo que se las denomina CPA (células presentadoras de antígenos).

F) LA TOLERANCIA ORAL

1. Necesidad de la tolerancia oral

La mucosa del intestino delgado constituye una barrera protectora contra los heteroantígenos, pero no es una barrera perfecta. En una persona normal, las macromoléculas (lipopolisacáridos, péptidos y también proteínas) atraviesan la pared intestinal (Tome, 1990). Lo hacen en una proporción relativamente baja, pero suficiente para desencadenar una respuesta inmunitaria.

En los niños se observan a menudo respuestas de ese carácter, que se reflejan en la intolerancia a la leche de vaca o en la presencia sistemática de anticuerpos contra la albúmina bovina en caso de diabetes juvenil reciente (Karjalainen y col., 1992). Estos fenómenos se pueden atribuir a una permeabilidad excesiva del intestino inmaduro, si bien algunos heteroantígenos llegan directamente a través de la circulación sanguínea.

En un adulto con buena salud no ocurre lo mismo, y es raro detectar anticuerpos contra las bacterias intestinales o las proteínas alimenticias, u observar accidentes de alergia digestiva. Por tanto, se puede suponer que el intestino delgado induce una respuesta de tolerancia respecto a los heteroantígenos con los cuales entra en contacto. Ese proceso se denomina tolerancia oral.

2. Demostración de la tolerancia oral

En el transcurso de los últimos años se han publicado diversos trabajos que confirman la realidad de la tolerancia oral (Marx, 1991). Diversos autores han utilizado modelos animales experimentales de enfermedades autoinmunes y han comprobado que un mismo antígeno tiene distintos efectos según su vía de entrada.

- Administrado inyectado en un vaso sanguíneo, el antígeno provoca el desarrollo de una afección autoinmune.
- Administrado por vía oral, el antígeno puede prevenir la aparición de un estado autoinmune o bloquear su evolución si se ha desarrollado. Este efecto beneficioso no se ha comprobado en todos los animales, pero sí en algunos.

El fenómeno se ha observado en varios modelos:

- La encefalomielitis alérgica experimental (EAE) en la rata, equivalente a la esclerosis múltiple humana, cuyo antígeno causante es la proteína básica de la mielina.

• La uveítis de la rata, inflamación ocular producida por la sustancia retiniana S.

• La artritis del colágeno en varios animales, parecida a la poliartritis reumatoidea humana, cuyo antígeno causal es el colágeno de tipo II.

3. Mecanismos de la tolerancia oral

Todavía no se conocen bien los mecanismos de la tolerancia oral, pero es muy probable que activen ciertas funciones de las células M y de los linfocitos T, característicos de la pared del intestino delgado.

G) LA HIPERPERMEABILIDAD DEL INTESTINO DELGADO

1. Aspecto fisiológico

Hace algunas décadas se creía que la absorción selectiva del intestino delgado era perfectamente eficaz y que sólo dejaba filtrar el agua, los iones, las vitaminas, los azúcares simples, las grasas simples y los aminoácidos.

En la actualidad se sabe que, incluso en una persona sana, la impermeabilidad del intestino delgado es imperfecta. Fairclough y col. (1980) demostraron que tanto los péptidos pequeños como los aminoácidos franquean fácilmente la barrera intestinal. Las moléculas más voluminosas, en particular los péptidos más grandes y algunas proteínas, atraviesan la mucosa (Tome, 1990) en menor proporción, aunque no insignificante. En individuos sanos, las proteínas del huevo y de la leche de vaca se han detectado en la sangre pocas horas después de comer (Foucard y col., 1975) (Husby y col., 1985). Walker e Isselbaker (1974) estiman que alrededor de 1/1.000 de las proteínas intactas llegan a la sangre portal.

La permeabilidad del intestino delgado está controlada por los péptidos reguladores, sintetizados unos por el sistema nervioso central o periférico, y otros procedentes de células endocrinas diseminadas por el tubo digestivo y el páncreas (Brown, 1993).

2. Aspecto patológico

Es necesario un paso exagerado de proteínas alimenticias para explicar:

• Los accidentes de atopia después del consumo de leche o huevos (Paganell y col., 1979).

• La intolerancia a la leche de vaca en el adulto.

• La intolerancia al gluten en el adulto.

• Las migrañas debidas a la leche, al trigo o a los huevos, que se curan con la supresión del alimento causal.

En el caso de muchas enfermedades estudiadas en este libro, se ha demostrado que había una mayor permeabilidad del intestino delgado en la mayoría o la totalidad de los pacientes. Ampliaré esta idea al tratar la poliartritis reumatoidea, la espondilitis anquilosante, la diabetes insulinodependiente, la nefropatía por IgA y la enfermedad de Crohn, entre otras.

3. Métodos para medir la permeabilidad del intestino delgado

Se utilizan sustancias inertes que traspasan la mucosa sin transformación ni ayuda, y que después se eliminan por la orina, en la que se mide su concentración tras la carga oral (Heresbach y col., 1994) (Bjarnason y col., 1995).

Los principales productos utilizados son:

- Lactulosa/manitol.
- Cromo 51/EDTA.
- L-Ramnosa.
- Polietilenglicol.
- Tecnecio 99/EDTA.

4. Causas de la hiperpermeabilidad

La vía transcelular es sólida y en pocas ocasiones se ve alterada. Sin embargo, una agresión de los enterocitos puede provocar la muerte de algunas células y el acortamiento y la atrofia de las vellosidades. Es cierto que el epitelio se reconstituye a partir de las criptas, pero los enterocitos jóvenes son pobres en enzimas y menos eficaces.

La vía intracelular es mucho más frágil. El talón de Aquiles de la mucosa son los pliegues circulares o las válvulas conniventes que unen los enterocitos y que pueden distenderse.

En las personas predispuestas por ciertos factores genéticos (enzimas, mucinas), diversos elementos pueden determinar un aumento de la permeabilidad:

a) *Algunas bacterias*

Algunos microorganismos pueden multiplicarse en exceso, adherirse a las células epiteliales y lesionarlas de una manera más o menos grave, liberar toxinas y provocar lesiones inflamatorias importantes (Cerf, 1993).

Entre las bacterias peligrosas destacan los estafilococos, estreptococos, colibacilos, y los géneros *Klebsiella*, *Shigella*, *Yersinia*, *Salmonella*, *Campylobacter*, *Aeromonas* y *Clostridium*. Se han descubierto dos bacterias que viven en el mucus intestinal: *Helicobacter cinaedi* y *Helicobacter fenneliae*. Dichas bacterias merecerían investigaciones más profundas.

b) *Algunos alimentos*
Examinaremos el terrible impacto de la alimentación moderna en el siguiente capítulo.

c) *Algunos medicamentos*
Los antiinflamatorios no esteroideos (AINE), los salicilatos y los corticoides tienen efectos nocivos sobre la pared del intestino delgado. Dichos medicamentos actúan a través de varias vías (Gargot y Chaussade, 1993) (Scheiman, 1996):

- Separan los enterocitos, lo que aumenta la permeabilidad intestinal.
- Disminuyen localmente la producción de prostaglandinas, lo que ocasiona una disminución de la mucina, de los fosfolípidos de superficie y de los bicarbonatos, y provoca una merma de los medios de defensa de la mucosa.
- Suelen inducir una inflamación, observada por la presencia de numerosos granulocitos en las heces y por el aspecto de la mucosa mediante exámenes endoscópicos. Dicha inflamación daña a veces los vasos pequeños y provoca una ulceración.
- Inhiben las mitocondrias y la ciclooxigenasa, frenando así las divisiones de los enterocitos.

Estos medicamentos actúan como armas de doble filo cuando se emplean para tratar las enfermedades inflamatorias relacionadas con el paso de macromoléculas bacterianas o alimentarias a través de la barrera intestinal: por una parte, calman momentáneamente la inflamación y alivian los dolores de los enfermos, pero, por otra parte, aumentan la permeabilidad del intestino delgado, permitiendo que lo atraviesen nuevas macromoléculas que perpetúan la enfermedad.

d) *El interferón gamma*
Adams y col. (1993) pusieron en evidencia los efectos de esta citocina. La permeabilidad intestinal normal se traduce por una resistencia eléctrica transepitelial superior a 1.000 ohms por centímetro cuadrado. Después de una exposición al interferón gamma, esa resistencia se reduce de forma neta.

El interferón gamma se fija a los receptores de membrana del polo basal de los enterocitos. Una exposición de un día a la citocina ocasiona una disminución de la resistencia eléctrica durante cinco días, seguida de un retorno a la normalidad. El interferón gamma no altera los enterocitos y no modifica los pasos transcelulares, sino que amplía los pliegues circulares entre los enterocitos, lo cual aumenta la permeabilidad intercelular.

Otra citocina, la interleucina 4, produce los mismos efectos que el interferón gamma (Colgan y col., 1994).

5. Consecuencias de la hiperpermeabilidad

Los residuos bacterianos y alimentarios traspasan en cantidad excesiva la pared del intestino delgado y penetran en la circulación general. Estas macromoléculas, junto con factores genéticos, son, desde mi punto de vista, las causantes de numerosas enfermedades.

6. Algunas palabras sobre el colon derecho

El colon derecho (colon ascendente) es la parte inicial del colon comprendido entre el esfínter ileocecal y el ángulo cólico derecho, de donde parte el colon transverso.

El colon derecho contiene una flora bacteriana abundante y variada. Se trata clásicamente de bacterias anaerobias, aunque restos de bacterias aerobias, en particular péptidos, pueden llegar hasta el colon. En la actualidad, está demostrado que la pared del colon absorbe ciertas sustancias resultantes del metabolismo de esas bacterias.

Por otra parte, algunas moléculas escapan de la digestión en el intestino delgado: almidón, polisacáridos o proteínas. Dichos alimentos pueden ser digeridos en el colon por las bacterias anaerobias. Entre el 5 y el 10% de los nutrientes se absorben en el colon.

Una hiperpermeabilidad de la pared del colon derecho tiene, con toda probabilidad, consecuencias nefastas.

Capítulo 4

ALIMENTACIÓN ANTIGUA Y ALIMENTACIÓN MODERNA

El hombre prehistórico que cocía sus alimentos es un mito.

BRUNO COMBY

Utilizando la supervivencia como pretexto, el hombre destruye el humus, fuente irreemplazable de toda vida vegetal y animal.

GUY-CLAUDE BURGER

La humanidad entrará en la era biológica o desaparecerá.

H. P. RUSCH

A) CAMBIOS EN LA ALIMENTACIÓN A LO LARGO DE LA HISTORIA

1. La prehistoria

Desde que nuestra especie se diferenció de los monos antropoides, hace alrededor de cinco millones de años, los precursores del hombre *(Homo habilis, Homo erectus)* y el mismo *Homo sapiens* han consumido los mismos alimentos. Nuestros antepasados eran nómadas, recolectores y cazadores (Menozzi y col., 1978), lo que significa que comían carne, pescado, huevos, miel y cereales, verduras y frutas salvajes. La única leche que tomaban era la materna y sólo durante la primera infancia.

El fuego se descubrió hace alrededor de 400.000 años. Sin embargo, no existe ninguna prueba de que se utilizara para la cocción de los alimentos hasta un periodo reciente que se remonta a hace 10.000 años (Burger, 1988). Más aún, el análisis de las materias fecales fósiles demuestra que durante la era mesolítica los humanos comían alimentos crudos (Comby, 1989). Podemos decir, por tanto, que la cocción se utilizaba poco o casi nunca.

La repartición de las calorías era muy diferente de la actual (Eaton y Konner, 1985):

- 33% de proteínas, de las cuales un 75% era de origen animal; frente a un 11% actual, de las cuales el 62% es de origen animal;
- 22% de lípidos, de los cuales un 41% era de origen animal; frente a un 37% actual, de los cuales el 75% es de origen animal;

• 45% de glúcidos que no incluían prácticamente sacarosa ni lactosa frente a un 52% actual, de los cuales el 27% es sacarosa y el 5% lactosa.

En resumen, los hombres primitivos consumían tres veces más proteínas que nosotros, y de éstas una gran proporción eran proteínas animales. Tomaban menos lípidos y principalmente menos grasas animales, de forma que la relación entre ácidos grasos poliinsaturados y ácidos grasos saturados se situaba en un 1,4, frente al 0,25 actual. La ingesta de glúcidos era casi equivalente a la nuestra, pero no consumían azúcares industriales proporcionados por la caña de azúcar, la remolacha y los productos lácteos.

Para concluir, debemos añadir que la nutrición original era rica en calcio y en potasio, pero pobre en sodio. No se conocía el alcohol. El consumo de fibras era abundante, tres veces mayor que el de hoy. La alimentación era rica en vitaminas, en particular en vitamina C, cuyo consumo era cuatro veces mayor que en el siglo XX.

2. El periodo neolítico

El paso de la prehistoria a la historia, del mesolítico al neolítico, del estado «salvaje» a la «civilización», se caracteriza esencialmente por un cambio en la alimentación. Los agricultores y ganaderos sedentarios sustituirán a los nómadas recolectores-cazadores. El fenómeno empezó en el Mundo Antiguo hace más o menos 9.000 años en Asia Menor (Dennell, 1986) y en el Nuevo Mundo hace 7.000 años en la región de México (Gay, 1987).

Tomemos el ejemplo de Europa. Los primeros humanos que ocuparon el territorio procedían de África. Algunos *Homo erectus*, y después *Homo sapiens*, formaron tribus, que sin duda tenían poca comunicación entre sí, por lo que constituían aislamientos, desde el punto de vista de los genetistas. Los recursos nutritivos relativamente pobres dentro del sistema recolección-caza tenían varias consecuencias:

• Limitación de la estatura de las poblaciones.
• Necesidad de una vasta superficie para la supervivencia de cada tribu.
• Grandes distancias entre los diversos aislamientos.

Hace 9.000 años, en Asia Menor, los hombres se volvieron sedentarios, debido a que se produjeron tres grandes cambios:

1) La «domesticación» de los cereales, principalmente el trigo y la cebada.
2) La cría de vacas y de cabras, que proporcionaba leche animal.
3) La cocción de numerosos alimentos.

Estos agricultores y ganaderos disponían de más cantidad de alimentos que los recolectores y cazadores, lo cual les permitió aumentar su población de forma rápida y significativa. Desde entonces, los caucasianos progresaron una media de un kilómetro por año (Menozzi y col., 1978) en diversas direcciones, en particular Europa. La población originaria se refugió en las regiones más inhóspitas (figura 6) antes de adoptar el modo de vida de los invasores. Los agrupamientos HLA distinguen netamente las dos poblaciones europeas sucesivas (Cambon-Thomsen y Ohayon, 1986).

3. La época moderna

Durante un largo periodo de tiempo, que abarca desde la época romana hasta las grandes guerras del siglo XX, no se produjeron cambios sustanciales en la alimentación. Con el comienzo de las migraciones internas y externas en Europa, a partir de la primera y sobre todo de la segunda guerra mundial, empezaron los cambios en la nutrición. En el siglo XX tiene lugar el desarrollo de la industria alimentaria, lo que originó numerosas transformaciones.

Las más importantes son:

- La preparación de los aceites.
- La introducción de diversos productos en el organismo de los animales de ganadería y en las plantas cultivadas, que constituyen una auténtica contaminación alimentaria.
- El empleo de métodos para acelerar e intensificar la ganadería y la agricultura, cuyos resultados han provocado la carencia de vitaminas y de minerales.

4. Las seis diferencias principales

Si recapitulamos, comprobaremos que los grandes cambios que distinguen la alimentación moderna de la de antaño son seis:

1) El consumo de cereales domésticos.
2) El consumo de leche animal y sus derivados.
3) La cocción de numerosas sustancias.
4) La preparación de aceites.

Figura 6. **POBLACIÓN DE EUROPA, ASIA MENOR Y ÁFRICA DEL NORTE A PRINCIPIOS DEL NEOLÍTICO**

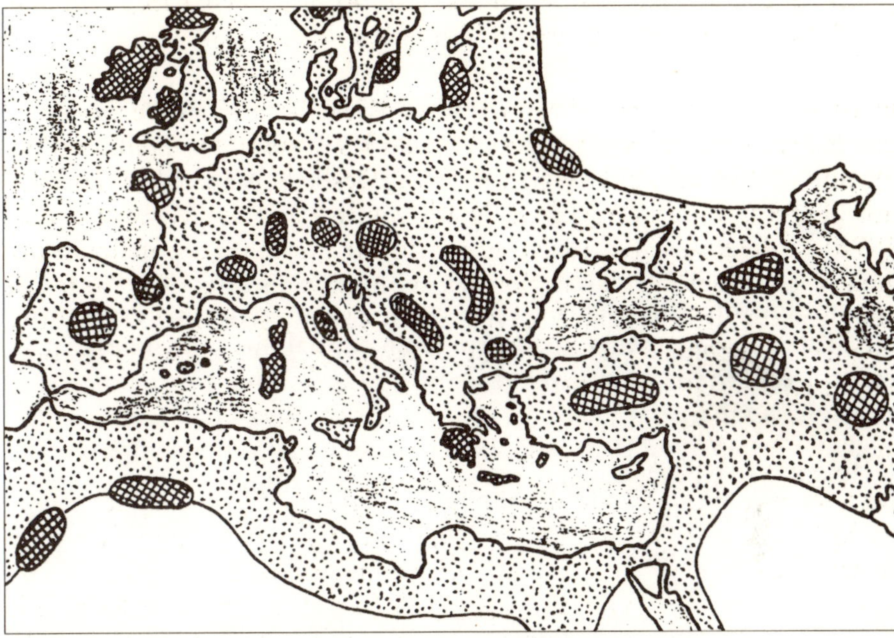

Cuadrículas = Regiones donde fue recluida la población europea originaria.
Puntos = Regiones ocupadas por la segunda población europea.
Este esquema es muy aproximado.

5) La contaminación alimentaria.
6) El riesgo de carencias de vitaminas y minerales.

A continuación, examinaremos estos seis problemas.

5. Alimentación y evolución

Durante millones de años, la alimentación de los hombres ha sido natural, análoga a la de los animales salvajes. Según las leyes de Darwin, las enzimas y mucinas digestivas, las enzimas celulares, estaban adaptadas a las diversas sustancias ingeridas.

La alimentación moderna es rica en nuevas macromoléculas, para las cuales las enzimas y mucinas no suelen estar adaptadas. En el capítulo 15 veremos que las enzimas tienen una especificidad restringida, comparable a la de una llave que no entra más que en una sola cerradura. Estas enzimas se revelerán en muchos casos incapaces de metabolizar correctamente nuevas moléculas. Pueden darse dos tipos de situaciones:

- En el caso de algunas moléculas, aparecerán nuevas enzimas, surgidas tras mutaciones genéticas que ocurrirán después de un tiempo que puede variar pero que suele ser muy largo, del orden de varios millones de años.
- Para otras moléculas, muy diferentes de las moléculas naturales, es inútil esperar disponer un día de enzimas adecuadas. Me refiero, en particular, a ciertos isómeros generados por la cocción, como los glúcidos L, que son una imagen especular de los glúcidos D naturales.

La situación se agravó en el siglo XX. En otros tiempos, cada región tenía su alimentación especial y los productos importados eran raros. Probablemente se creaba una adaptación parcial. En la actualidad asistimos a una verdadera globalización de los hábitos nutricionales, lo que agrava las inadaptaciones. Quizás, eso explica que algunas enfermedades excepcionales del siglo XIX se hayan vuelto frecuentes en el siglo XX, como las alergias y la enfermedad de Crohn.

Es falso creer que el organismo humano es capaz de asimilar sin peligro cualquier clase de alimentos. La adaptación será muy larga en ciertos casos, e imposible en otros. Por tanto, es lógico volver a una clase de nutrición original, la única adecuada a nuestras enzimas y mucinas.

B) EL PROBLEMA DE LOS CEREALES REFINADOS

1. Definición de cereales

El término «cereales» proviene de Ceres, diosa romana de las cosechas. Se denominan cereales a las especies vegetales cuyos granos se emplean, enteros o reducidos en harina, para la alimentación de los hombres y de los animales domésticos (Bonjean y Picard, 1990).

Se consideran cereales:

- El trigo y la cebada, originarios de Europa, de la cuenca del Mediterráneo y de Oriente Medio.
- El centeno, la avena y el trigo sarraceno.
- El arroz, originario de Asia y de ciertas regiones de África.
- El mijo y el sorgo, procedentes de África.
- El maíz, procedente de América.

La mayoría de los cereales son gramíneas. Sin embargo, el trigo sarraceno o trigo negro no es una gramínea.

2. Importancia de los cereales en la alimentación

Los cereales contienen una media del 10% de proteínas, pocos lípidos, abundantes glúcidos, sales minerales y vitaminas (Bonjean y Picard, 1990). Durante la prehistoria, los recolectores y cazadores ya consumían en grandes cantidades granos de gramíneas salvajes.

Actualmente, los cereales representan dos tercios de las calorías y la mitad de las proteínas ingeridas por los humanos (Olson y Frey, 1987). Es decir, ocupan un lugar importante en la alimentación actual. Sin embargo, existen algunas variaciones:

- En el tipo de cereales que se consume en distintos países. En la Europa mediterránea, el trigo es el más consumido, seguido del arroz y después del maíz. La cebada, el centeno y la avena se toman en menor medida.
- En la cantidad de cereales por habitante de un país a otro. La proporción de cereales en la ración cotidiana es mucho más importante en los países pobres que en los países ricos (Dupin y Leynaud-Rouaud, 1992).
- Según la época. En España, en 1880 el pan era la principal fuente de aporte calórico; actualmente, el consumo de cereales ha descendido un 55% respecto a 1964, debido sobre todo a una disminución del consumo de pan (Castillo Sánchez, León Espinosa de los Monteros, 2002).

3. De los cereales prehistóricos a los cereales modernos

Cambios estructurales de los cereales

Desde los principios de la agricultura, los cereales han sufrido numerosas modificaciones debidas a varias causas:

a) *Una selección inicial*

Dentro de las poblaciones salvajes de gramíneas, el hombre ha elegido domesticar las formas adaptadas a su cultura. Es el caso en particular de las mazorcas que no se desgranan (Bonjean y Picard, 1990).

b) *La selección masiva*

Consiste en sembrar únicamente para el año siguiente los granos de las mazorcas de las mejores plantas. Ahora bien, los granos más voluminosos suelen indicar la aparición de mutaciones genéticas, y sus proteínas difieren de las de los granos ancestrales.

c) *Las hibridaciones*

Se utilizan frecuentemente, ya que suelen generar plantas más vigorosas y más productivas.

d) *El trasplante en un nuevo medio*
Un cereal proveniente de Asia o de América y cultivado en Europa se enfrentará a un medio distinto (sol, clima). Las presiones ejercidas por el medio natural seleccionarán las variantes mejor adaptadas.

e) *Los métodos científicos modernos y el problema de los OGM*
La agricultura, durante mucho tiempo gestionada por campesinos, está actualmente dirigida por profesionales. Se han perfeccionado las viejas técnicas de selección, hibridación y trasplante. Además, los especialistas no dudan en modificar los genes de las plantas. A los experimentos rudimentarios iniciales en los que se intentaba inducir mutaciones utilizando rayos X o alquilantes, les han sucedido las modernas técnicas de biología molecular, que incluyen la supresión o introducción de algunos genes (Simmonds, 1988). Así, se crearon los organismos genéticamente modificados (los OGM).

Kahn (1998) explica claramente los objetivos que persigue la creación de los OGM:

- Aumentar el rendimiento de los productos agrícolas.
- Obtener plantas más precoces, más fértiles y más robustas.
- Aumentar su resistencia frente a agresores: herbicidas, virus, bacterias, hongos e insectos.

Las manipulaciones genéticas empezaron en 1983. En la actualidad, un centenar de especies han sido objeto de transferencias genéticas (Kahn, 1998). Se trata principalmente de los cereales: trigo, arroz y maíz, pero también de otras plantas como las oleaginosas, la remolacha, la patata, el tomate, el calabacín, el algodón o la soja.

Los OGM han suscitado vivas controversias y se ha vertido mucha tinta sobre el tema. Algunos autores están a favor de los OGM, como Kahn (1998) o Mann (1999). Otros están enérgicamente en contra, como Mikkelsen y col. (1998) o la asociación Greenpeace (1997). Algunos mantienen posturas más eclécticas, como Ammann (1999).

Para determinar los efectos a largo plazo de los OGM sería útil cultivarlos de forma aislada, sin que se mezclen con otros vegetales. Así, en el caso de que los OGM fueran peligrosos, resultaría fácil destruirlos. Desgraciadamente, y dado el modo de reproducción de la mayoría de las plantas, los caracteres transgénicos pueden diseminarse a distancia por el cruce del OGM con una especie parecida. Greenpeace (1997) ha insistido sobre este peligro: si se utilizan los OGM, la contaminación de otros organismos puede impedir una vuelta atrás.

Mi opinión actual sobre los OGM es la siguiente:

- Los detractores de los OGM, a la postre, sólo les reprochan pequeños problemas, como los riesgos de alergias o el impacto sobre algunas variedades de insectos. Los partidarios de los OGM tienen un buen argumento para acusarlos de pusilanimidad, de ignorancia o de fanatismo.
- Los que apoyan los OGM insisten, con razón, en que, mucho antes de la aparición de los transgénicos, los campesinos, sirviéndose de las técnicas expuestas en los párrafos precedentes, ya habían practicado numerosas manipulaciones genéticas. En conclusión, si los alimentos actuales son buenos para la salud, deberían serlo también los alimentos de mañana.
- Pero es aquí donde falla el razonamiento, ya que, contrariamente a la opinión de la mayoría de los consumidores y científicos, muchos de los alimentos actuales son peligrosos. Demostraré a lo largo de este libro que el trigo, el maíz, la leche animal y otras sustancias son los principales causantes de numerosas enfermedades. Si los productos originales eran inofensivos, algunos productos modernos, que han sufrido modificaciones genéticas, son nocivos.
- Probablemente, la creación de OGM agrave la situación. Estoy convencido de que los biólogos llegarán a obtener plantas más resistentes a la sequía o más ricas en una vitamina concreta o con un mejor rendimiento por hectárea. Pero, al mismo tiempo, producirán nuevas proteínas y, en ocasiones, nuestras enzimas y mucinas se revelarán inadaptadas a esas moléculas para ellas desconocidas, en su primera forma o en su forma alterada por la cocción. Me sitúo entre los enemigos de los OGM.

¡Si tomamos mil precauciones antes de lanzar un nuevo medicamento que generalmente tomamos en pequeñas dosis, deberíamos hacer lo mismo antes de crear un nuevo alimento que con seguridad vamos a consumir en grandes dosis!

Diferencias en el modo de consumo

El grano de cereal está recubierto por una envoltura llamada salvado. El salvado tiene una película externa, el pericarpio, y una película interna, la capa aleurona. Esta última contiene unas proteínas que difieren muy poco en su estructura de las proteínas animales. En cambio, las proteínas que se encuentran en el grano son muy diferentes de las animales.

Los hombres prehistóricos comían cereales salvajes crudos y enteros. Éstos tenían una envoltura exterior suplementaria, con más celulosa. Actualmente, el salvado se separa del grano y se da a los animales. El hombre consume sólo el grano, lo que significa ingerir:

- Mucho más almidón.
- Mucha menos celulosa, con pérdida del 90% de las fibras.
- Muchas menos proteínas útiles.
- Muchas menos vitaminas.
- Mucho menos fósforo y magnesio.
- El 50% menos de calcio y de hierro.

Además, el grano se cuece, lo que produce un gran cambio en la estructura de sus constituyentes.

4. El trigo

Hace aproximadamente 10.000 años apareció el trigo, en una zona fértil que se extiende desde Mesopotamia hasta Egipto, y que abarca Palestina. La evolución filogénica que tuvo el trigo se efectuó de la siguiente manera (Joudrier, 1983):

- El ancestro del trigo es el *Triticum monococcum* (escanda menor), que tiene un genoma AA con 7 pares de cromosomas.
- *Aegylops speltoides* (hierba loca) tiene un genoma BB con 7 pares de cromosomas.
- De la hibridación entre estas dos especies resulta casi siempre un híbrido estéril AB diploide. En raros casos se forma *Triticum dicoccoides* AABB tetraploide.
- Las mutaciones y recombinaciones han dado lugar al *Triticum dicoccum* o almidonero. Después, las selecciones han producido el *Triticum turgidum*, del cual derivan los trigos duros cultivados, y principalmente el *Triticum durum*, que es tetraploide, tiene 14 pares de cromosomas. El trigo Kamut, que se suele definir como ancestral, también ha sido transformado, ya que posee 14 pares de cromosomas.
- *Aegylops squarrosa* posee un genoma DD con 7 pares de cromosomas.
- La hibridación entre *Triticum dicoccum* y *Aegylops squarrosa* produce casi siempre un híbrido estéril ABD triploide. Sin embargo, en algunos casos raros se forma *Triticum spelta* AABBDD, hexaploide.
- Del *Triticum spelta* deriva el *Triticum aestivum*, el trigo tierno o trigo candeal, que es hexaploide y tiene 21 pares de cromosomas.

Los genomas AA, BB y DD tienen numerosos parecidos que demuestran que descienden de un ancestro común. Las proteínas codificadas por A, B y D ofrecen numerosas homologías. Sin embargo, ignoramos las consecuencias de la poliploidía. La cebada y el centeno tienen 7 pares de cromosomas y son diploides, lo que sugiere que comparten ancestros comunes con el trigo. El trigo se parece mucho a la cebada, un poco menos al centeno, y menos todavía a la avena. Es diferente genéticamente del arroz, del maíz y de los cereales africanos.

El trigo duro sirve para la fabricación de pasta y de sémola. El trigo tierno o trigo candeal se usa para la fabricación de pan, pizzas, cruasanes, pasteles, galletas, biscotes y harina.

El trigo es el cereal más cultivado en el mundo. Europa y Estados Unidos son grandes productores, junto con China y la India. En los países consumidores de arroz o de maíz, únicamente los habitantes más ricos comen trigo.

5. El arroz

El arroz tiene un doble origen, asiático y africano (Angladette, 1966):

- El arroz asiático apareció probablemente en la India. Se trata de la *Oryza sativa* (arroz de las marismas), de la cual derivan la *Oryza montana* (arroz de las montañas) y la *Oryza glutinosa* (arroz glutinoso).
- El arroz africano proviene del delta central del Níger. Se trata de la *Oryza glaberrima* STEUD, y está siendo suplantado por el arroz asiático.

El arroz posee 12 pares de cromosomas. Ofrece una particularidad que lo distingue de los demás cereales: cuando los agricultores lo someten a manipulaciones, se transforma durante algunas generaciones, pero tiende a volver a su estado salvaje inicial (Higham, 1989). El arroz actual es parecido a su ancestro prehistórico.

El arroz es el cereal más cultivado en el mundo, después del trigo. Fue introducido en Occidente por el ejército de Alejandro Magno y, posteriormente, por los árabes y los portugueses. Fue trasplantado en ciertas regiones de clima distinto, entre ellas en parte de España. Alimento base de los asiáticos, el arroz es un cereal cada vez más importante en Europa.

6. El maíz

El maíz *(Zea mays)* es de origen americano. El primer maíz se plantó hace unos 7.000 años en la región de México. Más tarde, se encontró en Estados Unidos, Guatemala, Perú y Bolivia (Hall y col., 1979).

Su origen ha sido muy controvertido. Hoy se sabe que desciende del teosinte (Martienssen, 1997), del cual se diferencia por cinco mutaciones mayores y varias mutaciones menores. Actualmente no existe el maíz salvaje. Los tipos de maíz actual derivan de cuatro viejas variedades:

- *Amylacaeca* (Perú y Bolivia).
- *Indurata* (Guatemala).

- *Indentata* (México).
- *Everta* (México).

Hace 7.000 años, el maíz era una pequeña planta cuyas mazorcas medían 2,5 cm y sus granos eran tan pequeños como los del arroz. Después de múltiples selecciones e hibridaciones, el maíz actual tiene una altura de 2 a 6 m, sus mazorcas miden 7 cm y los granos son del grosor de un guisante (Gay, 1987).

El maíz se emplea principalmente para alimentar algunos animales de ganadería. El hombre también lo consume de diferentes maneras: harina, copos *(corn flakes)*, granos explosionados (palomitas) o granos de maíz dulce.

El maíz se cosecha en grandes cantidades, casi tanto como el arroz. Inicialmente, era la base alimentaria de los indios americanos. En la actualidad, ha pasado a ser un cereal de consumo mundial, ya que crece en todos los continentes, en todas las altitudes y en climas extremadamente variados.

7. Efectos nocivos de los cereales

Mientras que el arroz parece poco o nada peligroso, el trigo y, en menor grado, el maíz han sido cuestionados por su relación con varias enfermedades.

1) En el caso de la poliartritis reumatoidea, tras la remisión obtenida en un periodo de ayuno, la reintroducción del trigo estimula una recidiva en el 54% de los casos. El maíz tiene el mismo efecto en el 56% de los casos (Darlington, 1986).

2) La esclerosis en placas es más frecuente entre los anglosajones y los escandinavos, que son grandes consumidores de cereales (Besson, 1994a).

3) La enfermedad celíaca y la dermatitis herpetiforme son la consecuencia de una respuesta inmunitaria contra un péptido de la gliadina (Gjertsen y col., 1994), proteína del trigo, de la cebada y del centeno. La supresión de estos tres cereales permite su curación.

4) Algunas migrañas se deben a la ingesta de alimentos que contienen trigo y desaparecen con la supresión de esos productos (Monro y col., 1984).

5) En la diabetes juvenil, Kostraba y col. (1993) atribuyen una gran importancia a las harinas de los cereales.

6) En las depresiones nerviosas, Burger (1988) ha observado muchas veces un papel causal del trigo.

7) Un estudio llevado a cabo en 45 poblaciones ha revelado una

correlación muy llamativa entre la frecuencia de la esquizofrenia y la cantidad de trigo, cebada y centeno consumida por habitante (Lorentz, 1990).

8) La enfermedad de Crohn suele remitir con la nutrición artificial. La reintroducción de ciertos alimentos puede desencadenar una recaída. Dentro de las sustancias más peligrosas figuran el trigo y el maíz (Riordan y col., 1993).

9) El declive de los indios americanos a principios del siglo XVI se atribuye clásicamente a los invasores procedentes de Europa: masacres, introducción del alcoholismo y, principalmente, transmisión de enfermedades infecciosas. Pero, para Larsen (2000), los aztecas, los mayas y los incas fueron previamente debilitados por el exagerado consumo de maíz. Se ha demostrado que los indios americanos pasaron, poco antes de la llegada de los blancos, de un régimen alimenticio variado a una alimentación basada en un 90% en el maíz, lo que produjo la aparición de artrosis, caries dental y una menor resistencia a las infecciones.

El peligro procede de la estructura de ciertas proteínas del trigo y del maíz

- O bien esas proteínas han conocido tantos cambios desde la prehistoria que las enzimas y las mucinas de ciertos humanos no se han adaptado;
- O bien esas proteínas modificadas se vuelven dañinas después de sufrir nuevas transformaciones con la cocción. Debemos tener en cuenta que todos los cereales se cuecen o se obtienen empleando técnicas que requieren temperaturas elevadas.

Las proteínas del arroz, aunque alteradas por la cocción, se toleran mucho mejor.

C) EL PROBLEMA DE LA LECHE ANIMAL

1. Historia de la leche animal

Durante varios millones de años, los precursores del hombre y después el mismo *Homo sapiens* consumieron una sola leche, la materna, y únicamente durante la primera infancia. La domesticación de los animales lecheros empezó hace alrededor de 9.000 años. Los pueblos pastores han consumido la leche y sus derivados (mantequilla, queso, nata, yogur) proporcionados por los diferentes animales según las regiones: vaca, cabra, oveja, burra, yegua, camello, dromedario, búfalo, yak, llama, reno (Boudet, 1993b).

En Europa, la ganadería existe desde hace 5.000 años. Durante mucho tiempo, la leche de vaca sirvió para alimentar a los terneros. Los niños eran amamantados por su madre o nodriza. Si tomaban leche animal, ésta era de cabra o de oveja. La selección de vacas lecheras es relativamente reciente, a partir del siglo XIX. Principalmente durante los últimos cincuenta años, la leche de vaca ha alcanzado el lugar preponderante que en la actualidad ocupa en la nutrición de los niños, y también en la de los adultos.

Los productos lácteos más extendidos en Europa tienen como origen primero la leche de vaca y, en menor medida, de cabra y oveja. El consumo de leche de vaca en España en el 2001 fue de 4.558 millones de litros (113 litros/cápita), por debajo de Irlanda y Finlandia, al nivel de Holanda, y por encima de Portugal, Francia e Italia. Se consumieron 1.388 millones de kilogramos de derivados lácteos (34,4/cápita), por debajo de la media europea, donde en países como Francia y Grecia el consumo de queso es muy elevado. Sin embargo, se ha extendido el consumo de productos como el yogur, en 1964 prácticamente inexistente en España (Ministerio de Agricultura, Pesca y Alimentación, 2001; García Sánchez, León Espinosa de los Monteros, 2002).

2. La leche materna

La leche materna es el único alimento realmente adaptado a las necesidades del recién nacido y del niño pequeño. Este hecho es una consecuencia lógica de las leyes darwinianas de la selección natural ejercidas durante millones de años.

Las necesidades del niño varían con la edad, y es importante señalar que la composición de la leche materna se modifica con el tiempo. Podemos distinguir, sucesivamente:

- El calostro, durante los cinco primeros días del posparto.
- La leche de transición, del sexto al decimoquinto día.
- La leche madura, del decimosexto día al decimoquinto mes.

Estas tres clases de leche varían respecto a la composición de glúcidos, lípidos, proteínas, minerales, oligoelementos y vitaminas (André, 1983).

Durante el amamantamiento, la composición de la leche evoluciona. En particular, el contenido en lípidos aumenta para provocar saciedad.

3. Comparación entre la leche materna y la leche de vaca

Esta comparación ha sido objeto de excelentes comentarios por parte de Boudet (1993a, 1993b) y de André (1983). Los dos tipos de leche presentan claras diferencias que se detallan en la tabla I y que vamos a analizar en detalle.

a) *Glúcidos*
La leche humana contiene un 7% de lactosa, la cantidad más elevada observada en los mamíferos, dos veces más alta que la de la leche de

Tabla I
CARACTERÍSTICAS DE LA LECHE MATERNA COMPARADA CON LA LECHE DE VACA

Elementos específicos	**Elementos más abundantes**	**Elementos menos frecuentes**
	Lactosa × 2	
Ginolactosas		
	Lípidos + 25%	
	Ácido palmítico	
	Ácido oleico	
		Ácido esteárico
	Ácido linoleico	
	Ácido alfalinolénico × 8	
Ácido gammalinolénico		
	Proteínas del lactosuero	Caseínas
	Alfalactoglobulina	
		Betalactoglobulina
	Lactotransferrina	
	Lisozima	
	IgA	
		IgG
Las proteínas humanas tienen una estructura diferente de las proteínas bovinas. Las leches maternizadas no son la solución	Aminoácidos libres	
	Ciertas enzimas	
		Sodio 1/3
	Absorción óptima en particular del hierro y del calcio	Calcio 1/3
		Fósforo 1/5
		Magnesio 1/35
		Manganeso 1/100
	Vitamina A × 5	
	Vitamina C × 5	
	Vitamina E × 5	
		Vitamina D 1/20
		Ácido fólico 1/4
		Vitamina K 1/2

vaca. La lactosa está formada por la unión de una molécula de galactosa a una molécula de glucosa. Posee varias propiedades:

1) Su poder endulzante es seis veces inferior que el de la sacarosa.

2) Como disacárido, favorece la asimilación del magnesio, del manganeso, del zinc y, principalmente, del calcio, y ayuda a la prevención del raquitismo.

3) Su descomposición libera galactosa, un azúcar indispensable para el desarrollo del sistema nervioso central y la fabricación de la mielina, encargada de recubrir las fibras nerviosas durante el desarrollo.

4) Favorece la proliferación de lactobacilos beneficiosos. Bajo su acción, la lactosa se transforma en la luz intestinal en ácidos láctico y acético, que confieren a las heces un pH ácido, comprendido entre 5 y 6. La acidificación del intestino delgado terminal tiene tres consecuencias:

- Una aceleración del tránsito intestinal.
- Una protección contra el desarrollo de gérmenes patógenos.
- La presentación de los minerales en forma de cloruro asimilable.

En la hidrólisis de la lactosa interviene la lactasa, enzima situada en el borde en cepillo de los enterocitos. La concentración de lactasa se reduce a medida que avanza la edad e incluso desaparece completamente en algunos adultos, lo cual demuestra que, más allá de la fase de crecimiento, la lactasa y, en consecuencia, la leche no son fundamentales.

La leche humana contiene, aparte de lactosa, más de cincuenta variedades de glúcidos, en particular las ginolactosas, ausentes en la leche de vaca. El papel de estos azúcares aún no se conoce bien, pero probablemente sea importante.

b) *Lípidos*

La leche humana aporta lípidos constituidos en su gran mayoría por triglicéridos, acompañados de ácidos grasos y de colesterol. Estos cuerpos grasos tienen una doble utilidad:

1) Participan de una manera importante en el valor calórico de la leche, que debe ser bastante elevado para que el amamantamiento sacie al bebé durante 3 o 4 horas.

2) Los ácidos grasos esenciales son precursores de las prostaglandinas. Aceleran y optimizan el crecimiento y la mielinización del sistema nervioso central.

Respecto a la leche de vaca, la leche materna es:

1) Más rica en grasas: 45 gramos por litro frente a 36.
2) Un poco más rica en colesterol.
3) Más rica en ciertos ácidos grasos esenciales libres e incluidos en los triglicéridos:

- Entre los ácidos grasos saturados y monoinsaturados, el ácido palmítico (C16) y el ácido oleico (C18) son mayoritarios y constituyen una fuente de energía, mientras que en la leche de vaca encontramos principalmente el ácido esteárico (C18), que el intestino del niño absorbe con menor efectividad.
- Entre los ácidos grasos poliinsaturados, el ácido linoleico y el ácido alfalinolénico, muy importantes para el hombre, son abundantes. El primero tiene una concentración ocho veces mayor en la leche materna que en la leche de vaca.
- El ácido gammalinolénico, otro componente importante, es exclusivo de la leche materna.

c) *Proteínas*
Las proteínas de la leche materna se presentan bajo dos formas:

1) Una forma micelar correspondiente a las caseínas que forman el 20% del total de las proteínas. Estas caseínas son de tres tipos: alfa, beta y kappa. Se unen entre ellas por preciosos complejos minerales: fosfato-citrato-calcio-magnesio.
2) Una forma soluble correspondiente a las proteínas del lactosuero, que forman el 65% del total de las proteínas. Éstas incluyen:

- La alfalactoalbúmina, que desempeña un papel importante en la síntesis de la lactosa.
- La lactotransferrina, que transporta el hierro y el zinc al intestino y ejerce una acción antibacteriana.
- La seroalbúmina.
- Las inmunoglobulinas, con poca abundancia de IgG e IgM, pero con muchas IgA provistas de su pieza secretora, que recubren la mucosa intestinal del recién nacido e impiden la penetración en la circulación general de proteínas «extrañas», bacterianas o virales.
- La lisozima, activa contra ciertas bacterias.

Todas estas proteínas, además de sus propiedades específicas, aportan al niño los diversos aminoácidos esenciales que le son necesarios.

Respecto a las proteínas, la leche de vaca resulta muy diferente:

- La cantidad de proteínas es tres veces superior.
- Hay un predominio neto de las caseínas, que constituyen el 80% de las proteínas.
- Contiene betalactoglobulina, ausente en la leche materna.
- Hay mucha menos alfalactoglobulina y apenas lactotransferrina y lisozima.
- Hay mucha menor concentración de IgG e IgA.

Además, las proteínas bovinas tienen una estructura primaria diferente de las proteínas humanas, con zonas donde los aminoácidos no son los mismos. También algunas proteínas bovinas resisten, al menos en parte, la digestión por las enzimas y a la flora bacteriana, las dos mal adaptadas. Las macromoléculas atravesarán la mucosa del intestino delgado, mal protegido por un mucus cuantitativamente insuficiente y no adecuado. Por ello se suelen observar en el niño:

- Signos clínicos de intolerancia a la leche de vaca.
- Anticuerpos contra diversas proteínas bovinas.

d) *Otros prótidos*
1) La leche humana es más rica que la leche de vaca en aminoácidos libres. Además, la proporción de los distintos aminoácidos es diferente. Encontramos en la leche materna:

- Más cisteína.
- Menos metionina, fenilalanina y tirosina.

2) La leche humana contiene pequeños péptidos, que tienen funciones útiles:

- La unión de la vitamina B_{12}.
- La unión del ácido fólico.
- La unión específica del zinc.
- La espermina y la espermidina, que probablemente aseguran una buena troficidad al epitelio digestivo.

3) La leche humana contiene las siguientes enzimas: fosfatasa alcalina, enzimas proteolíticas y, principalmente, lipasa. La lipasa materna permite la hidrólisis de los triglicéridos en un momento en que la lipasa pancreática infantil es poco eficaz.

e) *Minerales y oligoelementos*

La leche humana tiene tres veces menos cantidad de sodio y de calcio, cinco veces menos de fósforo, treinta y cinco veces menos de magnesio y cien veces menos de manganeso que la leche de vaca, mientras que las cantidades de hierro y de zinc son análogas en las dos leches.

A pesar de las dosis relativamente bajas en minerales y en oligoelementos de la leche materna, el bebé no sufre ninguna carencia, ya que las uniones entre estos minerales con otras sustancias permiten una absorción óptima.

No es así en la leche de vaca, pues, en su caso:

- La absorción de hierro es diez veces menor, por lo que quedan restos de hierro en el intestino, lo cual favorece la proliferación de gérmenes patógenos.
- La absorción de calcio es mucho menor debido al exceso de fosfatos, lo cual deriva en ocasiones en una hipocalcemia a priori paradójica. El calcio de la leche de vaca es poco accesible (Laroche-Walter, 1997).

f) *Vitaminas*

La leche materna aporta las diversas vitaminas necesarias para el niño:

- Vitaminas liposolubles: A, D, E, K.
- Vitaminas hidrosolubles: B, C, PP, ácido fólico.

La concentración de vitaminas en la leche depende mucho de la alimentación de la madre.

Vemos pues, al considerar estas variaciones, que la leche de vaca tiene características diferentes: veinte veces más concentración de vitamina D, cuatro veces más de ácido fólico, dos veces más de vitamina K, pero cinco veces menos de vitaminas A, E y C.

g) *Leucocitos*

La leche humana contiene:

- Macrófagos que sintetizan, entre otros elementos útiles, los factores C3 y C4 del complemento.
- Linfocitos T y B, que sintetizan los interferones.
- Neutrófilos polinucleares.

Estas células unen su acción a las de las IgA secretoras, la lisozima, la fermentación ácida de la lactosa y la ausencia de hierro residual, para reforzar las defensas inmunitarias del bebé. Es bien conocido que un recién nacido alimentado con leche materna es mucho más resistente a las infecciones digestivas y generales que otro alimentado con leche animal.

h) *Otros factores*
En la leche materna se encuentran numerosos nucleótidos y hormonas: insulina, factor de crecimiento epitelial, factor de crecimiento nervioso, prostaglandinas, sin tener en cuenta otros elementos no identificados. Por último, no olvidemos que la leche tiene un alto contenido en agua, que representa el 87% de su peso.

Las hormonas y los factores de crecimiento de la leche de vaca están destinados a que el ternero alcance un peso de más de 100 kg en un año. Estas características no se adaptan al hombre (Laroche-Walter, 1997). Asimismo, y aunque no nos afecten directamente, son perturbadoras. En los últimos años, la estatura media de los españoles aumentó alrededor de 9 cm y el peso medio se incrementó unos 10 kg (Serra Majem, Aranceta Bartrina, EnKid 1998-2000, 2001). El notable aumento del consumo de productos lácteos no es sin duda ajeno a este hecho.

4. Las leches maternizadas
La leche de vaca, por su composición diferente de la leche materna, no constituye un alimento ideal para el niño pequeño, de forma que algunos especialistas han propuesto modificarla, con el fin de que se parezca más a la leche humana. Así, se han preparado las denominadas leches «dietéticas» o «infantiles», más parecidas a la leche materna, y que son las leches maternizadas que se recomiendan durante los primeros meses, desde el nacimiento hasta las 16 semanas, cuando no puede seguirse una lactancia.

Las principales características de las leches maternizadas son:

- Disminución de aproximadamente el 50% de las proteínas totales.
- Disminución de la concentración de caseína.
- Disminución de glúcidos, sustituidos por lactosa, hasta una concentración del 7%.
- Adición de ciertos ácidos grasos esenciales: ácido linoleico, ácido alfalinolénico.
- Bajo contenido en minerales, salvo en hierro, cuyo contenido se mantiene voluntariamente dada su elevada tasa, a la espera de que se absorba una cantidad suficiente (pero ¿será posible sin lactotransferrina?).

• Ajuste de las concentraciones de vitaminas a las de la leche humana, es decir, suplemento de vitaminas C, E y ácido fólico.

Las leches maternizadas se parecen, en cuanto a la proporción de sus constituyentes, a la leche humana. Pero persisten diferencias importantes:

1) Carecen de algunas sustancias propias de la leche humana, como, por ejemplo, las ginolactasas, las IgA y la lipasa.
2) Contienen betalactoglobulina.
3) Sobre todo, el principal problema reside en que se ingieren proteínas bovinas en un tubo digestivo programado para digerir proteínas humanas.

Como escribía al principio de este libro, los dietistas tienen una visión esencialmente cuantitativa. Se preocupan de las calorías, del equilibrio glúcidos/lípidos/prótidos, de las dosis de minerales y vitaminas. Consideran que las proteínas de la leche de vaca son igual de beneficiosas y que no representan ningún peligro para el recién nacido, como las proteínas de la leche humana.

No comparto esa opinión, y considero que la estructura de las moléculas tiene una importancia capital. En dietética debe adoptarse una visión cualitativa. En consecuencia, las leches maternizadas, a pesar del esfuerzo que representan, no me parecen idóneas.

5. Algunas reflexiones de sentido común

Actualmente, muchas personas consumen, no sólo durante su infancia, sino también en la edad adulta, leche de vaca y productos lácteos de origen animal. He citado las numerosas y profundas diferencias que separan la leche materna de la leche de vaca. Debemos reflexionar sobre algunos hechos, partiendo del sentido común:

• Ningún animal salvaje se alimenta de la leche de otro animal ni sigue tomando leche después del destete. Estas dos reglas son transgredidas por el hombre y ciertos animales domésticos.

• Las leyes de Darwin nos indican que la leche materna es un alimento muy bien adaptado a las necesidades del niño pequeño, mientras que la leche de vaca está muy bien adaptada a las necesidades del ternero, pero no a las del hombre.

• Como dijo Burger (1988), la leche de vaca permite al ternero el rápido desarrollo de los huesos, pero no así del cerebro. El hombre, al contrario, puede permitirse un crecimiento óseo lento y desarrollar más el cerebro. Por tanto, no es sorprendente que Lucas y col. (1992) hayan observado en niños de ocho años una media de CI más elevada en los que fueron amamantados respecto a los niños alimentados con leche de vaca. Sería interesante saber si otros tests invalidarán o confirmarán este dato.

6. Los efectos nocivos de la leche de vaca

Algunos niños y adultos desarrollan una intolerancia a la leche de vaca que se manifiesta en problemas digestivos agudos en cada ingestión de leche. Estas personas pueden considerarse afortunadas, ya que dejan de consumir un alimento que a la larga puede tener consecuencias nefastas.

Si exploramos la literatura, vemos que la leche de vaca y sus derivados han sido incriminados en diversas enfermedades:

1) En la poliartritis reumatoidea, la supresión de los productos lácteos provoca una remisión de las artritis, y su reintroducción es seguida de una recidiva en un porcentaje nada despreciable de pacientes (Darlington, 1986).

2) En la diabetes juvenil de instauración reciente, Karjalainen y col. (1992) observan constantemente un grado elevado de anticuerpos contra la albúmina bovina y les atribuyen un papel en el origen de las lesiones del páncreas endocrino.

3) En la esclerosis múltiple, Kousmine (1980) y Swank (1991) obtuvieron bloqueos de evolución significativos pidiendo a los pacientes que suprimieran de su alimentación las grasas saturadas de origen animal, entre ellas leche y derivados, para sustituirlas por grasas insaturadas de origen vegetal.

4) En la nefropatía por IgA, Sato y col. (1988) alertaron las moléculas antigénicas resultantes de la leche en los complejos inmunes situados en los glomérulos renales.

5) Ciertas migrañas son claramente provocadas por la ingestión de productos lácteos y cesan cuando éstos se suprimen (Monro y col., 1984).

6) La enfermedad de Crohn está claramente más extendida entre los anglosajones y los escandinavos que entre los latinos, lo cual se ha relacionado con un consumo de leche mayor en el caso de los primeros.

7) En Francia, las lesiones cardiovasculares son más frecuentes, y la media de vida es más corta en el norte que en el sur. Esto se atribuye en gran parte al consumo de mantequilla por los primeros y de aceite, en particular de oliva, por los segundos.

D) EL PROBLEMA DE LA COCCIÓN

1. Objetivos y métodos de cocción

La cocción consiste en aplicar calor a los alimentos.

El calentamiento de los alimentos tiene varios objetivos, los principales son:

- Dar una textura, un sabor y un aroma que aprecien los consumidores.
- Asegurar la conservación.
- Favorecer la digestibilidad.
- Destruir microorganismos.

Existen diversos métodos de cocción (Joyeux, 1994):

- Sancochado.
- Pasteurización.
- Esterilización.
- En un cazo con agua (hervido).
- En una sartén con aceite (fritura).
- Con fuego de leña o carbón en un asador o en un grill (parrillada).
- En un horno clásico.
- En un horno microondas.
- En contacto con una superficie caliente.
- En una olla de presión o exprés.
- Al vapor suave en una olla que no pase de los 100 °C.
- Estofado, sin líquido, por debajo de los 100 °C, en un recipiente cerrado con una tapa.

En todos los casos, el aumento térmico se obtiene por agitación de las moléculas del alimento, del medio que lo envuelve y del utensilio que lo contiene.

2. Consecuencias visibles de la cocción

La cocción transforma el aspecto de los alimentos, y los cambios son aún más evidentes cuanto mayor y más prolongado sea el aumento de la temperatura. Así:

- Las verduras y las frutas se vuelven considerablemente más blandas.
- El huevo, que era líquido, se vuelve sólido.

- La carne magra del bistec, inicialmente roja, tiende a oscurecerse, y la parte grasa, inicialmente blanca, tiende a amarillear.
- Se produce una desecación progresiva.

El sabor del alimento se modifica, así como su olor, que a veces tiene el aroma característico a tostado. El simple testimonio de nuestros sentidos nos muestra que el producto cocido difiere mucho del producto crudo. Esta impresión es ampliamente confirmada por los análisis químicos.

3. Consecuencias químicas de la cocción

Durante la cocción, bajo el efecto de la agitación térmica, las moléculas chocan entre sí, se rompen y se unen al azar a otras estructuras para formar nuevas combinaciones muy complejas, algunas de las cuales no se encuentran en la naturaleza. Este punto esencial ha sido señalado por Burger (1988) y Comby (1989).

Los azúcares se polimerizan, los aceites se oxidan, se polimerizan, se «ciclizan» más fácilmente cuanto más insaturados sean. Por tanto, es mejor evitar calentar los aceites de girasol, maíz y colza, ricos en ácidos grasos insaturados. Los daños son menores en el aceite de cacahuete, que sólo contiene un 30% de ácidos grasos insaturados (Mendy, 1986).

Pueden formarse isómeros:

- Azúcares simples de tipo L a partir de azúcares simples de tipo D.
- Aminoácidos de tipo D a partir de aminoácidos de tipo L.
- Acidos grasos *trans* a partir de ácidos grasos *cis*.

Ahora bien, como explicaremos en el capítulo 15, las enzimas únicamente actúan sobre la sustancia original natural y no sobre el isómero. Se desconoce el destino de los isómeros al traspasar la barrera intestinal. Quizá sean inutilizables. En el peor de los casos, son perjudiciales, y probablemente sea así. En el capítulo en que se describen los aceites, volveremos a tratar sobre la nocividad de los ácidos grasos *trans*.

Como observa Burger (1988), suele ser suficiente una pequeña diferencia respecto a la molécula normal para obtener una molécula que el organismo es incapaz de metabolizar. Así, la 2-desoxiglucosa es muy parecida a la glucosa, pero le falta un átomo de hidrógeno unido al segundo carbono. La 2-desoxiglucosa se transporta y absorbe por los mismos sistemas de la glucosa, pero cuando llega a las células no puede ser transformada y se acumula.

El calor tiene un impacto particularmente visible sobre las proteínas, que merece ser detallado en un capítulo aparte.

4. Acciones de la cocción en las proteínas

Cuq y Lorient (1992) han analizado las proteínas de forma exhaustiva. La cocción tiene múltiples consecuencias:

1) *Modificación de la estructura espacial*

Si bien no se rompe ningún enlace covalente y la estructura primaria no resulta afectada, se rompen enlaces de hidrógeno y se refuerzan los enlaces hidrófobos intramoleculares, lo que produce un cambio de la estructura espacial.

2) *Modificación de las cadenas laterales de los residuos de aminoácidos*

- La glutamina y la asparagina sufren una desamidación.
- La cisteína y la cistina son sometidas a una desulfuración.
- La fosfotreonina y la fosfoserina sufren una defosforilación.
- La arginina produce residuos de citrulina u ornitina, con liberación de urea.
- El triptófano genera derivados carbolínicos, las carbolinas α, β y γ. La gammacarbolina reforzada por la betacarbolina es un agente potencialmente cancerígeno. El poder mutágeno de Trp-P1 y Trp-P2, contenidos en la gammacarbolina, medida por el test Ames-*Salmonella*, es muy elevado: 104.000 y 39.000 reversiones por microgramo. Son cifras récord muy superiores a las registradas en otras sustancias cancerígenas conocidas.
- El ácido glutámico da también origen a potenciales derivados cancerígenos. Las carbolinas Glu-P1 y Glu-P2 tienen un poder mutágeno de 49.000 y 1.900 reversiones por microgramo.
- La lisina, la ornitina y la fenilalanina también generan carbolinas, respectivamente, Lys-P1, Orn-P1 y Phe-P1.

3) *Interacciones entre varias proteínas*

- Forman puentes covalentes isopeptídicos.
- Forman puentes covalentes de tipo lisinoalanina, ornitoalanina o lisinometilalanina.

4) *Interacciones entre proteínas y glúcidos reductores*

Se trata de las famosas reacciones de Maillard, puestas de manifiesto por este químico en 1916 y que han dado lugar a numerosos trabajos. Se producen entre el grupo amino de las proteínas y el grupo carbonilo de los azúcares. Se desarrollan en tres etapas, y derivan en la formación de sustancias cada vez más complejas:

- Durante la primera etapa se forman aldosaminas (compuestos de Heyns) y cetosaminas (compuestos de Amadori). Estos dos productos son prácticamente incoloros. El derivado de Amadori obtenido a partir de la lisina y de la lactosa representa más del 70% de las moléculas de Maillard presentes en la leche caliente.
- Durante la segunda etapa, los compuestos de Heyns y de Amadori se transforman en premelanoidinas, cuyos colores y aromas son variados y suelen ser apreciados por los consumidores. Las premelanoidinas están presentes en el olor a tostado de los alimentos calentados.
- Durante la tercera etapa se constituyen los polímeros de color marrón, denominados melanoidinas.

Los compuestos que aparecen en el transcurso de las dos primeras etapas son absorbidos parcialmente por el intestino y después metabolizados. Las melanoidinas, que tienen un peso molecular elevado, no atraviesan la mucosa del intestino delgado. Podría ser de otro modo en caso de hiperpermeabilidad por disyunción de los enterocitos, fenómeno observado en diversas enfermedades.

En el transcurso de las reacciones de Maillard se crean sustancias con una capacidad mutagénica débil. Principalmente podríamos preguntarnos cuál es el destino de estas grandes moléculas una vez han atravesado la barrera intestinal. Algunos compuestos de Maillard son insolubles en agua y resistentes a las enzimas proteolíticas. Tampoco la lejía o los detergentes pueden romperlos. Nada se opone a la acumulación de estas sustancias sin modificación de su estructura, si no en las células, al menos en el medio extracelular.

5. Efectos nocivos de la cocción

¿Qué debemos retener de la enumeración, algo aburrida, de las modificaciones en la estructura de los alimentos provocadas por el calentamiento?

Esencialmente, que la cocción genera un gran número de moléculas complejas, que no existen en estado natural, cuyas propiedades y destinos son desconocidos. Burger (1988) tiene razón al insistir sobre este hecho fundamental.

Se ha demostrado que algunas sustancias procedentes de la cocción son tóxicas o cancerígenas. Mientras que los pesticidas y los colorantes preocupan mucho a los consumidores, Dang (1990) estima que contienen muchos menos compuestos mutagénicos que los alimentos cocidos. Las transformaciones de dos aminoácidos esenciales, como el triptófano y el ácido glutámico, son dos ejemplos ilustrativos.

Los peligrosos efectos de la cocción pueden evidenciarse, directa o indirectamente (al constatar las acciones beneficiosas de algunos alimentos crudos).

a) *Argumentos directos*
Podemos establecer cuatro:

1) Durante la fase de digestión de una comida que contiene productos cocidos, se observa la generación de leucocitosis, que no tiene lugar cuando se ingieren productos crudos. Esto sugiere que algunas macromoléculas han atravesado la pared intestinal y han provocado una respuesta inmunitaria.

2) Las grasas animales cocidas, especialmente carnes y productos lácteos, favorecen la aparición de cáncer de mama y de colon. Este punto será tratado exhaustivamente en el capítulo sobre enfermedades malignas.

3) Algunas poblaciones anglosajonas y escandinavas, grandes consumidoras de ciertos alimentos cocidos (trigo, maíz, leche y grasas animales), pagan también un caro tributo a la obesidad, a la diabetes adulta y a las enfermedades cardiovasculares.

4) Algunas moléculas de Maillard, irrompibles por nuestras enzimas, están ausentes en el recién nacido y presentes en cantidades relativamente abundantes en las personas mayores. Dichas moléculas podrían participar en el envejecimiento vascular y cerebral prematuro, y en el desarrollo de las demencias seniles, tan frecuentes hoy en día.

b) *Argumentos indirectos*
Pueden exponerse basándonos en los mamíferos y en los hombres.

1) Las experiencias realizadas por Pottenger (detalladas por Comby, 1989) en 900 gatos estudiados durante 10 años son muy instructivas. Este médico practicaba suprarrenalectomías, seguidas de administración de hormonas suprarrenales. Accidentalmente, llegó a alimentar a algunos animales con carne cruda, mientras que el resto de gatos se alimentaron con carne cocida. Hizo varias observaciones, verificadas en diversas ocasiones.

Los gatos que comen carne cruda:

- Resisten mejor las intervenciones quirúrgicas.
- Tienen muchas menos enfermedades infecciosas, inflamatorias y alérgicas.
- Son mucho menos irritables.

• Engendran crías más vigorosas a las que amamantan sin dificultad.

Además, la degeneración de los gatos que comen carne cocida se agrava con el devenir de las generaciones.

2) El chimpancé es muy parecido al hombre en cuanto a la evolución filogénica y posee un 99,3% de genes análogos a los nuestros. En estado salvaje, este primate sólo come alimentos crudos. Cuando se estudia en un laboratorio o un zoo, se observa que tolera muy mal los alimentos cocidos y recibe de manera exclusiva o casi exclusiva productos crudos (Comby, 1989).

3) A pesar de que estamos el siglo XXI, algunas poblaciones todavía viven, o vivían muy recientemente, casi en la edad de piedra. Constituyen interesantes modelos que observar:

• Los esquimales, que no disponen de madera para hacer fuego, han obtenido durante mucho tiempo sus principales recursos del pescado y de los renos, que comían crudos. A pesar de las grandes dosis de grasas animales contenidas en este régimen, están diez veces menos afectados por enfermedades cardiovasculares que los europeos y los estadounidenses.

• Los pigmeos ingieren a diario, sin inconvenientes para su salud, cantidades de carne, casi cruda, impensables para los occidentales.

6. Consecuencias prácticas

Es siempre preferible comer alimentos crudos que cocidos. Sin embargo, si deseamos utilizar la cocción, hay que tener en cuenta algo esencial: las modificaciones inducidas por el calor son aún más importantes cuando la temperatura es alta y el tiempo de exposición al calor es largo. La frontera por encima de la cual los alimentos sufren importantes transformaciones se sitúa alrededor de los 110 °C.

Los cereales y las carnes se cuecen a temperaturas elevadas. Las verduras frescas y las legumbres se suelen cocer a temperaturas moderadas. Ésta es una de las principales razones por las cuales los primeros son peores que las segundas.

Para elegir un método de cocción, mi opinión se une a la de la escuela de Kousmine (1989) y de Joyeux (1994):

• Se deben evitar los asados y las frituras entre 300 y 700 °C.
• Se debe evitar el horno clásico que llega a los 300 °C.
• Debe evitarse la olla de presión que llega hasta los 140 °C.
• Conviene optar por una cocción al vapor suave o estofada.

El horno microondas sube la temperatura durante un tiempo muy corto alrededor de 75 °C, muy por debajo de la frontera de los 110 °C. En principio, parece inofensivo. Sin embargo, este aparato tiene varias propiedades inquietantes (Debry, 1992):

- Provoca un cambio de orientación de las moléculas de agua, 2.450 millones de veces por segundo. Nadie conoce las consecuencias de este fenómeno.
- En caso de fuga, emite radiaciones no ionizantes con efectos nocivos para el organismo humano.
- Transforma ciertos aminoácidos L en aminoácidos D. Es el caso de la prolina y de la hidroxiprolina, que escapan de la acción de nuestras enzimas.
- Induce en más del 90% de los alimentos fuertes perturbaciones detectadas por el método de cristalizaciones sensibles.

Los productos calentados con horno microondas sufren sutiles modificaciones estructurales, probablemente peligrosas.

Una experiencia llevada a cabo por Henry Joyeux apoya esta hipótesis. Se alimentaron tres grupos de ratas con los mismos alimentos preparados de diferente manera:

- Para el primer grupo, se calentaron en el horno microondas.
- Para el segundo grupo, se cocieron en una olla de presión.
- Para el tercer grupo, se administraron crudos o cocidos al vapor suave.

Las ratas del primer lote rechazaron la comida durante varios días, y después, debido al hambre, terminaron por comer. Luego se inocularon células cancerosas a todos los roedores. El porcentaje de animales que desarrollaron un cáncer fue del 100% en el primer grupo, 50% en el segundo grupo y 0% en el tercero. La conclusión es clara: es mejor no utilizar el horno microondas.

E) LA PREPARACIÓN DE LOS ACEITES

Los peligros que conllevan los métodos actuales utilizados en la preparación industrial de los aceites vegetales han sido durante mucho tiempo denunciados por Kousmine (1980) y por su alumno Bondil (1989).

Antiguamente, los aceites se extraían de las plantas por primera presión en frío, a una temperatura lo más cercana posible a 30 °C. Estos aceites contenían ácidos grasos esenciales, en particular ácido linoleico y ácido alfalinolénico, que a veces se reúnen bajo el nombre de vitamina F, bajo su forma normal *cis*. Sin embargo, el rendimiento era sólo del 30%.

Desde la segunda guerra mundial, numerosos aceites se extraían por calor, con vapor de agua entre 160 y 200 °C. Este procedimiento tiene un rendimiento del 70%. Se suele añadir una presión en frío después de mezclar el grano con un disolvente, el hexano, lo que permite recoger el 100% de la materia grasa. Los aceites así obtenidos son coloreados y malolientes, ya que contienen hexano y ciertos constituyentes de la planta que no afloraban con la técnica ancestral de la primera presión en frío. Esto obliga a múltiples refinamientos cuya eficacia, por otra parte, sólo es parcial.

Este modo de preparación tiene tres inconvenientes:

1) Persistencia de algunos productos nocivos como el hexano, muy integrado en los cuerpos grasos e imposible de eliminar por completo.

2) La saturación de una parte de los ácidos grasos insaturados, es decir, la desaparición de los dobles enlaces, que termina por crear ácidos grasos saturados no deseables y nuevas especies químicas más o menos peligrosas.

3) La transformación de una fracción de los ácidos grasos insaturados *cis* en la forma *trans*, que nuestro organismo es incapaz de metabolizar.

Se puede decir que la producción industrial de los aceites es una cocción sazonada con algunas sustancias tóxicas. La concentración de ácidos linoleico y alfalinolénico *cis* disminuye, y los acompañan moléculas inutilizables y algunas peligrosas. La preparación de margarinas, muy bien explicada por Bondil (1989), es también criticable.

Mann (1994) ha redescubierto recientemente los nefastos efectos de los ácidos grasos poliinsaturados *trans*. Los incrimina en ciertas afecciones frecuentes en la población estadounidense: hipercolesterolemia, arteriosclerosis, obesidad y resistencia a la insulina en la diabetes. Sin duda, Mann no ha oído hablar nunca de los trabajos de Kousmine, pues no los cita. Sin embargo, es interesante observar que dos investigadores que han trabajado de forma independiente, llegan a las mismas conclusiones. Varios equipos confirmaron en 1995 que los ácidos grasos *trans* favorecían los accidentes coronarios.

El déficit en ácidos grasos poliinsaturados *cis* tiene también graves consecuencias. El papel de estos lípidos se definirá en el capítulo 15. Su carencia afecta al funcionamiento de las membranas celulares y desequilibra el metabolismo de las prostaglandinas, lo cual repercute en las respuestas inflamatorias e inmunitarias.

Estas consideraciones condujeron a Kousmine (1983) a proponer la sustitución de los aceites industriales por otros de primera presión en frío en el tratamiento de las enfermedades autoinmunes; en particular, la esclerosis múltiple. Swank (1991), aplicando un protocolo análogo, ha aportado notables resultados en la esclerosis múltiple. Hablaremos de este tema en el capítulo que describe las enfermedades autoinmunes.

F) LA CONTAMINACIÓN ALIMENTARIA

Desde hace algunas décadas, la mayor parte de los alimentos que consumimos ya no se presenta bajo su aspecto natural. Se les han añadido numerosas sustancias. Éstas se dividen en dos categorías: los aditivos alimentarios y los productos administrados a los animales y a los vegetales. En la tabla II se enumera una lista detallada.

Tabla II
LA CONTAMINACIÓN ALIMENTARIA

1. Aditivos alimentarios
(Chambolle, 1992)

Colorantes	Edulcorantes
Conservantes	Detergentes en polvo
Antioxidantes	Antiespumantes
Emulsionantes	Agentes de recubrimiento
Sales solubles	Tratamiento de la harina
Espesantes	Endurecedores
Gelatinizantes	Humectantes
Estabilizantes	Aislantes
Potenciadores del sabor	Enzimas
Acidulantes	Agentes de carga
Correctores de acidez	Gases propulsores
Antiagregantes	Gases de embalaje
Almidón modificado	

2. Productos administrados a los animales y a los vegetales

Hormonas	Diversos medicamentos
Antibióticos	Pesticidas
Tranquilizantes	Abonos

1. Los aditivos alimentarios

Fueron enumerados por Chambolle (1992) y son extremadamente variados. Los más empleados son los colorantes, los conservantes y los antioxidantes, y, en segundo lugar, destacan los emulsionantes, los espesantes, los gelatinizantes y los estabilizantes.

Se suele acusar a estos aditivos de todos los males, y es verdad que aún no se conoce su acción a largo plazo. Sin embargo, probablemente son mucho menos peligrosos que algunas nuevas especies químicas creadas por la cocción, respecto a sus efectos cancerígenos, como ha probado Dang (1990) y otros.

En efecto, los aditivos, aunque son muy numerosos, se conocen bien. Se han realizado exámenes en animales de laboratorio para verificar su inocuidad. Asimismo, se han promulgado leyes para limitar su empleo en los casos en los que son necesarios y para reducir la dosis al mínimo.

2. Los productos administrados a los animales y a los vegetales

Hoy en día, la ganadería y la agricultura están dominadas por la noción de rendimiento, justificado por la necesidad de alimentar a una población en constante crecimiento. Si hace 70 años la población mundial era de 2.000 millones de habitantes, hoy ha pasado la barrera de los 6.000. Sería más lógico disminuir el número de nacimientos y conservar una alimentación de calidad. Desgraciadamente, ocurre lo contrario.

En nombre del sacrosanto rendimiento, las aves y los animales de carnicería reciben hormonas, antibióticos, tranquilizantes y medicamentos, algunos de los cuales son moléculas de síntesis que no existen en la naturaleza. Los vegetales se tratan con pesticidas y abonos, y las malas hierbas se eliminan con herbicidas. Estas medidas han multiplicado por cinco la producción de cereales, que ha pasado de 16 quintales por hectárea en 1985 a 80 quintales por hectárea en 1994. Pero nadie se ha preocupado de comprobar adónde van a parar las sustancias utilizadas.

Estas prácticas nefastas están en teoría limitadas por leyes. Pero ¿se aplican?

- Es más difícil controlar los actos de algunos ganaderos y agricultores que dosificar un colorante o un conservante en un alimento dado.
- Los productos empleados son extremadamente variados. Los medicamentos y los pesticidas se cuentan por millares. Las cantidades de pesticidas extendidas en todas partes del mundo son enormes (Bouguerra, 1995).

Se han comprobado además otros efectos negativos (Bondil, 1989), tales como la quelación de algunas vitaminas y oligoelementos, cuya cantidad disminuye en las verduras y en las frutas. Se suele observar contaminación de las aguas por los nitratos.

Este tema se describe con exhaustividad en el capítulo 7.

3. La contaminación del suelo

Es la consecuencia directa de las prácticas actuales de la agricultura y la ganadería (Molina, 1997; Piesen, 1997; Robert, 1997; Moffat, 1998). Numerosos productos indeseables se acumulan en la tierra: residuos nitrogenados, residuos fosfatados, nitratos, pesticidas, abonos, deyecciones de animales, cobre, efluentes de ganado (barro, abonos compuestos, purinas, abonos semilíquidos), microorganismos y parásitos.

Los suelos sirven igualmente de receptáculo a otras sustancias nocivas procedentes de:

- La contaminación del aire: lluvias ácidas, gases de los vehículos.
- La urbanización: residuos domésticos.
- La industria: metales (plomo, zinc, cadmio, níquel), dioxina, compuestos orgánicos.

Rush (1972), en un libro notable sobre agricultura, ha recordado ciertas nociones esenciales sobre las que todos deberíamos meditar:

- Existe una estrecha interdependencia entre todos los seres vivos: bacterias, plantas, animales y personas. El daño de uno de los eslabones de la cadena repercute en los otros.
- Los abonos químicos no respetan el verdadero equilibrio de los minerales, no tienen en cuenta las moléculas orgánicas que poseen una función esencial en la nutrición de los vegetales.
- El empleo de venenos contra los parásitos beneficia a los parásitos resistentes y perjudica a las plantas.
- Pesticidas y abonos alteran a las bacterias simbióticas de las plantas, que tienen una gran importancia en la transformación de los residuos orgánicos en moléculas metabolizables.
- Los métodos modernos aumentan el rendimiento a corto plazo, pero ocasionan la muerte de los suelos a largo plazo y, en consecuencia, la de los animales y los hombres.

Podríamos disertar extensamente sobre los riesgos generados por las numerosas sustancias utilizadas en la agricultura y la ganadería. Sólo aludiré a los antibióticos y a un insecticida, el DDT:

• Los antibióticos administrados sistemáticamente a los animales potencian los efectos de los antibióticos prescritos, de manera incontrolada y excesiva, a las personas con infecciones virales, en los que suelen ser inútiles. Esto provoca la selección de bacterias cada vez más resistentes, particularmente abundantes en los medios hospitalarios y causantes de las infecciones nosocomiales, una de las causas de muerte más extendida en la actualidad.

• El DDT, al igual que otros insecticidas y tranquilizantes, forma parte de los tóxicos lipófilos, que nuestro tejido adiposo «adora» almacenar (Fradin, 1991b). En las grasas humanas y animales se encuentra en cantidades elevadas. Su liberación durante un rápido adelgazamiento puede provocar una intoxicación aguda. Así mueren ciertos pájaros migratorios. Y quizás así se desencadenan ciertas depresiones nerviosas endógenas.

4. El recurso de los alimentos biológicos

Conscientes de la alteración cada vez más acentuada de la ganadería y de la agricultura, numerosas personas buscan una alimentación biológica. Ott y col. (1990) observan que la agricultura biológica sólo es practicada por el 1% de los agricultores de la Unión Europea. Sin embargo, le pronostican un buen futuro, ya que la demanda de productos naturales es cada vez mayor. En Francia, la agricultura biológica ocupa sólo el 0,3% de las tierras cultivables frente al 11,2% en Austria, líder europeo. Según las previsiones de los expertos, debería multiplicar su territorio por 6 en el 2005.

La agricultura biológica se ha regulado oficialmente en Europa mediante un reglamento establecido en 1991. El término agricultura biológica incluye agricultura y ganadería. Deben respetarse unas condiciones muy estrictas. La etiqueta AB (agricultura biológica) sólo se concede después de pasar unos estrictos controles, efectuados al menos una vez al año, por un organismo autorizado. Las principales exigencias son:

a) *Para la agricultura*

• La prohibición del uso de herbicidas, pesticidas e insecticidas, que deben sustituirse por medios naturales como los insectos predadores.

• La prohibición del uso de productos químicos de síntesis, salvo en casos muy particulares y precisos, que deben sustituirse por abonos verdes o estiércol de granja.

• La rotación de cultivos, que supone la sustitución de la planta cultivada cada dos años.

b) *Para la ganadería*
- La prohibición de la estabulación de los animales.
- Una alimentación mayoritariamente biológica.
- Una limitación estricta de los antibióticos.

Actualmente, numerosas variedades de alimentos pueden producirse de forma biológica: frutas, verduras, huevos, carnes, vinos, cereales y leches animales. Los pescados procedentes de la acuicultura están todavía fuera de este circuito, lo cual es lamentable, ya que suelen recibir harinas y antibióticos en grandes dosis.

Los alimentos biológicos no son perfectos, pues la contaminación ha invadido todo el planeta. Los compuestos organoclorados que provienen de la contaminación y de los pesticidas se volatilizan y el viento los transporta a regiones muy alejadas (Blais y col., 1998). Sin embargo, la producción biológica tiene dos grandes ventajas:

- Proporciona alimentos adecuados para la salud, la mayoría de las veces sabrosos y sin OGM (tasa inferior al 1%).
- Respeta el medio ambiente, único medio de preservar el futuro de las próximas generaciones.

Los productos biológicos son, de media, cerca del 40% más caros que los productos clásicos.

Sin embargo, el término «biológico» debe dar pie a la reflexión, pues significa simplemente «criado o cultivado en condiciones naturales». Hemos visto que el trigo, el maíz o la leche animal, aunque se hayan obtenido de esta manera, son peligrosos debido a su estructura. Por otra parte, ¿podemos considerar biológicos a los animales que han ingerido estos alimentos nocivos, como los pollos alimentados con maíz?

Por esta razón, Burger (1988) descartó el concepto de «biológico» o «natural» en favor del concepto «original». Para Burger, únicamente son adecuadas las sustancias originales, idénticas a las que comían nuestros ancestros prehistóricos. Por ejemplo, la carne de toro proveniente de los pastos es un alimento «original».

Rusch (1972) preconiza una agricultura biológica muy pura donde los únicos elementos que se pueden añadir al suelo son:

- Los polvos de rocas primitivas, que aportan en su equilibrio natural todos los minerales necesarios para las plantas.
- El abono orgánico constituido por los residuos de seres vivientes: mataderos, composts urbanos.
- La inoculación de bacterias simbióticas alrededor de las raíces.

Este autor predice que «la humanidad entrará en la era biológica o desaparecerá». El método de Rusch se basa en la agricultura durable, viable, sostenible, reclamada por Savary y Teng (1994) para reemplazar la agricultura actual que desequilibra, destruye y esteriliza los suelos.

G) LAS CARENCIAS EN VITAMINAS Y MINERALES

En la actualidad, muchos animales (corderos, lechazos, terneros, cerdos, pollos, conejos) no salen de sus establos o jaulas y son alimentados con piensos que incluyen de 10 a 15 alimentos base: alfalfa deshidratada, cereales secos, plantas secas, productos fermentados por ensilaje, tortas que corresponden a los residuos de los granos después de la extracción del aceite, residuos de varias industrias (fábricas de aceites, molinos, fábricas de almidones, fábricas de cerveza), harinas de carne y residuos de pescado (Cordesse, 1994).

La composición de los piensos varía según la especie, la edad y el régimen herbívoro u omnívoro. En la actualidad, estos animales se sacrifican a una edad más temprana que antes. El cordero, el buey y el caballo pastan en los prados y se benefician de una alimentación más natural, aunque también ingieren piensos.

Muchas verduras y frutas crecen en invernaderos y se recogen después de una vida más corta que las verduras y las frutas tradicionales.

Todos estos animales y vegetales «criados muy deprisa» son atiborrados de forma artificial con minerales y vitaminas que se añaden a los piensos y abonos. Teóricamente, los consumidores deberían estar a salvo de carencias minerales y vitamínicas. La experiencia demuestra que no es el caso y se suelen encontrar personas con déficit en magnesio, hierro o en diversos oligoelementos. Los colaboradores de Kousmine (Association Médicale Kousmine, 1989) Dupin y Hercberg (1992) señalaron la frecuencia de déficits vitamínicos. No se observan como en la Edad Media avitaminosis graves causantes de enfermedades como el escorbuto, pero sí hipovitaminosis más moderadas, que pueden favorecer a largo plazo la aparición de algunas enfermedades.

¿Cómo se explican estas carencias, a pesar de las precauciones tomadas por los ganaderos y agricultores? Sin duda por varias razones:

- Es probable que el animal o la planta, cuyo crecimiento es acelerado, no retenga una parte de los minerales y las vitaminas.
- Principalmente, nuestro organismo se adapta mal a estos alimentos artificiales, en los que la proporción de los diversos minerales y vitaminas está mal equilibrada. Encontramos una situación análoga a la

de la leche de vaca y humana. El calcio abunda tres veces más en el primero que en el segundo. A pesar de ello, las hipocalcemias se observan sólo en los niños alimentados con leche de vaca.

• Algunos productos que actualmente se consumen a diario han perdido gran parte de sus minerales y/o de sus vitaminas: conservas, alimentos cocinados, sal refinada y azúcar refinado.

La dietética no debe basarse en aspectos cuantitativos, sino en aspectos cualitativos. Un retorno a los alimentos naturales y crudos sería un gran paso en esta dirección.

H) OTROS ERRORES EN EL ÁMBITO ALIMENTARIO

Las modificaciones ilógicas de nuestra alimentación constituyen el principal peligro para nuestra salud, pero el hombre también ha cometido otros errores. Destacaremos dos de ellos.

1. La enfermedad de las vacas locas

La encefalopatía espongiforme bovina (ESB) se denomina así debido al aspecto de esponja del cerebro de los bovinos afectados. Se trata de una destrucción cerebral progresiva, que se traduce por manifestaciones neurológicas y problemas de comportamiento, con una rápida evolución hacia la muerte.

La epidemia empezó en Gran Bretaña en 1986, se detectó en 1988 y alcanzó su máxima expansión en 1992 (Anderson y col., 1996). Se contaron más de 158.000 casos en el Reino Unido y algunos cientos en el continente, sin incluir los casos no declarados (Butler, 1996). La contaminación de los bovinos se debe al consumo de harinas de carnes y huesos contaminados por los tejidos nerviosos de animales enfermos (Dormont y Bursaux, 1996).

Hay diferentes teorías sobre el mecanismo de desarrollo de la ESB (Laplanche, 1997). Prusiner (1995) atribuye la responsabilidad a un prión, es decir, a una proteína modificada, que deriva de una proteína normal presente en el cerebro. El prión sería capaz de multiplicarse. Si esta teoría se verifica, constituiría una verdadera revolución. Uno de los dogmas de la biología es que el ADN y el ARN son las únicas moléculas que se duplican, mientras que las proteínas son incapaces. Sin embargo, se han propuesto otras teorías según las cuales el agente causal sería un virus, una molécula chaperón o un virión, formado por el prión, que encapsularía un ácido nucleico de pequeña talla (Beauvais, 1997).

En el hombre, la encefalopatía espongiforme es rara, y corresponde casi siempre a la enfermedad de Creutzfeldt-Jacob. Sin embargo, en los últimos años, en Gran Bretaña, algunas decenas de personas han desarrollado una nueva encefalopatía espongiforme, distinta de la enfermedad de Creutzfeldt-Jacob en varios aspectos (Dormont y Bursaux, 1996):

- Edad temprana de los pacientes.
- Predominio inicial de signos psiquiátricos.
- Trazas encefalográficas diferentes.
- Supervivencia tres veces más larga.
- Aspecto particular en la autopsia del cerebro.

No es seguro, pero sí muy probable, que se trate de la ESB transmitida al hombre. Éste se contaminaría a través de la ingesta del cerebro y quizás algunos despojos (mollejas, tripas) de bovinos enfermos. El músculo, es decir, el bistec, parece inofensivo (Hope, 1995). Los británicos aquejados de esta enfermedad no consumían carne magra, sino hamburguesas elaboradas con sesos.

A partir de 1988 se tomaron medidas para luchar contra la ESB. Las principales fueron:

- La prohibición de exportar a Gran Bretaña sus productos bovinos.
- La matanza sistemática de los rebaños que contenían uno o varios animales enfermos.
- La exclusión de la venta de cerebro, médula espinal y todas las partes del buey o vaca que hubieran podido estar en contacto con el sistema nervioso.
- La abolición definitiva de harinas que contuvieran sustancias de origen animal.

Estas medidas fueron eficaces. En los bovinos, la transmisión por la alimentación ha desaparecido desde finales de 1994. En 1996, los nuevos casos de ESB eran nueve veces menos que en 1992. En el hombre, la incidencia de la nueva encefalopatía espongiforme no ha aumentado, lo cual es tranquilizador. El agente causal de la ESB parece tener dificultades para pasar la barrera de las especies. No obstante, teniendo en cuenta que el periodo de incubación es largo, debemos esperar todavía una decena de años para tener una opinión más firme.

La enfermedad de las vacas locas es un buen ejemplo de lo absurda que es la conducta humana; en concreto, la obsesión de los ganaderos por el rendimiento. Se administra a los herbívoros una alimentación que los ha convertido a la vez en carnívoros y caníbales. Engañando a las leyes de la naturaleza, la especie humana se expone a ciertos peligros.

2. Los excesos de la pesca en el mar

Safina (1996) ha descrito inmejorablemente este tipo de excesos. Los pescadores ven facilitada su tarea con diversas técnicas modernas:

- Las largas redes de deriva.
- La pesca de arrastre.
- Los palangres, que pueden medir varios kilómetros y están equipados con numerosos anzuelos.
- El radar, que permite a los barcos navegar y pescar en la bruma.
- El sonar, que detecta los bancos de peces, según la forma característica de su eco.
- Los aviones, que guían a los barcos en la búsqueda de atunes rojos.
- El posicionamiento por satélite (GPS), que orienta a los buques hacia las zonas ricas en peces.

Estos procedimientos son tan eficaces que todos los años se capturan el 90% de los peces que existen en los mares y océanos, tanto las especies autorizadas como las prohibidas. Se siguen utilizando técnicas teóricamente prohibidas por la ley. Los peces no pueden reproducirse en cantidad suficiente y su número disminuye desde 1989.

Los países donde la pesca es más importante son, de mayor a menor, Japón, Rusia, China, Estados Unidos, Chile y Perú, cuya actividad supone el 51% de las capturas mundiales (Piclet, 1992). La ambición de los profesionales de la pesca ha provocado la disminución de numerosas especies. Esta visión a corto plazo amenaza los recursos alimentarios del futuro.

En compensación, la cría de pescado en agua dulce y en agua salada, llamada acuicultura, adquiere cada vez más importancia. En diez años ha doblado la producción y representa una cuarta parte de los peces y crustáceos que se consumen actualmente (Naylor y col., 1998). Pero la acuicultura también tiene sus inconvenientes (Foster, 1999):

- Destrucción de los bosques de manglares que bordean las costas donde se desarrollan los alevines.
- Necesidad de grandes aportaciones de peces salvajes para alimentar a las especies carnívoras.
- Polución y salinización de las aguas y los suelos.

La acuicultura obstaculiza en parte la reproducción de las especies marinas, ya castigadas por sobrecargas de sustancias tóxicas generadas por las actividades humanas, que contaminan los ríos, mares y océanos.

Como han indicado algunos economistas, el exceso de impuestos mata a los impuestos. De la misma manera podemos decir que el abuso de la pesca mata a la pesca. Los cazadores, que tropezaron con un problema parecido hace algunos años, han comprendido la necesidad de limitar los periodos de caza y proteger algunas especies. Los pescadores deben seguir los mismos pasos.

I) CONCLUSIÓN

En el aspecto nutricional, el hombre moderno se ha alejado completamente de las leyes naturales. Ningún animal salvaje consume:

- Cereales refinados.
- Leche en la edad adulta.
- Leche de otros animales.
- Alimentos cocinados.
- Aceites adulterados.

Estas prácticas erróneas son, con frecuencia, la causa de numerosas enfermedades, como veremos más adelante. El mejor tratamiento y prevención de estos problemas es la práctica de una alimentación similar a la de los tiempos prehistóricos, a la cual el hombre está mucho mejor adaptado.

Capítulo 5

LOS PRINCIPIOS DEL RÉGIMEN ALIMENTICIO

La ecología alimentaria es una necesidad.

Profesor HENRI JOYEUX

La prescripción dietética es un acto médico terapéutico al igual que la prescripción medicamentosa.

Profesor LOUIS MONNIER

Antes de exponer mis ideas sobre este tema, he de hacer mención de los trabajos de dos de mis predecesores: Kousmine y Burger, y del contemporáneo Fradin. Siento mucho respeto por estos tres investigadores, que han desarrollado un razonamiento lógico y obtenido buenos o excelentes resultados en enfermos. Asimismo, señalaré las convergencias y divergencias entre estos tres métodos y el mío.

A) EL MÉTODO KOUSMINE

Este método se ha presentado de manera detallada en varias obras (Kousmine, 1980; Kousmine, 1983; Kousmine, 1987; Association Médicale Kousmine, 1989).

1. Las bases

La doctora Catherine Kousmine, recientemente fallecida a una edad avanzada, era de origen ruso y vivía en Suiza. Le llamó la atención la conjunción de dos hechos:

- El aumento de la frecuencia de cánceres, enfermedades autoinmunes, afecciones psiquiátricas y virosis desde principios de la primera era industrial en el siglo XIX y, principalmente, en la segunda mitad del siglo XX.
- La creciente utilización de técnicas industriales para la producción alimentaria, lo que ha modificado los hábitos alimentarios y la estructura de los productos.

Kousmine preconiza el retorno a una alimentación natural constituida por productos «vivos» no tratados y por productos crudos. Esta dietética se completa con otras medidas que vamos a examinar a continuación.

2. Las reglas que seguir

Son cuatro:

1) *Una alimentación sana*

Sus principios son los siguientes (Denjean, 1989):

- Evitar el consumo de conservas, azúcar blanco y productos que lo contengan, harinas blancas, sémolas, copos de cereales, pan blanco, sal refinada, aceites industriales, margarinas, alcohol, café, té. El tabaco queda igualmente prohibido.
- Reducir el consumo de leche y productos lácteos y, en particular, restringir el de mantequilla.
- Consumir verduras frescas biológicas, ensaladas, frutas frescas y frutas secadas al natural, frutos oleaginosos, polen, miel, carnes, pescados, huevos, legumbres, azúcar integral, sal no refinada, harinas completas biológicas recién molidas, pan completo hecho con estas harinas, aceites crudos obtenidos por primera presión en frío.
- Comer una sola vez al día carne o pescado o huevos o legumbres.
- Suprimir las frituras y el uso del horno microondas, no hervir los alimentos, cocerlos poco y cocinarlos al vapor.

2) *Un suplemento de nutrientes*

Mantener una alimentación no apropiada durante años provoca carencias. Conviene administrar vitaminas y oligoelementos. La vitamina C se recomienda en grandes dosis, ya que Kousmine adopta respecto a este tema las tesis de Pauling.

3) *Una higiene intestinal*

La mala alimentación produce el estancamiento de materias fecales y transforma la flora intestinal, al ocasionar el desarrollo de una flora de putrefacción con efectos nocivos. Para acelerar el regreso a la normalidad, se efectuarán lavados por vía rectal, seguidos de instilaciones rectales de aceite virgen.

4) *Una corrección de la acidificación anormal del organismo*

Una alimentación errónea, un déficit en ciertas vitaminas y oligoelementos, provocan a la larga una acidificación del organismo cuyas consecuencias son nefastas. Este desequilibrio se puede corregir tomando diariamente citratos alcalinos.

3. Los resultados

Kousmine obtuvo éxitos frecuentes en el tratamiento de diversos estados patológicos, en particular enfermedades autoinmunes y cánceres. Su método permite detener la evolución en algunos casos, y la mejora o cura en otros. Es perfectamente compatible con los tratamientos alopáticos clásicos a los cuales se puede asociar.

Un buen número de sus colegas ha comprobado los resultados de Kousmine. La doctora invitó a 87 médicos a su consulta y les mostró casos de enfermedades consideradas crónicas e incurables para la medicina clásica, y que fueron estabilizadas o curadas siguiendo su técnica.

Los destacados trabajos de Kousmine no se dieron a conocer ni a los médicos ni al gran público en general, ya que fueron rechazados por los defensores de la medicina clásica (que no se preocuparon de efectuar ningún estudio científico), y no se publicaron ni en la prensa ni en revistas especializadas. Sin embargo, Kousmine ha creado escuela y sus alumnos han formado una asociación para intercambiar sus experiencias y propagar su método.

4. Comentarios

Apruebo la mayor parte de las recomendaciones propuestas por Kousmine:

- Evitar las conservas, aceites industriales y margarinas, y el azúcar y la sal refinados.
- Recomendar el consumo de alimentos biológicos, principalmente verduras frescas, frutas, frutos oleaginosos, miel.
- Limitar a una vez al día el consumo de carnes, pescados, huevos o legumbres.
- Consumir aceites obtenidos por primera presión en frío.
- Animar a tomar alimentos crudos o en su defecto cocidos el menor tiempo posible y a baja temperatura.
- Ingerir suplementos de vitaminas y oligoelementos.
- Entender la importancia de la limpieza intestinal.

Mi opinión difiere en algunos aspectos menores y en dos puntos principales:

- Suprimo totalmente la leche y los productos lácteos, ya que la experiencia me ha demostrado que, incluso en pequeñas dosis, constituyen un peligro y pueden impedir la curación de algunas afecciones.

• Suprimo totalmente los cereales (salvo el arroz y el trigo sarraceno), ya que me parecen perjudiciales para ciertas enfermedades y algunas personas.

Alegarán que la simple restricción de lácteos y el mantenimiento de los cereales no han impedido a Kousmine y a sus colaboradores obtener muchos éxitos. Probablemente, el sistema enzimático y mucínico de algunas personas les permite tolerar los cereales y pequeñas cantidades de leche. Pero no ocurre lo mismo en otras. La supresión del trigo, el maíz y la leche es a veces el elemento determinante para obtener una curación. En los siguientes capítulos veremos la gran proporción de buenos resultados obtenidos con este procedimiento.

Únicamente citaré un ejemplo, el de la colopatía funcional, que se cura rápidamente siguiendo mi dietética. Si el enfermo vuelve a tomar un cereal o un producto lácteo, a partir del siguiente día sufre una recaída cuya intensidad es proporcional a la cantidad de alimento no aconsejado que ha ingerido.

B) EL MÉTODO BURGER

Este método se ha descrito en varios libros (Burger, 1985; Burger, 1988; Comby, 1989). Las dos ediciones de Burger están redactadas en tono humorístico, mientras que el estilo de su alumno Comby es más formal.

1. Las bases

Guy-Claude Burger es un físico suizo que actualmente reside en Francia. Ha elaborado las bases de una teoría muy interesante que se concreta en una manera particular de alimentarse, llamada «instintoterapia». Las principales ideas de Burger son las siguientes:

1) El hombre estaba muy bien adaptado a la alimentación prehistórica llamada «original», porque dicha alimentación fue prácticamente idéntica durante varios millones de años.

2) Sin duda, la mayoría de los seres humanos no están adaptados a la alimentación moderna, ya que ésta difiere mucho de la alimentación ancestral y tiene una antigüedad de sólo unos pocos miles de años.

3) La adaptación o la inadaptación dependen de la dotación genética de cada individuo y, sobre todo, del polimorfismo de los genes que dirigen la síntesis de las enzimas, de las que dependen la digestión y el catabolismo de los alimentos.

4) La inadaptación enzimática se traduce por el paso a través de la barrera intestinal de partículas alimenticias más o menos complejas,

denominadas moléculas no originales (MNO), que el organismo no puede integrar en su metabolismo normal. Cuando los aportes en MNO superan las capacidades de eliminación del organismo, las MNO se acumulan en diversos tejidos y células, lo que conduce al desarrollo de numerosas enfermedades.

5) Una vuelta a la alimentación original cambia por completo la situación. Cuando se suprimen los aportes de MNO, el organismo elimina de manera progresiva la mayor parte de MNO que contiene. Esta depuración puede mejorar o curar ciertas afecciones.

2. Las reglas que seguir

Burger hace varias recomendaciones:

- Consumir únicamente alimentos originales, es decir, iguales a los que comía el hombre en la época prehistórica. El criterio «original» es mucho más exigente que el criterio «biológico». Así, un pollo criado principalmente con maíz puede considerarse biológico, siempre que se respete la normativa correspondiente al etiquetado biológico. Pero ese pollo no es original, pues el maíz moderno difiere notablemente del maíz salvaje, y el cuerpo del animal contiene MNO aportadas por el maíz.
- Los cereales modernos y la leche animal están prohibidos ya que no son originales.
- El crudivorismo debe ser integral, lo que excluye los productos calentados, conservados o congelados.
- Cada alimento se debe consumir aisladamente, no mezclado con otras sustancias ni condimentado.
- La elección del consumo de un producto entre una gran variedad debe guiarse únicamente por el instinto, es decir, por las sensaciones olfativas y gustativas.
- El producto elegido se consume hasta que se produce un rechazo, que se considera una indicación para dejar de consumirlo.
- El agua es la única bebida autorizada.
- Se recomienda la ingestión de granos germinados (leguminosas o cereales ancestrales).
- Se aconseja comer cañafístula, ya que este fruto tropical facilita la depuración de las MNO al aumentar las eliminaciones biliares e intestinales.

3. Los resultados

Burger experimentó su método primero en él mismo, y le atribuye la curación de un sarcoma linfoblástico de faringe. Enseguida extendió la instintoterapia a las personas de su entorno, después a algunos discípulos y, finalmente, a los enfermos, cada vez más numerosos.

Burger ha obtenido resultados excelentes en muchos casos en patologías muy diversas: cánceres, enfermedades autoinmunes, problemas psiquiátricos... Sin embargo, puesto que no era médico, tuvo que enfrentarse a dificultades aún mayores que las de Kousmine al transmitir su mensaje. Debemos añadir que la instintoterapia es perfectamente compatible con los diversos tratamientos medicamentosos.

4. Comentarios sobre la teoría

Las dos primeras proposiciones de Burger son muy lógicas. Corresponden a las leyes de Darwin. La alimentación puede considerarse una presión de selección:

- La nutrición ancestral se ha practicado de forma prácticamente constante durante varios millones de años. Eso ha permitido una selección, que ha llevado a la supervivencia de los individuos mejor adaptados.
- La nutrición moderna ha sufrido variaciones frecuentes y no se ha adoptado hasta hace algunos miles de años, lo cual parece mucho según la escala de la vida humana, pero representa muy poco según la escala de la vida en la Tierra. Esto sugiere que numerosos humanos no están adaptados a ésta.

Añadiré que, si debemos esperar razonablemente una futura adaptación a las nuevas proteínas del trigo, del maíz o de la leche de vaca, no parece que vaya a suceder lo mismo en cuanto a los alimentos cocidos. Algunas especies químicas nuevas, como los isómeros, difieren demasiado de las moléculas naturales sobre las cuales nuestras enzimas son activas.

La quinta proposición de Burger es válida. El régimen alimenticio que prescribo se parece, a grandes rasgos, al de este físico suizo. Está demostrado, tal como veremos más adelante, que con frecuencia es beneficioso en numerosas enfermedades.

La tercera proposición de Burger es parcial y merece ser completada. Si bien es probable la importancia del papel de las enzimas en la digestión, también intervienen otros elementos polimorfos. Me refiero, en particular, a las mucinas intestinales, cuyo polimorfismo se ha descrito en el capítulo 3 y cuya participación en el desarrollo de la poliartritis reumatoidea se mencionará en el capítulo 9.

La cuarta hipótesis de Burger me parece muy simple. La acumulación de MNO en las células no permite explicar el mecanismo de ciertas afecciones. Hay que tener en cuenta otras moléculas procedentes de bacterias intestinales. Además, las moléculas perjudiciales pueden tener tres destinos diferentes, e inducir tres tipos de patologías:

- Patología autoinmune provocada por péptidos y proteínas.
- Patología de ensuciamiento causada por moléculas no inmunogénicas.
- Patología de eliminación ligada a la expulsión de moléculas a través de los emuntorios.

Todas estas nociones se explicarán en los siguientes capítulos.

En resumen, la teoría de Burger me parece inquebrantable. Me seduce el concepto de inadaptación genética a la alimentación moderna. Constituye una base sólida, sobre la que he profundizado y que he completado con mi experiencia. La teoría así modificada permite determinar las etapas sucesivas que conducen al desarrollo de numerosas enfermedades.

5. Comentarios sobre la práctica

La instintoterapia es, ciertamente, un método que ofrece excelentes resultados para mejorar o curar numerosos males. Pero su aplicación tiene varios inconvenientes:

1) Es difícil de establecer, ya que se debe disponer de una abundante elección de alimentos originales. Burger llegó a crear una red de distribución, aunque a veces resultaba difícil proveerse de algunas categorías de productos.

2) Es relativamente costosa, ya que algunos alimentos originales son caros, bien porque son raros, bien porque vienen de lejos.

3) Es muy exigente para sus adeptos, que deben someterse a un crudivorismo integral y no consumir condimentos, café, té o bebidas alcohólicas.

4) Resulta inadaptada a la vida social, pues impide frecuentar restaurantes o acudir a las invitaciones de amigos que no siguen el mismo régimen. La obligación de oler sucesivamente los diversos alimentos prohibidos impide todo contacto con los no iniciados en este método. Los discípulos de Burger que no quieren estar solos tienen tendencia a reunirse entre ellos durante las comidas, y cada uno aporta los productos originales que ha podido adquirir, lo cual representa un ahorro. Estas reuniones adoptan un aire de secta.

C) EL MÉTODO FRADIN

El doctor Jacques Fradin dirige en París el Instituto de Medicina del Medio Ambiente. Sus teorías se exponen en dos artículos (Fradin, 1991a; Fradin, 1991b).

1. Las ideas principales

• En el 90% de las enfermedades existen genes de predisposición, pero dominan los factores medioambientales. Esto se demuestra por el siguiente hecho: cuando un individuo venido de un país donde la incidencia de una afección es *x* emigra a un país donde esta incidencia es *y*, el riesgo para sus descendientes será *y*, igual que para los habitantes autóctonos.

• Una población que se occidentaliza ve aumentar la frecuencia de las patologías degenerativas, que desembocan en la muerte del paciente: arteriosclerosis, problemas metabólicos, autoinmunidad, cánceres, osteoporosis, etc.

• La alimentación moderna es la principal causa de estos problemas, ya que contiene numerosos elementos tóxicos, y la mucosa del intestino delgado resulta permeable para la mayoría de ellos.

• Los principales peligros del modo nutricional actual son:

1) La carencia en ácidos grasos omega 3. Estos ácidos, abundantes en las carnes y en los pescados salvajes, se encuentran en poca cantidad en los animales de granja, por inhibición tóxica de algunas enzimas, las elongasas y las desaturasas, necesarias para su síntesis.

2) La cocción que, principalmente por encima de los 110 °C, genera numerosas especies químicas nuevas, algunas de las cuales resultan tóxicas o cancerígenas.

3) La leche animal y sus derivados.

4) Los cereales cocinados, que han reemplazado a los granos no germinados.

• Fradin propone un régimen hipotóxico, aplicable por etapas. La primera fase consiste en limitar a 100 °C la temperatura de cocción de los alimentos. La segunda es la exclusión de la leche animal, sin preocuparse de la carencia de calcio, que no se produce, contrariamente a lo que se cree en la actualidad. La tercera fase, reservada a los casos más graves, es la supresión de cereales y de productos animales.

• Los elementos tóxicos lipófilos atraviesan fácilmente la barrera intestinal y tienen una afinidad por el tejido adiposo, donde son almacenados. Los principales productos tóxicos lipófilos son los pesticidas, algunos disolventes, ciertas moléculas creadas por la cocción, numerosos medicamentos psicótropos y algunos aditivos alimentarios.

• Los productos tóxicos lipófilos inhiben el funcionamiento de algunas enzimas, elongasas y desaturasas, que permiten la síntesis de los ácidos omega 3, que tienen una función protectora contra la arteriosclerosis y las infecciones.

• El paso brutal de la nutrición actual al régimen hipotóxico ocasiona, en contados pacientes, una agravación de su enfermedad, que se debe a un adelgazamiento demasiado rápido, por lo que se liberan en la circulación sanguínea grandes cantidades de tóxicos lipófilos. En esas personas, el régimen hipotóxico debe introducirse de manera progresiva, por etapas, con el fin de permitir al hígado eliminar las moléculas nocivas, lo cual no es fácil, pues necesitan combinarse con otras sustancias para formar un producto hidrosoluble.

• Un adelgazamiento resulta peligroso cuando es rápido, y beneficioso cuando es lento.

• Una mejoría del funcionamiento de los emuntorios se traduce en una orina y unas heces más oscuras.

2. Comentarios

Cuando se publicó la primera edición de esta obra, no mencioné los trabajos de Fradin, ya que aún no los había leído. Es interesante comprobar que, sin habernos consultado, hemos llegado a conclusiones muy parecidas.

Estoy totalmente de acuerdo con la mayor parte de las propuestas de Fradin. Su dietética es lógica y no resulta en exceso draconiana. Es fácilmente aplicable a todas las personas suficientemente inteligentes y motivadas.

Fradin señala el gran peligro que constituyen los productos tóxicos lipófilos. Burger había señalado ya las «crisis de depuración» que sobrevienen en algunas personas al principio del régimen, y que podemos atribuir a la laboriosa eliminación de esos productos.

En el aspecto práctico, sólo discrepo en un punto. No me opongo al consumo de productos de origen animal. Es cierto que para nosotros la carne cruda no es el alimento ideal, como sí lo era para nuestros ancestros, ya que su grasa contiene demasiados tóxicos lipófilos. Pero se puede consumir una carne biológica o, mejor todavía, original y comer la parte magra de una carne común, adquirida en una carnicería de confianza.

En el aspecto teórico creo, como Burger, que las excelentes ideas de Fradin merecen ser completadas:

1) Aparte de las moléculas de origen alimentario, no debemos descuidar el peligro de las moléculas de origen bacteriano. Estas bacterias pueden atravesar la mucosa del intestino delgado e intervenir en numerosas patologías; en particular, las patologías autoinmunes.

2) Fradin observa, como Kousmine y Burger, que una mala alimentación favorece muchas enfermedades, y que una correcta alimentación es notablemente preventiva o curativa. Nos quedan por entender las etapas y los mecanismos a través de los cuales la alimentación moderna puede provocar diversos estados patológicos. Intentaré responder a esa pregunta en otros capítulos de este libro.

D) LAS BASES DE MI RÉGIMEN

Mi objetivo es proponer un régimen que aporte el 95% de las ventajas del método Burger, pero que sea fácil de practicar, como el método Kousmine o el método Fradin. Este régimen será designado de forma indiferente como de tipo original, ancestral o hipotóxico.

Los principales fundamentos son los siguientes:

1) Exclusión de cereales, a excepción del arroz y el trigo sarraceno.

2) Exclusión de leche animal y sus derivados.

3) Consumo de muchos productos crudos.

4) Utilización de aceites vírgenes, obtenidos por primera presión en frío.

5) Preferencia, siempre que sea posible, por los productos biológicos.

E) ANÁLISIS DE LOS DISTINTOS ALIMENTOS

1. Los cereales

Se agrupan bajo este término varias categorías de plantas:

• El trigo es peligroso, debido a la estructura de sus proteínas y al hecho de que siempre se consume cocinado. Hay que suprimir el pan, los cruasanes, los pasteles, las pizzas, las galletas, los biscotes, las galletas de trigo, la harina de trigo, las pastas y las sémolas. El pan completo es aún peor que el pan clásico, ya que al estar más cocido contiene más moléculas de Maillard.

• El maíz es peligroso por las mismas razones que el trigo. Se deben suprimir los *corn flakes*, las palomitas de maíz, los granos de maíz dulce y la harina de maíz.

• La cebada, la avena y el centeno forman parte de la familia del trigo, por lo que también se deben suprimir.

- El arroz ha conservado su forma salvaje prehistórica. La experiencia clínica demuestra que raramente es nocivo. Está permitido tanto el arroz blanco como el arroz completo.
- Sobre los cereales africanos (mijo, sorgo) no puedo opinar.
- El trigo sarraceno es bien tolerado por los pacientes y es muy recomendado. El sésamo es también muy bueno, pero mi experiencia no es tan amplia con este cereal como con el trigo sarraceno.
- El kamut no es un trigo ancestral, ya que sus cromosomas se han doblado. Debe excluirse.
- La escanda o espelta se tolera únicamente si es auténtica escanda menor cruda. Se debe desconfiar del pan de escanda, ya que está cocido a 300 °C y es tan peligroso como el pan de trigo.
- En resumen, están prohibidos los cereales modernos, mutados, cocidos, incompletos o envejecidos. Los cereales antiguos, salvajes, crudos o cocidos a menos de 110 °C, completos, consumidos rápidamente, pueden resultar beneficiosos, al menos para algunos individuos.

2. La leche animal

La leche de vaca tiene numerosos inconvenientes para el hombre. Está prohibida, y también sus derivados: mantequilla, quesos, nata, helados y yogur. Algunos pacientes han intentado reemplazar la leche de vaca por la leche de otro animal y no han obtenido ningún beneficio. Debe suprimirse la leche animal, sea cual sea su origen: cabra, oveja, yegua, etc.

Contrariamente a una creencia muy extendida, la supresión de productos lácteos no ocasiona ninguna carencia de calcio, y eso se debe a dos razones:

- La leche animal, principalmente la leche de vaca, a menudo es muy rica en calcio, pero sólo una pequeña porción se absorbe en el intestino delgado. La inmensa mayoría de calcio se precipita en forma de fosfato de calcio insoluble y se elimina por las heces. Este fenómeno es beneficioso, pues las cantidades de calcio que contiene la leche de vaca son excesivas para las necesidades del hombre.
- El calcio es muy abundante en el suelo y se procurará en cantidades suficientes con las verduras, las leguminosas, las ensaladas y las frutas.

3. Las carnes

Las considero perjudiciales si están cocidas y buenas si están crudas. Sin embargo, algunas personas son incapaces, por un obstáculo psicológico, de comer carne cruda. Se puede aceptar una cocción breve y lo menos fuerte posible. Como he dicho anteriormente, en una carne no biológica se debe preferir la parte magra a la parte grasa, a menudo llena de residuos lipófilos.

Las carnes deben ser de una calidad garantizada, compradas a un vendedor de confianza. Son preferibles las carnes de buey, ternera, lechazo y caballo, ya que son más fáciles de consumir crudas, sea en forma de *steak tartare* o de *carpaccio*. Desconfío de la carne de cordero y de cerdo, a menudo alimentados de manera artificial, y también de las aves y el conejo. Además, resultan poco apetitosos para ser ingeridos crudos.

Las aves de caza son difíciles de comer crudas. Excepcionalmente, se permite la carne de caza poco hecha, como, por ejemplo, la liebre o el jabalí. Los despojos tienen el mismo problema. Como excepción, podemos admitir el hígado o los riñones poco hechos o al punto.

4. Los productos de charcutería

Se autorizan los embutidos crudos: jamón serrano, salchichón, salchichas, chorizo, salami. Se deben seleccionar productos de calidad, pues es importante que los cerdos hayan sido bien alimentados. Deben evitarse los fiambres cocinados: jamón en dulce, patés, chicharrones, morcillas, embutidos cocidos, etc.

La única excepción la constituye el *foie gras*, ya que las grasas de oca y de pato son buenas para la salud. En el Gers (zona del sur de Francia famosa por su *foie gras*) hay más mujeres centenarias que en otras regiones.

5. Los huevos

Como ocurre con la carne, el huevo es perjudicial cuando está cocido y beneficioso cuando está crudo. Lo ideal es procurarse huevos biológicos. La clara, compuesta únicamente de albúmina y poco apetitosa, puede desecharse, mientras que la yema puede sorberse. Aquellos a los que no les gusta comer huevos crudos pueden prepararlos pasados por agua y a temperatura poco elevada.

6. Los pescados

El pescado cocido es menos peligroso que la carne cocinada. No obstante, es mejor optar por el pescado crudo. Sin preparación, es poco apetitoso, pero puede resultar suculento cuando se prepara a la japonesa o a la tahitiana. Una receta sencilla consiste en marinar lonchas finas de pescado, por ejemplo de salmón, con zumo de limón, condimentado con un poco de aceite de oliva y aromatizado con cilantro, eneldo o albahaca. Este plato se conserva durante una semana en la nevera. El pescado debe ser fresco, comprado en una pescadería de confianza.

Aunque sea ilusorio esperar encontrar pescados no contaminados por la industria humana, elegiremos los que más se aproximan al criterio original: de mar en lugar de pescados de río, pescados salvajes en lugar de pescados procedentes de piscifactorías.

7. Otros productos del mar
Los crustáceos, moluscos y mariscos están permitidos, así como el marisco crudo (ostras, mejillones, almejas, etc.).

8. Las verduras frescas
Se autorizan todas: espárragos, alcachofas, berenjenas, remolacha, champiñones, col, calabacín, hinojo, espinacas, judías verdes, nabos, puerros, escorzonera y verduras exóticas. Las que sean demasiado duras para consumirse crudas, se cocerán al vapor en la olla de presión o, mejor aún, estofadas o al vapor.

9. Las legumbres o leguminosas
Pertenecen a esta categoría: guisantes, judías blancas o rojas, lentejas, garbanzos, habas, patatas, quinoa, tapioca y soja. Son aconsejables si se preparan de la misma forma que las verduras frescas. La leche de soja y los yogures de soja son buenos sustitutos de la leche de vaca y de los yogures clásicos.

10. Las *crudités*
Podemos consumir en abundancia los alimentos que pertenecen a este grupo: zanahorias, apio, champiñones, pepino, berros, endibias, milamores, melón, pimientos, rábanos, lechuga, tomates.

11. Las frutas frescas
Deben consumirse en abundancia: albaricoques, piña, plátanos, cerezas, fresas, frambuesas, mandarinas, naranjas, pomelos, melocotones, peras, manzanas, ciruelas, uvas y frutas exóticas, por citar únicamente las principales. La castaña, que se consume cocida, y la harina de castaña también se aceptan.

12. Los frutos secos o en conserva
Están ampliamente representados en el régimen: dátiles, higos, almendras, cacahuetes, avellanas, nueces, olivas. Deben comerse crudos. Así, los cacahuetes tostados tienen que reemplazarse por los crudos.

13. Alimentos diversos

Se aconsejan la miel y el polen, productos naturales por excelencia, y también las semillas germinadas de leguminosas o de cereales ancestrales o poco manipulados por el hombre: soja, lentejas, garbanzos, judías, arroz, trigo sarraceno, escanda, mijo, alfalfa. Sin embargo, debe tenerse en cuenta que, si bien los granos de escanda cruda están permitidos, no lo está el pan cocinado a más de 300 °C.

El chocolate, que está cocido y contiene azúcar refinado, debe limitarse. Es preferible el chocolate negro biológico, que contiene azúcar completo. Las confituras cocidas y colmadas de azúcar blanco están prohibidas. El azúcar blanco debe sustituirse por el integral, mucho más rico en potasio, magnesio, calcio, fósforo, hierro y vitaminas (Denjean, 1989).

14. Los aceites

Todos los aceites aportan ácido linoleico. A menudo aconsejo los siguientes:

- Aceite de oliva, que aporta ácidos grasos monoinsaturados.
- Aceites de nuez, soja y colza, que aportan ácido alfalinolénico.
- Aceites de onagra y borraja, que aportan ácido betalinolénico.

Pero existen otros aceites interesantes, siempre y cuando sean vírgenes y extraídos por primera presión en frío. Es la técnica habitual de extracción del aceite de oliva. Para el resto de aceites hay que dirigirse a tiendas especializadas en productos biológicos. El sello «virgen» significa que el aceite ha sido extraído de la planta únicamente por procedimientos físicos o mecánicos y no se ha sometido a ningún tratamiento químico.

15. Los condimentos

Todos están autorizados: sal, pimienta, vinagre, limón, cebolla, ajo, mostaza, perejil, alcaparras, pepinillos, curry y plantas aromáticas. Se debe limitar la cantidad de sal, que con frecuencia se consume más de lo necesario. Está prohibida la sal blanca refinada, a favor de la sal completa, mucho más rica en algunos minerales.

16. Las bebidas

Hay que excluir las bebidas que contengan azúcar blanco (bebidas gaseosas, zumos de fruta envasados) y la cerveza, que podemos comparar a un cereal, ya que contiene proteínas de la cebada. El resto de bebidas está permitido:

- El agua del grifo y las diversas aguas minerales aportan minerales y oligoelementos beneficiosos.
- Se toleran el café y el té en cantidades razonables. Es cierto que contienen moléculas torrefactas y excitantes, pero las cantidades nocivas que se ingieren son pequeñas. A algunas personas les gusta mucho el té o el café, y eso las ayuda a soportar mejor los imperativos del régimen.
- Se aconseja la achicoria por sus propiedades coleréticas y depurativas.
- Las bebidas alcohólicas, aparte de la cerveza, se autorizan en dosis moderadas. Mi postura respecto al consumo de estas bebidas se basa en varios argumentos:

1) El alcohol es una molécula simple que no puede ocasionar ni una respuesta autoinmune, ni un ensuciamiento ni una eliminación difícil.
2) Las bebidas alcohólicas preparadas a partir de cereales no contienen proteínas de cereal cuando se han obtenido por destilación. Así, de la destilación de la cebada se obtiene el whisky, que no recoge más que el aroma de ésta, mientras que de la fermentación de la cebada se obtiene la cerveza, que conserva las proteínas.
3) El alcohol tiene un efecto antiagregante sobre las plaquetas y fluidifica la sangre, lo que protege contra las enfermedades cardiovasculares. Recientemente se ha demostrado que el vino, principalmente el vino tinto, contiene una cantidad significativa de ácido acetilsalicílico, moderado anticoagulante muy utilizado en la prevención y el tratamiento de los accidentes vasculares.
4) El vino es un cazador de radicales libres, acción que no se debe al alcohol sino a los flavonoides.

Los franceses tienen menos afecciones cardiovasculares que la mayoría de europeos, aunque su ingesta de materia grasa sea la misma. Este fenómeno, llamado «paradoja francesa», se atribuye al consumo de aceite de oliva y de vino (Renaud y De Lorgeril, 1992).

Conclusión
La lista de alimentos prohibidos y la lista de alimentos autorizados se resumen en la tabla III.

F) OTRAS RECOMENDACIONES DIETÉTICAS

1. Evitar al máximo los alimentos cocidos

Lo ideal es comer los alimentos crudos. Sin embargo, el crudivorismo integral no es fácil de practicar ya que:

Tabla III

ALIMENTOS PROHIBIDOS

Trigo duro y trigo tierno (candeal): pastas, sémola, pan, harina, pizzas, cruasanes, bollos, pasteles, galletas, bizcochos, biscotes, salvado.	Sal blanca refinada.
La mayoría de cereales: centeno, cebada, maíz, avena, pan de escanda.	Azúcar blanco refinado.
La leche animal y sus derivados: mantequilla, queso, nata, yogures, helados.	Chocolate con leche.
	Confituras.
	Aceites refinados.
	Margarinas.
	Cerveza.
	Conservas.

ALIMENTOS DESACONSEJADOS

Todos los alimentos cocidos a más de 110 °C y, en particular:	Pescados muy hechos.
Embutidos cocidos.	Aceites refinados.
Carne cocida.	Frutos oleaginosos tostados o cocidos.
Hígado.	Si se desean cocer algunos productos, debe hacerse de manera muy breve, estofados o al vapor suave.
Riñones.	
Huevos demasiado hechos.	

ALIMENTOS AUTORIZADOS

Carnes crudas.	Frutos oleaginosos crudos.
Embutidos crudos.	Miel.
Huevos crudos o moderadamente cocidos.	Polen.
Pescados crudos o moderadamente cocidos.	Arroz, trigo sarraceno y sésamo.
Crustáceos.	Chocolate negro (con moderación).
Marisco.	Granos germinados de cereales ancestrales y de legumbres.
Alimentos ahumados (con moderación).	Aceites obtenidos por primera presión en frío.
Verduras frescas (cocidas si es posible al vapor o estofadas).	Sal completa.
Legumbres (cocidas si es posible al vapor o estofadas).	Azúcar integral.
Soja (leche de soja, yogures de soja).	Agua del grifo y aguas minerales.
Crudités.	Achicoria, infusiones, café (con moderación), té (con moderación).
Fruta fresca.	Todas las bebidas alcohólicas (con moderación) a excepción de la cerveza.
Frutos secos.	

- Las verduras y las legumbres son duras y resultan mucho más fáciles de ingerir una vez reblandecidas por la cocción.
- Hay muchos individuos incapaces de comer carne o pescado crudos.

Los peligros de la cocción aumentan en función de la duración y principalmente de la temperatura (Robbana-Barnat y col., 1994):

- Hasta 100 °C e incluso 110 °C, se forman muy pocos mutágenos, moléculas de Maillard e isómeros, de ahí el interés de la cocción al vapor o estofado. También se puede escalfar o cocer a fuego lento.
- Por encima de los 110 °C y principalmente de los 200 °C, se generan numerosos mutágenos, moléculas de Maillard e isómeros. Por tanto, hay que evitar los hornos a altas temperaturas y principalmente las parrilladas y las frituras, que alcanzan temperaturas de 300 a 700 °C.

Joyeux (1994) ha realizado un amplio estudio de los diversos modos de cocción, con sus ventajas e inconvenientes. El autor llega a la conclusión de la superioridad de la cocción al vapor en olla de presión sin que supere los 95 °C.

Los alimentos proteicos producen muchas más sustancias cancerígenas que los glucídicos. Son, por lo tanto, peligrosos las carnes, los pescados, algunas salsas y los caldos. La adición de materias grasas incrementa aún más esa producción.

2. ¿Es peligroso comer «crudo»?

A partir de los trabajos de Pasteur, se extendió el temor a contaminarse con bacterias y parásitos. Por este motivo, los alimentos suelen ser cocidos a temperaturas elevadas y durante largo tiempo. ¿Se corren riesgos por el hecho de comer «crudo»?

Las posibilidades de ingerir bacterias peligrosas son extremadamente reducidas. No conozco un solo caso. Vivimos en un universo bacteriano (Margulis y Sagan, 1989) y nuestro organismo sabe defenderse de las bacterias presentes en los alimentos, pero también en el aire y en los objetos que tocamos. Nuestro aparato digestivo contiene 10^{14} bacterias, mientras que nuestro cuerpo sólo tiene 10^{13} células. La mayoría de las bacterias que ingerimos se elimina en el estómago gracias al ácido clorhídrico, y las que sobreviven reemplazan en el tubo digestivo a las que eliminamos por las heces.

Sólo hay que evitar los productos estropeados o caducados y los mariscos dudosos. Las intoxicaciones alimentarias importantes se suelen producir como consecuencia de la ingestión de platos contaminados por estafilococos o *Salmonella* provenientes del cocinero.

Las posibilidades de contraer parásitos también son pocas. Todavía no he observado un solo caso. Sin embargo, hay que estar atentos, y recomiendo a mis pacientes que adopten las siguientes precauciones:

1) Comprar alimentos frescos y de buena calidad, en tiendas de confianza. En los productos de primera calidad, los parásitos son raros.

2) A diferencia de algunos países tropicales, en Europa los parásitos mortales son raros. Sin embargo, existen dos tipos de parásitos:

- La duela, que se encuentra en algunos berros, diente de león y milamores salvajes.
- La triquina, gusano nematodo que puede infestar al cerdo y al caballo.

Hay que comprobar, en la medida de lo posible, la procedencia de algunas ensaladas y la calidad de algunas carnes.

La mejor protección contra los parásitos es la recuperación, gracias al régimen de tipo original, de un aparato digestivo en buen estado, en el cual los parásitos no puedan instalarse. Hasta hoy, he encontrado parasitosis por entrada digestiva sólo en las personas que comen alimentos cocinados, nunca en un individuo que ingeriera alimentos crudos.

Aunque existe un riesgo mínimo de contraer una parasitosis, hay que asumirlo. Al comer alimentos crudos, hay una posibilidad entre 5.000 de contraer un parásito, pero tengo diez veces menos posibilidades de desarrollar un cáncer o una enfermedad cardiovascular. En ese caso, prefiero comer alimentos crudos.

3. Equilibrio entre alcalinos y ácidos

El pH de nuestras células es 7,4, es decir, ligeramente alcalino. Si un ser humano ingiere muchos alimentos ácidos, el exceso de iones ácidos debe neutralizarse con sustancias tampón, con el fin de mantener el pH en 7,4, lo cual es una necesidad vital. El restablecimiento del equilibrio acidobásico consume energía y puede ocasionar fatiga y debilidad.

Para resolver este problema, los discípulos del método Kousmine verifican el pH de la orina y administran sustancias tampón, bicarbonatos y, principalmente, citratos (Lablanchy y Paillard, 1989).

Consideremos ahora el carácter ácido o básico de diferentes alimentos. Se clasifican como acidificantes: carnes, pescados, huevos, azúcar refinado, alcohol, té, café, chocolate, leguminosas, aceites refinados, frutos oleaginosos (salvo las almendras), cereales y productos lácteos. Se clasifican como alcalinizantes: verduras, legumbres secas, *crudités* (la mayoría), frutas maduras, leche y almendras. En el régimen de tipo ancestral, los alimentos acidificantes son escasos: los cereales y los productos lácteos se suprimen, y las carnes, pescados o huevos se toman solamente una vez al día. Al contrario, casi todos los alimentos alcalinizantes están muy representados. Esta manera de alimentarse favorece el mantenimiento del pH. Nada impide, en caso de pH urinario ácido, incorporar bicarbonatos o citratos.

4. Otros consejos

1) Las conservas deben eliminarse, porque en general suelen contener alimentos cocidos con aceites industriales o grasas animales.

2) Los alimentos ahumados, carnes o pescados, se deben consumir con moderación. El ahumado hace que aparezcan sustancias cancerígenas: benzopirenos, benzofluorenos, benzantracenos. No obstante, el poder mutágeno de estas moléculas es muy inferior al de ciertas carbolinas generadas por la cocción.

3) Los alimentos congelados no son peligrosos. La preservación a una temperatura inferior a –18 °C no modifica en modo alguno la estructura del alimento, contrariamente a la cocción. He conservado desde 1969 sueros que contenían anticuerpos en un congelador a –25 °C. Estos anticuerpos, que son moléculas muy frágiles y complejas, han guardado intactas todas sus propiedades. Eso nos indica la eficacia del procedimiento.

Es necesario, evidentemente, que el producto congelado sea compatible con el régimen hipotóxico.

4) Deben preferirse los alimentos biológicos siempre que sea posible.

5) Para no cometer errores, es necesario desvelar algunas trampas:

- Los higos secos son aconsejables, pero conviene evitar los que están recubiertos de harina.
- Las galletas de arroz están toleradas, pero debemos comprobar atentamente su composición, ya que pueden contener una proporción elevada de trigo.

5. Composición de las comidas

Mi posición sobre este tema está representada en la tabla IV. Añadiré algunos comentarios:

- No es obligatorio consumir todos los alimentos propuestos. Las personas que tienen poco apetito pueden suprimir uno o varios alimentos.
- La ingesta de proteínas animales se limita a una vez al día. Esto previene un aporte excesivo de ácidos.
- Esta tabla no es más que una sugerencia. Pueden confeccionarse

Tabla IV
COMPOSICIÓN DE LOS MENÚS

Desayuno
Chocolate negro (no se debe abusar).
Miel.
1 fruta de temporada.
1 fruta seca.
1 taza de café o té o, mejor, de achicoria.

Comida
1 *crudité.*
1 hortaliza.
Frutos oleaginosos.
2 variedades de frutas.

Cena
1 *crudité.*
1 plato de legumbres.
Carne o embutido crudo o 2 huevos crudos o pescado o marisco.
2 variedades de fruta.

numerosos menús con la condición de respetar los imperativos del régimen.

6. Cantidad de alimentos

El primer objetivo del cambio nutricional es la calidad. Este cambio pretende introducir en el organismo humano las moléculas que le convienen y excluir las que no le benefician.

El problema cuantitativo es menos importante. Sin embargo, siempre es preferible comer poco antes que comer demasiado. Las comidas excesivas conllevan más trabajo para las enzimas, mucinas, enterocitos y células hepáticas, y aumentan el número de residuos de origen alimenticio o bacteriano. La mejor dietética no aporta una seguridad absoluta, debido a la contaminación de la inmensa mayoría de los alimentos.

Se recomienda, por lo tanto, frugalidad. Experimentos efectuados en ratas (Weindruch, 1996) y en monos Rhésus (Couzin, 1998) son muy instructivos a este respecto. Los animales alimentados de manera equilibrada y sin excesos viven una media de dos veces más que los que comen hasta hartarse.

G) MEDIDAS COMPLEMENTARIAS DEL RÉGIMEN

Un complemento útil de la dietética lo constituyen cinco medidas de sentido común:

1. Suprimir el tabaco

Las desastrosas consecuencias del tabaquismo están suficientemente demostradas. El tabaco no es sólo peligroso por sí mismo, sino que, además, potencia los efectos de otros contaminantes. El fumador tiene tres riesgos principales (Bursaux, 1994):

- El cáncer de bronquios, de tubo digestivo y de otros órganos.
- La bronquitis crónica y la insuficiencia respiratoria.
- Las enfermedades cardiovasculares.

El tabaquismo acorta la vida en un número significativo de años. El 80% de los no fumadores sobrepasan la edad de 70 años frente a un 50% de los fumadores. Hay que proscribir totalmente el tabaco.

2. Tener una actividad física suficiente

A excepción de algunos enfermos aquejados de dolores u otros impedimentos, cualquier persona puede realizar diariamente ejercicio físico: practicar gimnasia y caminar durante una hora. La práctica de algunos deportes es también una buena elección.

El ejercicio físico es muy provechoso, ya que produce una hiperoxigenación y permite metabolizar más intensamente las moléculas alimentarias. Sin embargo, no tiene ningún efecto en el caso de algunas macromoléculas resistentes a las enzimas. Por ello, el régimen de tipo original, acompañado de vitaminas y de minerales, es irreemplazable.

La dietética que actualmente se propone a los deportistas consigue mejorar sus resultados a corto plazo. Pero no lentifica el envejecimiento y, a partir de la treintena, la capacidad física disminuye. El régimen ancestral, efectivo en la prevención de la arteriosclerosis y de muchos otros factores de envejecimiento, permite mantener mucho más tiempo el máximo rendimiento. Más de una vez lo he comprobado y sería verdaderamente interesante probar mi método en los deportistas de alto nivel.

3. Evitar al máximo el impacto del estrés

Todos estamos sometidos a varios tipos de estrés más o menos importantes: familiares, sentimentales, profesionales, financieros, ligados a un exceso de trabajo o a problemas de salud. Estas agresiones, sin ser la causa principal, pueden ser a menudo el factor desencadenante de numerosas enfermedades.

Debemos organizarnos la vida para suprimir o limitar ciertos tipos de estrés y forjarnos una filosofía a fin de tolerar mejor los que son inevitables. Este planteamiento es posible, si reflexionamos sobre ello.

4. Tomar fermentos lácticos

Los bacilos lácticos son gérmenes normales del intestino sano. Su aporte diario continuado modifica progresivamente la composición de la flora intestinal. La alimentación moderna suele inducir la formación de una flora de putrefacción abundante en bacterias peligrosas. Los bacilos lácticos favorecen una transición hacia una flora de maceración, mucho más benéfica.

Generalmente, prescribo 2 cápsulas de Ergyphilus (Laboratorio Nutergia) al día durante un periodo de al menos tres meses. Las cápsulas protegen a los bacilos de la acción destructora del jugo gástrico y liberan su contenido en el intestino delgado. También podemos tomar un frasco de Nutrabase (Laboratorio Filorga).

Asimismo puede resultar efectivo administrar L Base (Laboratorio Parinat), en una dosis de 3 cápsulas al día, en curas de 10 días. Se trata de lactosuero fermentado, que es un excelente nutriente para las bacterias dominantes saprofitas de la flora intestinal y que tiene una acción estimulante sobre los enterocitos.

La supresión de cereales y de productos lácteos, la elevada ingestión de alimentos crudos y la absorción de fermentos lácticos tienen siempre una acción muy favorable sobre el sistema intestinal. La colitis eventual desaparece y el tránsito intestinal se normaliza. No me parece necesario recurrir a los lavados rectales preconizados por Kousmine.

5. Tomar suplementos de vitaminas, magnesio y oligoelementos

Vitaminas

Es útil aportar las vitaminas liposolubles A, D, E, K y las vitaminas hidrosolubles B_1, B_2, B_5, B_6, B_{12}, C. Esta medida no comporta ningún peligro, salvo en el caso de las vitaminas A y D, de las que hay que evitar una sobredosificación. Prescribo vitamina C en dosis moderadas y no en las grandes dosis recomendadas por Pauling. En efecto, no creo que el complejo funcionamiento del organismo humano, con sus millares de reacciones enzimáticas, dependa de una sola molécula. Por otra parte, la vitamina C, que es antioxidante en dosis fisiológicas, se convierte, por el contrario, en prooxidante en dosis elevadas.

Suelo prescribir Biocebe (vitaminas A, C, E y varias del grupo B) (Laboratorio Nutergia) o Actypral (vitaminas C y E naturales) (Laboratorio Codrifa) o Biortho (vitaminas A, C y E naturales) (Laboratorio Nutergia). También se pueden tomar otros preparados vitamínicos (Massol, 1995).

Magnesio

La alimentación moderna es, por regla general, demasiado rica en sodio y en calcio y muy pobre en potasio y en magnesio. La disminución de sal y la supresión de productos lácteos normalizan los aportes de sodio y de calcio. El consumo abundante de frutas y verduras aumenta el aporte de potasio.

Para el magnesio, esencial para el funcionamiento de muchas enzimas, prescribo Mag 2 (pidolato de magnesio) o Ergymag (Laboratorio Nutergia), o bien cloruro de magnesio, que se absorbe muy bien a través de la membrana intestinal. A excepción de una insuficiencia renal, no existe ningún riesgo de sobredosificación.

Oligoelementos

Citaremos entre los principales el zinc, el cobre, el manganeso, el silicio, el selenio, el cobalto, el cromo y el rubidio. Muchos otros elementos están presentes en forma de trazas y en concentraciones muy bajas en ciertos productos naturales, como el agua de mar y las algas marinas.

Entre las diversas especialidades comercializadas, prefiero Ergybiol (Laboratorio Nutergia), que tiene la ventaja de concentrar 29 oligoelementos en una única solución. Sin embargo, existen otras posibilidades para componer un cóctel de oligoelementos (Massol, 1995).

H) CONCLUSIÓN

El régimen que propongo no es, ciertamente, tan perfecto como el de Burger, pero sí mucho más fácil de practicar y compatible con una vida social normal, así como con una gastronomía de alto nivel.

El régimen es más exigente que el de Kousmine, ya que suprime la leche animal y los cereales. La tolerancia respecto al café, el té, las bebidas alcohólicas y el chocolate negro biológico con poco azúcar, en dosis razonables, ayuda a los que siguen este régimen a soportar estas privaciones.

La mayoría de los enfermos toma medicamentos. Éstos son compatibles con la dietética y pueden seguir tomándose. Los medicamentos más molestos son los que agreden la mucosa intestinal, como los antiinflamatorios y la cortisona. Generalmente, no impiden la eficacia del cambio nutricional.

El paciente que toma medicamentos se contenta con aplicar, a menudo sin comprenderlas, las órdenes del médico. La persona que se compromete con el régimen de tipo original tiene, por el contrario, un papel activo:

- Debe asumir y entender todos los motivos de la dietética, que no tiene que seguirse como una religión, pero sí como un medio preciso de prevenir o curar una enfermedad, atacando su causa.
- Está obligada a recurrir a su inteligencia y a su voluntad para aplicar correctamente el método, sin errores ni excepciones.

Capítulo 6

NOCIONES ESENCIALES DE GENÉTICA

Es a esta preservación de las variaciones favorables y el rechazo de las variaciones nefastas a lo que yo llamo selección natural.

CHARLES DARWIN

Ya es hora de que la medicina tenga en cuenta el factor alimentario y se pregunte sobre las consecuencias de la inadaptación genética a la alimentación tradicional.

GUY-CLAUDE BURGER

A) LOS CROMOSOMAS

Los cromosomas son filamentos muy largos y muy finos, constituidos por ADN y proteínas, entre las que destacan las histonas. En el hombre, el núcleo de las células contiene 23 pares de cromosomas (figuras 7 y 8).

El huevo inicial y las células descendientes contienen 23 cromosomas aportados por el espermatozoide paterno y 23 cromosomas aportados por el óvulo materno. El espermatozoide y el óvulo son las únicas células que sólo tienen 23 cromosomas, mientras que el resto de las células tiene 46. Esta reducción de número tiene lugar después que los dos cromosomas de cada pareja se hayan enlazado entre sí, fusionado

Figura 7. **CARIOTIPO CROMOSÓMICO**

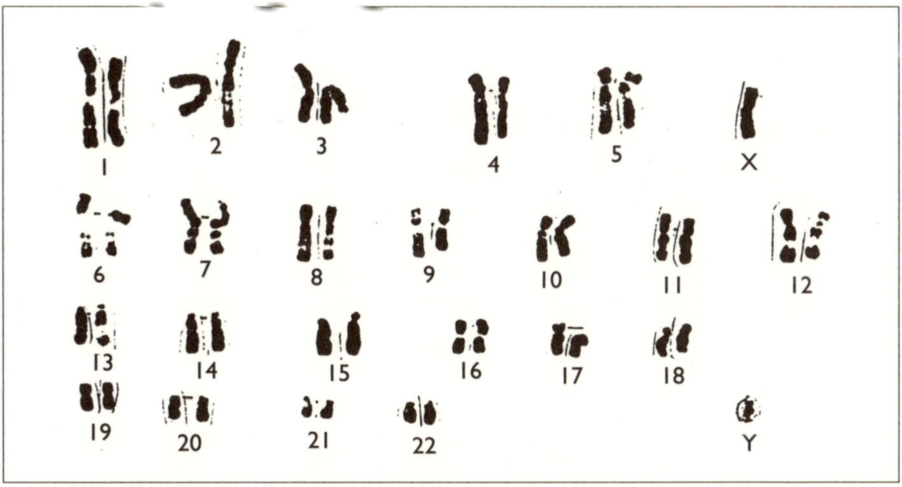

Figura 8. UNA PAREJA DE CROMOSOMAS

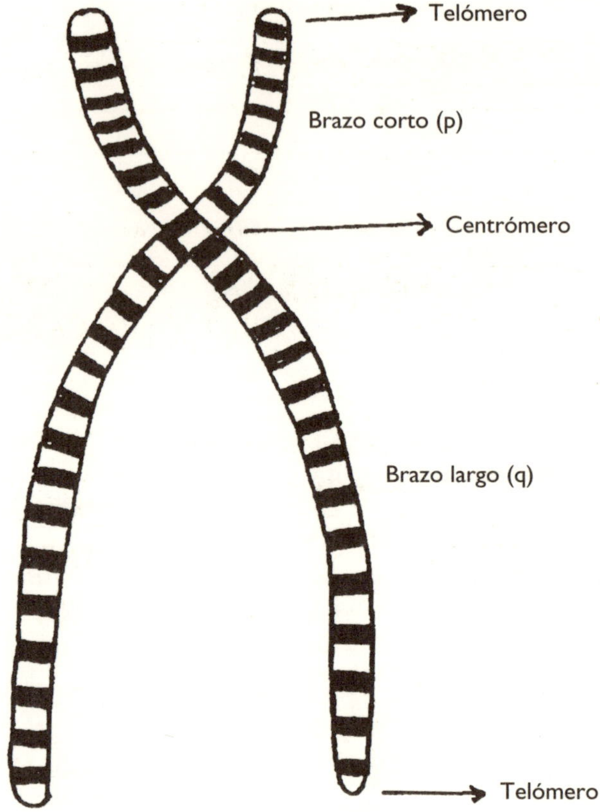

e intercambiado segmentos. Este proceso, representado en la figura 9, crea dos nuevos cromosomas, de los cuales sólo uno se conservará en el espermatozoide o en el óvulo.

Así, los padres transmiten a los hijos cromosomas que ellos no tienen. Los cromosomas así formados son tan variados que se estima que ningún ser humano, existente o que haya existido, tiene los mismos cromosomas que otro individuo. La única excepción a esta regla son los verdaderos gemelos, es decir, los hermanos nacidos del mismo huevo, denominados gemelos monocigóticos.

B) LOS ÁCIDOS NUCLEICOS

Los ácidos nucleicos son el ácido ribonucleico (ARN) y el ácido desoxirribonucleico (ADN). Los ácidos nucleicos resultan de la combinación:

Figura 9. FORMACIÓN DE CROMOSOMAS EN EL ESPERMATOZOIDE Y EN EL ÓVULO

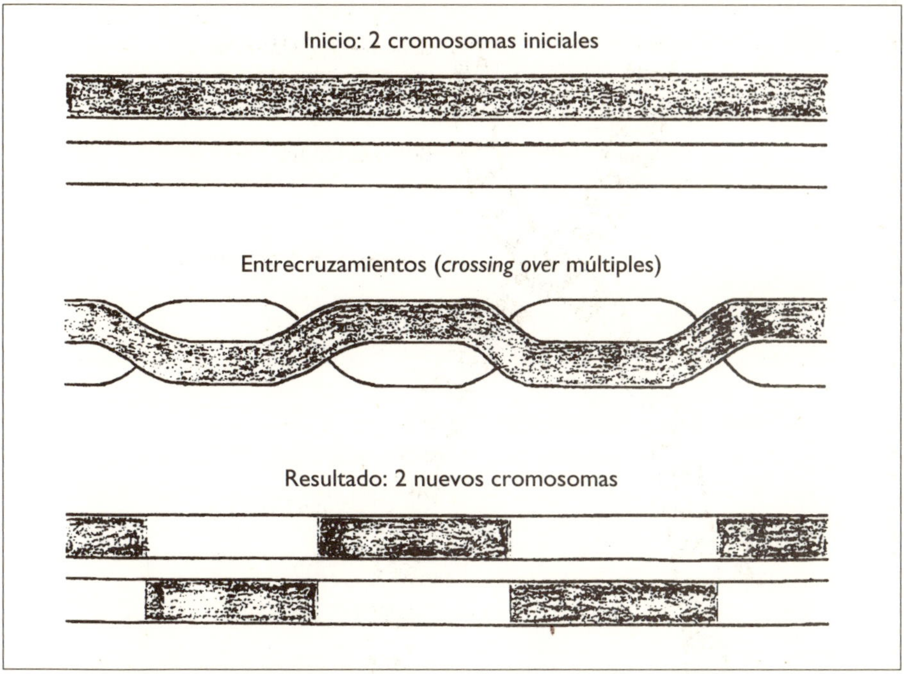

• De un monosacárido: ribosa para el ARN, desoxirribosa para el ADN.

• De bases púricas y pirimidínicas: dos bases púricas, adenina y guanina, y dos bases pirimidínicas, citosina y uracilo (ARN) o timina (ADN).

• Del ácido fosfórico.

Llamamos nucleósido a la unión de un monosacárido con una base púrica o pirimidínica. Denominamos nucleótido a la unión del nucleósido con el ácido fosfórico. En resumen, cada ácido nucleico está formado por una sucesión de nucleótidos.

El ADN se encuentra únicamente en el núcleo y en las mitocondrias. La estructura del ADN fue descubierta por Watson y Crick (1953). Este descubrimiento fue esencial, ya que ha permitido comprender los mecanismos básicos de la vida y de la herencia. Además, ha permitido el desarrollo ulterior de una nueva rama científica cuya importancia es fundamental: la biología molecular.

El ADN está constituido por dos cadenas que se enlazan una alrededor de la otra formando una doble hélice. Se puede comparar a una escalera cuyos bordes están hechos de desoxirribosa y de ácido fosfórico alternos, mientras que los peldaños están formados por pares de bases púricas y pirimidínicas. La adenina está siempre acoplada a la timina, y la guanina está siempre acoplada a la citosina. La estructura del ADN se representa en las figuras 10 y 11.

El ADN es el soporte de los caracteres hereditarios o genes.

El ARN tiene una composición análoga a la del ADN, a excepción de la desoxirribosa, reemplazada por la ribosa y de la timina, en cuyo lugar se encuentra el uracilo. La célula contiene tres clases principales de ARN.

- El ARN mensajero o ARNm.
- El ARN ribosómico o ARNr.
- El ARN de transferencia o ARNt.

C) LOS GENES ESTRUCTURALES

Los genes son transportados por los cromosomas. Cada gen es un segmento de ADN que constituye una unidad funcional. Podemos distinguir entre genes estructurales y reguladores.

Figura 10. **ESTRUCTURA EN DOBLE HÉLICE DEL ADN**

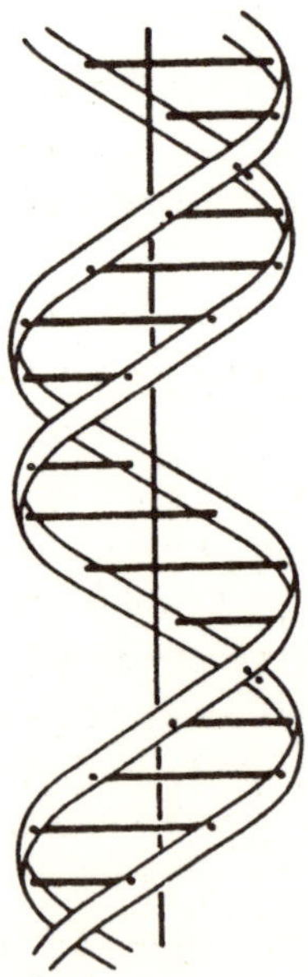

Dibujo original de Watson y Crick.

Figura 11. **DETALLE DE LA ESTRUCTURA DEL ADN**

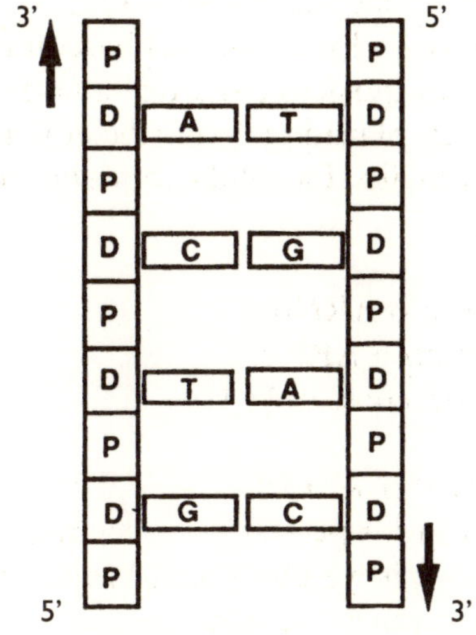

Podemos considerar la molécula de ADN como una escalera cuyos bordes están formados por desoxirribosa (D) y por ácido fosfórico (P), y en los cuales los peldaños están formados por bases púricas y pirimidínicas: adenina (A), guanina (G), citosina (C) y timina (T).

Los genes sólo representan el 5% del total del ADN. Otra pequeña parte del ADN está implicada en la síntesis de los tres ARN: mensajero, ribosómico y de transferencia. En la actualidad se desconoce la función de más de un 90% del ADN.

Cada gen estructural está formado por regiones activas, que se denominan exones, y por regiones inactivas cuya función se desconoce, llamadas intrones.

La función del gen estructural es la de encargar a la célula la fabricación de una proteína precisa, que, según el caso, se quedará dentro de la célula, pasará a formar parte de la membrana celular o se liberará al medio extracelular. Se dice que el gen codifica para esta proteína.

Cada ser humano posee alrededor de 50.000 genes estructurales. Entre estos genes, alrededor de un 85% son monomorfos, es decir, idénticos en todos los sujetos, y alrededor del 15% son polimorfos, o sea, variables de un sujeto al otro. Por esa razón, los ojos pueden ser marrones, negros, grises, verdes o azules, o el pelo puede ser negro, rojo, castaño o rubio.

Los 50.000 genes ocupan un espacio determinado, siempre el mismo en todos los individuos, en un cromosoma preciso. Este espacio se denomina locus. Los genes polimorfos que pueden ocupar este locus se denominan alelos. Por ejemplo, los genes de los grupos sanguíneos ABO están situados en un solo locus en el cromosoma 9. Este locus está ocupado por uno y solamente uno de los cuatro alelos A1, A, B u O (figura 12).

Los genes se expresan por medio de las proteínas que codifican. Si alrededor de 7.500 genes son polimorfos, la mayoría moderadamente, como los genes ABO, otros de forma intensa, como los genes HLA o los genes de las mucinas intestinales, de ello resulta un polimorfismo análogo en cuanto a las proteínas. Si 7.500 proteínas tienen dos, tres, cuatro y a veces diez o cincuenta variantes, podemos darnos

Figura 12. **LOS GENES ABO**

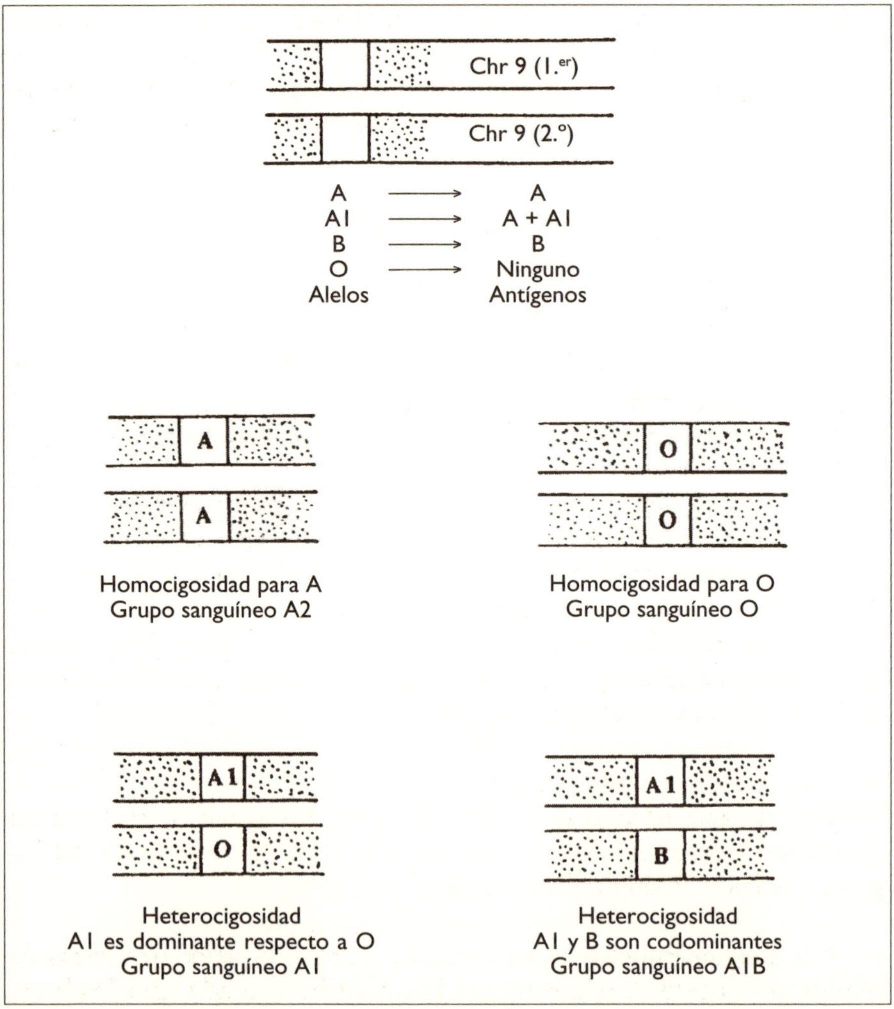

cuenta fácilmente de que no encontraremos nunca dos individuos que tengan las mismas proteínas, a excepción de los gemelos monocigóticos.

En los genes polimorfos se encuentran los genes que codifican para algunas enzimas y algunas mucinas intestinales, lo que se traduce en las proteínas por aloenzimas y por alomucinas. Con frecuencia, las diferencias de estructura conllevan diferencias en la eficacia. La aloenzima A (o alomucina A) presente en un individuo será más eficaz en su función específica que la aloenzima B (o alomucina B) presente en otro. Todos disponemos de esta forma de «equipaje genético», que tiene puntos fuertes y puntos débiles.

Los genes siempre forman pares, por lo que cada locus se representa dos veces, con un locus en el cromosoma de origen paterno y otro en el materno. Algunos genes se expresan siempre, incluso si se encuentran en forma simple. Son los genes dominantes. La expresión de otros genes se oculta ante la de un gen dominante y sólo se expresan más que cuando se encuentran en los dos cromosomas del par. Son los genes recesivos. Si tomamos el ejemplo del sistema ABO:

- A1, A y B son dominantes respecto a O.
- A1 y B, A y B son codominantes.
- A1 es dominante respecto a A.

Los grupos sanguíneos ABO de un individuo dependen de esta dominancia y de esta recesividad, como se muestra en la figura 12.

Un carácter hereditario puede no manifestarse durante varias generaciones cuando está gobernado por un gen recesivo. Así, una persona puede tener los ojos azules, mientras que su padre y su madre los tienen marrones. Esto indica la presencia en los padres de un gen recesivo «azul» dominado por el gen «marrón». El niño ha heredado los dos genes «azules», que así pueden manifestarse.

Cuando un individuo posee el mismo alelo en los dos cromosomas homólogos, decimos que es homocigótico. Cuando tiene dos alelos diferentes, se trata de un heterocigótico.

D) DEL GEN A LA PROTEÍNA

El ADN del gen estructural proporciona una información genética que se utiliza para sintetizar una proteína. Por ello, hay que pasar del lenguaje nucleico al lenguaje proteico:

- El lenguaje nucleico está formado por palabras de tres letras llamadas nucleótidos o tripletes. Las letras están formadas por las bases:

Tabla V
EL CÓDIGO GENÉTICO

Correspondencia entre los tripletes del ARN y los aminoácidos:

U = uracilo C = citosina A = adenina G = guanina

El significado de las abreviaturas para los diversos aminoácidos se representa en la tabla XVIII.

UUU = Phe	AUU = Ile	GAC = Asp
UUC = Phe	AUC = Ile	CGU = Arg
UCU = Ser	ACU = Thr	GGU = Gly
UCC = Ser	ACC = Thr	CGC = Arg
UAU = Tyr	AAU = Asn	GGC = Gly
UAC = Tyr	AAC = Asn	CUA = Leu
UGU = Cys	AGU = Ser	GUA = Val
UGC = Cys	AGC = Ser	CUG = Leu
UUA = Leu	AUA = Ile	GUG = Val o interrupción
UUG = Leu	AUG = Met o interrupción	CCA = Pro
UCA = Ser	ACA = Thr	GCA = Ala
UCG = Ser	ACG = Thr	CCG = Pro
UAA = interrupción	AAA = Lys	GCG = Ala
UAG = interrupción	AAG = Lys	CAA = Gln
UGA = interrupción	AGA = Arg	GAA = Glu
UGG = Trp	AGG = Arg	CAG = Gln
CUU = Leu	GUU = Val	GAG = Glu
CUC = Leu	GUC = Val	CGA = Arg
CCU = Pro	GCU = Ala	GGA = Gly
CCC = Pro	GCC = Ala	CGG = Arg
CAU = His	GAU = Asp	GGG = Gly
CAC = His		

adenina = A, timina = T, citosina = C, guanina = G. El número de tripletes posibles es igual a 4^3, o sea, 64.

- El lenguaje proteico está constituido por 20 aminoácidos.
- Un triplete de bases (denominado codón) corresponde a un aminoácido. Algunos aminoácidos corresponden a un solo triplete. Por ejemplo: metionina = TAC. Otros aminoácidos corresponden a varios tripletes. Por ejemplo: arginina = CCA, GCG, GCT, GCC, TCT, TCC. El código que establece la correspondencia entre tripletes y aminoácidos se representa en la tabla V. Este código es universal: es el mismo para todas las especies animales y vegetales conocidas.

El proceso que permite el paso del gen a la proteína comporta varias etapas:

1. *La transcripción*

El ADN es una molécula muy densa que no puede abandonar el núcleo. La información que corresponde a un gen es recogida por una molécula más ligera, el ARN premensajero (pm). Éste se sintetiza en el núcleo. El ARNpm se pone en contacto con una secuencia de ADN de una de las dos cadenas o hebras. Sólo se copia esta hebra. Este proceso se conoce como transcripción.

El mensaje recibido por el ARNpm es complementario de la secuencia de ADN copiada. A, T, C o G en el ADN se transcriben, respectivamente, por U, A, G y C. Este fenómeno se ilustra en la figura 13. A cada codón del ADN corresponde un triplete de bases del ARNpm. La transcripción se desarrolla hasta que una señal de terminación (ATT, ATC o ACT) la detiene.

2. *La maduración*

El ARNpm contiene regiones útiles, que codifican, llamadas exones, y regiones inútiles, que no codifican, llamadas intrones, a las cuales hay que añadir sus dos extremidades. Bajo la acción de enzimas, las partes inútiles se recortan y las útiles se unen las unas con las otras. El proceso de escisión/unión transforma el ARNpm en ARNm, y se conoce como maduración. El ARNm deja el núcleo, al atravesar los poros de la membrana nuclear, y pasa al citoplasma.

3. *La traducción*

En este proceso intervienen los ribosomas y el ARN de transferencia (ARNt). Los ribosomas están constituidos por proteínas y ARN ribosómico (ARNr). Cada ribosoma está formado de dos subunidades denominadas 30 S y 50 S. El ARNt es una estructura en forma de hoja de trébol (figura 14). En lo alto del folíolo central hay una secuencia de tres bases llamada anticodón.

El ARNm se fija sobre las subunidades 30 S de cuatro o cinco ribosomas dispuestos en cadena. Cada codón de ARNm moviliza un anticodón del que es complementario. Así, el codón GCU moviliza un anticodón CGA. El ARNt capta un aminoácido correspondiente a su anticodón en la subunidad 50 S del ribosoma. Este proceso se llama traducción.

Los ribosomas se suceden para entrar en contacto con el ARNm, leer la información y separarse a fin de ceder el sitio a otros ribosomas. Cuando aparecen en la molécula de ARNm los codones terminales UAA, UAG o UGA, se acaba la lectura y el ribosoma se divide en sus dos subunidades 30 S y 50 S, que quedan libres para leer otros ARNm.

Un minuto y medio es suficiente para traducir una secuencia de 140

Figura 13. **LA TRANSCRIPCIÓN**

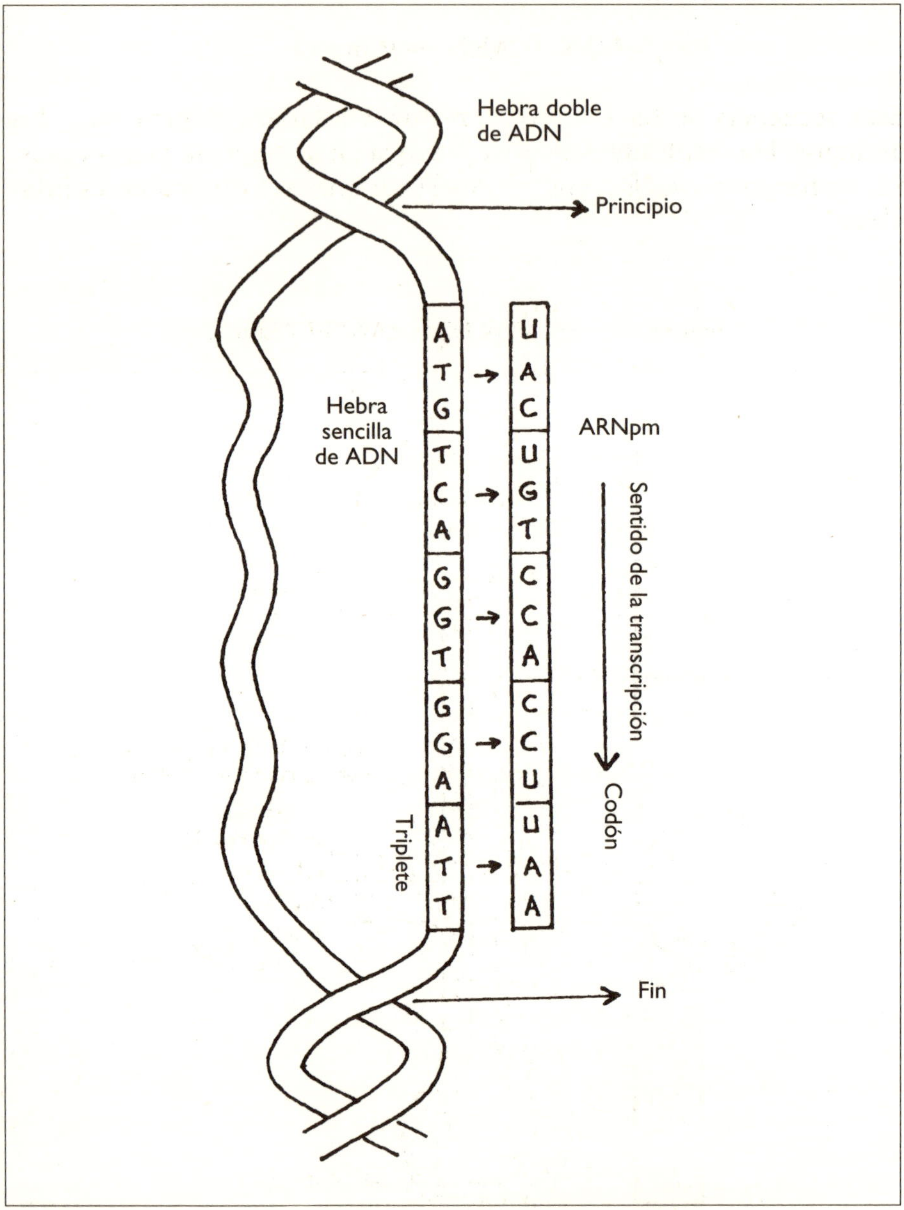

codones y obtener una proteína de 140 aminoácidos. El conjunto de fenómenos se sintetiza en la figura 15, que hemos tomado, como algunas precedentes, de una excelente obra de Robert (1983), que el lector puede consultar si quiere profundizar en este tema.

En resumen

Para pasar del gen a la proteína, el proceso es el siguiente:

ADN → ARN → Proteína

Esta secuencia se ha erigido como un verdadero dogma para los biólogos. Ha resultado útil en la práctica en la mayoría de los casos. Sin embargo, algunos trabajos muestran que este dogma no es infalible:

Figura 14. **EL ARN DE TRANSFERENCIA**

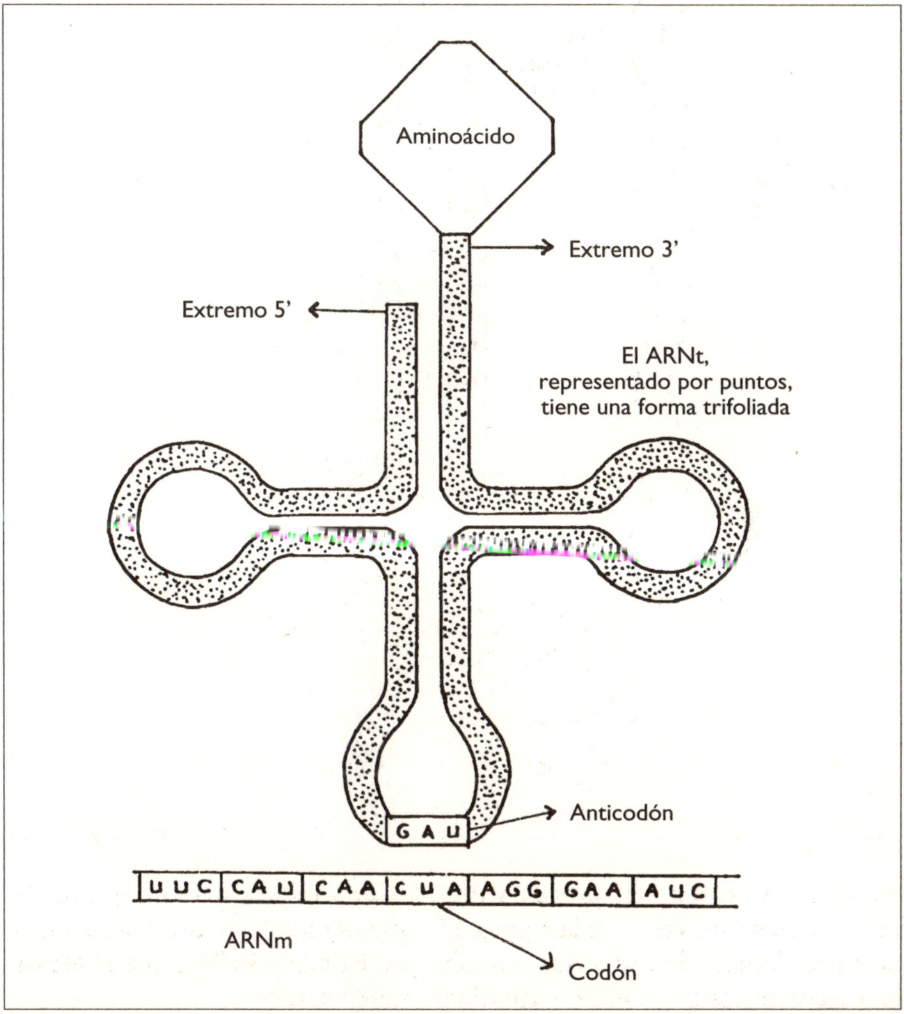

Figura 15. **SÍNTESIS DE PROTEÍNAS EN LOS EUCARIOTAS**

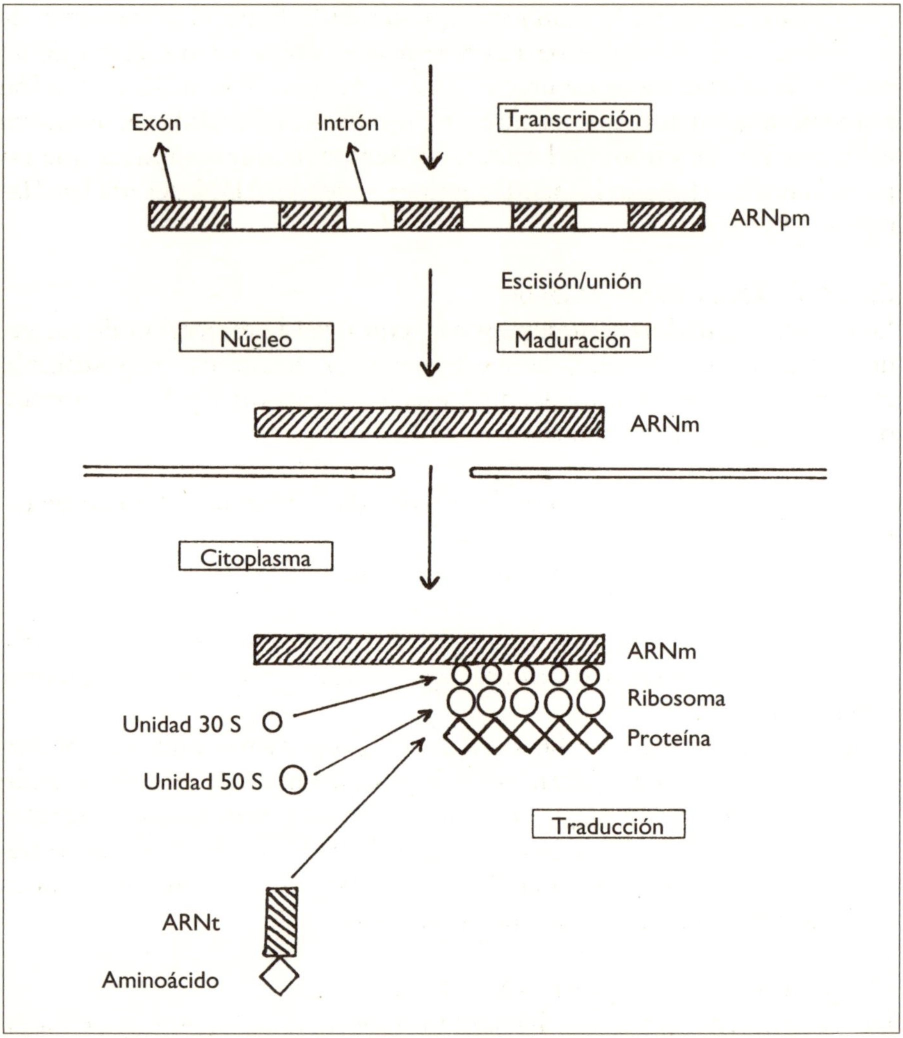

• En el caso de los retrovirus ARN, se puede transcribir el ARN en ADN, que se expresará en las células infectadas, bajo la acción de una enzima, la transcriptasa inversa (Temin, 1984). Por otra parte, Beljanski (en Nordau y Beljanski, 1996) mostró que este fenómeno no se limita a los retrovirus. Pequeños ARN pueden transcribirse en ADN por la transcriptasa inversa en virus, bacterias, células vegetales, células animales y células humanas.

• Algunas proteínas, los priones, serían capaces, en ciertas condiciones, de duplicarse por sí mismas, sin necesidad de ADN ni ARN. Estos priones parecen ser la causa de algunas enfermedades del sistema nervioso que afectan a animales y a humanos (Dormont, 1994).

• Por otra parte, la clonación que ha dado lugar al nacimiento de la célebre oveja *Dolly* se basa, en principio, en la introducción de un núcleo de células viejas en un citoplasma de célula joven. La operación rejuvenece al núcleo, que es capaz de multiplicar la célula inicial hasta la formación de un animal completo. Esta experiencia indica que las proteínas del citoplasma pueden actuar sobre el ADN del núcleo (Janecek, 1997).

E) LOS GENES REGULADORES

Los genes reguladores aumentan o disminuyen la expresión de los genes estructurales. Jacob y Monod fueron los primeros en postular la existencia de tales genes, y su hipótesis ha sido confirmada. Las principales regiones reguladoras son:

• El promotor, situado en la proximidad inmediata del gen de estructura.

• El regulador, situado a distancia del gen de estructura.

La activación o inhibición del gen estructural depende de ciertas proteínas que se fijan o se separan de algunas zonas precisas del promotor y del regulador.

La especialización de las células en el organismo humano explica por qué sólo se manifiestan algunos genes, mientras que otros están completamente reprimidos y enmudecidos. Es evidente que el hepatocito (célula del hígado) y la neurona (célula del sistema nervioso) tienen funciones muy diferentes. Los genes funcionales y los reprimidos serán distintos en estos dos tipos de células.

F) PROGRESOS RECIENTES EN GENÉTICA

Durante mucho tiempo se ha sabido muy poco del genoma (se llama así al conjunto de genes humanos). La genética clásica sólo disponía de medios limitados para investigarlo, como las entrevistas familiares y el examen de algunos casos particulares; por ejemplo, la pérdida de una parte de un cromosoma (deleción).

Desde hace algunos años, las técnicas de biología molecular han permitido rápidos e importantes progresos.

1) Conocemos cada vez mejor la localización de los genes, es decir, en qué cromosoma se encuentra un gen y en qué orden están situados los diversos genes del cromosoma. Gracias a los trabajos de algunos

equipos punteros, la cartografía del genoma ha avanzado a pasos de gigante, hasta llegar a completarse en el 2003.

2) Somos capaces de secuenciar un gen, es decir, establecer el orden exacto de los nucleótidos que lo componen. La secuenciación se realiza en varias etapas:

- Aislamiento del gen a partir del ADN completo.
- Amplificación del gen, el cual multiplicamos por miles de millones.
- Secuenciación propiamente dicha.

En otros tiempos, para conocer la estructura de una proteína, se secuenciaban sus aminoácidos, proceso que tardaba varios años en completarse. Actualmente, deducimos la secuencia de los aminoácidos a partir de la de los nucleótidos del gen correspondiente. El proceso completo se realiza en pocas horas.

G) POSIBLES MODIFICACIONES DE LOS GENES

La estructura de los cromosomas y de los genes no es inmutable, pues pueden surgir cambios. Son precisamente estos cambios los que han permitido la evolución de las especies en la Tierra. Los cromosomas y los genes están expuestos durante la división celular o mitosis.

En la mayor parte de las células del cuerpo (células somáticas), la mitosis se caracteriza por el desdoblamiento de los cromosomas, de manera que cada célula hija conserva 46 cromosomas. El espermatozoide y el óvulo (células germinales) se forman a partir de una célula sexual que se divide por meiosis, división en la que se produce la separación de los cromosomas de cada par, de manera que cada célula hija sólo tiene 23 cromosomas. El desarrollo de la mitosis, en el caso de las células somáticas, se explica en la figura 54.

Pueden producir errores en el momento de la división que afecten a uno o a varios genes, a veces a un fragmento de cromosoma, a veces a un cromosoma entero. Existen mecanismos correctores, como los sistemas reparadores de ADN y los sistemas de apoptosis, que fuerzan a una célula anormal a suicidarse. Lo estudiaremos con más detalle en el capítulo sobre el cáncer. Pero estos sistemas no son perfectos y pueden persistir anomalías.

Aparte de la división celular, los cromosomas y los genes pueden modificarse ante algunos factores ambientales: radiaciones, sustancias cancerígenas y, en mi opinión, moléculas bacterianas o alimentarias procedentes del intestino delgado.

Las principales modificaciones son las siguientes:

1) *Mutaciones*
A menudo son mutaciones puntuales, en las que una base se reemplaza por otra. Así, T puede reemplazarse por C. Esto se traduce por la sustitución de un nucleótido por otro, y de un aminoácido por otro, lo que puede afectar de manera más o menos grave a la estructura de una proteína. Una mutación puede ser negativa, neutra o positiva.

2) *Deleciones*
Se trata de la desaparición de un gen o de un fragmento de cromosoma más o menos extenso. Casi siempre es un proceso muy negativo.

3) *Translocaciones*
Un fragmento cromosómico se suelta y se fija sobre otro cromosoma. Este fenómeno puede tener temibles consecuencias:

- Un gen estructural puede separarse de su promotor y someterse a la influencia de otro gen regulador.
- Un gen procedente del primer cromosoma puede fusionarse con un gen transportado por el segundo cromosoma, y constituir un nuevo gen codificador para una nueva proteína.

Las consecuencias de estas diversas modificaciones son diferentes, según se produzcan en una célula germinal o en una somática:

1) *En una célula germinal*
- Si los cambios son muy importantes, el embrión no será viable. Sobreviene un aborto y se impide la transmisión de anomalías a la descendencia.
- Si los cambios son compatibles con la vida, las modificaciones, que suelen ser nefastas, se transmitirán a la descendencia. Así ocurre en numerosas taras: gen de la hemofilia, de la mucoviscidosis, etc.

2) *En una célula somática*
- El daño de ciertos genes puede afectar a algunas funciones de la célula, pero ésta no se vuelve peligrosa para el resto del organismo.
- En cambio, el daño de algunos genes peligrosos puede reinstalarse en la célula maligna y originar el desarrollo de un cáncer.

Capítulo 7

EL MEDIO AMBIENTE

Las mitocondrias de las células animales y de los cloroplastos de las células vegetales serían bacterias que han penetrado y sobrevivido en estas células.

Profesora LYNN MARGULIS

Durante toda nuestra vida, debemos defender la integridad de nuestro organismo contra las peligrosas influencias de nuestro entorno. Es fundamental comprender que el contenido de nuestro tubo digestivo forma parte de ese medio ambiente. Es en este aspecto en el que más frágiles somos y menos protegidos estamos.

Doctora CATHERINE KOUSMINE

A) LISTA DE LOS PRINCIPALES FACTORES MEDIOAMBIENTALES

Los factores de nuestro entorno son extremadamente numerosos. Por ello, esta lista no es exhaustiva, y se limita a los principales factores, aquellos que parecen más susceptibles de atacar a la salud de los humanos.

1. Radiaciones

1) Los rayos solares tienen efectos beneficiosos para el hombre, que, instintivamente, busca exponerse al sol, pero también tienen efectos peligrosos, más importantes desde que algunos productos químicos creados por ciertas industrias han destruido una parte de la capa de ozono. Los rayos ultravioleta B y, probablemente, A favorecen el desarrollo de cánceres de piel: epiteliomas basocelulares y espinocelulares, y melanomas.

2) Los rayos X son peligrosos para quienes se exponen a menudo a este tipo de radiación. Pueden destruir o modificar ciertas células. Provocaron numerosas leucemias en los primeros radiólogos, que no disponían de suficiente protección. La agresividad de los rayos X puede utilizarse en terapéutica, para intentar eliminar células malignas (radioterapia en los cánceres) o para suprimir las células causantes de la respuesta inmunitaria (irradiación corporal total antes de un trasplante de médula ósea para evitar su rechazo).

3) Las radiaciones nucleares pueden matar a los humanos, con rapidez si son muy intensas, o con lentitud cuando lo son menos, en for-

ma de aplasias medulares, leucemias y cánceres. Las bombas atómicas de Hiroshima y Nagasaki y el accidente de la central de Chernobyl lo han demostrado fehacientemente. Sin embargo, esta energía es la mejor solución para el futuro, ya que es inagotable, a diferencia del carbón o del petróleo, que están en vías de extinción. Oponerse a la construcción de centrales nucleares, como hacen algunos ecologistas, no me parece una buena solución. Hay que mejorar la seguridad de estas centrales para hacerlas casi perfectas y poner al día métodos válidos para tratar los residuos radiactivos. En cuanto a la radiactividad natural, muy baja, es inofensiva.

4) Las radiaciones electromagnéticas provienen de fuentes muy variadas (Platt, 1999):

- Satélites de comunicación.
- Emisoras de televisión.
- Teléfonos celulares.
- Teléfonos móviles.
- Ondas de radio de diversas frecuencias.
- Receptores de televisión.
- Aparatos electrodomésticos.
- Hornos microondas.
- Redes eléctricas.
- Líneas de alta tensión.
- Líneas de transporte de tracción eléctrica.
- Pantallas de ordenador catódicas.

Los efectos de estas radiaciones sobre nuestra salud son poco conocidos. Se ha achacado a las líneas eléctricas de alta tensión ser la causa de algunas leucemias. Deberían llevarse a cabo estudios epidemiológicos para confirmar o invalidar esta creencia. Las radiaciones electromagnéticas de menor intensidad, emitidas por los televisores o los ordenadores, ejercen a corta distancia una acción nociva en los seres vivos, como comprobaron Youbicier-Simo y col. (1996) con embriones de pollo.

2. Agentes climáticos y físicos

Sin mencionar los accidentes, como un rayo o la electrocución, estos agentes tienen un gran impacto en el organismo humano. El frío puede provocar la enfermedad de Raynaud, espasmo paroxístico de los pequeños vasos de los dedos. La altitud causa una poliglobulia, o fabricación de un número mayor de glóbulos rojos. La humedad acentúa los dolores reumáticos. El calor, la lluvia, el viento y la nieve también ocasionan alteraciones. Sin embargo, son relativamente menos importantes.

3. Contaminantes del aire

La actividad humana ha introducido en el aire numerosos componentes anormales. Algunos de estos componentes permanecen localizados en lugares restringidos:

- El polvo, liberado en algunas canteras y en algunas minas. Los mineros que extraen el carbón pueden inhalar partículas de carbón y de sílice, y desarrollar una antracosis o una silicosis, que pueden provocar una insuficiencia respiratoria mortal.
- El amianto, utilizado en la construcción de algunos edificios, es el causante de algunos cánceres de pulmón y de pleura.

Otras sustancias se extienden en la atmósfera. Provienen principalmente de la industria y de la circulación de los automóviles (Boissavy-Vinau, 1995). Los contaminantes más importantes son los siguientes (Aubier y Marthan, 1997):

- Dióxido de azufre = SO_2.
- Óxidos de nitrógeno = NO, NO_2, NO_x.
- Monóxido de carbono = CO.
- Ozono = O_3.
- Compuestos orgánicos volátiles, de los cuales los más peligrosos son las partículas diésel.
- Aerosoles que emiten partículas muy finas.
- Metales pesados: plomo, cobre.

Los hielos polares constituyen extraordinarios archivos de la historia de la atmósfera (Boutron, 1996). Gracias a muestras glaciares recogidas a distinta profundidad, podemos conocer la composición del aire en diferentes épocas. Así, hemos aprendido que la polución por el plomo data de hace 3.000 años y la del cobre, 2.500 años.

De forma práctica, Bignon (1997) separa:

- Las partículas grandes, generadas por la combustión incompleta de carbones.
- Las partículas finas, generadas por las centrales eléctricas no nucleares, algunas industrias y el gas de escape de los vehículos, principalmente los de motor diésel.

Se acusa a los contaminantes atmosféricos de favorecer el asma (sin razón, como veremos en el capítulo 25), la bronquitis, la rinitis, la conjuntivitis, el cáncer de pulmón y de agravar las insuficiencias respiratoria y cardiaca.

La presencia de estos productos (sulfatos, nitratos) produce lluvias ácidas, que destruyen algunos árboles y contaminan el suelo. Además, la polución atmosférica tiene otras dos consecuencias graves: la destrucción de la capa de ozono y el efecto invernadero. Estos dos fenómenos se tratan en el capítulo 31.

4. Contaminantes del agua

El agua, como el aire, contiene muchos productos procedentes de la civilización industrial:

- Los residuos provenientes de ciertas fábricas.
- Las aguas fecales vertidas por las alcantarillas.
- Los fosfatos, que se han utilizado como suavizantes en los detergentes, pues neutralizan muy bien el calcio. Algunas empresas, respaldadas por científicos poco escrupulosos, han hecho creer durante mucho tiempo que los fosfatos eran inofensivos (Barroin, 1995). En realidad, modifican la calidad de las aguas y ocasionan una excesiva proliferación de algunos vegetales: fitoplancton, cianobacterias, algas y hierbas.
- El plomo, que puede contaminar el agua potable, sobre todo cuando es el material del que están hechas las canalizaciones que llevan esta agua al grifo. Afortunadamente, esta clase de canalizaciones está en vías de desaparición.
- El mercurio, que está presente bajo su forma metilo, peligrosa en ciertas zonas de lagos, mares y océanos, donde el agua está acidificada y es pobre en oxígeno (Cossa, 1995). Los peces absorben y acumulan el mercurio a medida que envejecen.
- Los nitratos, procedentes de algunos abonos y que a veces encontramos en las capas freáticas, son, en cambio, inofensivos, contrariamente a una opinión muy extendida. Este punto ha sido demostrado por L'Hirondel y L'Hirondel (1996). Por otra parte, toleramos muy bien algunas verduras como las espinacas, mucho más ricas en nitratos que cualquier agua. No obstante, las bacterias pueden transformar los nitratos en nitritos, que son nocivos.

5. Contaminantes del suelo

Este tema, indisociable de las aberraciones de la agricultura y de la ganadería, se trata de manera más detallada en el capítulo 4, sección F.

6. Tabaco

El hábito de fumar se extendió ampliamente a principios del siglo pasado, cuando se ignoraban los daños de la hierba de Nicot. Desde hace una treintena de años, las consecuencias del tabaco son conocidas. Pero, a pesar de las grandes campañas antitabaco, el número de fumadores decrece muy lentamente en los países occidentales. Es difícil dejar de fumar, ya que la nicotina actúa como una droga y estimula las mismas regiones cerebrales que la cocaína, la heroína o las anfetaminas.

El tabaco contiene otras sustancias peligrosas, como los alquitranes, que son hidrocarburos cancerígenos, o las nitrosaminas, igualmente cancerígenas, así como pequeñas cantidades de cianuro. Los riesgos del tabaco se mencionan en el capítulo 5, sección G.

7. Alcohol

El alcoholismo agudo provoca embriaguez, que puede tener graves efectos cuando el bebedor conduce un vehículo y arriesga su vida, la de los pasajeros y la de los desafortunados con los cuales puede colisionar.

El alcoholismo crónico tiene otros inconvenientes:

- Favorece, en asociación con el tabaco, los cánceres de vías respiratorias y de la parte superior del tubo digestivo.
- Puede llegar a producir cirrosis, transformación fibrosa del hígado, siempre mortal.

8. Medicamentos

Los europeos son grandes consumidores de medicamentos, a veces necesarios para el restablecimiento de nuestra salud, lo cual es beneficioso. Pero casi nunca son totalmente inocuos. Basta consultar un vademécum farmacológico para descubrir que todos los medicamentos presentan contraindicaciones que pueden ocasionar incidentes y accidentes.

Conviene, pues, adoptar algunos criterios de sentido común:

- Para el enfermo, evitar la automedicación y seguir los consejos de un médico competente.
- Para el médico, comparar sistemáticamente los peligros de la enfermedad con los del medicamento. La terapéutica moderna es consciente del riesgo calculado de los mismos.
- Siempre que sea posible deben evitarse los tratamientos prolongados con un mismo medicamento.

El consumo de medicamentos se desarrolló progresiva y ampliamente en los países occidentales después de la segunda guerra mundial. Es sorprendente comprobar que, a partir de esta época, ciertas enfermedades poco frecuentes se han extendido de forma progresiva, como el asma o la enfermedad de Crohn, que han multiplicado su frecuencia por 100, mientras que algunos cánceres (mama, próstata, colon o recto) cada vez son más numerosos. Esto indica una presumible relación de causa-efecto.

De la inmensa lista de medicamentos comercializados en Europa, los antibióticos ocupan, en mi opinión, el primer lugar entre los sospechosos. La práctica totalidad de los europeos ha tomado antibióticos en alguna ocasión. Actualmente, los niños menores de seis años, con infecciones casi permanentes de bronquios o de la esfera ORL (gastrointestinal), contaminados en las guarderías y en los colegios, son tratados con antibióticos de forma repetida.

Me temo que todos estos antibióticos, además de alterar de manera continua la flora bacteriana del tubo digestivo y seleccionar bacterias resistentes (Boye, 2000), resultan agresivos para la mucosa del intestino delgado y la permeabilizan demasiado. Considero que esta hiperpermeabilidad tiene una importancia fundamental en el desarrollo de numerosas enfermedades. El uso abusivo de antibióticos puede originar algunos círculos viciosos, como los que se ilustran en la figura 16.

No estoy en contra del empleo de antibióticos, que son medicamentos irreemplazables en el tratamiento de las infecciones bacterianas. Desafortunadamente, se prescriben demasiado a menudo en situaciones en las que resultan inútiles, en particular en las infecciones virales, mucho más extendidas que las infecciones bacterianas. Bien sea porque el médico quiere prevenir una sobreinfección bacteriana eventual, o bien porque duda entre los dos diagnósticos.

9. Alérgenos

Las enfermedades alérgicas, antes relativamente raras, están muy extendidas hoy en día. Se denomina alérgeno a toda sustancia antígena capaz de desencadenar manifestaciones alérgicas. Los principales alérgenos son los siguientes:

- El polvo de casa.
- Mohos.
- Ácaros.
- Escamas y pelos de animales, principalmente de gato, perro, caballo y roedores.

Figura 16. **CÍRCULOS VICIOSOS CREADOS POR LA INGESTA FRECUENTE DE ANTIBIÓTICOS**

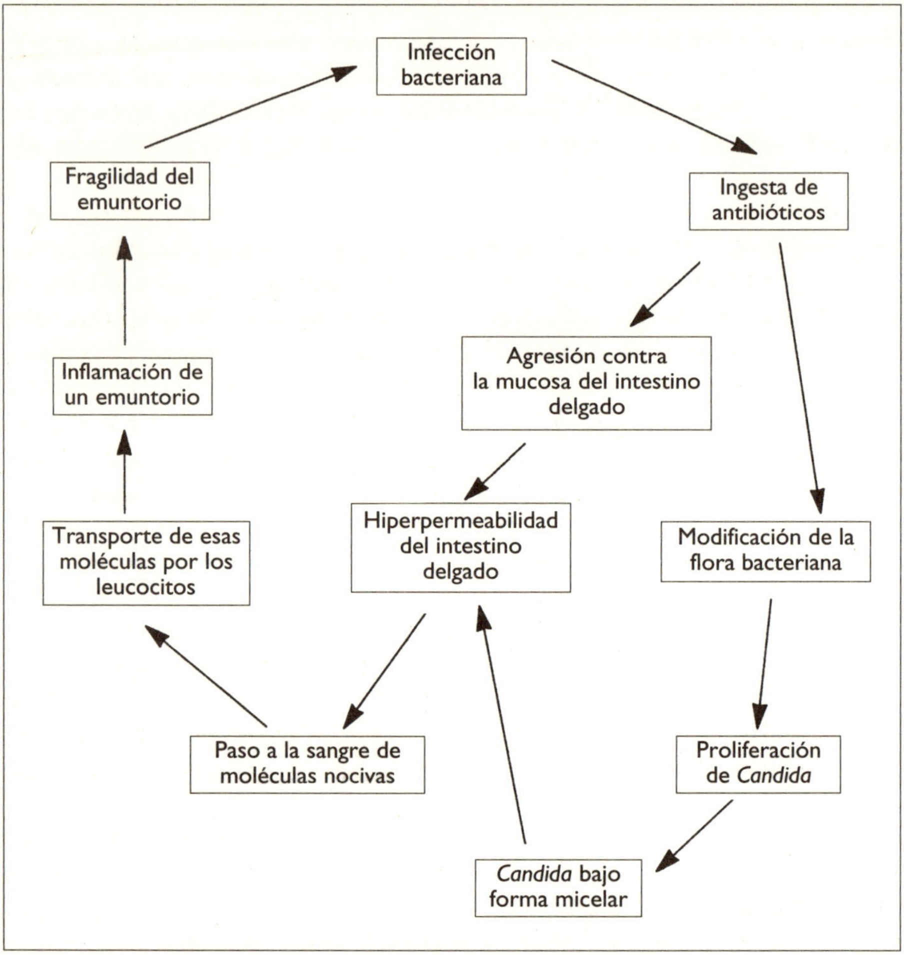

- Insectos, principalmente cucarachas.
- El polen de los árboles (de finales de enero a finales de abril), gramíneas (de mediados de mayo a mediados de julio), herbáceas (de principios de junio a finales de noviembre).
- Venenos de himenópteros (abejas, avispas).
- Ciertos alimentos y aditivos alimentarios.
- Numerosos medicamentos.
- Productos utilizados en algunas profesiones.

10. Parasitosis

Los parásitos, numerosos y peligrosos en los países tropicales, son raros y generalmente benignos en nuestras regiones. Los principales parásitos en Europa son:

- La triquina, pequeño gusano nematodo cuyas larvas enquistadas se transmiten a través de la carne, cruda o insuficientemente hecha, de cerdo o de caballo infectados.
- La tenia, cuyas larvas o cisticercos se transmiten a través del consumo de carne, cruda o insuficientemente hecha, de cerdo (tenia solitaria) o de caballo (tenia inerme).
- El anasakis, a menudo presente en el pescado crudo, pero que raramente se implanta en el hombre.
- El distoma de hígado, cuyas larvas enquistadas se encuentran en los berros, diente de león y en la planta milamores, en ciertas zonas geográficas.
- El botriocéfalo, proveniente del pescado crudo.

Hay que vigilar principalmente la triquina y el distoma de hígado, ya que en una minoría de casos pueden resultar mortales.

11. Hongos

Aunque las especies de hongos microscópicos son muy numerosas en la naturaleza, muy pocas agreden el organismo humano. Los más importantes son dos:

- *Aspergillus*, que es saprofito en un individuo normal y patógeno en los afectados de graves déficits inmunitarios (sida, radioterapia intensiva, quimioterapia intensiva).
- *Candida albicans*, cuya actividad, en general desdeñada, es seguramente subestimada. Besson (1994) afirma que la candidiasis crónica provoca fatiga permanente, una sobrecarga ponderal, problemas digestivos y muchos otros síntomas. Cuando adopta una forma micelar, puede activar prolongamientos entre las células de la mucosa del intestino delgado y aumentar la permeabilidad de la barrera intestinal (figura 16).

12. Bacterias

Desde el descubrimiento de los antibióticos, las bacterias interesan menos a los científicos. Creemos que siempre podremos vencer a una bacteria con un nuevo antibiótico. Sin embargo, el abuso de éstos ha tenido dos consecuencias no deseadas:

• La selección de cepas bacterianas resistentes, particularmente abundantes en el medio hospitalario (recomiendo leer sobre este tema la excelente revisión general de Boye, 2000).

• El trastorno de la flora intestinal de los pacientes, que favorece la proliferación de *Candida albicans*.

En mi opinión, el error es tratar únicamente las infecciones generadas por las bacterias y sus toxinas. Hay que tener también en cuenta las macromoléculas procedentes de las bacterias, péptidos y lipopolisacáridos en particular. Nuestra flora intestinal contiene una fuente importante de estas macromoléculas. Intentaré demostrar que están implicadas en tres áreas patológicas: autoinmunidad, ensuciamiento y eliminación.

13. Virus

Constituyen un tema de actualidad, ya que muchos virus son patógenos para el hombre y han resistido hasta el presente todos los ensayos terapéuticos. Podemos vacunarnos contra algunos virus, pero somos incapaces de destruir un virus cuando contamina al hombre.

Verdaderamente, el problema es difícil. ¿Cómo llegar al virus en el interior de una célula? ¿Cómo eliminar el virus sin dañar a la célula? La reciente expansión mundial del sida ha hecho que las investigaciones sean aún más exhaustivas. El descubrimiento de medicamentos eficaces contra este virus probablemente traerá consigo progresos en el tratamiento de otros virus. Recordemos que una terapia triple que combina dos inhibidores de la transcriptasa inversa y un inhibidor de proteasas ha invertido por primera vez la evolución fatal del sida en un gran número de enfermos (Corey y Holmes, 1996).

Además de algunas infecciones agudas de las cuales son las causantes, los virus han estado a menudo vinculados a otras patologías:

• La mayoría de cánceres y de leucemias, cuando su origen es desconocido.

• Las encefalopatías espongiformes transmisibles, cuyo ejemplo es la enfermedad de las vacas locas.

• Los trastornos autoinmunes.

Como una virosis aguda no encaja como causante de estos estados crónicos, se ha propuesto la existencia de virus «lentos», capaces de residir en el organismo humano durante varios años e incluso toda la vida. La existencia de tales virus se ha puesto de manifiesto en algunas situaciones, pero en la mayoría de los casos esta concepción es difícil de sostener, cuando no se detecta ADN viral, ARN viral, ni anticuerpos contra virus.

Finalmente, el papel de los virus ha sido probado únicamente en la mayoría de los cánceres de cuello uterino y en raros cánceres anorrectales (papilomavirus), en el linfoma de Burkitt (virus Epstein-Barr), en ciertos cánceres del hígado (virus de las hepatitis B y C) y en algunas afecciones malignas menos frecuentes. Para las encefalopatías espongiformes, se duda todavía entre la teoría de la proteína prión patógena (Prusiner, 1995) y otras teorías (molécula chaperona, virus, virino). Para las enfermedades autoinmunes, propondré más adelante un mecanismo diferente y, en mi opinión, con más eficacia.

14. Alimentos

En la actualidad, la gran mayoría de médicos, a excepción de algunos pioneros, subestima su importancia. Mientras que para comercializar un nuevo medicamento se exige el cumplimiento de numerosos criterios de eficacia y de inocuidad relativa, se toman muchas menos precauciones en materia nutricional. Y ello a pesar de que la alimentación humana ha cambiado mucho en el transcurso de los siglos, y en la actual se dan dos características inquietantes:

- El consumo en gran cantidad de nuevos productos que nuestros ancestros prehistóricos no comían.
- Las modificaciones perjudiciales impuestas por las técnicas modernas de agricultura, ganadería e industria.

A lo largo de este libro se describen las extraordinarias consecuencias, favorables o desfavorables, que se derivan de nuestra manera de alimentarnos.

15. Estrés

El estrés es la respuesta del organismo a un estímulo. En el lenguaje corriente, el estrés se asimila a esa estimulación y, en la práctica, a las diversas agresiones a las cuales nos enfrentamos. Dado que las agresiones externas son particularmente frecuentes e intensas en la vida de la mayoría de los occidentales del siglo XXI, numerosos autores creen que existe una relación entre el estrés y el desarrollo de algunas enfermedades psicosomáticas.

Creo que el papel del estrés se ha exagerado. Es cierto que las emociones que sentimos pueden intervenir en el desencadenamiento o en la aceleración de un proceso patológico, pero, por sí solas, no provocan una enfermedad. Es un alivio pues, si tenemos en cuenta la cantidad de acontecimientos estresantes que afrontamos, casi todos los humanos sufriríamos de manera precoz de múltiples afecciones. Explicaré las razones de esta opinión en algunos capítulos ulteriores.

B) JERARQUÍA DE LOS FACTORES MEDIOAMBIENTALES

Los quince factores medioambientales que he analizado repercuten en el organismo humano, pero su importancia varía en cada caso. Es esencial evaluar la importancia de estos quince parámetros, ya que esta evaluación tiene una gran influencia en nuestra visión de la medicina.

Si leemos publicaciones médicas, o prensa no especializada, es fácil comprobar que los seis elementos considerados actualmente los más peligrosos para el hombre son: los virus, la contaminación, el tabaco, el alcohol, los alérgenos y el estrés. Los principales esfuerzos en investigación y terapéutica se han centrado en esos ámbitos.

Mi clasificación es algo diferente. Para mí, los cuatro factores principales son: los alimentos, las bacterias, la contaminación y el tabaco:

- No niego la importancia de las infecciones virales, sean agudas (gripe, hepatitis A) o crónicas (hepatitis B, hepatitis C, sida), pero estimo que el territorio de las virosis ha sido hipertrofiado.
- El alcoholismo crónico es menos peligroso de lo que se cree. Sólo favorece el cáncer en asociación con el tabaco. No llega a ocasionar una cirrosis de hígado más que en un 9% de los casos. Está claro que no animo a nadie a beber en exceso. Las consecuencias sociales del etilismo son muy graves para el entorno del intoxicado. Simplemente, creo que se han sobreestimado las consecuencias patológicas del alcoholismo crónico. Hay que combatir esta calamidad y saber que existen otras amenazas todavía más graves.
- Los alérgenos, al igual que el estrés, para mí no son más que elementos reveladores de algunas enfermedades cuyas causas mayores son otras.

En cambio, reconozco la nocividad de los contaminantes y del tabaco. Principalmente, concedo el primer lugar a los alimentos y a las bacterias, que están constantemente presentes en el tubo digestivo, y explican mucho mejor las patologías crónicas que los virus, huéspedes pasajeros del organismo. Las abundantes moléculas alimentarias y bacterianas que contiene el intestino delgado son, en mi opinión, las principales causantes del 90% de las enfermedades que tienen en común un mecanismo desconocido y son difíciles de curar o incurables al tratarlas con los métodos clásicos. Esta teoría original permite proponer:

- Un mecanismo plausible para explicar el desarrollo de estas enfermedades.
- Un tratamiento causal que suele ser eficaz.

La lista de alimentos prohibidos, desaconsejados y autorizados se enumera en la tabla III.

Capítulo 8

NOCIONES ESENCIALES DE INMUNOLOGÍA

El antígeno reconocido por los linfocitos T es un péptido.

Profesor JEAN-MICHEL CLAVERIE

Es notable que se haya prestado tan poca atención a los fragmentos de proteínas que resultan de una digestión incompleta.

El número potencial de acciones de estas moléculas es inmenso.

MICHAËL L. G. GARDNER

A) LA RESPUESTA INMUNITARIA

1. Definición de antígeno y respuesta inmunitaria

Un antígeno es una sustancia que, introducida en un organismo para el cual es ajena, es capaz de desencadenar una respuesta inmunológica, específicamente dirigida contra ella y que termina en la mayoría de los casos en su neutralización. Los antígenos son casi siempre proteínas.

Para describir la respuesta inmunitaria, me basaré en el libro de Bach (1993) y también en las excelentes revisiones generales de Male y col. (1988), Claverie (1990) y Levy (1994).

Primero, conviene estudiar las células que participan en la respuesta inmunológica. Estas células se dividen en dos grupos:

- Las que presentan antígenos.
- Las que responden a los antígenos.

A continuación, examinaremos los estados sucesivos de la respuesta inmunitaria:

- El reconocimiento del antígeno.
- La activación de las células y la cooperación celular.
- La acción efectora.
- El cese de la respuesta inmunitaria.

2. Células que presentan antígenos (CPA)

Células que presentan antígenos de forma pasiva
Se clasifican en las siguientes categorías:

- Las células infectadas por virus (antígenos virales).
- Las células transfundidas o trasplantadas (antígenos del donante).
- Las células cancerosas (antígenos tumorales).

Una respuesta inmunitaria normal es capaz de destruir todas estas células peligrosas, que podemos agrupar bajo el nombre de células diana.

Células que presentan antígenos de forma activa
Estas células no se conforman con presentar pasivamente los antígenos que contienen, sino que captan antígenos externos a ellas. Algunas pueden incluso captar estructuras voluminosas, por ejemplo, bacterias, y extraer informaciones antigénicas en forma de péptidos. Pertenecen a este grupo:

- Los linfocitos B (véase figura 17).
- Las células de Langerhans de la piel.
- Las células endoteliales de los vasos.
- Las células foliculares interdigitadas en el timo.
- Las células dendríticas, con largas prolongaciones características, que se encuentran sobre todo en los ganglios linfáticos y en la membrana sinovial de las articulaciones.
- Los monocitos/macrófagos y las numerosas variedades de células que derivan de éstos.

3. Células que responden a los antígenos
Pertenecen a varias categorías:

a) Linfocitos B
Se fabrican en la médula ósea (B = *bone marrow*) y no tienen un periodo limitado de estancia en el timo. Los linfocitos llegan a la sangre y después a los órganos linfoides periféricos. Suponen el 18% de los linfocitos de la sangre. Pueden formar plasmocitos, que son células que producen grandes cantidades de anticuerpos o inmunoglobulinas (Ig).

Figura 17. **RECONOCIMIENTO DEL ANTÍGENO POR EL LINFOCITO B**
Según Van Noesel y col. (1993)

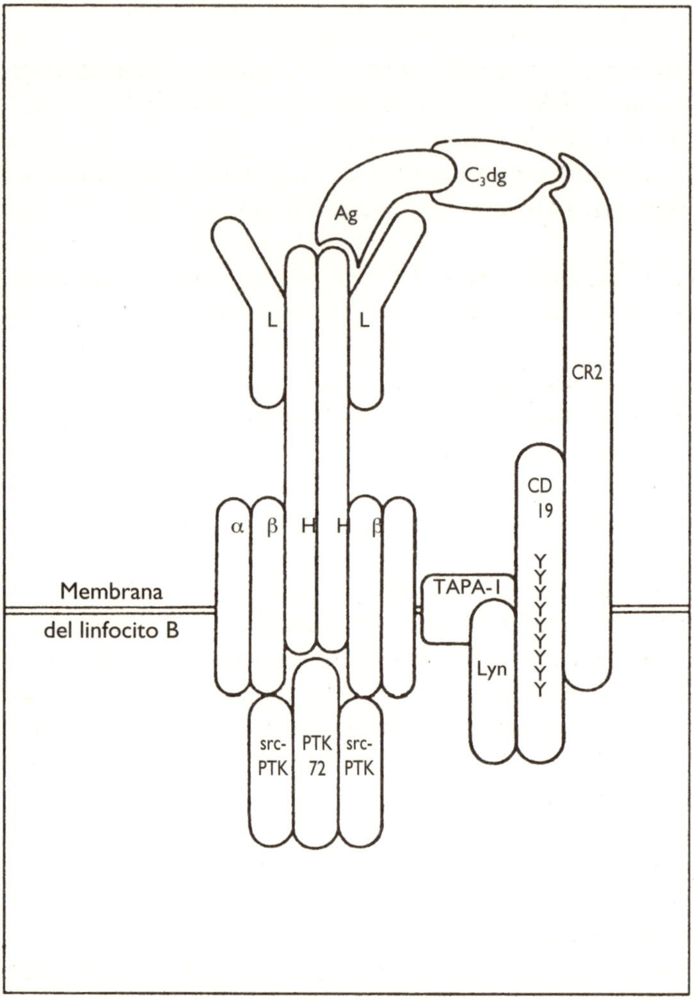

El BCR está constituido por una mIG, formada por dos cadenas pesadas (H) y dos cadenas ligeras (L), asociada a dos estructuras Igα/Igβ.
La unión del antígeno con el sitio receptor del BCR y la unión de C3 con CR2 produce una multimerización del BCR y del complejo CR2/CD19/TAPA-1.
Este proceso desencadena la fosforilación de los residuos tirosina (Y) situados en la porción citoplásmica de las Igα, Igβ y CD19.
A continuación, se activan ciertas enzimas, las proteínas tirosina cinasas (PTK), src, 72 y Lun, y se pone en acción un segundo mensajero que activa algunos genes del linfocito B.

b) Linfocitos T

Se generan en la médula ósea para, a continuación, pasar algunos días en el timo (T = timo). Después llegan a la sangre y a los órganos linfáticos periféricos. Constituyen el 80% de los linfocitos de la sangre.

Los linfocitos T se dividen en dos poblaciones principales:

- Las células T con marcador CD4, que son clásicamente las células T auxiliares (TA) o células T amplificadoras de la respuesta inmunitaria (o linfocitos *T helper*, en inglés).
- Las células T con marcador CD8, que son clásicamente los linfocitos T asesinos, agresores o citotóxicos (TC).

Sin embargo, algunas células T, tanto CD4 como CD8, pueden frenar la respuesta inmunitaria y se comportan como células T supresoras (TS).

c) Células agresoras naturales o NK

NK es la abreviatura de *natural killer* (literalmente «asesinas naturales»). Son linfocitos con grandes granulaciones. Constituyen el 2% de los linfocitos de la sangre y son mucho más abundantes en las regiones en contacto con el exterior: epidermis y mucosa intestinal.

Nociones de clon

Llamamos clon a una familia de linfocitos iguales, descendientes de la misma célula madre y que reconocen el o los mismos antígenos. Cada ser humano dispone de alrededor de un millón de clones de linfocitos B y un millón de clones de linfocitos T. Las células NK ofrecen menos variaciones.

4. El reconocimiento del antígeno

Los linfocitos reconocen el antígeno gracias a los receptores de membrana, que varían según el tipo de linfocitos:

a) En los linfocitos B

El BCR *(B cell receptor)* está constituido por una inmunoglobulina de membrana (LgM), asociada a dos estructuras Igα/Igβ. La estructura y el funcionamiento del BCR se precisan en la figura 17. Cada inmunoglobulina está formada por dos cadenas, una pesada y otra ligera. Estas cadenas están codificadas por cuatro variedades de genes:

C = Constante.
J = Unión.
D = Diversidad.
V = Variable.

En cada clon de B, estos genes se recombinan de manera particular. El número de combinaciones posibles es igual a la multiplicación:

$$\text{Alelos C} \times \text{Alelos J} \times \text{Alelos D} \times \text{Alelos V}.$$

Este número supera ampliamente el millón, y permite el extremo polimorfismo de los anticuerpos. Las Lgm se unen a una porción bastante extensa de la proteína antigénica, llamada hapteno. Esta unión es específica y cada anticuerpo reconoce a un solo hapteno, que puede ser común a varios antígenos.

Al efectuar una endocitosis de los receptores, los linfocitos B son capaces de interiorizar la proteína antigénica y extraer de ésta los péptidos. Estos péptidos acoplados a las moléculas HLA de clase II pueden seguidamente ser presentados a los linfocitos T. Los linfocitos B no son sólo células que responden a los antígenos, sino también CPA para los linfocitos T.

b) En los linfocitos T

El receptor antigénico consta de tres partes:

- Una parte constante CD3.
- Una parte constante CD4 o CD8. La primera se encuentra generalmente en los TA, la segunda se encuentra generalmente en los TC.
- Una parte variable TCR *(T cell receptor)*, específica de cada clon de T y especializada en el reconocimiento de un cierto número de péptidos antigénicos.

La gran mayoría de linfocitos T tiene un TCR de tipo αβ. Eso significa que el TCR está formado por dos cadenas α y β, que son proteínas transmembranas. La parte extracelular de estas cadenas se subdivide en varios campos: C, J y V para la cadena α, C, J, D y V para la cadena β, codificados por genes del mismo nombre. La unión de una parte de los campos variables de α y β constituye el sitio receptor del TCR. Existen en este emplazamiento tres regiones hipervariables. La estructura del TCR se representa en la figura 18.

El notable polimorfismo de los genes J y V deriva en un amplio polimorfismo de los TCRαβ, que superan ampliamente el millón. Hay que subrayar aquí dos nociones esenciales en inmunología:

- El TCRαβ es demasiado pequeño para reconocer a un agresor del tamaño de una bacteria o una proteína. Reconoce una información antigénica constituida por un péptido.

Figura 18. **ESTRUCTURA DEL TCR**

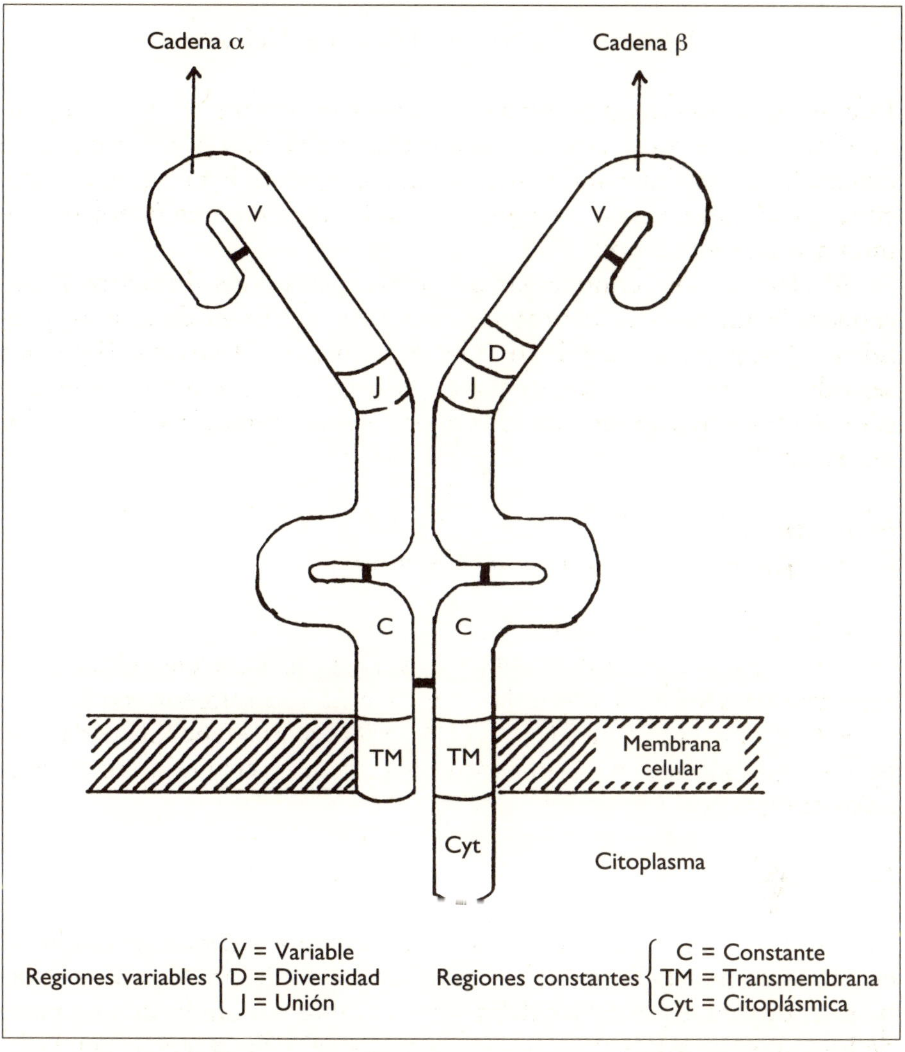

• El TCRαβ no reconoce nunca a un péptido aislado, sino sólo a un péptido acoplado a una molécula HLA. Este reconocimiento se ilustra en la figura 19.

Un TCR puede reconocer varios péptidos (Janeway, 1998). El dogma de un solo antígeno para cada clon de linfocitos es erróneo. La poliespecificidad de los TCR es, por otra parte, una necesidad, ya que, como remarcó Mason (1998), el número de péptidos antigénicos que pueden

Figura 19. RECONOCIMIENTO DEL PÉPTIDO ANTIGÉNICO POR EL LINFOCITO T

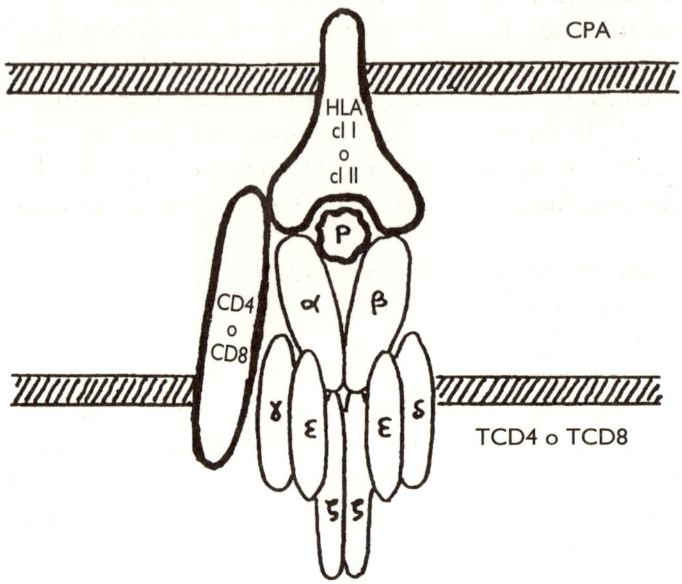

Las ocho cadenas que constituyen el receptor antigénico del linfocito T están dibujadas con trazo fino.
La molécula HLA, el péptido antigénico P y la molécula CD4 o CD8 asociada al receptor antigénico están dibujados con trazo grueso.
Las cadenas α y β del TCR reconocen HLA + P y CD4 o CD8.
Las cadenas α, δ, ε y principalmente ζ envían señales activadoras al linfocito T.

llegar a reconocer los linfocitos TCD4 es enorme, si consideramos que se trata de péptidos formados por 13-25 aminoácidos y que existen 20 variedades de estos últimos. Mason estima que cada TCR reconoce alrededor de un millón de péptidos.

Estos péptidos tienen en común algunas características en su configuración espacial que les permiten adaptarse al TCR. Sin embargo, pueden diferir considerablemente en su estructura primaria, es decir, en los aminoácidos que los constituyen.

Una minoría de linfocitos T tienen un TCR de tipo γδ. Las cadenas γ y δ son polimorfas, pero bastante menos que las α y β. El TCRγδ reconoce lípidos y glicolípidos introducidos por moléculas CD1, diferentes de las moléculas HLA, que, como hemos visto, incorporan péptidos (Porcelli y Modlin, 1999).

c) En las células NK
Más del 80% poseen un TCR de tipo γδ.

5. La activación de las células y la cooperación celular
La respuesta inmunitaria se caracteriza por la activación de células especializadas que cooperan entre sí. La activación del linfocito T se describe en la figura 52. Las señales permiten activar una célula. Estas señales parten de la membrana hacia el núcleo y son inducidas por la fijación en ciertos receptores de superficie de algunas moléculas adaptadas llamadas ligandos. Varios procesos son capaces de generar señales:

- El reconocimiento del antígeno, ya descrito.
- La unión de moléculas de adhesión.
- La acción de las citocinas.

Las moléculas de adhesión transportadas por la membrana de una célula reconocen moléculas complementarias en la membrana de otra célula. Esta vinculación favorece el contacto entre las células, al facilitar el reconocimiento antigénico y generar en algunos casos señales de activación. Las principales moléculas de adhesión se recogen en la figura 20. No desarrollaré este punto, ya que sólo es importante para los inmunólogos.

Las citocinas son mediadores segregados por células y que transmiten señales a otras células durante la respuesta inmunitaria. Existe un gran número de citocinas. Destacan: las interleucinas (IL), los factores de necrosis tumoral (TNF) y los interferones (IFN). Aquí tampoco entraré en detalles, ya que es un campo reservado a los biólogos.

El desarrollo de la respuesta inmunitaria necesita imperativamente una cooperación ente macrófagos, TA, TC, TS, B y NK. En esta cooperación, el papel más importante lo desempeñan de nuevo los TA, es decir, los verdaderos directores de orquesta.

Las relaciones entre linfocitos TCD4 y TCD8 y las funciones auxiliar, citotóxica y supresora pueden comprenderse mejor hoy en día, pues ya se han separado dos poblaciones de células TCD4:

- Los linfocitos TH1, que segregan TNFβ, IL-2 e IFNγ y amplifican la respuesta citotóxica, la respuesta IgM y IgG y la producción de citocinas inflamatorias.
- Los linfocitos TH2, que segregan IL-4, IL-5 e IL-10 y amplifican la respuesta IgE e IgA. Estos linfocitos tienen también una acción inhibidora de la IL-2 (debida a la IL-4) y de las células TH1 (debida a la IL-10).

Figura 20. **PRINCIPALES ESTRUCTURAS QUE PERMITEN LA ADHESIÓN Y EL ENVÍO DE SEÑALES ENTRE LINFOCITOS T Y LINFOCITOS B**

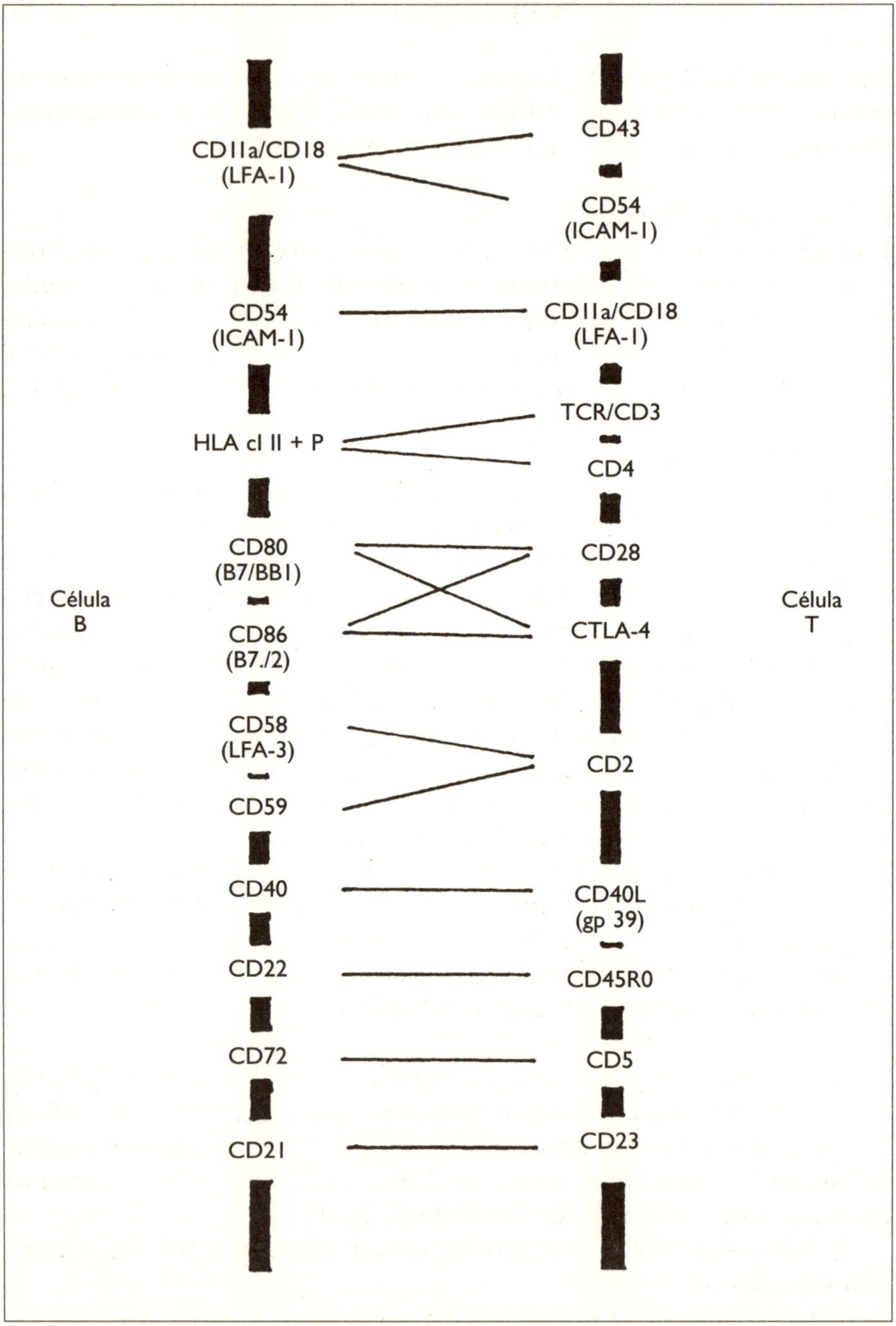

Asimismo, existen dos poblaciones de células TCD8:

- Los linfocitos TCD8 tipo 1, que inhiben a los linfocitos TH2 y B.
- Los linfocitos TCD8 tipo 2, que inhiben a los linfocitos TH1.

Las células TH2 y las TCD8 de los dos tipos aseguran la función supresora. Por lo tanto, un mismo linfocito T puede, según las circunstancias, activar o inhibir una respuesta inmunitaria.

6. Mecanismos de acción

La activación de las células se traduce por la secreción de algunas citocinas, la aparición en la membrana de algunos receptores y, a menudo, por una proliferación tras repetidas divisiones. La cooperación de células especializadas produce una acción efectora destinada a neutralizar al agresor. Esta acción efectora se realiza por dos vías: humoral y celular.

a) La vía humoral

La vía humoral hace intervenir a los anticuerpos o inmunoglobulinas (Ig). Se distinguen cinco clases de Ig: IgG, IgA, IgM, IgD e IgE.

Las Ig son secretadas por los linfocitos B y principalmente por los plasmocitos que proceden de éstos. Cada célula secreta un anticuerpo de especificidad única. Hay que distinguir las Ig trasmembranarias (esencialmente IgM y IgD) y las Ig circulantes (en especial, IgM, IgG, IgA e IgE). Las IgM, de afinidad bastante débil para el antígeno, se fabrican durante la respuesta inmunitaria inicial. Son progresivamente reemplazadas por las IgG, de fuerte afinidad para el antígeno. Las IgA son abundantes en las mucosas respiratorias y digestivas. Las IgE se fabrican en grandes cantidades durante las alergias.

Una enzima, la papaína, separa la IgG en dos fragmentos: el Fab, que se une al antígeno *(antigen binding)* y el Fc (cristalizable). Los anticuerpos no destruyen directamente al agresor, pero, gracias a su fragmento Fc, permiten el anclaje de diversos elementos que se unen al agresor y lo destruyen. Estos elementos son:

- Los diferentes factores del complemento enunciados C1, C2, C3, etc. Se trata de proteínas plasmáticas que se fijan unas después de las otras en el complejo anticuerpo-antígeno. Estas proteínas provocan la lisis de la célula diana por la perforación de la membrana, debido, en particular, a la acción de C9 (Peltier, 1980).
- Los polinucleares y macrófagos activados, que pueden efectuar una fagocitosis.
- Las células NK capaces de destruir a las células diana.

b) La vía celular

A través de ésta intervienen varias clases de células.

1) *Acción de los linfocitos TC*

Están especializados en la destrucción de células infectadas por virus y células cancerosas. Reconocen a los péptidos virales o a los péptidos tumorales emparejados con las moléculas HLA de clase I en la membrana de las células diana. La lisis se produce:

- Por inyección a través de la membrana de perforina, cuya estructura se parece a la del constituyente C9 del complemento.
- Por inducción de señales que llevan a la célula al suicidio. Este fenómeno se denomina apoptosis.

2) *Acción de las células NK*

Están especializadas en la destrucción de células cancerosas que han perdido la expresión de las moléculas HLA de clase I. Las células NK pueden anclarse al fragmento Fc de los anticuerpos o reconocer a los péptidos antigénicos tumorales aislados.

3) *Acción de los macrófagos activados*

Los macrófagos activados por diversas citocinas segregadas por los linfocitos TA aumentan su capacidad fagocitaria y bactericida, mientras que, en los macrófagos no activados, las bacterias pueden sobrevivir e incluso multiplicarse. Después de la activación, las bacterias se destruyen.

4) *Acción de algunos linfocitos TCD4*

En el transcurso de esta fase efectora, estas células TCD4 segregan numerosas citocinas que tienen diversos efectos:

- Aumento de la permeabilidad vascular.
- Atracción por los polinucleares.
- Atracción y activación de los macrófagos.

Estas células TCD4 son las causantes de las respuestas inmunes de hipersensibilidad retardada, que ocurren 48 horas después de la aparición del antígeno. Un buen ejemplo es la intradermorreacción a la tuberculina que, en el sujeto con sensibilidad al bacilo de Koch, provoca alrededor del punto de inyección un edema rodeado de una zona roja, con infiltrado de linfocitos, de macrófagos y de polinucleares.

En la figura 21 se representa un esquema general del desarrollo de la respuesta inmunitaria.

7. Supresión de la respuesta inmunitaria

En el momento en que la respuesta inmunitaria ha alcanzado su objetivo, es decir, la destrucción o la neutralización del agresor, se frena y se suspende mediante dos procesos:

Figura 21. **DESARROLLO DE LA RESPUESTA INMUNITARIA**

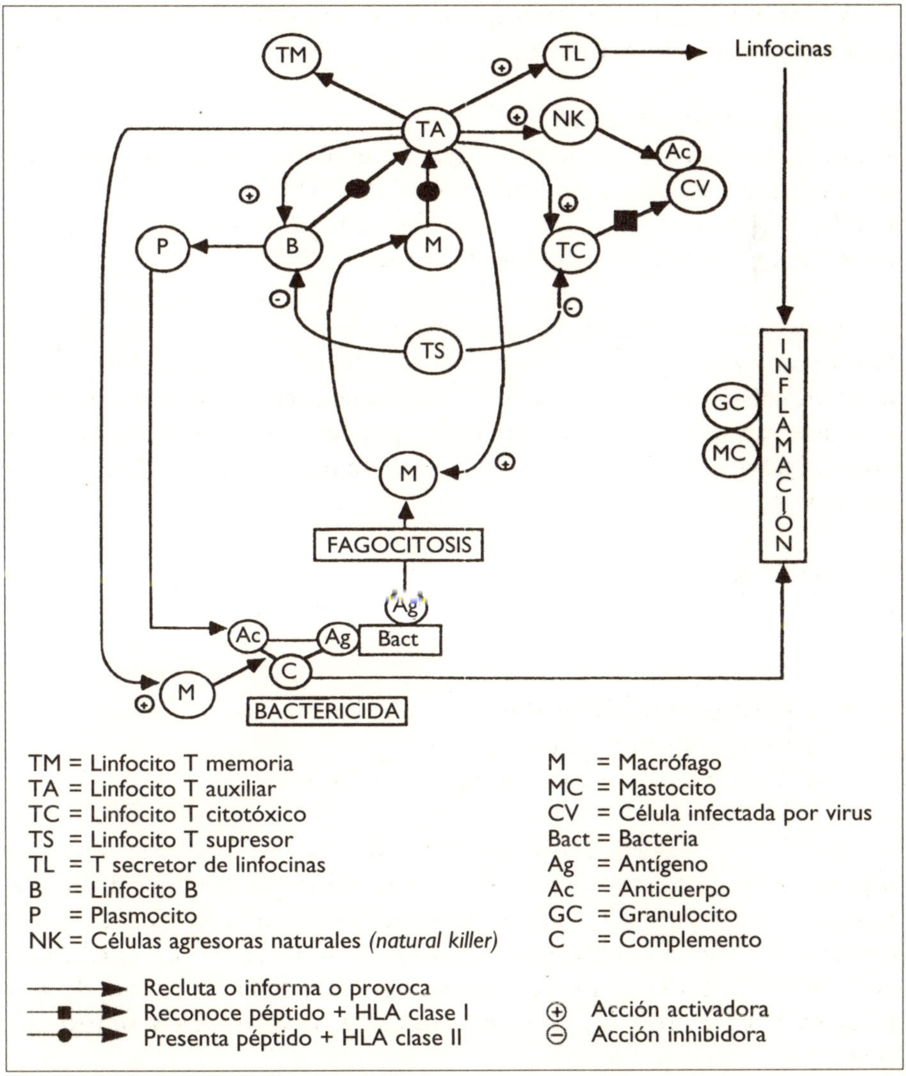

Los anticuerpos antiidiotipos y anticlonotipos

Todos los anticuerpos (Ac) tienen en su región variable antígenos llamados idiotipos (Id). Estos idiotipos pueden inducir la producción de anticuerpos antiidiotipos que neutralizan el anticuerpo inicial. Así se constituye una cascada inmune.

Ac 1 → Ac 2 anti Id de Ac 1 → Ac 3 anti Id de Ac2 → Ac 4 anti Id de Ac 3, etc., y así hasta la aparición de Ac X inofensivo. Es la teoría de la red idiotípica, propuesta en 1974 por Jerne y cuya validez está actualmente demostrada. Se ilustra en la figura 22.

De la misma manera, todos los TCR tienen en su región variable antígenos denominados clonotipos. Los anticuerpos anticlonotipos pueden fijarse en el TCR y bloquear el reconocimiento del péptido antigénico y, por tanto, la respuesta inmune.

Acción de los linfocitos TS

Esta variedad de células T es capaz de detener la respuesta inmunológica por varias vías:

- La activación de linfocitos TS específicos del antígeno que van a inhibir a los linfocitos TA y a los linfocitos B del clon correspondiente. Hemos visto antes que se trata de algunas células TCD4 (TH2) y TCD8.
- La activación de linfocitos TS específicos de los idiotipos de las Ig y de los clonotipos del TCR que ejercen de forma secundaria sus efectos inhibidores.

8. Principales características de la respuesta inmunológica

La respuesta inmunológica tiene dos características principales:

Figura 22. NOCIÓN DE IDIOTIPOS Y DE ANTIIDIOTIPOS

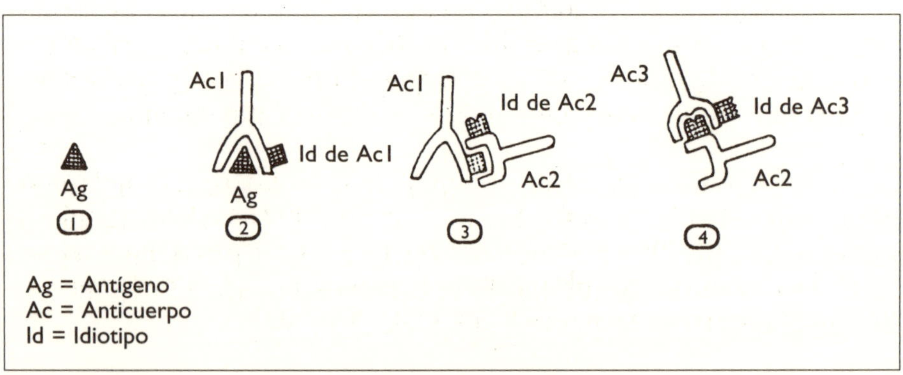

1) *Es específica*
Una estructura precisa llamada antígeno es captada, presentada, reconocida y suscita una acción efectora dirigida contra ésta.

2) *Está dotada de memoria*
La activación de la memoria de los linfocitos T y B permite explicar que, con cada nuevo contacto con el antígeno, la respuesta inmunitaria aumenta. A veces eso puede ser peligroso, como en algunas alergias, pero en general resulta beneficioso, pues permite la destrucción de los agresores bacterianos o virales y la eficiencia de las vacunas.

9. Interacciones entre sistema inmunitario, sistema nervioso y sistema endocrino

Evidencia de estas interacciones
Desde hace tiempo se sabe que existen influencias recíprocas entre las células inmunitarias, nerviosas y endocrinas. Citaré algunos ejemplos:

- **Acción del sistema nervioso en la respuesta inmunitaria:** algunos neuropéptidos liberados por las terminaciones nerviosas estimulan o inhiben la respuesta inmunológica.
- **Acción de las células inmunitarias en las células nerviosas:** algunas citocinas producidas en el transcurso de una infección producen fiebre, pérdida de apetito y problemas de sueño.
- **Acción de las glándulas endocrinas en la respuesta inmunitaria:** la TSH (*thyroid stimulating hormone* = hormona estimulante del tiroides) y la prolactina estimulan la producción de anticuerpos, mientras que los glucocorticoides inhiben todos los componentes de la respuesta inmunológica.
- **Acción de las células inmunitarias en las glándulas endocrinas:** los interferones α, β y γ aumentan la producción de glucocorticoides y de andrógenos por las glándulas corticosuprarrenales. La IL-2 y la IL-6 aumentan la secreción de CRF (*corticotropin releasing factor* = factor liberador de corticotropina hipofisaria) por el hipotálamo.

También podríamos encontrar ejemplos de la acción de las células nerviosas en las glándulas endocrinas, y viceversa. El lector deseoso de conocer las innumerables interacciones entre los tres sistemas que se conocen en la actualidad, puede consultar las revisiones generales muy bien documentadas de Reichlin (1993) y Blalock (1994).

Mecanismos de estas interacciones

Hace tiempo que se conoce el control que ejerce el sistema nervioso central sobre las glándulas endocrinas. El cerebro lo hace sobre el hipotálamo, el hipotálamo lo hace sobre la hipófisis, y la hipófisis actúa sobre las glándulas endocrinas: tiroides, suprarrenales, testículos y ovarios.

Las interacciones entre los tres sistemas se realizan por contactos directos entre células inmunitarias, por un lado, y células nerviosas o endocrinas, por otro lado. Esos contactos tienen lugar gracias a moléculas de adhesión. Sin embargo, el principal medio de comunicación son los mensajeros que se fijan en los receptores de membrana.

Algunos mediadores fabricados por uno de los sistemas (neuropéptidos en el caso del sistema nervioso, citocinas en el del sistema inmunitario y hormonas en el del endocrino) encuentran receptores en las células de los otros dos sistemas.

B) LA REACCIÓN INFLAMATORIA

1. Definición

La inflamación es un mecanismo de defensa contra ciertas agresiones, de origen infeccioso o no. Consiste en una reacción de los tejidos vascularizados que permite la acumulación de plasma y de células especializadas en el lugar de la agresión. En este proceso intervienen principalmente los polinucleares neutrófilos, los monocitos/macrófagos y numerosos mediadores.

La inflamación no está específicamente dirigida contra un antígeno y no tiene memoria. Tampoco aumenta su intensidad en caso de que se produzca un nuevo contacto con el agresor.

2. La reacción inflamatoria aguda

Russo-Marie (1989) la describió de forma detallada:

- En la zona agredida, los vasos se dilatan y permiten un aporte abundante de plasma y de células especializadas.
- La permeabilidad de los capilares y de las venillas aumenta, lo cual permite la salida de plasma generador de edema y de leucocitos, primero los polinucleares neutrófilos y, a continuación, los macrófagos.
- Los leucocitos, atraídos por sustancias químicas, migran hacia el agresor y lo fagocitan, lo cual significa que lo captan, lo ingieren y lo destruyen.

Figura 23. **PRINCIPALES FENÓMENOS DE LA INFLAMACIÓN AGUDA**

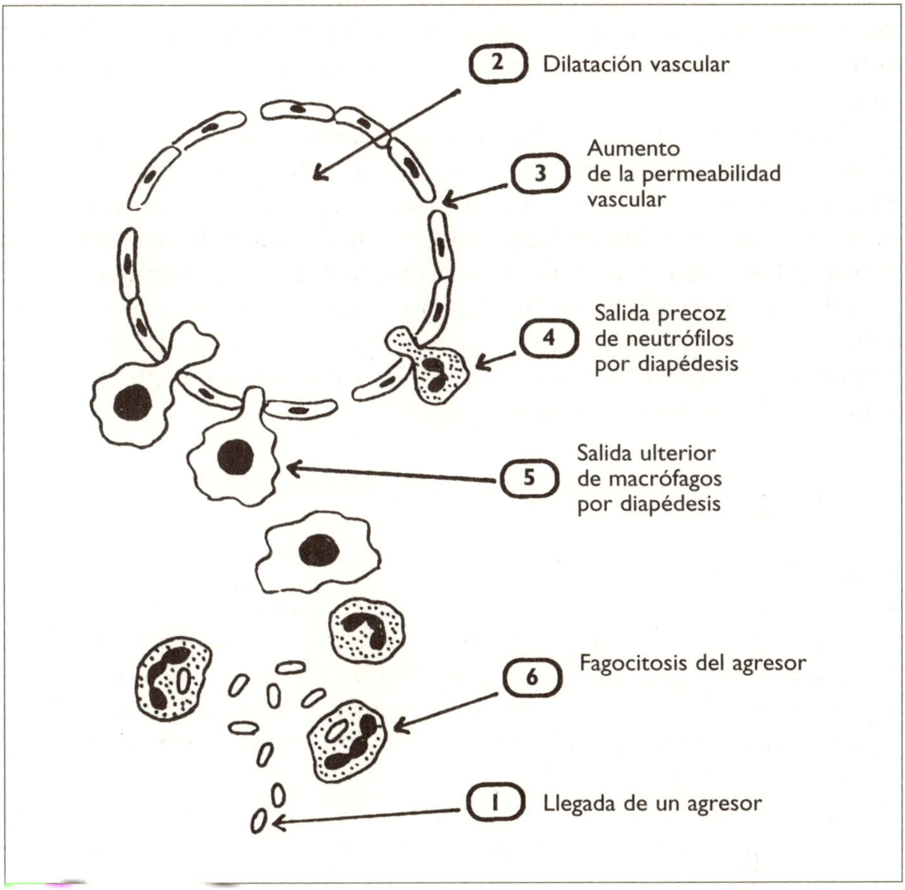

Los fenómenos resultantes de la inflamación aguda se representan en la figura 23. La fagocitosis es fatal para los neutrófilos, que mueren junto con las bacterias. En cambio, los macrófagos sobreviven por regla general a la fagocitosis.

Numerosos mediadores participan en la inflamación aguda. Algunos son de origen plasmático:

- Sistema de cininas.
- Sistema del complemento.
- Sistema de la coagulación.
- Glicoproteínas de origen hepático, como la proteína C reactiva.

Otros mediadores son de origen celular. Unos están presentes en algunas células y se liberan en el transcurso del proceso inflamatorio:

- Histamina.
- Serotonina.
- Proteínas catiónicas.
- Defensinas.
- Proteasas.

Otros se desarrollan en el momento de la inflamación, a partir de fosfolípidos membranarios, bajo la influencia de una enzima, la fosfolipasa A:

- Prostaglandinas (PG).
- Leucotrienos (LT).
- PAF aceter (factor activador de plaquetas).

Me limito a citar estos mediadores, sin enumerar sus acciones, que no tienen importancia para la mayoría de los lectores de este libro. En resumen, varias citocinas participan en la inflamación aguda, principalmente la IL-1 y las TNF.

3. La reacción inflamatoria crónica

Estudiada por Russo-Marie (1989), la inflamación crónica puede originarse de dos maneras:

1. **Puede suceder a una inflamación aguda,** por ejemplo, cuando el organismo no llega a eliminar un agente infeccioso. Los neutrófilos no desempeñan ningún papel y dejan su sitio a los monocitos/macrófagos y a los linfocitos. El tejido conjuntivo prolifera alrededor de la zona infectada para intentar frenar la diseminación del germen.
2. **Puede establecerse como crónica desde un primer momento,** por ejemplo, en caso de infección por el bacilo de Koch o ante la presencia de grasas o de cuerpos extraños estériles. Los macrófagos y los linfocitos abundan así como la formación de un tejido granulomatoso, que después se transforma en fibroso.

4. Inflamación e inmunidad

Es habitual comparar la reacción inflamatoria y la respuesta inmunitaria:

- La primera, no específica y desprovista de memoria, se considera un modo de defensa inmediata, que se pone en marcha con rapidez contra todo tipo de agresión.

• La segunda, específicamente dirigida contra un antígeno y provista de memoria, se considera un modo de defensa más lento, pero mejor adaptado al agresor.

En cuanto a las diferencias, podemos añadir que:

• La reacción inflamatoria posee células propias, los polinucleares neutrófilos. Dispone también de mediadores particulares: cininas, sistema de coagulación y de la fibrinólisis, glicoproteínas de origen hepático, histamina, serotonina, componentes lisosomiales y granulares, prostaglandinas, leucotrienos, PAF aceter.

• La respuesta inmunitaria tiene también sus propias células: los linfocitos T, los linfocitos B y las células NK. Sus vías efectoras son especiales. Actúa de forma citotóxica en la perforina de las células TC y en el constituyente C9 del complemento, que es guiado hacia su diana por la fijación del anticuerpo sobre el antígeno. Una citocina, la IL-2, sólo está implicada en la respuesta inmunológica.

Pero existen también numerosos puntos en común entre la inflamación y la inmunidad:

• Los monocitos/macrófagos tienen un papel esencial en los dos fenómenos. Participan en la reacción inflamatoria por medio de la fagocitosis, la emisión de citocinas y la transformación en células que oponen una barrera a una agresión crónica. Y participan en la respuesta inmunitaria por medio de la presentación de péptidos a las células TA, la liberación de citocinas y la activación que los transforma en células efectoras.

• Los anticuerpos y el complemento no sólo se utilizan en la respuesta inmunitaria humoral. Intervienen también en la inflamación, ya que:

a) El fragmento Fc de algunos anticuerpos (IgG1 e IgG3) y el factor C3 del complemento permiten el anclaje de los polinucleares neutrófilos y de los macrófagos al agresor.

b) Las IgE son las principales causantes de la desgranulación masiva de los polinucleares basófilos y de los mastocitos.

• La gran mayoría de citocinas tiene un impacto a la vez sobre la inflamación y la inmunidad.

No hay que sorprenderse de que los dos procesos estén a menudo ligados:

• A veces la inflamación precede a la inmunidad, según un esquema clásico.

• Y otras veces, la inmunidad precede a la inflamación, como en algunas enfermedades autoinmunes, en particular, la poliartritis reumatoidea.

5. Los radicales libres

Muchas de las nociones que expongo a continuación están recogidas en los artículos de Borel y col. (1988), Fulbert y Cals (1992).

Definición

Los radicales libres (RL) son átomos o moléculas con un electrón desapareado en su órbita externa. Tienen una vida muy corta: de una milésima a una diezmilésima de segundo, y les caracteriza su hiperreactividad, ya que el electrón libre busca ávidamente integrarse en una estructura que le proporcione estabilidad.

Principales radicales libres

Son las formas activadas del oxígeno. Cheeseman y Slater (1993) citan cuatro:

- El anión superóxido, O_2.
- El agua oxigenada, H_2O_2.
- El radical hidroxilo, HO.
- El oxígeno singulet, ½ O_2.

Winrow y col. (1993) añaden un quinto:

- El óxido nítrico, NO.

Producción fisiológica de radicales libres

Los RL se producen en tres casos:

• Durante la transferencia de electrones en la cadena respiratoria en las mitocondrias.

• En el transcurso de la fagocitosis.

• En caso de exposición al sol, por acción de los rayos UV.

Acción de los radicales libres

Son agentes oxidantes muy agresivos. Tienen, según las circunstancias, efectos favorables o nocivos.

a) *Efectos favorables*

- Los RL intervienen en la destrucción de bacterias en las vesículas de fagocitosis.
- El óxido nítrico tiene una acción citotóxica sobre las células malignas, los hongos, los protozoos, los helmintos y las micobacterias, pero no sobre las bacterias extracelulares (Winrow y col., 1993).
- Algunos RL son segundos mensajeros que activan la transcripción de ciertos genes e inducen la proliferación de algunas células en el transcurso de la inflamación, con producción de citocinas y expresión de receptores de membrana. El óxido nítrico es una molécula señal en las células endoteliales y nerviosas (Anggard, 1994).

b) *Efectos nocivos destructores*

Los RL pueden orientar su acción oxidante agresiva contra los constituyentes del organismo. Atacan a varios objetivos, potencialmente donantes de electrones que estabilizarían a los electrones libres:

- Algunas enzimas, lo que puede repercutir en una cascada de reacciones enzimáticas.
- Los anticuerpos.
- Los ácidos nucleicos, lo cual entorpece la síntesis de proteínas.
- Algunos componentes del tejido conjuntivo (colágeno, elastina, ácido hialurónico), lo que puede provocar una esclerosis o una fibrosis, que son signos de envejecimiento.
- Los ácidos grasos poliinsaturados de los fosfolípidos de las membranas plasmáticas e intracelulares, con lesiones del citoplasma, del núcleo y de otros pequeños órganos y riesgo de muerte celular.

c) *Efectos nocivos metabólicos*

La destrucción preferente de los ácidos grasos poliinsaturados en las membranas celulares puede desequilibrar la síntesis de prostaglandinas (figura 24):

- Disminución de las PGE1, que derivan del ácido linoleico, vía ácido gammalinolénico.
- Disminución de las PGE3, que derivan del ácido alfalinolénico.
- Aumento de las PGE2, que derivan del ácido araquidónico.

Se cree que el exceso de PGE2 y el déficit de PGE1 favorecen la reacción inflamatoria crónica y que perpetúan ciertas enfermedades, como la poliartritis reumatoidea.

Figura 24. **BIOSÍNTESIS DE LOS ÁCIDOS GRASOS POLIINSATURADOS**
Según C. Lagarde (1992)

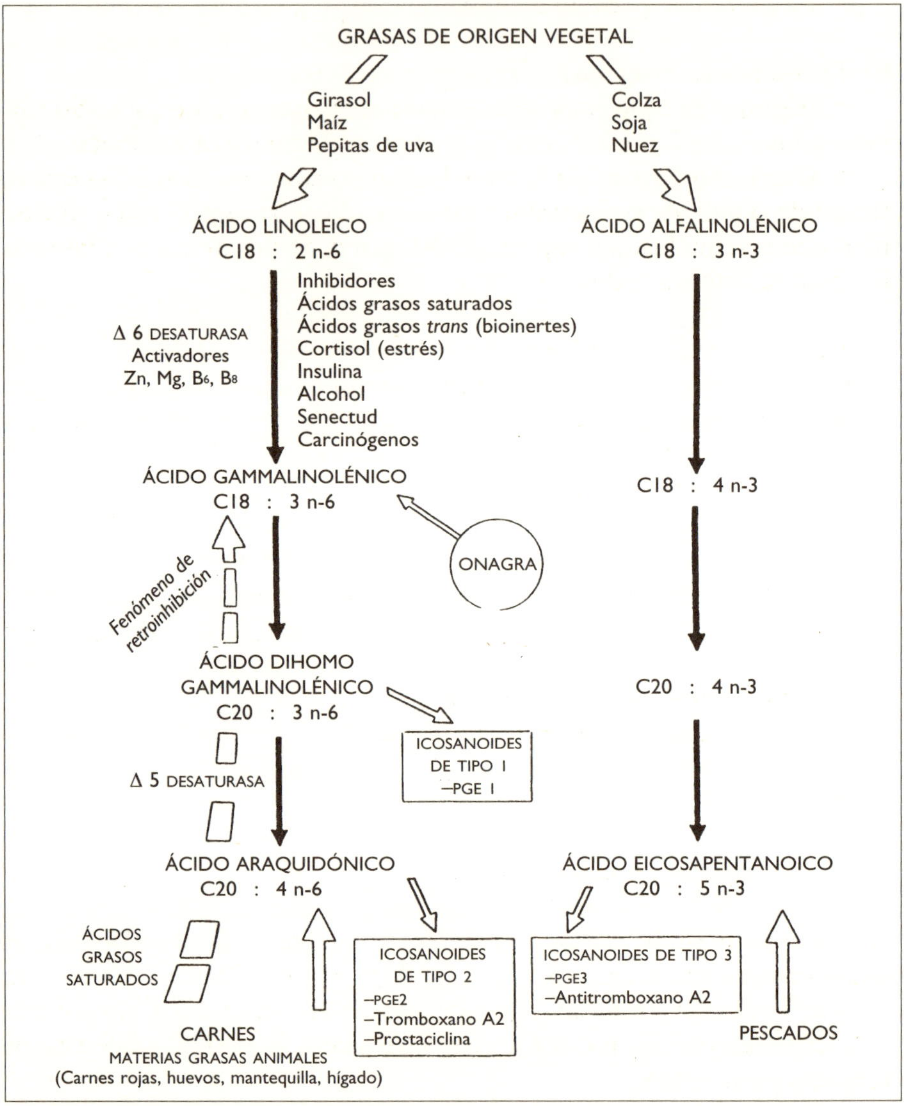

Protecciones contra los radicales libres

Hay dos clases de protecciones: endógenas y exógenas.

a) *Protecciones endógenas*

Varias enzimas eliminan los RL antes de que hayan podido destruir los elementos celulares. Éstas son:

- La superoxidodismutasa citoplasmática (Cu, Zn).
- La superoxidodismutasa mitocondrial (Mn).
- La catalasa (Fe).
- La glutatión-peroxidasa (Se).

b) *Protecciones exógenas*

- Algunos compuestos se oponen a la producción de RL. Son las vitaminas E, A, C y los flavonoides, aportados por los vegetales.
- Otros compuestos fijan los RL. Son las diversas sustancias que les sirven de objetivo. Su introducción en la alimentación permite que actúen como señuelos que captan los RL antes de que ataquen a las células. Son los secuestradores de RL.

El exceso de radicales libres

La producción de RL es un fenómeno fisiológico. Lo que resulta peligroso es la acumulación excesiva de RL, que puede deberse a varias causas:

a) *Exceso de producción de RL*

Es una consecuencia de la entrada de algunas moléculas extrañas en el organismo, denominadas xenobióticos: tetracloruro de carbono, etanol, aloxano, antraciclinas, nitrofurantoínas, fenoles, nitratos, ozono, insecticidas.

b) *Déficit de protecciones endógenas*

Se debe raramente a un déficit enzimático:

- Carencia cuantitativa.
- Carencia cualitativa: aloenzima poco eficaz.
- Destrucción excesiva de la enzima por los RL.

Generalmente se debe a un déficit de uno o varios metales que sirven de cofactores de las enzimas: Cu, Zn, Mn, Fe, Se. Este déficit puede tener varias causas, entre las que destaca una alimentación desequilibrada. Señalemos también que el estrés favorece la pérdida de diversos minerales por la orina.

c) *Déficit de protecciones exógenas*

Aporte insuficiente a través de la alimentación de vitaminas, flavonoides y sustancias captadoras de los radicales.

C) TOLERANCIA Y AUTOINMUNIDAD

Para que el organismo humano funcione de forma correcta, los linfocitos deben tolerar las células normales, eliminar las células alteradas y los agresores que llegan del medio ambiente.

1. La tolerancia

Los antígenos se dividen en tres categorías:

- Los antígenos normales pertenecientes al individuo, que son los antígenos propios o autoantígenos.
- Los antígenos anormales pertenecientes al individuo, que son los antígenos propios alterados y corresponden a los antígenos tumorales expresados por las células cancerosas.
- Los antígenos no pertenecientes al individuo, que son los antígenos no propios. Se subdividen en aloantígenos, presentes en otros individuos de la misma especie (transferidos por transfusiones de sangre o trasplantes de órganos provenientes de otros individuos), y en heteroantígenos o xenoantígenos, presentes en individuos de otra especie (chimpancé, ratas, bacterias, virus, etc.) o en moléculas procedentes del medio ambiente (alimentos, medicamentos, etc.).

Y de la misma forma se habla de anticuerpos, de aloanticuerpos y de heteroanticuerpos o xenoanticuerpos, según el tipo de antígeno hacia el cual van dirigidos.

Un organismo normal debe tolerar los autoantígenos. Ahora bien, existen al principio clones linfocitarios correspondientes a esos autoantígenos. La tolerancia se obtiene por varios medios que se dirigen especialmente a los linfocitos T:

• La deleción clonal

En el transcurso de la vida fetal, los linfocitos T, durante su estancia en el timo, entran en contacto con las células epiteliales tímicas. Éstas separan a los linfocitos T en dos grupos: los específicos para antígenos exteriores, que se conservan, y los específicos para autoantígenos, que se suprimen.

• La anergia clonal

Una minoría de linfocitos T autorreactivos escapa de la deleción clonal. Entonces reciben señales que los vuelven no reactivos a los autoantígenos. Esos linfocitos T se adormecen o se vuelven anérgicos.

• **La supresión**
Algunos linfocitos T llamados supresores son capaces, en caso de necesidad, de inhibir la respuesta de otros linfocitos T a los autoantígenos.

En cuanto a los linfocitos B, su tolerancia se obtiene principalmente por anergia clonal y acción de los TS.

2. La autoinmunidad

La autoinmunidad fisiológica
En el individuo sano, la tolerancia a los autoantígenos no es absoluta. Es total respecto a los linfocitos T, pero no a los linfocitos B. De un 10 a un 30% de los linfocitos B fabrican autoanticuerpos. La mayoría de ellos son IgM poliespecíficas, que sólo tienen una débil afinidad por los autoantígenos y son inofensivas.

La enfermedad autoinmune
Si la autoinmunidad es fisiológica, la enfermedad autoinmune es patológica. Se caracteriza por una respuesta inmunitaria celular y/o humoral dirigida contra diversas células o constituyentes del individuo. Esta respuesta es agresiva y susceptible de crear lesiones o anomalías en el funcionamiento de diversos órganos, lo que se traduce en anomalías clínicas y biológicas que permiten el diagnóstico de la enfermedad.

Los autoanticuerpos cuya presencia se manifiesta en las enfermedades autoinmunes son inicialmente IgM y más adelante IgG, que tienen una especificidad precisa y una gran afinidad por los autoantígenos.

Criterios que definen las enfermedades autoinmunes
Para afirmar el carácter autoinmune de una enfermedad se requiere teóricamente:

- Haber identificado al autoantígeno y al autoanticuerpo.
- Haber demostrado que los linfocitos y/o los autoanticuerpos pueden transmitir la enfermedad.

Estos criterios me parecen muy restrictivos, y no se dan en numerosos estados patológicos no obstante estimados como autoinmunes. Por mi parte, considero autoinmune cualquier enfermedad donde existe una respuesta inmunitaria que no puede explicarse por la presencia de microorganismos o de tumores y que produce lesiones o un disfuncionamiento de algunas células o de algunos tejidos.

Entre los argumentos a favor de un origen autoinmune, destaco particularmente:

• La presencia de un infiltrado linfocitario en el órgano diana.

• La asociación de la enfermedad con algunos genes HLA-DR e incluso HLA-B (véase «El sistema HLA»).

• La expresión aberrante de las moléculas HLA de clase II en las células del órgano diana (véase «El sistema HLA»).

• Una respuesta favorable a los inmunosupresores.

Algunas enfermedades autoinmunes afectan de forma selectiva a un órgano, mientras que otras tienen objetivos múltiples. Entre estos dos extremos existen formas intermedias. El lector encontrará en la tabla VI una lista de enfermedades autoinmunes, que abarca desde las que son más específicas hasta las que lo son menos.

Las enfermedades autoinmunes afectan a alrededor del 7% de los individuos. Su frecuencia, su cronicidad, la gravedad de las lesiones que producen, y su frecuente resistencia a los medicamentos hacen de estas afecciones una verdadera epidemia.

Función de los autoanticuerpos

Como observan Naparstek y Plotz (1993), los autoanticuerpos tienen una función diferente según el caso:

a) *Algunos autoanticuerpos no son nocivos*

No son la causa de la enfermedad, pero sí su consecuencia. La destrucción de células por el proceso autoinmune libera autoantígenos que inducen la producción de autoanticuerpos. Un ejemplo de estos anticuerpos «testigo» es la mayoría de las numerosas variedades de autoanticuerpos identificados en la diabetes juvenil.

b) *Otros autoanticuerpos tienen una función patógena*

Pueden llegar a ser peligrosos por tres motivos:

1) Algunos autoanticuerpos se unen a receptores:

• Receptor de la TSH en las enfermedades de Basedow y de Hashimoto.

• Receptor de la acetilcolina (Ach) en la miastenia.

• Receptor de la insulina en la diabetes de tipo I.

La ocupación del receptor por el anticuerpo impide la acción normal del ligando.

2) Algunos autoanticuerpos son opsonizantes:

Tabla VI
LISTA DE ENFERMEDADES AUTOINMUNES

Esta lista se ha establecido por orden de mayor a menor especificidad de órganos

Enfermedades	**Antígenos diana**
Tiroiditis de Hashimoto	Tiroglobulina, microsomas
Enfermedad de Basedow	Receptor de la TSH (5)
Enfermedad de Addison (1)	Glándulas corticosuprarrenales
Insuficiencia hipofisaria	Hipófisis
Anemia de Biermer	Mucosa gástrica, factor intrínseco
Espondilitis anquilosante	Entesis
Artritis reactiva	Entesis
Reumatismo psoriásico	Entesis, cartílago, líquido sinovial
Uveítis anterior aguda	Cámara anterior del ojo
Retinocoroidopatía de Birdshot	Coroides, retina
Policondritis atrofiante	Cartílago
Algunas esterilidades	Espermatozoides, ovarios
Diabetes juvenil	Islotes de Langerhans, insulina
Síndrome de Goodpasture	Membrana basal glomerular
Miastenia	Músculo estriado, receptores de Ach (6)
Polimiositis	Músculo estriado
Reumatismo articular agudo	Miocardio, estreptococos
Pénfigo	Puentes intercelulares de la epidermis
Penfigoide ampollar	Membrana basal de la epidermis
Epidermólisis ampollar	Fibroblastos, queratinocitos
Dermatitis herpetiforme	Gliadina, reticulina
Enfermedad celíaca	Gliadina, reticulina
Alopecia areata	Folículo piloso
Nefropatía membranosa idiopática	Glomérulos renales
Nefrosis lipoide del niño	Glomérulos renales
Nefropatía por IgA	Glomérulos renales
Esclerosis múltiple	Oligodendrocitos, mielina
Narcolepsia	Algunas células cerebrales
Algunas anemias hemolíticas	Hematíes
Algunas granulocitopenias	Granulocitos
Púrpura trombocitopénica idiopática	Plaquetas
Cirrosis biliar primitiva	Mitocondrias
Hepatitis crónica activa (2)	Músculos lisos, núcleos, mitocondrias, microsomas
Síndrome de Gougerot-Sjögren	Glándulas lagrimales, salivares, núcleos, SSA, SSB
Enfermedad de Horton (3) y PPR	Arteria temporal, músculos de la cintura
Vasculitis con ACA	Vasos, mieloperoxidasa, proteinasa 3
Artritis crónica juvenil (4)	Cartílago, líquido sinovial, ojo, núcleos
Poliartritis reumatoidea	Cartílago, líquido sinovial, IgG, núcleos
Dermatomiositis	Núcleos, Jo1, músculos
Esclerodermia	Tejido conjuntivo, núcleos, Sc170
Conectivitis mixta	Núcleos, RNP
Lupus eritematoso discoide	Núcleos
Lupus eritematoso sistémico	Núcleos, ADN, Sm, cardiolipina

(1) Se trata de la enfermedad de Addison idiopática, no tuberculosa.
(2) Se trata de la forma autoinmune, no debida a un virus.
(3) La enfermedad de Horton y la pseudopoliartritis rizomiélica se consideran dos aspectos de la misma afección.
(4) Se trata de la forma al principio oligoarticular.
(5) TSH = *thyroid stimulating hormone* u hormona estimulante del tiroides.
(6) Ach = Acetilcolina *(acetyl cholina)*.

Esta tabla está basada en la de Roitt (1985), pero tiene numerosas modificaciones. He añadido algunas enfermedades que considero autoinmunes y excluido otras. También he añadido algunos antígenos diana.

- De manera directa, cuando se trata de IgG1 o de IgG3.
- De manera indirecta, cuando fijan el complemento.

Esto permite la fijación de los macrófagos que tienen receptores para el fragmento Fc de las IgG y para C3 y, en consecuencia, la fagocitosis. Este mecanismo explica la destrucción de los hematíes en las anemias hemolíticas autoinmunes y de las plaquetas en la púrpura trombocitopénica idiopática.

3) Algunos autoanticuerpos forman con los antígenos complejos inmunes (CI). Los CI pueden tener efectos muy perjudiciales cuando su tamaño es grande, con un exceso de antígeno, un anticuerpo de débil afinidad y capacidad para fijar el complemento. Los CI se depositan preferentemente en algunos sitios: en el líquido sinovial en el curso de la poliartritis reumatoidea, o en los capilares de los glomérulos renales en el curso del lupus eritematoso sistémico.

En los CI se fijan las plaquetas, los neutrófilos polinucleares y los macrófagos, y se liberan numerosos mediadores de la inflamación.

Función de los linfocitos T

Los linfocitos T suelen ser, con más frecuencia que los autoanticuerpos, los causantes de la respuesta autoinmune patógena (Yeatman y col., 1992). Es el caso, por ejemplo, de la poliartritis reumatoidea, la esclerosis múltiple y la diabetes insulinodependiente.

La implicación de los linfocitos T está demostrada por varios hechos:

- La presencia de infiltraciones de células T en las lesiones del órgano diana.
- La frecuente asociación de enfermedades autoinmunes con ciertas moléculas HLA-DR y HLA-B (véase «El sistema HLA»). Puesto que la función de las moléculas HLA-DR es la de presentar los péptidos a los linfocitos TCD4 y ya que la función de las moléculas HLA-B es la de presentar los péptidos a los linfocitos TCD8, estas asociaciones sugieren evidentemente una importancia crucial del papel de los linfocitos T.
- La mejoría de la enfermedad por todos los métodos que disminuyen la acción de las células T: inmunosupresores o deleción de los linfocitos T en el canal torácico.

Los linfocitos T ejercen su efecto patógeno a través de la citotoxicidad, liberación de citocinas y activación de macrófagos (Bach, 1993).

Consecuencias de la respuesta autoinmune patológica

El proceso autoinmune tiene repercusiones variables en los órganos. Bottazzo y col. (1986) distinguen varios aspectos:

1) La lenta destrucción provocada por infiltrados de linfocitos T o por algunos autoanticuerpos. Las células normales son reemplazadas por tejido conjuntivo. Ejemplos: diabetes juvenil, síndrome de Gougerot-Sjögren.

2) La estimulación, cuando algunos autoanticuerpos se fijan en los receptores en lugar del ligando normal y llevan a cabo su función. Ejemplo: enfermedad de Basedow.

3) El bloqueo, cuando algunos autoanticuerpos se fijan en los receptores e impiden la estimulación de las células por el ligando normal. Ejemplo: miastenia.

Origen de las enfermedades autoinmunes

Las enfermedades autoinmunes son siempre polifactoriales. Para desarrollarse, necesitan la unión de varios factores: genéticos, inmunológicos, medioambientales, hormonales y psicológicos. Sin embargo, el modo de intervención de esos factores es desconocido. Más adelante intentaré demostrar que es posible establecer una teoría global sobre el mecanismo de las afecciones autoinmunes.

En cuanto al papel específico de los autoantígenos y de los heteroantígenos en el origen del proceso autoinmune, se describe en los capítulos que tratan la poliartritis reumatoidea y otros trastornos autoinmunes.

D) EL SISTEMA HLA

Este sistema, descubierto en 1965, es actualmente bien conocido, ya que ha inspirado miles de trabajos. Algunas revisiones generales sobre este sistema son, por ejemplo, las de Dausset y Pla (1985), Seignalet (1986) y Colombani (1993).

Los genes HLA codifican para las moléculas HLA, que son glicoproteínas transmembranarias, portadoras de antígenos HLA. Las moléculas HLA tienen un papel clave en el desarrollo de la respuesta inmunitaria y de las enfermedades autoinmunes.

1. Los genes HLA

Los genes HLA están agrupados en una sola región, situada en el brazo corto del cromosoma 6. Esta zona tiene numerosos locus, que se representan en la figura 25. Limitaré mi estudio a los principales genes:

Figura 25. CONSTITUCIÓN DEL COMPLEJO HLA

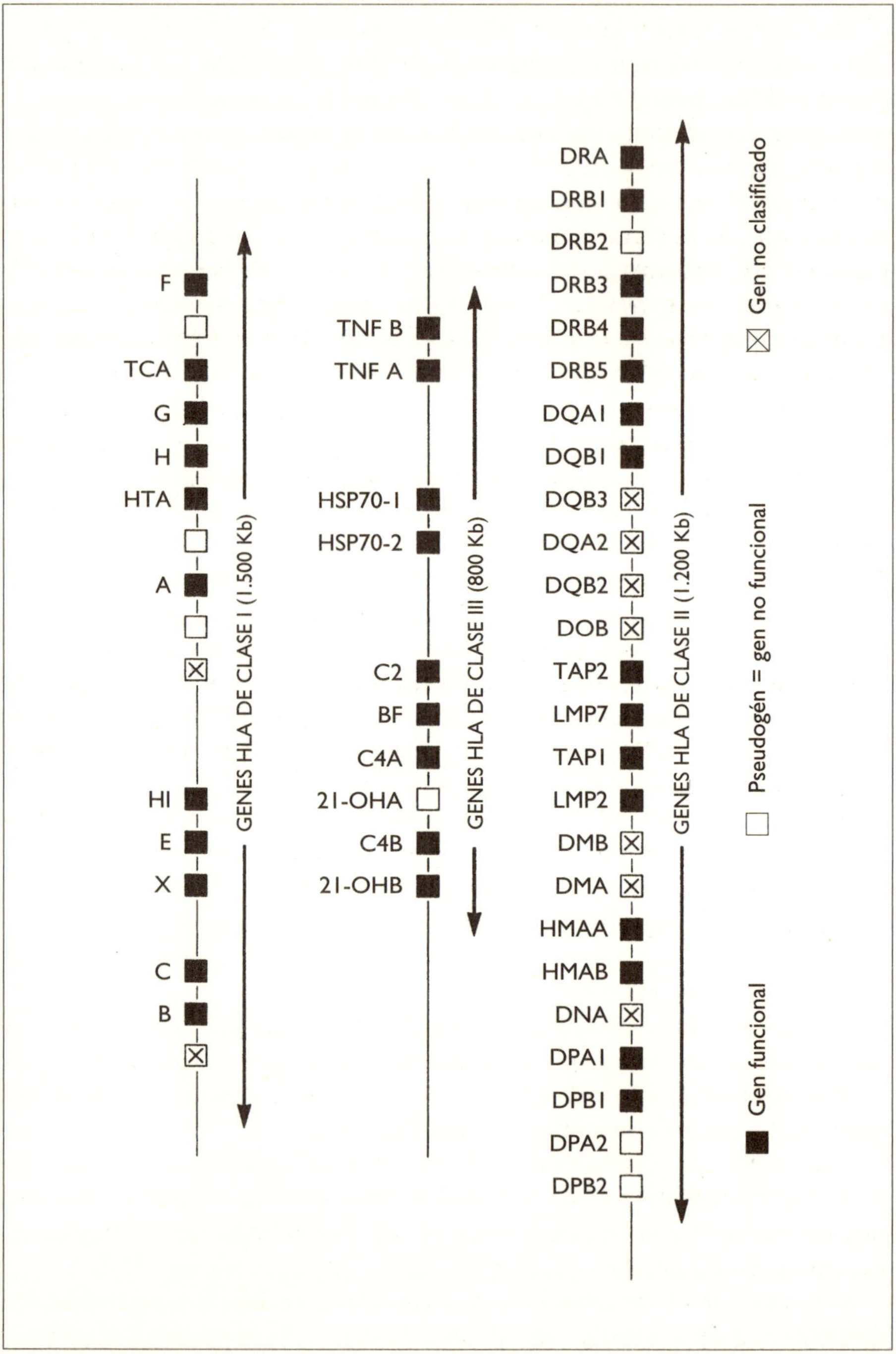

- Genes HLA de clase I: HLA-A, HLA-B y HLA-C.
- Genes HLA de clase II: HLA-DR, HLA-DQ y HLA-DP.

Cada ser humano tiene dos cromosomas 6; posee, por tanto, dos regiones HLA, también denominadas haplotipos HLA. Uno de los haplotipos HLA proviene del padre y el otro de la madre.

La expresión de los genes HLA aumenta o disminuye según mecanismos reguladores precisos. Entre las sustancias que participan en la regulación de los genes HLA, hay que citar los interferones. Los interferones alfa, beta y gamma aumentan la expresión de los genes HLA de clase I, pero únicamente el interferón gamma es capaz de aumentar la expresión de los genes HLA de clase II. Asimismo, este mediador puede hacer que aparezcan moléculas HLA de clase II en las células que normalmente no las expresan.

Cada ser humano posee dos alelos en cada uno de los seis principales locus HLA; estos dos alelos se extraen de una larga lista, ya que los genes HLA son extremadamente polimorfos. Por ejemplo:

A1, A2, Cw7, C desconocido, B7, B51, DR13, DR13, DQ6, DQ7, DP4 y DP desconocido.

La lista de alelos detectados por las técnicas serológicas se detalla en la tabla VII. A cada locus HLA se incorpora una larga serie de alelos. No obstante, técnicas no serológicas, basadas en la bioquímica, el cultivo mixto de linfocitos y la genética molecular, permiten identificar un número todavía más importante de alelos. Así, B27 se subdivide en ocho variantes y DR4 en cinco variantes, sin contar las variantes raras.

Se concibe la inmensa variedad de grupos HLA posibles. El polimorfismo HLA es casi tan discriminante como las huellas digitales y tan importante como el de los anticuerpos (Ig) y el del receptor antigénico de los linfocitos T (TCR). Estos tres polimorfismos son los más importantes del organismo humano.

2. Las moléculas HLA

Las moléculas HLA son glicoproteínas insertadas en la membrana de las células a través de la cual pueden desplazarse.

Las moléculas HLA de clase I son ubicuas. Están presentes en casi todas las células del organismo.

Las moléculas HLA de clase II tienen una distribución más restringida. Se encuentran sobre todo en las CPA, principalmente en los monocitos/macrófagos, en los linfocitos B y en los linfocitos T activados. En suma, en las células que participan en la respuesta inmunitaria.

Técnicas de cristalografía han permitido establecer la estructura tridimensional de las moléculas HLA de clase I (Bjorkman y col., 1987)

Tabla VII
LISTA DE GENES HLA

A1		Cw1		B7		B51	B5	DR1		DQ5	DQ1	DP1
A2		Cw2		B81		B52		DR15	DR2	DQ6		DP2
A3		Cw9	Cw3	B8		B78		DR16		DQ2		DP3
A23	A9	Cw10		B13		B53		DR17	DR3	DQ7	DQ3	DP4
A24		Cw4		B18		B54	B22	DR18		DQ8		DP5
A25	A10	Cw5		B27		B55		DR4		DQ9		DP6
A26		Cw6		B35		B56		DR11	DR5	DQ4		
A34		Cw7		B37		B57	B17	DR12				
A66		Cw8		B38	B16	B58		DR13	DR6			
A11		Cw11		B39		B59		DR14				
A68	A28			B41		B62	B15	DR7				
A69				B42		B63		DR8				
A29	A19			B44	B12	B75		DR9				
A30				B45		B76		DR10				
A31				B46		B77		DRBON				
A32				B47		B64	B14	DR51				
A33				B48	B40	B65		DR52				
A74				B60		B67		DR53				
A36				B61		B71	B70					
A43				B49	B21	B72						
A80				B50		B73						

Sólo se mencionan en este cuadro los alelos identificados por métodos serológicos. Si consideramos las técnicas celulares, la electroforesis y la genética molecular, hay que añadir numerosos alelos a cada locus.

(figura 26) y de clase II (Brown y col., 1993). Las partes polimorfas de las moléculas HLA se sitúan en el polo apical, el más alejado de la membrana celular. En esta región se encuentra una cavidad denominada sitio fijador (figura 27), que tiene por función unirse a un péptido, y a uno solo a la vez (Kahn, 1989).

Las moléculas HLA de clase I tienen un sitio fijador bloqueado en cada extremidad. Así, sólo pueden unirse a pequeños péptidos constituidos por un número de entre 8 y 11 aminoácidos, en la mayoría de los casos de 9. Las moléculas HLA de clase II tienen un sitio fijador abierto en cada extremidad, lo cual les permite unirse a péptidos más grandes, de 13 a 25 aminoácidos en general.

El sitio fijador cambia en su estructura y en su forma de una molécula HLA a otra. Por ello la afinidad para un mismo péptido puede variar considerablemente según las moléculas HLA. De este modo,

Figura 26. **ESTRUCTURA ESPACIAL DEL HLA-A2 (MOLÉCULA HLA DE CLASE I)**
Según Bjorkman y col. (1987)

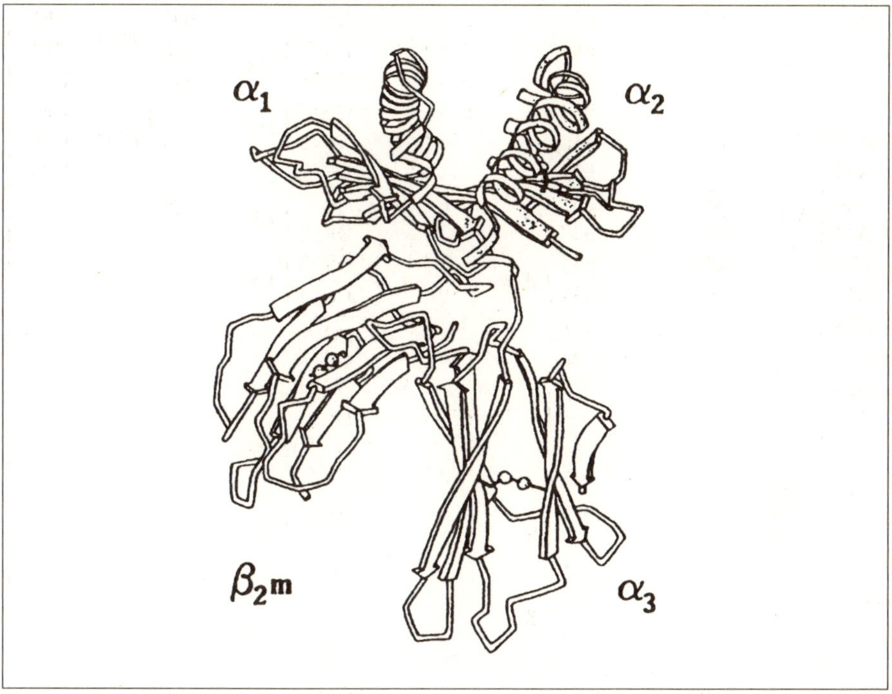

para un péptido de 9 aminoácidos X, la afinidad será nula para HLA-B51, débil para HLA-B13, mediana para HLA-B60 y muy fuerte para HLA-B8. Pero para un péptido Y, la clasificación puede ser muy diferente.

3. Función de las moléculas HLA en la respuesta inmunitaria

Función de las moléculas HLA de clase I

Las moléculas HLA de clase I se unen especialmente a péptidos endógenos en el interior de las células, provenientes de proteínas propias o de proteínas virales. El desarrollo de los fenómenos es el siguiente (figura 28):

- Un grupo de enzimas que se denomina proteosoma, y que constituye una verdadera bomba de péptidos, degrada las proteínas en el citoplasma en péptidos de 8 a 10 aminoácidos. Los productos LMP codificados por los genes LMP2 y LMP7, situados en la zona HLA (figura 25), participan en la acción del proteosoma, y confieren a los

Figura 27. **BOLSA DE HLA-A2 (SITIO FIJADOR DEL PÉPTIDO)**
Según Bjorkman y col. (1987)

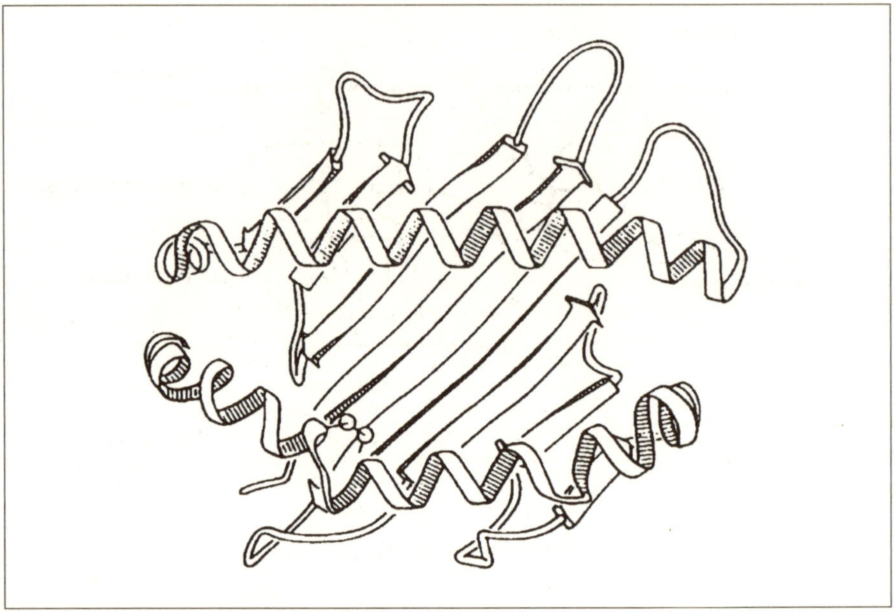

péptidos una estructura especial que favorece su unión posterior con las moléculas HLA de clase I.

- Las moléculas TAP, codificadas por los genes TAP1 y TAP2 de la zona HLA (figura 25), transportan los péptidos hasta el retículo endoplasmático, cuya membrana traspasan.
- En el retículo endoplasmático se reúnen los «tríos»: molécula HLA de clase I + β2-microglobulina + péptido. Una proteína llamada «chaperona», la calnexina, retiene a las moléculas HLA en la luz del retículo endoplásmico hasta su unión con la β2-microglobulina y el péptido.
- Los tríos constituidos, que son muy estables, son transportados hasta la superficie celular en las siguientes etapas: retículo endoplásmico, aparato de Golgi, sistema trans-Golgi y membrana plasmática. Pasan de 45 a 90 minutos entre el comienzo de la síntesis de las moléculas HLA y su aparición en la membrana. El emparejamiento con la β2-microglobulina es necesario para esta expresión membranaria.
- La β2-microglobulina sólo sirve para asegurar la estabilidad de los emparejamientos péptido + HLA de clase I. Estos emparejamientos son reconocidos por el receptor antigénico de los linfocitos TCD8, esencialmente los T citotóxicos, según un proceso descrito antes (figura 19).

Figura 28. **PAPEL BIOLÓGICO DE LAS MOLÉCULAS HLA Y LOS PRODUCTOS LMP Y TAP**

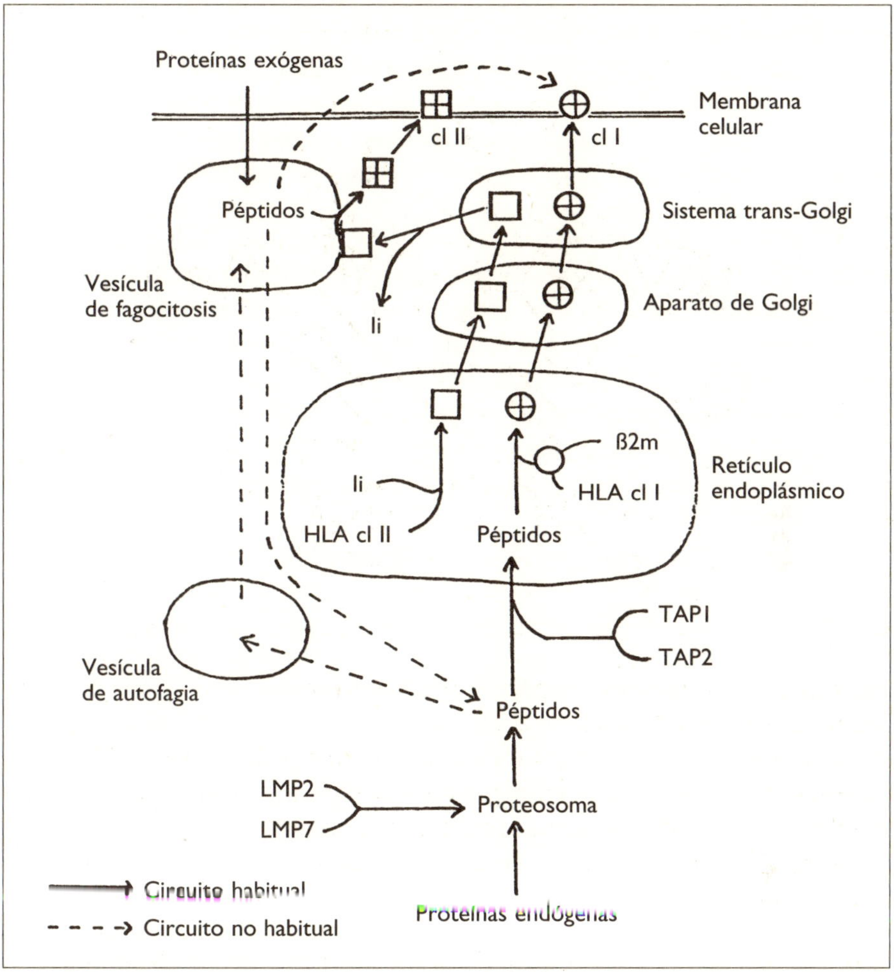

De forma mucho más rara, moléculas de clase I pueden unirse a péptidos exógenos: péptidos bacterianos o péptidos alimentarios. Dichos péptidos pueden provenir de la circulación general después de haber franqueado la barrera intestinal o haber sido regurgitados en el medio extracelular o en el citoplasma, a través de vesículas de fagocitosis (figura 28).

Función de las moléculas HLA de clase II

Las moléculas de clase II se unen a péptidos exógenos no propios (bacterias, alimentos, medicamentos, polen, etc.) en el interior de las células. El desarrollo de los fenómenos es el siguiente (figura 28):

- Endocitosis de un agresor o de una proteína.
- Degradación en una vesícula intracelular o endosoma en un medio ácido, por las peroxidasas y las esterasas contenidas en los lisosomas, lo cual genera péptidos de 13 a 25 aminoácidos.
- Síntesis y reunión de las cadenas alfa, beta y gamma para constituir las moléculas HLA de clase II en el retículo endoplásmico.
- Transporte de las moléculas de clase II hasta las vesículas endosómicas, según el siguiente recorrido: retículo endoplásmico, aparato de Golgi, sistema trans-Golgi, vesícula de endocitosis.
- Separación de la cadena invariable gamma por la acción de una enzima (en un pH 5) y moléculas especializadas denominadas HLA-DM. El sitio fijador, que estaba obliterado por la cadena gamma, se vuelve disponible para acoger a un péptido de 13 a 25 aminoácidos. La fijación del péptido confiere estabilidad al dímero αβ.
- Neutralización del pH y transporte de los pares péptido + HLA de clase II a la superficie celular. Transcurre un plazo de 3 horas entre el comienzo de las síntesis de las moléculas de clase II y su expresión en la membrana plasmática.
- Reconocimiento de los pares péptido + HLA de clase II por el receptor antigénico de los linfocitos TCD4, especialmente las células T auxiliares, según un proceso descrito anteriormente (figura 19).

Para que esta presentación del péptido antigénico sea eficaz, es decir, llegue a la activación del TA, hace falta un cierto número de pares péptidos + HLA de clase II, al menos 300 por célula, según Harding y Unanue (1990), y Demotz y col. (1990).

Raramente, las moléculas de clase II se unen a péptidos endógenos (celulares, virales). Las vesículas de autofagia que contienen péptidos endógenos pueden fusionarse con las vesículas de endocitosis que contienen péptidos exógenos, lo cual permite a las moléculas de clase II fijar péptidos de dos categorías.

4. HLA y autoinmunidad

Se han puesto de manifiesto relaciones importantes entre el sistema HLA y las enfermedades autoinmunes. Estas relaciones son de dos clases: asociaciones y expresión HLA aberrante.

Asociaciones entre el sistema HLA y las enfermedades autoinmunes

Desde 1972 se han demostrado las asociaciones entre el sistema HLA y la gran mayoría de los estados autoinmunes. «Asociación» significa que la frecuencia de uno o varios antígenos HLA es claramente más elevada en los enfermos que en los sujetos sanos. La lista de asociaciones se enumera en la tabla VIII. El lector deseoso de disponer de datos más detallados puede consultar las revisiones generales de Tiwari y Terasaki (1985) y Seignalet (1989b).

Algunas de estas asociaciones son importantes. Así, DR15 se detecta 98 veces de 100 en la narcolepsia y B27 90 veces de 100 en la espondilitis anquilosante. Otras son más moderadas. El riesgo relativo expresa las posibilidades de que un individuo portador del antígeno HLA desarrolle la enfermedad en el transcurso de su vida, en comparación con un individuo sin este antígeno. El riesgo relativo es a veces muy elevado. Así, un sujeto que tenga B27 tiene 141 veces más posibilidades de contraer una espondilitis anquilosante que un sujeto que no tenga B27.

Expresión aberrante de las moléculas HLA de clase II

En estado fisiológico, como hemos dicho antes, las moléculas HLA de clase II están sólo presentes en la membrana de las células que participan en la respuesta inmunitaria: linfocitos B, linfocitos T activados, monocitos/macrófagos y otras CPA.

En caso de afección autoinmune, estas moléculas aparecen en grandes cantidades en las células del órgano diana. El fenómeno fue descubierto por Bottazzo y col. (1983) en los tirocitos en el transcurso de las enfermedades de Basedow y de Hashimoto. Se encontraron en:

- Las células beta de los islotes de Langerhans del páncreas en la diabetes juvenil.
- Los canalículos biliares en la cirrosis biliar primaria.
- Los enterocitos de las vellosidades intestinales en la enfermedad celíaca.
- Las glándulas salivares en el síndrome de Gougerot-Sjögren.
- Los sinoviocitos y los condrocitos en la poliartritis reumatoidea.

El único mediador conocido capaz de hacer que aparezcan moléculas HLA de clase II en las células que no las tienen es el interferón gamma. Este hecho se ha demostrado ampliamente in vitro y ha sido confirmado in vivo por Hamilton y col. (1991) en el tiroides en la enfermedad de Basedow y de Hashimoto. Los tirocitos que expresan HLA-DR están en las cercanías inmediatas de los linfocitos T que producen interferón gamma.

Como explicaremos más adelante, las relaciones entre HLA y autoinmunidad tienen una importancia crucial en la comprensión del mecanismo de las enfermedades autoinmunes.

Tabla VIII
ASOCIACIONES DEMOSTRADAS ENTRE HLA
Y ENFERMEDADES AUTOINMUNES

	Antígenos HLA	% en enfermos	% en control	Riesgo relativo
Coroidopatía Birdshot	A29	90	6	141
Espondilitis anquilosante	B27	90	6	141
Fiessinger-Leroy-Reiter	B27	79	6	58,9
Espondiloartritis de inflamaciones intestinales	B27	77*	6	52,4
Artritis reactiva	B27	71*	6	38,4
Artropatía de la psoriasis pustulosa	B27	78*	6	55,5
Artritis crónica juvenil (tipo espondilitis)	B27	90*	6	141
Uveítis anterior aguda	B27	55	6	19,1
Reumatismo psoriásico central	B27	50	6	15,7
	B38	21	4	6,4
	B13	23	5	5,7
Reumatismo psoriásico periférico	B38	17	4	4,9
	Cw6	75	16	15,7
Enfermedad de Behçet	B51	65	13	12,4
Tiroiditis subaguda de De Quervain	B35	75*	15	17
Esclerosis múltiple	DR15	70*	22	8,3
Síndrome de Goodpasture	DR2	70*	22	8,3
Narcolepsia	DR15	98	22	318,5
Epidermólisis ampollar adquirida +	DR2	80	22	14,2
Enfermedad celíaca	DQ2(a)	95	22	173,7
Dermatitis herpetiforme	DR3	72*	16	13,5
Miastenia de tipo II	DR3	55*	16	6,4
Hepatitis crónica activa de tipo A (no HBs)	DR3	32	16	2,5
Enfermedad de Basedow	DR3	48	16	4,9
Tiroiditis de Hashimoto atrófica	DR3	50*	16	5,2
Enfermedad de Addison autoinmune	DR3	50*	16	5,2
Déficit poliglandular autoinmune de tipo II	DR3	60*	16	7,9
Nefropatía membranosa idiopática	DR3	60	16	7,9
Lupus eritematoso sistémico	DR3	38*	20	2,5
	DR2	35*	22	1,9
Enfermedad de Gougerot-Sjögren aislada	DR3	65*	16	9,8
Polimiositis del adulto	DR3	50*	16	5,2
Dermatomiositis juvenil	DR3	40*	16	3,5
Pénfigo	DR4(b)	90	38	14,7
Poliartritis reumatoidea	DR4(c)	60	20	6
	DR1	38	20	2,5
	DR10	6	2	3,1
Policondritis atrofiante	DR4	60*	20	6
Enfermedad de Horton	DR4	45	20	3,3
Miastenia de tipo I	DR5	60	30	3,5
Tiroiditis de Hashimoto hipertrófica	DR5	60*	30	3,5
Penfigoide ampollar +	DR5	52	30	3,5
Artritis crónica juvenil (tipo oligoarticular)	DR5	50*	30	2,5
	DR8	28*	5	7,4
Nefrosis lipoide del niño	DR7	70	28	6
Cirrosis biliar primaria	DR8	36*	5	10
Diabetes juvenil	DR3	70	20	9,3
	DR4	60	16	7,9
	DQβ57	Asp – homocigoto		
	DQα52	Arg + homocigoto		

Las frecuencias antigénicas en los enfermos y en los individuos control corresponden a las cifras observadas en Francia. Las cifras seguidas de * son aproximativas.

+ Asociación probable pero no cierta.
a) Todos los pacientes que no tienen DQ2 tienen DR53.
b) Se trata de la 2.ª variante de DR4 (DRB1*04.02).
c) Se trata de las 1.ª, 4.ª y 5.ª variantes de DR4 (DRB1*04.01, 04.04 y 04.05).

Capítulo 9

LA POLIARTRITIS REUMATOIDEA

Mientras no comprendamos la patogenia de la destrucción articular, no podremos modificar la evolución de la enfermedad en un sentido favorable.

Profesor GUNNAR R. KRAAG

Aunque numerosas preguntas estén sin respuesta, los microorganismos son casi siempre el factor desencadenante de la poliartritis reumatoidea.

Doctora MICHÈLE DESSUREAULT
y profesor SIMON CARETTE

A) APARICIÓN DE LA ENFERMEDAD

1. Circunstancias de la aparición

La poliartritis reumatoidea (PR) es el reumatismo inflamatorio más extendido. Su frecuencia en la población francesa es del 1%. Afecta a 3 mujeres por cada hombre. Puede aparecer a cualquier edad, pero es más frecuente entre los 30 y los 50 años. La PR está asociada a varios antígenos HLA: DR4, DR1, DR10 y DR14.

2. Sintomatología y diagnóstico

El diagnóstico de la PR es claro cuando se muestra bajo sus formas típicas. Es mucho más complicado en las formas moderadas o confusas. Los criterios actuales para efectuar el diagnóstico son los del American College of Rheumatology, que se exponen en la tabla IX. Las artritis se caracterizan por articulaciones hinchadas, dolorosas, enrojecidas, calientes y tumefactas.

Algunos signos biológicos son igualmente útiles para afirmar la existencia de una PR. Éstos son:

• La aceleración de la velocidad de sedimentación (precipitación de los glóbulos rojos en un tiempo determinado).

• La anemia de tipo sideropénica, correspondiente a una carencia de hierro en los hematíes.

• La presencia del factor reumatoide, que es un autoanticuerpo anti-IgG detectado por la reacción de Waaler-Rose, la reacción al látex y la nefelometría láser.

Tabla IX
CRITERIOS ACTUALES DEL ACR PARA EL DIAGNÓSTICO DE LA POLIARTRITIS REUMATOIDEA

1. Rigidez matutina articular y periarticular durante más de una hora.
2. Hinchazón de al menos tres grupos articulares.
3. Artritis de las articulaciones de las manos.
4. Disposición simétrica de las artritis.
5. Presencia de nódulos reumatoides.
6. Presencia del factor reumatoide: reacción al látex positiva con un título de al menos 1/80, reacción de Waaler-Rose positiva con un título de al menos 1/32.
7. Imágenes radiológicas características en las manos y las muñecas.

Se exigen al menos 4 de estos 7 criterios.
Los criterios 1, 2, 3 y 4 deben darse durante al menos seis semanas.

• Los anticuerpos antinucleares (frecuencia del 30%) no acompañados de anticuerpos anti-ADN nativo.
• Algunos anticuerpos muy a menudo presentes de manera precoz y muy específicos de la PR: anticuerpos contra el *stratum corneum*, anticuerpos antiperinucleares, anticuerpos anti-RA33, anticuerpos anti-Sa, IgG agalactosiladas.
• Los datos del agrupamiento HLA.

3. Las lesiones generadas por la PR

Estas lesiones son hoy en día bien conocidas (Miossec, 1987). Afectan principalmente al cartílago y a la membrana sinovial.

En el cartílago se observa una destrucción progresiva de los condrocitos (células cartilaginosas), que son reemplazados por tejido fibroso.

La membrana sinovial es la membrana que recubre las superficies articulares. Se hipervasculariza y sufre dos tipos de agresión:

• Una respuesta inmunitaria con infiltrado de macrófagos, de linfocitos T, de linfocitos B y de los mediadores secretados por estas células: interleucina 1, interleucina 6, interferón gamma, etc.
• Una respuesta inflamatoria con infiltrado de polinucleares, mastocitos, osteoclastos y los mediadores secretados por estas células: histamina, cininas, serotonina, prostaglandinas, leucotrienos, etc.

Ante esta doble agresión, la membrana sinovial, formada normalmente por una sola capa de células (los sinoviocitos), prolifera, formando de 6 a 10 capas, y se extiende como un tumor. Es el *pannus*, que destruye durante su expansión la cápsula articular, los ligamentos, los tendones, los huesos y los cartílagos.

4. Mecanismo

El mecanismo de la PR sigue siendo desconocido. En general, se considera una afección autoinmune. Sólo dos puntos están comprobados:

- El fenómeno inicial es la respuesta inmunitaria que precede a la respuesta inflamatoria.
- En esta reacción inmunitaria, los linfocitos T desempeñan un papel muy importante.

5. Evolución

La PR se presenta de tres formas principales:

- Las formas progresivas sin remisiones netas (70%).
- Las formas intermitentes con brotes y remisiones (25%).
- Las formas malignas con reumatismo severo y manifestaciones extraarticulares, principalmente afección vascular, nódulos subcutáneos, pleuresía, pericarditis y síndrome de Gougerot-Sjögren (5%).

El pronóstico es siempre muy reservado respecto a las articulaciones, aunque existen formas moderadas y severas. Las destrucciones óseas y articulares suelen provocar deformaciones importantes, en particular en manos y pies.

6. Tratamiento

Dado que se desconoce la causa de la PR, no existe tratamiento etiológico. Los medicamentos que se administran están destinados generalmente a disminuir la inmunidad o la inflamación, o las dos cosas a la vez. Estos medicamentos tienen varios inconvenientes:

- A corto plazo, su eficacia es inconstante y parcial. A veces calman, pero no curan.
- A largo plazo, no se ha demostrado su eficacia y no impiden la evolución destructiva del reumatismo (Sany, 1990) (Pincus y Callahan, 1993).
- No son inocuos y pueden provocar reacciones y efectos secundarios, a veces graves. Las principales complicaciones ligadas a los medicamentos se enumeran en la tabla X.

Una estadística de Scott y col. (1987), que recoge 112 PR tratadas durante 20 años con medicación clásica, evidencia que el pronóstico de

Tabla X

POSIBLES EFECTOS SECUNDARIOS DE LOS PRINCIPALES MEDICAMENTOS UTILIZADOS EN EL TRATAMIENTO DE LA POLIARTRITIS REUMATOIDEA

Medicamentos / Efectos secundarios	Digestivos	Cutáneos	Mucosos	Renales	Hematológicos	Hepáticos	Musculares	Pulmonares	Oculares	Alérgicos	Metabólicos	Neurológicos	Hipertensión arterial	Oligospermia	Infecciosos	Endocrinos	Óseos	Psíquicos
Antálgicos	++									+								
AINE	++									+								
Sales de oro	+	+	+	++	++	+		+	+	+								
D Penicilamina	+	+	+	++	+		++			+								
Tiopronina	+	+	+	++	+	+				+								
Piritinol	+	+	+	++	+		++			+								
Sulfasalazina	+				++					++				+				
Hidroxicloroquina					+		+		++									+
Ciclosporina	+			++		+					+	+	+		+			
Metotrexato	+	+	+	+	++	++		++		+		+		+				
Corticoides	++	++					+		++		++	+			+	++	++	+
Minociclina	++	+										+						

+ Efecto secundario raro o benigno ++ Efecto secundario frecuente o grave la PR no es bueno, tanto en el aspecto vital (aumento de la mortalidad) como en el funcional (invalidez frecuente). Además, si se comparan los sujetos tratados con los no tratados, no se encuentra ninguna diferencia respecto a las lesiones articulares. Si bien se atenuó el sufrimiento en los sujetos tratados, la tasa de mortalidad es más elevada.

Es cierto que la gravedad de la evolución articular ha sido subestimada. Debe señalarse también que la mortalidad por PR ha aumentado. Wolfe y col. (1994) siguieron la evolución de varios miles de enfermos durante 35 años, y han demostrado que durante este periodo el número de fallecimientos se multiplicó por 2,26 respecto a la población control. Las principales causas de muerte son:

- Las que derivan claramente de la PR: complicaciones viscerales o efectos secundarios de los medicamentos.
- Otras de origen menos evidente: efectos secundarios o reacciones cardiovasculares, cerebrales, infecciones y cánceres. Estas dos últimas causas están en parte relacionadas con los medicamentos inmunosupresores.

Por tanto, es esencial descubrir el mecanismo de la PR para poder desarrollar un tratamiento específico (causal) y eficaz. En 1988 elaboré una teoría sobre la patogenia de la PR. Desde entonces he modificado de forma parcial mis hipótesis y he profundizado en algunos aspectos. Aquí presento la última versión de esta teoría, que permite desarrollar un tratamiento basado en un régimen alimenticio cuyos notables resultados expongo a continuación.

B) ETAPAS DEL RAZONAMIENTO

1. La PR es una enfermedad polifactorial

Para que se desarrolle debe darse un conjunto de factores, unos hereditarios, otros externos. Este hecho es fácil de demostrar: cuando un enfermo tiene un gemelo auténtico, nacido del mismo óvulo y que tiene los mismos genes que él, se sabe que el gemelo tiene un 30% de posibilidades de contraer PR en el transcurso de su vida:

- Esta cifra es muy superior al 1%, que es la frecuencia de la PR en la población. Existen, por tanto, genes predisponentes para este reumatismo.
- Sin embargo, en el 70% de los casos, el gemelo no padece PR. Eso prueba que la predisposición genética no es suficiente y que intervienen otros elementos, no genéticos, que deben provenir del medio ambiente.

Este estudio ha tenido por objetivo identificar los factores genéticos y los medioambientales.

2. El primer gen de susceptibilidad es el HLA-DR

Esta aserción está claramente probada por varios argumentos:

1) La mayoría de las enfermedades autoinmunes están asociadas a los genes HLA y con frecuencia HLA-DR. Eso significa que, en los enfermos, uno o varios genes HLA están claramente más extendidos que en los sujetos normales. Las asociaciones se enumeran en la tabla V. La PR está claramente asociada a los genes DR4, DR1, DR10 y DR14 (véase la revisión general de Seignalet y Assens, 1989).

2) El papel biológico de las proteínas o moléculas HLA-DR es actualmente conocido (Babbitt y col., 1985; Guillet y col., 1986; Buus y col., 1987). Estas moléculas se unen a unos péptidos en el interior de los macrófagos. Disponen de una bolsa donde puede alojarse un péptido de 13-25 aminoácidos (Brown y col., 1993). La afinidad de las moléculas HLA-DR por los péptidos es muy variable. Así, para un péptido X, DR1 tiene una afinidad diez veces más fuerte que DR2 y cien veces más fuerte que DR3. Pero los resultados son completamente diferentes si se trata de un péptido Y.

Los pares HLA-DR/péptido se transportan a la superficie de los macrófagos y se presentan a los linfocitos T auxiliares, que los reconocen gracias al receptor antigénico llamado TCR. Estos fenómenos se esquematizan en las figuras 28 y 19. El reconocimiento puede activar los linfocitos T auxiliares: es el punto de partida de la respuesta inmunitaria.

3) En un sujeto normal, las moléculas HLA-DR están presentes únicamente en la membrana de las células que participan en la respuesta inmunitaria: macrófagos, linfocitos T activados y linfocitos B.

Por el contrario, en el transcurso de las enfermedades autoinmunes, las moléculas HLA-DR aparecen en gran número en las células que sirven de diana a la reacción autoinmune (Bottazzo y col., 1983). Esta expresión aberrante se ha demostrado en la PR, en la cual las moléculas HLA-DR se expresan en las células de la membrana sinovial (sinoviocitos) (Poulter y col., 1982) y del cartílago (condrocitos) (Jahn y col., 1987).

Un único mediador, el interferón gamma, es capaz de hacer que aparezcan las moléculas HLA-DR en las células que no las tenían (Bottazzo y col., 1986; Hamilton y col., 1991). El interferón gamma es secretado esencialmente por los linfocitos TH1 bajo la influencia de diversos estimulantes: virosis, lipopolisacáridos bacterianos, estrés u hormonas femeninas.

3. Un péptido desempeña un papel causal en la PR

Los datos que acabo de exponer conducen a una primera conclusión: la respuesta inmunitaria dirigida contra las articulaciones está inducida por un péptido que las moléculas HLA-DR que los sinoviocitos y los condrocitos portan en la membrana conducen hasta las células T auxiliares. Youinou (1992) ha puesto de manifiesto la presencia de un gran número de células TCD4, con un TCR αβ, en la membrana sinovial.

El problema principal es averiguar de dónde proviene el péptido causal.

4. Podría tratarse de un péptido ajeno procedente del intestino

Factores medioambientales participan forzosamente en el origen de la PR. Para penetrar en el organismo, dichos factores no pueden atravesar la piel, que es muy espesa, ni la mayoría de mucosas, que son muy impermeables. Sin embargo, hay dos mucosas que son delgadas y permeables, ya que su función requiere comunicación entre el medio exterior y la circulación general:

- Los alveolos pulmonares, donde se absorbe el oxígeno y se expulsa el gas carbónico.
- El intestino delgado, especializado en la absorción de productos de la digestión.

Se descarta el pulmón, ya que es difícil de incriminar en la PR el aire que respiramos. Puede contener virus, pero yo no creo que éstos sean la causa de las alteraciones autoinmunes. Numerosos autores han investigado la participación de virus en el origen de la PR, la diabetes juvenil y la esclerosis múltiple, pero no han podido demostrar su presencia.

El intestino delgado es el principal sospechoso, por dos razones:

- Los factores provenientes del medio ambiente se acumulan en él: alimentos durante la digestión y numerosas bacterias pertenecientes a más de 400 especies, aerobias o anaerobias.
- La mucosa del intestino delgado constituye un filtro a la vez muy extenso (100 y quizás hasta 600 m^2 de superficie) y muy delgado (1/40 mm de espesor). Está formada por una sola capa de células, los enterocitos, unidos entre sí en el sujeto sano. En estas condiciones, la barrera intestinal sólo deja pasar aminoácidos y muy pocos péptidos o proteínas. No ocurre así en el caso de la PR, en el cual se observan a menudo lesiones de la mucosa con una atrofia de las vellosidades y un aumento de la permeabilidad del intestino delgado (Gendre y col., 1982; O'Farrelly y col., 1988).

Por tanto, un péptido externo puede atravesar la pared intestinal y llegar a la sangre. Si ese péptido no es viral, debe ser a la fuerza alimentario o bacteriano.

5. El primer factor de influencia del medio ambiente es la alimentación

La influencia de la alimentación en la PR se ha demostrado por medio de dos experimentos:

1.º El ayuno mejora a menudo la PR

Skoldstam y col. (1979) sometieron a 16 enfermos a un ayuno casi completo y comprobaron su eficacia al cabo de 7-10 días. Kroker y col. (1984), Beri y col. (1988), Palmblad y col. (1991), Kjeldsen-Kragh y col. (1991) han aportado la misma clase de resultados.

2.º La exclusión de algunos alimentos suele mejorar la PR

Algunos pacientes practican de forma espontánea un régimen de restricción, principalmente de leche, tras comprobar que el consumo de productos lácteos exacerbaba su sintomatología.

Parkes y Hugues (1981) relatan el caso de una mujer aquejada de PR evolutiva y resistente a los tratamientos clásicos, que mejoró rápidamente tras la reducción de ingesta de productos lácteos. La reintroducción en grandes dosis de éstos provocó una pronta reactivación del reumatismo.

Se han publicado dos observaciones similares, una de la PR relacionada con la leche, por Panush y col. (1986), y otra de la PR ligada al trigo, por Williams (1981).

Algunos autores han intentado sin éxito «manipulaciones» dietéticas de la PR:

- Régimen lactovegetariano por Skoldstam (1989), lo cual no es sorprendente, ya que la leche, en mi opinión, es un factor que, con probabilidad, influye en la PR.
- Régimen de Dong, que excluye aditivos, conservantes, frutas, carnes rojas, verduras y productos lácteos, por Panush y col. (1983). Debe señalarse que no se excluye el trigo.
- Regímenes de exclusión en la hipótesis de una alergia alimentaria, por Denman y col. (1983). Los productos que contienen trigo tampoco se han suprimido.

En cambio, tres equipos han obtenido resultados interesantes, tras aplicar un protocolo análogo. Al igual que en el caso de una intolerancia alimentaria, dan a sus pacientes una alimentación de la cual se han excluido todos los alimentos presumiblemente de riesgo. Éstos son reintroducidos uno por uno, empezando por los menos sospechosos y acabando por los más peligrosos. En los casos favorables, el régimen privativo mejora la sintomatología, que vuelve a despertarse con la introducción del alimento peligroso. La supresión de este último ocasiona una remisión de la PR.

Después de la aplicación durante algunas semanas de este protocolo se obtuvo una notable proporción de éxitos:

- 20/22 para Hicklin y col. (1980).
- 33/44 para Darlington y col. (1986).
- 10/14 para Beri y col. (1986).

El beneficio obtenido persiste a largo plazo. Beri señala que tres pacientes siguen desde hace diez meses su régimen y la enfermedad remite sin que tomen medicamentos. Mucho más significativo aún es el balance publicado por Darlington y Ramsey (1991) a partir de los datos de 100 enfermos que han seguido un régimen de exclusión, algunos durante 7 años. En el 75% de los casos se notan mejorías claras y en el 33% la enfermedad se considera curada por el solo cambio nutricional.

Darlington (1991) ha establecido una lista de alimentos peligrosos, que se reproduce en la tabla XI. Aunque los productos nocivos varían de un individuo a otro, los cereales, la leche animal y los alimentos cocidos suelen relacionarse con el desarrollo de la enfermedad.

La alimentación como causa directa parece poco probable

El primer razonamiento que sugiere la frecuente eficacia de la dietética en la PR es que un péptido alimentario es el agente causal del reumatismo. Ésta es la idea a partir de la cual había construido mi teoría inicial (Seignalet, 1989a).

Sin embargo, parece imposible incriminar sólo a un péptido alimentario en el origen de todas las PR, por varias razones:

- Alrededor de una cuarta parte de los enfermos no responde a las variaciones dietéticas (Hicklin y col., 1980; Darlington y col., 1986; Beri y col., 1988).
- El trigo y la leche no parecen tener un péptido común. Además, otros alimentos pueden ser peligrosos, como comprobaron Hicklin y col. (1980), Darlington y col. (1986), Beri y col. (1988) y yo mismo.
- En algunos países de África y Asia, el trigo y la leche de vaca se consumen poco o no se consumen. Sin embargo, la PR existe, aunque su frecuencia es una media dos veces menor que en Europa (Hochberg, 1981).

Tabla XI
LISTA DE LOS ALIMENTOS MÁS PELIGROSOS EN LA POLIARTRITIS REUMATOIDEA

Alimentos	% de sujetos sensibles*
1 Maíz	56
1 Trigo	54
3 Beicon/cerdo	39
3 Naranja**	39
2 Leche	37
1 Avena	37
1 Centeno	34
3 Huevo	32
3 Buey	32
3 Café	32
1 Cebada	27
2 Queso	24
Pomelo	24
Tomate	24
Nuez	20
Azúcar de caña	20
2 Mantequilla	17
3 Cordero	17
Limón	17
Soja	17

* Un sujeto se considera sensible cuando la exclusión del alimento mejora la PR y cuando su reintroducción agrava la PR.
La suma de los porcentajes sobrepasa el 100% porque un individuo puede ser sensible a varios alimentos.
Si designamos con 1 los cereales, 2 los productos lácteos y 3 los alimentos cocidos, se puede comprobar que estas tres variedades de productos potencian con mayor frecuencia la PR.
** Darlington basó su estudio en la población inglesa, por lo que se puede suponer que no se trataba de naranjas crudas sino de confitura de naranja.

• La PR es un reumatismo relativamente reciente en Europa. La primera tesis que se ha sostenido sobre este reumatismo es la de Landre-Beauvais y data de 1800. Kahn (1993), tras estudiar la literatura y la pintura europeas, no encuentra ningún indicio cierto de la existencia de la PR antes de esta época. La PR provendría del Nuevo Mundo, si se cree en los sólidos argumentos propuestos por Rotschild y Woods (1990). Se han autentificado esqueletos de amerindios afectados de PR que datan de 3.000 a 5.000 años, mientras que el reumatismo se detecta en Europa a partir de 1785.

Ahora bien, los amerindios no cultivaban trigo y no criaban bovinos. En resumen, no consumían ni leche ni trigo y, sin embargo, estaban afectados de PR con una frecuencia idéntica a la actual en Europa. Los principales alimentos procedentes de América son las patatas, las judías, los tomates, el maíz, el chocolate y el pavo. Estos alimentos tampoco están implicados en la PR, puesto que ninguno de ellos se prohíbe en mi régimen salvo el maíz, que no es significativo en la alimentación europea.

Pero la intervención del medio ambiente en la PR está demostrada por el siguiente hecho: la PR afectaba sólo a una región, una zona fértil que incluía el Yucatán, una parte de México y el sur de Estados Unidos (figura 29). Cuando una tribu de amerindios se dividía en dos grupos, y uno se quedaba en la zona de riesgo y el otro fuera, la PR sólo afectaba al primer grupo.

Afirmar que la causa de la PR puede atribuirse a un péptido alimentario parece improbable. Hay que matizar y establecer que se trata de un péptido proveniente de un germen (Seignalet, 1992 b).

La alimentación como causa indirecta parece más plausible

La alimentación moderna podría actuar por medio de dos mecanismos asociados:

- Modificación de la flora bacteriana del intestino delgado con proliferación de una bacteria peligrosa, agente causal de la PR.
- Agresión de la mucosa del intestino delgado, que produce lesiones en los enterocitos y una permeabilidad excesiva de la pared intestinal.

6. El segundo factor del medio ambiente es una bacteria intestinal

Varios autores han propuesto la hipótesis de que las bacterias intestinales pueden provocar la PR. Entre ellos, citaré a Gullberg (1978), Bennett (1978), Inman (1987), Midtvedt (1987) y Phillips (1989). Varios hechos respaldan esta hipótesis:

a) El posible efecto favorable de una antibioterapia

Caperton y col. (1990) obtuvieron mejorías netas durante meses en cerca del 42% de 12 enfermos administrando un antibiótico: la ceftriaxona. Kloppenburg y col. (1994) y Tilley y col. (1995) administraron durante un año una tetraciclina, minociclina, a 35 y 109 enfermos, respectivamente, y obtuvieron un resultado significativo en algunos pacientes, después de una comparación con un placebo. Los antibióticos han podido modificar o destruir una bacteria intestinal.

Figura 29. **ORIGEN AMERICANO DE LA PR**

La parte rayada corresponde a la región donde Rotschild y Woods (1990) descubrieron 35 esqueletos de amerindios que presentaban lesiones parecidas a las de la PR.

b) La frecuencia de artritis en el curso de las afecciones intestinales crónicas

Tanto si se trata de la ileítis terminal de Crohn, de la rectocolitis ulcerohemorrágica o de la constitución posquirúrgica de un asa ciega en la cual prolifera una flora microbiana anormal.

c) La posible presencia de antígenos bacterianos en la membrana sinovial

Granfors y col. (1989, 1990) han descrito la aparición de antígenos de origen microbiano en la membrana sinovial en las artritis reactivas a *Yersinia* y a *Salmonella*. El germen está ausente de la articulación, como confirma la negatividad de los cultivos. Pero un péptido procedente de dicho germen franquea la barrera intestinal y llega hasta la articulación. Un fenómeno semejante podría ocurrir en la PR.

d) El origen americano de la PR
Una bacteria presente en la población amerindia pudo haberse transferido a Europa en los primeros intercambios intensivos entre el nuevo y el viejo continente, que se sitúan exactamente en 1785 (Rotschild y Woods, 1990). Es en esta época cuando tienen lugar las primeras exportaciones de productos de origen americano a Europa. También en estas fechas termina la guerra de la Independencia y los soldados ingleses y franceses vuelven a sus países.

e) Las artritis experimentales inducidas por restos bacterianos
En las ratas, la inyección intraperitoneal de restos membranarios de estreptococos (Wilde y col., 1982) o de gérmenes anaerobios (Severijnen y col., 1980) induce una artritis severa, parecida a la PR humana.

f) La posible intervención de un superantígeno en la PR
Desarrollaré esta hipótesis más adelante, pero, de momento, podemos señalar que la mayoría de los superantígenos conocidos son transportados por bacterias intestinales: estreptococos, estafilococos y *Yersinia*.

g) El aspecto particular de la flora fecal
Cuando se comparan las PR en fase de desarrollo y las PR en remisión se observan claras diferencias en la flora fecal (Kjeldsen-Kragh y col., 1994).

h) El papel protector de la flora intestinal normal
Van den Broek y col. (1992) comprobaron en varios modelos animales que las artritis que se desarrollan fácilmente en sujetos criados en un medio estéril, sin ninguna bacteria en el intestino, no aparecen en aquellos que tienen una flora intestinal normal y bien desarrollada.

Se propusieron varias bacterias como agentes causales de la PR: micobacterias, *Escherichia coli*, *Clostridium perfringens*, estreptococos y bacterias anaerobias. Pero la más sospechosa es, a mi parecer, *Proteus mirabilis*. Cuatro equipos independientes (Eringer y col., 1985; Rogers y col., 1988; Murphy y col., 1991; Deighton y col., 1992b) llegaron a la misma conclusión:

- La concentración de anticuerpos anti-*Proteus mirabilis* es claramente más elevada en la PR que en otros reumatismos inflamatorios o en la población control.
- La concentración de anticuerpos aumenta durante los brotes de PR y disminuye durante las remisiones.

• Estos fenómenos sólo se observan en los anticuerpos anti-*Proteus mirabilis*. No se observan en los anticuerpos dirigidos contra otras bacterias, virus o autoantígenos.

7. La hiperpermeabilidad del intestino delgado en la PR y sus causas

a) Demostración de la hiperpermeabilidad del intestino delgado

En la PR se observa en alrededor del 50% de los casos:

• Un paso acelerado de polietilenglicol (Skoldstam y Magnusson, 1991).
• Una penetración elevada de una proteína de la leche de vaca, la betalactoglobulina (Fagiolo y col., 1989).
• Anticuerpos contra las proteínas del trigo y/o de la leche (O'Farrelly y col., 1988).
• Una activación de los linfocitos T contra las proteínas del trigo y/o de la leche (Seignalet y Renard, trabajo no publicado).

En resumen, se ha comprobado un paso elevado de grandes moléculas en el 50% de los pacientes. Para un péptido de 13 a 25 aminoácidos, netamente más pequeño, es posible que la proporción sea mayor.

Además, se suele explorar el intestino delgado de los sujetos en ayunas. Es posible que la mucosa impermeable en reposo se vuelva muy permeable durante la digestión. Para hacer una comparación, una persona con insuficiencia cardiaca puede no perder el aliento en reposo y ahogarse con el esfuerzo. Por tanto, es posible que la barrera intestinal esté afectada en todos los pacientes que padezcan de PR.

b) Papel de la alimentación moderna

La alimentación actual de los humanos parece constituir la causa mayor de hiperpermeabilidad del intestino delgado y de la formación de residuos alimentarios y bacterianos peligrosos que franquean las «mallas dilatadas» de la mucosa intestinal.

Sin entrar en detalles, ampliamente explicados en el capítulo 4, recapitulo los principales problemas que nos plantea la alimentación actual:

• El consumo de leche animal y sus derivados.
• El consumo de cereales refinados.
• La cocción de la mayoría de los productos.
• La extracción de aceites a temperatura elevada.
• La contaminación por aditivos y otras sustancias.
• Las carencias frecuentes en minerales y vitaminas.

Para ejercer su función, que es la digestión de los alimentos, el intestino delgado dispone:

- De enzimas encargadas de dividir las proteínas en aminoácidos.
- De mucus encargados de proteger a los enterocitos contra los agentes agresores presentes en la luz intestinal.

Es muy posible que las enzimas (Burger, 1988) y los mucus (Seignalet, 1994) estén adaptados a la nutrición ancestral y no a la nutrición actual.

La inadaptación enzimática tendrá como consecuencia una insuficiencia digestiva con una sobrecarga de los enterocitos por un exceso de péptidos, proteínas y otros residuos nutricionales. La inadaptación de las mucinas permitirá que un alimento peligroso lesione la mucosa intestinal.

Gendre y col. (1982) y O'Farrelly y col. (1988) han observado lesiones de la mucosa intestinal en el 50% de los sujetos afectados de PR, antes de que se les administraran medicamentos antiinflamatorios. La principal afección consiste en una atrofia de las vellosidades.

No es necesario que la mucosa intestinal tenga lesiones graves para volverse demasiado permeable. Una distensión es suficiente para que un péptido no muy voluminoso se deslice entre los enterocitos.

c) Papel del interferón gamma

Otro factor capaz de disminuir la impermeabilidad intestinal es el interferón gamma. Este mediador puede unirse a receptores en el polo basal de los enterocitos (Adams y col., 1993). Su fijación produce una disyunción de uniones entre los enterocitos, seguida de un paso exagerado de macromoléculas entre los enterocitos, sin que éstos se necrosen o dañen.

8. El tercer factor del entorno es el estrés

A menudo, el brote inicial y los brotes ulteriores de la PR son desencadenados por el estrés. Los factores de estrés producen una liberación de neuropéptidos por las neuronas, algunos de los cuales influyen en las respuestas inmunitarias (Reichlin, 1993; Kronfol, 1993). Los factores de estrés inducen probablemente una liberación de interferón gamma.

9. El segundo gen de susceptibilidad está ligado al sexo femenino

Los cálculos efectuados por Deighton y col. (1989) muestran que los genes HLA-DR representan el 37% de los factores hereditarios. Un segundo gen de susceptibilidad debe estar ligado al sexo femenino, ya que la PR es tres o cuatro veces más frecuente en la mujer que en el varón. Se puede suponer un papel favorecedor de los estrógenos en dosis medias, pues se sabe que la PR:

- Es rara antes de la pubertad y después de la menopausia (dosis pobres de estrógenos).
- Es frecuente en la mujer en periodo de actividad genital (dosis medias de estrógenos).
- Suele remitir en el transcurso del embarazo (dosis fuertes de estrógenos).
- Mejora con la píldora (estrógenos artificiales que inhiben la producción de estrógenos naturales).

Los estrógenos podrían actuar aumentando la producción de interferón gamma por parte de los linfocitos T (Grasso y Muscettola, 1990). Al contrario, la dihidrotestosterona disminuiría la producción de interferón gamma por parte de los linfocitos T (Araneo y col., 1991). Da Silva y col. (1993) han observado una frecuente disminución de las tasas de dihidrotestosterona en los varones aquejados de PR. Se sabe también que la administración de andrógenos mejora el reumatismo.

10. El tercer gen de susceptibilidad podría controlar las enzimas o las mucinas intestinales

Sin embargo, los recientes cálculos de Deighton y col. (1992a) concluyen que los genes HLA y el sexo femenino representan únicamente los dos tercios del factor hereditario. En ese caso debe haber un tercer gen de susceptibilidad.

Este gen podría codificar una aloenzima de los enterocitos. Se denominan aloenzimas las formas variables que puede adoptar una enzima según el individuo. En los sujetos predispuestos, una aloenzima poco eficaz degradaría mal algunas proteínas y originaría un exceso de péptidos en la luz intestinal.

Es muy posible que este gen codifique una mucina intestinal. El polimorfismo de las mucinas tiene como consecuencia probable una desigualdad entre los humanos respecto a la agresión constituida por la alimentación moderna. Existen centenares de mucinas (Porchet y col., 1991) y cada una parece estar especializada en la neutralización de un agresor. Se puede pensar que un hueco en el repertorio de las mucinas permite a un alimento moderno o a una bacteria atacar la mucosa del intestino delgado.

C) UNA TEORÍA SOBRE LA PATOGENIA DE LA PR

Los diversos elementos que acabamos de examinar permiten elaborar una teoría sobre el mecanismo del desarrollo de la PR. Las etapas serían las siguientes:

- La alimentación moderna favorece la proliferación de una flora intestinal de putrefacción en la cual está presente una importante población de *Proteus mirabilis*.
- La degradación de *Proteus mirabilis*, espontánea o provocada por una respuesta inmunitaria de los linfocitos de la pared del intestino delgado, libera un péptido peligroso X.
- Algunas bacterias y alimentos peligrosos agreden la mucosa del intestino delgado.
- En el caso de los individuos en los cuales las enzimas, los péptidos trifoliados, las mucinas y las defensinas no aseguran una protección suficiente, los enterocitos se eliminan o se apartan. Se produce una hiperpermeabilidad de la pared del intestino delgado.
- El péptido bacteriano X atraviesa la barrera intestinal.
- La estructura del péptido X tiene afinidad por los sinoviocitos y los condrocitos. X se acumula preferentemente en estas células. Esta fase puede durar varios años.
- El estrés o los estrógenos inducen la liberación de interferón gamma en las articulaciones. El interferón gamma hace que aparezcan moléculas HLA-DR en los sinoviocitos y en los condrocitos. Estas moléculas se unen al péptido X y lo transportan a la superficie celular. DR4, DR1, DR10 y DR14, que tienen una gran afinidad por X, lo fijan con mayor facilidad que las otras moléculas DR.
- Los pares HLA-DR + X son reconocidos por los linfocitos T auxiliares, que desarrollan una respuesta inmunitaria contra X, lo que produce la destrucción de sinoviocitos y de condrocitos. Esta destrucción libera sustancias que provocan una respuesta inflamatoria y origina la sinovitis.
- La alimentación moderna favorece la proliferación de la bacteria peligrosa y el aumento de la permeabilidad intestinal. El reumatismo pasa a ser crónico. La perpetuación de la PR se ve favorecida por la abundancia de dendrocitos en la membrana sinovial. Estas células son capaces de recuperar numerosos antígenos liberados por la lisis de las células y presentarlos durante largos periodos a los linfocitos T auxiliares.

En este modelo, una heteroinmunización contra un péptido extraño lleva a la destrucción de células propias. Hasta aquí, el suceso es bastante banal. De la misma manera, una heteroinmunización contra un virus puede inducir la destrucción de células propias infectadas en el modelo de Zinkernagel y Doherty (1974). En los dos casos, se trata de la eliminación de «lo propio alterado».

La diferencia entre la respuesta antiviral y la respuesta anti X es que la primera es aguda, de duración limitada, mientras que la segunda pasa a ser crónica. Esto me parece lógico ya que, una vez eliminados los virus, la estimulación antigénica desaparece y la reacción inmunológica cesa. En cambio, en la PR, la agresión repetida del intestino delgado por la alimentación moderna se traduce por nuevas llegadas de X a los condrocitos, los sinoviocitos y las CPA. La estimulación antigénica se mantiene. Además, el interferón gamma liberado por los linfocitos T activados mantiene la expresión de los productos de clase II en las células cartilaginosas y sinoviales.

Por tanto, los condrocitos y los sinoviocitos continúan presentando los pares X + HLA de clase II a los linfocitos TA, lo cual tiene varias repercusiones:

- Persistencia de la respuesta inmunitaria, con nuevas destrucciones celulares.
- Persistencia de la reacción inflamatoria satélite, con liberación de enzimas lisosomiales, LTB4, PGE2 y numerosos radicales libres que agravan la destrucción celular.
- Fuerte producción de factores reumatoides, incapaces de frenar la respuesta inmunitaria acelerada.
- Formación de numerosos complejos inmunes, de los cuales algunos fijan el complemento. Muchos de estos complejos se depositan en las articulaciones, ya que los sinoviocitos poseen receptores para el fragmento Fc de las IgG, para C4b y C3b (Peltier, 1980). Esto contribuye a mantener la sinovitis.
- Cicatrización «viciosa» de la membrana sinovial, que, por el impacto de los mediadores liberados por las células destruidas, los linfocitos, los macrófagos, los polinucleares y las fibras nerviosas sensitivas de las regiones articulares (Lotz y col., 1987), prolifera para formar el *pannus*.

Es la extensión del *pannus*, que aumenta con cada brote, la que invade la articulación de la periferia hacia el centro, rebosa en los tejidos periarticulares y produce lesiones irreversibles de los cartílagos, los huesos, la cápsula articular, los ligamentos y los tendones (Sany, 1980).

El conjunto de la teoría se esquematiza en la figura 30.

D) VARIANTES DE LA TEORÍA PATOGÉNICA

No es seguro que un xenoantígeno sea la primera causa de la PR. También puede serlo un autoantígeno.

En un estado normal, el organismo humano tolera sus propios antígenos. Pero, como hemos visto en el capítulo 8, persisten clones de linfocitos T específicos de los autoantígenos. Afortunadamente, esos linfocitos T han recibido un mensaje que los vuelve inactivos. La reactivación de uno de esos clones podría explicar la PR. Varios mecanismos podrían inducirla: una reacción cruzada, un superantígeno o algunas sustancias de origen bacteriano.

1. La hipótesis de la reacción cruzada

Es posible que el péptido bacteriano X no se deposite en las articulaciones. Al llegar a la sangre, X induce una respuesta inmunitaria anti X. Si existe en las articulaciones un péptido propio W de estructura parecida a X (similitud), la reacción dirigida contra X podría también afectar a W. Es lo que se denomina una reacción cruzada.

Trabajos recientes (Sloan-Lancaster y Allen, 1996; Ignatowicz y col., 1997; Southwoo y col., 1998) han demostrado que una misma molécula HLA de clase II, así como un mismo TCR, podrían unirse con más o menos afinidad a numerosos péptidos, algunos muy diferentes. Por tanto, no es imprescindible que X y W sean de estructura parecida; en realidad, pueden tener una estructura bastante distinta.

2. La hipótesis del superantígeno

Otra hipótesis consiste en atribuir la causa de la PR, no a un péptido, sino a una proteína superantígena, presente en varias bacterias intestinales (Marrack y Kappler, 1990). El superantígeno puede fijarse, por un extremo, a la cadena α de la molécula HLA-DR y, por otro, a la parte variable V de la cadena β del TCR. Este fenómeno no hace intervenir los sitios fijadores del péptido de HLA-DR y TCR, como se muestra en la figura 31.

La unión del superantígeno con el TCR activa todos los linfocitos T que tienen el mismo segmento V en la cadena β, es decir, un número muy elevado. El número de linfocitos T activados es considerablemente más importante que para un péptido antigénico: 2 a 20% de células T frente a una de 100.000 a 1.000.000. Entre las células activadas puede encontrarse un clon específico de un autoantígeno W transportado por las células articulares. Este clon durmiente se despierta y desencadena una respuesta inmunitaria contra las articulaciones (figura 32).

El papel causal de un superantígeno S proveniente de una bacteria intestinal es completamente plausible en la PR:

Figura 30. **UNA TEORÍA SOBRE LA PATOGENIA DE LA POLIARTRITIS REUMATOIDEA**
TEORÍA DEL PÉPTIDO ANTIGÉNICO

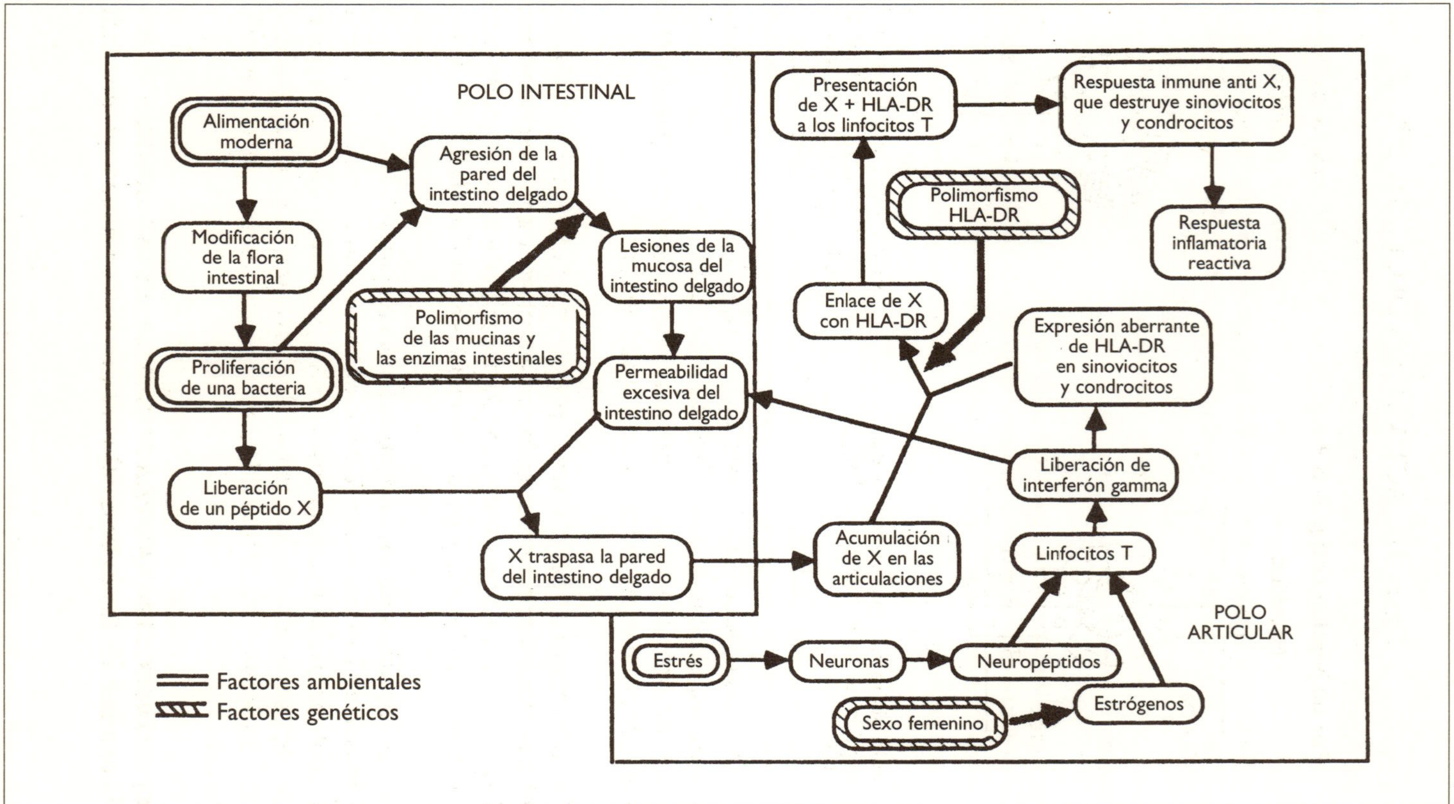

Figura 31. ACTIVACIÓN DEL LINFOCITO T

Por un péptido antigénico P

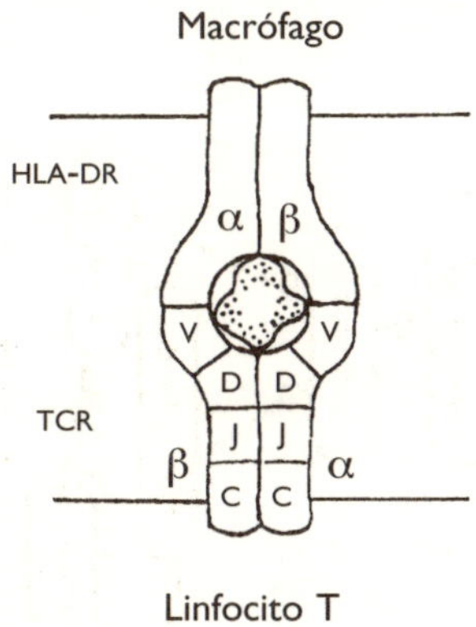

Sólo activa el clon específico del péptido, es decir, muy pocos linfocitos.

Por un superantígeno S

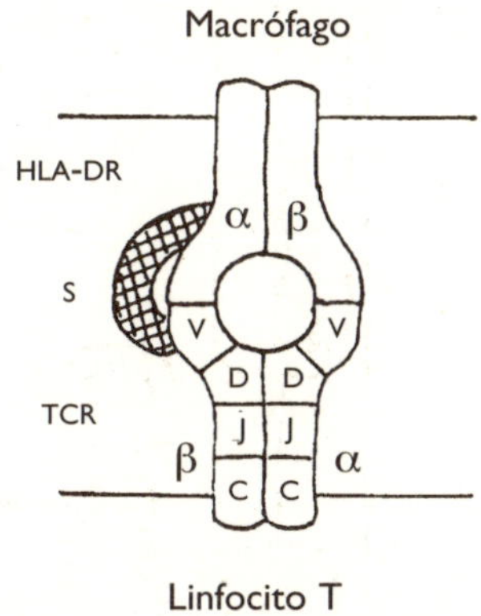

Activa todos los clones que tienen el mismo segmento Vβ en el TCR, es decir, muchos linfocitos.

- Varias bacterias intestinales pueden liberar superantígenos: estafilococos, estreptococos, *Yersinia* y otras por descubrir.
- La proteína superantígeno puede atravesar la pared del intestino delgado, que suele ser muy permeable en la PR.

La activación de las células T por el superantígeno no es limitada por HLA-DR; por el contrario, la presentación de un péptido propio W a los linfocitos T autorreactivos activados por el superantígeno es limitada por HLA-DR, y principalmente por DR4, DR1, DR10 o DR14.

3. La hipótesis de los compuestos bacterianos

Linfocitos T de ratas específicos de un autoantígeno, en presencia de lipopolisacáridos bacterianos o de ADN bacteriano, pasan de un estado de reposo a un estado activo TH1, por un proceso dependiente de la IL-12 (Segal y col., 1997). Un mecanismo similar puede ser válido para la PR.

E) CONSECUENCIAS PRÁCTICAS DE ESTA TEORÍA

El examen de las figuras 30 y 32 nos lleva a hacer algunas reflexiones:

Figura 32. UNA TEORÍA SOBRE LA PATOGENIA DE LA POLIARTRITIS REUMATOIDEA
TEORÍA DE LA PROTEÍNA SUPERANTÍGENA

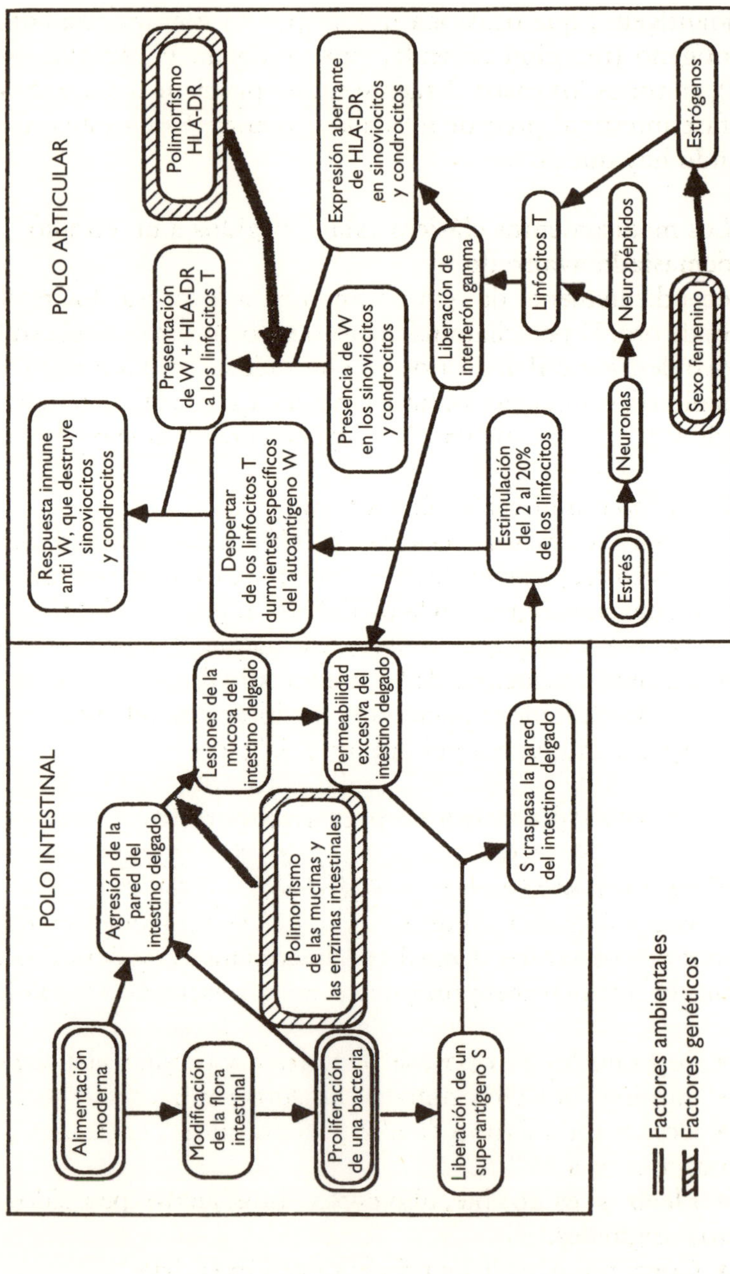

1. El peligro proviene del intestino

Tanto si se admite una acción directa del xenoantígeno (depósito de péptidos bacterianos en las articulaciones), o una acción indirecta del xenoantígeno, que ocasiona una respuesta inmunitaria contra un autoantígeno (reacción cruzada, superantígeno o compuestos bacterianos), en todos los casos el agente causal proviene del intestino delgado. La fase intestinal precede a la fase articular. Es en este estadio precoz cuando hay que actuar.

2. Los medicamentos clásicos están dirigidos a un estadio demasiado avanzado

Independientemente de que no apunten a la causa, los medicamentos (sales de oro, D penicilamina, metotrexato, antimaláricos, sulfasalazina, corticoides, antiinflamatorios no esteroideos, etc.) afectan a la reacción inmunitaria y a la reacción inflamatoria, que tienen lugar en los últimos estadios de la fase articular. No es sorprendente que sean poco eficaces.

3. Es lógico modificar la alimentación

Ente los seis factores implicados en la PR, tres son genéticos y, por tanto, inalterables. Quedan los tres factores medioambientales. Conviene que los enfermos eviten, en la medida de lo posible, el estrés. Pero el primer aspecto que hay que combatir es la alimentación moderna, ya que:

- Influye al principio de la fase intestinal.
- Modifica la flora bacteriana del intestino delgado.
- Agrede la mucosa del intestino delgado.

F) LA DIETÉTICA Y SUS RESULTADOS

1. El régimen alimenticio

Conviene volver cuanto antes al modo de alimentación ancestral, sin imponer restricciones demasiado draconianas que desanimarían al enfermo. El régimen comporta seis premisas esenciales (capítulo 5):

- Suprimir los cereales, salvo el arroz y el trigo sarraceno.
- Suprimir la leche animal y sus derivados.
- Comer un máximo de alimentos crudos o cocidos a una temperatura inferior a 110 °C.
- Elegir, si es posible, alimentos «biológicos» parecidos a los productos originales.
- Consumir aceites de primera presión en frío.
- Tomar sales de magnesio, oligoelementos y vitaminas en dosis fisiológicas, así como fermentos lácticos.

2. Los enfermos tratados con este método

Actualmente, más de 300 pacientes han adoptado estas prescripciones dietéticas, pero sólo citaré a los 200 más antiguos, que siguen de manera correcta el régimen desde hace al menos un año.

De estos 200 sujetos adultos, 23 son varones y 177, mujeres. Todas las PR se habían diagnosticado según los criterios de la ACR. Algunas eran antiguas y otras, recientes. La duración media del reumatismo era de 9 años y 7 meses. Todas las PR eran evolutivas, resistentes en parte o totalmente a los medicamentos tradicionales. La gravedad de la PR era variable: moderada en 16 casos, media en 88 y severa en 96. La edad media de los enfermos era de 52 años y 5 meses.

3. Observación de los pacientes

Todos los voluntarios se comprometieron a asumir las prescripciones dietéticas durante al menos un año. Algunos sujetos fueron tratados únicamente con el régimen. Otros tomaban medicamentos, de eficacia parcial o nula, según los casos. Cuando la evolución resultaba favorable, mi actitud variaba según la postura adoptada por el médico que trataba al paciente:

- Si estaba de acuerdo, indicaba al enfermo que dejara poco a poco el tratamiento, hasta suprimirlo.
- Cuando el médico no quería modificar sus prescripciones iniciales, el tratamiento básico se mantenía.

El balance inicial efectuado antes del comienzo del régimen alimenticio incluía los siguientes elementos:

- Apreciación de la frecuencia y de la intensidad de los brotes de artritis.
- Número de articulaciones inflamadas.
- Número de articulaciones dolorosas.
- Apreciación de la importancia de los dolores diurnos y nocturnos según su duración y su intensidad (índice de Huskisson).
- Número de despertares nocturnos.
- Duración del desentumecimiento matinal.
- Sensibilidad a la presión de las articulaciones (índice de Ritchie).
- Capacidad funcional global (índice de Lee).
- Estimación de la fuerza del estrechamiento de las manos.
- Medida del perímetro de la marcha.
- Presencia o ausencia de un síndrome seco.
- Medicamentos consumidos, con su posología.

- Velocidad de sedimentación (VS).
- Número de hematíes.
- Tasa de hemoglobina.
- Número de neutrófilos polinucleares.

Este test se repitió cada tres meses.

4. Duración del régimen

La duración mínima se fijó en un año. En caso de fracaso tras este periodo, se suprimía el régimen, salvo si el sujeto quería prolongarlo. En caso de éxito, se mantenía toda la vida, con riesgo de recaída si se dejaba. Finalmente, el régimen fue seguido:

- Más de 11 años en 1 caso.
- Más de 10 años en 1 caso.
- Más de 9 años en 9 casos.
- Más de 8 años en 9 casos.
- Más de 7 años en 13 casos.
- Más de 6 años en 27 casos.
- Más de 5 años en 20 casos.
- Más de 4 años en 20 casos.
- Más de 3 años en 20 casos.
- Más de 2 años en 39 casos.
- Más de 1 año en 41 casos.

5. Resultados en el reumatismo inflamatorio

Cuarenta sujetos, es decir, el 20%, no respondieron al régimen. No se observó ninguna modificación clínica o biológica de la PR. El 80%, 160 sujetos, respondió al régimen. Los que respondieron y los que no, se dividen claramente, tal como Darlington (1986) había observado.

No se puede prever quién se beneficiará o no de la dietética. La PR tiene un aspecto idéntico en los pacientes que responden y en los que no en cuanto a los signos clínicos, radiológicos, de la frecuencia del factor reumatoide, de la aceleración de la VS, de la distribución de los genes HLA y del aspecto evolutivo. Sin embargo, los fracasos parecen más frecuentes en los varones: 47,8% frente a 16,4% en las mujeres.

Cuando el cambio nutricional tiene efectos favorables, éstos aparecen en el 90% de los casos de forma precoz, en el transcurso de los tres primeros meses, lo que coincide con los datos recogidos por otros autores (Hicklin, 1980; Darlington, 1986; Beri, 1988). A veces el beneficio es más tardío; incluso en un paciente se dio algunos años más tarde.

La mejoría es progresiva, a veces bastante rápida. La VS no se corrige hasta varios meses después de que los signos clínicos mejoren.

Cuando se obtiene una mejora, es duradera. No hay recidivas, salvo si el paciente interrumpe su régimen y reanuda su dieta anterior. Catorce enfermos, que habían adoptado esta actitud, presentaron un brote de artritis en el transcurso de los tres meses siguientes y el reumatismo inflamatorio reapareció bajo su forma inicial. Dos de ellos, que renunciaron a corregir su dietética, recayeron en la PR evolutiva que padecían anteriormente. Los otros 12 volvieron al régimen rico en alimentos crudos con supresión de la leche y el trigo, y apreciaron de nuevo una evolución favorable en algunas semanas.

Los 160 enfermos que respondieron se dividen en tres grupos:

- Para 11, la mejoría es clara, pero tan sólo de un 50%. Es únicamente clínica. La VS no varía.
- Para 66, la mejoría es más evidente, de un 90%. Las artritis se limitan a pequeños brotes, breves, que suelen ser consecuencia del estrés, y afectan muy poco a las articulaciones. Los otros signos clínicos están muy atenuados. La VS, aunque mucho menos elevada que antes, sigue siendo alta.
- Para los 83 restantes, podemos hablar de remisión completa, con una extinción total del reumatismo inflamatorio y una VS normal. No se ha observado ninguna recaída durante un año, para el caso más reciente, y hasta en 11 años para el caso más antiguo. En las PR antiguas, los únicos dolores que persisten son de origen mecánico, consecuencia de destrucciones óseas, articulares y tendinosas. En las PR recientes, se obtiene un retorno completo a la normalidad. Sin embargo, no se trata de una curación verdadera, puesto que el abandono del régimen es seguido de una recaída al cabo de un tiempo variable.

6. Autenticidad de los resultados

Los efectos beneficiosos del régimen alimenticio sobre la PR no se deben a una acción sobre el psiquismo del enfermo, a un efecto placebo como dicen los médicos, ya que:

- La proporción de los éxitos (80%) sobrepasa ampliamente la considerada como un efecto placebo.
- No se trata de atenuaciones pasajeras de la PR, sino de mejorías duraderas o de remisiones completas prolongadas.
- La interrupción de la dietética tiene como consecuencia una recidiva, mientras que, cuando se retoma, se produce de nuevo una remisión.

• Cuando se sigue el régimen de forma errónea, resulta ineficaz. Así, una paciente consumía grandes cantidades de trigo candeal, ignorando que es otro nombre para el trigo tierno, y su estado se mantuvo. La supresión real del trigo produjo en pocas semanas una clara mejoría.

• No he constituido dos series de pacientes, unos que siguieran el verdadero régimen y otros uno falso. La comparación de las dos series en un estudio doble ciego elimina la influencia del efecto placebo. Pero habría sido preciso dejar padecer durante un año a personas que podían obtener alivio en la mayoría de casos, por la única satisfacción de disponer de un control. Por otra parte, Darlington (1986) dirigió un estudio doble ciego que demostró claramente el valor del régimen de exclusión y la ineficacia del régimen placebo.

7. Modos de acción del régimen

Probablemente actúa de tres maneras:

1) **Modifica la flora intestinal** y elimina, o al menos disminuye, la concentración de una bacteria peligrosa. Bressy (1993) comparó la flora fecal en 10 casos no sometidos al régimen y 8 PR curadas por el cambio nutricional, y comprobó en el segundo grupo una gran disminución de enterococos y de *Proteus*.

2) **Corrige las alteraciones de la mucosa intestinal** gracias a una alimentación a la cual están adaptados enzimas y mucus. De ello se deriva:

• Una mejor digestión de las proteínas, por lo que se liberan menos péptidos.

• Una restauración de la impermeabilidad del intestino delgado, que reduce aún más la cantidad de péptidos que traspasan la barrera intestinal.

3) **Restablece la tolerancia oral,** ya que, mientras que en un intestino deteriorado los antígenos bacterianos pasan entre los enterocitos para llegar a la circulación general, en un intestino normal son captados por las células M. En el primer caso, el antígeno desencadena una respuesta de inmunidad; en el segundo caso, una respuesta de tolerancia.

8. ¿Cómo se explican los fracasos?

Hay 12 posibles causas de fracaso. Éstas pueden darse no sólo en la PR, sino también en otras enfermedades descritas en este libro. Este tema se trata en conjunto en el capítulo 28.

G) OBSERVACIÓN DE LOS ENFERMOS

He seleccionado tres informes que ilustran muy bien los posibles efectos del régimen: fracaso, éxito en un 90% y éxito completo.

1. Observación PR 26

La señora T., de 56 años, es profesora. Sufre desde hace 7 años una PR.

En su familia no había antecedentes de PR ni de otra enfermedad importante. El reumatismo comenzó en 1982, tras un periodo de estrés profesional (preocupaciones importantes y agotamiento). Las típicas artritis, con dolor, calor, enrojecimiento, inflamación e impotencia funcional, afectaron de repente a casi todas las articulaciones de los miembros superiores e inferiores. Los dolores eran intensos, estimados en 9 sobre 10 en la escala de Huskisson, y sobrevenían durante el día o la noche. El desentumecimiento matinal duraba 90 minutos. Otros síntomas eran sequedad de la piel y principalmente de los ojos, lo que hacía pensar en un síndrome de Gougerot-Sjögren. No había otras manifestaciones extraarticulares.

La VS era muy alta, con un máximo de 80/110. El hemograma revelaba una anemia sideropénica: disminución del número de hematíes, de la tasa de hemoglobina y del hierro sérico. El factor reumatoide estaba presente y no se detectaron anticuerpos antinucleares. En el HLA se identificaron los genes DR15 y DR9.

La evolución tuvo lugar con brotes separados por remisiones más o menos completas. La PR, más bien moderada entre 1982 y 1985, se agravó de forma notable de 1985 a 1989. Las manos empiezan a deformarse y las radiografías del esqueleto muestran erosiones óseas y una desmineralización, sobre todo en manos y muñecas. Los sucesivos tratamientos consistieron en AINE, sales de oro, D penicilamina, corticoides y sulfasalazina, sin resultados apreciables.

En marzo de 1989 veo por primera vez a la señora T. El análisis clínico es el siguiente:

- Estado general bastante satisfactorio.
- Una estatura de 170 cm para un peso de 64 kg.
- Perímetro de marcha limitado a 15 minutos durante los brotes.
- Fuerza de las manos disminuida en 2/3.
- Índice de Lee = 18.
- Índice de Ritchie = 22.

Se trata pues de una PR bastante severa, resistente a varios tratamientos de fondo. Le prescribo el régimen hipotóxico y se decide que la enferma continúe con el tratamiento médico, que consiste en 15 mg de dexametasona (corticoides) y 2 g de sulfasalazina al día.

La señora T. sigue de manera correcta estas prescripciones. No se priva de comer carne y pescado crudos, pero evita el trigo, el maíz y la leche animal. Al cabo de un año, la situación apenas ha cambiado. Ha tenido varios brotes, el primero en mayo de 1989, el segundo en agosto de 1989, el tercero en noviembre de 1989. La VS oscila entre 16/32 y 42/80. Las únicas ventajas del cambio nutricional fueron una pérdida de 7 kilos, con lo que ha logrado un peso ideal de 57 kilos para 170 cm, y una mejoría del 50% de la sequedad de los ojos.

Comentarios

1) Los fracasos de la dietética se observan más a menudo en los varones (1 entre 2) que en las mujeres (1 entre 6).

2) La diferencia entre los pacientes que responden al tratamiento y los que no, es clara, como comprobó Darlington (1986) y yo corroboré.

3) Ningún elemento clínico, biológico o evolutivo permite prever qué tipo de enfermos se beneficiará del régimen.

4) Las causas de los fracasos siguen siendo desconocidas. Las principales hipótesis se describirán más adelante.

2. Observación PR 15

La señora G., de 46 años, es comerciante. Presenta desde la infancia bronquitis invernales con dilatación de los bronquios (DDB) moderada y una sinusitis crónica. Desde hace 8 años, sufre PR. Su hermano, un poco más joven que ella, tiene los mismos trastornos: DDB menor y PR.

El reumatismo inflamatorio apareció en 1980, pocos días después de una situación de estrés (fatiga física importante y preocupaciones ocasionadas por un traslado). Las artritis típicas afectaron a las manos y los pies, y en menor medida a las muñecas, los hombros, los tobillos y las rodillas. Los dolores eran soportables, con un índice de Huskisson de 5 sobre 10, que en raras ocasiones eran motivo de despertares nocturnos. La duración del desentumecimiento matinal era de 45 minutos. No tuvo jamás manifestaciones extraarticulares.

La VS era elevada, alrededor de 45/70. La anemia sideropénica era menor, sin leucocitosis asociada. El factor reumatoide estaba presente; no se detectaron anticuerpos antinucleares. El grupo HLA presentaba los genes DR4 y DR7.

La evolución fue continuada. La gravedad del reumatismo inflamatorio seguía siendo moderada. Las manos y los pies estaban ligeramente deformados. Las imágenes radiográficas eran características de la PR en las manos y los pies, pero relativamente poco intensas. Las sales de oro fueron eficaces durante los dos primeros años, después dejaron de hacer efecto. La homeopatía fracasó. La acupuntura atenuó los dolores durante algunos días.

La señora G. acudió a mi consulta en septiembre de 1988, es decir, después de 8 años de evolución de la PR. El examen clínico aportó las siguientes informaciones:

- Un estado general satisfactorio en el aspecto físico, no tan bueno en el psicológico. Aunque no había desacuerdos conyugales, la enferma estaba sometida a frecuentes situaciones de estrés causadas por la oposición entre su carácter tranquilo y el dinamismo de su esposo.
- Una estatura de 169 cm para un peso de 57 kg.
- Un perímetro de marcha de alrededor de una hora.
- La fuerza de las manos estaba disminuida un tercio.
- Un índice de Lee igual a 3.
- Un índice de Ritchie igual a 8.

Estamos ante un caso de PR claro, de severidad moderada. Propongo el régimen de exclusión como único tratamiento, que la paciente sigue de forma estricta. No sólo descarta los cereales y los productos lácteos, sino que consume la casi totalidad de los alimentos crudos. Los resultados son espectaculares, con un cambio evidente en el estado articular. La mejora aparece al cabo de 4 semanas y se completa progresivamente durante los 3 meses siguientes. Desaparecen las inflamaciones, los dolores se atenúan, los movimientos se liberan, la paciente retoma la gimnasia y el jogging de forma progresiva, los índices de Lee y de Ritchie bajan a cero. La sinusitis y la bronquitis mejoran un 80%. La VS disminuye, pero permanece acelerada alrededor de 25/50. En este caso, la VS no es útil para juzgar la evolución de la enfermedad, ya que está modificada por el estado infeccioso de los senos y de los bronquios.

Sin embargo, la PR sigue estando presente. En ocasiones de estrés (muerte del padre, problemas conyugales), aparecen pequeños brotes de artritis con dolores moderados sin inflamación, de un pequeño número de articulaciones: dedos de las manos o del pie o muñecas. Estas crisis discretas sólo duran algunos días y los periodos de alivio del brote son predominantes. Con una perspectiva de más de 6 años, podemos hablar de un éxito del 90%.

Comentarios

1) La asociación entre bronquitis crónica o DDB y PR es demasiado frecuente para ser casual. En general, la afección bronquial precede

largamente a la PR. Podemos preguntarnos si el paso de una parte de las secreciones bronquiales más o menos infectadas al tubo digestivo no constituye un factor favorecedor del desarrollo de la PR, mediante una modificación de la flora intestinal.

2) La dietética suele tener una acción favorable en las sinusitis y las bronquitis crónicas. En cambio, es incapaz de curar la DDB, lo cual, por otra parte, es lógico, ya que la distensión de tejido elástico de los bronquios es irreversible. Sin embargo, el cambio nutricional puede fluidificar las secreciones bronquiales y facilitar la expectoración.

3) A menudo el estrés desempeña un papel importante en el desencadenamiento del brote inicial de la PR y también de pequeños brotes observados en algunos sujetos que respondieron bien al régimen. No se trata, en todos los casos, de factores estresantes importantes (muerte de un familiar, problemas sentimentales, dificultades financieras, paro o jubilación mal llevada). Hay que saber encontrar las pequeñas agresiones cotidianas que originan una presión crónica, mal soportada por algunas personas.

3. Observación PR 91

La señora B., de 61 años, sin profesión, viene a consultarme en diciembre de 1992 por una PR que data de 3 años. La entrevista no revela ningún antecedente familiar o personal.

La PR apareció tras una situación de estrés (problemas conyugales importantes). El primer signo consistió en dolores en las manos. Las artritis características afectaron rápidamente a numerosas articulaciones: manos, muñecas, hombros, pies, caderas, raquis cervical. Los dolores eran muy fuertes, con un índice de Huskisson de 10 sobre 10, tanto diurnos como nocturnos. El desentumecimiento matinal duraba hasta 60 minutos. La impotencia funcional era muy marcada durante determinados periodos.

Algunos síntomas extraarticulares agravaban el cuadro:

- Sequedad ocular, bucal, nasal y cutánea muy molesta.
- Pericarditis aguda con derrame de líquido bastante importante en mayo de 1990 convertida en crónica.

La VS era muy elevada: 50/78. El hemograma detectaba anemia sideropénica y leucocitosis con polinucleosis. El test de presencia de factor reumatoide era positivo. Los anticuerpos antinucleares estaban débilmente presentes, no había anticuerpos anti-ADN nativo, lo que permitía descartar un lupus eritematoso sistémico. En el HLA se identificaron los genes DR1 y DR9.

El cuadro clínico evolucionó de forma continuada. Se probaron muchos medicamentos y todos fracasaron: aspirina, AINE, sales de oro, tiopronina, metotrexato. Algunos fueron mal tolerados. Los AINE provocaron gastralgias; las sales de oro, una aftosis y una neutropenia; la tiopronina, una hepatitis, y el metotrexato, problemas digestivos. Las inyecciones locales de corticoides apenas frenaron las artritis, y los corticoides por vía oral no impidieron que la pericarditis fuera crónica. Tuvo que ser resuelta con múltiples sinoviortesis (destrucción de la membrana sinovial) para frenar los dolores más intensos.

El examen clínico aportaba los siguientes datos:

- Alteración del estado general debido a la intensidad de las artralgias, a los problemas de sueño y al desánimo provocado por el fracaso de los medicamentos.
- Un peso de 59 kg para una estatura de 160 cm, con una sobrecarga hídrica provocada por los corticoides.
- Disnea al realizar un esfuerzo, inducida por la pericarditis crónica, con un derrame pericárdico bastante abundante que ensanchaba de forma clara la sombra cardiaca en las radiografías de tórax.
- Perímetro de marcha limitado a 10 minutos.
- Fuerza de las manos disminuida a la mitad.
- Índice de Lee = 5.
- Índice de Ritchie = 5.

Estos dos índices fueron artificialmente disminuidos por varias sinoviortesis. Dos meses antes, los dos eran igual a 20.

- Empiezan las deformaciones de manos y muñecas.

Se puede diagnosticar una PR relativamente reciente, pero severa, debido a la importancia de los dolores, del síndrome seco y de la pericarditis, rebelde a varios medicamentos.

Aconsejé el régimen original como único tratamiento. Los resultados fueron extraordinarios. En 6 semanas, los dolores y las inflamaciones articulares desaparecieron, se restableció el sueño normal, el desentumecimiento matinal cesó, los índices de Lee y de Ritchie bajaron a cero. Al final de tercer mes, la pérdida de 2 kilos de peso había eliminado la sobrecarga hídrica debida a los corticoides, la disnea había desaparecido y no quedaba más que un pequeño derrame pericárdico no compresivo y no restrictivo. La VS era de 10/19. El síndrome seco, más persistente, terminó por mejorar un 70%.

Este excelente balance se mantiene desde hace dos años. La VS se corrigió. La enfermedad está en remisión completa. Debemos subrayar dos puntos:

- La paciente siguió el régimen, en general, de forma correcta. Sin embargo, en el transcurso de dos periodos de algunos días, la enferma hizo algunas excepciones de la regla. No se sintió tan bien y, sin llegar a sufrir una recaída, retomó rápidamente sus buenas costumbres nutricionales.
- Episodios de desarreglo intestinal, con heces líquidas, fueron frecuentes durante las primeras semanas del régimen y aún sobrevienen de vez en cuando.

Comentarios

1) Se puede esperar una remisión completa en todas las formas de PR, moderadas o graves. Los primeros efectos beneficiosos se perciben en el 90% de los casos antes de que concluya el tercer mes. La progresiva desaparición de los signos clínicos precede, de algunas semanas a algunos meses, a la normalización de los signos biológicos. El régimen tiene una acción favorable tanto sobre las artritis como sobre las manifestaciones extraarticulares.

2) Si se repiten con frecuencia los errores y las excepciones en el seguimiento de la dietética durante suficiente tiempo, se producen recidivas de la PR. La remisión completa no significa que se haya llegado a la curación.

3) Los residuos de las articulaciones suelen depurarse por vía biliar o a través de la pared cólica, lo cual ocasiona problemas intestinales. Burger (1988) ya había observado la presencia de estos fenómenos.

H) CONCLUSIÓN

En Francia, ningún equipo, a excepción de L'Hirondel y col. (1991) en Caen, ha intentado hasta la presente enfocar la PR de una forma nutricional. Las revisiones de Roussat y col. (1987) y Prier (1988) no muestran entusiasmo por este método. Quizá se deba a que se han querido apreciar de forma global los efectos de diferentes regímenes alimenticios, lo que equivaldría a que se concluyera que la antibioterapia es ineficaz en una infección porque los resultados de seis antibióticos resultaran poco convincentes. En realidad, cinco antibióticos no funcionan y sólo el sexto es eficaz. Por tanto, conviene, en dietética, apreciar de manera separada distintas formas de nutrición.

A diferencia de los franceses, los anglosajones se inclinan más por esta clase de terapéutica. Un libro de 456 páginas titulado *Nutrition and rheumatic diseases* (1991) trata de forma monográfica sobre este tema.

He propuesto (Seignalet, 1989a, 1992b) una teoría sobre la patogenia de la PR que otorga una gran importancia al intestino y a los factores nutricionales. Esta teoría me ha llevado a probar un determinado régimen alimenticio como tratamiento de la PR. Este trabajo (Seignalet y col., 1989; Seignalet, 1992a) es el primero que describe bastantes casos de PR tratados a largo plazo con un cambio nutricional.

Otros autores (Hicklin y col., 1980; Darlington y col., 1986; Beri y col., 1988) obtuvieron un éxito a corto plazo gracias a las manipulaciones dietéticas, pero dejaban a los lectores en la ignorancia en cuanto al pronóstico a largo plazo. No obstante, una publicación ulterior de Darlington y Ramsey (1991) confirmó mi opinión de que las mejorías obtenidas por la dietética se mantenían a largo plazo.

Un régimen rico en alimentos crudos, con supresión de cereales y productos lácteos, me ha permitido obtener un 80% de éxitos claros y duraderos y un 20% de fracasos.

En la práctica, las prescripciones dietéticas deben reservarse a algunos enfermos, capaces de:

- Comprender las razones de este modo de nutrición.
- Suprimir los alimentos considerados tradicionalmente como buenos, tales como la leche y el trigo.
- Seguir las prescripciones sin errores y sin excepciones.
- En caso de éxito, continuar el régimen toda la vida.

En tales sujetos, el régimen me parece que es el tratamiento que hay que establecer desde el principio, ya que suele ser eficaz y siempre es inocuo. Debe prolongarse al menos durante un año. No estoy en contra de los medicamentos que son útiles en las PR severas, en particular los antiinflamatorios no esteroideos relativamente poco peligrosos. Ayudan a calmar los dolores sabiendo que la dietética, cuando es beneficiosa, ejerce plenamente sus efectos al cabo de algunos meses. Los medicamentos constituyen el único recurso para el enfermo en caso de fracaso del régimen.

Como señaló Darlington (1991), la dietética resulta infinitamente menos costosa que los tratamientos de fondo. Puesto que en la actualidad buscamos disminuir los gastos sanitarios, no hay que desdeñar este aspecto.

Capítulo 10

LA ESPONDILITIS ANQUILOSANTE

La medicina actual mejora las enfermedades crónicas, pero no las cura.

Doctora CATHERINE KOUSMINE

Algunos bacilos gramnegativos considerados como no patógenos pueden inducir a largo plazo enfermedades crónicas.

Doctor EDWARD BACH

A) PRESENTACIÓN DE LA ENFERMEDAD

1. Circunstancias de su aparición

La espondilitis anquilosante (EA) es un reumatismo inflamatorio considerado durante mucho tiempo bastante raro, ya que solamente se conocía su forma grave. En la actualidad, se sabe que el reumatismo se manifiesta muy a menudo de una forma moderada, de manera que la frecuencia real de la EA se sitúa en el 1,2% en Francia, una cifra cercana a las recogidas respecto a la poliartritis reumatoidea (PR).

La EA se desarrolla principalmente en los adolescentes y adultos jóvenes. Afecta a 7 varones por cada 3 mujeres y está fuertemente asociada al antígeno HLA-B27, que está presente en el 90% de los enfermos frente al 6% de los individuos del control.

2. Sintomatología y diagnóstico

Clásicamente, el diagnóstico de la EA se basa en los criterios de Roma, reproducidos en la tabla XII. Sin embargo, otros elementos suelen ser útiles para el diagnóstico:

- Una afección periférica de las articulaciones, de tipo mono, oligo o poliartritis.
- El aspecto de salchicha de los dedos de las manos y los pies.
- Dolores en los glúteos, izquierdo y derecho, de forma alternativa.
- Dolores en los talones.
- El carácter inflamatorio de los dolores que despiertan al enfermo durante la segunda mitad de la noche y provocan una rigidez matinal más o menos prolongada.

Tabla XII
CRITERIOS DE ROMA PARA EL DIAGNÓSTICO
DE LA ESPONDILITIS ANQUILOSANTE

1) Dolor y rigidez lumbar durante más de tres meses, que no se alivian con el reposo.
2) Dolor y rigidez de la región torácica.
3) Disminución de la movilidad lumbar.
4) Disminución de la expansión torácica.
5) Antecedentes, presencia u observación de secuelas de iritis.
6) Signos radiológicos de artritis sacroilíaca bilateral.

El diagnóstico se considera seguro si se dan 4 de los 5 criterios clínicos o si se da el criterio 6 asociado al menos a uno de los criterios clínicos.

- El descubrimiento de sindesmófitos, es decir, osificaciones bajo los ligamentos intervertebrales, en las radiografías del raquis.
- La presencia de HLA-B27.
- La fijación excesiva de pirofosfato de calcio marcado por tecnecio 99 en las regiones inflamadas, observada en la escintigrafía ósea.
- La rápida mejoría de los dolores con los antiinflamatorios no esteroideos (AINE) y la reaparición de los dolores tras la supresión de los medicamentos.

3. Evolución y tratamiento

Las formas moderadas, que suponen la mayoría de los casos, sólo necesitan algunos antálgicos a petición del paciente. Las formas graves, caracterizadas por la osificación excesiva de tejidos blandos, en otros tiempos evolucionaban de manera progresiva hacia la anquilosis raquídea y torácica, con deformaciones de tipo cifosis o escoliosis, y ocasionaban una minusvalía considerable.

Actualmente, los AINE, complementados con la quinesiterapia, la gimnasia de reeducación y los tratamientos termales, han mejorado el pronóstico. La EA suele ser menos peligrosa que la PR. No obstante, todavía encontramos una minoría de casos rebeldes a la terapéutica que conducen a la anquilosis y a las deformaciones del esqueleto.

4. El concepto de espondiloartropatías

Varias afecciones son parecidas y tienen características comunes con la EA:

- Relación clara con el HLA-B27.
- Predominancia masculina.

- Inicio frecuente por una infección digestiva o urogenital.
- Se suele observar artritis sacroilíaca.

Así se constituyó la noción de espondiloartropatías, donde se clasifican las siguientes enfermedades:

- La EA, probablemente inducida por algunas cepas de *Klebsiella*.
- Las artritis reactivas (AR) a varios gérmenes: *Yersinia*, *Shigella*, *Salmonella*, *Campylobacter* y *Chlamydia*.
- Las EA secundarias a las inflamaciones intestinales crónicas: rectocolitis hemorrágica y enfermedad de Crohn.
- Las artropatías de la psoriasis pustulosa.
- Las artritis juveniles de tipo EA.
- La mayoría de las uveítis anteriores agudas (UAA) que son inflamaciones de la cámara interior del ojo (iritis), a menudo precedidas o seguidas de una EA o de una AR.

La tabla XIII nos muestra las frecuencias del antígeno HLA-B27 en estos diversos estados patológicos.

Como demostró Fournie (1993), la EA y los reumatismos parecidos se distinguen muy bien de la PR por la topografía de las lesiones:

- La PR afecta al cartílago y principalmente la membrana sinovial, bien desarrollada a nivel de las articulaciones de los miembros.
- La EA afecta a las entesis, es decir, a la inserción en el hueso de fibras tendinosas, ligamentarias y capsulares. Las entesis abundan en los dedos de las manos y de los pies, el raquis, las caderas y las fibras esternocostales.

Tabla XIII
FRECUENCIA DEL ANTÍGENO HLA-B27
EN LAS ESPONDILOARTROPATÍAS

Espondilitis anquilosante	90%
Artritis reactivas	75%
EA de las inflamaciones intestinales crónicas	77%
Artropatías de la psoriasis pustulosa	78%
Artritis juvenil de tipo EA	90%
Uveítis anterior aguda	55%
Individuos del control	6%

Estos porcentajes se establecieron en sujetos de raza caucásica.

5. Problemas que resolver
El mecanismo de la EA sigue siendo desconocido. Los tratamientos son exclusivamente sintomáticos, como los AINE. Estos medicamentos atenúan los dolores, pero no curan el reumatismo. Además, no impiden una evolución severa en algunos casos, y comportan un riesgo de gastroduodenitis o de úlcera gastroduodenal.

El problema es el mismo que para la PR. Hay que elucidar la patología de la EA con el fin de proponer un tratamiento de su causa, más eficaz que las medidas empleadas hasta el momento.

B) ETAPAS DEL RAZONAMIENTO

1. La EA es una enfermedad polifactorial
La base hereditaria de la EA es evidente. En los enfermos portadores de HLA-B27 se suelen encontrar antecedentes familiares de EA. Cuando el sujeto afectado tiene un gemelo monocigótico, éste tiene un 50% de posibilidades de desarrollar un reumatismo a lo largo de su vida. Esta cifra es muy ilustrativa, ya que:

- El 50% es muy superior al 1,2%, frecuencia de la EA en la población general, lo que confirma la existencia de genes de susceptibilidad.
- El 50% es inferior al 100%, lo que muestra que tener los mismos genes que un enfermo no es suficiente para contraer la EA. También hace falta que haya factores no genéticos, procedentes del entorno.

Vamos a procurar identificar estos factores.

2. El primer gen es el HLA-B27
La relación entre el HLA-B27 y la EA es estrecha. En Francia, el HLA-B27 se detecta en el 90% de los individuos que padecen EA frente al 6% en los individuos que no la padecen. Se ha observado la asociación en todas las etnias y existe, asimismo, un paralelismo entre la frecuencia del HLA-B27 y la de la EA en las diversas poblaciones (véase revisión general de Seignalet, 1986).

Se individualizaron 11 variantes del HLA-B27. Algunas están relacionadas con la EA: la segunda, la cuarta, la quinta y la séptima. No hay relación entre la EA y la tercera, la sexta y la novena. La tercera variante de B27 es la única que se encuentra en los africanos subsaharianos, lo que deriva en la ausencia total de la EA en esta población. En cuanto a las variantes 1, 8, 10 y 11, son demasiado raras para llegar a una conclusión (Galocha y col., 1996; González-Roces y col., 1997).

Casi todo el mundo está de acuerdo en que el HLA-B27 actúa directamente en la génesis de la EA, y se han propuesto varias hipótesis para explicar su modo de intervención:

- Ebringer (1983) sugiere una reacción cruzada entre una bacteria de origen intestinal, *Klebsiella pneumoniae*, y la molécula B27. Una respuesta inmunitaria, primitivamente dirigida contra *Klebsiella*, atacaría a las células articulares expresando la molécula B27.
- Geczy y col. (1983) estiman que la molécula B27 está alterada en el curso de la EA por un plásmido procedente de una bacteria intestinal. Mientras que la B27 normal se tolera, la B27 alterada se vuelve autoantigénica y suscita una respuesta inmunitaria contra ella y, por tanto, contra las células articulares.
- Kapasi e Inman (1994) consideran que la molécula B27 actúa modificando la penetración de los antígenos bacterianos en las células.

No se ha probado ninguna de estas hipótesis. En cambio, se sabe que las moléculas HLA de clase I, a las cuales pertenece la B27, se unen a péptidos de 8 a 11 aminoácidos y los transportan a los linfocitos TCD8 citotóxicos (véase el capítulo sobre el sistema HLA). De acuerdo con numerosos autores, considero que hay una cuarta teoría más plausible: un péptido causal de la EA, llamado «artritogén», presente en las células articulares y con una fuerte afinidad por la molécula B27.

3. Un péptido aparece como causante de la EA

Esta teoría ha sido contrastada en un trabajo de Hermann y col. (1993). Estos autores demostraron, en sujetos afectados de EA, la existencia en el líquido sinovial de clones de linfocitos TCD8 que destruyen las células infectadas por *Yersinia* o *Salmonella*, o las células propias no infectadas. En todos los casos, la respuesta de los linfocitos TCD8 está dirigida contra un péptido emparejado a la molécula B27.

Una vez demostrado que en la EA intervienen factores medioambientales y que la principal vía de penetración en el organismo es el intestino delgado, conviene debatir el papel de las bacterias y de la alimentación moderna.

4. El primer factor ambiental es una bacteria

Desde hace una quincena de años, se han incriminado varias bacterias en la génesis de las espondiloartropatías:

- En el síndrome de Fiessinger-Leroy-Reiter, variedad particular de AR en la cual las artritis son precedidas de una infección de la uretra y acompañadas de una inflamación de la cámara anterior del ojo, el agente patógeno suele ser *Chlamydia trachomatis*, una pequeña bacteria que reside en la uretra en los dos sexos y en el aparato genital de la mujer.

- En las AR, las culpables son las bacterias intestinales gramnegativas (no coloreadas por el método de Gram): *Yersinia enterocolitica*, *Yersinia pseudotuberculosis*, distintas especies de *Salmonella*, *Shigella flexneri* y *Campylobacter jejuni*. Las bacterias anteriores provocan un episodio inicial de diarrea aguda que precede algunas semanas a las manifestaciones articulares.
- En la EA, la incriminada es *Klebsiella pneumoniae*, otra bacteria intestinal gramnegativa. Este microorganismo se encuentra en las heces del 54% de las EA activas frente al 12% de las EA en remisión y de los sujetos del control (Eringer, 1982). Además, el número de las IgA anti-*Klebsiella* aumenta de manera significativa en las EA (Trull y col., 1984).

En la EA, las articulaciones son estériles, lo que significa que no se detectan nunca bacterias enteras. En cambio, es muy probable que péptidos bacterianos, procedentes de la uretra o del intestino delgado, hayan llegado por la circulación general a las articulaciones. De hecho, Granfors y col. (1989, 1990) demostraron la existencia de antígenos de *Yersinia*, *Salmonella* y *Chlamydia* en el líquido sinovial y en los sinoviocitos de los individuos que padecían una espondiloartropatía.

5. El segundo factor ambiental es la alimentación moderna

En las EA debidas a *Chlamydia*, la nutrición no tiene ninguna función, ya que no parece afectar a un microorganismo presente en el aparato urogenital. En cambio, en las EA debidas a bacterias intestinales, que son la gran mayoría, la alimentación actual puede constituir un factor importante que actúa de manera indirecta. La situación es análoga a la observada en la PR:

- Papel directo de un péptido bacteriano.
- Excesiva permeabilidad de la mucosa del intestino delgado, como explicaremos más adelante.

Sin embargo, mientras que varios autores trataron la PR con regímenes de exclusión con diversa fortuna, este tratamiento apenas se ha utilizado para la EA. Un repaso a la literatura revela un solo trabajo, el de Appelboom y Durez (1994), en que se administrara un régimen en el que se prohibían la leche y los productos lácteos a 25 pacientes con

EA, de los cuales 13 mejoraron. Una dietética mejor concebida comporta unos resultados aún mejores, como veremos más adelante.

6. A menudo en la EA se desarrolla hiperpermeabilidad y/o lesiones del intestino

Esta idea se basa en varios argumentos:

- El paso de la pared del intestino delgado se acelera por las sondas EDTA-Cr51 (Wendling y col., 1990; Mielants y col., 1991) y PEG 400 (Lahesmaa-Rantala y col., 1991).
- Once equipos observan un aumento de las concentraciones de IgA en la EA. Esto sugiere una estimulación crónica de los linfocitos intraepiteliales del intestino por agresores bacterianos o alimentarios.
- La frecuencia de la EA se incrementa en los enfermos con inflamaciones crónicas del intestino. Afecta al 13,6% de los pacientes con la enfermedad de Crohn y al 8,3% con la rectocolitis hemorrágica.
- La endoscopia, complementada con biopsias, revela frecuentes lesiones del intestino delgado durante la EA. Veys y Mielants (1993) las observaron en 209 enfermos de 354.

7. El segundo gen está ligado al sexo masculino

La predominancia masculina de la EA implica que uno de los genes de susceptibilidad está ligado al sexo. Este gen no se ha identificado. Quizá las hormonas masculinas favorecen la liberación de determinadas citocinas que provocan una hiperexpresión de la molécula B27 o la liberación de un exceso de moléculas B27 vacías a la superficie de las células articulares. Abi-Hanna y Wakefield (1990) observaron que los interferones aumentan mucho más la expresión de B27 que la de otras moléculas HLA de clase I.

8. El tercer gen gobierna la producción de enzimas y/o mucinas de los enterocitos

El concepto de aloenzimas y de alomucinas, ya expuesto durante el capítulo sobre la PR, tiene como consecuencia una desigualdad entre los humanos frente a la agresión a la mucosa intestinal de algunas bacterias y alimentos. Una mala adaptación de las enzimas, un vacío en el repertorio de mucinas pueden explicar la hiperpermeabilidad y las lesiones del intestino delgado, a menudo observadas en el transcurso de la EA.

C) UNA TEORÍA SOBRE LA PATOGENIA DE LA EA

Todos los elementos que acabo de exponer pueden agruparse para elaborar una teoría sobre el mecanismo de la EA:

• La alimentación moderna induce el desarrollo de una flora intestinal de putrefacción donde proliferan algunas bacterias peligrosas: *Klebsiella*, *Yersinia*, *Salmonella*, *Shigella* y *Campylobacter*.

• Algunos alimentos y algunas bacterias agreden la mucosa intestinal.

• Si la protección ejercida por las enzimas y las mucinas es insuficiente, se produce una destrucción y/o una disyunción de los enterocitos, cuya consecuencia es una excesiva permeabilidad del intestino delgado.

• Los residuos bacterianos atraviesan la barrera intestinal. Entre éstos se encuentran lipopolisacáridos y el péptido causal Y. Asimismo, es posible que Y haya sido extraído de una proteína bacteriana por un macrófago y haya regurgitado en el medio extracelular o en el citosol por la vesícula de fagocitosis (figura 28). Y probablemente lo forman entre 8 y 11 aminoácidos.

• Los lipopolisacáridos y el péptido Y llegan a las articulaciones. Los lipopolisacáridos y un mediador desconocido asociado al sexo masculino inducen un aumento de expresión de las moléculas HLA de clase I. El péptido Y se une a esas moléculas, ya sea en el retículo endoplásmico, o en la superficie de las células articulares. Y tiene una gran afinidad por la molécula B27. Más raramente, Y puede fijarse a otras moléculas de clase I por las cuales tiene una menor afinidad.

• Los pares Y + B27 son transportados a los linfocitos TCD8 citotóxicos. Si el número de pares Y + B27 es suficientemente elevado, Y se reconoce como un péptido no propio y activa los linfocitos TCD8, lo cual desencadena una respuesta citotóxica que destruye las células articulares.

• La respuesta inmunitaria se acompaña de una liberación de citocinas que desencadenan una respuesta inflamatoria, y causan los dolores articulares de la EA.

• Si el paso desde el intestino delgado del péptido Y cesa de forma brusca, tendremos una AR transitoria. Si el paso del péptido Y es continuo, se produce una EA crónica. Si algunos péptidos Y llegan a la cámara anterior del ojo, se desarrolla una UAA.

El conjunto de la teoría se esquematiza en la figura 33.

D) DISCUSIÓN, VARIANTES Y CONSECUENCIAS PRÁCTICAS DE LA TEORÍA

1. Un punto discutible

Podemos preguntarnos si la molécula B27 es capaz de unirse a un péptido bacteriano. Clásicamente se admite que los péptidos exógenos se

Figura 33. UNA TEORÍA SOBRE LA PATOGENIA DE LA ESPONDILITIS ANQUILOSANTE

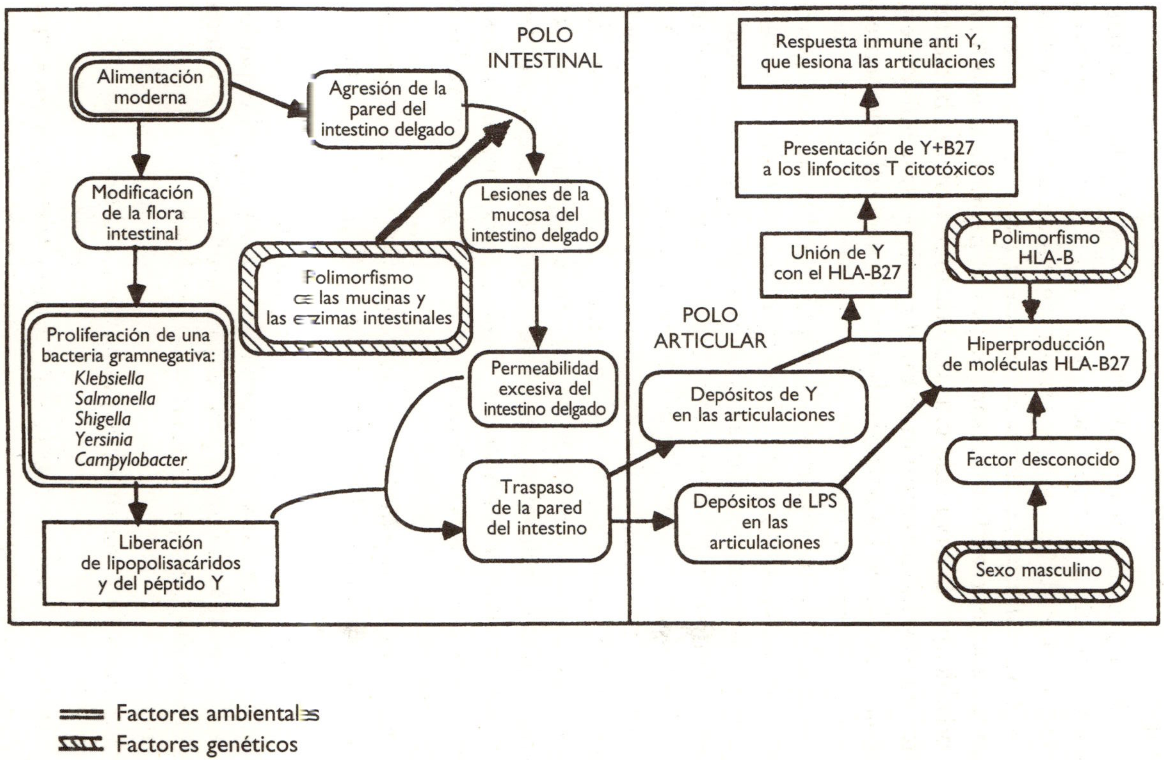

unen a las moléculas HLA de clase II y que los péptidos endógenos se unen a las moléculas HLA de clase I.

En realidad, esta regla no es absoluta (véase el capítulo sobre el sistema HLA). Pfeifer y col. (1993) demostraron que las moléculas de clase I expresadas en la membrana celular podían captar péptidos de enterobacterias regurgitados por las vesículas de fagocitosis de los macrófagos. B27 sería particularmente apta para esta función, según Benjamin y Parham (1991).

Esto supone que el sitio fijador de algunas moléculas B27 está vacío. Para llegar a la superficie celular, B27 debe estar unida a la β2 microglobulina y a un péptido para formar un trímero. Pero quizá se den excepciones a este principio en caso de síntesis excesiva de B27 y de β2m. Algunos dímeros B27/β2m podrían llegar a la membrana celular sin haber fijado un péptido. Por otra parte, el péptido puede disociarse del sitio fijador de B27, cuando los trímeros alcanzan la superficie celular. La salida del péptido propio deja el sitio libre para el xenopéptido.

Se puede pensar en un segundo mecanismo. Kovacsovics-Bankowski y Rock (1995) observaron que los péptidos exógenos podían pasar al citosol, sufrir la acción del proteosoma, ser transportados por las moléculas TAP y unirse en el retículo endoplásmico a las moléculas de clase I.

De este modo existen al menos dos vías que permiten a B27 unirse a los péptidos exógenos. La teoría avanzada para el mecanismo de la EA es, por tanto, plausible.

2. Variantes de la teoría

Como para la PR, se puede suponer la responsabilidad, en lugar del xenoantígeno, de un autoantígeno o de un superantígeno.

a) Hipótesis del autoantígeno

El péptido bacteriano de origen intestinal, llegue o no a las articulaciones, desencadenaría una respuesta inmunitaria. Esta última atacaría, por reacción cruzada, a un péptido propio W dotado de una gran afinidad por B27. Sabiendo que un clon de linfocitos TCD8 es probablemente capaz de reconocer alrededor de un millón de péptidos, no es necesario que W ofrezca netas homologías estructurales con Y. En esta variante, no es necesario que B27 se una a un péptido exógeno. Le basta emparejarse a un péptido endógeno.

b) Hipótesis del superantígeno

La intervención de un superantígeno no es imposible, puesto que los principales superantígenos actualmente conocidos son transportados por bacterias intestinales, en particular por *Yersinia*. Sin embargo, es difícil admitir el papel de un superantígeno, ya que:

- Un superantígeno provoca una activación policlonal de las células T y B. Este fenómeno no se ha observado nunca en la EA.
- Un superantígeno activa los linfocitos TCD4 antes que éstos activen a los linfocitos TCD8. Sin embargo, la participación de los linfocitos TCD4 no parece esencial en la EA.

3. Consecuencias prácticas de esta teoría

Se puede repetir para la EA lo que se ha dicho para la PR:

1) En cada una de las tres variantes de la teoría, el peligro proviene del intestino.
2) Los medicamentos administrados contra la inflamación intervienen en una etapa demasiado tardía.
3) Es lógico modificar la alimentación, ya que:

- Ésta se sitúa al principio de la cadena de acontecimientos que conducen a la EA.
- Influye en la flora bacteriana del intestino delgado.
- Tiene un impacto en la permeabilidad del intestino delgado.

E) LA DIETÉTICA Y SUS RESULTADOS

1. El régimen alimenticio

Las recomendaciones son análogas a las establecidas para la PR:

- Supresión de cereales, a excepción del arroz y del trigo sarraceno.
- Supresión de la leche animal
- Consumo de alimentos crudos.
- Consumo de productos biológicos.
- Consumo de aceites obtenidos a partir de primera presión en frío.
- Suplementación en vitaminas y minerales.

2. Los enfermos tratados

Se ha descartado el régimen para las espondiloartropatías debidas a *Chlamydia trachomatis*, pues la dietética no puede tratar un microorganismo que se encuentra en las vías urogenitales. Ante la menor sospecha clínica, conviene buscar los anticuerpos anti-*Chlamydia*. Cuando se descubre una concentración patológica de estos anticuerpos, debe prescribirse una cura de tetraciclina, durante 20 días, en el enfermo y su/s pareja/s.

Sólo se han tratado las EA no causadas por infección de *Chlamydia*.

Actualmente, 125 enfermos de EA siguen las prescripciones dietéticas, pero únicamente me referiré a los 100 pacientes más antiguos que siguen de manera correcta el régimen alimenticio desde hace al menos un año.

De estos 100 sujetos, todos adultos, 62 eran varones y 38 mujeres. Todas las EA se correspondían con los criterios clásicos de diagnóstico. Algunas eran antiguas; otras, recientes. La duración media del reumatismo era de 11 años y 2 meses. Todas las EA eran evolutivas, rebeldes en parte o en su totalidad a los medicamentos tradicionales. La gravedad de la enfermedad era variable: moderada en 26 casos, media en 56 casos y severa en 16 casos. La edad media de los enfermos era de 42 años y 6 meses, 87 tenían B27 y 13 no lo tenían.

3. Observación de los pacientes

Todos los voluntarios se comprometieron a cumplimentar las prescripciones dietéticas al menos durante un año. Algunos sujetos fueron tratados únicamente con el régimen. Otros tomaban medicamentos, especialmente AINE, de eficacia limitada. En caso de evolución favorable, se redujeron las dosis de estos medicamentos progresivamente, hasta suprimirlos por completo.

El balance inicial, efectuado antes del comienzo del régimen alimenticio, incluía los siguientes elementos:

- Número de articulaciones inflamadas.
- Número de articulaciones y entesis dolorosas.
- Apreciación de la importancia de los dolores diurnos y nocturnos según su duración y su intensidad.
- Número de despertares nocturnos.
- Duración del desentumecimiento.
- Importancia de las anquilosis raquídea y torácica.
- Velocidad de sedimentación (VS).
- Medicamentos consumidos, con su posología.

Este examen se repitió cada tres meses.

4. Duración del régimen

El periodo de prueba se fijó en un año. En caso de fracaso después de este tiempo, se decidió dejar el régimen, salvo cuando el paciente deseaba continuarlo. En caso de éxito, la dieta debía seguirse toda la vida, por temor a una recaída del reumatismo. Finalmente, el régimen se siguió:

- Más de 8 años para 1 EA.
- Más de 7 años para 5 EA.
- Más de 6 años para 7 EA.
- Más de 5 años para 12 EA.
- Más de 4 años para 7 EA.
- Más de 3 años para 20 EA.
- Más de 2 años para 23 EA.
- Más de 1 año para 25 EA.

5. Resultados

Respondieron favorablemente al régimen 96 enfermos de 100:

- Tanto los varones como las mujeres.
- Tanto las formas menores como las severas.
- Tanto los portadores de B27 como los no portadores.

Los éxitos fueron claros. Los cuatro fracasos se subdividen de esta manera:

- Dos pacientes mejoraron solamente un 30%.
- Un paciente, después de una remisión completa de varios meses, recayó. Parece que se produjo un «escape» a la acción del régimen.
- Un paciente no obtuvo nunca ningún efecto positivo.

Los beneficios del cambio nutricional se notan con rapidez, al cabo de algunas semanas. La mejoría es progresiva, a veces lenta y a menudo bastante rápida. Los signos clínicos remiten antes que la VS. El éxito obtenido es duradero. Sin embargo, las infracciones en el régimen, y más raramente los factores estresantes, son seguidos de pequeños brotes dolorosos. Uno de los enfermos interrumpió su régimen, con mi consentimiento, para comprobar lo que le ocurría. Al cabo de un mes sufrió una recaída. La reanudación de la nutrición de tipo ancestral produjo una nueva remisión.

Actualmente, 33 voluntarios estiman una mejoría superior al 90% y sólo toman pequeñas dosis de AINE. Para 63, la enfermedad está en completa remisión y han suprimido todos los medicamentos. Anteriormente he explicado los últimos cuatro casos.

Sería interesante apreciar, una vez desaparecido el dolor, hasta qué punto la recuperación de la flexibilidad raquídea y torácica es posible en las EA graves. La quinesiterapia y la gimnasia pueden ser una buena ayuda. ¿Las calcificaciones de los ligamentos intervertebrales son definitivas o pueden remitir, al menos en parte? El futuro responderá a estas preguntas.

6. Autenticidad de los resultados

Los efectos beneficiosos del cambio nutricional en la EA no se deben a una acción placebo, ya que:

- La proporción de los éxitos (96%) sobrepasa ampliamente la considerada para un placebo.
- El bienestar no se produce inmediatamente después de la entrevista con el médico, sino algunas semanas más tarde.
- No se trata de remisiones pasajeras de la EA, sino de mejorías duraderas o de remisiones completas y prolongadas.
- La supresión de la dieta se sanciona con una recidiva del reumatismo inflamatorio, mientras que su reanudación conduce de nuevo a la remisión de la enfermedad.
- Cuando el régimen se practica de forma errónea, resulta ineficaz.

Probablemente sería posible efectuar un estudio doble ciego con dos muestras de pacientes, unos que siguieran el régimen verdadero y otros que siguieran uno falso. Por las mismas razones que en la PR, no he querido realizar esta clase de test.

7. Modo de acción del régimen

Podemos evocar los tres mecanismos ya presentes en la PR:

- Modificación de la flora intestinal con erradicación o al menos disminución de un microorganismo peligroso. Parece que las bacterias gramnegativas incriminadas en la EA se eliminan más fácilmente con la dieta que *Proteus mirabilis* en la PR.
- Corrección de las alteraciones de la mucosa intestinal, gracias a una alimentación a la cual están adaptados enzimas y mucus.
- Restablecimiento de la tolerancia oral.

F) OBSERVACIONES DE LOS ENFERMOS

Para ilustrar los resultados obtenidos, he seleccionado dos casos de EA, uno en el cual el éxito se ha obtenido en un plazo relativamente largo, y otro en el cual se ha logrado con mayor rapidez.

1. Observación EA 3

L., de 19 años, es estudiante. Acudió a mi consulta en diciembre de 1991 por una EA que había aparecido 16 meses antes.

La entrevista no reveló ningún antecedente familiar de EA, ni ningún antecedente personal importante. En septiembre de 1990 padeció una artritis del pie izquierdo, que se cronificó a pesar de la ingesta de

AINE. En septiembre de 1991, la artritis se extendió al pie derecho y a las dos rodillas, con dolores particularmente agudos. Sufre dolores más moderados en la cadera izquierda, el hombro derecho y en la articulación esternoclavicular derecha.

En aquella época, un profesor parisino, especialista en reumatología, diagnostica EA. Este diagnóstico se fundamentaba en los siguientes elementos:

- El carácter inflamatorio de los dolores, que predominan por la noche con la fatiga y durante la segunda mitad de la noche, ocasionando desvelos frecuentes y un desentumecimiento matinal.
- Una VS moderadamente acelerada de 10/35.
- La ausencia del factor reumatoide.
- La presencia de HLA-B27.
- Una sacroileítis bilateral debutante, en estadio 1, apreciada en las radiografías.

El examen clínico de este joven revela la presencia de artritis, con dolores espontáneos y provocados por la palpación, inflamación más o menos importante en nueve articulaciones: las dos mediotarsianas, los tobillos, las rodillas, la cadera izquierda, la escapulohumeral derecha y la esternoclavicular derecha. Las artritis estuvieron constantemente presentes desde el comienzo del reumatismo.

Se trata de una EA reciente, de intensidad bastante fuerte, que tiene el aspecto de una poliartritis periférica con sacroileítis, sin afección raquídea. El enfermo toma a diario 30 mg de un AINE, piroxicam, que le alivia parcialmente los dolores.

Le prescribí el régimen alimenticio de tipo ancestral y el paciente lo siguió de manera correcta. No se observó ningún efecto durante los tres primeros meses, al cabo de los cuales experimentó una mejoría, marcada por una disminución de la intensidad de los dolores y una normalización progresiva de las articulaciones:

- Al final del cuarto mes, las artritis se limitaron a los tobillos, las rodillas y al hombro derecho.
- Al final del octavo mes, únicamente siguen afectados los tobillos. La afección es moderada y no impide las caminatas de varias horas en el monte. La dosis de piroxicam se redujo a 10 mg al día.

Sin embargo, la afección de los tobillos persiste, con signos menores de artritis que aparecen tras esfuerzos prolongados y desaparecen con el reposo, acompañados de talalgias. Al cabo de 18 meses se obtuvo la remisión completa que persiste actualmente. La actividad física y deportiva volvió a ser normal. La VS bajó a 5/13. Los AINE se suprimieron por completo.

El joven estudiante me aportó algunos detalles instructivos:

- En 1992, después de ocho meses de dieta, durante un viaje a Italia, comió pasta cuatro veces y pizza una vez. Estas excepciones fueron seguidas de un pequeño brote de EA.
- A principios de 1994, mientras se encontraba en completa remisión quiso, con mi aprobación, experimentar la supresión del régimen. Al cabo de un mes se produjo una recidiva de la enfermedad. La reanudación de la nutrición de tipo original produjo una nueva remisión.

Comentarios

1) El beneficio obtenido con el cambio nutricional empieza después de un plazo variable y se completa tras un periodo de tiempo más o menos prolongado. En este caso se necesitaron 3 meses para apreciar los primeros efectos y 18 para llegar a la remisión total. Conviene, por tanto, que los enfermos tengan paciencia y sigan las prescripciones dietéticas de manera prolongada, sin ceder al desánimo. En general, los éxitos se obtienen de forma más rápida en la EA que en la PR.

2) La dieta únicamente tiene valor si se aplica de forma correcta. Las excepciones son seguidas de dolores moderados, la interrupción es sancionada con una recidiva de la EA. No se puede, pues, hablar de curación, únicamente de remisión completa.

2. Observación EA 16

M. M., de 36 años, es sacerdote. Viene a verme en octubre de 1993 por una EA que sufre desde hace 13 años.

No existe ningún antecedente familiar de EA. En cambio, tiene antecedentes relacionados con el intestino. En 1960, una peritonitis ocasiona la formación de múltiples adherencias, que le causan repetidas oclusiones intestinales. Entre 1960 y 1983 necesitó ocho intervenciones quirúrgicas para regular este problema. Por tanto, tuvo trastornos en el intestino delgado, y ya he explicado la importancia de este factor en el desarrollo de la EA.

El reumatismo empezó en 1980 con dolores en la planta de los pies. Rápidamente, el proceso inflamatorio afectó a numerosas articulaciones: sacroilíaca, raquis lumbar, dorsal y cervical, condrocostales y las articulaciones de los miembros superiores e inferiores. Dolores en los glúteos de tipo ciática y talalgias completaban el cuadro. El dolor tenía un carácter inflamatorio, que provocaba desvelos durante la segunda mitad de la noche y un desentumecimiento matinal prolongado.

La VS estaba muy acelerada, alrededor de 80/110. El hemograma era normal, y el HLA-B27 estaba presente. Los otros exámenes biológicos no revelaban anomalías. Las radiografías del raquis y de las articulaciones sacroilíacas sugerían una EA. El médico generalista efectuó el diagnóstico con celeridad.

La fenilbutazona, los AINE, la quinesiterapia y la gimnasia tuvieron efectos muy limitados. Los AINE causaron una úlcera gástrica perforada. El reumatismo evolucionó con brotes intercalados por remisiones incompletas. A lo largo de los años, los brotes fueron cada vez más largos y las remisiones más cortas. El estado general empeoró, y el paciente sufrió una pérdida de peso progresiva. El enfermo tenía cada vez más dificultades para ejercer sus funciones. A partir de 1991, sufrió un incremento del número de bronquitis invernales.

Cuando examiné al señor M. M., comprobé su delgadez: 46 kg para una estatura de 174 cm. El raquis estaba muy anquilosado, con cifosis, escoliosis y rigidez dorsolumbar. El tórax estaba también muy anquilosado, con una neta disminución de la capacidad respiratoria. Las articulaciones del codo izquierdo, del talón derecho y del pulgar derecho estaban deformadas. El sueño se interrumpía varias decenas de veces por la noche debido a fuertes dolores.

Las radiografías confirmaron las deformaciones del raquis y evidenciaron una osificación de los ligamentos vertebrales, erosiones vertebrales, pinzamientos discales y una artritis sacroilíaca bilateral en el estadio 2.

Se trataba de una EA antigua (13 años), muy severa, evolutiva, rebelde a los diversos tratamientos. Es lo que se llama una forma histórica, ya que estos casos tan graves son raros hoy en día. El paciente tomaba todos los días, sin grandes resultados, 20 mg de un AINE, tenoxicam.

Se inició el cambio nutricional que el enfermo siguió sin errores y sin excepciones. Este cambio ocasionó un rápido y espectacular resultado. Transcurrida una semana, los dolores articulares disminuyeron y desaparecieron al cabo de tres semanas. El paciente recuperó un sueño normal y su estado general se restableció. El AINE se suprimió. El enfermo retomó poco a poco sus actividades físicas e hizo frente a su trabajo. Gracias a la quinesiterapia y a la gimnasia, recuperó progresivamente parte de su flexibilidad raquídea y torácica.

Después de dos años de dieta, el señor M. M. se mantiene delgado, con el mismo peso, pero con buen estado de salud. Su intestino funciona perfectamente y no ha padecido ninguna bronquitis durante el invierno. La VS ha disminuido, pero todavía es elevada (55/88).

Comentarios

1) El régimen de exclusión es tan eficaz en las formas severas de EA como en las formas menores. En el caso del señor M. M., la acción favorable fue notablemente rápida y eficaz.

2) La anquilosis raquídea y torácica era muy elevada en este paciente. Actualmente practica una readaptación funcional bajo control médico. Conviene efectuar un examen clínico y radiológico después de algunos años de dieta para estimar hasta dónde puede llegar la recuperación, y para saber si algunas lesiones provocadas por la EA son reversibles.

G) CONCLUSIÓN

Los conocimientos actuales obtenidos en diversos ámbitos de la medicina y de la biología permiten construir una teoría plausible sobre la patogenia de la EA. Esta teoría me lleva a proponer un régimen alimenticio concreto como tratamiento de esta enfermedad (Seignalet, 1995a y 1995b).

Mientras que en la PR algunos facultativos intentaron un tratamiento nutricional, para la EA éste no se tuvo en cuenta, a excepción del intento de supresión de la leche animal por parte de Appelboom y Durez (1994).

Este trabajo es el primero donde una muestra de enfermos con EA ha sido tratada durante largo tiempo con un cambio nutricional. Un régimen rico en alimentos crudos, excluyendo cereales y productos lácteos, resultó notablemente beneficioso en el 96% de los enfermos tratados.

No todas las personas son capaces de seguir este régimen. Éste debe reservarse a aquellas que sean a la vez inteligentes y voluntariosas. En tales individuos, el régimen tiene que prescribirse desde el primer momento, dada su extraordinaria eficacia y su total benignidad. Debe prolongarse al menos durante un año y continuarlo toda la vida en caso de éxito. Los AINE ayudan a aliviar los dolores a la espera de que aparezcan los primeros efectos de la dieta. Sin embargo, estos medicamentos constituyen un arma de doble filo, ya que disminuyen la inflamación articular pero agreden la mucosa intestinal, y ya hemos visto la importancia de tener un intestino delgado en buen estado si queremos curar la EA.

Capítulo 11

OTRAS ENFERMEDADES AUTOINMUNES DE CARÁCTER REUMATOLÓGICO

Las investigaciones acerca del régimen alimenticio son una de las cuestiones más importantes y dignas de merecer toda nuestra atención.

HIPÓCRATES

Todo debe encaminarse en el buen sentido, pero el camino para llegar es resbaladizo y penoso. Por poco que nos desviemos, nos ahogamos de inmediato. La razón a menudo sólo tiene una senda.

BOILEAU, *El arte poético*

La teoría que he expuesto para la poliartritis reumatoidea y la espondilitis anquilosante puede explicar también, con algunas modificaciones adaptadas a cada estado, el mecanismo de otras enfermedades autoinmunes. La demostración podría hacerse en todos los casos. Sin embargo, para evitar repeticiones pesadas, sólo desarrollaré mis teorías patogénicas para algunas afecciones particularmente interesantes.

Incriminar a la alimentación moderna como un factor causal mayor, sea directo o indirecto, tiene como consecuencia práctica aconsejar un régimen de tipo original como tratamiento de diversos trastornos autoinmunes. Se ha probado la dietética en algunas enfermedades, y obtenido frecuentes éxitos, a los cuales haré referencia.

A) REUMATISMOS INFLAMATORIOS

La PR y la EA no son los únicos reumatismos inflamatorios.

Citaremos otras cinco variedades:

1. El reumatismo psoriásico (RP)

La enfermedad

El RP puede presentar dos formas: el RP axial (de la columna vertebral), que se parece a la EA, y el RP periférico, que se parece a la PR. Algunos matices clínicos ayudan a distinguir el RP de la EA y de la PR. La psoriasis cutánea precede generalmente a la afección articular, pero también puede sucederla.

El RP está asociado a algunos genes HLA: B27 y B38 en el RP axial; B38 en el RP periférico. La psoriasis cutánea está relacionada con otros genes HLA: Cw6, B13, B57, B37 y DR7.

Los resultados

De 25 RP en que se aplicó el cambio nutricional durante al menos un año, se registraron 10 éxitos completos, 8 mejorías de alrededor de un 75%, 6 mejorías de alrededor del 50% y 1 fracaso. Los resultados son menos polarizados que en la PR y en la EA. La psoriasis suele disminuir e incluso puede desaparecer. Pero no hay paralelismo obligatorio entre la evolución del reumatismo y la de la dermatosis. Una afección puede mejorar, mientras que la otra no se altera. Una explicación posible de esta disociación se explica en el capítulo sobre la patología de eliminación.

2. La polimialgia reumática (PPR)

La enfermedad

La PPR es un reumatismo inflamatorio que afecta a las personas mayores de 50 años y a dos mujeres por cada varón. El cuadro clínico se manifiesta con rapidez. Los dolores muy intensos atacan a las raíces de los miembros, tanto a las articulaciones (hombros, caderas) como a los músculos vecinos, ocasionando una limitación de los movimientos, un desentumecimiento matinal y una gran impotencia funcional. En cambio, las articulaciones periféricas están indemnes. Los signos generales asociados son aparentemente graves: fatiga intensa, pérdida del apetito, rápido adelgazamiento, fiebre alrededor de los 38°, palidez, tristeza, ansiedad.

Los exámenes sanguíneos revelan una velocidad de sedimentación muy acelerada, que sobrepasa los 100 mm en la primera hora. El resto de exploraciones son negativas: ausencia del factor reumatoide, ausencia de anticuerpos antinucleares, aspecto normal de los músculos respecto al electromiograma, biopsia y cantidad de enzimas.

A pesar de su aspecto severo, la PPR evoluciona favorablemente con la administración de medicamentos, sobre todo AINE, las sales de oro y a veces corticoides locales o generales. Sin embargo, hacen falta varios años para llegar a la curación.

La PPR está frecuentemente relacionada con la arteritis de la temporal o enfermedad de Horton. En la enfermedad de Horton, los dolores articulares y los signos generales están acompañados de dolores de cabeza muy fuertes y de una inflamación de la arteria temporal superficial, sinuosa y muy sensible a la palpación. El diagnóstico se confirma por la biopsia de la arteria, que muestra una inflamación de toda la pared del vaso con presencia de células gigantes. El mayor riesgo de la enfermedad de Horton es la ceguera, por afección de la arteria central de la retina. Se prescriben con urgencia corticoides por vía general.

La mayoría de los autores consideran que PPR y la enfermedad de Horton constituyen dos aspectos de la misma afección. En los dos casos, hay una relación con el gen HLA-DR4.

Los resultados

Trece personas afectadas de PPR sin enfermedad de Horton siguieron el régimen de exclusión, y la experiencia entre las dos observaciones más antiguas supera los 8 años. Al cabo de algunos meses, 6 enfermos se curaron; los otros 7, al cabo de unas semanas. Estos 7 últimos éxitos ofrecen un contraste sorprendente con la evolución habitual de la PPR, en la cual los brotes dolorosos no desaparecen hasta pasados algunos años.

Las dos primeras mujeres que acudieron a la consulta presentaban un cuadro particularmente agudo. Una llegó en silla de ruedas; la otra, llevada en brazos por su marido. Estas dos mujeres no podían ni levantarse ni asearse por sí mismas. No se atrevían ni a moverse por temor a despertar sus dolores, y su estado general estaba muy alterado.

El efecto beneficioso de la dieta se hizo notar muy rápidamente, en algunos días, y se completó en algunas semanas. Todos los signos clínicos desaparecieron de forma progresiva y la VS se normalizó. La paciente mantuvo el régimen y, seis años más tarde, no se ha observado ninguna recaída.

El cambio nutricional está indicado en la PPR. Es evidente que, a la menor sospecha de arteritis de células gigantes, hay que administrar conjuntamente dosis elevadas de corticoides para prevenir al máximo el riesgo de una ceguera.

3. La artritis reumatoidea juvenil (ARJ)

La enfermedad

El cuadro de la ARJ fue precisado recientemente por los criterios de Durban (Prieur y Job-Deslandre, 2000). Se trata de reumatismos inflamatorios que sobrevienen en menores de 16 años y que tienen una evolución de al menos tres meses. Se excluyen del cuadro de las ARJ la enfermedad de Behçet, el reumatismo articular agudo, las conectivitis, las vasculitis, la fiebre mediterránea familiar, la sarcoidosis, las artritis derivadas de afecciones hematológicas y las artritis de origen infeccioso.

Se consideran ARJ:

- La artritis sistémica o enfermedad de Still.
- La poliartritis con ausencia de factor reumatoide.
- La poliartritis con presencia de factor reumatoide (equivalente a la PR).
- La oligoartritis.
- La artritis psoriásica (equivalente al RP).
- La entesitis relacionada con una artritis (equivalente a la EA).

En este apartado sólo haré mención de las cuatro primeras variedades.

1) *La forma sistémica o enfermedad de Still*
El cuadro clínico comprende los siguientes síntomas: fiebre elevada, prolongada, que a veces supera los 40°; enrojecimiento cutáneo localizado y fugaz; alteración frecuente del estado general; dolores musculares y articulares y, más tardíamente, artritis. Otros signos son más inconstantes: bazo agrandado, ganglios hipertrofiados, pericarditis, pleuresía.

Los exámenes biológicos revelan una fuerte aceleración de la VS, anemia, aumento neto de los leucocitos debido al crecimiento del número de neutrófilos polinucleares, y un incremento de las plaquetas. No hay relación con el sistema HLA.

La evolución se prolonga durante varios años y es muy variable, con diferentes posibilidades:

- Curación total.
- Curación con secuelas articulares.
- Complicaciones graves, espontáneas o derivadas de la medicación.
- Reumatismo inflamatorio crónico.

2) *La poliartritis con ausencia de factor reumatoide*
Se define por la afección de al menos cinco articulaciones durante los tres primeros meses. El aspecto clínico recuerda a la PR del adulto, con algunas diferencias en la localización de las artritis. Se da un síndrome biológico inflamatorio parecido al de la PR.

Estas formas seronegativas son independientes del HLA. La evolución es variable, pero el pronóstico articular sigue siendo reservado.

3) *La poliartritis con presencia de factor reumatoide*
Mucho más rara que la anterior, se define por la afección de al menos cinco articulaciones en el transcurso de los tres primeros meses, pero con presencia de factor reumatoide. Estas formas seropositivas están

relacionadas con el HLA-DR4 y se consideran verdaderas PR con un principio infantil. El pronóstico articular es aún más reservado que en las formas seronegativas.

4) *La oligoartritis*
Se define por la afección máxima de cuatro articulaciones en el transcurso de los tres primeros meses. Afecta a tres chicas por cada chico. La artritis, no muy dolorosa, está localizada en una o varias grandes articulaciones. Generalmente, el pronóstico es bueno en cuanto a su reumatología.

En un tercio de los casos coexiste una afección ocular que constituye el mayor peligro. Se trata de una uveítis anterior crónica que puede ocasionar distintas complicaciones que derivan en ceguera.

Los análisis biológicos revelan los signos habituales de una inflamación. No hay presencia de factor reumatoide. En el 30% de los casos, se detectan anticuerpos antinucleares. Éstos están fuertemente relacionados con la inflamación de la cámara anterior del ojo. Las ARJ oligoarticulares están ligadas al HLA-DR5 y al HLA-DR8.

Los resultados

1) *La forma sistémica*
De los casos de enfermedad de Still que he tratado, cinco correspondían a adultos y dos a niños:

- En los adultos, hubo cuatro éxitos rápidos y claros y un fracaso. En este último paciente, el cuadro era bastante atípico y no estoy seguro de que se tratase de la enfermedad de Still o de otro reumatismo inflamatorio.
- En los niños se obtuvo una curación y una mejoría del 70%.

Explicaré un resultado positivo en un adulto.

Observación RHU 1
La señora S. no tiene ningún antecedente patológico, salvo anginas recurrentes. A los 24 años de edad, y después de muchas situaciones estresantes, se quejaba de fatiga, mialgias y artralgias. Tres semanas más tarde, la sintomatología se agravó:

- Artritis de la rodilla izquierda.
- Dolores en el tobillo izquierdo y el hombro derecho.
- Fiebre que oscilaba entre los 38 °C y los 40 °C.

- Leucocitosis (17.600 glóbulos blancos/mmc) con polinucleosis (76% de neutrófilos polinucleares).
- La VS claramente acelerada a 50/65.

Los hemocultivos eran negativos. Dos anginas poco antes de los episodios articulares y el descubrimiento de un número de anticuerpos antiestreptococos bastante elevado (antiestreptolisinas a 400 unidades, después a 600 unidades), condujeron a un primer diagnóstico de reumatismo articular agudo. Se administraron corticoides que hicieron remitir la sintomatología.

Pero rápidamente sobrevinieron nuevos brotes, con fiebre, artritis y artralgias. Las principales articulaciones afectadas fueron las muñecas, las rodillas, los codos y las mandíbulas. Los dolores eran intensos, tanto diurnos como nocturnos. El desentumecimiento matinal duraba tres horas. La VS estaba acelerada. Un reumatólogo de gran prestigio rechazó el diagnóstico de reumatismo articular agudo y dictaminó una enfermedad de Still del adulto. De hecho, aparte de la erupción cutánea, todos los signos estaban presentes.

Los tratamientos sucesivos consistieron en corticoides generales, corticoides intraarticulares, AINE, metotrexato y sinoviortesis (destrucción de la membrana sinovial) en la rodilla derecha. Sólo tuvieron una eficacia parcial. Cuando la señora S. acudió a mi consulta, al cabo de cuatro años, la enfermedad todavía era evolutiva. Observé artritis de la muñeca derecha y de las rodillas. El índice de Huskisson era de 6; el de Lee, de 9, y el de Ritchie, de 5.

Le prescribí el régimen de tipo ancestral y la paciente lo siguió correctamente, con algunas excepciones respecto al pan y un exceso de alimentos cocidos. No se observó ningún brote de Still posterior. Los signos clínicos remitieron progresivamente. La fiebre y la astenia desaparecieron. El estado general pasó a ser excelente. No había ninguna articulación inflamada. No se produjo dolor nocturno ni desentumecimiento matinal. Sólo persistían discretas artralgias de las rodillas después de largas caminatas. Desgraciadamente, la enferma no comprobó su VS. Se suprimieron los corticoides y el único medicamento que se le administró fue un AINE, ketoprofeno, con una posología de 300 mg al día.

En un periodo de 4 años, se puede considerar que la dieta mejoró un 95% esta enfermedad de Still del adulto.

2) *La poliartritis con ausencia de factor reumatoide*

Sólo he curado a un paciente en este grupo. Lo considero un revés a mi método, pero con algunos matices.

Observación ARJ 2

El caso de la señorita P. es muy interesante. Esta joven tenía vocación de bailarina clásica. A los 14 años, en 1992, se presentaba al examen de ingreso en el conservatorio, lo que le producía mucha angustia. Ocho días después de ese estrés se le declara artritis en las dos rodillas. Una semana más tarde padeció una fiebre de 40 °C que duró ocho días. Inmediatamente después, las artritis se generalizaron y afectaron a todas las articulaciones de los miembros y al raquis cervical. No se revela ningún episodio infeccioso intestinal o urinario ni ninguna afección ocular, ningún signo de psoriasis.

Los exámenes biológicos aportaron varios datos. La VS estaba muy acelerada, de 70/109; la proteína C reactiva era muy elevada, a 82; el hemograma manifestaba una marcada anemia con una tasa de hemoglobina disminuida a 8,5 g y un descenso brusco del hierro sérico. No había presencia de factor reumatoide, ni anticuerpos antinucleares. El test de HLA no detectó ninguno de los genes B27, B38, DR4, DR1, DR10, DR14, DR5, DR8.

Esta ARJ poliarticular severa, análoga a una PR juvenil, se trató en vano con metotrexato. Únicamente los corticoides llegaron a atenuar los dolores y resultó imposible disminuir las dosis de prednisona por debajo de los 12 mg al día.

La señorita P. vino a mi consulta, dos años después del comienzo de la ARJ. Había adelgazado 10 kg y pesaba 35 kg para una estatura de 161 cm. Se sentía cansada, sin apetito y muy desmoralizada, ya que temía no poder practicar ballet. Durante los brotes más intensos, tenía que desplazarse en silla de ruedas. Los dolores nocturnos interrumpían el sueño. El desentumecimiento matinal se prolongaba hasta 4 horas. El perímetro de marcha máximo era de 15 minutos.

Le prescribí la dieta hipotóxica, junto con 12 mg de prednisona al día. Al principio pareció que el régimen fue un éxito. Se logró una mejoría de un 80% en cuanto a la clínica. La VS disminuyó a 14/34. Pero resultaba imposible disminuir la prednisona. Seis meses más tarde sobrevino un nuevo brote, probablemente provocado por el estrés (enfermedad grave de un miembro de la familia y muerte de dos animales familiares).

El reumatismo inflamatorio seguía evolucionando, con brotes netos separados por remisiones incompletas. La ARJ parecía tan insensible al régimen ancestral como a los medicamentos, especialmente al metotrexato y los corticoides.

Una característica del caso de esta joven era la existencia de problemas psíquicos importantes:

- Decepción por no poder practicar la danza clásica.
- Muy pocos contactos con adolescentes de su edad, ya que su invalidez requirió una escolarización en su propio domicilio.
- Grandes dificultades de comunicación con sus padres, que, sin embargo, eran muy comprensivos y afectuosos con su hija.
- Desarrollo progresivo de una obsesión con el régimen de tipo original, que derivó en una anorexia y que obligó a interrumpir la dieta en julio de 1995.

En 1996, después de cuatro años de estancamiento, los padres, inquietos por el estado psicológico de su hija, decidieron cambiar su entorno. La separan del medio familiar para que empiece los estudios en la universidad y una forma de vida independiente. Después de algunos meses difíciles, su equilibrio psíquico se restableció. Su delgadez se moderó y aumentó 9 kilos de peso. Las manifestaciones articulares se disiparon progresivamente, y se limitaron a algunas rigideces. Recuperó una actividad física casi normal.

Comentarios

Es cierto que los factores estresantes a menudo desencadenan brotes en las enfermedades autoinmunes, pero su importancia es generalmente menor. Sin embargo, en un pequeño porcentaje de personas, el aspecto psíquico es preponderante.

Aunque no se conocen todos los mecanismos por lo cuales el cerebro puede influir en la respuesta inmunitaria, creo que uno de los principales es la estimulación de algunos neuropéptidos de las células que producen interferón gamma, en particular los linfocitos TH1. El interferón gamma tiene tres efectos peligrosos:

- Se fija en los receptores de membrana al polo basal de los enterocitos e induce una separación entre los enterocitos, permitiendo un paso mayor de péptidos causantes de la ARJ.
- Produce una expresión aberrante de las moléculas HLA de clase II en las células articulares, con formación de pares HLA clase II + péptido que estimulan a los linfocitos T auxiliares.
- Activa directamente estos linfocitos T.

Sin embargo, no podemos hablar de enfermedad psicosomática, ya que el psiquismo no es la única causa, pues también el péptido antigénico tiene un papel en esta patología.

3) *La poliartritis con presencia de factor reumatoide*
Mi experiencia se limita a tres enfermos. El primero no obtuvo ningún resultado. Los otros dos no se curaron con el cambio nutricional, pero lograron una neta mejoría. Resumo aquí una de mis observaciones positivas.

Observación ARJ 1
La joven N. tenía 8 años cuando la vi por primera vez. A los 13 meses de edad desarrolló un reumatismo inflamatorio. Después de una caída, se manifestó una artritis en la muñeca derecha. En el transcurso de los meses siguientes, las artritis típicas afectaron a los pies, los tobillos, las rodillas, la cadera izquierda, las manos, las muñecas, los codos, el hombro derecho y el raquis cervical. Los dolores, bastante intensos, se hacían sentir tanto durante el día como durante la noche. El desentumecimiento matinal duraba 15 minutos. La ausencia de fiebre, signos oculares, manifestaciones extraarticulares y psoriasis, orientaban hacia un diagnóstico de ARJ poliarticular.

Los exámenes complementarios confirmaron esta sospecha. La VS estaba acelerada a 35/70 y la proteína C reactiva, elevada a 36. El hemograma revelaba una anemia moderada con disminución de la tasa de hemoglobina y un aumento del número de plaquetas (550.000/mmc). El factor reumatoide estaba presente, así como el antígeno HLA-B27.

Dos excelentes reumatólogos, uno en Montpellier y otro en Toulouse, estuvieron de acuerdo al diagnosticar una ARJ poliarticular, y también una verdadera PR juvenil.

Se probaron numerosos medicamentos: sales de oro, corticoides, hidroxicloroquina (antimalárica de síntesis), diclofenaco (AINE), que aliviaron parcialmente los dolores sin impedir una evolución cada vez más invalidante.

El examen clínico reveló a una niña en un estado lastimoso. Estaba muy delgada: 17 kg para 120 cm de altura. Una pronunciada anquilosis de los codos y de las rodillas invalidaba la mayoría de los movimientos. Caminaba con esfuerzo a pequeños pasos. Las manos y las muñecas estaban deformadas; la fuerza de las manos, muy disminuida. El índice de Lee era de 21; el Ritchie, de 10.

Se trataba de una ARJ poliarticular, análoga a una PR juvenil severa, deformante e invalidante.

La paciente siguió bastante bien el régimen original, con algunas excepciones respecto al pan y un consumo notable de alimentos cocidos. La medicación se mantuvo: 100 mg de hidroxicloroquina al día y 25 mg de diclofenaco al día. El cambio nutricional produjo efectos favorables de forma progresiva. En un periodo de 15 meses se consiguió una remisión clínica casi completa:

- El estado general era mucho mejor, con aumento de talla y un peso siempre inferior a los 18 kilos.
- Los brotes de artritis desaparecieron.
- El sueño se normalizó por la ausencia de dolores nocturnos.
- La fuerza de las manos aumentó notablemente.
- Caminar resultaba mucho más fácil y la niña podía correr durante los recreos.
- Algunos de los dolores que persistían, causados por la humedad, eran de origen mecánico y consecuencia de las destrucciones y deformaciones osteoarticulares.

Los indicadores biológicos seguían alterados, con una VS de 25/60, una CRP (proteína C reactiva) de 34 y 53.000 plaquetas. La quinesiterapia y la gimnasia aportaron nuevos progresos.

4) *La oligoartritis*
Mi experiencia se limita a un caso, que supuso un revés para mi método.

G., de 11 años, sufría desde hacía dos un reumatismo inflamatorio. Varios brotes de artritis afectaron a las rodillas. El dolor, el enrojecimiento, el calor, la inflamación y la impotencia funcional eran moderados. No se detectaba iritis (inflamación ocular). La VS estaba levemente acelerada a 30/60. La leucocitosis sanguínea era discreta. Se detectaron anticuerpos antinodulares en una proporción de 1/160, que no era muy alta. Estos anticuerpos daban un aspecto moteado a los núcleos con la técnica de inmunofluorescencia. El grupo HLA identificó DR1 y DR15. Los brotes estaban separados por remisiones clínicas y biológicas completas.

Esta ARJ pauciarticular se trató con el régimen de exclusión durante su tercer brote. Los padres del niño, inteligentes y organizados, consideraron que la dieta se siguió correctamente durante cinco meses. Después de ese plazo no había dado resultado. Las causas de fracaso pudieron ser las que se describen en el capítulo 28. Además, el enfermo tenía un déficit en IgA. ¿Favoreció eso el mantenimiento de una bacteria peligrosa en la flora intestinal?

Otras reflexiones sobre las ARJ
He recurrido a la literatura médica para saber si algunos autores tenían concepciones parecidas a las mías sobre el mecanismo y el tratamiento

de las ARJ. Sólo he encontrado dos artículos orientados en esta dirección:

• Sieper y col. (1992) sospechan de la responsabilidad de algunas bacterias, principalmente *Chlamydia trachomatis* y *Yersinia enterocolitica*, en las ARJ oligoarticulares.

• Henderson y Lovell (1991) aportan una observación de ARJ que remitió con la supresión de la leche de vaca, cuya reintroducción produjo una recidiva.

• El tratamiento de las ARJ con un régimen alimenticio constituye una nueva vía muy prometedora.

4. El reumatismo palindrómico

Esta rara enfermedad afecta al adulto joven. Se caracteriza por artritis severas y breves, que no duran más de tres días y que afectan a una o varias articulaciones. El reumatismo reincide a intervalos regulares de algunos días a algunas semanas, en las mismas articulaciones o en otras.

De cuatro casos, tres mejoraron rápida y completamente con el régimen de exclusión, mientras que el cuarto resultó resistente a éste.

5. Los reumatismos inflamatorios no clasificados

Una proporción no desdeñable de reumatismos inflamatorios no corresponde a ninguna enfermedad clásica. A veces tienen una evolución a largo plazo hacia una PR, una EA o un RP. Algunas veces son inclasificables.

Ocho pacientes pertenecientes a esta categoría practicaron mi método nutricional, y sus consecuencias fueron seis éxitos rotundos y dos mejorías de alrededor del 50%.

B) SÍNDROME DE GOUGEROT-SJÖGREN

1. Presentación de la enfermedad

El síndrome de Gougerot-Sjögren (GS), llamado también síndrome seco, es una afección autoinmune bastante extendida, que afecta a un individuo de cada cien, de los cuales el 90% son mujeres.

Los dos signos más importantes del GS son la xeroftalmia y la xerostomía:

• La xeroftalmia (sequedad de los ojos) se traduce por quemazones oculares, una impresión de cuerpos extraños, párpados pegados al despertarse y conjuntivitis recidivantes. Se debe a una disminución de la secreción lagrimal que se manifiesta con el test de Schirmer, que consiste en medir la cantidad de lágrimas recogidas al cabo de cinco minutos sobre un papel secante de dimensiones precisas.

- La xerostomía (sequedad de la boca) se debe a una disminución de la secreción salivar.

La biopsia de una glándula salivar accesoria confirma el diagnóstico, y revela un infiltrado celular que incluye una minoría de macrófagos y una mayoría de linfocitos, unos de tipo T, principalmente con TA, los otros de tipo B con numerosos plasmocitos. El epitelio glandular que segrega la saliva es destruido en parte o en su totalidad por un proceso de fibrosis.

A veces, la sequedad se extiende a la mucosa nasal, a los bronquios, a la mucosa vaginal y a la piel.

Puede haber manifestaciones extraglandulares:

- Articulares en el 75% de los casos, a menudo poliartralgias y raramente una poliartritis.
- Pleuropulmonares.
- Renales.
- Vasculares.
- Neurológicas.

Las principales anomalías biológicas son la aceleración de la VS, la presencia en el 90% de los casos del factor reumatoide y la presencia inconstante, pero muy fehaciente, de un GS, de anticuerpos dirigidos contra antígenos nucleares solubles SS-A y SS-B.

Se distingue el GS primario, aislado, que corresponde al 40% de los casos, y el GS secundario, asociado a otra enfermedad, frecuentemente a una PR, a veces a un lupus eritematoso diseminado o a una esclerodermia, y con menos frecuencia a otros estados autoinmunes y que suponen el 60% de los casos. La forma primitiva está ligada al HLA-DR3, la forma secundaria acompañada de una PR está relacionada con el HLA-DR4.

El tratamiento del GS es principalmente sintomático: beber con frecuencia, usar lágrimas artificiales y obstrucción de los canales lacrimosos para impedir el derrame de lágrimas. A veces se emplean corticoides e inmunosupresores. Estas medidas son poco eficaces y no impiden ni la cronicidad ni el deterioro progresivo. Además, el GS favorece la aparición de proliferaciones linfoides malignas que son de 40 a 50 veces más frecuentes que en las personas que no padecen la enfermedad.

2. Una teoría sobre el mecanismo del GS

Propongo el siguiente mecanismo para el GS:

1) Hiperpermeabilidad intestinal provocada por algunos alimentos y/o algunas bacterias.

2) Paso de péptidos bacterianos y/o alimentarios que se acumulan en las células epiteliales de las glándulas lacrimales y salivares.

3) Como consecuencia de una secreción excesiva de interferón gamma, se da una expresión aberrante de moléculas HLA-DR en las células glandulares. Lindahl y col. (1985) observaron estos dos fenómenos.

4) La presentación de los pares péptido + HLA-DR a los linfocitos T auxiliares desencadena una respuesta inmune que destruye las células glandulares.

5) Una respuesta inflamatoria secundaria da lugar a una fibrosis progresiva que completa la destrucción de estructuras secretoras.

Una alternativa a esta teoría es que la inmunización provocada por el péptido exógeno ataque por reacción cruzada a un péptido endógeno expresado en las células de las glándulas exocrinas. En cualquier caso, el peligro proviene del intestino y es lógico modificar la manera de alimentarse de los enfermos.

3. Resultados

Los GS que he tratado se dividían en 40 GS secundarios, casi siempre asociados a una PR, y 25 GS primarios.

Los 40 GS secundarios incluían 14 casos moderados, 13 de intensidad media y 13 severos. Los resultados globales del régimen fueron los siguientes: 13 fracasos, 13 mejorías y 14 éxitos rotundos.

Entre los 25 GS primarios había 6 casos moderados, 14 casos de intensidad media y 5 casos severos. El cambio nutricional obtuvo 7 grandes mejorías (entre el 75 y el 100%) y 15 mejorías parciales (entre el 50 y el 75%), pero se produjeron 3 fracasos.

De hecho, la eficacia de la dietética depende en gran parte de la gravedad del GS. Al comparar las formas moderadas, las de intensidad media y las severas, se observa que los éxitos son más frecuentes en las primeras que en las segundas, y en las segundas que en las terceras.

El porcentaje de enfermos que responde al régimen es el mismo en las tres categorías de GS, pero el beneficio es diferente. En las formas moderadas, bien porque la enfermedad es reciente, bien porque evoluciona lentamente, la remisión de las respuestas inmunitarias e inflamatorias permite recuperar todas las zonas de las glándulas lacrimales y salivares que aún no han sido destruidas. Las células glandulares indemnes, que no sufren nuevas agresiones, segregan suficientes lágrimas y saliva para atenuar el síndrome seco.

En las formas severas, bien porque la afección es más antigua, bien porque se han quemado las etapas, las glándulas son casi o completamente fibrosas. La supresión del proceso autoinmune llega demasiado tarde y el síndrome seco es definitivo. En el GS, es muy importante probar el régimen de tipo original cuanto antes.

C) LUPUS ERITEMATOSO DISEMINADO

1. Presentación de la enfermedad

El lupus eritematoso diseminado (LED) es relativamente raro. Afecta a alrededor de 1 individuo de cada 2.000, y tiene una neta predominancia femenina. Suele aparecer en el adulto joven. Está relacionado con los genes HLA-DR3 y HLA-DR2.

Los signos clínicos son, para la mayoría, inconstantes y muy polimorfos. Según Meyer (1994), los principales síntomas y su frecuencia son:

- Signos generales (100%): fatiga, falta de apetito, adelgazamiento, fiebre.
- Afección articular (90%): dolores articulares y musculares, poliartritis sin erosiones óseas en las radiografías, a diferencia de la PR.
- Manifestaciones cutáneas (71%): erupción local en la cara en forma de alas de mariposa (56%), sensibilidad a la luz solar, lupus discoide.
- Afección renal (50%): glomerulonefritis, de intensidad variable, que abarca desde la proteinuria y la hematuria microscópica hasta la insuficiencia renal crónica.
- Afección neurológica (40%): convulsiones, problemas psíquicos o algún otro síntoma neurológico.
- Problemas cardiovasculares: hipertensión arterial, pericarditis (30%), miocarditis, endocarditis, arteritis.
- Infecciones, favorecidas por la disminución de leucocitos sanguíneos.
- Anemia hemolítica, debida a la destrucción exagerada de glóbulos rojos por parte de los autoanticuerpos.
- Púrpura (hemorragias del tejido subcutáneo), debida a la destrucción excesiva de plaquetas sanguíneas por parte de los anticuerpos.
- Pleuresía.

Los exámenes biológicos muestran una VS acelerada y, especialmente, una florescencia extraordinaria de autoanticuerpos:

• Anticuerpos antinucleares (99%), muy elevados en inmunofluorescencia.

• Anticuerpos anti-ADN nativo (95%), muy específicos de esta enfermedad. El ADN nativo es el ADN de doble hélice, mientras que el ADN desnaturalizado es de hélice simple.

• Anticuerpos antidesoxirribonucleoproteínas insolubles (80%).

• Anticuerpos antiantígenos nucleares solubles: Sm (30%), RNP (25%), SS-A (30%), SS-B (10%).

• Anticuerpos antieritrocitos.

• Anticuerpos antilinfocitos fríos.

• Anticuerpos antiplaquetas.

• Anticuerpos antiIgG (factor reumatoide) (40%).

• Anticuerpos antifosfolípidos (que favorecen las trombosis vasculares).

• Complejos inmunes circulantes a los cuales se fija el complemento, de aquí la disminución de los factores del complemento C3 y C4 durante los brotes de LED.

• Crioglobulinas (63%), anticuerpos que precipitan en frío, y que explican el síndrome de Raynaud, descrito más ampliamente en el capítulo sobre la esclerodermia.

La evolución del LED es muy variable según los individuos. Existen formas moderadas y severas. Los principales tratamientos son los corticoides y los inmunosupresores, los cuales han mejorado el pronóstico. La mortalidad ha pasado del 50% al 25% en 10 años. Las principales causas de muerte son las infecciones, la insuficiencia renal, la afección neurológica, la cardiaca y las reacciones secundarias a los medicamentos.

2. Reflexiones sobre el mecanismo del LED

El LED es una enfermedad polifactorial (Meyer, 1994). Su desarrollo requiere la acción conjunta de varios factores genéticos y medioambientales. Se observan varios puntos comunes con la PR:

• La relación con HLA-DR (DR3 y DR2).

• La neta predominancia femenina, con un efecto a menudo agravante, de un exceso de estrógenos (embarazo, tratamiento con estrógenos).

• La frecuencia de un estrés desencadenante.

• La intervención casi con total seguridad de factores ambientales, cuya identidad está por determinar: ¿bacterias?, ¿virus?, ¿alimentos?

Otros elementos que son característicos del LED:

- La frecuente relación con un déficit hereditario de algunos factores del sistema complemento: C2, C4, receptor de C3b y C4b.
- Un déficit de la función supresiva de los linfocitos T.

El fenómeno dominante en el LED parece ser la activación policlonal de los linfocitos B, causante de la producción de un verdadero ramillete de autoanticuerpos. Puesto que busco un agente causal de origen intestinal, antes que un péptido xenoantígeno que active una respuesta inmunitaria monoclonal, me inclino mucho más por una proteína superantígena que provoca una respuesta inmunitaria policlonal. (Las propiedades del superantígeno se han analizado en el capítulo 9.) Esto sugiere que el agente causal debe buscarse entre las bacterias intestinales, principales portadores de superantígenos.

El déficit en factores del complemento y de la función supresiva de los linfocitos T podría favorecer la amplificación de la respuesta inmunitaria policlonal. Entre los numerosos autoanticuerpos secretados, algunos resultan patógenos:

- Por ellos mismos: anticuerpos antieritrocitos, antilinfocitos y antiplaquetas, causantes, respectivamente, de la anemia hemolítica, de la linfopenia y de la púrpura por falta de plaquetas.
- Al formar con el antígeno diana complejos inmunes, que circulan por la sangre y se fijan en algunos tejidos: glomérulos renales, vasos, piel y sistema nervioso central. Esto explica las afecciones renal, vascular, cutánea y neurológica.

Mi teoría sobre la patogenia del LED se resume en la figura 34. La alimentación moderna, que se encuentra al principio de la cadena de los acontecimientos patológicos, parece ser el elemento que debe corregirse con prioridad.

3. Los resultados

Al menos 13 pacientes (12 mujeres y 1 varón) con LED siguieron el régimen de tipo original durante un año. Los medicamentos (corticoides y/o hidroxicloroquina) se siguieron administrando a 9 individuos, en dosis más bajas que antes del régimen, y se pudieron suprimir en los otros 4 individuos.

La dietética ha obtenido resultados beneficiosos en todas las personas tratadas. Estos beneficios se han traducido en éxitos evidentes en 9 casos, en los que hubo remisión clínica y clara atenuación de los signos

Figura 34. UNA TEORÍA SOBRE LA PATOGENIA DEL LUPUS ERITEMATOSO DISEMINADO

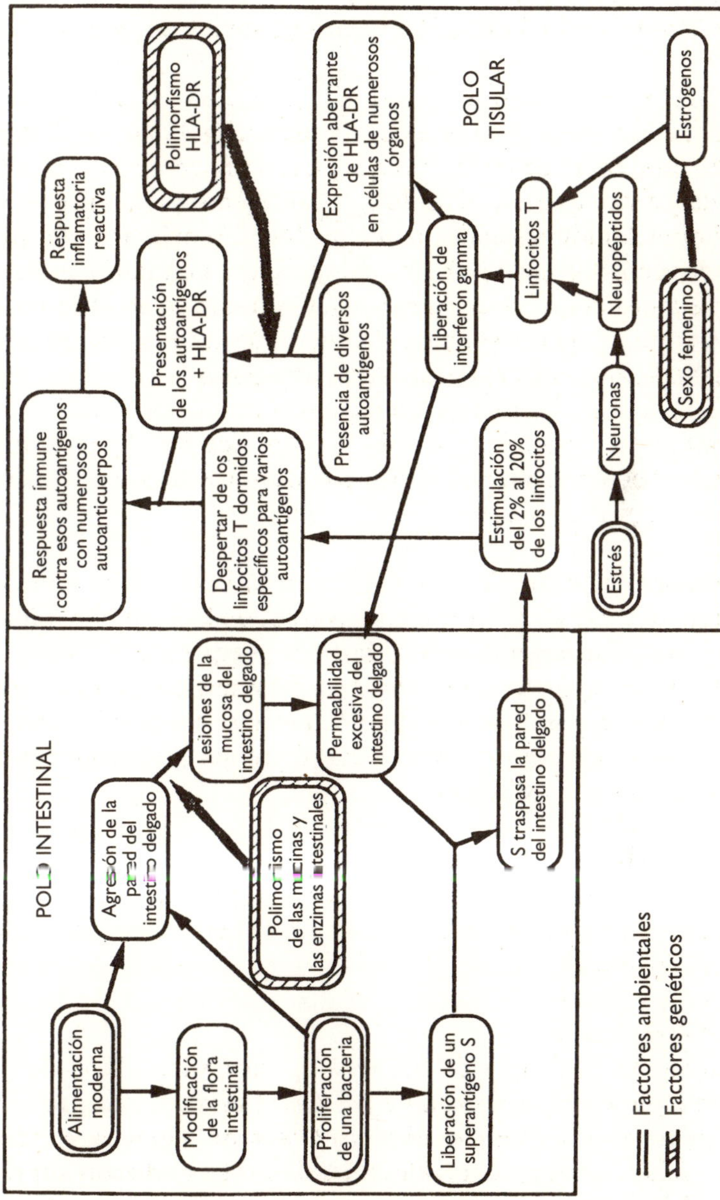

biológicos. En los otros 4, el cambio nutricional ha ejercido efectos favorables sobre el estado general, los dolores articulares y las manifestaciones cutáneas, pero algunos factores limitaron su impacto:

- Tres mujeres enfermas padecían una afección renal, con proteinuria y hematuria microscópica persistente. Tras dos embarazos, cuya acción nefasta sobre el LED es conocida, una de estas enfermas desarrolló una insuficiencia renal crónica que la obligó a recurrir a la hemodiálisis.
- Una cuarta mujer, que desgraciadamente no toleraba los corticoides, desarrolló después de siete meses de régimen un neurolupus, complicación cerebral ligada a la trombosis de pequeños vasos, relacionada a su vez con autoanticuerpos antifosfolípidos. Poco tiempo después, una infortunada caída provocaba un hematoma intracraneal. Más tarde, una infección nosocomial agravó la situación. La paciente superó lentamente estas múltiples complicaciones.

Entre los éxitos conseguidos, merece describirse un caso bastante llamativo.

Observación LED 1

La señora G. carecía de antecedentes personales importantes. Su hermano tenía un lupus cutáneo. El LED apareció a la edad de 33 años. Tras una situación de estrés (muerte del padre), se manifestaron fiebre, fatiga y adelgazamiento, acompañados de frecuentes indisposiciones. Algunos días más tarde, brotó una erupción roja en la piel de la cara, en forma de alas de mariposa. Este signo indicativo hizo sospechar un diagnóstico de LED, que se confirmó por la fuerte aceleración de la VS y la presencia de anticuerpos antinucleares y anti-ADN nativo en concentraciones elevadas. Los genes HLA-DR2 y HLA-DR3 estaban presentes.

El LED evolucionaba con brotes interrumpidos por remisiones incompletas. Al cabo de los años, el cuadro se agravó con la aparición de otros síntomas:

- Artritis dolorosa, aunque no deformante, que afectó a los dedos, las muñecas, los codos, los hombros, los tobillos y las rodillas.
- Sequedad bucal, nasal, cutánea y ocular, que obligó a la paciente a emplear lágrimas artificiales.
- Pericarditis con derrame de líquido recidivante.
- Afección renal, con una tasa de creatinina sanguínea elevada a 27 mg (normalmente es menor de 13 mg).

Se le administraron numerosos medicamentos: prednisolona, colchicina, indometacina, hidroxicloroquina, pero no pudieron impedir la evolución devastadora del LED. Además, los corticoides que se administraron a largo plazo causaron efectos secundarios: retención de líquidos, aumento de 12 kilos de peso, protuberancia en la nuca, atrofia muscular, fragilidad vascular, hemorragia gástrica que conllevó el desarrollo de una anemia por pérdida de hierro.

Cuando vi por primera vez a la señora G., padecía LED desde hacía 15 años y el balance de la enfermedad era inquietante, tanto por el cuadro clínico como por el biológico. El régimen hipotóxico invirtió la situación de manera espectacular. Tras sólo tres meses de dieta, se produjo:

- La desaparición de la erupción de la cara.
- La desaparición de las artritis.
- La clara mejoría del síndrome seco; la paciente no necesitó más las lágrimas artificiales.
- La desaparición de la pericarditis: la enferma no tuvo más dolores torácicos, ni ahogos. La imagen radiográfica del corazón era normal.
- La desaparición de la sobrecarga hídrica.
- Una pérdida de 10 kilos.
- Una disminución de la creatinemia a 13 mg.
- La normalización de la tasa de hierro sérico.
- La disminución de la VS a 12/26, y algunas semanas después a 6/14.
- La ausencia de anticuerpos antinucleares y anti-ADN nativo.

Su estado de salud sería perfecto ni no hubiera padecido una miocarditis, hasta entonces enmascarada por la pericarditis, y una osteoporosis, las dos debidas a la corticoterapia.

En cuanto al LED, había remitido por completo y se suprimió la medicación. Nueve meses después del comienzo del régimen, se descubrieron discretos signos de reanudación del LED. Una entrevista reveló que la señora G. no seguía el régimen estrictamente, pues tomaba un biscote en el desayuno. La supresión de ese producto cereal restauró la remisión completa, pero en esa ocasión la dieta no fue suficiente y fue preciso prescribirle hidroxicloroquina. Hace ya cuatro años que la señora G. sigue el régimen.

Comentarios

1) No importa cuáles sean la antigüedad o la severidad de una enfermedad autoinmune, siempre se puede esperar un desarrollo favorable con la dietética.

2) El cambio nutricional sólo es eficaz cuando se aplica sin errores y sin excepciones. Un simple biscote diario altera el resultado. El régimen debe seguirse durante toda la vida; en caso contrario, suele producirse una recaída. La remisión no significa la curación.

D) ESCLERODERMIA

1. Presentación de la enfermedad

Me limitaré a describir la esclerodermia sistémica (SD), enfermedad grave que pertenece al grupo de las conectivopatías (afección del tejido conjuntivo) o de las colagenosis (afectación del colágeno), y no la esclerodermia localizada, puramente dermatológica.

La SD es relativamente rara, afecta a alrededor de un individuo entre 4.000. Es más frecuente en mujeres y se manifiesta generalmente entre los 20 y los 50 años. Está relacionada de forma moderada con HLA-DR3 y HLA-DR5.

Los principales signos clínicos son los siguientes:

- Síndrome de Raynaud, que consiste en la aparición de trastornos circulatorios desencadenados por el frío, con palidez primero y posterior enrojecimiento de los dedos y a veces de los pulgares. Este fenómeno se debe a alteraciones de los capilares, que se manifiestan en una capilaroscopia.
- Signos cutáneos predominantes en las manos y en los pies, con edema, esclerosis de la dermis provocando un adelgazamiento y una pérdida de elasticidad de la piel, telangiectasias (dilataciones vasculares) y calcificaciones subcutáneas.
- Signos articulares, con poliartralgias o poliartritis.
- Signos musculares, con amiotrofia de las cinturas escapular y pelviana.
- Afección digestiva, principalmente del esófago, con disfagia (dificultad en el paso de los alimentos).
- Afección pulmonar, dominada por una fibrosis, que puede evolucionar progresivamente hacia una insuficiencia respiratoria.
- Afección cardiaca, con pericarditis o miocarditis.
- Afección renal, que puede evolucionar hacia una insuficiencia renal.
- Asociación frecuente a un GS o a otra enfermedad autoinmune.

En el aspecto biológico, la aceleración de la VS es inconstante. Los signos más evidentes son algunos anticuerpos antinucleares, bastante característicos de la SD:

- Anticuerpos antinucleolares.
- Anticuerpos anticentrómeros.
- Anticuerpos anti-Scl 70.

Es importante en la práctica diferenciar las SD difusas, de evolución rápida y extensiva y que provocan la muerte en 6 años en el 70% de los enfermos, y las SD limitadas, de evolución más lenta, con una mortalidad en 6 años del 20%.

Los medicamentos apenas tienen efecto sobre esta peligrosa conectivopatía. Los más utilizados son la D penicilamina, la colchicina y los vasodilatadores. Las causas principales de muerte son la insuficiencia renal y la respiratoria.

2. Reflexiones sobre el mecanismo de la SD

La SD se considera una enfermedad autoinmune de origen desconocido. Sin embargo, se conocen algunos datos, expuestos por Kahan y Menkes (1995):

1) La correlación moderada con HLA-DR3 y HLA-DR5.

2) Predominancia femenina, lo cual sugiere un papel favorecedor de los estrógenos.

3) La posibilidad de que el estrés sea el desencadenante inicial, lo cual sugiere una intervención del interferón gamma.

4) Lesiones de las células endoteliales de los vasos pequeños (arteriolas y capilares), que son constantes, importantes y precoces.

5) Una respuesta inmunitaria e inflamatoria anormal detectada por:

- Un infiltrado perivascular precoz, constituido por linfocitos T y B, plasmocitos y macrófagos.
- Concentración elevada de autoanticuerpos antinucleolares, anticentrómeros y anti-Scl 70.

6) Producción exagerada de colágeno de tipos I y III por algunos fibroblastos. Entre las diversas poblaciones de fibroblastos, las que sintetizan estas dos variedades de colágeno están selectivamente activadas. Esta activación está determinada por factores solubles, puesto que el sérum de los enfermos es capaz de estimular a los fibroblastos de los sujetos normales.

7) La acumulación del colágeno en la dermis, el tejido subcutáneo y las diferentes vísceras conduce a la fibrosis y a la esclerosis, lo cual explica la mayoría de las manifestaciones clínicas de la SD.

¿Son compatibles estos datos con una función causal de un péptido bacteriano o alimentario, de origen intestinal? A mi parecer sí, y propongo la siguiente teoría para la patogenia de la SD:

1) La acción nociva de la alimentación moderna induce la presencia en gran cantidad de un péptido peligroso en el intestino y una hiperpermeabilidad del intestino delgado.

2) Este péptido atraviesa la barrera intestinal y pasa a la circulación sanguínea.

3) El péptido se acumula en las células endoteliales vasculares.

4) Bajo la influencia de los estrógenos o del estrés, los linfocitos T liberan interferón gamma en las cercanías de las células endoteliales.

5) La expresión de las moléculas HLA-DR en estas células endoteliales aumenta, y transportan al péptido causal hasta los linfocitos TA.

6) Se desencadena una respuesta inmunitaria contra el péptido que produce lesiones en las células endoteliales, seguidas de una respuesta inflamatoria. La alteración de los vasos menores se traduce en un síndrome de Raynaud y un edema que suele preceder a la SD.

7) Durante la reacción inmunitaria o inflamatoria se libera un factor soluble que estimula selectivamente a algunos fibroblastos. Algunos autores han evocado la acción de las citocinas, como el IL-1 y el interferón gamma. En mi opinión, creo que la activación específica de algunos fibroblastos es debida a la presencia de un anticuerpo, pues existen anticuerpos estimulantes, como veremos en el capítulo sobre la enfermedad de Basedow. Un anticuerpo dirigido contra un antígeno bacteriano o alimentario podría fijarse al receptor membranario de algunos fibroblastos, siempre que ese receptor presentase homologías estructurales con el antígeno externo. La ocupación del receptor desencadenaría una señal que activaría el fibroblasto.

8) Producción excesiva de colágeno I y III por los fibroblastos, que se acumula en la piel y las vísceras.

9) Fibrosis y esclerosis de los tejidos, que llegan a producir los síntomas cutáneos y viscerales de la SD.

Esta teoría se ilustra en la figura 35. Sólo se representan las etapas 6, 8 y 9, pero las restantes parecen lógicas, pues es evidente que las afecciones autoinmunes deben tener puntos comunes. Los estados 1, 2, 3, 4, 5 y 7 se describen en el esquema de la teoría sobre la PR y en la ilustración de la teoría de la enfermedad de Basedow.

Figura 35. UNA TEORÍA SOBRE LA PATOGENIA DE LA ESCLERODERMIA

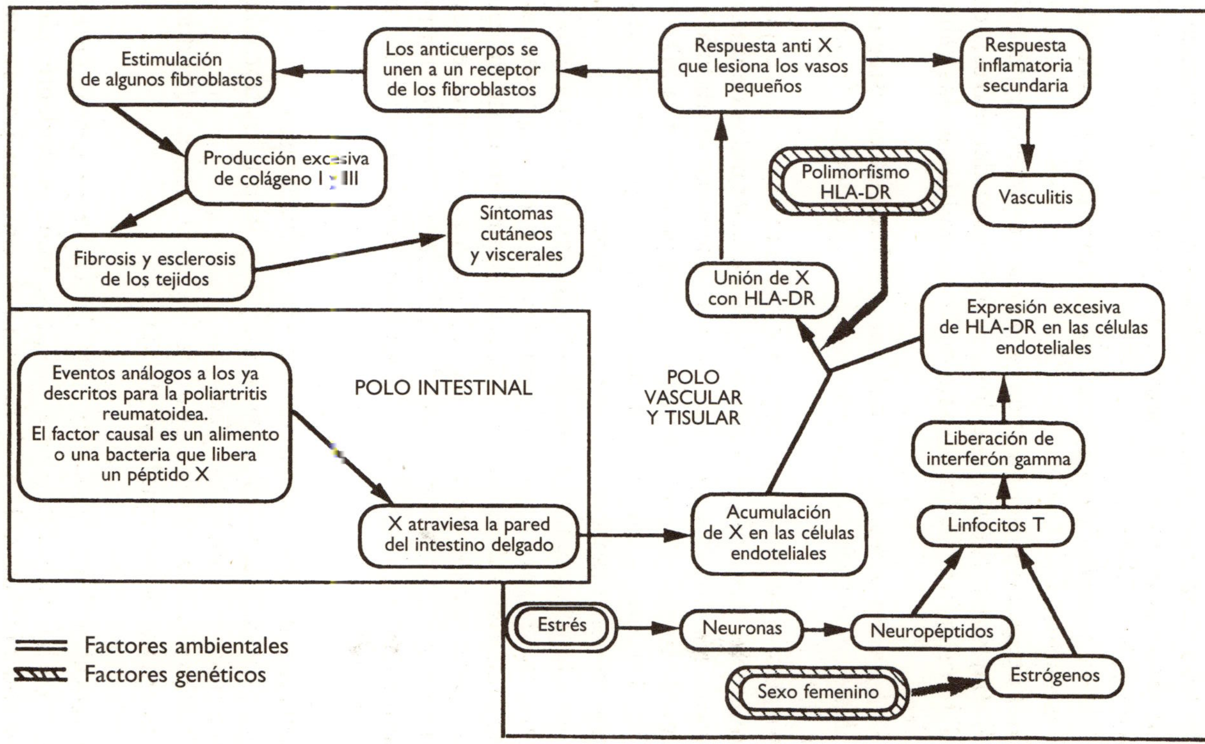

3. Los resultados

Prescribí el régimen de exclusión para 10 SD, de las cuales 8 eran de tipo limitado y 2 de tipo difuso, una con una afección digestiva predominante en el esófago y otra con una pericarditis y una fibrosis pulmonar parcial. El paciente más antiguo siguió la dieta durante 8 años y el más reciente durante 12 meses.

La enfermedad de Raynaud y las telangiectasias no se alteraron, lo que indica que las lesiones de los vasos pequeños de los dedos son definitivas. La esclerodactilia sólo mejora parcialmente. Sin embargo, el cambio nutricional fue eficaz en los dolores articulares y en las afecciones viscerales, con desaparición de la disfagia, clara disminución del derrame pericárdico y bloqueo de la fibrosis pulmonar, que deja de extenderse.

En resumen, el régimen puede hacer que la SD remita, pero no puede corregir algunas alteraciones vasculares definitivas.

E) OTRAS CONECTIVOPATÍAS

El régimen hipotóxico se intentó con suerte diversa en otras 13 conectivopatías. Los resultados obtenidos se representan en la tabla XIV. He seleccionado dos de estas observaciones.

Observación CONN. 4

L., de 4 años, llegó a mi consulta en agosto de 1994 con una dermatomiositis (DM) de 2 años de evolución. El difícil diagnóstico se dictaminó al cabo de seis meses, como resultado de la tabla siguiente:

Tabla XIV
RESULTADOS DEL RÉGIMEN ANCESTRAL EN DIVERSAS CONECTIVOPATÍAS

Enfermedades	Éxitos	Mejorías claras	Mejorías del 50%	Fracasos
Pseudo-LED*	1			1
Lupus cutáneo	1		2	2
Conectivopatía mixta		2		1
Dermatomiositis		1		
Polimiositis			1	
Fascitis de Shulman		1		

* Afección parecida al LED pero en la cual la ausencia de algunos criterios, en particular los anticuerpos anti-ADN nativo, impide dictaminar el diagnóstico de LED.

- Eritema liliáceo (de color violeta) en los párpados y las articulaciones de los dedos.
- Dolores musculares espontáneos y al aplicar presión, difusos aunque predominantes en las cinturas escapular y pelviana.
- Rigidez muscular.
- Alteración del estado general, con una marcada fatiga.
- Acceso de fiebre de 39 °C.
- Síndrome de Raynaud leve, con anomalías típicas de capilaroscopia.
- Ulceraciones profundas en la cara interna de los brazos.
- VS moderadamente acelerada a 15/30.
- Leucocitosis moderada con 14.100 glóbulos blancos/mmc.
- Aumento de la concentración de enzimas musculares circulantes: la aldolasa se ha doblado y la creatinina fosfocinasa (CPK) se ha triplicado.
- Anomalías en el electromiograma.
- Lesiones características de los músculos reveladas por el examen histológico de una biopsia.

Se le administró un tratamiento de corticoides, en dosis elevadas y, después, en dosis lentamente regresivas. Se produjo una remisión pero, en cuanto la posología llegaba a un umbral determinado, el enfermo reincidía.

Le prescribí el régimen de tipo original y al cabo de unas semanas se reinstauraron los signos clínicos y biológicos, volvieron a la normalidad. Los corticoides, progresivamente disminuidos, pudieron suprimirse al cabo de diez meses. Dos años después de la supresión de los corticoides, se mantuvo la remisión. No se observó ninguna manifestación cutánea o muscular. La concentración de enzimas musculares era normal. El niño creció y engordó con normalidad.

Sin embargo, sobrevino una complicación, que me preocupa desde hace dos años: la formación de calcificaciones en las partes blandas. Las primeras aparecieron debido a una fractura de fémur y una fractura de húmero y se desarrollaron en las regiones traumatizadas. A continuación aparecieron otras calcificaciones en otras zonas, que, por su importancia, eran molestas para el joven paciente. Actualmente, de forma espontánea o por el efecto de un medicamento, el etidronato, las calcificaciones, aunque persisten, se han vuelto menos invalidantes. Se desconoce el mecanismo preciso de este fenómeno.

Comentarios

1) La dermatomiositis es una enfermedad grave, con frecuencia mortal. Considero este caso como un éxito excelente del régimen ancestral.

2) La acción beneficiosa del cambio nutricional se demuestra por la respuesta del enfermo a los corticoides. Mientras comía «como todo el mundo», fue imposible que dejara la medicación sin que recidivara. Cuando adoptó el régimen hipotóxico, se pudieron suprimir los corticoides sin problemas.

Observación CONN. 10

M. B., de 66 años, no tenía ningún antecedente patológico importante. Deportista, jugaba al tenis con frecuencia. Ocho días después de una competición aparecieron:

- Una infiltración de la piel y de los músculos, con dolor leve, inflamaciones y endurecimiento en la pantorrilla, tobillo y brazo derechos.
- Capas cutáneas por encima de la rodilla derecha, en la pelvis y alrededor de la cintura.
- Una cicatrización difícil en los dedos, pero sin esclerodactilia.
- Una alteración moderada del estado general con fatiga, falta de apetito y una pérdida de 8 kilos de peso.

Los exámenes sanguíneos evidenciaron una VS netamente acelerada a 60, una CRP muy elevada, de 171, y un fuerte aumento de la tasa de eosinófilos, que representan el 40% de los leucocitos.

Un médico excelente de Montpellier sospechó que se trataba de una fascitis de Shulman o fascitis con eosinofilia. Esta enfermedad se parece a una esclerodermia aguda y estaría provocada por complejos inmunes circulantes. Efectivamente, la biopsia de un tejido afectado confirmó este diagnóstico.

Dado que el paciente no tolera la hidroxicloroquina, se le trata con corticoides, con una posología inicial de 80 mg al día que se fue disminuyendo poco a poco. Cuando M. B. acudió a mi consulta, un año más tarde, en abril de 1996, había mejorado clínicamente un 80% y aún tomaba 15 mg de corticoides.

El paciente mantuvo la dieta de tipo ancestral. Recuperó progresivamente la flexibilidad cutánea y muscular, y las placas se hicieron casi invisibles. Se disminuyeron progresivamente las dosis de corticoides y se suprimieron al cabo de 10 meses. La VS era igual a 7 y la CRP, a 7. Persistía aún un 11% de eosinófilos.

Comentarios

1) Si bien es evidente que este enfermo mejoró claramente con la corticoterapia, se puede considerar que la dieta fue igualmente útil. Los síntomas remitieron y se pudo suprimir el tratamiento hormonal, peligroso a largo plazo.

2) La remisión no fue total, ya que subsistió una hipereosinofilia, lo que indica que la patología estaba siempre presente, aunque una nutrición correcta permite detener el proceso.

Capítulo 12

ENFERMEDADES AUTOINMUNES TIROIDEAS

No estamos adaptados genéticamente a los alimentos introducidos en nuestra alimentación a lo largo de los últimos 10.000 años.

Doctor MICHAËL ROSENBAUM

A) ENFERMEDAD DE BASEDOW

1. Presentación de la enfermedad

Datos etiológicos

La enfermedad de Basedow está bastante extendida, su frecuencia en la población francesa es de cerca de un 1%. Afecta a cuatro mujeres por cada varón y principalmente a los adultos jóvenes. Presenta una correlación moderada con el HLA-DR3. Se desconoce su origen y está considerada una enfermedad autoinmune.

Signos clínicos

Desencadenada frecuentemente por un estrés (Kung, 1993), a veces por una virosis, la enfermedad de Basedow puede detectarse con facilidad por su sintomatología clínica, que incluye signos de tirotoxicosis y oculares:

1) *Signos de tirotoxicosis*

Son la consecuencia de la producción excesiva de hormonas tiroideas (hipertiroidismo):

- Taquicardia (aceleración del ritmo cardiaco).
- Adelgazamiento, que contrasta con un apetito normal.
- Termofobia (impresión de tener mucho calor).
- Polidipsia (necesidad exagerada de beber).
- Disminución de la fuerza muscular.
- Temblor.
- Nerviosismo y a veces problemas de carácter.
- Bocio inconstante.

2) *Manifestaciones oculares*
Son menores en la mayoría de los casos:

- Ojos brillantes.
- Quemazones conjuntivales.
- Impresión de cuerpos extraños.

Son importantes en el 25% de los casos:

- Exoftalmia, a menudo bilateral (ojos saltones).
- Edema palpebral.
- Retracción del párpado superior.
- Lagrimeo.
- Fotofobia (temor a la luz).

A veces, también diplopía (vista doble) y pérdida de agudeza visual.

No existe obligatoriamente un paralelismo entre la intensidad de la tirotoxicosis y la de los problemas oculares. Las dos variedades de síntomas evolucionan, en parte, de forma independiente.

Exámenes complementarios
Permiten confirmar el diagnóstico de enfermedad de Basedow:

- La escintigrafía de la glándula tiroidea evidencia una fijación del trazador radiactivo mayor y homogénea.
- Se suelen detectar varios autoanticuerpos: anticuerpos antimicrosomas, antitiroglobulina y antirreceptores de la TSH.
- La tasa de hormonas tiroideas T3 y T4 es muy elevada.
- La tasa de la TSH, hormona hipofisaria que estimula la tiroides, es muy baja.

Evolución y tratamiento
La evolución espontánea de la enfermedad de Basedow suele ser nefasta, y llega a causar caquexia. Los tratamientos actuales han mejorado este pronóstico. Actualmente, se dispone de fármacos antitiroideos de síntesis que actúan contra la hipersecreción de hormonas tiroideas, de bloqueadores beta que luchan contra las manifestaciones cardiovasculares, del yodo radiactivo y de la cirugía, pues en último caso se puede extirpar parcial o totalmente la glándula tiroides.

Sin embargo, estas terapéuticas no son del todo satisfactorias. Los antitiroideos de síntesis, incluso administrados en abundancia, no impiden la recidiva de la enfermedad de Basedow: más de la mitad de los pacientes reinciden en los tres años siguientes a una remisión. La supresión de cuerpos tiroideos provoca una insuficiencia tiroidea, que obliga a instaurar el tratamiento hormonal sustitutivo, que no siempre es fácil de regular.

2. Una hipótesis sobre la patogenia de la enfermedad de Basedow

Tras estudiar los diversos datos que se conocen actualmente, propongo una teoría compatible con los síntomas.

Puntos en común entre la enfermedad de Basedow y la PR

Éstos son:

1) La predominancia femenina.

2) La relación con los genes HLA-DR.

3) La expresión aberrante de las moléculas HLA-DR en el órgano diana de la reacción autoinmune. Bottazzo y col. (1983) demostraron una fuerte expresión de las moléculas HLA-DR en las células epiteliales tiroideas durante la enfermedad de Basedow.

4) El papel del interferón gamma en la aparición de las moléculas HLA-DR en los tirocitos. Hamilton y col. (1991), tras estudiar biopsias de tejido glandular, observaron que en las áreas inmediatas a los tirocitos que expresaban HLA-DR se encontraban linfocitos T que contenían interferón gamma.

5) La frecuencia del estrés desencadenante, observado en más del 90% de los casos según Rosch (1993). Raramente, la causa originaria puede ser una virosis.

El carácter particular de la enfermedad de Basedow

En el individuo sano, la producción de hormonas tiroideas por parte de los tirocitos es estimulada por una hormona secretada por la hipófisis, la TSH *(thyroid stimulating hormone)*. La TSH se fija a un receptor de la membrana de los tirocitos.

En el paciente con la enfermedad de Basedow, aunque la secreción de TSH sea muy baja o nula, los tirocitos están excesivamente activados. Eso se debe a un anticuerpo dirigido contra el receptor de la TSH. La fijación de este anticuerpo sobre su diana desencadena una señal que activa al tirocito, como lo hacía la TSH. Mientras que los anticuerpos son generalmente destructores, a veces bloqueadores, este anticuerpo es estimulante.

Van Arsdel (1993) considera que el anticuerpo antirreceptor de la TSH tiene un papel fundamental en el hipertiroidismo, mientras que los otros autoanticuerpos son secundarios o testimoniales. Este punto de vista me parece razonable.

Papel de la **Yersinia enterocolitica**

La bacteria intestinal gramnegativa *Yersinia enterocolitica* podría ser el agente causal de la enfermedad de Basedow. Luo y col. (1993), que defienden esta tesis, se basan en los siguientes argumentos:

1) Se detectan anticuerpos anti-*Yersinia enterocolitica* en la gran mayoría de los enfermos, con una frecuencia mucho mayor que en los individuos control.

2) Anticuerpos producidos por inmunización contra *Yersinia* se fijan en el receptor de la TSH.

3) Recíprocamente, los anticuerpos producidos por inmunización contra el receptor de la TSH se fijan en la pared bacteriana.

Esto sugiere la existencia de una estructura común entre *Yersinia enterocolitica* y el receptor de la TSH. Efectivamente, *Yersinia enterocolitica* tiene en su pared una lipoproteína que contiene un epítopo con grandes homologías con el dominio extracelular del receptor de la TSH. Ninguna otra enterobacteria tiene esta propiedad (Zhang y col., 1996).

El anticuerpo causante del hipertiroidismo sería un xenoanticuerpo anti-*Yersinia* que se une, por una reacción cruzada, con el receptor de la TSH. No es necesario que *Yersinia enterocolitica* atraviese la barrera intestinal, basta con que lo haga un péptido bacteriano.

Esquema del conjunto de la teoría

En la figura 36 resumo mi teoría sobre el mecanismo de la enfermedad de Basedow. Dos puntos merecen ser comentados:

1) ¿Son capaces los tirocitos de presentar un péptido a los linfocitos T auxiliares y de activarlos, tal como sostuvieron Bottazzo y col. (1983)? La presentación del péptido es posible, puesto que los tirocitos expresan las moléculas HLA de clase II. Pero la activación necesita una segunda señal, normalmente desencadenada por el contacto entre CD80 o CD86 en la CPA y CD28 en el linfocito TA. Ahora bien, Tandon y col. (1994) comprobaron que los tirocitos no expresaban CD80 y CD86.

Sin embargo, Viola y Lanzavecchia (1996) demostraron que la primera señal es suficiente para activar el linfocito TA, siempre que el número de TCR requeridos sea superior a 8.000, mientras que la com-

Figura 36. **UNA TEORÍA SOBRE LA PATOGENIA DE LA ENFERMEDAD DE BASEDOW**

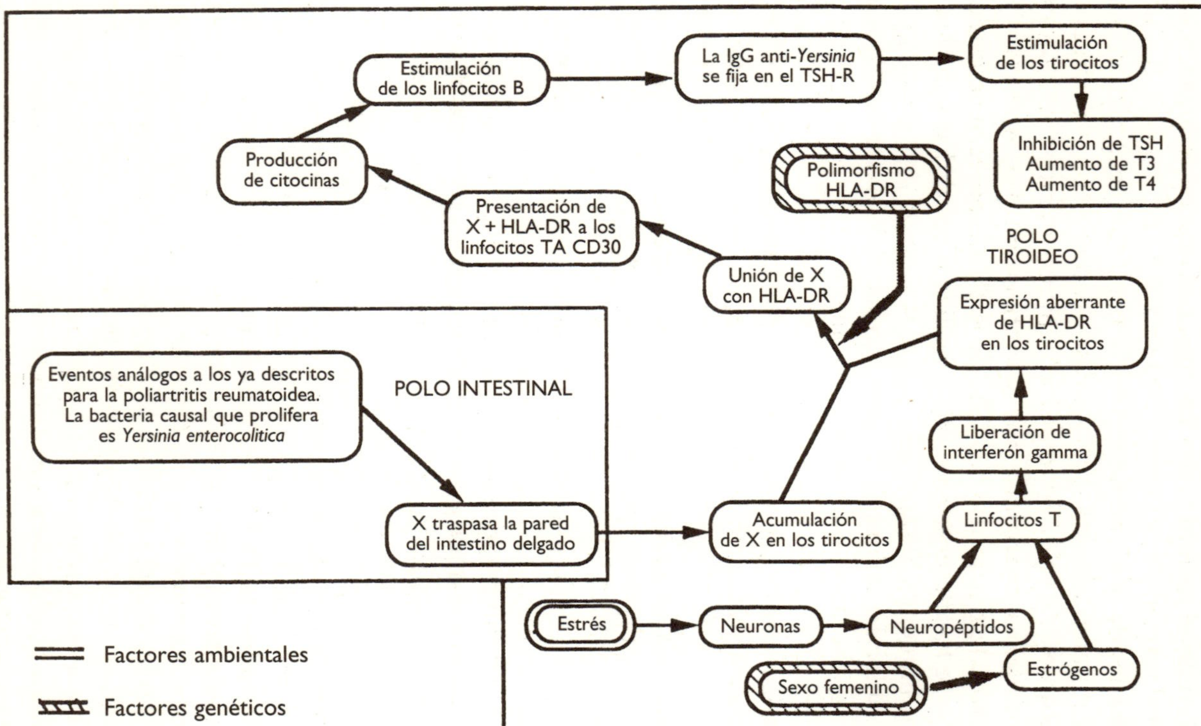

binación de la primera y la segunda señal es eficaz a partir de 1.500 TCR. Por tanto, es concebible que los tirocitos puedan activar a los linfocitos TA, a condición de que presenten numerosos pares péptidos + HLA de clase II.

2) Aunque los linfocitos TA tengan un papel evidente en la enfermedad de Basedow, que se demuestra por la presencia de infiltrados linfocitarios de la glándula tiroides y la relación con HLA-DR3, la respuesta inmunitaria patológica no se traduce en una destrucción celular, como en muchos estados autoinmunes, sino en una estimulación de los tirocitos provocada por un anticuerpo. Los linfocitos TA raramente son destructores y los linfocitos TC no parecen activados: la activación se basa esencialmente en los linfocitos B. Esto puede explicarse si los linfocitos TA que reconocen al péptido de *Yersinia* pertenecen a la población minoritaria que expresa el marcador de superficie CD30. Dichos linfocitos producen mucho interferón gamma y tienen una fuerte acción movilizadora de las células B (Alzona y col., 1994). Tienen las características necesarias para constituir uno de los mecanismos esenciales de la génesis de la enfermedad de Basedow.

Patogenia de las manifestaciones oculares

Los signos oftalmológicos se suelen observar en el caso de un hipertiroidismo, pero también en un eutiroidismo (tiroides normal) o un hipotiroidismo (enfermedad de Hashimoto). La afección ocular es, pues, al menos en parte, independiente de la tirotoxicosis.

La exoftalmia y los síntomas que la acompañan son fruto del gran aumento del volumen del tejido adiposo retroorbitario. Esa masa grasa empuja los ojos hacia delante y puede, en los casos más graves, comprimir el nervio óptico y causar diplopía, e incluso riesgo de ceguera.

La hipertrofia del tejido adiposo parece la consecuencia de una respuesta inmunitaria e inflamatoria (Kahaly y col., 1994). Hay numerosos infiltrados de TCD4, TCD8, células B y macrófagos, y todas estas células se activan y liberan numerosas citocinas, entre las cuales está el interferón gamma. Los fibroblastos retroorbitarios expresan activamente las moléculas HLA-DR y varias moléculas de adhesión. Para Bahn y Heufelder (1993), estos fibroblastos activados producen un exceso de glicosaminoglicanos, que se acumulan en el tejido retroorbitario con los fluidos, de ahí el aumento del «colchón» graso.

Esta excesiva actividad de los fibroblastos es la consecuencia final de una respuesta inmunitaria patológica. La naturaleza del proceso que desencadena esta respuesta queda por dilucidar. Podría tratarse del anticuerpo antirreceptor de la TSH que se une al receptor de la

TSH expresado por algunos fibroblastos. Dos argumentos están a favor de esta tesis (Davies, 1994):

- Los anticuerpos antirreceptor de la TSH son más frecuentes y su título es más elevado en los sujetos que presentan a la vez una tirotoxicosis severa y signos oculares graves.
- En los fibroblastos retroorbitarios se detectaron ARNm y la proteína correspondiente al receptor de la TSH.

Finalmente, una expresión más o menos elevada del receptor de la TSH en los tirocitos o en los fibroblastos retroorbitarios podría inducir una predominancia de la tirotoxicosis o de las manifestaciones oculares. Varios equipos observaron un antígeno de un peso molecular de 64 KD tanto en la tiroides como en la región periorbitaria (Zhang, 1996). ¿Forma parte este antígeno del receptor de la TSH?

3. Los resultados

Recomendé el régimen de tipo original a 7 enfermos que ya tomaban fármacos antitiroideos de síntesis. Se produjo una remisión, sin que se pueda determinar qué beneficios causó la dieta. Sin embargo, debemos señalar que:

- La remisión se alcanzó con bastante rapidez, en algunos meses, y no en varios años como se suele observar.
- Después de la supresión de los antitiroideos de síntesis no se produjo ninguna recaída en un plazo de entre 1-7 años en estos 7 enfermos.

El cambio nutricional puede tener un impacto muy beneficioso en las manifestaciones oculares. Este importante hecho se demostró en 6 pacientes que tenían una afección oftálmica, en 2 de ellos moderada y en los otros 4 más severa. La observación siguiente lo autentifica:

Observación BAS. 1

La señora C. no presenta antecedentes patológicos, familiares ni personales. En febrero de 1990, a los 52 años de edad, desarrolla una enfermedad de Basedow. Tras padecer una situación de estrés, manifiesta fatiga, un rápido adelgazamiento, una gran debilidad muscular, termofobia, nerviosismo y mirada brillante. La elevada concentración de triyodotironina (T_3) y tiroxina (T_4) y la clara disminución de la TSH confirman el diagnóstico.

En junio de 1990 le fue practicada una ablación parcial quirúrgica de la glándula tiroides. Esta intervención fracasó, ya que algunos días más tarde se añadió a la sintomatología inicial una taquicardia y una exoftalmia acompañada de un conjunto de problemas oculares. Se le prescribió un tratamiento con carbimazol (40 mg al día) y propanolol (80 mg al día). El primer medicamento es un antitiroideo de síntesis, el segundo es un bloqueador beta.

Esta terapéutica consiguió que remitieran progresivamente los signos de tirotoxicosis (astenia, adelgazamiento, debilidad muscular, sensibilidad al calor, taquicardia, nerviosismo), con una tendencia a la normalización de T_3, T_4 y TSH. En cambio, la exoftalmia se agravó poco a poco. Dos curas de corticoides produjeron una mejoría discreta, pero la exoftalmia reaparecía cuando la paciente dejaba los medicamentos.

Cuando la señora C. vino a mi consulta, en septiembre de 1992, es decir, después de dos años y siete meses de evolución, le propusieron someterse a radioterapia. En aquel momento, su tratamiento incluía:

- Carbimazol: 10 mg al día.
- Levotiroxina (hormona tiroidea): 100 mg al día.
- Propanolol: 20 mg al día.
- Prednisolona (corticoide): 20 mg al día.

La asociación, sorprendente para el profano, de un antitiroideo y de una hormona tiroidea refleja las dificultades de los médicos para equilibrar el funcionamiento del cuerpo tiroideo.

El examen clínico confirma la desaparición de los signos clínicos de tirotoxicosis. Las concentraciones de T_3, T_4 y TSH eran normales. En cambio, las manifestaciones oculares eran muy marcadas:

- Exoftalmia bilateral neta.
- Diplopía de intensidad variada según los días.
- Enrojecimiento de los ojos y de los párpados.
- Fotofobia.
- Impresión de tener arena en los ojos.
- Retracción moderada de los párpados.

Le prescribí el régimen alimenticio, que ella siguió correctamente, aunque con demasiados productos cocidos. Durante cuatro meses, no se manifestó ningún cambio en la situación. Después, los signos oculares retrocedieron progresivamente. Al cabo de seis años de régimen, el resultado era el siguiente:

- Exoftalmia persistente, pero claramente disminuida, como demostraba el escáner.

- Diplopía casi inexistente, que sobrevenía únicamente y de manera débil en casos de fatiga persistente.
- Enrojecimiento atenuado.
- Fotofobia disminuida.
- Menos «arena» en los ojos.
- Desaparición de la retracción de los párpados.
- Retorno de la agudeza visual al 10/10, que le permitió volver a conducir.

Una carta reciente de la señora C. demuestra su evolución favorable. Citaré algunos extractos:

«Mi mejoría es espectacular.»
«Sólo deseo una cosa, que esto continúe. He vuelto de muy lejos.»
«Cuando recuerdo los dolores, la diferencia es enorme.»
«He consultado al reumatólogo, al endocrino, al radiólogo, y todos están de acuerdo en que estoy bien.»

La enferma disminuye sus dosis de medicamentos: se suprime el propanolol, el carbimazol se reduce a 2,5 mg y la prednisolona a 5 mg. Sólo se mantiene la levotirosina (100 mg al día). No he querido interferir con estos medicamentos prescritos por otros médicos, que tienen la costumbre de prescribir tratamientos de larga duración en la enfermedad de Basedow. En mi opinión, la eficacia del régimen debería conducir a la supresión total o parcial de otros tratamientos.

Comentarios

1) Esta observación demuestra que el cambio nutricional puede tener una influencia muy favorable en las complicaciones oculares típicas de la enfermedad de Basedow. Es lo que he comprobado en cada uno de los seis enfermos tratados con mi método.

2) Los corticoides y las radiaciones tienen una eficacia irregular y limitada en la exoftalmia y no están desprovistos de riesgos. Es interesante saber que un régimen alimenticio inocuo, pero que ataca la causa del mal, puede reemplazar estos tratamientos brutales y puramente sintomáticos.

3) El gran beneficio que obtuvo la señora C. con el régimen hipotóxico corrobora la hipótesis del papel esencial de un péptido bacteriano en la respuesta inmunitaria que provoca la exoftalmia basedowiana.

B) TIROIDITIS DE HASHIMOTO

1. Presentación de la enfermedad

La tiroiditis de Hashimoto es frecuente, y alcanza al 2% de los individuos. Afecta a 15 mujeres por cada varón y sobreviene principalmente entre los 30 y los 60 años. La forma hipertrófica, con bocio, está asociada al HLA-DR5. La forma atrófica está asociada al HLA-DR3.

Las lesiones tiroideas son características, e incluyen:

- Infiltrado linfocitario y plasmocitario en el conjunto de la glándula.
- Atrofia más o menos acusada de los folículos tiroideos con modificación de las células glandulares, que presentan una «metaplasia oxifila».
- Fibrosis interlobular, mucho más desarrollada en la forma atrófica.

El cuadro clínico es polimorfo:

- La tiroides suele ser indolora a la palpación, pero a veces resulta dolorosa.
- La palpación, completada por la ecografía y la escintigrafía, revela un bocio difuso, un bocio multinodular, un nódulo aislado o una atrofia de la glándula.
- El funcionamiento del tiroides es variable. Es normal en el 54% de los casos (eutiroides), está disminuido en el 40% (hipotiroides), y se produce hipertiroidismo en el 6% de los casos (a menudo transitorio).

En cuanto a los exámenes biológicos, las tasas de T_3, T_4 y TSH reflejan el funcionamiento tiroideo. Varios autoanticuerpos tienen un título elevado, y son de gran valor para el diagnóstico de la enfermedad de Hashimoto:

- Anticuerpos antitiroglobulina (frecuencia del 70%).
- Anticuerpos antimicrosomiales, llamados también anticuerpos antitireoperoxidasa (frecuencia del 90%).
- Anticuerpos antirreceptor de la TSH, generalmente bloqueadores, aunque más raros (25%).

El tratamiento se limita a administrar hormonas tiroideas, en caso de insuficiencia glandular, y a la exéresis quirúrgica de toda o parte de la tiroides, indicada en algunas formas.

2. Hipótesis sobre la patogenia de Hashimoto

La tiroiditis se debe esencialmente a la acción destructora de los linfocitos, como demuestran:

- La importancia del infiltrado linfocitario.
- La correlación con HLA-DR5 y HLA-DR3.
- La expresión aberrante de las moléculas HLA de clase II en los tirocitos.

Esto sugiere que el origen de la enfermedad es un péptido antigénico, bacteriano o alimentario, proveniente del intestino delgado y que se acumula en las células de los folículos. Este péptido está presente en los linfocitos TCD4 de las moléculas HLA de clase II. Las respuestas inmunitaria e inflamatoria dirigidas contra el péptido causal lesionan las células tiroideas.

Podemos, como en el caso de la PR, incriminar a un autoantígeno, con reactivación de los linfocitos T dormidos por diversas sustancias procedentes de bacterias intestinales.

También se observa un infiltrado plasmocitario importante y la secreción de varios autoanticuerpos. Los anticuerpos antitiroglobulina y antitireoperoxidasa son probablemente simples testigos de la destrucción de algunos tirocitos. Los primeros porque no fijan el complemento, los segundos porque la tireoperoxidasa sólo es abordable en una célula ya lesionada. En cambio, los anticuerpos que bloquean el receptor de la TSH pueden participar en la génesis de una insuficiencia tiroidea.

3. Los resultados

Se prescribió una dieta durante más de un año a 8 pacientes que sufrían de tiroiditis de Hashimoto. Los efectos del régimen son fáciles de apreciar en los casos menores, donde se da un bocio más o menos sensible, acompañado de una insuficiencia tiroidea. El problema es más grave cuando no hay ni bocio, ni dolor y el tiroides funciona normalmente.

No podemos basarnos en el título de los anticuerpos antitiroglobulina y antitireoperoxidasa ya que, si bien son de gran valor para respaldar el diagnóstico, no tienen interés para apreciar la evolución de la tiroiditis de Hashimoto. El título puede permanecer elevado mientras el paciente evoluciona de manera favorable clínicamente y su tiroides funciona con normalidad. Basta con prescribir dosis menores de autoantígenos liberados por unas cuantas células destruidas por los linfocitos T para conservar la respuesta en autoanticuerpos.

El régimen hipotóxico parece capaz, al menos en algunos casos, de disminuir el volumen de un bocio, volverlo indoloro y corregir una insuficiencia tiroidea moderada. En los enfermos con eutiroides, que no tienen bocio ni dolor, es decir, la mayoría, la apreciación de los efectos del régimen es muy subjetiva.

Mi impresión, sin ser una certeza, es que el cambio nutricional no obtiene beneficios extraordinarios, como los demostrados en la exoftalmia del Basedow. Sin embargo, tiene un impacto que cifraría entre el 25% y el 75%, según los pacientes. Dicho de otra manera, la tiroiditis de Hashimoto sigue presente, pero bajo una forma más o menos atenuada.

Capítulo 13

ESCLEROSIS MÚLTIPLE

El aspecto clínico de la enfermedad es sólo un elemento, el más superficial y reciente, de un desarreglo biológico mucho más profundo y mucho más antiguo.

Profesor HENRI SERRE

La más bella de las teorías no sirve de nada si no deriva en aplicaciones concretas.

BRUNO COMBY

1. Presentación de la enfermedad

Datos etiológicos

La esclerosis múltiple (EM) es más frecuente en climas templados (1:2.000) que en los trópicos (1:10.000). Afecta a tres mujeres por cada varón. Casi siempre se inicia en el adulto joven, preferentemente en la treintena. Tiene una clara correlación con el HLA-DR15. Su origen es desconocido y se considera una enfermedad autoinmune.

Lesiones anatómicas

La EM se caracteriza por la presencia de placas de esclerosis diseminadas en diversas partes del sistema nervioso: cerebro, formaciones ópticas, tronco cerebral, cerebelo y médula espinal.

Estas placas evolucionan en dos fases:

1) Un estadio inmunitario e inflamatorio con:

- Un infiltrado perivascular de macrófagos, linfocitos y plasmocitos.
- Destrucción de la mielina, sustancia que recubre los axones (prolongaciones neuronales que transmiten el impulso nervioso).
- Disminución y desaparición de los oligodendrocitos, que son las células que fabrican la mielina.

2) Un estadio cicatricial donde se establece una competición entre:

- La proliferación de otros oligodendrocitos que buscan reemplazar a sus homólogos eliminados.
- La proliferación de astrocitos, células de la línea conjuntiva.

Si gana el primer proceso, hay una vuelta a la normalidad. Si domina el segundo, un tejido fibroso ocupará su lugar, formando una placa de esclerosis. Ésta corresponde a una zona de desmielinización con cicatriz fibrosa. Las placas diseminadas en el sistema nervioso tienen edades diferentes.

Probablemente, la esclerosis no es muy peligrosa. Sin embargo, puede provocar roturas de axones y muertes neuronales (Noseworthy, 1999), que son las causantes de las secuelas neurológicas.

Signos clínicos

A menudo desencadenada por una situación de estrés, la EM presenta síntomas muy variables, según la zona del sistema nervioso afectada. Los principales signos son los siguientes:

- Problemas motores, con un déficit motor más o menos severo, exageración de los reflejos osteotendinosos, abolición de los reflejos cutaneomucosos y signo de Babinski (extensión del dedo gordo del pie cuando se rasca el borde externo de la planta del pie).
- Problemas sensitivos: especialmente parestesias, con impresión de hormigueo, picor y quemazón, aunque son posibles otras anomalías.
- Problemas visuales: pérdida de agudeza visual.
- Afectación cerebelosa: temblor intencional (que se produce con los movimientos voluntarios), alteraciones de la marcha y del habla o nistagmo (temblor involuntario e inconsciente de los globos oculares).
- Afectación de la motricidad ocular: diplopía (vista doble), parálisis.
- Afectación de otros nervios craneales, en particular del trigémino y el facial.
- Problemas de esfínteres de la vejiga y del ano.
- Crisis de epilepsia.
- Problemas psiquiátricos.

Exámenes complementarios

1) La punción lumbar muestra que el líquido cefalorraquídeo contiene un exceso de inmunoglobulinas, que tienen una distribución oligoclonal (han sido elaboradas por un pequeño número de clones linfocitarios).

2) El diagnóstico por resonancia magnética (RNM) revela zonas de hiperseñales, de dimensiones variables, diseminadas en el seno de la sustancia blanca del sistema nervioso central.

Evolución y tratamiento

La evolución espontánea es extremadamente variable de un enfermo a otro. Algunos tienen un solo brote totalmente regresivo, sin recidiva; otros se agravan rápidamente y mueren en algunos años, y se dan todos los casos intermedios entre estos dos extremos. Se observan dos modos de evolución:

- El 80% de las EM evolucionan por brotes entrecortados por remisiones más o menos completas. La recuperación total es posible al principio; después, con el transcurso de los brotes, las secuelas, cada vez más importantes, persisten.
- El 20% de las EM evolucionan progresivamente, sin remisiones. A lo largo de los años, una proporción cada vez mayor de las formas con brotes/remisiones evoluciona de manera continua.

El tratamiento de los brotes de EM se apoya en los corticoides. El tratamiento de fondo (Berger y Rumbach, 1999) utiliza inmunosupresores (azatioprina, ciclofosfamida, metrotexato, mitoxantrona) o inmunoglobulinas intravenosas. En el transcurso de los últimos años, dos tratamientos han aportado algunos beneficios (Confavreux y col., 1999):

- El copolímero, una mezcla de tetrapéptidos que supuestamente reproduce algunas secuencias antigénicas de la mielina y actuaría engañando los linfocitos específicos de la mielina.
- El interferón beta, cuyo efecto favorable se ha demostrado en las dos variedades de EM: las que evolucionan por brotes y las progresivas.

Sin embargo, la eficacia de estos medicamentos es limitada.

2. Una hipótesis sobre la patogenia de la EM

La conducción normal del impulso nervioso necesita que los axones estén envueltos por una vaina de mielina, de la misma manera que un hilo eléctrico está recubierto de un aislante. Cuando la mielina desaparece, la conducción nerviosa se hace mal y aparecen los signos clínicos de la EM.

Cuando el brote de la EM se acaba, las zonas dañadas son invadidas por los oligodendrocitos y los astrocitos. Los primeros efectúan una remielinización parcial que permite la regresión a la normalidad, más o menos completa, de los signos neurológicos. Los segundos son los causantes de la fibrosis cicatricial que se opone a la remielinización. La extensión de esta fibrosis durante los brotes se traduce por la agravación de la EM.

Mucho más que por el obstáculo a la remielinización, la esclerosis es peligrosa por las roturas de axones y las muertes neuronales que ocasiona. No obstante, esta esclerosis no es más que la consecuencia final de la desmielinización, fenómeno mayor inicial.

Aunque todos los especialistas están de acuerdo con esta explicación, queda por dilucidar el mecanismo de la desmielinización. Una reflexión, basada en los datos científicos conocidos hoy en día, permite proponer estas características:

1) La EM es la consecuencia de una respuesta inmunitaria e inflamatoria dirigida contra algunas estructuras del sistema nervioso. La abundancia de linfocitos TCD4 en las placas recientes sugiere que la reacción inmunitaria es el primer fenómeno y que la inflamatoria sólo es secundaria.

2) La EM es una enfermedad polifactorial. Su frecuencia es del 1:1.000 en la población, y la concordancia llega al 30% en los gemelos monocigotos:

- El 30% es 300 veces mayor que el 1:1.000, lo que indica la existencia de genes de susceptibilidad.
- El 30% es netamente inferior al 100%, lo que demuestra que tener los mismos genes que un enfermo no es suficiente para contraer una EM. Por tanto, también intervienen otros factores, procedentes del medio ambiente.

3) El primer gen de susceptibilidad es el HLA-DR:

- HLA-DR15 está tres veces más extendido en la EM que en los individuos control: el 60% frente a un 20%.
- En la mayoría de las afecciones autoinmunes, hay una asociación HLA-DR.
- Las moléculas HLA de clase II no se expresan en las células nerviosas del sujeto sano. En cambio, están presentes en los astrocitos y en las células endoteliales de los enfermos durante los brotes (Ransohoff y Estes, 1991). Sin embargo, no se han detectado en los oligodendrocitos moléculas HLA-DR.

4) El segundo gen de susceptibilidad está ligado al sexo femenino. La predominancia femenina de la EM y su aparición en la mujer en periodo de actividad genital indican una acción favorecedora de los estrógenos en dosis media, mediante una exagerada secreción de interferón gamma. Este mediador es el único capaz de inducir una expresión aberrante de los productos HLA-DR.

5) El tercer gen de susceptibilidad podría estar relacionado con una disminución hereditaria de la actividad de la glutationperoxidasa (Besson, 1994). Este déficit se comprobó en los glóbulos rojos y blancos de los enfermos afectados de EM (Shukla y col., 1977; Jensen y col., 1980). Ahora bien, esta enzima tiene un papel importante en la protección contra los radicales libres. Los oligodendrocitos y la mielina se volverían más vulnerables a la acción de los radicales libres.

6) Entre los agentes ambientales, en mi opinión se pueden excluir las radiaciones, los medicamentos, los productos químicos e incluso los virus. Si fuera un virus el origen de la EM, se deberían descubrir anticuerpos contra él en el suero del ADN o del ARN viral celular, lo cual no se ha comprobado nunca, a pesar de las numerosas investigaciones sobre distintos virus (Newmark, 1985). Por eliminación, sólo nos quedan como factores exógenos las bacterias y los alimentos.

7) El primer factor ambiental es una bacteria. La intervención de un agente infeccioso está demostrada por los focos de epidemia de EM declarados en comunidades aisladas hasta que se pusieron en contacto con individuos procedentes de otros países. El ejemplo de las islas Feroe es muy instructivo. Estas islas forman un archipiélago situado al norte de Escocia, donde la EM no existía. Durante la segunda guerra mundial, las tropas británicas ocuparon las islas Feroe. A partir de 1943, se sucedieron tres epidemias de EM (Jersild y col., 1993).

Creo que la causa de la EM podría ser una bacteria intestinal desconocida, pues es en el intestino donde se encuentra la mayoría de los gérmenes que contiene el organismo humano. La bacteria no abandona la luz del intestino delgado, pero un péptido bacteriano puede atravesar la barrera intestinal, pasar a la sangre, llegar al sistema nervioso y acumularse en algunas células.

8) El segundo factor medioambiental es la alimentación moderna. Se intuye una influencia del modo nutricional por varios hechos:

- Las variaciones de frecuencia de la EM según los países (figura 37). La enfermedad está particularmente extendida entre los anglosajones y los escandinavos, y es muy rara en los árabes, indios, africanos y, sobre todo, asiáticos.
- Los cambios originados por la emigración. Para los individuos que emigran de un país a otro antes de los 15 años, la frecuencia de la EM se equipara a la del país de adopción (French-Constant, 1994).
- Una correlación entre el consumo de algunos alimentos y la EM. Así:

Figura 37. **FRECUENCIA DE LA ESCLEROSIS MÚLTIPLE EN LOS DIVERSOS PAÍSES DE EUROPA**

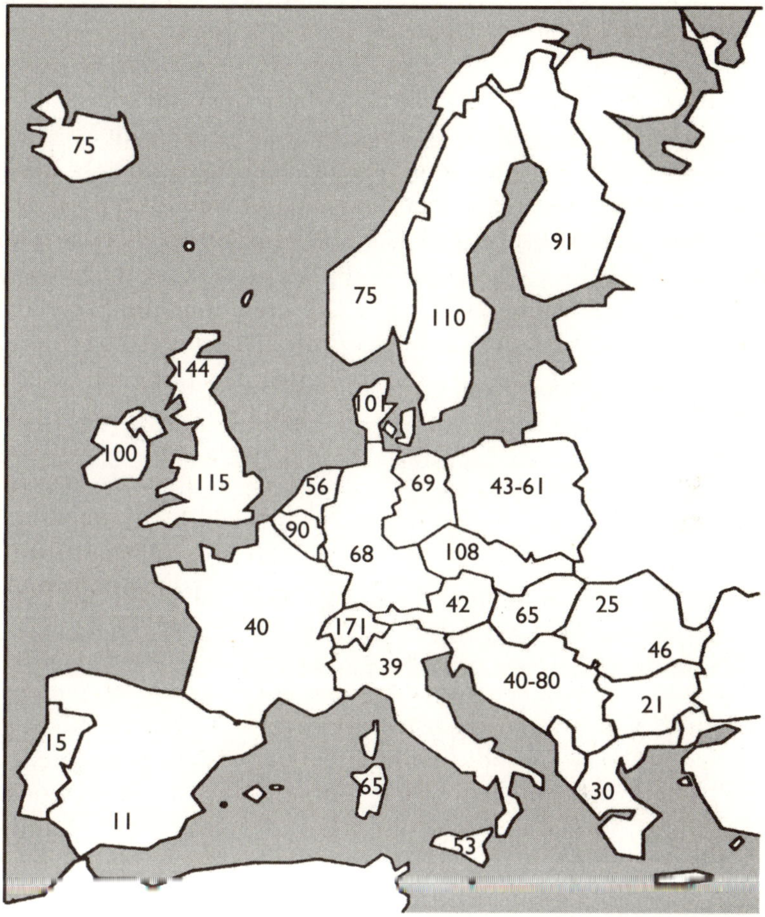

El número que figura en cada país corresponde al número de personas afectadas de EM por cada 100.000 personas.

a) La EM es frecuente entre los anglosajones y los escandinavos, quienes consumen muchas grasas saturadas, cereales y productos lácteos. La frecuencia de la lactancia materna prolongada es menor en las personas afectadas de EM que en otros individuos (Pisacane y col., 1994).

b) La EM es prácticamente inexistente entre los japoneses, que comen mucho pescado, grasas oleaginosas y aceite de soja, pocas grasas saturadas, trigo y leche.

c) En Noruega, la EM es más habitual entre los granjeros del interior que entre los marineros de la costa (Swank y col., 1952). Los primeros consumen mucha más carne y productos lácteos; los segundos, mucho más pescado.

La alimentación moderna puede tener un papel indirecto importante:

- Favoreciendo la proliferación de la bacteria causal.
- Agrediendo la mucosa intestinal, lo cual aumenta su permeabilidad.
- Produciendo un cortocircuito en las células M, lo que impide el establecimiento de una tolerancia oral para el péptido bacteriano.

9) El tercer factor ambiental es el estrés, que suele ponerse de manifiesto tras las conversaciones con los enfermos. A través de los neuropéptidos, puede producir una secreción exagerada de interferón gamma. La acción nociva del interferón gamma ha sido claramente demostrada en los intentos de tratamiento de la EM por este mediador. Éste aumenta el número y la intensidad de los brotes de EM (Panitch y col., 1987).

10) El cuarto factor genético está ligado al polimorfismo de las enzimas y de las mucinas del intestino delgado. Varios trabajos están a favor de una participación intestinal en la EM:

- Sadovnick y col. (1989) determinan 27 casos de enfermedad de Crohn o de rectocolitis hemorrágica en una muestra de 748 EM, mientras que la cifra esperada era de 3. Esto sugiere que una hiperpermeabilidad intestinal favorece la EM.
- En un 42% de las EM se observó un síndrome de malabsorción crónica (citado por Besson, 1994).
- En un gran número de enfermos, las biopsias de la mucosa del intestino delgado revelaron lesiones similares a las de la enfermedad celíaca (Lange y Shiner, 1976).

Todos estos datos permiten elaborar una teoría sobre la patogenia de la EM, análoga en numerosos puntos a la propuesta para la PR, que se ilustra en la figura 38.

Queda por debatir el mecanismo inmunológico de la desmielinización. ¿Se trata de una destrucción directa de la mielina o de una destrucción de los oligodendrocitos que tiene como consecuencia una interrupción de la secreción de mielina?

Figura 38. UNA TEORÍA SOBRE LA PATOGENIA DE LA ESCLEROSIS MÚLTIPLE

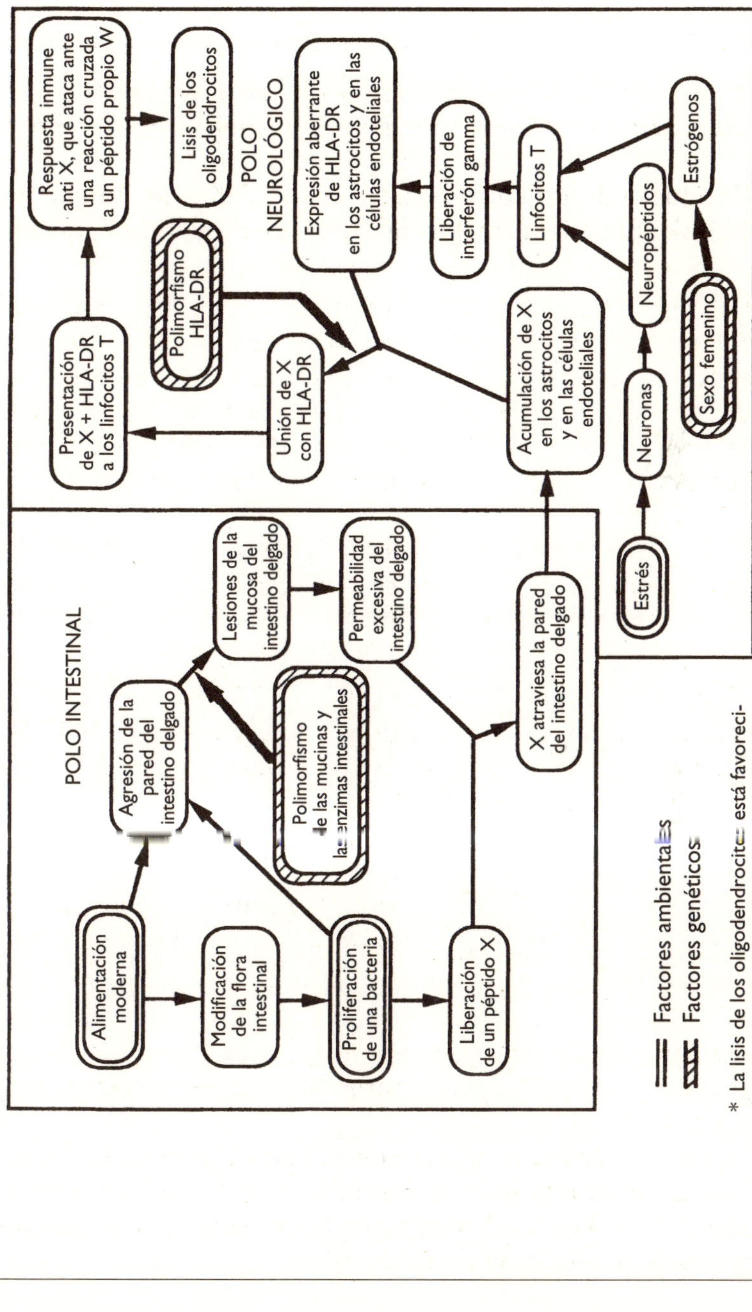

* La lisis de los oligodendrocitos está favorecida por un cuarto factor hereditario: la disminución de la actividad de la glutatión peroxidasa.

La hipótesis de una respuesta inmune dirigida contra la mielina se basa en los siguientes argumentos:

- La presencia frecuente en los enfermos de anticuerpos contra algunos antígenos de la mielina: PBM (proteína básica de la mielina) y PLP (proteína lipidoprotídica).
- El modelo animal de encefalomielitis alérgica experimental (EAE): la inyección de PBM o de PLP en ratas o en algunos monos (macaco Rhesus, tití) induce una afección del sistema nervioso análoga a la EM (Hart y col., 2000).

Sin embargo, como señaló Wucherpfennig (1994), los antígenos principales de la mielina, PBM y PLP, son secuestrados en la mielina compacta. Una autoinmunización contra la mielina exige que ésta sea fagocitada por las células microgliales, derivadas de los macrófagos, que extraen los péptidos de la PBM y de la PLP, los emparejan con moléculas HLA-DR y los presentan a los linfocitos TCD4. Esto sugiere que, en el varón, los anticuerpos anti-PBM y anti-PLP son secundarios y no causales.

La hipótesis de una respuesta inmune dirigida contra los oligodendrocitos se basa, en primer lugar, en el hecho de que en las placas de esclerosis estas células están disminuidas o han desaparecido. Sin embargo, los oligodendrocitos no expresan de manera aberrante las moléculas HLA de clase II en el transcurso de la EM. Por tanto, no pueden presentar un péptido bacteriano a los linfocitos TA. Pero otro mecanismo es factible: un péptido bacteriano sería captado por los astrocitos y las células endoteliales portadoras de moléculas HLA de clase II y capaces de presentar el péptido extraño a los TA. La respuesta inmune se debería a la reacción cruzada de un autoantígeno transportado por los oligodendrocitos.

Este autoantígeno podría ser la glicoproteína de los oligodendrocitos específicos de la mielina (GMO). La inyección de GMO en la rata o en algunos monos puede inducir una EAE (Hart y col., 2000). De Rosbo y col. (1993) observaron en la EM una activación frecuente de los linfocitos T frente a la GMO, lo cual no sucedía en los sujetos del control. Esta teoría explicaría tanto la destrucción de algunos oligodendrocitos como la secreción por otros de una mielina alterada, que permita una inmunización contra la PBM y la PLP. Me he basado en esta teoría para elaborar la figura 38.

3. Regímenes alimenticios y EM

Sólo dos autores, que yo sepa, intentaron la dieta como tratamiento de la EM. Kousmine (1983) y Swank (1991) obtuvieron con frecuencia resultados positivos. El elemento común entre los dos regímenes es la fuerte disminución de grasas saturadas de origen animal en beneficio de los aceites insaturados de origen vegetal.

El trabajo de Swank es particularmente interesante, ya que siguió la evolución de 150 EM, desde 1949 hasta 1984, es decir, durante 35 años. Las remisiones espontáneas que suelen darse en las EM hacen que sea difícil apreciar el valor de un tratamiento en un periodo breve. La interpretación resulta de mucho más valor en un intervalo de 35 años.

La mitad de los enfermos no siguió las prescripciones de Swank, y el 80% murieron, la mayoría a causa de una agravación de las lesiones neurológicas. De la mitad de los pacientes que siguió los consejos, sólo murieron un 31%, en general por otras causas diferentes de la EM, que no se había agravado.

Swank insiste en el interés de empezar la dieta cuanto antes. Entre los sujetos poco afectados, tratados cuando las lesiones eran limitadas, sólo hubo un 5% de fallecimientos.

El trabajo de Kousmine no es menos apasionante. En 26 años trató alrededor de 500 EM. Aporta 55 casos seguidos durante un año. Aprecia un 97% de éxitos en los 30 pacientes que siguieron correctamente sus prescripciones.

El régimen Kousmine, descrito en el capítulo 5, es ciertamente mucho más eficaz que las sencillas medidas preconizadas por Swank. Kousmine insiste en la necesidad de suprimir el alcohol, el tabaco y los tranquilizantes, que considera venenos del sistema nervioso. Estima que su método es sumamente eficaz cuando se aplica a tiempo, ya que pueden eliminarse los signos neurológicos y evitar las recidivas.

4. Resultados personales

El modo de nutrición propuesto utiliza las mismas armas que las empleadas por Kousmine y Swank: reducción de las grasas animales y las grasas saturadas por la supresión de los productos lácteos y la reducción de la cocción. Las grasas vegetales insaturadas aumentan notablemente, gracias al consumo de aceites obtenidos por primera presión en frío y de numerosos frutos frescos y secos. Prescribo de forma sistemática 6 cápsulas diarias de aceite de onagra, cuyo impacto beneficioso para la EM se ha demostrado (Graham, 1985). El aceite de onagra es uno de los pocos aceites que aportan ácido gammalinolénico, esencial para la síntesis de las prostaglandinas de tipo 1 (figura 24). Es como si estas prostaglandinas tuvieran una acción protectora de los oligodendrocitos. Si tenemos en cuenta el resto de ventajas del régimen (la supresión o la disminución de alimentos no originales), se podría esperar que los resultados a largo plazo sean al menos tan buenos como los de Kousmine y Swank.

Eso es efectivamente lo que he observado. Sesenta EM siguen actualmente el régimen alimenticio ancestral, pero sólo comentaré los casos de los 33 pacientes que lo practican desde hace al menos dos años, de los cuales el más antiguo lo sigue desde hace ocho años.

Es evidente que el cambio nutricional resulta beneficioso. He registrado:

- 1 fracaso.
- 3 interrupciones de la evolución en las formas de progresión lenta.
- 5 estabilizaciones.
- 15 mejorías claras.
- 9 remisiones completas.

El fracaso se produjo en una mujer afectada de una EM que progresaba de manera moderada pero continua. Sin embargo, esta persona, muy inteligente y muy motivada, sigue muy bien las prescripciones dietéticas y ha intentado en paralelo otros tratamientos adecuados: vitaminas, minerales, antioxidantes variados, mezcla de enzimas recomendadas por la escuela alemana (Neu y Ransberger, 1995). Hasta el día de hoy, nada ha podido detener la lenta degradación del sistema nervioso. Puede haber varias explicaciones:

- Lesiones irrecuperables de la mucosa del intestino delgado.
- Un estrés permanente generado por la ansiedad muy comprensible de la paciente.

Las mejorías sólo son éxitos parciales. En cambio, las estabilizaciones, las mejorías claras y las remisiones completas se pueden considerar verdaderos éxitos. En todos los casos, la evolución de la EM se detiene y la enfermedad parece extinguirse. En las formas antiguas, las lesiones irreversibles ya se han producido y sólo cabe esperar una estabilización o una mejoría. En las formas recientes, en las cuales aún no se han producido destrucciones definitivas, el retorno completo a la normalidad es posible.

Expondré dos observaciones, una de estabilización y la otra de clara mejoría.

Observación EM 2

Esta mujer presentó su primer brote de EM en 1976, a los 18 años de edad. Durante la preparación de la selectividad, lo que probablemente constituyó el estrés desencadenante, perdió la vista del ojo derecho de forma brusca. La ceguera duró un mes, después remitió de manera progresiva. El diagnóstico fue una neuritis óptica idiopática. Una remisión completa de 10 años siguió a este episodio inicial.

En 1986 surgen nuevos factores estresantes: alumbramiento con cesárea y sinusitis aguda. La neuritis óptica aparece de nuevo, esta vez en el ojo izquierdo. La punción lumbar no revela anomalías, pero la RNM (resonancia nuclear magnética) revela imágenes características que permiten dictaminar el diagnóstico de EM.

Un tratamiento con corticoides mejora el estado ocular, aunque persisten secuelas claras. Después se administra azatioprina durante tres años. Este medicamento no tiene un efecto positivo, al contrario, favorece múltiples infecciones. Cada infección es seguida de un brote de EM, cuyos principales síntomas son:

- Problemas visuales.
- Un déficit motor en los miembros inferiores.
- Problemas sensitivos predominantes en los miembros inferiores, principalmente hormigueos.
- Problemas del equilibrio.
- Astenia fuerte.

En 1992, la enferma viene a consultarme para esta EM que se desarrolla desde hace 16 años, con una inquietante agravación durante los últimos 6 años. La paciente siguió el régimen hipotóxico de forma correcta, y notó progresivamente sus efectos a partir del tercer mes. En el transcurso de los tres años siguientes:

- El peso se normaliza, pasa de 44 a 52 kg, para una talla de 163 cm.
- La astenia disminuye un 75%.
- Se restablece la resistencia a las infecciones.

Se modifica el aspecto de la EM. No se observan más brotes espectaculares (una agravación lenta durante el primer año, muy lenta en el segundo año, casi nula en el tercer año). Los signos neurológicos, consecuencia de los brotes precedentes, persisten. Hay un progreso hacia una estabilización, pero no hacia una regresión. Desgraciadamente, no he tenido más noticias de esta paciente desde 1995.

Comentarios

1) Los brotes de EM son frecuentemente desencadenados por el estrés. Esta situación se reproduce en numerosas afecciones autoinmu-

nes. He propuesto un mecanismo de acción del estrés en el capítulo sobre la poliartritis reumatoidea.

2) A menudo, la neuritis óptica es la primera manifestación de una EM.

3) El plazo necesario para que el régimen resulte eficaz suele ser largo en la EM, mucho más que en otros trastornos autoinmunes. También es la opinión de varios médicos seguidores del método Kousmine. Hay que esperar al menos dos años para juzgar los resultados de la dieta.

4) El hecho de que no se produzca una remisión de los síntomas neurológicos en esta enferma hace temer la presencia de lesiones definitivas provocadas por placas de fibrosis cicatricial en diversas regiones del sistema nervioso central.

Observación EM 13

Una mujer de 31 años, asistenta social, se presenta en mi consulta en diciembre de 1996, con tres problemas de salud:

- Un acné que databa de la infancia, importante, generalizado, que ha producido numerosas pequeñas cicatrices y todavía evolutivo.
- Una rinitis alérgica presente desde hacía 10 años, que reincidía en primavera, con una sensibilización a numerosos alérgenos: polvo de la casa, gramíneas, ácaros, plumas, árboles.
- Y principalmente una EM que se manifestó en 1982, tras sufrir agresiones en el ámbito familiar y profesional.

El primer brote presentó:

- Problemas de sensibilidad, con hormigueos y desaparición de la percepción del calor, del frío y de los pinchazos.
- Calambres musculares.
- Pérdidas transitorias del equilibrio.

Antes de que estos síntomas hubieran remitido, seis meses más tarde apareció un segundo brote dominado por:

- Una parálisis de los miembros inferiores y del tronco, hasta la altura de la sexta vértebra dorsal.
- Una agravación de los problemas sensitivos.

El diagnóstico de EM fue confirmado por algunos exámenes complementarios:

• La exploración ORL, que reveló los potenciales signos auditivos anormales.

• La punción lumbar: en el líquido cefalorraquídeo se observaba una distribución oligoclonal de las inmunoglobulinas.

• La RNM, en la cual se visualizaban varios focos de desmielinización.

Durante los 14 años siguientes, no padeció ningún brote. Sin embargo, su recuperación fue lenta y únicamente parcial. Persistieron los hormigueos, la insensibilidad al calor, al frío y a los pinchazos.

En 1996, la paciente comió peor que de costumbre, y aumentó mucho su consumo de productos lácteos y de cerveza. En abril de 1996 aparecen acúfenos (zumbidos, silbidos y tintineos en los oídos), que persisten. A este tercer brote le sucede en septiembre un cuarto, marcado por la pérdida de la agudeza visual del ojo derecho, que se atribuye a una neuritis óptica retrobulbar. La afección ocular remite con corticoides.

Cuando veo por primera vez a la paciente, en diciembre de 1996, la EM se caracteriza por los siguientes signos:

• Un desenfoque visual moderado.
• Acúfenos bastante molestos.
• Hormigueos frecuentes en las cuatro extremidades.
• Insensibilidad al calor, al frío y a los pinchazos.
• Múltiples dolores musculares, que la obligan a tomar una benzodiazepina.

La paciente siguió de forma correcta el régimen ancestral. Seis meses más tarde, la enferma había perdido 6 kilos sobrantes, pero conservaba un buen apetito y un buen tono. El acné desapareció. No se le declaró ninguna rinitis alérgica durante la primavera de 1997. Todas las manifestaciones de EM mejoraron:

• El desenfoque visual, muy leve, sólo aparece en caso de fatiga importante.
• Los acúfenos, muy moderados, están también limitados a las fases de gran fatiga.
• Los hormigueos son más débiles y raros.
• Las mialgias se atenuaron.
• Principalmente, recuperó la sensibilidad al calor, al frío y a los pinchazos, perdida desde hacía 15 años.

La enferma pudo reintegrarse a su trabajo de asistenta social, abandonado desde hacía mucho tiempo. Simplemente se le atribuyó un puesto especial, donde no estaba expuesta a factores de estrés. A los dos años, el beneficio obtenido por la dietética fue aún mayor.

Comentarios

1) La curación del acné y de la rinitis alérgica, afecciones clásicamente poco curables o incurables, no es sorprendente. Las razones se explicarán en los capítulos 24 y 26, en los cuales se introduce la patología de eliminación.

2) En el caso del tercer brote de EM, se explica por la acción nociva de los productos lácteos y de la cerveza, que se puede asimilar a un cereal (la cebada), pues el brote se declara tras un consumo excesivo de estos alimentos.

3) El efecto favorable del régimen ancestral fue particularmente rápido y claro en esta señora. No sólo se detuvo la evolución de la EM, sino que los síntomas remitieron, algunos incluso por completo. La dieta no es siempre tan eficaz. Sin embargo, ha sido beneficiosa, con frecuencia de forma muy evidente, en 32 de los 33 pacientes de EM que la siguen desde hace al menos dos años.

5. Conclusión

Ningún medicamento impide la evolución a largo plazo de la EM. Por ello, el cambio nutricional, que no comporta ningún peligro ni ninguna carencia, merece ser probado de forma sistemática. Hay que ser paciente, ya que los beneficios aparecen más tarde que en las otras enfermedades autoinmunes, pero no son menos frecuentes ni evidentes.

Capítulo 14

OTRAS ENFERMEDADES AUTOINMUNES Y HETEROINMUNES

El acto alimentario determina el 70% de las enfermedades.

Doctor JACQUES FRADIN

Se adivinan las equivocaciones y los estragos que pueden ocasionar las curas médicas que sólo tienen como objetivo la desaparición de los efectos, sin buscar, ni invertir las causas reales de las enfermedades.

Doctor PAUL CARTON

A) ENFERMEDADES EN LAS QUE SE HA APLICADO LA DIETA

1. Enfermedad celíaca (EC)

La EC es una atrofia de las vellosidades de la mucosa del intestino delgado con destrucción de los enterocitos, acompañada por una renovación acelerada de las células epiteliales de las criptas. Puede afectar al adulto o al niño.

Los signos clínicos son de dos tipos (Feighery, 1999):

- Los de origen intestinal: diarrea grasa (esteatorrea) o estreñimiento, anorexia, vómitos, dispepsia, dolores abdominales y aftas.
- Los debidos a la malabsorción: anemia, retraso en el crecimiento, retraso psicomotor, osteoporosis, neuropatía, etc.

La enfermedad está extendida, y afecta a una persona de cada 200. Sin embargo, las formas frustradas son, con mucho, las más numerosas. La correlación en los gemelos homocigóticos es del 70%, lo que demuestra que la EC es polifactorial.

Con bastante frecuencia se encuentran algunos anticuerpos en la EC:

- Anticuerpos antigliadina.
- Anticuerpos antirreticulina.
- Anticuerpos antiendomisio.

Estos anticuerpos son IgG y principalmente IgA, lo que sugiere que se producen en los plasmocitos locales. En efecto, la biopsia yeyunal revela en la mucosa del intestino delgado numerosos plasmocitos productores de IgA. Pero estos anticuerpos son probablemente sólo testigos, dirigidos contra autoantígenos liberados por la destrucción de enterocitos.

Los linfocitos TCD4 + parecen los principales causantes de las lesiones intestinales, pues:

- El infiltrado inflamatorio que invade la pared del intestino delgado está constituido principalmente por linfocitos T, la mayoría linfocitos TCD4 + (Karras y Caillat-Zucman, 1999).
- La EC muestra una correlación constante con el HLA. Todos los pacientes poseen el locus HLA-DQ, ya sea DQ2 o DQ8, y el locus HLA-DR, ya sea DR3, DR7 o DR4.

La EC se debe a una inmunización contra un péptido, sin duda común a la gliadina del trigo, a la secalina del centeno y a la hordeína de la cebada (Goggins y col., 1996). Este péptido todavía no se ha identificado. Parece transportado por la fracción A de la gliadina alfa (Anderson y col., 2000). Pero algunos incriminan la secuencia de aminoácidos 31 a 49; otros, la secuencia 206 a 217, y otros, la secuencia 57 a 73.

Los enterocitos de los pacientes expresan en grandes cantidades las moléculas HLA de clase II (Scott y col., 1984), y mucho más HLA-DR que HLA-DQ (Sollid, 2000). Esto me conduce a proponer para la EC la patogenia siguiente: degradación de la gliadina por las enzimas digestivas → Liberación del péptido causal → Penetración de este péptido en los enterocitos → Unión del péptido a moléculas HLA-DR3 o DR7 o DR4 que lo transportan a la superficie del enterocito → Presentación del péptido a los linfocitos TCD4 + → Respuesta inmunitaria contra el péptido → Destrucción de los enterocitos que transportan el péptido → Liberación de autoantígenos → Producción de autoanticuerpos testigos.

Otra posibilidad es que la inmunización contra el péptido exógeno alcance por reacción cruzada un autoantígeno transportado por los enterocitos.

Trabajos recientes han demostrado que los autoanticuerpos antiendomisio, prácticamente constantes en la EC, iban dirigidos contra una enzima, la transglutaminasa tisular (Molberg y col., 1998). Esta enzima produce una desamidación en puntos precisos de la gliadina. Mowat (1998) propuso que la transglutaminasa tisular tenía un papel esencial en la EC al crear un epítopo (péptido antigénico) que se une fácilmente a DR3, DR7 o DR4 y que está muy bien reconocido por algunos linfocitos TCD4 +.

Se sabe desde hace tiempo que la supresión del trigo, del centeno y de la cebada lleva a la curación de la EC. El régimen de exclusión debe, en la mayoría de los sujetos, seguirse toda la vida, bajo pena de recaída.

El modelo de la EC aporta sólidos argumentos en favor de mi concepción de la patología autoinmune, pues:

- Demuestra que una enfermedad denominada autoinmune puede, en realidad, ser el resultado de una respuesta inmunitaria contra un xenoantígeno.
- Demuestra que un régimen alimenticio bien elegido puede sanar una enfermedad autoinmune.

Desde hace algunos años se ha comprobado que una minoría de EC no se curan con la exclusión del trigo, del centeno y de la cebada (Murray, 1999), sino que manifiestan intolerancias suplementarias al maíz y a la leche. Son datos excelentes que apoyan el régimen ancestral.

2. Dermatitis herpetiforme (DH)

La DH es una dermatosis bullosa, es decir, una erupción cutánea con pequeñas ampollas, que se sitúan entre la dermis y la epidermis. Es crónica y benigna. Su etiología es parecida a la de la EC:

- Tiene exactamente la misma correlación con el HLA.
- Está implicado el péptido de la gliadina.

La DH se caracteriza por la presencia de varios autoanticuerpos, la mayoría de tipo IgA. Varios mecanismos pueden explicar la enfermedad:

- Papel directo del xenoantígeno que atraviesa la barrera intestinal, pasa a la sangre y se deposita en la piel.
- Inmunización contra el xenoantígeno que alcanza, por reacción cruzada, a un autoantígeno cutáneo.
- Formación de complejos inmunes que se acumulan en la piel (Thivolet, 1994).

La supresión del trigo, del centeno y de la cebada suele curar la DH.

El modelo de la DH aporta sólidos argumentos en favor de mi concepción de la patología autoinmune:

- Demuestra que una enfermedad llamada autoinmune puede, en realidad, ser el resultado de una respuesta inmunitaria contra un xenoantígeno.
- Prueba que un péptido alimentario puede inducir una afección cutánea, aunque se encuentre lejos del intestino.

• Demuestra que un régimen alimenticio bien elegido puede curar una enfermedad autoinmune.

3. Miastenia

La miastenia es una afección rara, que afecta a tres mujeres por cada varón, y que suele aparecer antes de los 40 años. Está claramente correlacionada con el gen HLA-DR3. Se manifiesta por una debilidad y una fatiga muscular anormal, que aumentan con el ejercicio y disminuyen con el reposo. Suele estar asociada a una hiperplasia del timo o a un timoma (tumor benigno del timo). La evolución tiene lugar por brotes, separados por remisiones.

Existe una anomalía de la unión entre el nervio y el músculo. En esta unión, la acetilcolina se fija normalmente sobre su receptor (AchR), que forma un canal catiónico. La unión de la acetilcolina al AchR ocasiona la apertura del canal durante un milisegundo y permite la entrada en la célula muscular de alrededor de 50.000 cationes, mayoritariamente Na+, lo que provoca una despolarización de la membrana, necesaria para la contracción de la fibra muscular (Gajdos y col., 1997). La acetilcolina se destruye rápidamente, gracias a una enzima llamada colinesterasa.

En la miastenia se pierden numerosos AchR debido a la acción de anticuerpos anti-AchR presentes en el 80-90% de miasténicos. Según Eymard y Chillet (1997), estos anticuerpos actúan a través de tres vías:

• Bloqueo del sitio de fijación de la acetilcolina.
• Degradación acelerada del AchR.
• Destrucción, junto con el complemento, de la membrana postsináptica.

El tratamiento de la miastenia consiste en la administración de inhibidores de la colinesterasa e inmunosupresores.

La miastenia recuerda en algunos aspectos la enfermedad de Basedow, con un papel inicial de los linfocitos T y su infiltración muscular, una función posterior de los linfocitos B y la producción de un anticuerpo contra un receptor de membrana. La diferencia es que, en la enfermedad de Basedow, el anticuerpo es estimulante, mientras que aquí su función es bloqueadora.

Es posible que el anticuerpo causante sea un xenoanticuerpo dirigido contra un antígeno bacteriano que haya atravesado la barrera intestinal, pero que ataque por reacción cruzada a los AchR. En efecto, Stefansson y col. (1985) testaron anticuerpos monoclonales anti-AchR en las proteínas de diez especies de bacterias y comprobaron las semejanzas entre algunas regiones del AchR y algunas proteínas de *Escherichia coli*, de *Klebsiella pneumoniae* y de *Proteus vulgaris*.

Según esta hipótesis, un régimen alimenticio podría resultar útil para tratar la miastenia. He tenido la ocasión de aplicar mi método en una enferma. Después de 16 meses, su estado de salud es bueno. No se manifiesta ningún signo clínico de miastenia. La piridostigmina (inhibidor de la colinesterasa) se suprimió al cabo de un año, aunque aún toma corticoides, 12 mg al día.

Sin embargo, me guardaré bien de afirmar que la dieta es eficaz en la miastenia, por varias razones:

- Una sola observación no es suficiente.
- La miastenia puede entrar en remisión de forma espontánea, a veces de manera prolongada.
- No han podido suprimirse los corticoides. A este respecto, debo indicar que el régimen hipotóxico evita la sobrecarga hídrica inducida por los corticoides, si las dosis no sobrepasan los 20 mg al día. Varios pacientes me han comentado este efecto.

Deberán reunirse más datos para poder juzgar resultados de mi método en la miastenia.

4. Pénfigo

El pénfigo es una dermatosis bullosa autoinmune en la cual las ampollas se localizan en el interior de la epidermis. Se atribuye a autoanticuerpos dirigidos contra algunas proteínas de los desmosomas. Los desmosomas son estructuras que aseguran la adherencia entre las células de la epidermis o queratinocitos. La alteración de estas estructuras lleva a la formación de ampollas.

El pénfigo, antiguamente mortal, ha visto mejorar su pronóstico gracias a la corticoterapia. Sin embargo, la mortalidad sigue siendo de un 10%.

He tenido la ocasión de probar mi método en dos mujeres afectadas por esta dermatosis:

- La primera, que padecía un pénfigo muy grave desde hacía 13 años, había mejorado después de un año de corticoterapia y de plasmaféresis. Desde entonces, la enfermedad persistía bajo una forma atenuada, con vesículas que aparecían de vez en cuando en los puntos de presión. Después del cambio nutricional, estas vesículas casi han desaparecido.
- La segunda practicó el régimen hipotóxico durante 13 meses. Las

ampollas desaparecieron con rapidez, lo cual permitió suprimir progresivamente los corticoides. Cuando se retiró esta medicación, las ampollas recidivaron de manera moderada, antes de desaparecer de nuevo. Sin embargo, el tratamiento se ha instaurado en un intervalo de tiempo demasiado breve para llegar a una conclusión.

En resumen, la eficacia de la dieta ancestral es esperanzadora en el pénfigo, pero necesita una mayor experiencia clínica.

5. Púrpura trombocitopénica idiopática (PTI)

Esta afección autoinmune tiene la particularidad de no estar asociada a los genes HLA. Las plaquetas sanguíneas, que fabrica la médula ósea, sufren una agresión inmunológica en la sangre, humoral y/o celular que las fragiliza. Seguidamente, son destruidas en el bazo de manera rápida.

He probado el régimen de tipo ancestral en dos casos de PTI típicos, con presencia de anticuerpos fijados en las plaquetas. Al cabo de seis meses, mi método no había tenido ningún resultado tangible. No había permitido disminuir las dosis de corticoides necesarias para evitar un desmoronamiento del número de plaquetas. Tampoco permitió evitar la esplenectomía (ablación del bazo) que mejoró notablemente la situación.

Se trata, por tanto, de fracasos del régimen, incluso si éste se ha practicado durante un largo periodo de tiempo. Es probable que la dieta no tenga efectos en la PTI.

6. Hepatitis crónica activa (HCA)

Esta rara enfermedad autoinmune afecta mucho más a las mujeres que a los varones. Está asociada a los genes HLA-DR3 y DR4. Los principales signos clínicos son la ictericia, la sensibilidad del hipocondrio derecho, la alteración del estado general, la fiebre y el aumento del volumen del hígado y del bazo.

Los exámenes biológicos revelan:

- El sufrimiento de las células hepáticas, con un aumento de las transaminasas séricas y de la gamma glutamil transpeptidasa (GT).
- Una serología negativa para los virus de las hepatitis B y C.
- Una respuesta autoinmune con hipergammaglobulinemia y a menudo autoanticuerpos. Los más propagados son los anticuerpos antimúsculos lisos, antinucleares, antimitocondrias, antimicrosomas del hígado, antiantígeno hepático soluble (SLA) y antimembrana de los hepatocitos (LMA).

La evolución espontánea deriva progresivamente en cirrosis, con un 50% de mortalidad a los 5 años. Los tratamientos modernos (corticoides, inmunosupresores, trasplante de hígado) han reducido la mortalidad a un 12%. La HCA es un estado grave, de pronóstico reservado.

El régimen hipotóxico se prescribió a una mujer de 45 años, que sufría una HCA que evolucionaba hacia la cronicidad desde hacía 3 años. Los signos clínicos incluían fatiga acentuada, problemas digestivos, subictericia de las conjuntivas y orina oscura. Las exploraciones hepáticas estaban claramente alteradas, y mostraban los siguientes valores:

- Transaminasa glutamooxálica: cerca de 200 unidades (normalmente menos de 40).
- Transaminasa glutamopirúvica: alrededor de 500 unidades (normalmente menos de 40).
- γ-GT alrededor de 115 unidades (normalmente menos de 78).

Sólo los corticoides presentaban valores normales en los análisis hepáticos. A la paciente se le administraba una posología diaria de 35 mg de prednisolona.

Después de seguir el régimen original durante algunas semanas, la paciente pudo suprimir los corticoides. Se mantuvo la remisión clínica y biológica completa. He realizado un seguimiento de 3 años en esta paciente. Una biopsia de hígado realizada en el 2000 evidencia lesiones más leves que en 1996. Esta experiencia única es, por tanto, muy esperanzadora.

7. Cirrosis biliar primaria (CBP)

Esta rara afección afecta a una persona de cada 10.000 y a 8 mujeres por cada varón. Afecta principalmente a adultos cerca de la cincuentena. Se considera una enfermedad autoinmune y, por otra parte, está relacionada con otras patologías autoinmunes (Jones, 1996).

La enfermedad es polifactorial. Los genes de susceptibilidad tienen, con seguridad, un papel (Donohue y Williams, 1996) (Jones y Bassendine, 1997), como lo prueban:

- Una posibilidad de padecer la enfermedad 500 veces mayor para los parientes directos de los pacientes.
- La correlación moderada, pero irrefutable, con HLA-DR8.

También intervienen factores del medio ambiente (Donohue y Williams, 1996), como indican:

• La frecuencia más elevada en Europa del norte que en Europa del sur.

• La frecuencia más elevada en las zonas industriales que en las zonas rurales.

En la búsqueda de agentes causales de la CBP (Neuberger, 1997) se han considerado algunas bacterias: *Escherichia coli*, *Mycobacterium gordonae* y *Paracoccus denitrificans*, pero no se han aportado pruebas formales.

La CBP se caracteriza por una afección de los canalículos biliares intrahepáticos de medio calibre. La agresión inicial afecta al endotelio de estos canales (Gershwin y Mac Kay, 1995). Las células endoteliales expresan en gran cantidad las moléculas HLA de clase II (Spengler y col., 1998; Neuberger, 1997). Un infiltrado inflamatorio, en el cual predominan los linfocitos TCD4 (Neuberger, 1997), destruye progresivamente los canalículos biliares que son reemplazados por tejido fibroso. Se extienden la fibrosis y la inflamación. Las consecuencias de las lesiones son dobles (Erlinger y Benhamo, 1994):

• Colestasis (dificultad de la salida de la bilis fuera del hígado).

• Hipertensión portal (aumento de la presión en la vena porta y en las venas afluentes).

El estadio final consiste en una cirrosis.

En el aspecto clínico, la CBP evoluciona en tres estadios (Lindor, 1997):

• Un primer estadio de latencia clínico, donde están presentes los autoanticuerpos característicos de la enfermedad: anticuerpos antimitocondrias, detectados en el 96% de los casos, y anticuerpos antinucleares, detectados en el 25% de los casos. Los tests hepáticos permanecen mucho tiempo normales.

• Un segundo estadio en el cual aparecen los signos clínicos: prurito generalizado (picores), fatiga, dolores en la región hepática, aumento del volumen del hígado, problemas digestivos. La ictericia suele aparecer más tarde. Los tests hepáticos (transaminasas séricas, gamma glutamil transferasa y fosfatasas alcalinas) están cada vez más alterados. Las tasas de bilirrubina (pigmentos biliares) en la sangre aumentan más tarde.

• Un tercer estadio en el cual se instala la cirrosis: hígado grande, duro, bazo grande, ascitis (derramamiento de líquido en el peritoneo), circulación colateral abdominal, varices esofágicas que sangran. Entonces, la evolución suele ser mortal.

Si el diagnóstico de CBP es dudoso, puede confirmarse en todo momento haciendo una biopsia de hígado.

Los tratamientos (Jones y Bassendine, 1997) recurren a los corticoides e inmunosupresores; al ácido ursodeoxicólico, que facilita la eliminación de los ácidos biliares tóxicos y disminuye el prurito, e incluso productos que serían antifibróticos (colchicina, metotrexato). Estos medicamentos sólo retardan una evolución inexorable. La supervivencia media es de 7 años y medio. El único medio de salvar a los pacientes es el trasplante de hígado.

Al aplicar mi teoría de las enfermedades autoinmunes a la CBP, propongo que el agente causal es un péptido alimentario o más probablemente bacteriano, que penetra en el organismo a través de la mucosa del intestino delgado, muy permeable, y que tiene preferencia por las células endoteliales de los canalículos biliares, donde se deposita. La aparición de moléculas HLA de clase II en estas células permite la captación del péptido extraño y su presentación a los linfocitos TCD4. Seguidamente, se desencadena una respuesta inmunitaria que destruye las células de los canalículos biliares que contienen el péptido y que conduce a las lesiones de la CBP.

Si mi hipótesis es correcta, el régimen alimenticio ancestral debe ser el mejor tratamiento. Sólo he probado mi método en un enfermo con CBP. Es una observación extraordinaria que merece ser descrita de manera detallada.

Observación DIV 39

La señora G., de 43 años, no presenta ningún antecedente patológico. En 1989 sufre varias situaciones de estrés, primero tres robos que se produjeron en el banco donde trabaja y, a continuación, problemas de salud de sus padres.

Algún tiempo más tarde, puesto que se sentía anormalmente cansada y sufría falsos vértigos, consulta a su médico. Se efectuaron los análisis clínicos correspondientes, que revelaron un aumento moderado de las transaminasas séricas (SGOT y SGPT) y de las gamma glutamil transferasas (γ-GT). El hígado parecía normal en la ecografía.

Los problemas clínicos persistían y la enferma consultó a un gastroenterólogo en 1991. Se le practicó una biopsia de hígado que puso de manifiesto ciertas anomalías:

- Una alteración de los canalículos biliares intrahepáticos.
- Un infiltrado inflamatorio canalar y pericanalar.
- Una fibrosis portal y periportal moderada, sin signos visibles de cirrosis.

Además, el examen biológico evidenció una hipergammaglobulinemia, anticuerpos antimitocondriales (1/2.560) y anticuerpos antinucleares (1/1.280). No se encontró ningún otro anticuerpo. No había anticuerpos dirigidos contra los virus de hepatitis A, B o C. El gastroenterólogo dictaminó, con toda la razón, el diagnóstico de CBP, que fue confirmado dos años después por un profesor y especialista de Marsella.

Se prescribió a la paciente un tratamiento con ácido ursodeoxicólico, acupuntura y osteopatía. Las manifestaciones clínicas desaparecieron y los tests hepáticos se normalizaron. A partir de 1993, apareció un prurito intermitente, con predominancia nocturna, acompañado de un aumento moderado de la bilirrubina a 15 mg. Sin embargo, la paciente permaneció con bastante buena salud durante los cinco años siguientes.

En febrero de 1998 se produce una descompensación elevada del estado hepático, con aparición de ascitis y de otros signos clínicos y biológicos, que indicaban con certeza la existencia de una cirrosis avanzada del hígado. La enferma acude a un gastroenterólogo, un profesor de medicina de Nimes. Éste punciona la ascitis y prescribe 20 mg de Cortancyl, un diurético y ácido ursodeoxicólico. Advierte a la señora G. de la gravedad de su estado y la previene de la necesidad de un trasplante de hígado, sin el cual está condenada.

La enferma acudió a mi consulta algunos días más tarde. En el examen clínico, la ascitis es evidente, acompañada de una circulación colateral, de sangrados por rotura de varices esofágicas y de un bazo grande, signos de una hipertensión portal mayor. El prurito crónico y la elevación de la bilirrubina indicaban una colestasis. El hígado era grande y duro, debido a la estasis biliar y la cirrosis. Los tests hepáticos estaban muy alterados (véase tabla XV) y revelaban una citólisis (destrucción de las células hepáticas). En suma, el estado general estaba alterado, la paciente padecía diarrea y anemia.

Efectivamente, el estado de la señora G. era desesperado y el trasplante de hígado parecía la única solución. Pero la paciente quería probar mi régimen alimenticio. Yo creía que había venido a verme demasiado tarde y que el intento sería inútil. Sin embargo, le expliqué mi método, al mismo tiempo que me decía a mí mismo que, si fracasaba al tratar lesiones de la cirrosis tan avanzadas, podría, sin embargo, ser útil en caso de trasplante hepático, si permitiera evitar que el proceso autoinmune de CBP afectara al hígado trasplantado.

Tres meses más tarde, la señora G., me llamó por teléfono. Seguía escrupulosamente las prescripciones dietéticas y se sentía mucho mejor. El prurito había cesado y el vientre se había deshinchado. Las hemorragias digestivas ligadas a las varices esofágicas habían cesado. El tránsito intestinal se normalizó y las heces adquirieron color. El apetito y el

Tabla XV
EVOLUCIÓN DE LOS TESTS HEPÁTICOS DE LA SEÑORA G.

	Marzo de 1998 (antes del régimen)	Julio de 1998	Enero de 1999	Julio de 1999	Diciembre de 1999	Marzo de 2000	Tasas normales
SGOT	200	114	90	83	51	45	< 52
SGPT	170	117	74	60	45	39	< 52
γ-GT	356	210	104	—	—	29	< 78
Ph. Alc.	795	356	—	293	188	138	< 126

tono eran excelentes. Sorprendido por esta evolución favorable, le pedí que viniera a la consulta para examinarla. Efectivamente, la ascitis y la circulación colateral desaparecieron y el hígado disminuyó de tamaño. Sólo persistía un bazo grande que desbordaba en 4 cm el borde costal y que destruía en exceso los glóbulos rojos, los glóbulos blancos y las plaquetas, y daba lugar a una anemia, leucopenia y plaquetopenia moderadas. Los tests hepáticos habían mejorado claramente (tabla XV).

A partir de entonces, el estado clínico es excelente. La señora G. camina 6 horas todos los fines de semana. Los análisis hepáticos son normales y en marzo del 2000 llegaron casi a valores normales (tabla XV). Los anticuerpos antimitocondriales disminuyeron a la mitad y los anticuerpos antinucleares a 7/8. Los únicos medicamentos que se le administran son dosis menores de corticoides (en mi opinión, probablemente inútiles), un diurético y ácido ursodeoxicólico, que es un depurativo biliar.

El gastroenterólogo, que no había visto jamás una CBP desarrollarse de esta manera, continúa proponiendo un trasplante de hígado, que actualmente no tiene razón de ser. Salvo circunstancias graves, como un estrés importante, otra afección hepática o un deterioro del intestino delgado, la señora G. tiene muchas posibilidades de conservar este equilibrio, que dura desde hace ya dos años, durante el resto de su vida.

8. Uveítis anterior aguda (UAA)

La UAA suele acompañar a la espondilitis anquilosante y posee, como ésta, una frecuente correlación con HLA-B27. Esto sugiere que la UAA tiene un mecanismo análogo al de la EA. Un péptido parecido o diferente del péptido causante de la EA se acumularía en la cámara anterior del ojo. Este péptido, al ser presentado por la molécula HLA-B27 a los linfocitos TCD8 +, suscitaría una respuesta inmunitaria que afectaría a las estructuras oculares que albergan el péptido, seguida muy pronto de una respuesta inflamatoria.

Otra posibilidad es que el péptido exógeno permanezca fuera del ojo y que la respuesta inmunitaria que activa afecte por reacción cruzada a un péptido endógeno del ojo.

He probado mi método nutricional en 10 casos de UAA: una aislada, las otras nueve ligadas a una EA. Los resultados que he obtenido han sido excelentes.

9. Síndrome de Guillain-Barré

Esta enfermedad, bastante desconocida, se suele considerar una afección inflamatoria autoinmune del sistema nervioso, y por ello hablaré de este síndrome en este capítulo.

El síndrome de Guillain-Barré se caracteriza clásicamente por una parálisis, pérdida de los reflejos tendinosos y una disociación albuminocitológica en el líquido cefalorraquídeo (aumento de la albúmina sin incremento de células). Respecto a la poliomielitis, muy a menudo grave, se trata de una enfermedad benigna. De hecho, la mortalidad es del 15% (Serratrice, 1996).

El Guillain-Barré, síndrome de contornos bastante imprecisos, puede adoptar varias formas (Vallat y col., 1999). Me limitaré a describir la afección aguda desmielinizante, la más frecuente, y de la cual traté un caso.

Observación NEUR 23

La señora P. no tenía ningún antecedente personal importante. En diciembre de 1996, a los 36 años, presentó de forma brusca un cuadro inquietante: dolor de cabeza, vómitos, rigidez de la nuca, una gran fatiga y fiebre. Primero se dictaminó una meningitis, pero muy pronto sobrevinieron otros signos: vértigos, dolores musculares, dolores articulares y principalmente:

- Parálisis de los miembros inferiores y más moderadamente del miembro superior izquierdo.
- Arreflexia osteotendinosa en las regiones paralizadas.
- Problemas sensitivos del hemicuerpo izquierdo con anestesia y sensaciones muy molestas de quemazón.
- Desenfoque visual.

Estas manifestaciones neurológicas, así como los datos de la punción lumbar y del electromiograma, derivan en un diagnóstico de síndrome de Guillain-Barré. Se instauró un tratamiento con un antipalúdico de síntesis y un AINE que resultó poco eficaz. Sin embargo, los síntomas remitieron muy lentamente y se obtuvo una remisión parcial. Desgraciadamente, en enero de 1999 sobrevino una recaída, similar a la del primer brote.

Cinco meses más tarde, en junio de 1999, la enferma adopta el régimen alimenticio hipotóxico. Las manifestaciones neurológicas se atenuaron progresivamente y de manera bastante rápida, tanto en el déficit motor como en los problemas sensitivos y de la afección visual. En abril del 2000, después de diez meses de nutrición «a la antigua», los progresos son enormes, sin que se pueda, sin embargo, hablar de curación. Los signos de Guillain-Barré no se manifiestan en reposo, en particular por la mañana al levantarse, pero, en caso de esfuerzo durante el día, reaparecen durante la tarde de forma discreta. Las infracciones del régimen son seguidas de una pequeña recaída.

Comentarios

1) El contraste entre la evolución crónica y rebelde a pesar de los medicamentos y la rápida mejoría con el régimen original sugiere que el cambio nutricional es probablemente eficaz en la enfermedad de Guillain-Barré. Las recidivas moderadas en caso de infracción confirman esta impresión.

2) En la forma aquí descrita, las lesiones neurológicas están constituidas por una desmielinización tras la aparición de los focos inflamatorios, a veces con alteración de algunos axones (Serratrice, 1996). La causa del síndrome aún se desconoce, pero una de las hipótesis más sólidas se basa en la presencia de anticuerpos, e IgA, dirigidos contra una bacteria intestinal, *Campylobacter jejuni*, presentes en el 38% de los pacientes (Serratrice, 1996; Tokya, 1999). La mayoría de los autores atribuye las lesiones neurológicas a una respuesta inmunitaria del huésped.

Es tentador proponer que un péptido de *Campylobacter jejuni* sea el agente causal de síndrome Guillain-Barré. Este péptido, tras atravesar la barrera intestinal, entraría en la circulación general y suscitaría una respuesta inmunitaria que afectaría por reacción cruzada a algunas estructuras del sistema nervioso.

El efecto de la dietética sería erradicar a *Campylobacter jejuni* de la flora intestinal y restaurar la impermeabilidad de la mucosa del intestino delgado. La respuesta inmunitaria no se mantiene, puesto que cesa el paso de péptidos bacterianos; al contrario, disminuye y se produce una remisión clínica.

10. Vasculitis con ANCA

Desde hace una quincena de años, se han identificado vasculitis bastante raras, muy a menudo acompañadas de anticuerpos dirigidos contra el citoplasma de los neutrófilos polinucleares y designados por el diminutivo ANCA *(anti neutrophil cytoplasmic antibodies)*. Las dos vasculitis principales de este grupo son las enfermedades de Wegener y de Churg-Strauss.

La granulomatosis de Wegener se diagnostica gracias a criterios precisos definidos por el American Council of Rheumatism (Jaffe, 1997):

1) Manifestaciones ORL, dominadas por una inflamación nasal o bucal, con úlceras dolorosas.

2) Manifestaciones pulmonares:

- Nódulos, infiltrados o cavidades visibles en las radiografías.
- Granulomas asociados a placas de necrosis evidenciados en las biopsias.

3) Manifestaciones renales con una hematuria microscópica. En las biopsias se aprecia una glomerulonefritis necrosante, segmentaria y focal.

4) Vasculitis necrosante y granulomatosa, que afecta a las arterias de pequeño calibre y a las venas.

Pueden darse otros signos clínicos.

En la clínica, se aprecia una aceleración de la VS, anemia y leucocitosis con polinucleosis neutrófila. Se detectan casi siempre ANCA que, en la técnica de inmunofluorescencia indirecta, producen casi siempre una fluorescencia difusa del citoplasma y están dirigidos contra la proteinasa 3.

La enfermedad de Churg-Strauss se parece mucho al síndrome de Wegener, pero con algunas características distintas que permiten su diagnóstico (Reid y col., 1998):

1) Manifestaciones pulmonares más constantes, y casi siempre asma.

2) Afecciones renales y oculares más raras.

3) Otras localizaciones son, al contrario, más frecuentes: sistema nervioso periférico, pericardio, músculos, tracto digestivo.

4) Eosinofilia en el 90% de los casos.

5) Vasculitis necrosante y granulomatosa, con presencia de eosinófilos en los granulomas, frecuencia de constricciones vasculares y de microaneurismas.

En la clínica, se observa, como en el síndrome de Wegener, un síndrome inflamatorio. Pero los ANCA son más inconstantes, se encuentran sólo en el 60% de los pacientes. Sobre todo, se observa casi siempre una fluorescencia perinuclear. Suelen ser dirigidos contra la mieloperoxidasa.

Las enfermedades de Wegener y de Churg-Strauss tienen una evolución espontánea que acostumbra ser mortal. Afortunadamente, los corticoides y los inmunosupresores han mejorado mucho el pronóstico.

El régimen alimenticio ancestral se ha probado en dos casos de Wegener y en un caso de Churg-Strauss. Los tres enfermos están muy satisfechos con el método nutricional ya que ha tenido una evolución positiva, habitual en el estado general, tanto en el aspecto físico como en el psíquico. El impacto en la vasculitis es variable. Es cierto que los tres pacientes están estables, pero no han podido suprimir los corticoides. En uno de ellos, que sólo toma 6 mg al día de cortisona y se encuentra muy bien desde hace un año, se puede hablar de probable éxito del régimen. Para los otros dos, que aún toman 30 mg de cortisona, la impresión no es todavía definitiva. Se necesitarán más casos y más tiempo para llegar a conclusiones definitivas.

11. Neuropatías periféricas idiopáticas

Estos problemas motores y/o sensitivos de los nervios periféricos corresponden a polineuritis y polirradiculoneuritis antiguas. Su origen se desconoce y se suelen considerar autoinmunes (Vallat y Vallat-Devouvelaere, 2000). En general, responden muy mal a los tratamientos médicos.

Seis sujetos afectados de este tipo de neuropatía adoptaron el régimen alimenticio original. El resultado fue el siguiente:

- Un fracaso, en el cual la situación continuó agravándose.
- Tres estabilizaciones, en las que se frenó la tendencia al deterioro progresivo, pero no hubo recuperación.
- Dos mejorías: una moderada, la otra clara.

Las lesiones de los nervios suelen ser definitivas, porque los vasos pequeños *(vasa nervorum)* que alimentan a los nervios son frágiles y la reacción inmunitaria e inflamatoria los destruye con facilidad. El nervio necrosado en mayor o menor grado es irrecuperable.

El cambio nutricional parece capaz de detener en la mayoría de los casos el proceso que agrede al nervio. Es esencial adoptar el método lo antes posible, antes de que las secuelas sean irreversibles.

12. Nefropatía por IgA

También llamada enfermedad de Berger, es la más extendida de las glomerulopatías (afección de los glomérulos renales). Se caracteriza por depósitos de IgA en los glomérulos, sobre todo en el tejido llamado mesangio (Berthoux, 1995). Evoluciona progresivamente, de manera más o menos rápida según los sujetos, hacia la insuficiencia renal crónica. Ninguno de los numerosos medicamentos que han sido propuestos puede detener esta agravación inexorable.

Varios elementos sugieren que residuos bacterianos o alimentarios de origen intestinal pueden ser los causantes de esta afección, que parece xenoinmune más que autoinmune:

1) Es difícil incriminar a IgA aisladas, ya que éstas no tienden a depositarse en los glomérulos, como se ha observado en algunos enfermos cuya sangre es muy rica en IgA (mieloma por IgA, sida) (Alamartine, 1995).

2) Las IgA que intervienen en la enfermedad de Berger son probablemente secretadas por plasmocitos en la mucosa del intestino delgado. Recordemos que se diferencian dos variedades de IgA:

- Las IgA1, fabricadas en la médula ósea, que son monómeros (moléculas únicas).
- Las IgA2, fabricadas en las mucosas, que son dímeros (moléculas dobles). Las dos IgA están enlazadas por la pieza secretora y por la cadena J (figura 4).

Alamartine (1999) cree que las IgA que se acumulan en los glomérulos renales son IgA1, ya que no tienen la pieza secretora que las IgA2 adquieren durante el paso de una mucosa. Pero estas IgA tienen la cadena J y, por tanto, son dímeros. Creo que se trata de IgA2 producidas en el intestino, pero que nunca han atravesado la mucosa. Estas IgA2 encuentran proteínas antigénicas alimentarias y/o bacterianas procedentes de la luz digestiva a través del epitelio intestinal, y forman con ellas complejos inmunes que pasan seguidamente a la sangre.

3) En el mesangio no se encuentran sólo IgA, sino también IgG (a menudo), IgM (en ocasiones), la fracción del complemento (siempre) (Pettersson, 1997) y sobre todo múltiples variedades de antígenos bacterianos o alimentarios (Sato y col., 1990).

4) La enfermedad de Berger está relacionada con la EA, la enfermedad de Crohn, la rectocolitis hemorrágica, la enfermedad celíaca y la

dermatitis herpetiforme. El elemento común en estos trastornos parece ser una permeabilidad exagerada de la mucosa del intestino delgado.

La patogenia de la nefropatía por IgA podría ser la siguiente (figura 39):

- En los individuos genéticamente predispuestos, aumento de la permeabilidad intestinal debido al impacto de la alimentación moderna y de una flora bacteriana modificada.
- Paso de proteínas y péptidos bacterianos y alimentarios.
- Respuesta inmunitaria contra esos heteroantígenos, con producción de una gran cantidad de IgA, pero también de otros anticuerpos.
- Formación de complejos inmunes antígeno + anticuerpo que circulan por la sangre.
- Depósito de complejos inmunes en los capilares glomerulares, encima y debajo de las células endoteliales, favorecido por la presión sanguínea, cuatro veces más fuerte en los capilares glomerulares que en los capilares comunes.
- Los diversos factores del complemento, los polinucleares neutrófilos, los macrófagos y las células dendríticas se fijan en los anticuerpos de los complejos inmunes. Las células vecinas de los complejos están lesionadas por la acción lítica del complemento, la liberación de enzimas lisosomiales y de radicales libres, y la secreción de mediadores de la inflamación.

Parece razonable, por tanto, proponer el régimen hipotóxico en la enfermedad de Berger, con el objetivo de detener el flujo de moléculas antigénicas procedentes del intestino, y así frenar la llegada de los complejos inmunes a los glomérulos. Sería interesante comprobar si los neutrófilos y los macrófagos son capaces de fagocitar los complejos inmunes ya depositados, lo que permitiría eventualmente restablecer el funcionamiento de algunos glomérulos.

Actualmente, 6 pacientes (5 varones y 1 mujer) afectados de nefropatía por IgA siguen mi régimen. Los principales signos de la afección renal son la hematuria microscópica, la proteinuria y de forma más inconstante la hipertensión arterial, pero no tienen un gran valor en el pronóstico. El mejor medio de apreciar el estado del riñón es a través de la cantidad de creatinina en el suero. Es el parámetro que he utilizado para establecer un balance de los resultados (tabla XVI).

Si se considera a los cinco últimos enfermos consultados con una creatinemia superior a la normal (más de 13 mg), pero no demasiado elevada, sólo se observa que la tasa de creatinina permanece estable en un sujeto y disminuye de 3 a 4 mg en los otros pacientes. Esto sugiere que:

Figura 39. **UNA HIPÓTESIS SOBRE LA PATOGENIA DE LA NEFROPATÍA POR IgA**

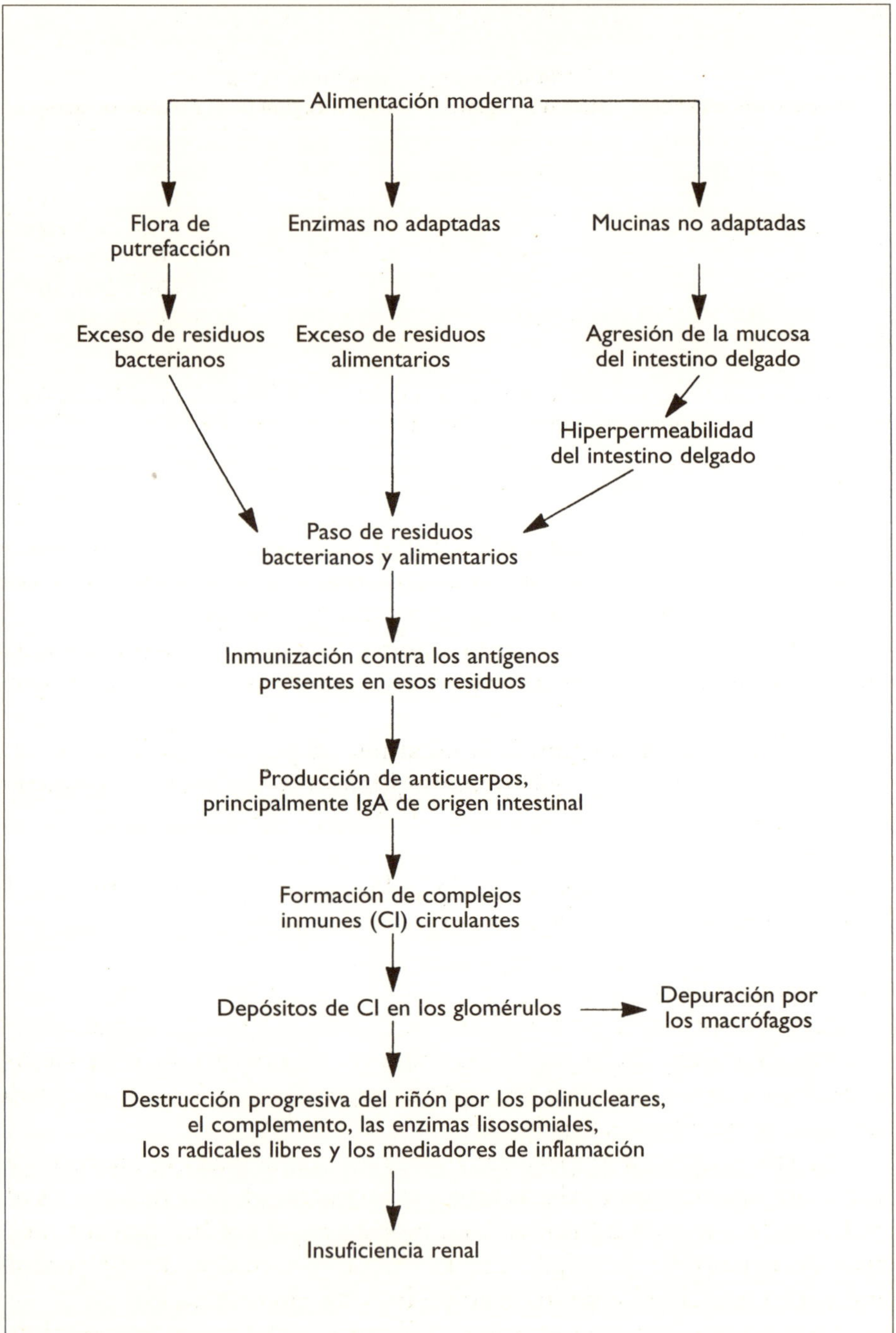

Tabla XVI
RESULTADOS DE LA DIETÉTICA EN 6 PACIENTES AQUEJADOS DE NEFROPATÍA POR IgA

Número del enfermo	Creatinina en mg antes del régimen	Creatinina en mg con el régimen	Periodo de tiempo
1	36	35	4 años
1	36	43	5 años y 6 meses
2	21	18	3 años y 6 meses
3	15	12	1 año y 3 meses
4	15	11	1 año y 2 meses
5	20	20	6 meses
6	20	16	6 meses

Los datos del enfermo número 1 se duplican para mostrar la eficacia del régimen de exclusión durante 4 años, y después el deterioro del riñón, que sobrevino enseguida.

1) El régimen ancestral parece capaz de detener la evolución clásicamente inexorable de la enfermedad de Berger. Más casos y un periodo de tiempo mayor deberían, espero, confirmar esta teoría.

2) La disminución de 3 o 4 unidades de la tasa de creatinina indica una posibilidad de recuperación de algunos glomérulos, inflamados pero no destruidos.

3) Es imposible disminuir la creatinemia por debajo de un cierto umbral. Esto demuestra que algunos glomérulos están definitivamente destruidos.

Explicaré de manera más detallada la historia del paciente número 1, que constituye el caso más antiguo y el más grave.

Observación BERG 2

El señor N., profesor de educación física, no presentaba ningún antecedente patológico importante. Sus molestias empezaron a los 28 años, cuando desarrolló una enfermedad de Berger seguida 7 años más tarde de una rectocolitis hemorrágica.

La afección renal empezó en 1985, con una hematuria microscópica, acompañada más tarde de hipertensión arterial y proteinuria de alrededor de 1 g cada 24 horas. Una biopsia renal confirmó el diagnóstico de nefropatía por IgA. En 1990, los resultados de un análisis indicaron que el 50% de los glomérulos estaban destruidos.

La tasa de creatinina en suero, fiel medida del valor funcional del riñón, aumentó de forma progresiva. De 10 mg en 1985, pasó a 17 mg en 1990, 28 mg en 1993 y 35 mg en 1994.

En 1992, una rectocolitis hemorrágica (RCH) complicó todavía más la situación. Las heces eran muy líquidas, y contenían sangre y mucosidad. Una coloscopia con biopsia puso de manifiesto lesiones debidas a la RCH, que empezaban a 25 cm del ano y se extendían hasta el recto distal y la parte baja del colon sigmoide.

Prácticamente indiferente a los diversos medicamentos probados, la RCH evolucionaba por brotes desde el mes de noviembre hasta el mes de mayo (7 meses), separados por remisiones entre junio y octubre (5 meses).

El señor N. acudió a mi consulta en diciembre de 1994 en el estado descrito, bastante inquietante. Aplicaba con bastante asiduidad mi método nutricional. Cuatro años más tarde, los resultados eran los siguientes:

- Los análisis renales daban los mismos valores que los de diciembre de 1994, con una creatinemia de 35 mg, un aclaramiento de creatinina de 0,41 mg/l y una proteinuria de 24 horas de 0,48 g.
- La RCH, que al principio parecía resistente al cambio de alimentación, estaba mejorando. Una remisión completa se prolongó después de 13 meses, la más larga nunca observada desde el comienzo de la afección.
- El paciente se sentía clínicamente en plena forma.

Desafortunadamente, 18 meses después de este control, es decir, tras 5 años y medio de evolución, y sin quejas del enfermo en el aspecto clínico, se constata un aumento de la creatinina a 43 mg, lo cual indica una agravación de las lesiones y hace temer en un futuro próximo una insuficiencia renal severa, que obligará a recurrir a la hemodiálisis (riñón artificial) o al trasplante de riñón.

Comentarios

1) El problema de la RCH se describe en su conjunto en el capítulo 23.

2) Cuando el riñón tiene lesiones graves, como en el caso del señor N., se puede temer un deterioro a largo plazo, incluso en ausencia de nuevas agresiones de complejos inmunes. Nos podemos encontrar en una situación análoga al rechazo crónico que destruye el órgano renal trasplantado. Cuando sólo queda el 30% de los glomérulos, éstos tienen que hacer el trabajo normalmente repartido entre el 100% de los glomérulos. La sobrecarga pude causar su muerte por

agotamiento. La destrucción es de origen mecánico y no inmunológico.

3) Es fundamental empezar el tratamiento en un estadio precoz, cuando la gran mayoría de glomérulos están todavía indemnes o sólo inflamados.

4) Cuando acudió a mi consulta, según las previsiones de los nefrólogos, el señor N. necesitaba recurrir al riñón artificial al año siguiente. Aunque la dieta se aplicó en un estadio muy avanzado, ganó unos años preciosos.

5) Si el señor N. debe recurrir un día a un trasplante renal, debe saber que, a largo plazo, la nefropatía por IgA ataca casi siempre al órgano trasplantado (Van Den Boog y col., 1999). Esto no es sorprendente, ya que la hiperpermeabilidad intestinal inducida por la alimentación moderna persiste, y constituye el factor causal mayor de la enfermedad de Berger. El régimen ancestral será la mejor protección contra esa recurrencia.

13. Enfermedad de La Peyronie

Esta afección se caracteriza por una reacción inmunitaria e inflamatoria dirigida contra algunas estructuras conjuntivas del pene que origina un proceso de esclerosis y de calcificación. El pene, normal en reposo, se vuelve doloroso y deforme con la erección. Las zonas esclerosadas forman masas perceptibles y las relaciones sexuales son difíciles o imposibles. La evolución espontánea raramente es favorable y el cuadro clínico persiste en estado crónico. Los múltiples tratamientos médicos y quirúrgicos propuestos no son satisfactorios.

Tuve la ocasión de prescribir el régimen de exclusión a 4 sujetos afectados de la enfermedad de La Peyronie. En todos los casos se obtuvo una clara mejoría al cabo de unos meses. En el aspecto genital, hay una regresión progresiva de las deformaciones y de las masas de esclerosis, y las relaciones sexuales, que eran imposibles, se vuelven posibles e indoloras.

B) ENFERMEDADES EN LAS CUALES LA DIETÉTICA DEBERÍA PROBARSE COMO TRATAMIENTO CURATIVO

La lista de estas enfermedades se detalla en la tabla XVII. Para muchas de ellas, es difícil saber si la respuesta inmunitaria se pone en marcha contra un autoantígeno o un xenoantígeno, de ahí el título de la tabla.

En estas afecciones son posibles dos situaciones:

- O bien no hay un órgano lesionado, como en las anemias hemolíticas por autoanticuerpos y las granulopenias autoinmunes.

Tabla XVII
ENFERMEDADES AUTOINMUNES O XENOINMUNES
EN LAS CUALES EL RÉGIMEN DEBERÍA PROBARSE
COMO TRATAMIENTO CURATIVO

Enfermedad de Addison idiopática
Síndrome de Goodpasture
Nefropatía membranosa idiopática
Nefrosis lipoidea
Glomerulopatías por complejos inmunes
Dermatosis bullosa
Arteritis temporal de Horton
Periarteritis nudosa
Policondritis atrófica
Enfermedad de Biermer
Anemias hemolíticas por autoanticuerpos
Granulopenias autoinmunes

• O bien las lesiones del órgano se producen progresivamente, durante un lapso de tiempo que se extiende, de forma general, a varios años. Es el caso de la nefropatía membranosa idiopática y de la policondritis atrófica.

En la primera situación, el régimen alimenticio puede prescribirse en todo momento. En la segunda situación, debe instaurarse lo antes posible, ya que es imposible recuperar las estructuras destruidas.

En algunos casos, la dieta puede prescribirse sola. En otros, debe asociarse a medicamentos. Así, en la arteritis temporal de Horton, los corticoides en dosis elevadas son obligatorios, debido al riesgo de ceguera.

C) ENFERMEDADES EN LAS CUALES LA DIETÉTICA DEBERÍA PROBARSE COMO TRATAMIENTO PREVENTIVO

Existen afecciones en las cuales el proceso autoinmune, actuando sin provocar muchas molestias, destruye en un plazo de algunos meses a dos años algunas células especializadas. Cuando la totalidad o la casi totalidad de las células han sido dañadas, la enfermedad se manifiesta. Las lesiones son definitivas y no hay recuperación posible. El régimen es inútil como tratamiento curativo. En cambio, podría ser interesante en el tratamiento preventivo. En esta clase de enfermedades se inscriben la narcolepsia y la diabetes insulinodependiente.

Narcolepsia

La narcolepsia es un trastorno primitivo del sueño cuyos principales signos clínicos son:

- Accesos irresistibles de sueño.
- Somnolencia diurna excesiva.
- Accesos de cataplejía (pérdida acentuada del tono muscular).

La narcolepsia no es excepcional. Su frecuencia es del 0,04% en Francia. La correlación en los gemelos monocigotos es del 35%, lo que demuestra que la enfermedad es multifactorial, con participación de factores genéticos y ambientales. Se desconoce la patogenia de esta hipersomnia, pero la extraordinaria asociación con HLA-DR15, que se encuentra en el 98% de los pacientes, sugiere un mecanismo autoinmune.

La narcolepsia podría ser resultado de la destrucción por una respuesta inmunitaria de las neuronas que producen hipocretinas (Billiard y Dauvilliers, 2000). Las hipocretinas A y B son neuropéptidos implicados en la regulación del proceso vigilia/sueño. Las neuronas que las segregan están situadas en la parte lateral del hipotálamo.

La narcolepsia a veces se declara de forma súbita, sin signos evidentes. Con más frecuencia sigue a un periodo problemático de algunos meses a dos años durante el cual pueden detectarse síntomas discretos. La dietética podría resultar beneficiosa, al menos en parte, en ese estado. Sin embargo, sería más lógico ponerla en práctica mucho antes del comienzo de las primeras manifestaciones, a título preventivo.

Actualmente somos capaces de distinguir, con un narcoléptico, los individuos que padecen riesgo de contraer hipersomnia y los que no. Los primeros tienen genes HLA-DR15, los segundos no. La probabilidad para un individuo del grupo de riesgo de desarrollar la enfermedad es de cerca de 1:50.

La narcolepsia, una vez se manifiesta, no se cura con ningún medicamento y constituye un impedimento para la vida normal, pues incapacita al paciente para desarrollar algunos trabajos, como, por ejemplo, aquellos que requieren conducir un vehículo. Sin embargo, incluso si la dietética resultara un método preventivo eficaz, ¿cuántos sujetos en riesgo aceptarían seguir un régimen, sabiendo que sólo tienen 1 posibilidad entre 50 de que un día puedan verse afectados por la hipersomnia, verdaderamente molesta, pero no mortal?

Diabetes tipo 1 (DID)

La diabetes tipo 1 tiene una frecuencia del 0,2%. También puede llamarse diabetes insulinodependiente (DID). Se distribuye de igual manera entre los dos sexos, se manifiesta antes de los 35 años y a menudo durante la infancia. Se caracteriza por la destrucción de las células beta de los islotes de Langerhans del páncreas, lo que se traduce en la ausencia de secreción de insulina.

La diabetes tipo 1 se considera una enfermedad autoinmune. Se han detectado numerosos anticuerpos (Atkinson y MacLaren, 1993), de los cuales los más difundidos están dirigidos contra el citoplasma de las células beta de los islotes de Langerhans (frecuencia del 80%), contra la insulina (45%) y contra la ácido glutámico-descarboxilasa o GAD (frecuencia del 80%). Estos autoanticuerpos parecen no ser causales, pero sí secundarios o testigos. La primera causa de la DID se atribuye a los linfocitos T (Bach, 1989) y en particular a los TCD4, abundantes en el infiltrado celular que ocupa los islotes de Langerhans. La expresión aberrante de las moléculas HLA de clase II en la membrana de las células beta sugiere el papel causal de un péptido transportado por estas moléculas HLA a los TA.

La ausencia de insulina indispensable para que las células la utilicen en la glucosa sanguínea se traduce en el aumento de la tasa de glucosa en la sangre (hiperglucemia) y su paso a la orina (glicosuria). Las alteraciones biológicas inducen signos clínicos: polidipsia (sed exagerada), polifagia (apetito exagerado) y adelgazamiento progresivo.

Sin tratamiento, la evolución se encamina hacia un coma acidocetósico mortal. La insulinoterapia permite una supervivencia prolongada, pero es imposible, a pesar de los progresos hechos en las técnicas de inyección, modificar en cada momento los aportes de insulina para adaptarlos a las necesidades variables de las células. La consecuencia de este inconveniente es que la mayoría de los enfermos tarde o temprano desarrolla dichas complicaciones degenerativas en los vasos pequeños:

- Retinianos (retinitis diabética con riesgo de ceguera).
- Coronarios (infarto de miocardio).
- Periféricos (arteritis de los miembros inferiores).
- Renales (insuficiencia renal progresiva).

La glicolisación exagerada de las proteínas, unida al exceso de glucosa, favorece estas lesiones vasculares.

La concordancia de la DID en los gemelos monocigotos es del 35%, lo que prueba que se trata de una enfermedad polifactorial. Intentemos analizar cuáles son los factores genéticos y los factores medioambientales.

A diferencia de otros estados autoinmunes que cuentan con una herencia dominante, la DID tiene una herencia recesiva. El primer gen de susceptibilidad pertenece al sistema HLA. Se trata quizá del HLA-DR, puesto que el 95% de los pacientes posee DR3 o DR4. También puede tratarse del HLA-DQ, pues el 98% de los enfermos tiene una cadena DQβ sin ácido aspártico en posición 57 (Todd y col., 1987) y una cadena DQα con una arginina en posición 52 (Khalil y col., 1990). Es posible que DR y DQ intervengan conjuntamente.

La herencia recesiva y la participación de HLA-DQ me llevan a pensar que la respuesta inmunitaria en la DID obedece a un mecanismo diferente del de otras enfermedades autoinmunes. Normalmente, mi teoría es que se produce una inmunización contra un xenoantígeno o un autoantígeno. Para la DID, creo más en una intolerancia para un xenoantígeno o un autoantígeno tolerados por la mayoría de los individuos. A semejanza de Hirayama y col. (1987), atribuyo a HLA-DR una función en la inmunización y a HLA-DQ una función en la tolerancia.

Hay otros genes de susceptibilidad que no son genes HLA. Un gen menor sería IDDM2, unido al gen de la insulina en el cromosoma 11 (Davies y col., 1994). Personalmente, implico a los genes de las enzimas y de las mucinas del intestino delgado. El papel del intestino se manifiesta por la relación entre la DID y la leche de vaca, de la cual hablaré más adelante.

Las fuertes variaciones de frecuencia de la DID de un país a otro (figura 40) indican la importancia de los elementos exógenos en el desarrollo de la insuficiencia pancreática.

Entre los factores ambientales, debemos destacar el estrés, ya que a menudo se menciona en las entrevistas con los pacientes. Creo que los virus, cuya presencia se ha buscado pero nunca encontrado, deben descartarse. Las bacterias intestinales y la alimentación moderna son evidentemente nocivas. La escuela escandinava ha efectuado varios trabajos, en los que se destaca el papel nocivo de la leche de vaca:

- Borch-Johnsen y col. (1984) fueron los primeros que observaron que la DID está más extendida en los niños alimentados con leche de vaca que en aquellos amamantados con leche materna. Este hecho ha sido confirmado por otros grupos en Noruega, Suecia y Finlandia. Cuanto antes se sustituye la leche materna por la leche de vaca, más frecuente y precoz es la DID.
- Karjalainen y col. (1992) compararon 142 niños con DID reciente con 79 niños sanos y 300 adultos sanos. Los anticuerpos antialbúmina bovina de tipo IgG se detectaron con valores altos en el 100% de los enfermos frente al 3,8% y al 3,3% en las dos poblaciones control. La cantidad de estas IgG es seis veces y media mayor en los pa-

Figura 40. **FRECUENCIA DE DIABETES INSULINODEPENDIENTE EN DIFERENTES PAÍSES EUROPEOS**

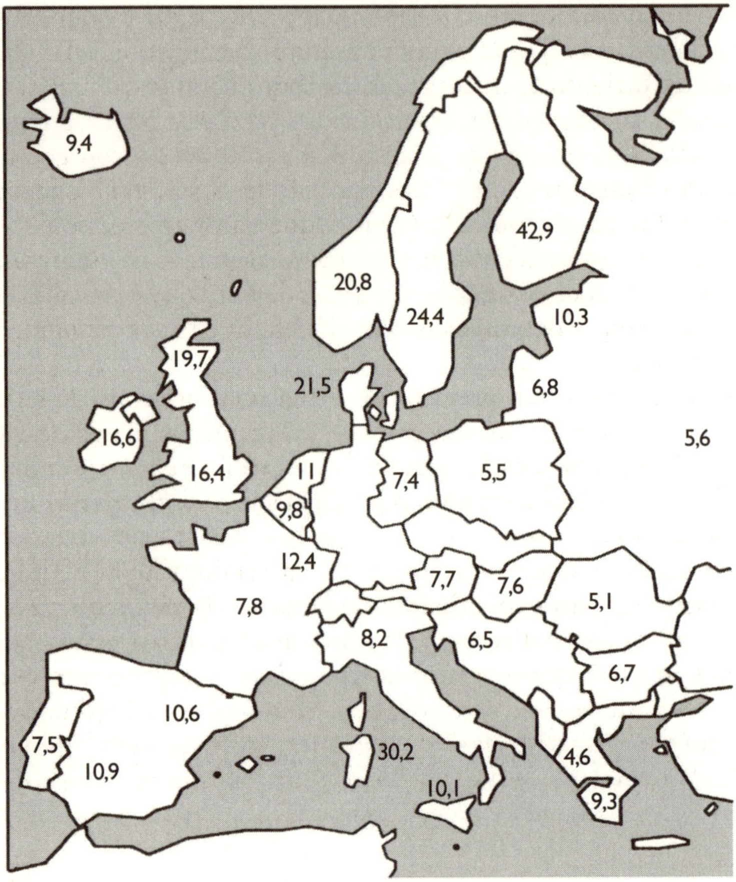

El número que aparece en cada país corresponde a la cantidad de personas entre 100.000 a las que se ha diagnosticado una diabetes de tipo I.

cientes que en los individuos control. Las IgG suelen acompañarse de valores elevados de IgA antialbúmina bovina, pero no de IgM. La concentración de los anticuerpos disminuye progresivamente, y llega a la normalidad transcurridos uno o dos años.

• En ratas, la administración de leche de vaca favorece la aparición de DID. Los anticuerpos antialbúmina bovina son claramente más frecuentes en las ratas enfermas que en los controles. La inmunización contra la albúmina bovina acelera la aparición de la DID, que se previene con la inducción de una tolerancia para la albúmina bovina.

Estos datos han conducido a Karjalainen y col. (1992) a considerar la albúmina de la leche de vaca como agente causal de la DID. La respuesta inmunitaria dirigida contra esta albúmina atacaría por reacción cruzada a una proteína de la superficie de las células pancreáticas beta, llamada p69, cuya expresión es inducida por el interferón gamma, liberado como consecuencia de infecciones o de estrés. Una secuencia de 17 aminoácidos en la albúmina bovina, que va de la posición 152 a la posición 168, denominada ABBOS ofrece semejanzas de estructura con la p69. Así, la respuesta inmune, orientada en principio contra la albúmina bovina, daña y destruye las células beta que llevan en la membrana la proteína p69.

Los escandinavos han previsto un programa que consiste en suprimir la leche de vaca de los seis a los ocho primeros meses de vida en cerca de 250-300 niños cada año, los cuales están expuestos a desarrollar una DID. El objetivo de esta experiencia es el de disminuir un 30% el número de DID.

He utilizado la seductora teoría de Karjalainen para elaborar un esquema sobre la patogenia de la DID (figura 41). Sin embargo, debo reconocer que el papel directo de la albúmina bovina no está nada claro. El intestino del niño pequeño es inmaduro y mucho más permeable que el del adulto. La agresión de la mucosa del intestino delgado por la leche de vaca incrementa esa hiperpermeabilidad. Numerosas moléculas alimentarias y bacterianas lo atraviesan al mismo tiempo que la albúmina bovina y se cree que desempeñan un papel en el origen de la DID.

- Catassi y col. (1987) han observado la presencia de anticuerpos antigliadina del trigo en una gran proporción de DID.
- Kostraba y col. (1993) dan una gran importancia a las harinas de los cereales en cuanto a su posible implicación.
- Otros autores acusan a la caseína de la leche de vaca o a una sustancia derivada de la cocción de la leche.
- La leche de vaca modifica profundamente la flora intestinal del recién nacido. Puede favorecer la proliferación de una bacteria peligrosa, fuente de un péptido bacteriano causal de la DID.

Después de sintetizar todos estos datos, mi postura en cuanto al problema de la prevención de la DID es la siguiente:

Figura 41. UNA TEORÍA SOBRE LA PATOGENIA DE LA DIABETES INSULINODEPENDIENTE

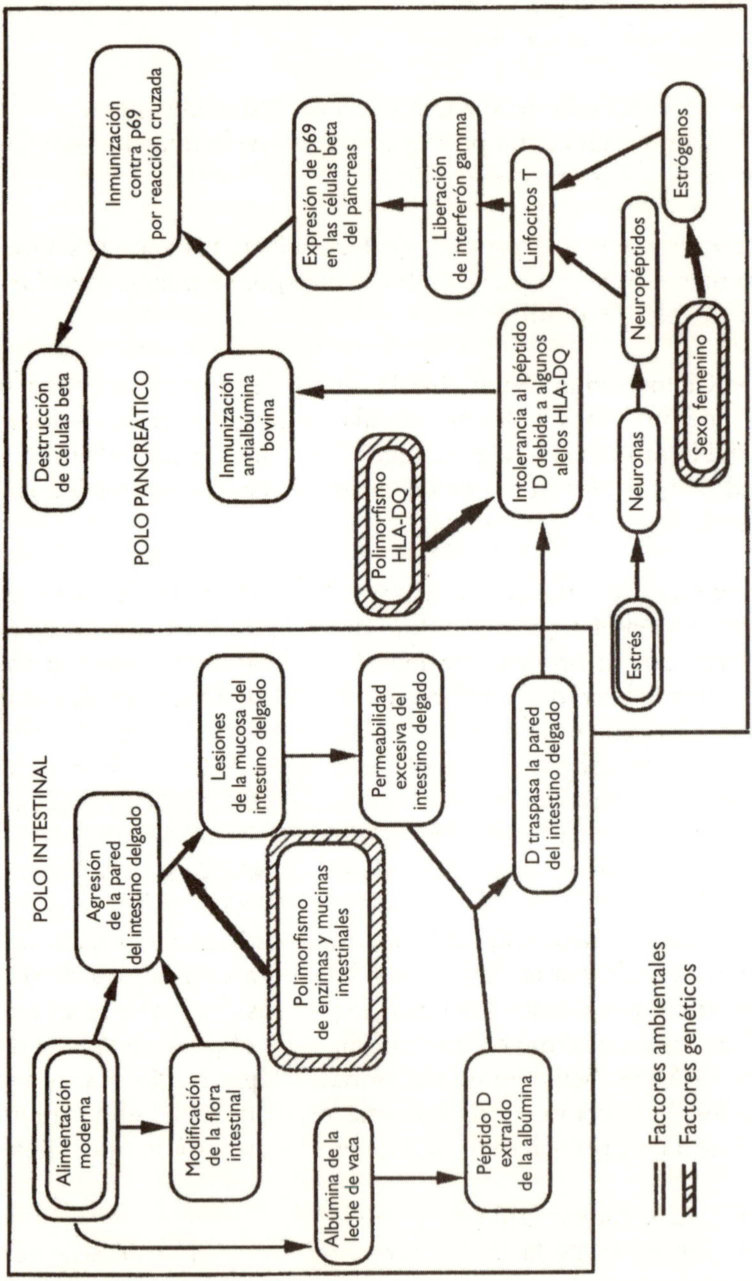

El examen de los sujetos con riesgo debe hacerse de manera precoz. Algunos autores realizan esta encuesta en el estadio de prediabetes, que puede durar de algunos meses a algunos años. Dichos autores realizan principalmente dos exámenes:

- La búsqueda de autoanticuerpos anticélulas beta.
- La hiperglucemia provocada, que revela una eliminación del pico precoz de la insulinosecreción.

En ese momento, el proceso destructivo de las células endocrinas del páncreas está ya en marcha. Sin embargo, se puede retardar la aparición de la DID al administrar:

- Ciclosporina (Bach, 1991), que reduce considerablemente el número de linfocitos T, los principales implicados en las lesiones.
- Nicotinamida, que protege y las células beta y disminuye la cantidad de radicales libres producidos por las respuestas inmune e inflamatoria.

El régimen de tipo ancestral también podría producir un efecto del mismo orden al suprimir el flujo desde el intestino del antígeno causal.

Creo que la prevención debería ser más ambiciosa y empezar mucho antes del estado prediabético. Puede realizarse en dos etapas.

La primera etapa consiste en identificar, en las familias de diabéticos, a los miembros que tienen un riesgo de desarrollar un día la enfermedad, analizando las agrupaciones HLA desde la infancia. Los individuos amenazados poseen DR3 y/o DR4, DQβ57 Asp^- y DQα52 Arg^+. Las posibilidades de que un día puedan estar afectados de DID son de uno entre cinco. La gravedad de la DID, que acorta la esperanza de vida, justifica ampliamente estas medidas de detección.

La segunda etapa debería ser la puesta en práctica de un régimen alimenticio para todos los niños expuestos. Hay que felicitar la iniciativa de los escandinavos que estudian los efectos de la exclusión de la leche de vaca. Señalemos, sin embargo, que también son nocivos los cereales, la cocción o una bacteria intestinal. Por ello, intentaría una nutrición de tipo original, basada en los principios siguientes:

- Lactancia exclusivamente materna.
- Supresión de la leche animal de por vida, y no sólo seis u ocho meses.
- Supresión de los cereales de por vida.
- Consumo de productos crudos.

Un balance al cabo de 5 años, o mejor de 10 años, permitiría fácilmente determinar si este régimen es capaz de disminuir la frecuencia de la DID.

D) CONCLUSIÓN

El tratamiento medicamentoso de las enfermedades autoinmunes es a menudo decepcionante. Se limita a intentar frenar las respuestas inmunitaria e inflamatoria, a luchar contra una hormona secretada en exceso (antitiroideos de síntesis en la enfermedad de Basedow), o a sustituir una hormona ausente (insulina en la DID). Estas medidas tienen una eficacia variable, según el caso. Pero no permiten curar al enfermo, ya que no se dirigen a la causa.

Figura 42. **MI TEORÍA DE LA AUTOINMUNIDAD**

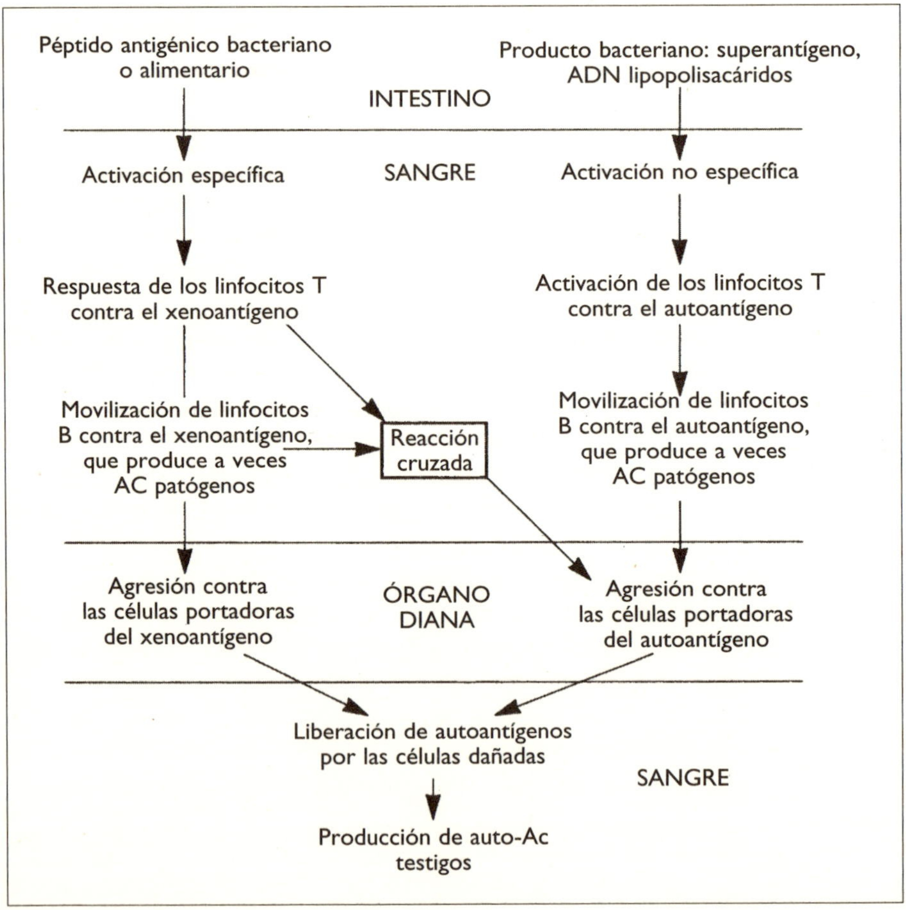

El régimen alimenticio de tipo ancestral ha resultado muchas veces profundamente beneficioso en las diversas afecciones autoinmunes en las cuales se ha aplicado. La lógica prevé que esta dietética también debería ser muy útil, como tratamiento curativo o a título preventivo, en otros estados autoinmunes. El cambio nutricional, a condición de que se mantenga de forma indefinida, puede proporcionar mejorías espectaculares e incluso remisiones completas. Esto se debe a que ataca a la causa primaria de los problemas. Al menos es lo que he intentado demostrar. El razonamiento, ampliamente detallado para la PR, la EA, la enfermedad de Basedow o la EM, puede adaptarse con algunas variantes a otros trastornos autoinmunes (Seignalet, 1994).

Mi teoría general de la autoinmunidad (Seignalet, 1999d) está representada de manera simplificada en la figura 42.

Capítulo 15

NOCIONES ESENCIALES DE QUÍMICA

La química, ciencia de la complejidad de la materia, es la más capacitada para comprender la complejidad del ser vivo. Es el verdadero fundamento de la biología.

Profesor MICHEL MASSOL

La medicina deberá emplear ahora otra escala para remontarse a la causa de las causas: la escala de la molécula.

GUY-CLAUDE BURGER

A) LOS MATERIALES DEL ORGANISMO

Los seres vivos constituyen una prodigiosa diversidad. Una bacteria, un hongo, un árbol, un insecto, un pez o un mamífero parecen muy diferentes los unos de los otros. Sin embargo, están constituidos de materiales similares: agua, minerales, vitaminas, glúcidos, lípidos, proteínas y ácidos nucleicos.

Todas estas moléculas no existirían sin los enlaces que unen sus átomos. Cada átomo está constituido por un núcleo rodeado de una nube de electrones. El núcleo está formado por neutrones, sin carga eléctrica, y protones, cargados positivamente. Los electrones son partículas cargadas de forma negativa, que giran en órbitas alrededor del núcleo.

A continuación estudiaremos los materiales del organismo humano, sabiendo que estos compuestos se encuentran, con algunas variantes, en los diversos seres vivos.

1. El agua

El agua corresponde al 70% del peso del cuerpo.

2. Los minerales

Aparte del oxígeno, el hidrógeno, el carbono, el nitrógeno y el fósforo, muy abundantes y especialmente útiles en la composición del agua, los glúcidos, los lípidos, las proteínas y los ácidos nucleicos, hay otros numerosos minerales que forman parte del organismo.

Estos minerales se presentan en forma de sales (cloruro de sodio, fosfato de calcio, etc.) y bajo forma de iones, unos con carga eléctrica negativa, llamados aniones (azufre, cloro, etc.) y otros con carga eléctrica positiva, denominados cationes (hierro, potasio, etc.).

Algunos minerales se encuentran en gran cantidad, lo que se designa por cantidad «ponderal». Entre éstos destacan el cloro, el yodo, el azufre, el flúor, el sodio, el potasio, el calcio, el magnesio y el hierro.

Otros minerales se encuentran en una cantidad muy pequeña. Se les denomina oligoelementos. Entre estos últimos destacan: el zinc, el cobre, el manganeso, el selenio, el silicio, el cobalto, el cromo, el germanio, el rubidio y el vanadio. A pesar de su ínfima presencia, los oligoelementos son indispensables para el buen funcionamiento del organismo.

Así, numerosas enzimas denominadas metaloenzimas necesitan un metal o un metaloide para ejercer su acción, específico para cada enzima. Algunas enzimas dependen del magnesio o del hierro, otras dependen de un oligoelemento determinado. Las propiedades de los diversos oligoelementos se han detallado en varias revistas generales (Menetrier, 1958; Faure y Favier, 1988; Moudon, 1989).

3. Las vitaminas

Al igual que algunos oligoelementos, las vitaminas son catalizadores o reguladores de reacciones enzimáticas. Deben ser aportadas por la alimentación, ya que el hombre no puede sintetizarlas. Podemos distinguir dos tipos de vitaminas:

- Las vitaminas liposolubles: A, D, E, K.
- Las vitaminas hidrosolubles: B_1, B_2, B_5, B_6, B_{12}, ácido fólico, C, PP.

Únicamente existe riesgo de sobredosis para las vitaminas A y D. Las fuentes y las funciones de las diversas vitaminas son bien conocidas (Moudon, 1989).

4. Los glúcidos, azúcares o hidratos de carbono

Estructura

La estructura de estas moléculas está bien descrita en los libros de Aubert y col. (1974) y de Louisot (1983). Los glúcidos están constituidos únicamente por carbono (C), hidrógeno (H) y oxígeno (O). Su fórmula general es $C_n (H_2O)n$.

Los glúcidos más simples son los monosacáridos, para los cuales n varía entre 3 y 7. Los más importantes para el hombre son las hexosas (n = 6) que comprenden la glucosa, la galactosa, la manosa y la fructosa. La fórmula química de estos azúcares está representada en la figura 43.

Los glúcidos más complejos se forman por la unión de varios monosacáridos. Hablamos de oligosacáridos cuando el azúcar está cons-

Figura 43. **FÓRMULA QUÍMICA DE LAS PRINCIPALES HEXOSAS**

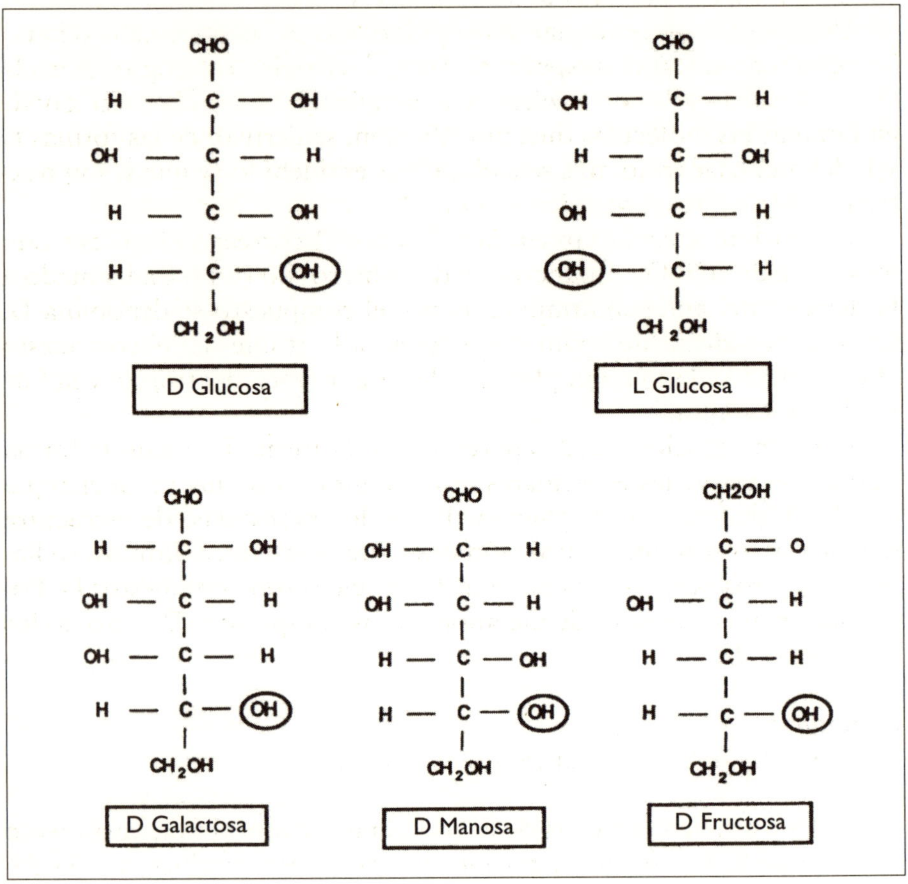

tituido por un número reducido de monosacáridos, y de polisacáridos cuando se trata de moléculas grandes constituidas por muchos monosacáridos.

Entre los disacáridos, que corresponden a la unión de dos monosacáridos, se encuentran la maltosa (glucosa-glucosa), la sacarosa (fructosa-glucosa) y la lactosa (galactosa-glucosa).

Entre los polisacáridos, uno de ellos es esencial para el hombre: el glucógeno, que es un polímero de la glucosa. Otros son importantes en el resto de seres vivos:

- En los vegetales: almidón, inulina, celulosa, hemicelulosas, pectinas.
- En las bacterias: lipopolisacáridos, peptidoglicanos.

Los glúcidos se combinan con los lípidos y forman glicolípidos, y con las proteínas, dando lugar a glicoproteínas.

Un glúcido puede desviar la luz polarizada hacia la derecha o hacia la izquierda. Se llama, respectivamente, dextrógiro o levógiro. Pero la clasificación D y L no se refiere a la actividad óptica, sino que divide en familias las moléculas que, por filiación, se derivan de las formas D y L del monosacárido más sencillo, el gliceraldehído (y que sí son dextrógira y levógira, respectivamente).

Los carbonos están numerados de 1 a n: 1 corresponde al carbono más oxidado (CHO). Cuando el radical hidroxilo (OH) está situado a la derecha del antepenúltimo carbono, el compuesto se denomina D. Cuando el radical hidroxilo está situado a la izquierda, el compuesto se denomina L. Esto no implica que la forma D sea dextrógira y la forma L sea levógira.

El mismo glúcido puede aparecer bajo la forma D o bajo la forma L, que son imágenes especulares. En la figura 43 se ilustra un ejemplo con la D glucosa y la L glucosa. Estas dos moléculas, de estructura idéntica pero con una disposición diferente de algunos átomos, se llaman isómeros ópticos. Las hexosas fisiológicas son compuestos D. Poseemos enzimas capaces de metabolizar los compuestos D, pero no los compuestos L.

Funciones

Los azúcares tienen dos funciones principales:

1) Constituyen la fuente de energía que permite el funcionamiento de las células. Los diversos glúcidos se convierten en glucosa, y la degradación de la glucosa proporciona la energía y el poder reductor, gracias a una molécula fundamental, el ATP. Este tema será ampliado en el apartado «Catabolismo y anabolismo». En cuanto a las acumulaciones de glucógeno particularmente abundantes en el hígado y en los músculos, sirven para almacenar los glúcidos con el fin de disponer de una reserva de energía.

2) Participan en la composición de metabolitos esenciales: los ácidos nucleicos y las coenzimas. La fijación de un glúcido preciso en un punto preciso de una molécula lipídica o protídica permite que estas últimas ejerzan un papel específico: señal de reconocimiento, recepción de un factor determinante antigénico, etc.

5. Los lípidos o grasas

Estructura

Al igual que los azúcares, las grasas están formadas por carbono, hidrógeno y oxígeno, pero los átomos están dispuestos de diferente manera que en los azúcares.

Los lípidos más simples son los ácidos grasos (Mendy, 1986). Su fórmula química es $CH_3 - (CH_2)n - COOH$. Se dividen en tres clases: saturados, monoinsaturados y poliinsaturados (figura 44).

Figura 44. **ÁCIDOS GRASOS SATURADOS E INSATURADOS**

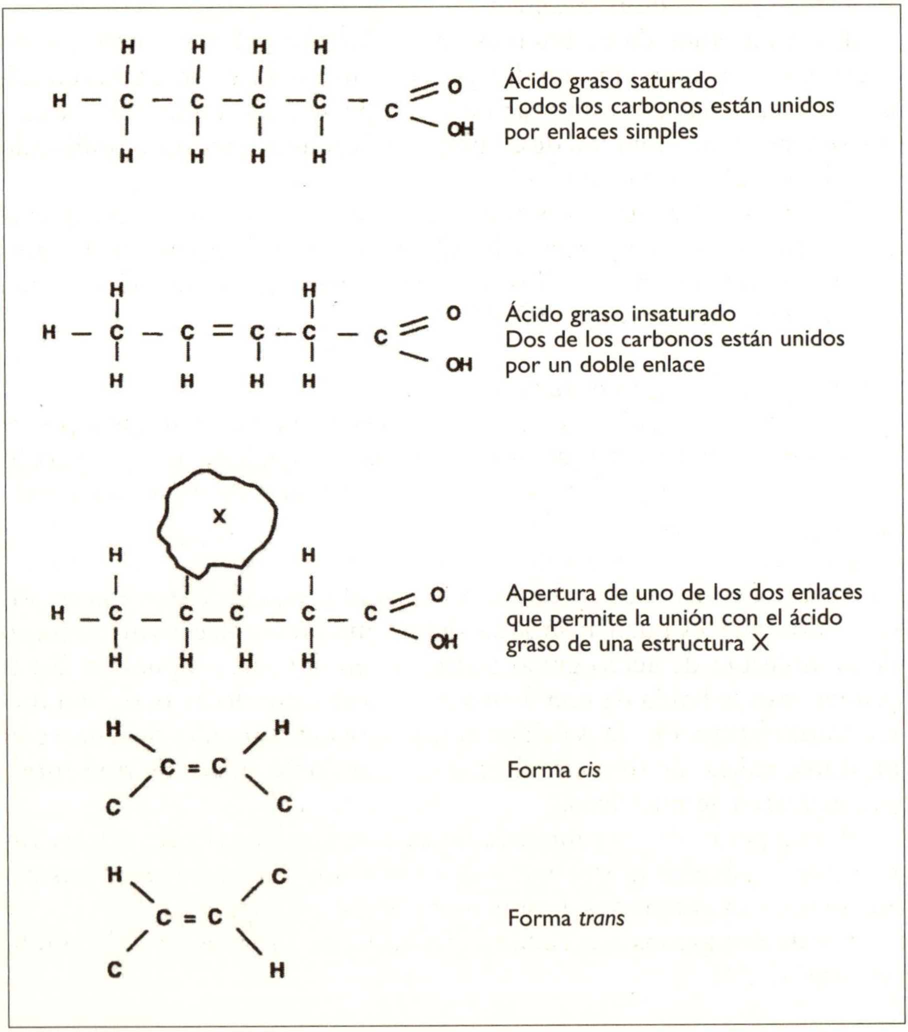

a) *Ácidos grasos saturados*
Los átomos de carbono están unidos entre sí por enlaces simples, y no disponen de ninguna posibilidad para unirse a otra estructura. Se dice que están saturados.

Los ácidos grasos saturados son abundantes y tienen entre 2 y 24 átomos de carbono, para limitarnos a los que se encuentran en el hombre. Todos pueden ser sintetizados por el organismo, lo que significa que no es absolutamente necesario que sean aportados por la alimentación. Entre los principales ácidos grasos saturados se encuentran el ácido palmítico (C16), el ácido esteárico (C18) y el ácido lignocérico (C24).

b) *Ácidos grasos monoinsaturados*
Todos los átomos de carbono están unidos por enlaces simples, a excepción de dos que están unidos por un doble enlace. En ciertas condiciones, una de las dos uniones puede romperse y los dos átomos de carbono tienen la posibilidad de combinarse con otra estructura utilizando su valencia liberada (figura 44).

Los ácidos grasos monoinsaturados pueden ser sintetizados por el organismo humano a partir de los glúcidos. Los principales ácidos grasos monoinsaturados son el ácido palmitoleico (C16), el ácido oleico (C18) y el ácido nervónico (C24).

c) *Ácidos grasos poliinsaturados*
Contienen varios dobles enlaces que pueden volverse simples por el efecto del calor. En ese caso, los carbonos disponen de una valencia libre, lo cual puede permitir una oxidación, una ciclización, una polimerización o la unión con otra estructura.

Un átomo de carbono dispone de cuatro capacidades de enlace o valencias. Cuando dos carbonos están unidos por un doble enlace, los otros dos enlaces pueden situarse del mismo lado respecto al conjunto de la molécula de ácido graso o situarse en dos lados opuestos. En el primer caso se habla de una forma *cis* y en el segundo caso, de una forma *trans* (figura 44). Dos ácidos grasos de estructura idéntica, uno con un doble enlace de tipo *cis*, el otro con un doble enlace de tipo *trans*, son isómeros geométricos.

A excepción de una minoría de ácidos grasos hallados en los rumiantes, los ácidos grasos naturales son siempre de tipo *cis*. Nuestras enzimas están adaptadas a estos isómeros, y no a los *trans*.

Los ácidos grasos esenciales poliinsaturados pertenecen a dos familias (figura 24):

1) La familia omega 6, que deriva del ácido linoleico (C18), que da lugar al ácido gammalinolénico (C18), al ácido dihomogammalinolénico (C20) y al ácido araquidónico (C20).

2) La familia omega 3, que deriva del ácido alfalinolénico (C18), que da lugar al ácido estearidónico (C18), al ácido eicosapentanoico (C20) y al ácido cerebrónico o decosahexanoico (C22).

En estado fisiológico, el ácido linoleico, el ácido alfalinolénico y los ácidos grasos que derivan de ellos no pueden ser sintetizados por el organismo y deben ser aportados por la alimentación.

Aparte de los ácidos grasos existen otros lípidos:

a) *Lípidos relativamente simples*

- Triglicéridos, en los cuales una molécula de glicerol (CH_2OH-$CHOH$-CH_2OH) está asociada a tres moléculas de ácidos grasos.
- Colesterol y sus derivados: ácidos biliares, hormonas esteroides.

b) *Lípidos complejos*

Además de C, H y O, los lípidos complejos contienen nitrógeno (N), fósforo (P) o azufre (S). Pueden unirse a glúcidos o a proteínas para formar glicolípidos y lipoproteínas.

- Glicerofosfolípidos.
- Esfingolípidos.

Funciones

Las funciones de los lípidos son múltiples:

1) *Papel energético*

Numerosos ácidos grasos pueden oxidarse en las mitocondrias y producir ATP con un rendimiento aún mayor que el de los glúcidos. Por otra parte, la acumulación de grasas en el tejido adiposo corresponde a una reserva de energía.

2) *Papel estructural*

- La membrana plasmática y las membranas internas de las células están formadas por una doble capa de lípidos (glicerofosfolípidos y esfingolípidos). Su curvatura ligada a la configuración *cis* permite una disposición análoga a la de las tejas de un tejado (Boudet, 1997). Cuanto más insaturados son los ácidos grasos que participan en esta doble capa, mayor es su fluidez.

• El ácido lignocérico y el ácido nervónico son los principales constituyentes de la mielina; el ácido cerebrónico está presente en gran cantidad en el cerebro.

3) *Papel de transporte*

• Transporte transmembranal. Los lípidos modifican la estructura de las proteínas que forman canales a través de las membranas celulares.

• Transporte de vitaminas liposolubles, de la luz intestinal a la circulación general.

• Transporte de otros lípidos, asegurado por las lipoproteínas.

4) *Papel metabólico*

Los lípidos son precursores de importantes sustancias:

• Los ácidos biliares que derivan del colesterol: ácido glicocólico y ácido taurocólico. Estos ácidos emulsionan las grasas alimentarias en la luz del intestino delgado y facilitan su digestión.

• Las hormonas esteroides, que también derivan del colesterol. Son la dehidroepiandrosterona (DHEA), la progesterona y los estrógenos secretados por el ovario, la testosterona secretada por los testículos, el cortisol, la corticosterona y la aldosterona secretadas por la glándula corticosuprarrenal.

• Los icosanoides, ácidos grasos (C20) que comprenden, entre otros, las prostaglandinas (figura 24) y los leucotrienos, que intervienen en el proceso de inflamación; y el tromboxano y la prostaciclina, que regulan un equilibrio en la circulación sanguínea entre el riesgo de trombosis y el de hemorragia.

6. Las proteínas

Estructura

La estructura de las proteínas está muy bien descrita en la obra de Aubert y col. (1974). Las proteínas, además de carbono (C), hidrógeno (H) y oxígeno (O), contienen nitrógeno (N). Son cadenas más o menos largas de aminoácidos unidos entre sí por enlaces peptídicos. La fórmula química de un aminoácido es:

$$\begin{array}{c} R \\ | \\ H - C - NH_2 \\ | \\ COOH \end{array}$$

R es un radical variable.

El enlace peptídico se realiza por la unión del radical ácido (COOH) de un aminoácido con el radical amino (NH_2) de otro aminoácido, con formación de CO-HN y de H_2O.

Hay 20 aminoácidos esenciales, que se representan en la tabla XVIII. Los aminoácidos pueden ser dextrógiros o levógiros, pero, como en los glúcidos, la clasificación D y L no se refiere a la actividad óptica, sino que:

- Cuando NH_2 se encuentra a la derecha de C, se trata de un compuesto D.
- Cuando NH_2 se encuentra a la izquierda de C, se trata de un compuesto L.

Los aminoácidos fisiológicos son de tipo L. Nuestras enzimas son activas sobre los aminoácidos L, pero no sobre los aminoácidos D.

Cuando la cadena tiene menos de 100 aminoácidos, se habla de péptidos, y se distinguen los oligopéptidos, que tienen de 2 a 24 aminoácidos, y los polipéptidos, que tienen de 25 a 99 aminoácidos. Cuando hay más de 100 aminoácidos se habla de proteínas, que se dividen en:

- Holoproteínas únicamente formadas por aminoácidos.
- Heteroproteínas, en las cuales la proteína está asociada a un glúcido, un lípido, un ácido nucleico o a un núcleo porfirina.

El polimorfismo de las proteínas es extraordinario. Tomemos como ejemplo el número posible de proteínas de 100 aminoácidos que se

Tabla XVIII
LOS 20 AMINOÁCIDOS ESENCIALES

Glicina	Gly	G	Ácido aspártico	Asp	D
Alanina	Ala	A	Asparagina	Asn	N
Valina	Val	V	Ácido glutámico	Glu	E
Leucina	Leu	L	Glutamina	Gln	Q
Isoleucina	Ileu	I	Fenilalanina	Phe	F
Serina	Ser	S	Tirosina	Tyr	Y
Treonina	Thr	T	Triptófano	Trp	W
Histidina	His	H	Metionina	Met	M
Lisina	Lys	L	Cisteína	Cys	C
Arginina	Arg	A	Prolina	Pro	P

Para cada aminoácido existen dos abreviaturas: una con tres letras, la otra con una letra.

pueden formar utilizando los 20 aminoácidos esenciales. El número es de 20^{100}, lo que sobrepasa la imaginación.

Se debe considerar la estructura de las proteínas en diferentes niveles:

1) La estructura primaria: se define por la secuencia de los aminoácidos. Actualmente se conoce bastante bien la secuencia de numerosas proteínas. La determinación directa de la secuencia es larga y laboriosa. Es mucho más fácil y rápido determinar la secuencia de los nucleótidos del gen que corresponde a la proteína, lo que permite deducir la secuencia de los aminoácidos (véase el capítulo 6).

2) La estructura secundaria: depende de varios factores:

- La posición de O y de H con respecto al enlace C-N. Si O y H están en el mismo lado, se trata de un compuesto *cis*. Si O y H están cada uno en un lado, se trata de un compuesto *trans*.
- La cadena de aminoácidos no permanece lineal, sino que se pliega o se enrolla en forma de hélice, al formarse enlaces hidrógenos intramoleculares.

3) La estructura terciaria: se debe al repliegue de la proteína bajo la influencia de los enlaces covalentes establecidos por puentes disulfuros, enlaces iónicos, enlaces hidrógenos intermoleculares y las fuerzas de Van der Waals.

4) La estructura cuaternaria: corresponde a la asociación de varias proteínas, parecidas o diferentes, unidas por enlaces no covalentes para formar un dímero, un trímero, un tetrámero, etc.

Estas diversas estructuras tienen una importancia práctica:

- La destrucción de la estructura cuaternaria impide a la proteína ejercer su función.
- La destrucción de las estructuras terciaria y secundaria, con mantenimiento de la estructura primaria, se denomina desnaturalización. El calentamiento de una proteína provoca una desnaturalización irreversible.

Funciones

Se clasifican en tres categorías:

a) *Papel estructural*

Es primordial. Entre las numerosas proteínas que intervienen en la composición de nuestras células y de nuestros tejidos, citaremos algunos ejemplos:

- Las histonas, que envuelven el ADN para constituir la cromatina.
- La albúmina y las globulinas abundantes en el plasma.
- Las proteínas fibrosas: queratina, colágeno, elastina.
- Las proteínas contráctiles: miosina, actina y tubulina.
- La hemoglobina de los hematíes.
- La mioglobina de los músculos.
- Los citocromos y las flavoproteínas de la cadena respiratoria.
- La rodopsina, que es un pigmento visual.

b) *Papel enzimático*
Las enzimas son catalizadores de las reacciones químicas que se producen en los seres vivos:

- Aceleran las reacciones inicialmente lentas.
- Actúan en muy pequeña cantidad: una molécula de enzima transforma entre centenas y millones de moléculas de sustrato por minuto.
- Permanecen intactas al final de las reacciones.

La enzima se une al sustrato por una combinación transitoria. Se necesita una complementariedad estructural entre el sitio activo de la enzima y un sitio de reconocimiento del sustrato. La necesidad de este reconocimiento tiene dos consecuencias importantes:

1) Una enzima sólo actúa sobre un sustrato o sobre una categoría de sustratos que tengan en común el mismo sitio de reconocimiento accesible. Es decir, una enzima es específica y sólo cataliza un tipo de reacción.

2) Una enzima activa en un sustrato no tendrá ningún efecto sobre un segundo sustrato que tenga la misma composición química pero una configuración espacial diferente. Es decir, una enzima reconoce a un único isómero.

En resumen, una enzima no es una llave maestra que puede abrir numerosas cerraduras, sino una llave que sólo abre una cerradura.

Las condiciones de acidez o de alcalinidad del medio tienen una gran importancia para las enzimas. Así, una enzima puede actuar de forma inversa en un pH ácido o en un pH alcalino.

Dado que las reacciones químicas necesarias para el funcionamiento del organismo son numerosas, disponemos de numerosas enzimas. Se han identificado más de 2.500 (Neu y Ransberger, 1995). La cartografía del genoma humano permitirá precisar el número de enzimas. Una cifra igual o superior a 10.000 no sería sorprendente.

Diez mil enzimas permiten metabolizar todas las moléculas que porten uno de los 10.000 sustratos correspondientes. Puesto que sabemos que varias moléculas pueden tener en común un mismo sustrato, el organismo humano tiene la capacidad de transformar muchas sustancias. Pero también existen numerosas estructuras desprovistas de sustrato. En este hecho reside una noción fundamental: las enzimas del hombre sólo pueden actuar sobre las moléculas a las cuales están adaptadas, y son ineficaces en otras moléculas. Este concepto aplicado a la alimentación es una de las bases de este libro.

Pueden darse dos situaciones:

- Algunas reacciones químicas pueden ser catalizadas por varias enzimas, que se denominan isoenzimas. El déficit de una enzima es compensado por otra.
- Otras reacciones químicas dependen de una sola enzima. Si ésta es deficitaria, no es posible ninguna compensación.

Muchas enzimas necesitan un cofactor para funcionar. Se trata o bien de una coenzima, sustancia orgánica de pequeña masa molecular, o bien de un catión metálico o no metálico. Los cationes que se suelen emplear más a menudo son Na^+ (sodio), K^+ (potasio), $NH4^+$ (amonio), Mg^{++} (magnesio), Mn^{++} (manganeso), Ca^{++} (calcio), Fe^{++} (hierro), Cu^{++} (cobre) y Zn^{++} (zinc). Existen variaciones según las enzimas:

- A veces la enzima requiere un catión específico, como el selenio, que es el único capaz de activar la enzima glutationperoxidasa.
- A veces un catión puede reemplazarse por otro, lo que ocurre en ocasiones con el Mg^{++} y el Mn^{++}.
- A veces se necesitan a la vez un catión monovalente y un catión bivalente, K^+ y Mg^{++} para la mayoría de fosfoquinasas.

Los iones Fe^+ y Cu^{++} tienen un papel concreto en las reacciones de oxidorreducción: el de dador y receptor de electrones, respectivamente. Así:

Fe^{++} (hierro bivalente) $\Leftrightarrow$ Fe^{+++} + e^- (hierro trivalente + electrón)

Los genes que codifican para las enzimas pueden modificarse al sufrir mutaciones neutras o negativas. En consecuencia, una misma enzima puede tener una estructura diferente de un individuo a otro; a éstas se les denomina aloenzimas. Así, se conocen 52 variantes de la glucosa-6-fosfato deshidrogenasa (Frezal y col., 1974), de las cuales 12 tienen una actividad normal o anormal y 40 una actividad disminuida. Los déficits enzimáticos raramente son de origen cuantitativo y casi siempre son de origen cualitativo. La enzima está presente, pero bajo una forma mutada y poco eficaz.

Los humanos disponemos de un arsenal enzimático de valor variable. Creo que esta desigualdad tiene consecuencias muy importantes. Un sujeto en el cual algunas enzimas esenciales funcionen mal, se verá aquejado con más frecuencia de algunas enfermedades que otro individuo en el que aquéllas funcionen correctamente.

c) *Otras funciones*

Las proteínas intervienen en varios procesos:

- La respuesta inmunitaria, gracias a las inmunoglobulinas (anticuerpos) y a los numerosos factores del sistema de complemento.
- La hemostasis, gracias a las diversas proteínas cuya activación en cascada lleva a la coagulación.
- Las comunicaciones entre las células, pues las proteínas constituyen, por una parte, los receptores membranarios y, por otra parte, una gran proporción de hormonas y mediadores que son los ligandos de esos receptores.

7. Los nucleótidos

Se llama nucleótido a la unión de un nucleósido con el ácido fosfórico, tal como hemos visto en el capítulo 6.

Los nucleótidos se encuentran en gran número en la naturaleza, pero sólo algunos tienen importancia en el hombre. Son:

- Algunas coenzimas.
- El monofosfato de adenosina cíclico (AMPc), regulador de varios metabolismos celulares.
- Y, principalmente, el trío adenosina trifosfato (ATP), adenosina difosfato (ADP) y adenosina monofosfato (AMP).

La síntesis de ATP está ligada a una corriente eléctrica. En la cadena respiratoria, por ejemplo, nace a partir del ADP y del fósforo inorgánico, cuando se produce una transferencia de electrones. La energía eléctrica se transforma en energía de otra naturaleza, almacenada en el ATP. Este fenómeno se explicará ampliamente en el apartado siguiente.

El ATP puede transformarse en ADP o en AMP liberando energía que la célula puede utilizar. En las parejas ATP/ADP y ATP/AMP, el ATP es el donante de energía.

B) CATABOLISMO Y ANABOLISMO

Para vivir, el organismo humano debe extraer de su alimentación:

1) La energía necesaria para el funcionamiento de sus células.
2) Los materiales indispensables para la renovación de sus constituyentes.

Este objetivo se alcanza gracias a una serie de reacciones químicas que corresponden al metabolismo energético o catabolismo.

Cuando las células disponen a la vez de energía y materiales primarios, pueden fabricar los constituyentes propios de un organismo humano: glúcidos, lípidos, proteínas y ácidos nucleicos. Esta segunda serie de reacciones químicas corresponde al metabolismo de síntesis o anabolismo.

Todas estas reacciones químicas están aseguradas por las enzimas. La gran mayoría de las enzimas degrada las moléculas (catabolismo). Una pequeña cantidad une las moléculas (anabolismo) (Neu y Ransberger, 1995).

Estas reacciones químicas son esencialmente de reducción y oxidación, llamadas REDOX (Mc Cord, 2000). Consisten en transferencias de electrones o de átomos de hidrógeno de una molécula a otra. Cuando las sustancias pierden electrones se oxidan. Cuando ganan electrones se reducen.

1. El metabolismo energético

Está muy bien analizado en las obras de Aubert y col. (1974), Louisot (1983), Alberts y col. (1986) y en una revisión general de Malewiak (1992).

La noción de alimento

El sol es la primera fuente de energía. Algunas bacterias y principalmente las plantas verdes utilizan la energía solar, gracias a la fotosíntesis. La energía luminosa se convierte en energía de enlace químico, y se produce una síntesis de glúcidos a partir del dióxido de carbono y del agua:

$$CO_2 + H_2O + \text{Energía solar} \rightarrow O_2 + \underset{\text{(energía de enlace químico)}}{\text{Glúcido}}$$

Las células vegetales que poseen energía y glúcidos elaboran sus moléculas orgánicas: otros glúcidos, lípidos, proteínas y ácidos nucleicos.

Los animales que se alimentan de vegetales se sirven de este combustible y estas moléculas, que degradan en cuerpos simples a partir de los cuales sintetizan sus propios constituyentes.

El hombre, que es omnívoro, se alimenta tanto de vegetales como de animales, los cuales le aportan la energía y las moléculas orgánicas que necesita (los alimentos). Para ser utilizados, los alimentos deben sufrir una serie de transformaciones.

La digestión

El hombre no puede emplear las moléculas orgánicas presentes en los alimentos bajo su forma inicial. Esto se debe a que muchos glúcidos, lípidos, proteínas y ácidos nucleicos tienen una estructura diferente de las moléculas humanas.

La primera etapa del catabolismo consiste en la descomposición de las moléculas grandes en pequeñas, o sea, la digestión. Ésta se efectúa en el aparato digestivo y en el intestino delgado. La mayoría de las reacciones tiene lugar fuera de las células, por el efecto de enzimas secretadas en la luz del aparato digestivo.

El resultado ideal de la digestión es el siguiente:

- Las proteínas se descomponen en aminoácidos y en pequeños péptidos.
- Los glúcidos complejos son descompuestos en azúcares simples.
- Los lípidos complejos se descomponen en ácidos grasos y glicerol.
- Los ácidos nucleicos se descomponen en monosacáridos, ácido fosfórico y bases púricas y pirimídicas, divididas en cuerpos más simples.

Los principales fenómenos de la digestión se describen en el capítulo 3. Las moléculas pequeñas que constituyen el resultado de la digestión atraviesan la mucosa intestinal, unas pasan a la sangre, otras a la linfa, y, seguidamente, son captadas por las células, sobre todo por los hepatocitos del hígado. Las siguientes etapas del catabolismo tienen lugar en las células.

El catabolismo de los glúcidos: primera fase

Se realiza casi exclusivamente en el citosol, fuera de las mitocondrias. Este proceso no necesita oxígeno y se denomina glicólisis anaeróbica.

La glucosa (6 átomos de carbono) da lugar a dos piruvatos (3 átomos de carbono) al cabo de una secuencia de diez reacciones enzimáticas, que se detallan en la figura 45. Los glucosanos y otros glúcidos se incorporan a la cadena glicolítica en la etapa de la glucosa-6-fosfato, la primera de la degradación de la glucosa.

Figura 45. **LA GLICÓLISIS ANAEROBIA**

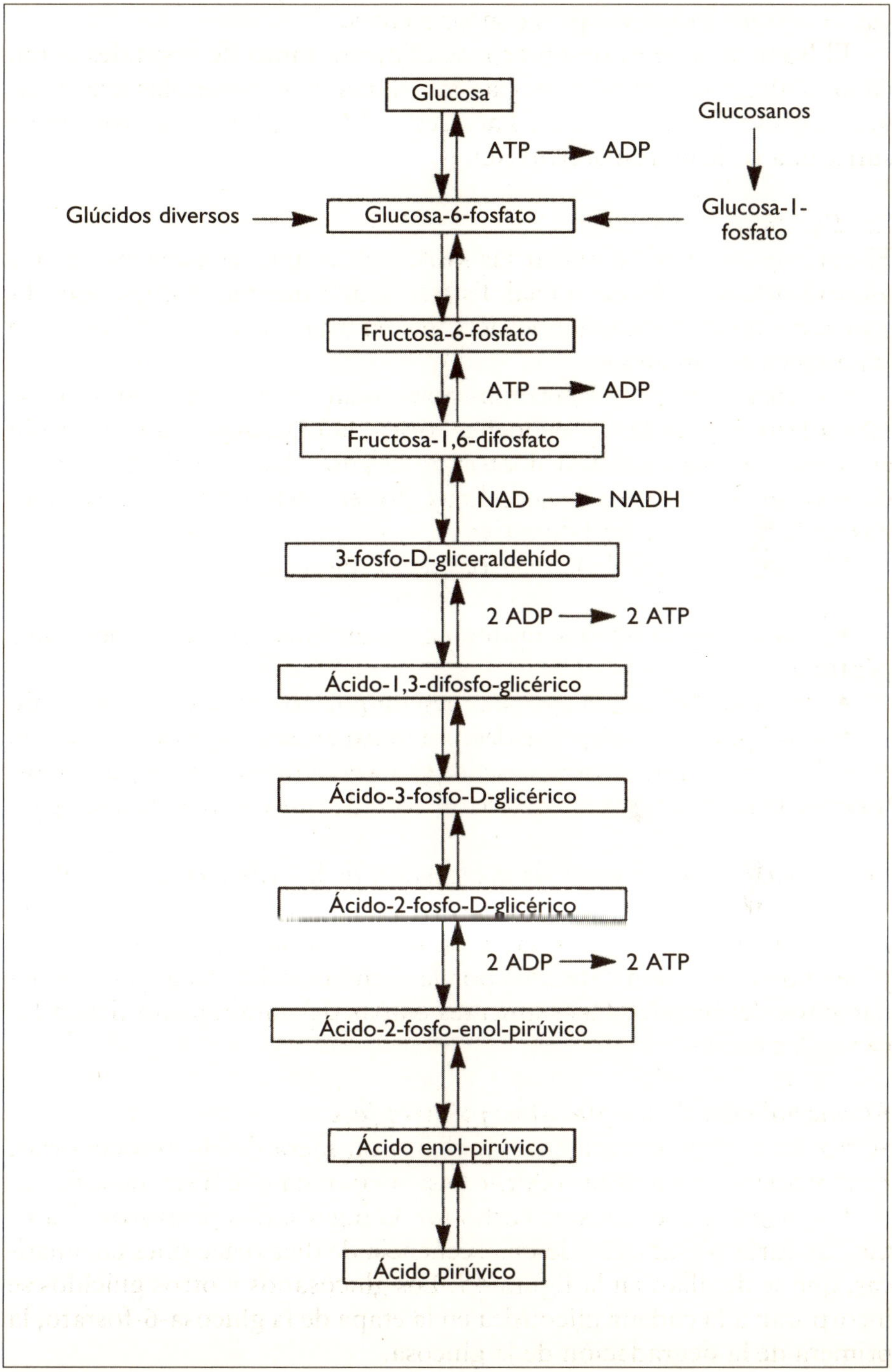

Si examinamos la figura 45, observamos que, en dos de las fases, una molécula de ATP es transformada en ADP, mientras que en las otras dos fases dos moléculas de ADP son transformadas en ATP. Por cada molécula de glucosa se consumen dos moléculas de ATP y se regeneran cuatro moléculas de ATP. El resultado es, por tanto, la obtención de dos moléculas de ATP.

El catabolismo de los glúcidos: segunda fase

Esta segunda fase se efectúa en las mitocondrias. El piruvato (3 átomos de carbono) pierde CO_2 y se transforma en acetil coenzima A (2 átomos de carbono). La acetil coenzima A es básica en tres catabolismos: glucídico, lipídico y proteínico. No sólo la degradación de los glúcidos finaliza en acetil coenzima A, sino que lo mismo ocurre con la degradación de los lípidos y de algunos aminoácidos (figura 46).

La acetil coenzima A se integra en el ciclo tricarboxílico de Krebs. Este ciclo comporta nueve secuencias enzimáticas que se esquematizan en la figura 46. La acetil coenzima A (2 átomos de carbono) se combina con el oxalo acetato (4 átomos de carbono) para dar citrato (6 átomos de carbono). Las moléculas hexacarbonadas sufren reacciones de decarboxilación (pérdida de CO_2) y de deshidrogenación (pérdida de H_2) que permiten regenerar las moléculas tetracarbonadas, finalizando en oxalo acetato, que concluye el ciclo combinándose con la acetil coenzima A.

El ciclo de Krebs tiene lugar en las mitocondrias y se considera aerobio. Sin embargo, el oxígeno no se utiliza durante este ciclo, sino más tarde, en las últimas fases de la fosforilación oxidativa.

El ciclo de Krebs es importante porque produce hidrógeno y electrones. Las transformaciones del isocitrato, del alfacetoglutarato, del succinato y del malato liberan cada una dos átomos de hidrógeno y dos electrones.

Catabolismo de los lípidos

La hidrólisis de los ácidos grasos conduce a la formación de glicerol, y después de fosfogliceraldehído, que se integra en la glicólisis anaerobia (figura 45). La movilización de grasas o lipólisis supone la degradación de ácidos grasos y la producción de acetato, y después de acetil coenzima A, que se incorpora al ciclo de Krebs (figura 46).

Catabolismo de las proteínas

A los aminoácidos aportados por la digestión de los alimentos se unen los procedentes de la degradación de las proteínas por las proteinasas en el interior de las células (Carillo y col., 1995):

Figura 46. EL CICLO DE KREBS Y LAS FOSFORILACIONES OXIDATIVAS

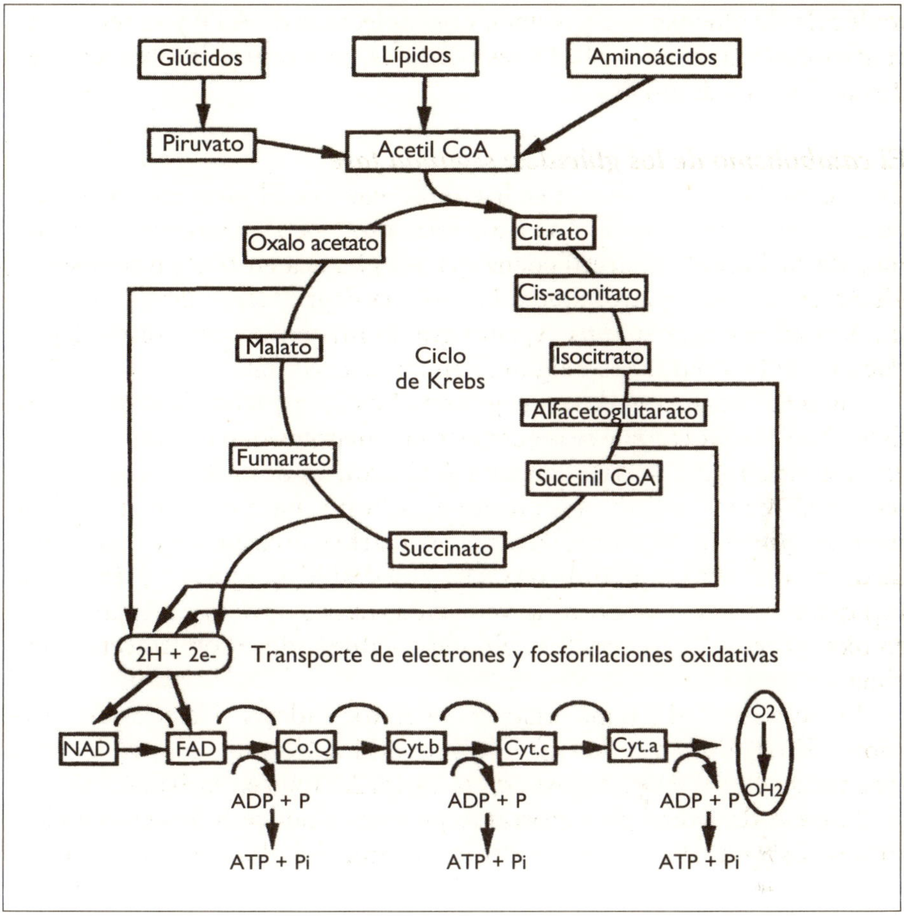

- Las proteínas de origen exógeno (bacterias, alimentos) se degradan en las vesículas de endocitosis donde se vierten los lisosomas, pequeños sacos llenos de enzimas que actúan en un pH ácido, alrededor de 5. Las principales enzimas son las catepsinas, las carboxipeptidasas y las oligopeptidasas.
- Las proteínas de origen endógeno (virus, proteínas humanas) se degradan en citosol, esencialmente por dos categorías de enzimas: las calpaínas y el proteosoma (Acquaviva y col.).

Todos los aminoácidos que sufren una desaminación pueden transformarse en azúcares, fuente de una verdadera neoglucogénesis. Dos aminoácidos son particularmente glucoformadores: el ácido glutámico y la alanina. Para otros aminoácidos, el catabolismo conduce a la acetil coenzima A y al ciclo de Krebs.

No todas las proteínas se dividen en aminoácidos. La división puede detenerse en la fase de péptidos, recuperados por moléculas HLA que los transportan a la superficie celular para conducirlos hasta los linfocitos T (véase capítulo 8).

La fosforilación oxidativa
Es llevada a cabo por los transportadores de electrones (enzimas y citocromos) que constituyen la cadena respiratoria, localizada en las mitocondrias. Los transportadores de electrones actúan en (figura 46):

- La NAD (nicotinamida adenina dinucleótido), una enzima piridínica.
- La FAD (flavina adenina dinucleótido), enzima flavínica.
- La coenzima Q10 (ubiquinona), enzima quinónica.
- Los citocromos b, c y a, cromoproteínas.

Hay dos tipos de transportadores de electrones: la forma oxidada y la reducida. Pueden pasar de una a la otra según el principio siguiente:

Transportador oxidado + $2H^+ + 2e^-$ → Transportador reducido
Transportador reducido → Transportador oxidado + $2H^+ + 2e^-$

El transportador bajo forma oxidada acepta átomos de hidrógeno o electrones y se reduce. Seguidamente transfiere los átomos de hidrógeno y los electrones a un segundo receptor y retoma la forma oxidada. La cadena termina con el último receptor, el oxígeno, y se forma una molécula de agua:

Transportador reducido + O → Transportador oxidado + H_2O

Junto con esta transferencia de electrones se forma ATP a partir del ADP y del fósforo inorgánico, lo que significa un almacenamiento de energía. La transformación de ADP en ATP se acompaña de la producción de ésteres fosfóricos Pi (figura 46). Este proceso, asociado al uso del oxígeno después de una serie de reacciones de oxidorreducción, da como resultado la llamada fosforilación oxidativa.

El metabolismo aerobio (mitocondrias) es mucho más eficaz que el anaerobio (citosol) para generar energía en forma de ATP. Una molécula de glucosa da 36 moléculas de ATP en el primer sistema y solamente 2 moléculas de ATP en el segundo.

Figura 47. **ESQUEMA GENERAL DEL CATABOLISMO**

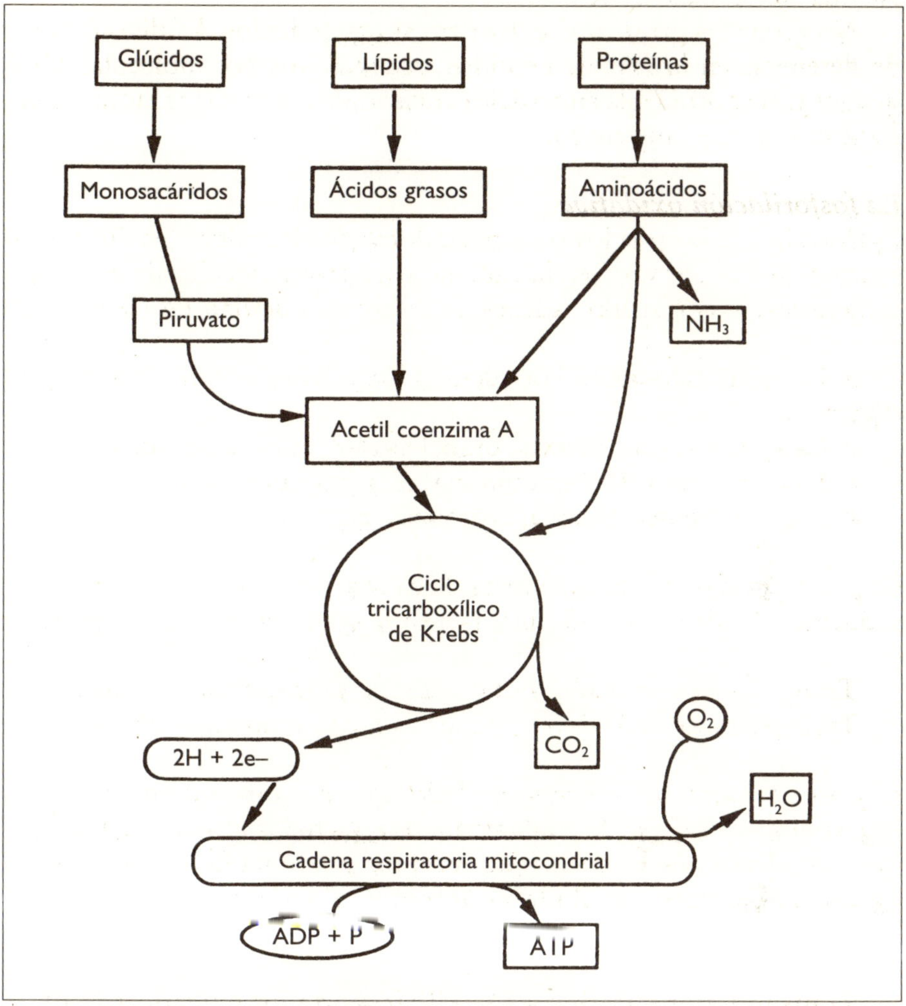

En la figura 47 se describe el esquema general del catabolismo.

2. El metabolismo de síntesis

También aquí, los datos más importantes se han recogido de Aubert y col. (1974), Louisot (1983), Alberts y col. (1986) y Malewiak (1992).

A veces las células deben multiplicarse y, en todos los casos, reemplazar las estructuras destruidas. Por tanto, conviene que sinteticen sus constituyentes: glúcidos, lípidos, proteínas y ácidos nucleicos.

El catabolismo de los alimentos proporciona a las células los elementos necesarios para esa síntesis:

1) La energía disponible en forma inmediata (el ATP que se hidroliza en ADP o AMP) y en forma de reserva (la glucosa y su polímero el glucógeno).
2) Los pequeños componentes básicos: azúcares simples, cuerpos grasos simples, aminoácidos, nucleótidos y coenzimas.

Figura 48. **VISIÓN CONJUNTA DEL CATABOLISMO Y DEL ANABOLISMO**

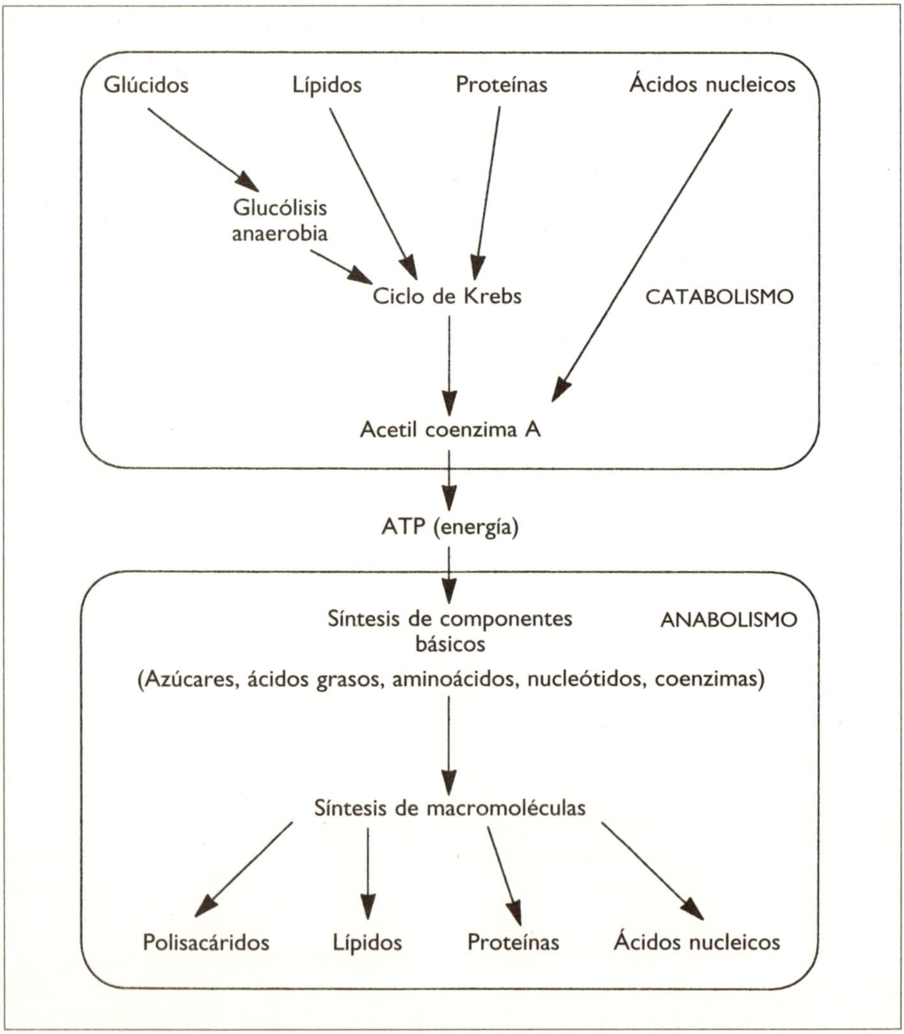

A partir de estas moléculas pequeñas, la célula fabrica progresivamente moléculas más voluminosas. Cada etapa de elaboración necesita de la intervención de una enzima. Mientras que el catabolismo se apoyaba en numerosas reacciones de oxidación, el anabolismo requiere numerosas reacciones de reducción. El retículo endoplásmico sintetiza los lípidos y los ribosomas sintetizan las proteínas. Una vez terminadas, las proteínas deben doblarse de manera precisa y adoptar la estructura terciaria. Este proceso está asegurado por las moléculas llamadas «chaperonas», que son ayudadas por algunas enzimas.

Esta síntesis no se efectúa por casualidad. Las macromoléculas generadas suelen ser específicas de la especie humana y, algunas, del individuo. Esto es particularmente evidente en las proteínas y se explica por el control genético del anabolismo. La estructura primaria de una proteína depende de la estructura del gen que la codifica. Esta noción esencial se explica con detenimiento en el capítulo 6.

Las principales fases del catabolismo y del anabolismo se resumen en la figura 48.

CAPÍTULO 16

NOCIONES ESENCIALES DE FISIOLOGÍA CELULAR

La unidad básica del cuerpo humano es la célula.

Profesor ARTHUR C. GUYTON

Si usted mira por el microscopio una célula eucariota viva, observará vigorosos movimientos interiores. En contraste total con una bacteria cuyo contenido está inmóvil u ondea pasivamente, el interior de una célula eucariota se mueve como una ciudad.

Profesora LYNN MARGULIS

A) ALGUNAS DEFINICIONES

La célula es un pequeño elemento vivo (limitado por una membrana) que contiene un citoplasma. Algunas células no tienen núcleo y se denominan procariotas, otras sí lo tienen y se denominan eucariotas. Las bacterias son células procariotas. Los vegetales superiores y los animales superiores están constituidos por células eucariotas.

La célula es la unidad de la vida. Todos los seres vivos, a excepción de los virus, están formados por células. Se distinguen:

1) Los seres unicelulares, que comprenden a los protozoarios, a las bacterias y a algunos hongos.

2) Los seres pluricelulares, que comprenden a los vegetales y a los animales. El hombre pertenece a esta categoría y su cuerpo está compuesto por unas 10^{13} células. En los organismos pluricelulares, todas las células descienden de una sola célula original, el huevo, mediante divisiones sucesivas.

En cuanto a los virus, incapaces de sobrevivir solos, son parásitos que residen en el interior de las células.

B) ESTRUCTURA DE LAS CÉLULAS HUMANAS

Alberts y col. (1986) la describió de forma detallada. Una célula está compuesta de membranas, un núcleo y un citoplasma dividido en siete compartimentos: el aparato de Golgi, los lisosomas, los peroxisomas, el retículo endoplásmico, las mitocondrias, los ribosomas y el citosol (figura 49).

Figura 49. LA CÉLULA

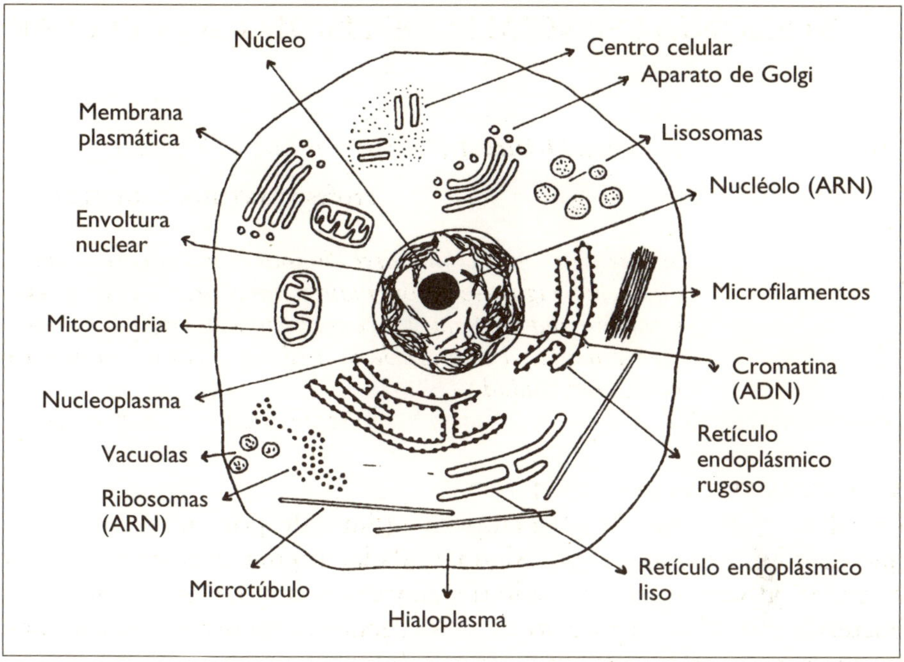

Las membranas

• La membrana plasmática es el recubrimiento de la célula. Constituye entre el 2 y el 5% del total de las membranas. Está formada por una doble capa de lípidos, medio relativamente fluido en el cual se desplazan las proteínas, moléculas más densas, de las cuales unas se insertan en la membrana (proteínas membranarias) y otras la atraviesan desde el citoplasma hasta el exterior (proteínas transmembrana). Esta estructura se esquematiza en la figura 50. La membrana plasmática no es solamente una barrera pasiva. Es también un filtro activo.

• Las membranas internas, de estructura parecida a la de la membrana plasmática, dividen la célula en varios compartimentos. Estos tabiques permiten que dentro de la célula tengan lugar simultáneamente numerosas reacciones químicas incompatibles en un solo compartimento.

El núcleo

Es un órgano propio de la célula eucariota, y está aislado del citoplasma por una doble membrana. Sin embargo, se comunica con el citosol por las aperturas de la envoltura, denominadas poros.

Figura 50. ESTRUCTURA DE LA MEMBRANA PLASMÁTICA

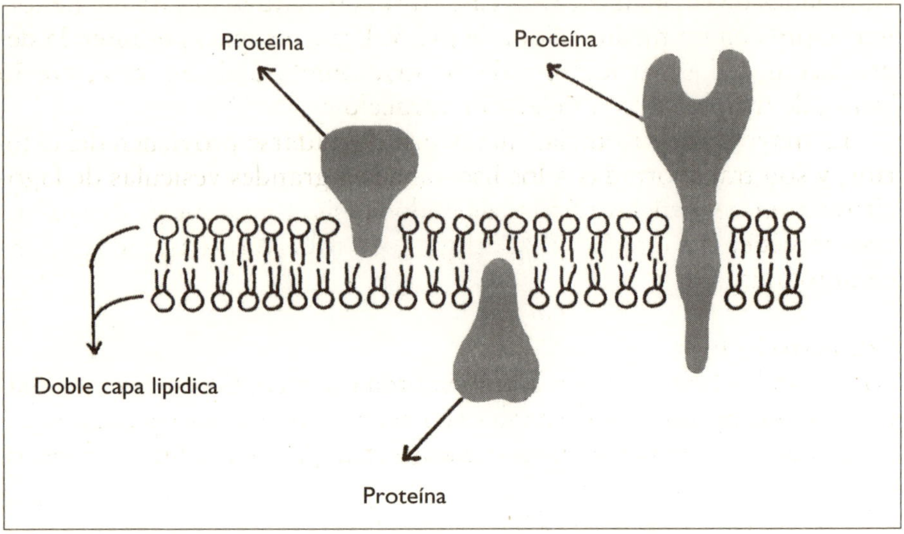

El núcleo contiene ADN, cuyo papel esencial hemos estudiado en el capítulo 6. El ADN se combina con proteínas especializadas que lo revisten: las histonas. La asociación del ADN y las histonas se denomina cromatina. Las histonas participan en la regulación de la actividad de los genes, disminuyendo la accesibilidad del ADN a otras proteínas.

El aparato de Golgi

Es un sistema de sacos aplanados, apilados como discos, y acompañados de pequeñas vesículas. Sacos y vesículas están recubiertos por una membrana. El aparato de Golgi, que suele estar cerca del núcleo, es un lugar de paso para las macromoléculas. Posee una triple función:

- Añade glúcidos (glicosilación) o modifica la estructura de los glúcidos de algunas moléculas.
- Clasifica las moléculas según su destino.
- Envuelve las moléculas en sus vesículas de secreción, para transportarlas hasta la membrana plasmática.

El aparato de Golgi actúa como un «policía», dirigiendo a las macromoléculas que lo atraviesan hacia su destino intracelular.

Los lisosomas

Son vesículas rodeadas por una membrana que contienen numerosas variedades de enzimas hidrolíticas, cuya actividad se desarrolla de forma óptima en un medio ácido, de pH 5. Estas enzimas permiten la degradación de las partículas y de las macromoléculas. Se trata, por lo tanto, de una verdadera digestión intracelular.

La mayoría de sustancias que deben degradarse provienen del exterior, y son transportadas a los lisosomas en grandes vesículas de fagocitosis y en pequeñas vesículas de endocitosis. Una minoría de sustancias proceden del interior de la célula y son transportadas por vesículas de autofagia.

Los peroxisomas

Son vesículas limitadas por una membrana que contienen enzimas oxidativas, que producen y descomponen el peróxido de hidrógeno. Los peroxisomas son compartimentos esenciales para la utilización del oxígeno.

El retículo endoplásmico (RE)

Es una red de bolsas aplanadas, sacos y túneles que forman un laberinto de canalizaciones diseminadas en el conjunto del citoplasma. La membrana del RE es muy extensa y corresponde al 50% de las membranas celulares; delimita una luz espaciosa.

El RE tiene dos tipos de estructuras:

- El RE rugoso, plagado en su pared externa de ribosomas, especializados en la síntesis de las proteínas que a continuación suelen ser glicosiladas.
- El RE liso, que interviene en la síntesis de los lípidos.

El RE también sirve de lugar de paso a las proteínas que ha fabricado o que proceden del citosol, antes de que lleguen al aparato de Golgi. También transporta los fosfolípidos hasta las mitocondrias.

Los ribosomas

Constituidos por proteínas y ARN ribosomal, los ribosomas están situados en la membrana del RE rugoso y en el citosol. Tienen un papel fundamental en la síntesis de las proteínas, que hemos detallado en el capítulo 6.

Las mitocondrias

Estos órganos, pequeños pero numerosos, son los únicos, aparte del núcleo, que contienen ADN. Tienen:

- Una membrana externa, permeable a todas las moléculas de peso molecular inferior a 10.000.
- Una membrana interna, plegada en numerosas crestas, lo cual aumenta su superficie.
- Una matriz central que contiene ADN mitocondrial y numerosas enzimas.

La membrana interna sirve de soporte al transporte de los electrones que convierten la energía liberada por las reacciones de oxidación en formas más utilizables, en particular en ATP. Sin mitocondrias, la célula dependería de la glucólisis anaeróbica, poco eficaz:

$$1 \text{ molécula de glucosa} \rightarrow 2 \text{ moléculas de ATP.}$$

En la mitocondria, los glúcidos y los ácidos grasos se oxidan en CO_2 y H_2O, en presencia de oxígeno, con una gran eficacia:

$$1 \text{ molécula de glucosa} \rightarrow 36 \text{ moléculas de ATP.}$$

Generalmente, se admite que las mitocondrias son bacterias que se han incorporado a las células eucariotas primitivas. Por ello, estas células pueden contar, junto con el metabolismo anaerobio, con un metabolismo aerobio.

El citosol
Corresponde al citoplasma restante tras la eliminación de todos los orgánulos recubiertos de membrana. Cubre el 55% del volumen celular. En él se desarrollan numerosas reacciones metabólicas. Millares de enzimas participan en el catabolismo y en el anabolismo. Numerosas proteínas son sintetizadas por los ribosomas.

En el citosol se encuentra el citoesqueleto. Está formado por redes de filamentos protídicos que confieren a la célula su forma, su plasticidad y a veces su capacidad para moverse. Se distinguen tres tipos de filamentos:

- Los microtúbulos o filamentos de tubulina.
- Los filamentos de actina.
- Los filamentos intermediarios.

El centrosoma es el artífice del citoesqueleto. Controla los movimientos de los microtúbulos que parten de él de forma radial. Estos últimos controlan a su vez los movimientos de otros filamentos.

C) COMUNICACIÓN DE LAS CÉLULAS CON EL MEDIO EXTERIOR

Las células deben incorporar sustancias nutritivas esenciales y excretar residuos metabólicos. Para las moléculas pequeñas disponen de transporte transmembrana. Para las estructuras más voluminosas utilizan otros métodos de excreción y de captación.

El transporte transmembrana

La doble capa lipídica de la membrana plasmática es impermeable a la mayoría de las moléculas. Son las proteínas transmembranales las que permiten el paso de sustancias.

1) Existe un transporte pasivo que se realiza a través de los canales proteicos, es decir, canales cuyas paredes están formadas de proteínas. Algunos de estos canales están abiertos permanentemente, otros sólo de manera transitoria. Estos últimos están regulados, ya sea por un ligando (sustancia que se une a un receptor), ya sea por el equilibrio entre el medio extra y el intracelular.

2) Existe un transporte activo ejercido por las proteínas transportadoras que se unen específicamente a una molécula y permiten que atraviese la membrana, en un solo sentido o en los dos. Entre los sistemas de transporte activo se encuentran:

- La bomba sodio/potasio que expulsa Na^+ mientras entra K^+.
- El canal de fuga de potasio K^+.
- La bomba de calcio que expulsa Ca^{++}.

La excreción y la captación de sustancias

Para expulsar macromoléculas o partículas, la célula dispone de dos medios:

1) *La exocitosis*

Las vesículas se fusionan con la membrana plasmática, después se abren al exterior y liberan su contenido.

2) *La gemación*

La célula emite una prolongación que se estrecha en la base. Una gema se separa, e incorpora en su interior cierto número de sustancias.

Para incorporar sustancias del medio externo, la célula emplea varios mecanismos de endocitosis, descritos por Louvard (1988):

1) *La pinocitosis*
Consiste en la ingestión de fluidos o de soluciones mediante pequeñas vesículas de endocitosis. Equivale a una «bebida».

2) *La fagocitosis*
Es exclusiva de los macrófagos y de los polinucleares. Permite la captación de partículas, de bacterias o de otras células senescentes, deterioradas o fragmentadas. El fagocito emite unas prolongaciones que rodean la estructura que ingerir, y la encierran en una gran vesícula. La fusión de ésta con uno o varios lisosomas permite a las enzimas atacar a la estructura ingerida. Generalmente, ésta es digerida, pero a veces puede resistir al ataque enzimático.

3) *La endocitosis por receptor*
Un receptor de superficie se une a una molécula. Esta unión desencadena la atracción hacia el interior de la célula de la pareja receptor/ligando. Este proceso es muy específico, ya que cada receptor sólo puede acoger a una molécula.

Los diferentes fenómenos que acabo de exponer se esquematizan en la figura 51.

D) COMUNICACIONES ENTRE LAS CÉLULAS
Para explicar que numerosas células constituyen un único ser vivo, hay que admitir que estas células no son independientes y que se comunican entre sí. En efecto, es necesario que el crecimiento y la actividad de las diferentes células estén sincronizados y que su organización en tejidos y en órganos esté controlada. Hay numerosas y complejas comunicaciones, unas a distancia, otras por contacto directo.

Las comunicaciones a distancia
Se realizan mediante sustancias químicas llamadas «primeros mensajeros», que actúan específicamente en los «receptores» transportados por las células diana. Estos mensajeros se clasifican en tres categorías:

1) *Los mediadores químicos locales*
Sólo actúan en las células de su entorno inmediato y son rápidamente captados o destruidos. Ejemplos: la histamina y las prostaglandinas.

2) *Las hormonas*
Son secretadas por las glándulas endocrinas (tiroides, suprarrenales, ovarios, testículos) bajo la dirección de la hipófisis, controlada por el hipotálamo. La estructura de las hormonas es variable:

Figura 51. EXCRECIÓN DE SUSTANCIAS POR LAS CÉLULAS

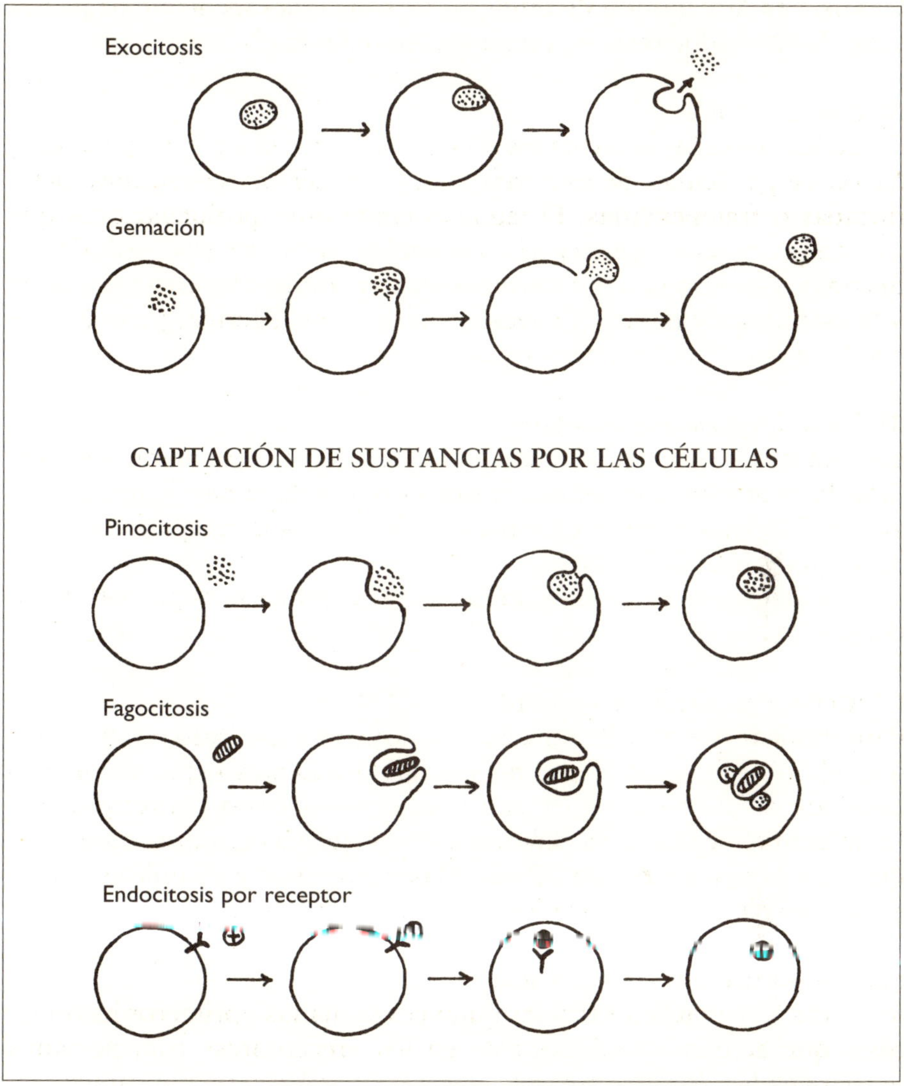

• Algunas son péptidos como la insulina, el glucagón o las hormonas hipotalámicas.

• Otras son aminas, como la adrenalina o la tiroxina.

• Otras son esteroides, como los estrógenos o los andrógenos.

Las hormonas pueden actuar a larga distancia, ya que son transportadas hasta las células diana por la sangre.

3) *Los neurotransmisores*
Se liberan en la sinapsis, es decir, la zona de unión entre la célula nerviosa y la célula diana, y actúan únicamente en la célula diana adyacente. Ejemplos: la acetilcolina, la noradrenalina y numerosos neuropéptidos.

Los receptores de estos mensajeros se clasifican en dos grupos:

1) Los receptores intracelulares, citoplásmicos o nucleares
Ejemplos: los de las hormonas esteroides y las hormonas tiroideas. Los complejos hormona + receptor se fijan en la cromatina y regulan la transcripción de algunos genes.

2) Los receptores de superficie, de membrana
Ejemplos: los de los neurotransmisores, de las hormonas proteicas y de los factores de crecimiento. Actualmente, se conoce bastante bien el funcionamiento de estos receptores (Alberts y col., 1986; Bokaert, 1986; Danchin, 1987; Isakov, 1988). La fijación del mensajero (ligando) en su receptor (proteína de membrana) en la superficie externa de la célula activa una señal que se transmite al interior de la célula. Esta señal, sola o junto con otras señales, desencadena la actividad de algunas enzimas como la proteína cinasa. Esta actividad puede tener lugar de tres maneras:

- Inmediata, cuando el mismo receptor es una cinasa.
- Directa, cuando el receptor interactúa sin intermediarios con una quinasa.
- Indirecta, que es el caso más frecuente. El mensajero ejerce una acción sobre una proteína de unión que activa la síntesis de un segundo mensajero intracelular, que a su vez activa a una cinasa. Se conocen tres tipos principales de segundos mensajeros:

a) El AMP cíclico (AMPc) y quizá la GMP cíclica (GMPc) o G = guanosina.

b) Algunos lípidos: los fosfoinositidos.

c) El ion Ca^{++}, cuya concentración aumenta mucho en la célula; por una parte, gracias a la apertura de canales iónicos membranarios que permite una afluencia de calcio extracelular; por otra parte, gracias a la movilización de calcio intracelular.

La activación de las cinasas es el resultado de una cascada de reacciones. Le sigue la activación de otras enzimas y de factores de transcripción. Para tener una idea de la complejidad de los fenómenos, podemos examinar la figura 52, donde he tomado como ejemplo la activación del

Figura 52. **ACTIVACIÓN DEL LINFOCITO T AUXILIAR**

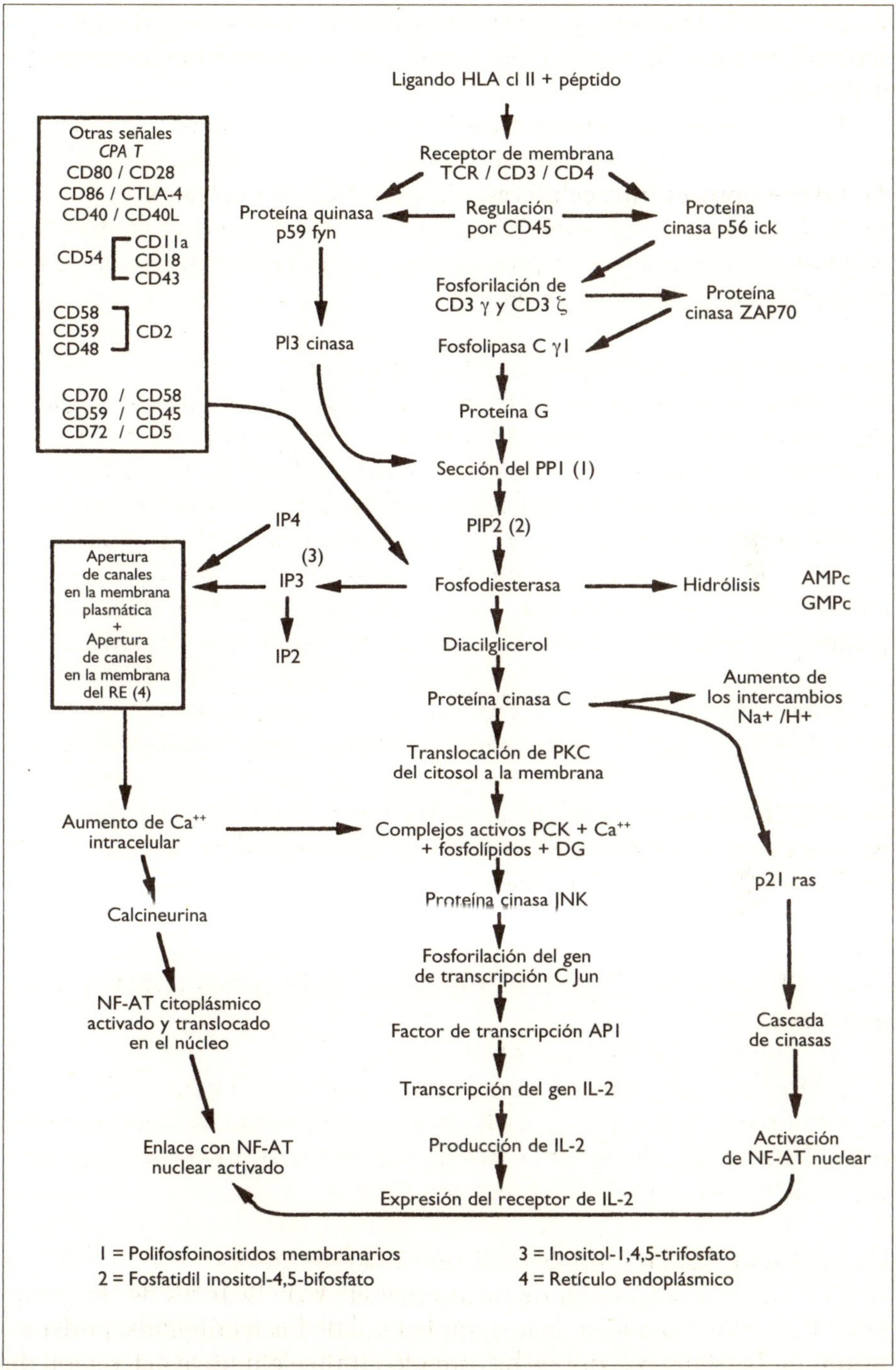

linfocito T auxiliar. Sólo he representado la vía de activación principal, inducida por el reconocimiento de la pareja HLA clase II + péptido antigénico por el TCR. Pero existen otras señales asociadas, llamadas de coestimulación, cada una de las cuales desencadena nuevas cascadas de reacciones.

Es inútil retener al detalle estas cascadas. Sólo hay que recordar que la célula es activada y reaccionará de manera variable según el tipo (una neurona no reaccionará como un hepatocito) y según las cinasas activadas por la pareja ligando/mensajero. Hemos visto en el apartado «La respuesta inmunitaria» las consecuencias de la activación de los linfocitos.

Las comunicaciones por contacto directo

Se realizan de dos maneras:

1) *Por interacción de moléculas de superficie*

Un excelente ejemplo es la cooperación celular durante la respuesta inmunitaria (capítulo 8).

2) *Las uniones comunicantes*

Numerosas células están unidas entre sí por canales que van de un citoplasma a otro atravesando las membranas plasmáticas. La pared de los canales está formada por una familia de proteínas: las conexinas (Peschanski, 1994). Estos canales permiten el paso de algunos iones (K^+, Ca^{++}) y de segundos mensajeros (cascada del AMPc y cascada de los fosfoinositidos), y ponen de manifiesto la influencia reguladora de una célula sobre otra. Con frecuencia desaparecen en las células cancerosas.

Las diversas formas de comunicación entre las células se ilustran en la figura 53.

E) LA MITOSIS

Nociones generales

La mitosis es una división celular en la cual la célula madre da origen a dos células hija que tienen el mismo número de cromosomas que ésta. Se diferencia de la meiosis, que interviene en la formación de los espermatozoides y de los óvulos, en que, en ésta, las células hija sólo conservan la mitad de los cromosomas de la célula madre.

Las mitosis son indispensables para el desarrollo del organismo humano a partir de una sola célula original. En un cuerpo humano constituido, la capacidad de dividirse por mitosis varía según las clases de

Figura 53. **COMUNICACIONES ENTRE LAS CÉLULAS**

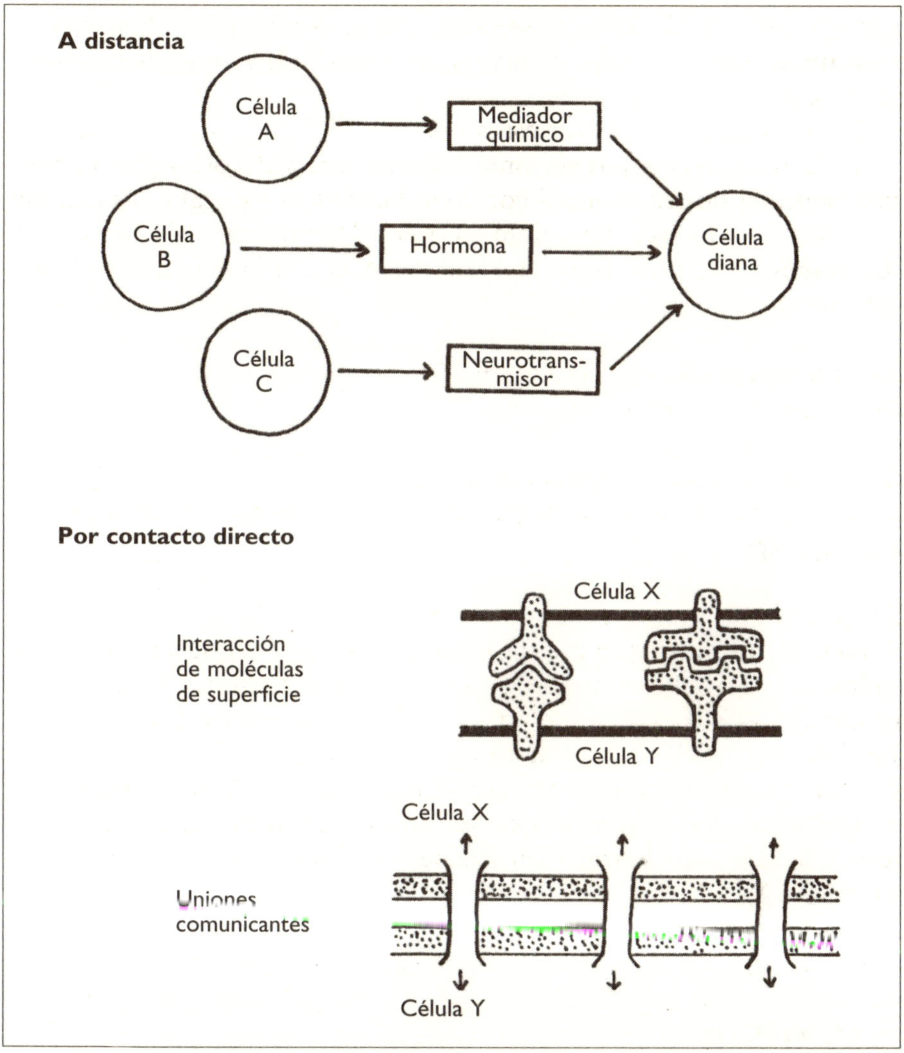

células. Así, los queratinocitos de la epidermis y los hepatocitos del hígado son siempre capaces de dividirse, pero las neuronas no.

El ciclo celular de división comprende cuatro fases:

- G1: preparación para la réplica del ADN.
- S: periodo de síntesis del ADN.
- G2: preparación para la división celular.
- M: periodo de mitosis.

El ciclo celular está controlado de manera muy estricta por varios mecanismos (Monier, 1995):

- La telomerasa, una enzima que replica las extremidades de los cromosomas. Un acortamiento muy marcado de los cromosomas impide la mitosis.
- Las cinasas dependientes de las ciclinas y sus inhibidores.
- Las interacciones entre células, a distancia y por contacto directo.
- Las interacciones entre las células y la matriz extracelular.

Las alteraciones en el control del ciclo celular guardan relación con el desarrollo de los cánceres. Finalizan en mitosis demasiado frecuentes de las células malignas, que dan lugar a la formación de un tumor.

Desarrollo de la mitosis
Se realiza en cuatro estadios (figura 54):

Profase
- Los cromosomas, hasta entonces invisibles, se individualizan en el núcleo.
- Se forma un huso de microtúbulos entre los dos pares de centriolos.

Metafase
- La membrana nuclear desaparece.
- Los cromosomas se unen a los microtúbulos del huso y se disponen en la placa ecuatorial.

Anafase
- Los cromosomas se separan en dos grupos de 23 cromosomas, que emigran a lo largo del huso hacia los dos polos de la célula.
- Los dos pares de centriolos se duplican.

Telofase
- Los cromosomas se agrupan en dos grupos.
- El huso mitótico se disuelve.
- Una membrana envuelve los dos núcleos.
- Los cromosomas se vuelven invisibles.
- Un estrechamiento progresivo del citoplasma separa las dos células hija.

Figura 54. **LA MITOSIS**

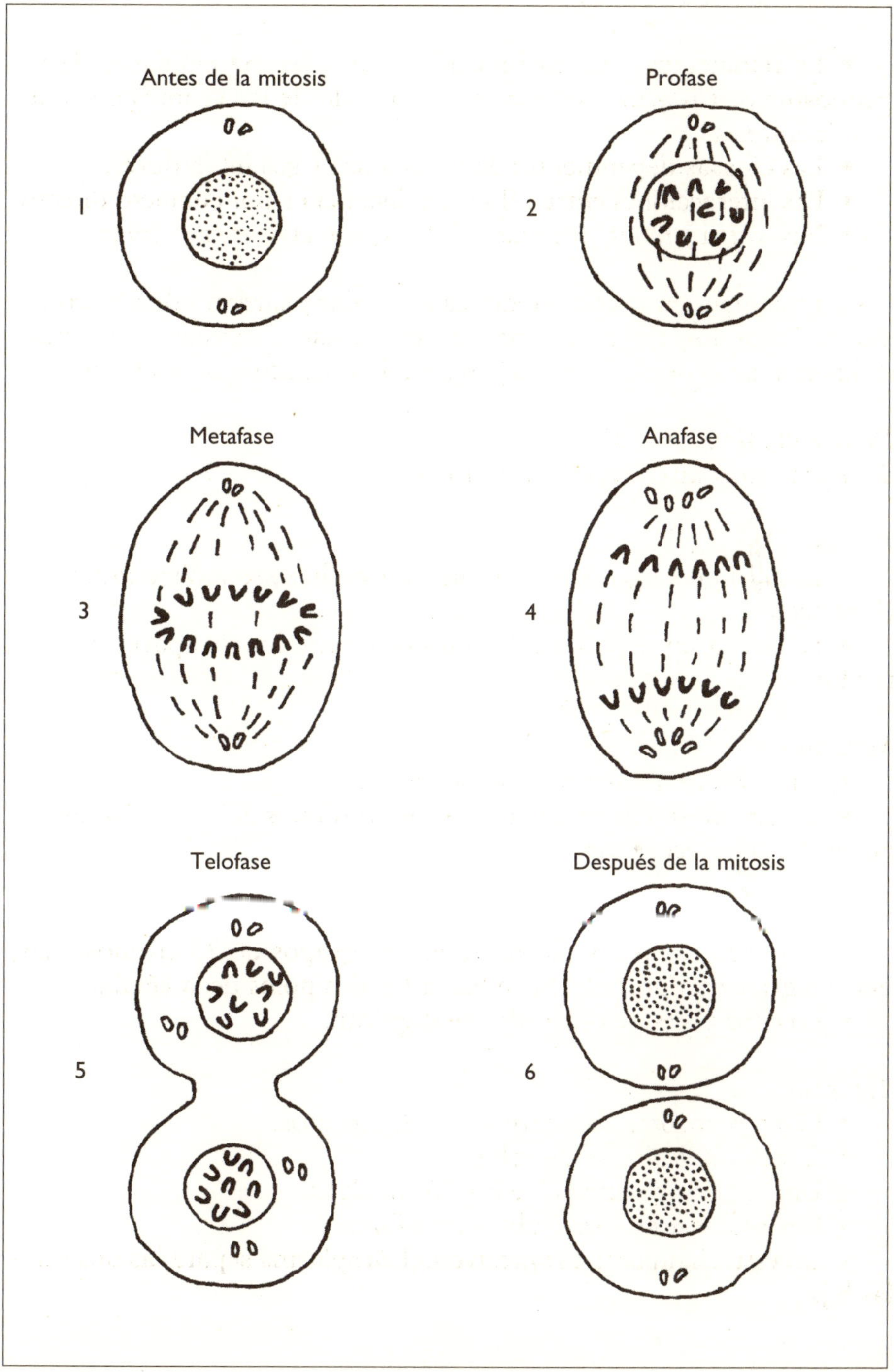

F) LA APOPTOSIS

Definición

La apoptosis consiste en una muerte celular que corresponde a un suicidio programado. Este proceso se pone en marcha cuando la destrucción de la célula es beneficiosa para el organismo. Este fenómeno es activo, regulable y completamente diferente de la necrosis, en la cual la muerte celular es accidental y pasiva.

La apoptosis se produce:

- En las células infectadas por los virus.
- En las células cancerosas.
- En las células sanas que se vuelven inútiles; por ejemplo, un exceso de linfocitos cuando se ha eliminado un agresor ante una respuesta inmunitaria.
- En los tejidos que ya no son necesarios.

La apoptosis es, por tanto, un mecanismo fisiológico que permite el desarrollo normal de los órganos y que controla con precisión el número de células. Pero a veces la apoptosis se vuelve patológica:

- Bien porque sea insuficiente y permita, por ejemplo, el crecimiento de un tumor canceroso.
- O bien porque sea excesiva, como en el caso del sida, en el que provoca la desaparición de los linfocitos TCD4.

La apoptosis, de reciente descubrimiento, ha sido muy estudiada durante los últimos años (Evan y col., 1995; Vaux y Strasser, 1996; Wallach, 1997). Se desarrolla en tres estadios: inducción, fase efectora y degradación.

Fase de inducción

La apoptosis puede desencadenarse por estímulos muy variados, como cuando algunas moléculas se unen a los receptores de membrana de la célula diana.

Entre estas moléculas estimulantes podemos citar:

- El ligando de Fas, que se une a Fas, también denominado Apo 1 o CD95.
- El TNF, que se une al receptor p55 del TNF o CD120 a.
- Los radicales libres.

Pero existen otros ligandos, listados en la figura 55.

Fase efectora

La estimulación de los receptores de membrana genera unas señales que, por vías diferentes, activan a las cistinas proteasas de la familia ICE *(interleukin 1β converting enzyme)*, también llamadas caspasas. Se ha encontrado una decena de caspasas. Así, por ejemplo, la fijación del ligando de Fas en Fas moviliza una estructura denominada FADD que pone en acción a la caspasa FLIP (figura 55).

Las caspasas provocan un gran aumento de la permeabilidad de la membrana interna de las mitocondrias (Kroemer y col., 1997), lo que propicia la salida del citocromo C y del AIF. Cuando se produce este proceso, la célula está condenada (Kahn, 1997).

Algunas sustancias favorecen el desarrollo de la fase efectora, como Bax y Bad. Otras bloquean esta fase e impiden la apoptosis, como Bcl-2 y Bcl-XL. La lista de moléculas proapoptosis y antiapoptosis conocidas se esquematiza en la figura 55.

La proteína p53 se fabrica en mayor cantidad en cualquier célula cuyos genes hayan sido alterados. Pero su acción varía según la dosis:

- En dosis medias, activa los sistemas reparadores del ADN.
- En dosis mayores, como en el caso de fracaso en la reparación del ADN, induce una apoptosis.

El factor de transcripción NF-KB también tiene una función clave. Su ausencia desencadena la apoptosis. Cuando está presente y activo, puede llegar al núcleo, unirse al ADN y permitir la síntesis de proteínas que bloquean la apoptosis.

Fase de degradación

Este proceso ha sido descrito por Cohen (1993) y se ilustra en la figura 56:

- Disminución del volumen celular.
- Condensación de orgánulos.
- Condensación de la cromatina nuclear.
- Alteraciones de la membrana plasmática.
- Atrofia y división del núcleo.
- Fragmentación de la célula en cuerpos apoptóticos.
- Fagocitosis de los cuerpos apoptóticos.

G) ÓRGANOS, TEJIDOS, APARATOS Y SISTEMAS

A partir del cigoto inicial, divisiones sucesivas generan una inmensa cantidad de células que constituyen el cuerpo humano. Estas células se

Figura 55. **FACTORES QUE INTERVIENEN EN LA APOPTOSIS**

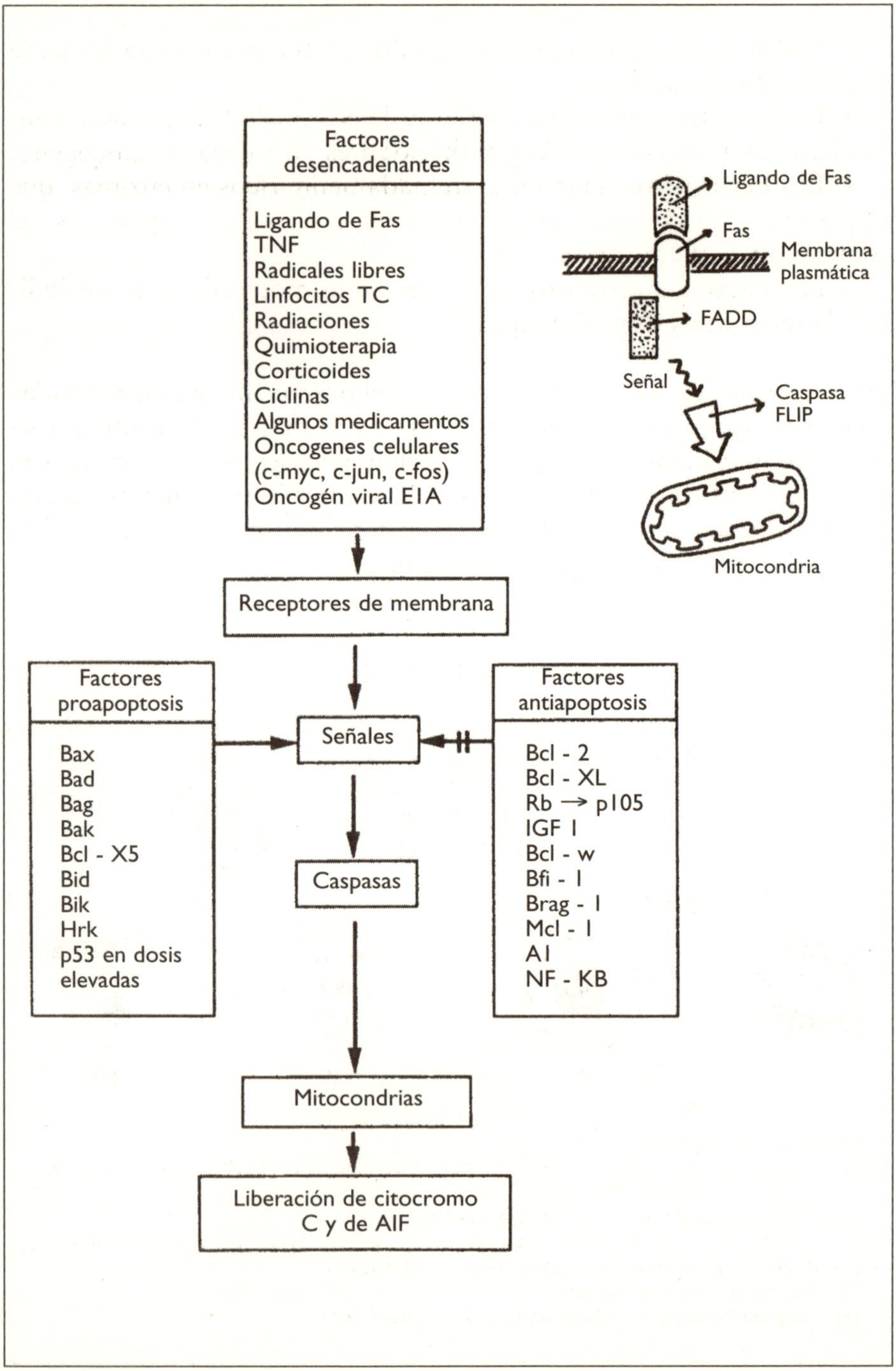

diferencian y son capaces de ejercer funciones concretas. Así, se distinguen más de 200 variedades de células, por ejemplo:

- Los hematíes (sangre) especializados en el transporte de oxígeno y de dióxido de carbono.
- Los miocitos (músculos) dotados de elasticidad y contractilidad, provistos de reservas de energía abundantes en forma de glucógeno.
- Los hepatocitos (hígado) extremadamente ricos en enzimas, que les permiten llevar a cabo la gran mayoría de reacciones químicas del catabolismo y anabolismo.
- Las neuronas (cerebro) causantes de la motricidad, la sensibilidad, la memoria y la inteligencia.

Las células no son los únicos elementos del organismo. Están asociadas a diversos líquidos llamados «humores» y a la matriz extracelular, formada por moléculas encabalgadas, inicialmente secretadas por algunas células (Scott-Burden, 1994). La matriz extracelular es una mezcla de proteínas fibrosas sumergidas en un gel polisacárido hidratado. Las principales proteínas de esta matriz son:

Figura 56. **APOPTOSIS: FASE DE DEGRADACIÓN**

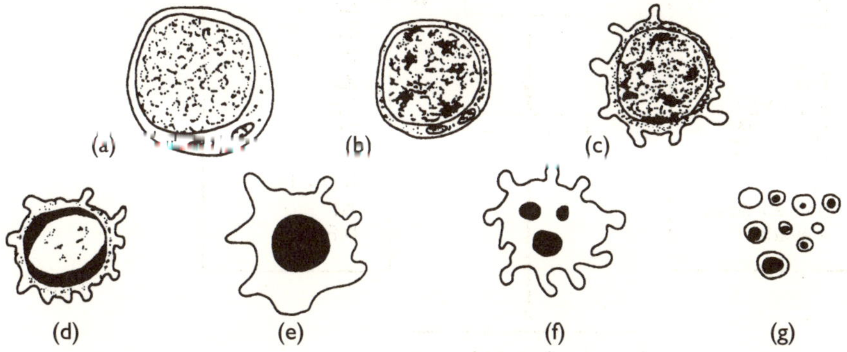

(a) La célula normal.
(b) Disminución del volumen celular y condensación de orgánulos citoplásmicos y de la cromatina nuclear.
(c) Alteraciones de la membrana plasmática.
(d) Pérdida de volumen celular acentuada y mayor condensación de la cromatina.
(e) Reducción del volumen y densificación del núcleo.
(f) Fragmentación del núcleo.
(g) Fragmentación de la célula en cuerpos apoptóticos.

- El colágeno, de cuatro clases: I, II, III y IV.
- La elastina, que confiere a los tejidos su elasticidad.
- Los proteoglicanos.
- El ácido hialurónico.
- La fibronectina, que favorece la adherencia celular.
- La laminina, abundante en la lámina basal, que se encuentra en la base de todas las estructuras epiteliales.

La matriz extracelular no sólo constituye las láminas basales, sino también la mayor parte de la córnea, los tendones, los cartílagos, los huesos y los dientes. Estas dos últimas estructuras se completan por depósitos de cristales de fosfato de calcio.

Considerada durante mucho tiempo como un simple tejido de sostén, la matriz extracelular tiene también un importante papel en la regulación de las citocinas (mensajeros liberados por las células).

Algunas células y algunos elementos de la matriz extracelular se reagrupan para formar unidades:

- En el estadio anatómico, se habla de órganos.
- En el estadio histológico, se habla de tejidos.
- En el estadio funcional, se habla de aparatos o de sistemas.

La noción de órgano es conocida por todos. El hígado, el páncreas, el riñón, el bazo y el corazón son órganos. En cuanto a la definición de tejido, se basa en la presencia de células con características particulares:

- El tejido epitelial está formado por células unidas entre sí, dispuestas en una o varias capas, que reposan en una lámina basal. La epidermis, las mucosas o las células glandulares secretoras son ejemplos de tejidos epiteliales.
- El tejido conjuntivo comprende principalmente células derivadas de los monocitos/macrófagos en el seno de una abundante matriz extracelular. Estas células pueden estar aisladas y ser móviles, como los macrófagos, que desempeñan importantes funciones en las respuestas inflamatoria e inmunitaria. Pueden estar fijadas o unidas, como los sinoviocitos, que forman la membrana sinovial, que recubre las superficies articulares.

Un órgano puede contener varios tejidos. Así, el intestino delgado posee una capa mucosa (tejido epitelial) y una capa submucosa (tejido conjuntivo). Un órgano puede ejercer varias funciones. Por ejemplo, el páncreas produce una secreción exocrina (proteasas, lipasa, amilasa) necesaria para la digestión de los alimentos en el intestino delgado y una secreción endocrina (insulina, glucagón) necesaria para la buena utilización de la glucosa por las células, en particular los miocitos.

Con el nombre de aparato o de sistema se agrupa un conjunto de células, órganos y tejidos que participan en un mismo objetivo. Así, el aparato digestivo reúne todos los elementos que participan en la digestión de los alimentos, es decir:

- El tubo digestivo: boca, esófago, estómago, intestino delgado y colon.
- Las glándulas que le son anexas: glándulas salivares, hígado y páncreas.

De la misma manera, se habla de aparato respiratorio, de aparato cardiovascular, de sistema nervioso y de sistema endocrino.

CAPÍTULO 17

TEORÍA DEL ENSUCIAMIENTO*

La fuerza vital siempre buscará expulsar fuera de la sangre la mayoría de toxinas posibles. Pero lo que no consiga eliminar por los emuntorios será rechazado en las profundidades del cuerpo. Así, las toxinas penetrarán hasta el interior de las células.

Doctor PAUL CARTON

A) EL FUNCIONAMIENTO DE LAS CÉLULAS

Las células humanas necesitan numerosas reacciones físicas y químicas para vivir y son llevadas a cabo por una maquinaria muy compleja. En los capítulos 8, 15 y 16 se han descrito los principales engranajes del funcionamiento celular:

- El aporte en cantidades adecuadas de materiales esenciales: agua, minerales, oligoelementos, vitaminas, glúcidos, lípidos, prótidos y ácidos nucleicos.
- La actividad de múltiples enzimas en los diversos compartimentos de las células.
- El transporte a través de la membrana: pasivo a través de canales proteicos, o activo gracias a las proteínas transportadoras.
- La excreción de macromoléculas por exocitosis o gemación.
- La captación de sustancias por pinocitosis, fagocitosis o endocitosis por receptor.
- La comunicación a distancia con otras células, en la que intervienen primeros mensajeros, receptores, segundos mensajeros y la cascada de activación de las cinasas.
- La comunicación por contacto directo con otras células, por interacción de moléculas de superficie y por uniones comunicantes.
- El papel de sostén y de regulación que desempeña la matriz extracelular.
- Las numerosas reacciones, principalmente de oxidación, que per-

* Acumulación en el organismo de residuos alimentarios, bacterianos y metabólicos. *(N. del T.)*

miten el catabolismo: glucólisis anaerobia, ciclo de Krebs, vía de las pentosas fosfatos y fosforilaciones oxidativas.

- Las numerosas reacciones, principalmente de reducción, que aseguran el anabolismo.
- El aumento o la disminución de la expresión de los genes, dirigida por proteínas que se fijan o se separan de las secuencias de ADN promotor y regulador.
- La transcripción de los genes en ARN mensajero.
- La traducción del ARN mensajero en proteínas.
- El desarrollo normal de las respuestas inmunitarias, con la presentación de los antígenos por las CPA, el reconocimiento y la respuesta a los antígenos por los linfocitos T, los linfocitos B y las células NK, la expresión de las moléculas de adhesión y la secreción de citocinas.
- El desarrollo normal de las respuestas inflamatorias, con intervención de los neutrófilos polinucleares, mediadores plasmáticos y mediadores celulares.
- La producción más o menos elevada y la neutralización más o menos eficaz de los radicales libres.
- La liberación de los neuropéptidos.
- La secreción hormonal.
- La división celular o mitosis.
- El suicidio programado de las células o apoptosis.

B) LOS RESIDUOS PROCEDENTES DEL INTESTINO

Como hemos visto con las enfermedades autoinmunes, algunos alimentos modernos y la flora de putrefacción que producen se comportan como agresores para la mucosa intestinal. La destrucción o la disyunción de algunos enterocitos hacen que el intestino delgado sea demasiado permeable. Diversas moléculas de origen alimentario y bacteriano atraviesan la barrera intestinal y pasan a la circulación general, lo cual puede tener consecuencias peligrosas, pero variables según la estructura de las moléculas.

Los péptidos antigénicos y las proteínas superantígenas son las principales moléculas capaces de provocar una respuesta inmunitaria, acompañada de forma secundaria por una respuesta inflamatoria. El resultado patológico de estos fenómenos son las enfermedades autoinmunes.

Otras moléculas no poseen este poder inmunógenico:

- Los isómeros de proteínas mal fraccionables en péptidos.
- Los péptidos muy largos o muy cortos.
- Algunos glúcidos.

- Algunos lípidos.
- El ADN bacteriano.
- Los lipopolisacáridos bacterianos, que sin embargo sí pueden activar a los macrófagos.
- Las poliaminas bacterianas y alimentarias.
- Las moléculas de Maillard, que las enzimas proteolíticas no pueden romper.

Estas moléculas circulan por el organismo y son atraídas por algunas células o algunos tejidos, en función de su estructura.

C) EL CONCEPTO DE «ENSUCIAMIENTO»

Cuando ciertos residuos alimentarios o bacterianos traspasan la pared del intestino, sobrepasan las capacidades de eliminación de los emuntorios del organismo y las sustancias no deseables se acumulan de forma paulatina. Es fácil imaginar algunas de las consecuencias nefastas de este fenómeno.

Las moléculas cuya estructura difiere de las moléculas del huésped permanecen en el medio extracelular, lo cual produce efectos nocivos:

- Modificación de la composición de este medio.
- Cambios en la matriz extracelular.
- Dificultades en las comunicaciones a distancia entre las células.
- Fagocitosis de algunas partículas, lo cual consume energía y libera radicales libres.

Las moléculas cuya estructura se parece a la de las moléculas del huésped pueden unirse a la membrana celular o penetrar en el citoplasma y el núcleo.

En la membrana, los péptidos pueden ocupar el sitio de los péptidos fisiológicos, los cuales a su vez ocupan el sitio de los receptores, desencadenando señales erróneas o impidiendo que se produzcan las señales adecuadas. Las sustancias extrañas también interfieren en las comunicaciones directas entre células.

En el citoplasma y el núcleo, la intrusión de esta clase de moléculas comporta algunos riesgos:

- Inhibición de la acción de algunas enzimas, lo cual obstaculiza el desarrollo normal del metabolismo.
- Bloqueo de algunos factores no enzimáticos.
- Acción sobre los genes, tanto en su estructura como en su regulación.

• Consumo excesivo de energía para eliminar estos residuos, ya sea por intervención de enzimas o por un proceso de exocitosis o gemación.

Esta noción de intrusión celular por parte de moléculas ajenas no es sólo una idea, sino que varios trabajos han demostrado que es una realidad. Así, Gottesfeld y col. (1997) comprobaron que algunas poliamidas sintéticas podían alcanzar el núcleo, unirse al ADN y modificar la expresión de determinados genes. Schubbert y col. (1997) observaron lo mismo en el ADN de un bacteriófago, absorbido con los alimentos, que alcanzó el núcleo de distintas clases de células para asociarse al ADN del huésped.

Las consecuencias secundarias de esta sobrecarga de moléculas nocivas son las siguientes:

- Incremento del consumo de energía.
- Disminución de la producción de energía.
- Alteraciones en el funcionamiento celular.
- Liberación excesiva de radicales libres.

Y el resultado final es el sufrimiento, la muerte o la transformación de las células, del mismo modo que la filtración repetida de granos de arena en un motor acaba por atascarlo o ensuciarlo, e impide que funcione con normalidad.

El potencial de resistencia de las células a esta agresión depende de las estructuras polimorfas de la membrana, del citoplasma y del núcleo, pero principalmente de su capacidad para eliminar los residuos y, por tanto, de sus enzimas, cuya estructura es regulada genéticamente. Sabemos que numerosas enzimas son polimorfas y tienen variantes de diferente eficacia (Frezal y col., 1974; Wolf y col., 1994). No todos los humanos reaccionan igual respecto a las poluciones procedentes del intestino delgado. Es aquí donde debemos introducir el concepto de enfermedad polifactorial, en la cual intervienen factores hereditarios (genes polimorfos y genes de las aloenzimas) y factores externos (alimentos y bacterias).

Varias situaciones son posibles:

- Disfunción de algunas enzimas + Poco o ningún residuo → Ninguna enfermedad.
- Enzimas con funcionamiento normal + Muchos residuos → Ninguna enfermedad.
- Disfunción de algunas enzimas + Muchos residuos → Enfermedad.

Los diversos mecanismos del ensuciamiento se representan en la figura 57.

D) LA EVOLUCIÓN DE LAS CÉLULAS «ENSUCIADAS»

Creo que el ensuciamiento progresivo de algunas células es la causa de numerosas enfermedades, unas benignas, aunque a veces graves, y otras malignas (Seignalet, 1996a). Las patologías que causa varían:

- Según la estructura de las moléculas procedentes del intestino, que sienten atracción por distintas clases de células.
- Según los mecanismos que las moléculas extrañas lleven a cabo para obstaculizar el interior de las células.
- Según las enzimas afectadas, ya que la maquinaria enzimática es muy diferente en un hepatocito, en un miocito, en un fibroblasto o en una neurona. El bloqueo de una enzima será grave en una célula de tipo A e inocuo en una célula de tipo B, si la enzima se encuentra en la primera, mientras está ausente en la segunda.
- Según las reacciones en las distintas células.

Se pueden considerar cinco eventualidades, que se exponen en la tabla XIX, con algunos ejemplos de enfermedades derivadas del fenómeno de ensuciamiento.

Por lo general, la patología de ensuciamiento necesita tiempo para manifestarse. Predomina en los adultos y principalmente en los ancianos. Se instala de forma progresiva y se agrava con lentitud. Sus características la distinguen de la patología autoinmune, que suele afectar a los sujetos jóvenes y que se declara con frecuencia de forma agresiva (al menos en el aspecto clínico) y alcanza rápidamente su máxima intensidad.

La lista de enfermedades para las cuales propongo un mecanismo de ensuciamiento se enumera en la tabla XX. En algunas he podido observar la eficacia del régimen hipotóxico, lo que constituye un argumento de peso en favor de mi teoría. Para otras, la existencia del ensuciamiento es ampliamente sugerida por algunos datos de la literatura. Y para algunas no dispongo ni de resultados en cuanto a la dieta, ni de trabajos de otros autores, y sólo me baso en un razonamiento que me parece lógico.

Las enfermedades de ensuciamiento son numerosas y se estudian en los cuatro capítulos siguientes:

- Enfermedades reumatológicas.
- Enfermedades neuropsiquiátricas.

Figura 57. **LOS DIVERSOS MECANISMOS DEL ENSUCIAMIENTO**

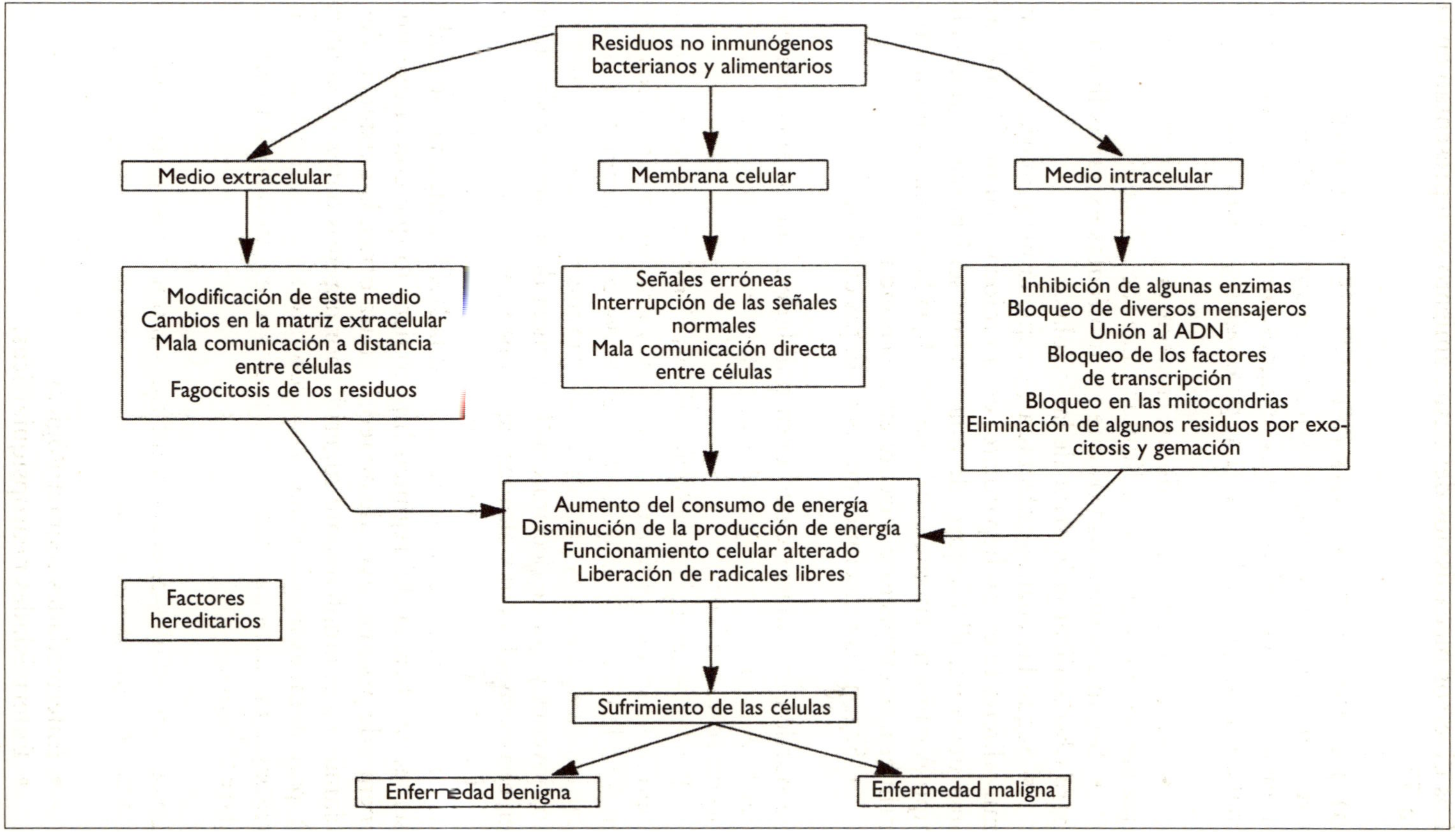

Tabla XIX
LA EVOLUCIÓN DE LA CÉLULA «ENSUCIADA»

Es variable:

1. MUERE
Enfermedad de Alzheimer
Enfermedad de Parkinson (en el estadio final de la evolución)
Diabetes de tipo 2 (en el estadio final de la evolución)
Aplasia medular

2. FUNCIONA DE FORMA INSUFICIENTE
Enfermedad de Parkinson (al principio de la evolución)
Diabetes de tipo 2 (al principio de la evolución)
Osteoporosis (osteoblastos)

3. FUNCIONA MAL
Hipercolesterolemia
Artrosis
Gota
Esquizofrenia
Osteoporosis (osteoclastos)

4. SUFRE
Fibromialgia
Espasmofilia
Depresión nerviosa endógena

5. SE VUELVE MALIGNA
Algunas leucemias
Algunos cánceres (seno, próstata, colon, recto, etc.)

- Otras afecciones no malignas.
- Leucemias y cánceres.

E) ¿CÓMO PREVENIR O TRATAR EL «ENSUCIAMIENTO»?

Dado que la alimentación moderna es la primera causa del ensuciamiento, es conveniente proponer un régimen sin cereales ni productos lácteos, rico en alimentos crudos y en aceites biológicos, acompañado de magnesio, oligoelementos, vitaminas y fermentos lácticos.

Al disminuir los aportes en moléculas nocivas, la capacidad de eliminación del organismo le permitirá deshacerse progresivamente de los residuos acumulados. La desintoxicación de las células afectadas previene o cura enfermedades.

Tabla XX
ENFERMEDADES NO MALIGNAS ORIGINADAS
POR EL ENSUCIAMIENTO DE ALGUNAS CÉLULAS

Fibromialgia primitiva	Dispepsia
Depresión nerviosa endógena	Obesidad
Esquizofrenia	Gota
Enfermedad de Alzheimer	Anemias sideroblásticas
Enfermedad de Parkinson	Enfermedad de Vaquez
Migrañas	Trombocitemia idiopática
Cefaleas de tensión	Aplasia medular
Distonía	Tendinitis
Diabetes de la madurez	Artrosis
Hipercolesterolemia	Condrocalcinosis
Hipoglucemia	Osteoporosis
Espasmofilia	Arterioesclerosis
Litiasis biliar	Envejecimiento prematuro

Capítulo 18

LA PATOLOGÍA DEL ENSUCIAMIENTO EN REUMATOLOGÍA

Siempre es sorprendente comprobar hasta qué punto el estado de numerosos pacientes, aquejados de afecciones crónicas, mejora con el simple hecho de restablecer la función intestinal.

R. INDERST, K. RANSBERGER y K. MAEHDER

La nutrimedicina, medicina de progreso, puede ayudar a quitar el polvo al sistema general de salud, que es muy conservador.

Profesor MICHEL MASSOL

Creo que la alimentación moderna es un factor fundamental en el origen de los reumatismos inflamatorios (véanse los capítulos 9, 10 y 11), pero también interviene en un buen número de afecciones reumatológicas consideradas degenerativas, metabólicas e, incluso, de carácter desconocido.

A) FIBROMIALGIA (FM)

Datos generales

La FM se llama también fibromiositis, polientesopatía o síndrome poliálgico idiopático difuso (SPID). Este último término propuesto por Kahn (1995) es, sin duda, el mejor pero, debido a la influencia anglosajona, el término «fibromialgia», aunque erróneo, ya que supone una fibrosis que no existe, ha prevalecido. La FM está muy extendida, y afecta a alrededor del 5% de la población, especialmente a las mujeres de entre 20 y 40 años.

La importancia de las quejas de los pacientes que contrasta con un buen estado general, un examen clínico tranquilizador y resultados de análisis normales, han hecho dudar durante mucho tiempo de la realidad de esta enfermedad. Las mujeres que la padecían eran consideradas hipocondríacas. Estudios recientes más rigurosos han modificado este punto de vista. La declaración de Copenhague en agosto de 1992 (Csillag, 1992) reconoció la autenticidad de la FM.

Sintomatología

Los signos clínicos de la FM son los siguientes (Shichikawa y col., 1992; Wolfe, 1994):

- Dolores frecuentes y habitualmente intensos de numerosos músculos y tendones, con sufrimiento en particular de las entesis, que son las regiones del hueso donde se insertan los tendones, las cápsulas articulares y los ligamentos. Las algias son tanto diurnas como nocturnas.
- Astenia.
- Problemas de sueño.
- Y con frecuencia muchos signos funcionales: cefaleas, nerviosismo, vejiga irritable, colitis, piernas pesadas, parestesias.

El examen clínico puede mostrar una discreta inflamación de algunas entesis. En la exploración suele comprobarse, además, la integridad de las articulaciones y un estado general normal. Principalmente revela un estado doloroso a la palpación de algunos puntos musculares y tendinosos específicos. El número de puntos explorados varía según los autores. Personalmente, palpo los 22 puntos representados en la figura 58, es decir:

1 = Occipucio, en la inserción de los músculos suboccipitales (2).
2 = Base del raquis cervical (1).
3 = Parte media del borde superior del trapecio.
4 = Fosa supraespinosa, cerca de la línea media (2).
5 = Segunda unión condrocostal (2).
6 = Epicóndilo del húmero (2).
7 = Espacio intervertebral L5/S1 (1).
8 = Interlínea sacroilíaca (2).
9 = Cuadrante superoexterno del glúteo (2).
10 = Eminencia del gran trocánter (2).
11 = Inserción tibial del semitendinoso y del semimembranoso, llamado también pata de ganso (2).
12 = Inserción calcaneana del tendón de Aquiles (2).

Diagnostico una FM si al menos 14 puntos son muy sensibles a la palpación.

Los exámenes complementarios son negativos. La VS es normal, así como las radiografías de las articulaciones. Las enzimas musculares no están modificadas. Incluso las biopsias de los músculos y los tendones sólo evidencian anomalías inconstantes, menores y no específicas.

Figura 58. **PUNTOS DOLOROSOS QUE SE DEBEN BUSCAR EN LA FIBROMIALGIA**

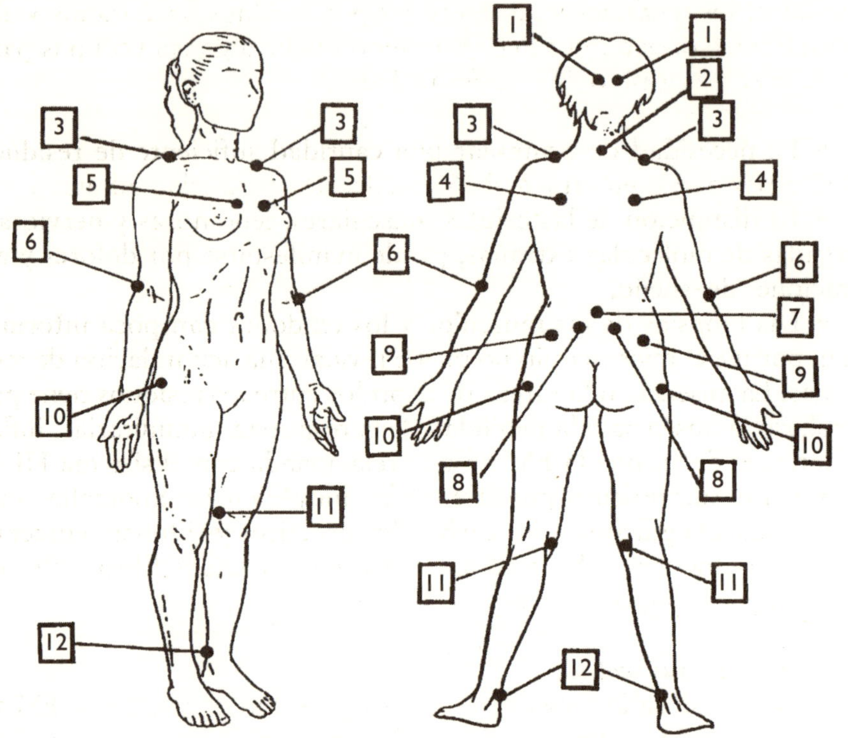

Las localizaciones precisas correspondientes a los diversos puntos se detallan en el texto.

Reflexiones sobre el mecanismo de la FM

La patogenia de la FM sigue siendo desconocida. Houvenagel (1993) enumeró las diversas hipótesis:

- Inflamación de los tendones y de los músculos, cuando los signos inflamatorios son inconstantes y menores, a la vista de las biopsias.
- Aumento de la sensibilidad al dolor, lo que no explica por qué la FM se manifiesta generalmente en la edad adulta.
- Afección psiquiátrica que ocasiona trastornos del sueño, que a su vez inducen alteraciones en la secreción de los neuropéptidos y de las hormonas, que provocarían dolores musculares y tendinosos.

La primera hipótesis conduce a un tratamiento por AINE; la segunda, a un tratamiento con antálgicos; la tercera, a un tratamiento con antidepresivos, como los tricíclicos. Ninguno de estos métodos ha curado jamás una FM.

Considero que la FM es el resultado de un ensuciamiento de los músculos, los tendones y las neuronas por residuos bacterianos y alimentarios de origen intestinal. Esta teoría tiene algunas ventajas para explicar el mecanismo de la enfermedad:

- La necesidad de acumular una cantidad suficiente de residuos explica por qué la enfermedad sólo se declara en la edad adulta.
- La disfunción de las células musculares, tendinosas y nerviosas, cargadas de moléculas extrañas, puede manifestarse por dolores y alteraciones del sueño.
- Las biopsias de los músculos y los tendones dan poca información, porque el microscopio no puede revelar una acumulación de moléculas. La ausencia o la rareza de péptidos entre los residuos tiene por corolario la ausencia o la debilidad de la respuesta inmunitaria e inflamatoria, es decir, que la FM no esté relacionada con el sistema HLA.
- Un ensuciamiento puede explicar muy bien las anomalías que conciernen a la glucólisis, los carbonilos proteicos y el funcionamiento de algunas enzimas, observadas con frecuencia en los fibromiálgicos por Eisinger y Dupond (1996).

Resultados de mi método

Para verificar la validez de esta teoría, 41 personas aquejadas de FM siguieron el régimen de tipo ancestral al menos durante un año. Las principales características de los 16 primeros enfermos están expuestas en la tabla XXI. Los resultados fueron los siguientes:

- 1 fracaso,
- 7 mejorías de un 50%,
- 8 mejorías de un 75%, y
- 25 éxitos del 100%, es decir, remisiones completas.

El único fracaso registrado tal vez no era una FM, sino un trastorno primitivo de sueño, ya que los registros eléctricos revelaron una media de 24 desvelos por noche. Por otra parte, se debe prestar especial atención en no contabilizar como FM los casos de fatiga crónica. Esta afección, de la cual hablaremos en el capítulo 27, guarda muchas semejanzas con la FM, pero se distingue de ésta en algunos puntos. Ahora bien, el cambio nutricional es mucho menos eficaz en la fatiga crónica.

Los éxitos aparecen generalmente al cabo de algunas semanas y se completan en algunos meses:

Tabla XXI

CARACTERÍSTICAS DE LOS 16 ENFERMOS AQUEJADOS DE FIBROMIALGIA

Enfermos	1 DOL	2 SAR	3 REG	4 FIL	5 COU	6 BAL	7 FRI	8 BAB	9 CAI	10 COS	11 LAS	12 VEN	13 LEV	14 PAQ	15 MAR	16 ALO
Sexo	F	F	M	F	F	F	F	F	F	F	F	F	M	F	M	F
Edad al comienzo de la enfermedad	37	35	47	24	37	12	22	38	40	32	34	38	30	32	28	33
Edad al comienzo del régimen	55	56	57	25	53	48	33	39	44	36	47	70	49	52	37	60
Número de puntos dolorosos	20	20	22	22	22	22	22	19	14	20	14	20	22	16	18	17
Trastornos del sueño	+	+	+	+	+	+	+	+	+	+	+	+	+	+	+	+
Astenia	+	+	+	+	+	+	+	+	+	+	+	+	+	+	+	+
Cefaleas	-	+	-	+	+	+	+	+	-	-	+	-	+	+	+	-
Nerviosismo	+	+	+	+	+	+	+	+	-	+	+	+	+	-	-	+
Colitis	+	+	+	+	-	+	+	-	-	+	+	+	+	-	-	+
Piernas pesadas	+	-	+	-	+	-	-	+	+	-	+	-	-	+	-	+
Parestesias	+	+	+	-	-	+	+	+	+	+	-	-	+	-	+	+

- Los dolores musculares y tendinosos espontáneos se atenúan o desaparecen.
- La palpación de los 22 puntos clásicos de la FM se vuelve menos dolorosa, o indolora.
- Los trastornos del sueño se corrigen, salvo en los pacientes que ya sufrían de insomnios parciales mucho antes del comienzo de la FM.
- La astenia desaparece.
- Los signos funcionales evolucionan de forma que disminuyen o desaparecen.

Finalmente, una nutrición original es casi siempre beneficiosa, y muchas veces un éxito extraordinario en una afección benigna, pero muy invalidante, como es la FM.

Observación de un enfermo

F., de 25 años, acudió a mi consulta en abril de 1992. No tenía ningún antecedente patológico. Desde hacía seis meses sufría dolores musculares y tendinosos difusos, acompañados de una reducción del sueño y desvelos nocturnos provocados por los dolores. Estas algias, que se establecieron con rapidez, se volvieron casi permanentes y se agravaban después de realizar esfuerzos físicos.

La joven estaba muy preocupada, ya que le resultaba imposible ejercer su trabajo de profesora de gimnasia, y tenía que pagar el crédito de la compra de un local. Había consultado ya a cinco médicos que le habían prescrito sin éxito antálgicos, AINE o antidepresivos.

La palpación de los 22 puntos musculotendinosos clásicos era claramente dolorosa. El resto del examen clínico, negativo. El estado general era excelente, incluso había aumentado 5 kilos de peso durante los últimos nueve meses. Los resultados de los análisis, incluida la VS, eran normales. Había trastornos funcionales, los más importantes una colitis y una espasmofilia. Se trataba, pues, de una FM.

El régimen alimenticio produjo una desaparición progresiva de los dolores y restableció un sueño normal. La colitis se corrigió y las crisis de espasmofilia se espaciaron, con el complemento de fuertes dosis de cloruro de magnesio. Tres meses más tarde, la joven había vuelto a impartir sus cursos de gimnasia a un ritmo de 12 horas diarias. Desde entonces ha continuado la dieta y no ha padecido ninguna recaída desde hace tres años.

B) TENDINITIS

Las tendinitis son afecciones muy extendidas, en particular en los deportistas. A veces intensas y rebeldes a los tratamientos clásicos, sistemáticamente favorecidas por algunos movimientos, pueden representar un problema importante. Creo que podemos clasificarlas en tres categorías:

1. Tendinitis inflamatorias

Son la expresión local de una enfermedad general. Por ejemplo, las talalgias son la manifestación de una inflamación de la inserción del tendón de Aquiles en las espondiloartropatías. Atribuyo la causa a la presencia en la región del calcáneo, donde se inserta el tendón de Aquiles, de un péptido bacteriano de origen intestinal (véase el capítulo 10). Este péptido extraño desencadena una respuesta inmunitaria, seguida de una respuesta inflamatoria que causa los dolores de los talones.

Como hemos visto, con el régimen alimenticio hipotóxico se suele conseguir una fuerte disminución o desaparición de los síntomas y está particularmente indicado en esta clase de tendinitis que, sin embargo, sólo suponen una minoría de los casos.

2. Tendinitis mecánicas

Mucho más extendidas que las anteriores, son el resultado de una mala posición de las superficies articulares. Se produce un desplazamiento de alguna de las dos superficies, provocado por un movimiento violento o forzado. La mala posición tensa uno o varios tendones que causan dolor. La mayoría de las afecciones llamadas de «codo de tenista» se clasifica en este grupo.

El cambio nutricional no puede pretender curar esta variedad de tendinitis. El mejor tratamiento son las manipulaciones practicadas por un especialista experimentado, hábil y que conozca bien la anatomía. Con las manipulaciones se vuelven a colocar en su posición normal las superficies articulares, lo que suprime la tensión del o de los tendones y los dolores que ésta provoca.

3. Tendinitis por «ensuciamiento»

Aparecen con una gran frecuencia. Para comprender su mecanismo hay que considerar que el tendón no es únicamente un conjunto de fibras, sino que también contiene células de origen fibroblástico, los tendinocitos. Estas células fabrican las diversas macromoléculas necesarias para la formación y el funcionamiento del tendón: proteoglicanos, glicoproteínas de estructura, elastina y principalmente colágeno.

Imaginemos ahora que estos tendinocitos son víctimas de un ensuciamiento progresivo por moléculas bacterianas alimentarias que proceden del intestino delgado. A esto le seguirán insuficiencias cuantitativas o anomalías cualitativas de las fibras tendinosas, que se debilitan, y aparecen microfracturas. La reparación de esas microfracturas es inarmónica y puede estar acompañada de inflamación con instauración de cicatrices y nódulos; es decir, una tendinitis.

Si esta teoría es correcta, el régimen alimenticio ancestral debería ser beneficioso en esta variedad de tendinitis y, en efecto, lo he comprobado en varias ocasiones, como lo ilustran las dos observaciones que siguen.

Observación RHUM 23

El señor S., de 37 años, no presentaba ningún antecedente importante. Deportista, practicaba la marcha a pie y el ciclismo.

Desde hacía 10 años, padecía de los dos tendones de Aquiles, principalmente en la parte terminal, que se inserta en el calcáneo. Las radiografías revelaban la presencia de una espina calcaneana en el lado izquierdo. La escintigrafía evidenció una hiperfijación del producto radiactivo en las zonas dolorosas, que confirmaba la existencia de una inflamación de los tendones.

Por otra parte, no había ningún signo clínico. El examen analítico era normal, en particular la VS y la CRP. Por desgracia, no se buscó HLA-B27. Sin embargo, había muy pocas probabilidades de que se tratara de una espondilitis anquilosante. Me inclino por un diagnóstico de tendinitis, probablemente consecuencia de un ensuciamiento.

El paciente había probado durante los últimos 10 años numerosos tratamientos. Pero ni un reposo de tres meses, ni la acupuntura, ni los AINE, ni los zapatos ortopédicos, ni el cepillado quirúrgico de los dos calcáneos, ni la extracción de las muelas del juicio, obtuvieron el menor resultado.

El enfermo siguió el régimen alimenticio ancestral de manera correcta, aunque comía a diario una pequeña cantidad de pan biológico. A pesar de esta excepción, al cabo de tres meses se produjo una mejora evidente:

- Pérdida de 4 kilos superfluos.
- Mejor tono a pesar de menos horas de sueño.
- Y, principalmente, disminución de los dolores tendinosos en aproximadamente un 80%, lo cual le permitió reanudar su actividad deportiva.

No he vuelto a saber nada de este enfermo.

Comentarios

1) Mi experiencia con otras observaciones de este tipo me hace creer que este paciente ha mejorado durante los meses siguientes, pero no puedo afirmar que haya alcanzado una remisión completa.

2) El contraste entre diez años de fracasos terapéuticos y el rápido éxito del cambio nutricional es un buen indicador de que este último ataca la causa del mal; en mi opinión, un ensuciamiento.

3) El pan debe eliminarse siempre, sea biológico o no.

Observación RHUM 37

El señor D., de 34 años, consumía muchos cereales y productos lácteos. Era deportista y jugaba al tenis a menudo. Vino a verme a mi consulta en enero de 1999 por varios problemas de salud:

- Rinofaringitis no relacionadas con una alergia.
- Un acné, claramente visible en la cara y en la espalda.
- Forúnculos de aparición frecuente.
- Una hipercolesterolemia moderada, de 2,68 g, sin aumento de triglicéridos.
- Y, principalmente, tendinitis, que constituían su principal preocupación.

Las tendinitis fueron apareciendo una tras otra desde hacía 12 años:

- En 1987, en la rodilla izquierda.
- En 1988, en el hombro derecho.
- En 1990, en los dos tendones de Aquiles.
- En 1995, en las plantas de los pies.

Los dolores se cronificaron y se agudizaron según la época del año.

Los oligoelementos, la homeopatía, los AINE, los antálgicos y la quinesiterapia no modificaron la situación. Una intervención quirúrgica, con el objetivo de disminuir un cóndilo prominente, atenuó los dolores de la rodilla izquierda. Las manipulaciones de un excelente especialista disminuyeron los dolores del hombro derecho y de los talones. No obstante, las tendinitis eran muy molestas.

El paciente adoptó el régimen alimenticio original con más o menos rigor:

- Durante los dos primeros meses hizo muchas excepciones.
- Durante las seis semanas siguientes siguió bien el régimen.
- Posteriormente aplicó bastante bien los principios, pero consumía trigo con demasiada frecuencia.

Después de 10 meses de dieta, las rinofaringitis y los forúnculos disminuyeron. El acné no se había modificado. El colesterol se mantuvo. El tendón del hombro derecho, que estaba fisurado, tuvo que ser operado. El resto de tendinitis desapareció por completo.

Comentarios

1) La multiplicidad de las tendinitis demuestra que su origen no es mecánico, y que está relacionado con un ensuciamiento.

2) El cambio nutricional no puede corregir algunas lesiones definitivas, como la fisura del tendón. Por tanto, debe proponerse de la manera más precoz posible.

3) El acné se cura casi siempre rápidamente con mi método. Su persistencia se puede atribuir a los frecuentes desvíos en el consumo de productos que contienen trigo.

C) ARTROSIS

Presentación de la enfermedad

Definición

La artrosis se define:

1) Por sus características clínicas: afecciones articulares crónicas, dolorosas y deformantes no inflamatorias.

2) Por el lugar en el que se producen las lesiones: alteraciones iniciales del cartílago articular con repercusiones secundarias en el hueso, mientras que la membrana sinovial está poco o nada afectada.

Las características de la artrosis son opuestas a las de la artritis.

Nociones generales

La artrosis es muy común y afecta al 80% de los individuos de más de 70 años. Pero la mayoría de las formas son silenciosas y únicamente se manifiestan con pruebas radiológicas. Sólo las formas graves tienen una expresión clínica.

La artrosis puede afectar a cualquier articulación, pero principalmente afecta a las articulaciones más activas, las que más usamos: cadera, rodilla, pie, dedos, raquis.

La senescencia, la sobrecarga ponderal o los microtraumatismos de origen profesional o deportivo son factores favorecedores (Ravaud y Auleley, 1996). La herencia no tiene apenas influencia en la artrosis, lo que demuestra el papel esencial de los factores medioambientales.

Datos anatomopatológicos

1) Las lesiones primarias afectan al cartílago.

El cartílago degenera de forma progresiva. Primero se fisura, después se ulcera, se vuelve más fino y desaparece en algunos sitios, dejando al hueso desnudo, lo cual se traduce en un pinzamiento de la interlínea articular, visible en las radiografías.

2) A continuación, el hueso se modifica.

- La región del hueso que queda desprotegida por el cartílago sufre directamente las presiones. Esta región se espesa y forma una osteoesclerosis.
- La cápsula articular y los ligamentos se osifican, y los brotes óseos penetran en el cartílago restante. Estos fenómenos constituyen la osteofitosis.

3) La membrana sinovial permanece indemne durante mucho tiempo.

Cuando la membrana sinovial se ve afectada, suele ser de forma tardía y moderada. La caída de los restos cartilaginosos termina por afectarla, y hay un derrame limitado, siempre de tipo mecánico y no inflamatorio.

Sintomatología

1) Signos clínicos

- Los dolores son de tipo mecánico. Sobrevienen al apoyarse, o con el esfuerzo y el estiramiento. Desaparecen en reposo y por la noche.
- Las articulaciones crujen, tienen una amplitud de movimientos limitada y pueden deformarse progresivamente (nudosidades de Heberden y de Bouchard en los dedos).
- Las articulaciones no están rojas ni calientes.
- El estado general del paciente es normal.

2) Signos radiográficos

Están esquematizados en la figura 59.

- La interlínea articular está pinzada.
- Las extremidades óseas se modifican: osteofitosis, osteoesclerosis con geodas dentro de la densificación.
- Los signos radiológicos suelen preceder ampliamente a los signos clínicos. En efecto, el cartílago no está inervado y es indoloro. El dolor

Figura 59. **SIGNOS RADIOLÓGICOS DE LA ARTROSIS**
Ejemplo de la artrosis de cadera o coxartrosis

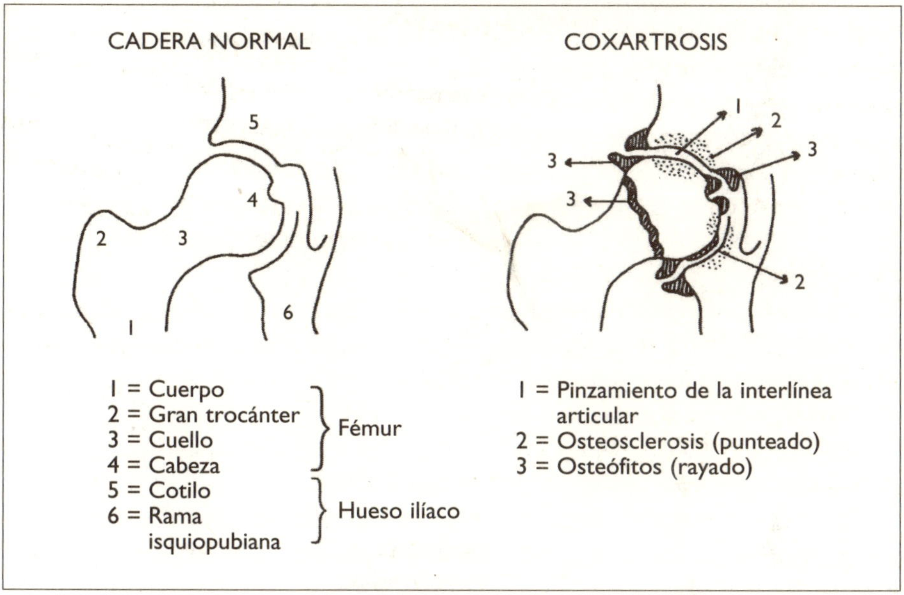

sólo aparece cuando el hueso queda desnudo o cuando la membrana sinovial reacciona.

3) Signos de laboratorio
Son negativos. No se detecta ningún signo de inflamación. La velocidad de sedimentación y la proteína C reactiva no están modificadas.

4) Evolución
La artrosis evoluciona hacia la agravación:

- A veces rápidamente, y conduce a una invalidez importante.
- Más a menudo de forma progresiva, con incapacidad creciente.

Tratamientos
Dado que el origen de la artrosis es desconocido, los tratamientos (Bertin y col., 1996) sólo tienen como objetivo calmar los dolores y frenar la evolución.

Comprenden:

- Los antálgicos y los AINE.
- Los medicamentos llamados «de fondo»: yodo, azufre, vitamina B_1 y extractos de cartílago.

- Las inyecciones intraarticulares de corticoides.
- Los aparatos de reposo.
- La quinesiterapia y la ergoterapia.
- Las curas termales.
- Las artroplastias quirúrgicas.

Una teoría sobre el mecanismo de la artrosis
Un razonamiento en varias etapas permite proponer una hipótesis lógica sobre el desarrollo de la artrosis.

1) El tejido afectado es el cartílago
Si bien en la artrosis se producen modificaciones óseas y a veces una reacción sinovial, estos fenómenos son sólo secundarios. Todos los especialistas están de acuerdo en que las lesiones iniciales se producen en el cartílago. Es en este tejido donde se sitúa la clave del misterio.

2) El cartílago está formado por condrocitos
El cartílago está constituido por una matriz extracelular cuya composición ha sido modificada para conferirle sus funciones:

- Amortiguar las presiones que se ejercen en las extremidades óseas.
- Favorecer la amplitud normal de los movimientos articulares.

El cartílago contiene células, relativamente raras, los condrocitos, causantes de la síntesis y de la reabsorción del cartílago.

3) La composición del cartílago está alterada en la artrosis
Los análisis han puesto de manifiesto una disminución de la tasa de elastina, del colágeno de tipo II y de los proteoglicanos, y en particular de los glicosaminoglicanos (Chevalier, 1998). Es muy probable que esta anomalía ocasione una fragilización del cartílago, y cause fracturas de la trama del colágeno y fibrilaciones que terminan en fisuras.

4) Un ensuciamiento de los condrocitos puede explicar
la composición anormal del cartílago
Si una obstrucción del medio extracelular impide a los condrocitos recibir las señales que envían otras células, y una obstrucción del medio intracelular altera el funcionamiento de sus enzimas, los condrocitos ya no son capaces de fabricar cartílago normal, sino que sintetizan un cartílago pobre en elastina, en colágeno y en algunos proteoglicanos.

5) El cartílago anormal es muy frágil
El cartílago alterado se fisura, se ulcera y se fragmenta, y este tejido destruido es reabsorbido por los condrocitos más deprisa de lo que pueda tardar en fabricarse un nuevo cartílago. La reducción, incluso la desaparición del cartílago, deja desnuda a la extremidad ósea.

Mi teoría sobre la patogenia de la artrosis se sintetiza en la figura 60.

Resultados de la dietética

Si se admite que un ensuciamiento de los condrocitos por macromoléculas procedentes del medio ambiente es el origen de la artrosis, parece lógico intentar frenar la fuente de estas macromoléculas. Es posible que el tabaco, algunos productos químicos, los insecticidas y otros contaminantes también intervengan, pero el papel más importante lo desempeñan, sin duda, las macromoléculas bacterianas y alimentarias, procedentes de la luz intestinal.

Por tanto, era muy interesante experimentar con el régimen ancestral como terapéutica en el tratamiento de la artrosis. Veintiséis pacientes, con una artrosis clara que afectaba a varias articulaciones, adoptaron el cambio nutricional. Los resultados fueron sorprendentes, inesperados en esta enfermedad, considerada como incurable, ya que, a excepción de un fracaso, siempre se produjeron mejorías:

- Moderadas en 7 casos.
- Importantes y a menudo espectaculares en 19 casos, como muestran las siguientes dos observaciones de enfermos.

Observación ARTH 10

La señora T., de 58 años, acudió a mi consulta en febrero de 1996. No tenía antecedentes patológicos importantes, pero había dos elementos destacables:

- Anteriormente había practicado muchos deportes: gimnasia, marcha, bicicleta, voleibol, tenis.
- Había sido víctima de dos accidentes de coche: uno en 1966, cuyo resultado fue un traumatismo del raquis cervical; el otro en 1983, que le causó un traumatismo de la muñeca derecha, que requirió la exéresis de la cabeza del radio.

Desde 1981, esta enferma padecía una artrosis en los dedos de diagnóstico evidente, con presencia de nódulos de Heberden en las articulaciones interfalángicas distales y de nódulos de Bouchard en las articulaciones interfalángicas proximales.

Figura 60. **UNA TEORÍA SOBRE EL MECANISMO DE LA ARTROSIS**

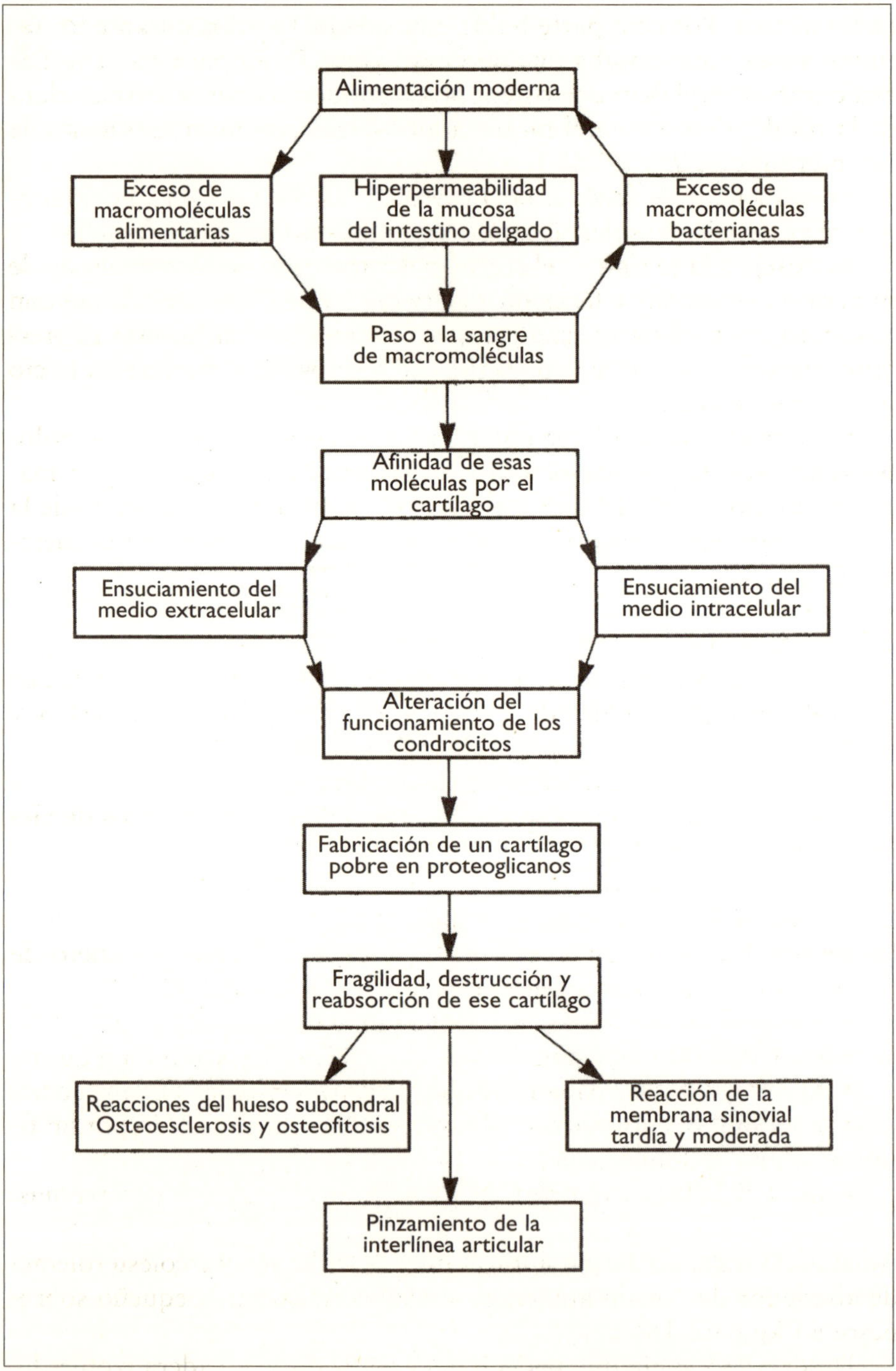

Desde hacía algunos meses tenía dolores en el punto de unión lumbosacra y en la rodilla derecha. La rodilla no estaba ni hinchada, ni caliente ni roja. Por otra parte había engordado 14 kilos durante los últimos meses y presentaba un sobrepeso neto: 78 kg para 165 cm. Las radiografías revelaban una osteoporosis moderada y una artrosis clara de la rodilla derecha y del raquis lumbosacro, con un pinzamiento de las interlíneas L4/L5 y L5/S1.

La velocidad de sedimentación era de 15/39, es decir, moderadamente acelerada. Los demás análisis de laboratorio eran normales.

Aconsejé a la señora T. el régimen de tipo original, acompañado de minerales, vitaminas y fermentos lácticos. Le pedí que continuara con el sulfato de condroitina, medicamento de fondo de la artrosis ya prescrito por otro médico, y le prescribí estrógenos para contener el inicio de la osteoporosis.

Tres meses más tarde, la enferma había perdido 6 kilos. Los dolores articulares habían disminuido en gran medida, y autoricé una reanudación moderada del deporte. Nueve meses después del inicio de la dieta, el beneficio era todavía más neto. La enferma estimaba su mejoría en un 75%.

Comentarios

1) En esta persona, la aparición de la artrosis se vio favorecida por varios factores: la práctica deportiva intensa, los accidentes de coche y el sobrepeso.

2) El efecto favorable del régimen ancestral fue evidente pero no completo. Algunas lesiones son irreversibles, como los nódulos de Heberden y de Bouchard.

Observación ARTIC 5

La señora R., de 53 años, sin profesión, vino a verme en enero de 1995. Tenía varios antecedentes quirúrgicos:

- En 1968, la extirpación del apéndice y de un ovario por un quiste.
- En 1976, la extirpación de una parte del tiroides por un bocio.
- En 1985, la extirpación del útero y del segundo ovario por un fibroma y una endometriosis.
- En 1992, la extirpación de venas varicosas en las dos piernas.

Además, fumaba (20 cigarrillos al día), tenía una hipercolesterolemia de alrededor de 3 g sin aumento de triglicéridos y un pequeño sobrepeso: 65 kg para 166 cm.

Desde 1985 sabía que padecía una artrosis de la cadera izquierda, revelada por una radiografía, pero clínicamente silente. En 1994 se manifestaron signos clínicos de artrosis: dolores en las dos caderas con limitación de los movimientos de la cadera derecha, y dolores lumbares bajos. Las radiografías confirmaron el diagnóstico, y revelaron un pinzamiento de la interlínea de las dos articulaciones coxofemorales, con un collarín de osteófitos en el lado derecho, que limitaba la rotación interna, y una afección de los discos intervertebrales L4/L5 y L5/S1.

Se trataba de una artrosis de las dos caderas (coxartrosis) y del raquis lumbar. Un tratamiento con sulfato de condroitina no produjo ninguna mejoría.

La enferma aplicó correctamente mis consejos dietéticos; no obstante, no dejó de fumar. No tomaba ningún medicamento. En algunas semanas, los dolores desaparecieron de forma progresiva. Muy pronto, la señora R., a quien le gustaba mucho bailar, pudo dedicarse a esta actividad durante varias horas. También perdió 3 kilos y descuidó controlar su colesterolemia. La remisión completa duró 18 meses.

La paciente acudió a la visita de un médico que le explicó que su método nutricional era inadecuado, que no podía dejar de consumir pan y leche. La paciente se dejó influenciar y retomó la alimentación «normal». Al cabo de algunas semanas, volvieron los dolores, que se intensificaron y se extendieron a otras articulaciones además de las caderas y del raquis lumbar. Empezaron a deformarse dos dedos. No podía bailar y tuvo que disminuir considerablemente la actividad física. La interrupción de la dieta produjo una recaída.

La segunda vez, la señora R. comprendió la idea que había tras el régimen ancestral. Volvió a seguir la dieta y en algunas semanas obtuvo una nueva remisión. En la actualidad, la remisión continúa.

Comentarios

1) La artrosis en una mujer relativamente joven es, de hecho, clásica. Las articulaciones afectadas (caderas, discos invertebrales L4/L5 y L5/S1, articulaciones interfalángicas) son, con frecuencia, las más aquejadas por las alteraciones cartilaginosas.

2) La acción terapéutica evidente del régimen hipotóxico se demuestra por su completa eficacia clínica y por la recaída en el momento en que se vuelve a la alimentación precedente.

3) El tabaco, si bien tiene numerosos efectos tóxicos, no parece, sin embargo, ser un factor causal en la artrosis. La enferma, aunque nunca dejó de fumar, pudo curarse, pues la causa principal era la alimentación moderna.

4) La noción, admitida por la mayoría de los médicos, de que los

cereales y la leche animal son excelentes alimentos, no está, de ningún modo, fundada. Estos productos son, por el contrario, nocivos, como he explicado en el capítulo 4.

Mecanismo de acción del cambio nutricional

Si la teoría patogénica que defiendo es cierta, se comprende fácilmente que la interrupción del flujo de macromoléculas de origen intestinal evita la agravación de la artrosis.

Pero también hay que explicar la mejoría más o menos importante que se obtiene con la dieta. Este resultado sugiere que los condrocitos limpios son capaces de reabsorber el cartílago anormal y de reemplazarlo por cartílago normal. Sería muy instructivo saber si:

- El espesor del cartílago puede aumentar, con liberación de la interlínea articular.
- Las proporciones de elastina, de colágeno II y de proteoglicanos en el cartílago tienden a normalizarse.
- La osteosclerosis es o no reversible.
- La osteofitosis es o no reversible.

Únicamente, la comparación entre radiografías y biopsias realizadas antes y después del régimen, tras la obtención de la mejoría clínica, podrá responder a estas preguntas.

D) OSTEOPOROSIS

La osteoporosis es una afección difusa del esqueleto, caracterizada por una disminución de la masa ósea y alteraciones microarquitecturales del tejido óseo, que conducen a una fragilización ósea y, por tanto, a un incremento de las fracturas (Alexandre, 1997)

Mucho más generalizada en las mujeres que en los varones, la osteoporosis es muy frecuente. Se establece generalmente después de la menopausia y se agrava de forma progresiva con la edad. El 40% de las mujeres tendrá una fractura. Los sitios más expuestos son el cuello del fémur, la extremidad inferior del antebrazo y las vértebras.

Las radiografías sólo detectan la osteoporosis en un estado avanzado, cuando la masa ósea ha disminuido más de un 30%. Se obtiene un diagnóstico precoz con la medida de la densidad mineral de los huesos.

La estructura del hueso depende del equilibrio entre dos variedades de células: los osteoblastos, que fabrican el hueso, y los osteoclastos, que lo reabsorben (figura 61). Los osteoblastos derivan de células originarias mesenquimatosas, los osteoclastos derivan de la línea monocitos/macrófagos (Laugier y col., 1998). En la osteoporosis, el equilibrio entre osteoblastos y osteoclastos no existe, sin que se sepa si se trata de un cambio de actividad, disminuida en los osteoblastos y/o aumentada en los osteoclastos, o de un cambio en el número de células, con disminución de los osteoblastos y/o aumento de los osteoclastos.

La osteoporosis puede ser secundaria, a la toma prolongada de corticoides, a veces a algunas enfermedades endocrinas, a la toma de ciertos medicamentos o a una poliartritis reumatoidea (Rohart y Benhamou, 2000). En general, es primaria, y afecta esencialmente a las personas mayores y a las mujeres menopáusicas.

La prevención de la osteoporosis se basa en el ejercicio físico y en los estrógenos que inhiben la reabsorción ósea. En la actualidad, los efectos positivos de los estrógenos están ampliamente demostrados. Es posible que los difosfonatos actúen como los estrógenos. En cambio, no hay pruebas de que la calcitonina y los progestágenos inhiban los osteoclastos. En cuanto a los tratamientos considerados como estimulantes de los osteoblastos, es decir, flúor, parathormona y esteroides anabolizantes, apenas son eficaces (Kanis, 1997).

Los grandes aportes en calcio y en vitamina D, clásicamente recomendados, me parecen inútiles, incluso peligrosos. La masiva administración de calcio no produce un aumento de la masa ósea (De Vernejoul, 1994; Roux, 1995). Debe evitarse atiborrar a los pacientes de leche animal. Los chinos, que no consumen productos lácteos, están menos afectados de osteoporosis que los americanos, que los consumen en grandes cantidades.

Figura 61. **CÉLULAS DE REMODELADO ÓSEO**

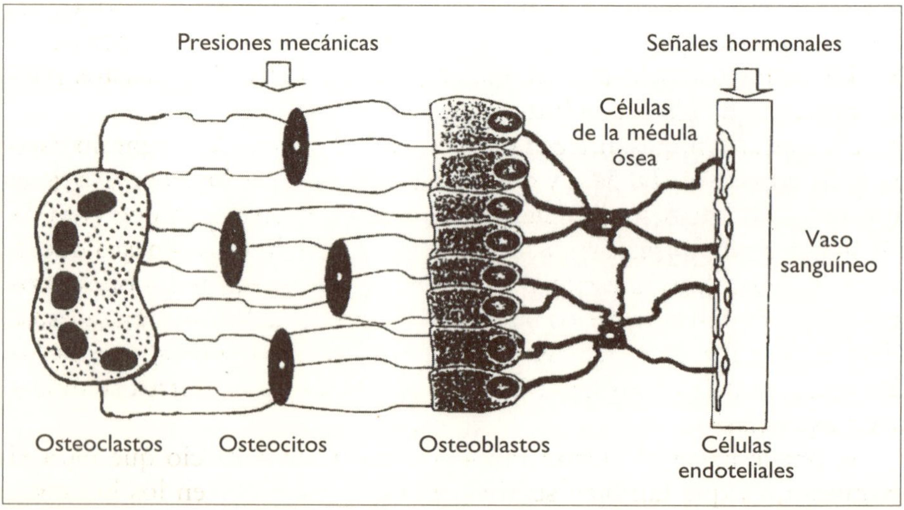

Si reflexionamos, esta comprobación no es muy sorprendente. La osteoporosis no es una descalcificación, sino una destrucción del conjunto del hueso. El calcio desaparece porque la matriz extracelular que lo alberga ha sido reabsorbida. La osteoporosis se ve favorecida por factores muy diversos: menopausia, delgadez, vida sedentaria, edentación, canicie precoz (Lemaire, 1996). Algunos de estos elementos no tienen ninguna relación con el calcio, lo que demuestra que la concepción de la osteoporosis como una simple carencia cálcica es totalmente errónea.

La osteoporosis se debe a fenómenos mucho más complejos de desequilibrio entre osteoblastos y osteoclastos. En esta afección polifactorial, el aspecto genético es importante, pero también intervienen factores del medio ambiente (Grant y Ralston, 1997). Esto me sugiere la posibilidad de una activación de los osteoclastos y/o una inhibición de los osteoblastos por sustancias exógenas.

Estas sustancias podrían ser las toxinas bacterianas y alimentarias procedentes del intestino delgado. El depósito en el hueso de estas partículas extrañas estimularía los osteoclastos, que tenderían a destruir más deprisa un hueso anormal. Estas mismas partículas ensuciarían los osteoblastos:

- Ensuciamiento extracelular, ya que Cohen-Solal y De Vernejoul (1995) señalaron el impacto de los estrógenos, de factores de crecimiento y de algunas citocinas en las células óseas.
- Ensuciamiento intracelular, con bloqueo directo de algunas enzimas.

Por otra parte, la actividad de los osteoclastos está en gran parte modulada por los osteoblastos, mediante la IL-1, la IL-6 y el TNF-α, secretados por los osteoblastos y que activan el factor de transcripción NF-kB en los osteoclastos. Un ensuciamiento de los osteoblastos puede repercutir en los osteoclastos.

Un aspecto interesante es la aceleración del ciclo de magnesio óseo en la osteoporosis (Di Mai y col., 1998). El 90% de los franceses tiene aportes nutricionales insuficientes de magnesio, mientras que el 50% del magnesio del organismo se almacena en los huesos. Puesto que el magnesio es un catión esencial, cofactor de numerosas reacciones enzimáticas, será extraído de los huesos al precio de la destrucción de estos últimos, seguida de su reconstrucción. Este proceso, repetido demasiadas veces, podría ocasionar a la larga un desequilibrio entre osteoblastos y osteoclastos.

Se puede hacer el mismo razonamiento para el calcio que para el magnesio, ya que también se almacena en gran parte en los huesos y puede ser movilizado de forma parecida. La carencia de aporte cálcico no es frecuente en Francia. Sin embargo, no estoy en contra de la administración de dosis pequeñas de calcio (nunca en dosis elevadas) para evitar que el organismo lo extraiga de sus reservas óseas.

Los datos que acabo de exponer sugieren que una alimentación bien elegida podría ser beneficiosa en la osteoporosis. Tucker y col. (1999) observaron que, en una muestra de sujetos estudiados durante cuatro años, algunos alimentos favorecían el mantenimiento de la densidad ósea y prevenían la osteoporosis: las frutas, las verduras y los productos ricos en magnesio y en potasio.

Desde este punto de vista, era interesante observar los efectos del régimen original sistemáticamente suplementado con vitaminas y minerales, incluido el preciado magnesio, en la osteoporosis. Los resultados son variables:

- En el 50% de los casos, la osteoporosis no se ve afectada por la dietética. Continúa evolucionando con la misma rapidez, ni más deprisa, ni más despacio que antes.
- En el 50% de los casos, la osteoporosis mejora claramente con el cambio nutricional. Su evolución se bloquea e incluso en parte se invierte. Citaré, por ejemplo, el caso de una mujer de 57 años, cuya enfermedad había aparecido tres años antes por asentamientos vertebrales espontáneos en la 6.ª vértebra dorsal y en la 9.ª dorsal. Con el régimen ancestral, los dolores vertebrales desaparecieron rápidamente. Un año más tarde, la densidad ósea raquídea había aumentado y había salido de la zona de fractura. Tres años más tarde, no había aparecido ninguna nueva fractura y la densitometría ósea daba resultados estacionarios. La paciente tomaba estrógenos, y los siguió ingiriendo después de empezar el régimen hipotóxico.

En estas formas mejoradas por la dietética sería instructivo:

- Dosificar en el suero las fosfatasas alcalinas óseas, marcadores de la construcción de los huesos, y las piridinolinas, marcadores de la destrucción de los huesos.
- Comprobar si el dogma que afirma que la desaparición de las tramas óseas es irreversible (Brantus y Delmas, 1997) es verdadero o falso.

De estas observaciones deduzco que probablemente existen dos clases de osteoporosis: una de patogenia desconocida y la otra relacionada, al menos en parte, con la alimentación moderna.

E) GOTA

Descripción de la enfermedad

Afección bastante frecuente, la gota afecta a 20 varones por cada mujer. Aparece casi siempre entre los 30 y los 50 años. Se debe a un exceso de ácido úrico en el organismo. Se manifiesta bajo dos formas:

1) *Gota aguda inflamatoria*

Frecuentemente se trata de una monoartritis, a menudo localizada en la articulación metatarsofalángica del dedo gordo del pie. La crisis se manifiesta de forma agresiva, y dura de 4 a 10 días. La inflamación articular es intensa, con fiebre y dolores agudos, con predominio nocturno. Pueden estar afectadas otras articulaciones.

2) *Gota crónica metabólica*

Se distingue por los siguientes signos:

- Hiperuricemia: la tasa de ácido úrico sobrepasa ampliamente los 60 mg, límite de la normalidad.
- Tofos, constituidos por acumulaciones subcutáneas de uratos, que forman protuberancias características en los pies, las manos, los codos o las orejas.
- Articulaciones dolorosas e hinchadas.
- Posible afectación del riñón con cálculos de uratos o una proteinuria.

El tratamiento de la crisis de gota se apoya en la colchicina y en los antiinflamatorios no esteroideos. El tratamiento de fondo asocia:

- Un régimen alimenticio pobre en purinas, en prótidos, en lípidos y en calorías.
- Medicamentos que disminuyan el ácido úrico, ya sea aumentando su eliminación por la orina o disminuyendo su síntesis. Estos medicamentos generalmente son bastante eficaces.

Reflexiones sobre el mecanismo de la gota

El ácido úrico se forma a partir de dos fuentes:

- El catabolismo de las nucleoproteínas alimentarias y celulares. Es el ciclo largo.
- El catabolismo de los nucleótidos purínicos sintetizados por el organismo. Es el ciclo corto.

Las etapas de estos dos ciclos se esquematizan en la figura 62.

Los dos ciclos conducen al ácido inosínico, precursor obligatorio del ácido úrico. Algunas enzimas tienen un papel esencial en este metabolismo:

- La xantina oxidasa, que transforma la hipoxantina en xantina y la xantina en ácido úrico.
- La amidotransferasa, que acelera el ciclo corto y que es inhibida por el aumento de las tasas de ácido inosínico.
- La HGPRT, que permite la síntesis de ácido inosínico a partir de la hipoxantina y del ácido guanílico.

La hiperuricemia puede provenir de anomalías en la actividad de estas enzimas, aumento de la xantina oxidasa y la amidotransferasa, o dismi-

Figura 62. FORMACIÓN DEL ÁCIDO ÚRICO

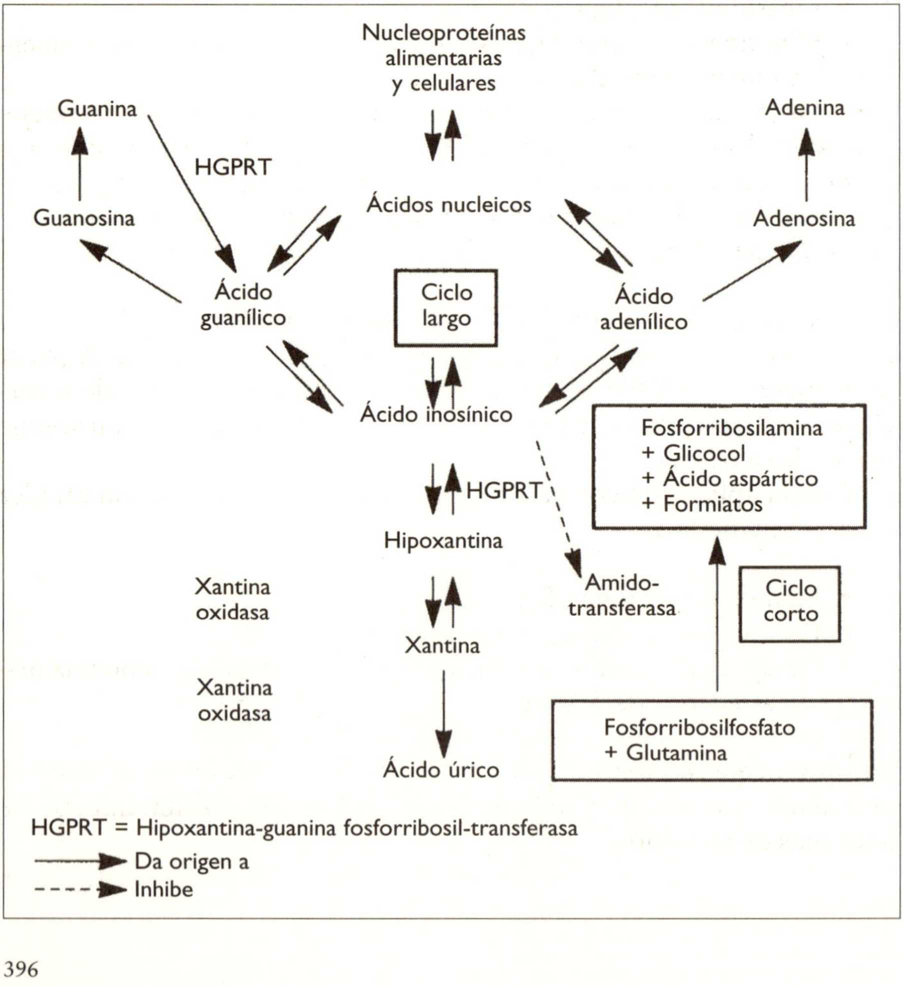

nución de la HGPRT. Al aplicar mi teoría a la gota, parto de la idea de que los cambios de las actividades enzimáticas son consecuencia de un ensuciamiento extra e intracelular causado por moléculas alimentarias y bacterianas procedentes del intestino. Por tanto, es conveniente probar mi método como terapéutica.

Resultados de la dieta
Solamente dos enfermos siguieron el régimen hipotóxico y obtuvieron una clara mejoría. Resumo aquí un caso.

Observación RHU 4
El señor C., de 80 años, vino a mi consulta en marzo de 1995. Este robusto octogenario era inteligente, simpático, agudo. Tenía una plétora de signos:

- Obesidad: 110 kg para 175 cm de estatura.
- Hipertensión arterial que subió hasta 29/15 y que trabajosamente se estabilizó con medicamentos a 20/11.
- Gota, que comenzó en 1988 por una artritis violenta y característica del dedo gordo del pie izquierdo. Accesos ulteriores afectaron a los dos dedos gordos de los pies, la rodilla derecha, los codos y los tres primeros dedos de cada mano. La uricemia, claramente elevada, era de alrededor de 80 mg.

La colchicina, el alopurinol (inhibidor de la síntesis del ácido úrico) e incluso los corticoides perdieron progresivamente su eficacia. A partir de septiembre de 1994, un tratamiento homeopático mejoró de forma clara la situación. Las artralgias se limitaron a los dedos y la uricemia descendió a 62 mg.

Con la aplicación correcta del régimen original obtuvo con rapidez efectos beneficiosos:

- Pérdida de peso de 18 kg.
- Presión sanguínea reducida entre 14/8 y 17/9.
- Desaparición completa de las artritis y las artralgias, con una uricemia de alrededor de 57 mg.

Siempre que el paciente hacía una excepción del régimen, los dolores articulares reaparecían y lo llamaban al orden. La remisión dura desde hace más de tres años.

Comentarios

1) El cambio nutricional hace que 4 de cada 5 personas pierdan peso. La pérdida de peso superfluo tiene un impacto favorable en la gota, pero a mi parecer no puede explicar la curación. Una «limpieza» de las células me parece el factor principal.

2) El cambio nutricional ayuda muchas veces a normalizar la presión sanguínea en los hipertensos. Puede estar asociado a cualquier medicación antihipertensiva. Volveré a este tema en el capítulo de la arteriosclerosis.

F) OTRAS ENFERMEDADES

Condrocalcinosis articular

Esta anomalía bastante generalizada se caracteriza por el depósito en los cartílagos de pirofosfato de calcio. La mayoría de las veces latente respecto a los signos clínicos, puede ser dolorosa en una minoría de individuos, y confundirse con una gota, una poliartritis o una artrosis. Las radiografías permiten establecer el diagnóstico, al revelar un ribete cálcico en el cartílago de varias articulaciones. Los medicamentos (colchicina, AINE, fenilbutazona, corticoides locales), en general, calman las crisis, pero no hacen que desaparezca la enfermedad.

Esta acumulación de calcio en los cartílagos puede ser debida a un ensuciamiento. He probado el régimen ancestral en dos pacientes que sufrían de condrocalcinosis. Al cabo de algunas semanas, las artralgias se atenuaron. Sería interesante efectuar nuevas radiografías de las articulaciones afectadas para saber si el depósito de sales cálcicas es definitivo o si puede mermarse, e incluso desaparecer. Desgraciadamente, los dos enfermos no lo comprobaron.

Poliartralgias de origen desconocido

Un buen número de sujetos se queja de dolores articulares múltiples aislados. No se trata ni de artritis, ni de artrosis, ni de una patología reumatológica determinada. Dentro de la hipótesis de un ensuciamiento de las estructuras articulares, aconsejé la nutrición original a 6 pacientes que presentaban este cuadro. La prescripción hizo maravillas, ya que los dolores disminuyeron de manera espectacular o desaparecieron en todos los casos.

Capítulo 19

LA PATOLOGÍA DEL ENSUCIAMIENTO EN NEUROPSIQUIATRÍA

El cerebro, como el resto del organismo, funciona mucho mejor con alimentos crudos.

GUY-CLAUDE BURGER

La salud comienza por la comprensión de la enfermedad.

MIGUEL DE CERVANTES

Vamos a estudiar ocho enfermedades que afectan al cerebro y/o a la médula espinal, en las que se puede sospechar de un ensuciamiento como causa original.

A) CEFALEAS

Los dolores de cabeza pueden aparecer en circunstancias muy diversas y las clasificaciones modernas distinguen trece categorías de cefaleas (De Broucker, 2000). Aquí sólo hablaré de las dos formas más generalizadas: la migraña y la cefalea de tensión.

Migrañas

Los dolores son clásicamente unilaterales, a veces bilaterales, pulsátiles, agravados por la actividad física rutinaria. Aparecen por crisis que, si no se tratan, pueden durar de cuatro horas a tres días. Suelen estar acompañadas de náuseas o de vómitos, de intolerancia a la luz, y/o al ruido, a veces con alteraciones transitorias de la vista, con ceguera más o menos completa en una parte del campo visual, lo que hace que parezca que esta zona está constituida por puntos brillantes. Con menos frecuencia, se observan otros signos neurológicos transitorios, debidos a un déficit circulatorio en diversas regiones del cerebro: problemas sensitivos, parálisis o afasia.

El mecanismo de la migraña sigue siendo desconocido, a pesar de las numerosas investigaciones llevadas a cabo (Blau, 1992) y los múltiples tratamientos propuestos, que a menudo resultan decepcionantes. Parece claro el efecto causal de algunos alimentos en una elevada proporción de enfermos:

• Monro y col. (1984) han descrito 9 casos de migrañas producidas por la leche y/o el trigo y/o los huevos. La exclusión del alimento causal hace que desaparezcan las cefaleas.

• Otros investigadores han observado que la causa puede deberse a ciertos alimentos, los incriminados por Monro y otros. Un estudio general sobre esta cuestión fue publicado por Pradalier y Launay (1996).

• Este fenómeno no es ilusorio. Un individuo puede ser sensible a un vino tinto o a un vino blanco preciso, y no a otro. Si vendamos los ojos del paciente y le hacemos beber diversas muestras de vinos cuyo gusto ha sido disfrazado, siempre es el vino señalado por el paciente el que induce las cefaleas. Ensayos doble ciego han confirmado la acción real de los alimentos con relación a los placebos (Egger y col., 1983).

Estos datos condujeron a Monro y col. (1984) a atribuir las migrañas a una alergia alimentaria. Esta teoría no es válida a mi parecer, ya que:

• No se producen las clásicas manifestaciones digestivas.

• Los tests cutáneos para los diversos antígenos alimentarios no son diferentes respecto a los controles normales.

• Las IgE totales y las IgE específicas no aumentan.

• La alergia alimentaria, que se suele citar sin razón, es poco frecuente, mientras que la migraña es frecuente.

Para explicar la migraña propongo una de las dos siguientes hipótesis:

1) *Una patología por complejos inmunes*
Los alimentos podrían actuar de dos maneras:

• Directamente, constituyendo una fuente de péptidos.

• Indirectamente, agrediendo a la mucosa intestinal, lo que permite el paso de péptidos alimentarios o bacterianos.

La sucesión de fenómenos podría ser la siguiente:

• Los pasos reiterados de péptidos procedentes del intestino delgado suscitan una respuesta inmunitaria, con producción de anticuerpos.

• Los complejos inmunes circulantes antígeno + anticuerpo fijan plaquetas y forman minúsculos coágulos.

• Los complejos antígeno + anticuerpos + plaquetas circulan con dificultad en los capilares cerebrales.

• Las plaquetas agregadas liberan mediadores que provocan una vasodilatación.

• La disminución de la circulación capilar y la acción de los mediadores procedentes de las plaquetas provocan una distensión de las arteriolas situadas sobre los capilares. Esta distensión causa dolor, ya que estimula las terminaciones nerviosas periarteriolares del nervio trigémino.

• Por otra parte, el plasma que sale de las arteriolas dilatadas libera sustancias algógenas procedentes de las plaquetas y de los mastocitos, que aumenta la estimulación de las ramas del trigémino (Manivet y col., 2000).

Esta teoría explica muy bien por qué los antiagregantes plaquetarios como el ácido acetilsalicílico suelen calmar los dolores de cabeza.

2) *Un proceso de ensuciamiento*

Durante mucho tiempo se ha creído que la fase de vasodilatación, causante del dolor, estaba precedida de una fase de vasoconstricción, causa de los problemas neurológicos a veces observados al principio de la migraña.

Desde que se puede medir el flujo sanguíneo en las diferentes regiones cerebrales, se sabe que no existe una vasoconstricción, sino una disminución del flujo sanguíneo. Ahora bien, este proceso puede ser provocado por las neuronas (Dordain, 1999).

Una depresión prolongada del funcionamiento de las neuronas en una región cerebral afecta a la circulación sanguínea, probablemente por la liberación de algunos mensajeros. Le sigue una disminución del flujo sanguíneo cerebral que puede persistir de 10 a 60 minutos, y una vasodilatación.

Un ensuciamiento de las neuronas por las moléculas bacterianas y alimentarias que provienen de un intestino delgado demasiado permeable puede alterar el funcionamiento de estas células (tabla XIX).

Cefaleas de tensión

Habitualmente, los dolores son bilaterales, no pulsátiles, no aumentan con la actividad física de rutina, y causan una sensación de compresión o de estrechamiento. No hay signos neurológicos. Los dolores son más moderados que en la migraña, pero más tenaces y recidivantes.

Aunque es más frecuente que la migraña, la cefalea de tensión ha interesado poco a los investigadores (Masson, 1999). También en su caso, un ensuciamiento de las neuronas o de otras células del cerebro es probablemente la causa de la patogenia. La disminución del flujo sanguíneo inicial y la vasodilatación secundaria serían menos acusadas que en la migraña, pero más duraderas.

Resultados del régimen

Desde 1983, Egger y col. sometieron a 88 niños con migrañas severas a un régimen que excluía los alimentos «antigénicos» y en algunas semanas curaron a 82 de ellos. Este régimen descartaba, casualmente, el trigo, el maíz y la leche animal.

He probado mi método nutricional en 40 adultos, de los cuales 20 sufrían migrañas y 20 cefaleas de tensión. En el 85% de los enfermos se obtuvo un éxito claro, es decir, en 17 casos de 20 en las dos patologías. Sólo expondré los dos casos más antiguos.

El primero era el de una mujer de 75 años que padecía migrañas desde su infancia y que las sufría casi a diario desde hacía algunos años. Se trataba de una migraña clásica, con náuseas, vértigos y alteraciones oculares. La dieta mejoró enormemente la situación. Sólo se observó una crisis de débil intensidad al cabo de un mes.

El segundo era el de un hombre de 47 años que presentaba, con una media de 15 días, cefaleas intensas, pulsátiles, con rinorrea (hipersecreción nasal) y sialorrea (hipersecreción salivar). Los dolores de cabeza estaban provocados por varios factores: fatiga física o intelectual, bebidas alcohólicas y exceso de humedad. Únicamente cedían con dosis elevadas de ácido acetilsalicílico. El régimen de exclusión hizo desaparecer por completo los accesos dolorosos.

Se observaron algunos fracasos de la dieta en mujeres que sufrían migrañas premenstruales acentuadas. En estos casos, el mecanismo principal de las crisis es el descenso brusco de la concentración de estrógenos (Mac Gregor, 1997). Se comprende que el cambio nutricional apenas modifique los síntomas.

Otras cefaleas

Sin enumerar las muchas causas de los dolores de cabeza, únicamente quisiera recordar que una proporción bastante elevada es de origen mecánico. La compresión de algunos nervios produce directamente o a distancia los dolores craneofaciales. Citemos, por ejemplo, las patologías del raquis cervical y de la articulación dental.

En estas formas, el régimen alimenticio hipotóxico sólo es un tratamiento complementario. Hay que atacar las primeras causas de las cefaleas, según lo expuesto por Thomas y col. (2000):

- Corrección de la irritabilidad neuromuscular orofacial.
- Corrección de la posición del sueño.
- Corrección de las anomalías podológicas.

B) PSICOSIS MANIACODEPRESIVA

Los individuos aquejados de esta psicosis sufren crisis o alternan accesos de depresión y euforia (para una descripción detallada, véase Sabran-Guillin, 1997), de aquí el nombre de depresión bipolar, por oposición a la depresión nerviosa clásica llamada unipolar. Actualmente no existe ningún tratamiento curativo. Sin embargo, se dispone de medicamentos que permiten afrontar los momentos difíciles (riesgo de suicidio) y ayudan a estabilizar el estado anímico.

Probablemente, la enfermedad maniacodepresiva es polifactorial, interviene un factor hereditario y factores exógenos. Su mecanismo preciso sigue siendo desconocido.

He probado mi método en un hombre de 55 años, que sufría de este mal desde hacía 4, y que cada otoño padecía un brote. Su madre sufría de la misma psicopatía. Tras 2 años de régimen, la psicopatía sólo se manifestó durante 1 mes, frente a 12 meses durante los 2 años precedentes.

Aunque sea muy pronto para establecer conclusiones definitivas (espacio de tiempo muy breve, un solo paciente), esto sugiere que la dietética podría ser eficaz en esta psicopatía. Sería interesante seguir la evolución de este sujeto que, muy inteligente, analizó muy bien su estado y decidió continuar con el régimen ancestral. La dieta mejoró algunas de sus alteraciones: asma, bronquitis crónica, fiebre de heno, sinusitis crónica, dermatosis facial y sobrepeso.

C) DEPRESIÓN NERVIOSA ENDÓGENA

Definiciones

Existen dos variedades de depresión nerviosa unipolar:

• La depresión nerviosa exógena, que surge como reacción a una agresión procedente del entorno; por ejemplo, la pérdida de un ser querido.

• La depresión nerviosa endógena, más rara pero mucho más peligrosa. Los individuos afectados no tienen problemas profesionales, sentimentales, financieros u otros. A veces lo tienen todo para ser felices. A pesar de ello, están deprimidos. Sólo trataré esta última forma.

Nociones básicas

Esta enfermedad suele ser mal comprendida, tanto en el entorno de los pacientes como en el de los médicos. Como dijo Wolpert (1999), para quien la ha padecido, la experiencia de la depresión es indescriptible.

El dolor es tan intenso que las palabras son inadecuadas para describirlo. Las sensaciones son tan diferentes de las de la vida normal que los sujetos no familiarizados con esta afección tienen una idea más o menos falsa de la misma.

Los principales síntomas de la depresión nerviosa se exponen en la tabla XXII.

Es habitual considerar las depresiones nerviosas como estados transitorios, curables con medicamentos antidepresivos, de los cuales los principales son los tricíclicos, los heterocíclicos y los inhibidores de la monoaminooxidasa (Jehel y col., 1996). La realidad es otra. Bougerol y Scotto (1994) refieren una tasa de recidiva comprendida entre el 75% y el 95%. Mueller y col. (1996) han observado que, al cabo de 10 años, las alteraciones persisten en el 62% de los pacientes. Glass (1999) sitúa la depresión nerviosa en el cuarto lugar entre las causas de muerte prematura.

La razón principal de la pobre eficacia de la medicación clásica es, sin duda, el desconocimiento de los mecanismos a través de los cuales se constituye la depresión. Hay que dilucidar estos mecanismos si se quiere disponer de un tratamiento etiológico, el único realmente válido.

Una teoría sobre la patogenia de la depresión

Actualmente se admite que la enfermedad es polifactorial, con participación de factores genéticos y ambientales:

- La importancia de los genes de susceptibilidad probablemente ha sido sobreestimada. Mientras que la personalidad de un individuo es

Tabla XXII
PRINCIPALES SÍNTOMAS DE LA DEPRESIÓN NERVIOSA ENDÓGENA

Síntomas frecuentes	Síntomas menos frecuentes
• Fatiga física o intelectual.	• Pérdida o aumento de peso.
• Insomnio o hipersomnia.	• Melancolía.
• Tristeza.	• Ideas suicidas.
• Pérdida de interés por el trabajo y las distracciones.	• Agitación.
• Pérdida del apetito.	• Irritabilidad.
• Pérdida de la libido.	• Ideas delirantes.
• Angustia.	• Expresión somática: cefaleas, dolores variables, vértigos, palpitaciones, síndrome premenstrual, colitis.
• Ansiedad.	
• Impresión de sufrimiento cerebral.	

esencialmente genética, parece que la depresión tenga sobre todo una causa ambiental, lo cual es muy afortunado para el terapeuta, ya que aún no podemos modificar los genes humanos. En cambio, es bastante fácil cambiar ciertos factores del medio ambiente. A mi parecer, los factores hereditarios podrían corresponder a un mal funcionamiento de algunas aloenzimas.

- En cuanto a los factores exógenos, creo que son residuos de origen alimentario. Finalmente, la depresión aparece como un ensuciamiento de las células cerebrales que produce alteraciones en el metabolismo de las neuronas, cuya disfunción se manifiesta en una depresión. Burger (1988) afirmó que el trigo era una de las causas principales. Por cuanto he descubierto en mis observaciones personales, estoy de acuerdo con él.

Las técnicas modernas de diagnóstico médico recurren a la tomografía por emisión de positrones y a la resonancia magnética funcional. Estas técnicas permiten visualizar las neuronas que intervienen durante un pensamiento preciso. Las neuronas a veces pertenecen a regiones muy alejadas las unas de las otras, lo que es posible gracias al considerable número de conexiones entre estas células. También sirven para medir el flujo sanguíneo en diversas zonas del cerebro.

Con estos métodos de diagnóstico modernos, Drevets (1998) estudió el cerebro en pacientes que padecían depresión nerviosa grave. No detectó lesiones en las estructuras cerebrales, pero señaló trastornos metabólicos más o menos acusados según las células.

Se puede suponer una intervención de factores dietéticos a la luz de las grandes diferencias en la frecuencia de la depresión según los países. Así, los neozelandeses padecen una frecuencia 48 veces mayor que la de los japoneses: 5,8% frente a 0,12% (Hibbein, 1998). La alimentación es uno de los pocos elementos que pueden cambiar considerablemente de un país a otro.

En suma, atribuyo la depresión nerviosa endógena a un ensuciamiento de las neuronas, y tal vez de otras células cerebrales, por moléculas bacterianas y/o alimentarias, procedentes de un intestino delgado muy permeable (Seignalet, 1999c).

Resultados de la dieta

La alimentación de tipo original se probó en 16 enfermos afectados de depresión nerviosa endógena (Seignalet, 1999). La gravedad de la enfermedad era variable:

- Moderada en 2 casos.
- Mediana en 9 casos.

- Severa en 4 casos.
- Muy severa en 1 caso.

La antigüedad de los trastornos psíquicos variaba de 1 a 25 años según los sujetos. Todos tomaban o habían tomado medicamentos. Éstos a veces habían tenido efectos favorables, y había existido el riesgo de suicidio después de algunos brotes agudos, además de obtener remisiones transitorias. Pero no habían conseguido curar a estos pacientes.

El cambio nutricional obtuvo los siguientes resultados:

- 12 éxitos completos,
- 3 mejorías de alrededor de un 75%, y
- 1 fracaso.

El plazo necesario para notar una mejoría varía de algunas semanas a algunos meses. La mejoría puede ser progresiva o bastante rápida, y permite disminuir poco a poco e incluso suprimir, cuando el éxito es total, los medicamentos. Éste es un aspecto excelente, ya que los antidepresivos, los tranquilizantes y los somníferos tienen efectos positivos a corto plazo, pero agravan el ensuciamiento a medio plazo. Estas moléculas tienen una atracción por el tejido adiposo y se consideran residuos lipófilos (Fradin, 1991b).

Los efectos positivos de la dieta son evidentes. No sólo desaparecen los síntomas clínicos de la depresión, sino que, en general, los pacientes experimentan una impresión de limpieza interior y de espíritu. Describen su retorno a una buena salud en términos inequívocos. Así, una enferma me declaraba: «Me siento viva por primera vez desde hace diez años. Es el día después de la noche, como si hubiera resucitado».

A continuación describiré el caso más grave de depresión que he estudiado y su notable mejoría con el régimen alimenticio ancestral.

Observación PSY 1

El señor M., de 47 años, no tenía ningún antecedente familiar o personal importante.

Desde su infancia se quejaba de poca resistencia para el trabajo intelectual. A partir de los 21 años aparecieron trastornos del sueño (dificultades para dormir y desvelos frecuentes) e indisposición general, que evocaba una espasmofilia. A los 32 años, un tratamiento con cloruro de magnesio corrigió estos problemas.

Sin embargo, el cloruro de magnesio en este sujeto tuvo un efecto colerético mayor, que produjo heces líquidas, con un alto contenido en bilis. Estas fugas biliares produjeron una hipofosforemia marcada

(15 mg), lo cual obligó a interrumpir el magnesio al cabo de 9 años. El tránsito intestinal se normalizó y las mialgias inducidas por la hipofosforemia desaparecieron. Pero persistía una fatiga física, acompañada sobre todo de una fatiga intelectual y fases de nerviosismo.

Algunos meses más tarde, cuando el enfermo tenía 42 años, y a consecuencia de un adelgazamiento voluntario de 4 kilos, se manifestó de forma brusca un estado depresivo severo: insomnio, ansiedad permanente con impresión de aceleración mental, astenia y taquicardia. Ningún estrés sentimental, profesional, financiero o de otro tipo podían explicar estos trastornos. Se trataba, pues, de una depresión nerviosa endógena. El paciente tenía la impresión de un envenenamiento por una sustancia X que impedía el funcionamiento normal de su cerebro, al cual sustituía una excitación dolorosa.

Esta interpretación metabólica está justificada, como veremos más adelante.

La enfermedad psiquiátrica duró más de 5 años, durante los cuales el paciente probó numerosos medicamentos. Las benzodiazepinas fueron un completo fracaso, la doxepina tuvo un efecto muy moderado, la amitriptilina fue más eficaz, y permitió remisiones parciales. A causa del insomnio, el paciente necesitaba consumir grandes cantidades de hipnóticos. El enfermo tenía la impresión de ser incurable.

El paciente puso en práctica la dieta ancestral después de 5 años y medio de evolución de la enfermedad, durante un periodo de remisión parcial. Como resultado inmediato perdió 7 kilos en dos meses y sufrió un pequeño brote del estado depresivo.

Sin embargo, continuó el régimen y, al final del tercer mes, el sujeto tenía la sensación de que su organismo eliminaba progresivamente un producto tóxico. El cuadro clínico mejoró rápidamente:

- La ansiedad dio paso a la tranquilidad.
- La taquicardia desapareció.
- El sueño normal se restableció.
- La astenia se corrigió.

Al cabo de unas semanas se obtuvo la curación. El paciente aún sigue la dieta y no ha tenido ninguna recaída desde hace 17 años. Al contrario, el enfermo no había tenido nunca una forma física tan buena y, principalmente, intelectual. Su capacidad de trabajo cerebral se ha cuadruplicado respecto a su juventud. Ha seguido tomando cloruro de magnesio sin ningún inconveniente. No se ha producido ninguna fuga biliar.

Una entrevista exhaustiva desveló la gran influencia del trigo en la constitución de la afección psiquiátrica. Durante la época comprendida entre los 21 y los 32 años, el sujeto consumía trigo de forma variable. Durante algunos periodos, comía cuatro cruasanes todas las mañanas. Durante otros periodos, suprimía esos cruasanes con el fin de adelgazar algunos kilos. Su estado psíquico tenía altos y bajos: los primeros correspondían siempre a las fases en que no consumía cruasanes; los segundos, a las fases en que los comía.

Comentarios
Esta apasionante observación merece comentarse:

1) Primero hay que subrayar que un enfermo aparentemente incurable ha sido curado con un simple cambio nutricional. La dieta debería instaurarse sistemáticamente en las depresiones nerviosas endógenas, cuya evolución rebelde es desesperante para el médico y, sobre todo, para el enfermo. Evidentemente, bajo el término de depresión nerviosa endógena se pueden esconder varias psicopatías diferentes, unas sensibles (la mayoría) y otras indiferentes a la alimentación ancestral. Ésta debe intentarse siempre, pues no tiene ningún riesgo.

2) La enfermedad no parece de ningún modo debida a una anomalía psíquica. En este caso estamos lejos de las teorías de Freud. Los trastornos psiquiátricos expresan el sufrimiento de un cerebro cuyo metabolismo está bloqueado. El depósito de residuos de origen intestinal en las neuronas o en las células del sistema nervioso que cooperan con éstas, puede ocasionar un ensuciamiento, que explicaría el bloqueo metabólico. Como Burger (1988), creo en la frecuente influencia del trigo.

El deprimido suele quejarse de una sensación de envenenamiento crónico, desatendida por el médico, ya sea porque considera el comentario una divagación, o lo toma en serio pero no puede aportar un remedio. El deprimido mantiene la inteligencia intacta y está en mejor situación para describir lo que siente. Algunas moléculas de cereales modificados por la cocción podrían muy bien ser este «veneno», hasta el momento desconocido.

3) En la depresión nerviosa endógena, el funcionamiento de las células nerviosas está alterado, pero las neuronas no están muertas. Cuando un régimen alimenticio bien elegido permite la eliminación progresiva de los residuos acumulados en el sistema nervioso, la recuperación es integral y no tiene secuelas.

4) El adelgazamiento suele ser un factor desencadenante de la depresión. El paciente tuvo su primer brote después de haber perdido 4 kilos. Por otra parte, la dieta ocasionó una pérdida de 7 kilos durante las primeras semanas, por lo cual no es extraño que tuviera como consecuencia un pequeño brote.

Estos fenómenos son comprensibles si admitimos que el organismo se deshace de numerosos residuos molestos almacenándolos en el tejido adiposo. Así, cuando una molécula X peligrosa procedente del trigo atraviesa la barrera intestinal, una cantidad «a» se dirige al sistema nervioso, y suscita signos psiquiátricos menores, y una cantidad «b» se encamina hacia los adipocitos. En caso de adelgazamiento, «b» vuelve a pasar a la sangre y llega al sistema nervioso, que pasa a contener «a» + «b». Esta fuerte dosis desencadena signos psiquiátricos graves, como los del primer brote.

Cuando se empieza el régimen original, el aporte intestinal de X es nulo mientras que los emuntorios eliminan cada día una cierta cantidad de X llamada «c». Si el paciente adelgaza, sale de su tejido adiposo una cantidad «d» de moléculas X. Si «d» es más elevada que «c», el cerebro recibe más moléculas X de las que puede eliminar. He ahí la explicación de por qué al comienzo del régimen se produjo un pequeño brote. Cuando cesa el adelgazamiento, «d» es nulo. El cerebro elimina las moléculas X y ya no recibe más, ni del intestino ni del tejido adiposo. La limpieza de las neuronas comporta la curación.

5) Cuando el enfermo consumía la alimentación moderna, el cloruro de magnesio tenía un doble efecto: mejoría del psiquismo y salida biliar. Sin duda, los dos procesos están ligados. Creo que el magnesio estimulaba algunas enzimas de los hepatocitos, cuya acción llevaba a la eliminación de las moléculas X transitando en el hígado por la bilis. En resumen, el organismo utilizaba el magnesio para aumentar su capacidad de expulsión del desecho nocivo.

Actualmente, el cloruro de magnesio, aunque sea administrado en fuertes dosis, ha perdido su acción colerética. Dado que las moléculas X se han eliminado en gran parte o en su totalidad, el organismo no tiene la necesidad de utilizar las fugas biliares.

D) ESQUIZOFRENIA

La esquizofrenia es una psicosis que cursa con diversos síntomas; los principales son:

- Discordancia de las funciones intelectuales.
- Pérdida de la unidad de la personalidad.
- Pérdida de contacto con la realidad, marcada por alucinaciones e ilusiones.
- Delirio con tendencia a encerrarse en un mundo interior.

La evolución deriva con más o menos rapidez en demencia.

La esquizofrenia es la causa de demencia más generalizada en los adolescentes y adultos jóvenes. Los problemas psíquicos parecen consecuencia de lesiones degenerativas del cerebro. El escáner y la RMN (Granger, 1996) han revelado una atrofia más o menos marcada de algunas zonas. La enfermedad es orgánica y no puramente psiquiátrica.

El funcionamiento cerebral puede ser estudiado por RMN, que mide las emisiones de positrones por tomografías. Estas emisiones son proporcionales al flujo sanguíneo en una región y a la importancia del metabolismo de la glucosa (Buchsbaum, 1995), y permiten determinar cuáles son, en cada momento, las partes del cerebro que trabajan. En la esquizofrenia parecen existir anomalías en las conexiones entre diversas regiones del córtex cerebral (Frith, 1996).

La esquizofrenia afecta a todas las regiones del mundo, pero su frecuencia varía según el país (Hafner, 1994). En Francia, la frecuencia se sitúa en un 0,85%. Los factores genéticos son evidentes, ya que el riesgo aumenta un 13% para un niño que tiene uno de los padres afectado y un 46% para un niño que tiene a los dos padres afectados. La concordancia en los gemelos monocigotos es del 50%, lo que implica la intervención, además de factores hereditarios, de factores medioambientales.

Algunos autores atribuyen la esquizofrenia a una anomalía precoz del desarrollo cerebral. Los procesos de migración y de diferenciación de neuronas durante el segundo trimestre de la vida fetal, estarían alterados. Pero esta teoría no explica por qué la enfermedad no se revela, en general, hasta el final de la adolescencia o al comienzo de la edad adulta. Esta teoría no tiene en cuenta los factores exógenos.

Desde hace mucho tiempo, Dohan (1979) afirma que el trigo y cereales similares como el centeno y la cebada desempeñan un papel importante en la génesis de la esquizofrenia. Esta hipótesis se basa en varios argumentos inquietantes:

- Los gatos alimentados a la fuerza con trigo desarrollan una enfermedad semejante a la esquizofrenia.
- A lo largo de las restricciones de cereales que tienen lugar durante las guerras, se observa una disminución del número de hospitalizaciones por esquizofrenia.
- Lorenz (1990) reunió datos concernientes a 45 poblaciones, distantes las unas de las otras. Existe una sorprendente correlación entre la cantidad de trigo + centeno + cebada consumida por habitante y la frecuencia de esquizofrenia.
- Howard (1993) refirió una permeabilidad exagerada del intestino delgado durante la esquizofrenia.

- Se detectan anticuerpos antigliadina en un 20,3% de los esquizofrénicos, frente a un 3,1% de los sujetos del control.
- Si se sigue durante tres meses el régimen sin trigo, con frecuencia se produce una remisión en los esquizofrénicos: 45% frente al 17% en los que continúan comiendo cereales (Lorenz, 1990).

No es imposible que los cereales tengan una acción indirecta y no directa en la enfermedad, provocando una hiperpermeabilidad de la mucosa del intestino delgado y el paso de múltiples residuos, unos alimentarios, otros bacterianos. Hafner (1994) piensa que la esquizofrenia era poco frecuente o ausente hasta el siglo XVIII y que su frecuencia aumentó de manera espectacular en los siglos XIX y XX, sabiendo que el consumo de trigo se remonta a 5.000 años y no a 200. En caso de que este argumento tenga una base, establecería que el desencadenante sería una bacteria procedente de otra parte, quizá de América.

Dohan (1979) sostiene que algunos péptidos del trigo actúan en las neuronas a modo de endorfinas. Concibe la esquizofrenia como una afección metabólica. Este planteamiento se acerca a las ideas de varios autores que implican a la dopamina y a su receptor.

Creo que la esquizofrenia es algo más que un simple trastorno metabólico. En los individuos debilitados por un terreno genético particular, una molécula alimentaria o bacteriana podría ensuciar progresivamente algunas neuronas. A ello le seguirían alteraciones tan graves que llevarían quizás a la muerte de estas neuronas, y causarían la atrofia de algunas zonas cerebrales y la demencia.

Un buen argumento en favor de esta hipótesis sería la eficacia del régimen ancestral en la prevención de la esquizofrenia. Sería deseable que los niños cuyo padre y/o madre fueran esquizofrénicos practicaran este cambio nutricional. Un seguimiento de voluntarios durante 10 o 20 años permitiría saber si este método es capaz de disminuir el riesgo de esquizofrenia, elevado en este tipo de niños. Los psiquiatras asisten, prácticamente impotentes, a la desagradable evolución de esta enfermedad. Entonces, ¿por qué no intentar esta dieta inocua?

De Santis y col. (1997) publicaron la observación de una mujer de 33 años que padecía esquizofrenia desde hacía 4 años. El diagnóstico fue confirmado por varios neurólogos. A continuación se manifestó una enfermedad celíaca, que fue tratada con la supresión de cereales. Los médicos asistieron sorprendidos a la curación, no sólo de la enfermedad celíaca, sino también de la esquizofrenia.

E) ENFERMEDAD DE ALZHEIMER

La enfermedad de Alzheimer es la demencia senil más frecuente. Afecta al 5% de los individuos de 65 años, al 20% de los individuos de 80 años y al 50% de los individuos mayores de 90 años (Lamour, 1994).

El signo revelador es una pérdida de la memoria de hechos recientes (Dubois y Deweer, 1997). Después aparecen trastornos del lenguaje y dificultades de abstracción y, finalmente, desorientación, pérdida del juicio y del razonamiento, si bien el paciente no es consciente de presentar estos trastornos. Ningún tratamiento impide la evolución hacia la demencia y la muerte.

Las lesiones del Alzheimer se conocen bastante bien. Macroscópicamente, se observa una atrofia cerebral que predomina en el lóbulo temporal mediano. A escala microscópica, se observan dos anomalías características:

- Las neurofibrillas del interior de las neuronas forman un entrelazado de filamentos insolubles y resistentes a las enzimas. El principal elemento de las neurofibrillas es la proteína tau, que tiene una estructura helicoidal y que es hiperfosforilada.
- Las placas seniles que se localizan fuera de las neuronas. Esencialmente están formadas por la proteína beta amiloide, que proviene de la unión por polimerización de 10 a 20 moléculas del péptido βA4.

Son las neurofibrillas y/o las placas seniles las que rompen las neuronas y las conexiones interneuronales, produciendo un deterioro cerebral progresivo.

Las formas genéticas del Alzheimer son poco frecuentes (5%). En los años 1994 y 1995 se descubrieron los genes causantes de estas formas hereditarias cuyo comienzo suele ser precoz, entre los 35 y los 65 años (Barinaga, 1995):

- El gen S182 en el cromosoma 14, implicado en el 77% de los casos.
- El gen STM2 en el cromosoma 1, implicado en el 20% de los casos.
- El gen de la proteína precursora beta amiloide (APP) en el cromosoma 21, implicado en el 3% de los casos.

La APP es una proteína de 695 aminoácidos cuya degradación libera el péptido βA4. Se han identificado las mutaciones en el gen de la APP. Señalemos también que en el mongolismo existen tres cromosomas 21 en lugar de dos, y por tanto la acumulación de proteína beta amiloide es muy precoz.

Las formas esporádicas del Alzheimer están mucho más generalizadas (95%). Su mecanismo sigue siendo desconocido, pero recientemente se han hecho varios descubrimientos importantes:

1) Algunos autores atribuyen un papel más importante a la proteína beta amiloide:

- El péptido βA4 está presente normalmente en el sistema nervioso bajo dos formas: una soluble, de 40 aminoácidos, y otra menos frecuente, insoluble, de 42 aminoácidos. La formación de proteína beta amiloide insoluble se ve favorecida por el aumento en su composición de la proporción de péptidos de 42 aminoácidos (Lamour, 1994).
- Norstedt y col. (1994) estiman que la degradación de la APP puede seguir dos vías: una que conduce a un péptido de 40 aminoácidos, la otra que conduce a un péptido de 42 aminoácidos. Esta segunda vía es más frecuente en el Alzheimer.
- Smith y col. (1994) mostraron la presencia de dos moléculas de Maillard en las placas seniles: la pirralina y la pentosidina. Estas moléculas no proceden de los residuos alimentarios, sino de la glicación espontánea de la proteína beta amiloide, fenómeno que no necesita la intervención de enzimas.
- Harrington y Colaco (1994) consideran que esta glicación hace que la proteína beta amiloide se vuelva peligrosa, de forma que se comporta como un catalizador que favorece la formación de otras proteínas glicadas. Mattson y col. (1995) difieren de esta opinión; para ellos, la glicación no es más que una reacción secundaria. La proteína beta amiloide se vuelve nociva en cuanto forma los agregados de fibrillas, pues lesiona y mata las neuronas en cultivo. Parece que actúa liberando radicales libres.

2) Otros autores creen en la causalidad de la proteína tau:

- Rousch (1995) considera fundamental la fosforilación excesiva de la proteína tau, que se debería a una gran actividad de algunas cinasas y a la actividad insuficiente de algunas fosfatasas. La proteína tau normal se fija en los microtúbulos, elementos del citoesqueleto. La proteína tau hiperfosforilada es incapaz de unirse a los microtúbulos, y entonces constituye los encabalgamientos de neurofibrillas que matan a las neuronas. Algunas proteínas tau procedentes de las neuronas inducen, al liberar radicales libres, la producción de la proteína beta amiloide y placas seniles. En la figura 63 se esquematiza esta seductora hipótesis.

• Algunos autores han puesto de manifiesto una glicación de la proteína tau, a la cual consideran la causa de la formación de las neurofibrillas. Es más probable que esta glicación no sea más que una reacción secundaria.

3) Se ha observado una relación entre los alelos de la apolipoproteína E y el Alzheimer (Harrington y Colaco, 1994). El alelo E2 es protector, el E3 es neutro, y el E4 es favorecedor. Los individuos portadores del alelo E4, principalmente en el estado homocigoto, desarrollan con más frecuencia y de manera precoz la enfermedad. Las apolipoproteínas E intervendrían de dos maneras:

• En el transporte de las moléculas que han sufrido una glicación hasta los macrófagos, y en las células de Kupffer que tienen receptores para estas moléculas.

• En el enlace con el dominio de las proteínas tau que se fija al microtúbulo, enlace que impediría la fijación de grupos fosfato. El alelo E4 cumpliría peor que los otros alelos estas dos funciones.

La enfermedad de Alzheimer esporádica es multifactorial. Entre los factores del medio ambiente se sospecha que el aluminio favorece la hiperfosforilación de la proteína tau. Pero esta hipótesis es muy controvertida.

Propondría la participación de varios elementos en el desarrollo del Alzheimer:

• Factores genéticos, que podrían ser las enzimas y las mucinas polimorfas del intestino delgado, algunas enzimas polimorfas de las neuronas y el alelo E4 de la apolipoproteína E.

• Factores del medio ambiente, que serían los residuos alimentarios o bacterianos procedentes del intestino que se depositarían en el sistema nervioso. Este ensuciamiento podría tener varias consecuencias:

• Constituiría un obstáculo para la fijación de la proteína tau normal en los microtúbulos.

• Inhibiría la acción de las fosfatasas.

• Potenciaría la acción de las cinasas, ya sea por una inhibición de los factores que las neutralizan, ya sea por una fijación en las secuencias de ADN que aumenta la expresión del gen de las cinasas.

Figura 63. POSIBLE MECANISMO DE LA ENFERMEDAD DE ALZHEIMER

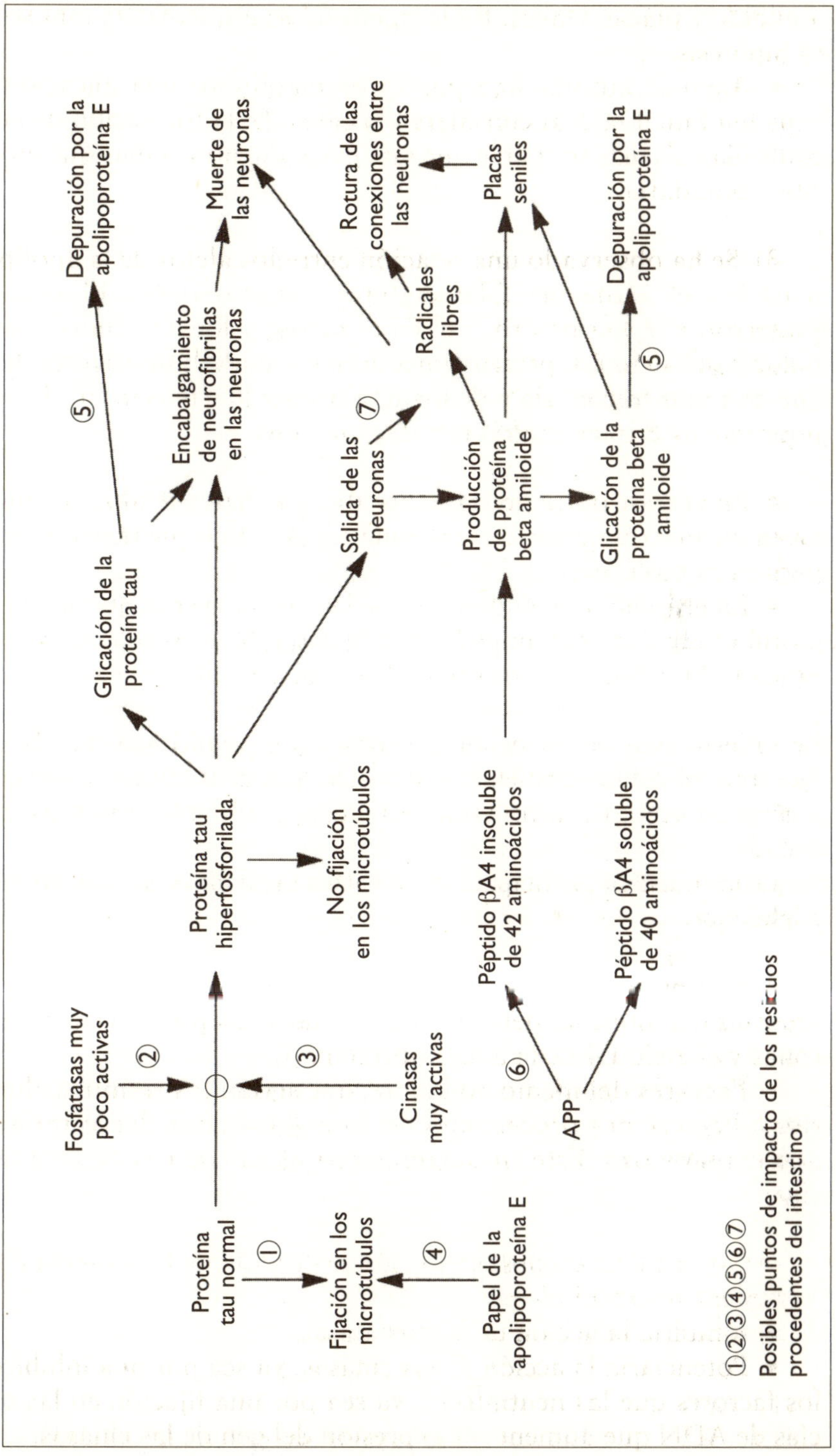

- Sería un obstáculo para la intervención de la apolipoproteína E, que favorece la unión de la proteína tau normal a los microtúbulos.
- Sería un estorbo en la depuración de las proteínas glicadas por la apolipoproteína E.
- Produciría un bloqueo de la vía habitual de degradación de la APP, con desviación hacia una segunda vía que daría lugar a un péptido de 42 aminoácidos.
- Sería un obstáculo en la acción de las enzimas protectoras contra los radicales libres.
- Ejercería una acción sobre el ADN que codifica a la APP o en el ARNm que transcribe el mensaje de este gen.

Estas diversas hipótesis están esquematizadas en la figura 63.

Si esta hipótesis es acertada, la alimentación hipotóxica debe ser útil contra la enfermedad de Alzheimer. Es difícil considerarla como tratamiento curativo, ya que no es nada fácil hacer seguir un régimen a un demente. Más bien puede concebirse en un estado precoz, tras el descubrimiento de los primeros síntomas, y bajo vigilancia hospitalaria o familiar. La dieta merece probarse a modo de prevención.

Actualmente, alrededor de 1.500 personas practican mi método nutricional. Regularmente recibo noticias suyas, a veces de forma espontánea, a veces responden a mis cartas. Sin embargo, hasta la presente, mientras que mi clientela abarca una proporción relativamente elevada de personas mayores, no me han llegado noticias de ningún caso de Alzheimer. Es cierto que algunas cartas quedan sin respuesta, lo cual a veces podría atribuirse a la aparición de una demencia que impidiera al sujeto escribir. Pero, en general, la familia responde, como he comprobado, cuando un enfermo fallece.

Aunque merecería un estudio más riguroso, mi impresión es que la nutrición de tipo original es sumamente preventiva en las demencias seniles; sin embargo, desconozco si hace que sean menos frecuentes o que desaparezcan por completo. La ausencia de casos de demencia sugiere que la dieta impide la aparición de la enfermedad de Alzheimer, pero también la de la demencia por el desarrollo de cuerpos de Lewy, otra afección frecuente en las personas mayores.

F) ENFERMEDAD DE PARKINSON

He aquí otra afección neurológica frecuente, que afecta al 1% de los sujetos de 50 años, al 10% de los individuos de 60 años, y cuya incidencia aumenta con la edad. En el 10% de los casos, el Parkinson es hereditario y en el 90%, adquirido. En su desencadenamiento están implicados factores ambientales, y no se trata de virus o de una reacción autoinmune (Agid, 1995).

La sintomatología tiene cuatro signos principales (Fenelon, 1996):

- Un temblor lento en reposo, que afecta a las manos, los pies y los labios.
- Hipertonia o rigidez de los músculos.
- Disminución de la motricidad voluntaria y automática, sin parálisis.
- Alteraciones de la marcha y de la postura.

Las lesiones se localizan en las regiones cerebrales que aseguran la coordinación de los movimientos, es decir, los núcleos grises centrales y en particular el *locus niger* (Youdim y Riederer, 1997) (figura 64). Algunas neuronas degeneran, principalmente las que estimulan a las neuronas productoras de dopamina, y son reemplazadas por astrocitos y células microgliales. En las neuronas supervivientes de estas zonas aparecen los cuerpos de Lewy, que son inclusiones redondeadas, eosinófilas, que derivan de las proteínas del citoesqueleto alteradas. El principal constituyente de los cuerpos de Lewy es la alfasinucleína, una pequeña proteína caperuza que se agrega para formar los depósitos insolubles (Birman, 2000).

La alteración de las neuronas del *locus niger* ocasiona una cascada de fenómenos en diversas regiones del sistema nervioso, que conduce a una incapacidad para coordinar los movimientos. Estos mecanismos se detallan en la figura 64.

El tratamiento del Parkinson se basa esencialmente en la levodopamina, que reduce el temblor, y la hipertonía. Se pueden añadir agonistas de la dopamina, anticolinérgicos, amantadina e inhibidores de la monoaminooxidasa (Fenelon, 1996). Estos medicamentos son un incuestionable progreso, pero no impiden la agravación progresiva de la enfermedad.

Para explicar la muerte de las neuronas de los núcleos grises centrales, Agid (1995) propone varios mecanismos:

- Estrés oxidativo producido por los radicales libres.
- Entrada de iones de calcio.
- Disminución de la actividad de la cadena respiratoria mitocondrial.
- Apoptosis.

Pero todos estos fenómenos son secundarios respecto a una causa desconocida, que hasta el momento nadie ha identificado.

Figura 64. ANATOMÍA Y MECANISMO DEL PARKINSON

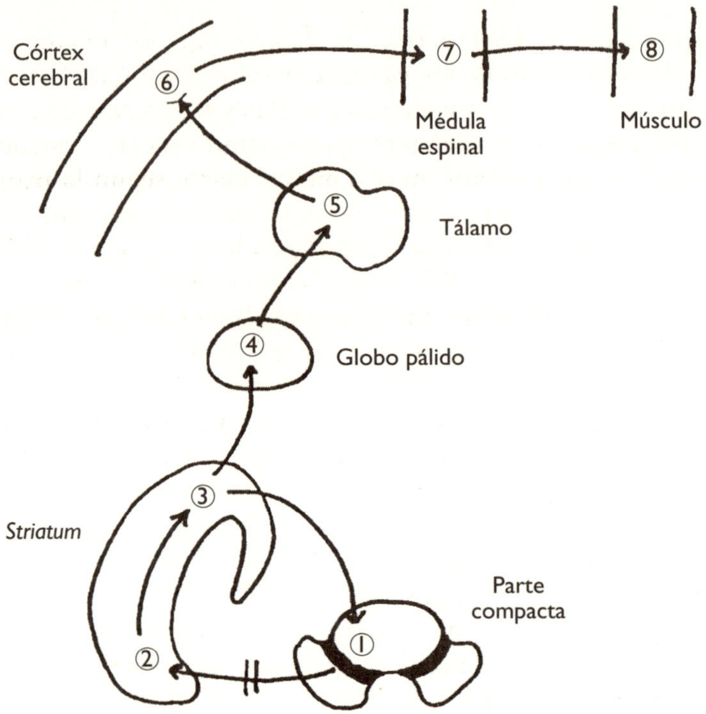

Las neuronas del *locus niger* (1), en la zona negra de la parte compacta, están muertas o han acumulado suciedad. No emiten más señales para las neuronas del *striatum* productoras de dopamina (2). Otras neuronas del *striatum* (3), al no ser inhibidas por la dopamina, producen un exceso de acetilcolina. Este mediador estimula de forma excesiva las neuronas del globo pálido (4) productoras de GABA. Este mediador frena la actividad de las neuronas del tálamo (5), que inhiben la actividad de las neuronas motoras del córtex cerebral (6). El efecto inhibidor se transmite a la médula espinal (7) y a los músculos (8). Es el causante de la descoordinación de los movimientos.

Propongo que el *primum movens* es un ensuciamiento de las neuronas dopaminérgicas por las macromoléculas bacterianas y alimentarias procedentes del intestino delgado. Tuve la ocasión de probar mi método en 6 enfermos de Parkinson y el resultado fue el siguiente:

- 1 fracaso completo, pues la enfermedad continuó agravándose lentamente;
- 1 fracaso menos rotundo, ya que, aunque no se obtuviera ninguna mejoría, el Parkinson se estacionó, y no se produjo un empeoramiento;

• 4 mejorías, de aproximadamente un 80%, un 70%, un 60% y un 50%, respectivamente.

Estos resultados variables pueden explicarse por una mayor o menor gravedad de las lesiones de los núcleos grises centrales. Si las neuronas están muertas, la dieta no puede resucitarlas y se registra un fracaso. Si no todas las neuronas están muertas, sólo están «sucias», pueden «limpiarse» y se obtiene un éxito más o menos claro, según la proporción de neuronas recuperables. Ahora bien, Dunnett y Bjorklund (1999) estiman que, cuando el Parkinson se declara clínicamente, el 50% de las neuronas ha desaparecido. Por lo tanto aún queda otro 50%.

La siguiente observación ilustra las posibilidades del método:

Observación NEUR 9

El señor T. tenía 62 años cuando acudió a mi consulta en enero de 1997; aunque no era muy mayor, presentaba varios signos de envejecimiento prematuro y arterioesclerosis:

- Un infarto de miocardio en 1982.
- Una hipercolesterolemia moderada.
- Una hipertrigliceridemia moderada.
- Un estado prediabético, con una glucemia en ayunas de 1,30 g.
- Obesidad: 95 kg para 166 cm.

Pero principalmente le afectaba un Parkinson aparecido 13 años antes y que se había agravado poco a poco a pesar de la prescripción de numerosos medicamentos. El temblor, la hipertonía, la descoordinación de los movimientos eran tales que el paciente no podía conducir su vehículo y tenía grandes dificultades para caminar. Un taxi lo dejó en la entrada del servicio, y puesto que fue incapaz de recorrer la corta distancia hasta mi despacho, tuve que examinarlo allí mismo. El enfermo padecía aún más sus enfermedades, pues conservaba intacta la inteligencia.

El señor T. siguió bien el régimen nutricional, sin interrumpir la medicación dopaminérgica. Cinco meses más tarde, los beneficios eran evidentes:

- Normalización del colesterol.
- Normalización de los triglicéridos.
- Normalización de la glucemia.
- Pérdida de peso de 15 kg.
- Y, principalmente, una clara atenuación de los signos neurológicos. El temblor desapareció y sólo aparecía cuando sufría alguna emo-

ción. La contractura de los miembros disminuyó un 90%. Recuperó en gran parte la marcha y pudo volver a conducir. Este extraordinario cambio asombró a su entorno.

Desgraciadamente, a continuación el enfermo abandonó por completo sus buenos hábitos dietéticos y volvió a comer como antes. Cinco meses más tarde, aún no había recaído, pero mucho me temo que muy pronto sufrirá una recidiva del Parkinson que padece.

Comentarios

1) No todas las personas que padecen Parkinson conservan su inteligencia indemne. A menudo una esclerosis cerebral está asociada a la enfermedad, y provoca alteraciones: pérdidas de memorias, trastornos cognitivos, tendencia depresiva e incluso demencia.

2) Los obesos suelen tener muchos más problemas para seguir un régimen alimenticio. Este sujeto no fue una excepción, puesto que se desmoronó al cabo de cinco meses. Las dificultades que encuentran las personas muy gruesas tienen quizás un origen psicológico o endocrino.

3) Es complejo interpretar los efectos favorables del régimen ancestral, los cuales yo mismo estaba lejos de esperar, pues el Parkinson se consideraba incurable. Se supone que alrededor de un 50% de las neuronas dopaminérgicas están muertas. Las que conforman el 50% restante únicamente estarían ensuciadas, y volverían a funcionar cuando se «limpiaran».

4) Otra posibilidad es que las neuronas de otras regiones cerebrales sean capaces, después de haber sido «limpiadas», de compensar en parte los problemas resultantes de la pérdida de las neuronas dopaminérgicas.

G) DISTONÍA

La distonía es una variedad de hipertonía muscular debida a espasmos que ocasionan posturas y movimientos anormales. Esta patología desconocida se atribuye a un desequilibrio químico en los núcleos grises centrales. Mejora espontáneamente en uno de cada 15 casos, y es curable. En otros casos persiste. En ausencia de un mecanismo conocido, no se dispone de ningún tratamiento causal, únicamente de medicamentos sintomáticos. Cambier (1999) ha realizado una excelente revisión general de la distonía. He tenido la ocasión de probar mi método en una mujer joven que sufría la enfermedad.

Observación NEUR 9

P., de 32 años, padeció otitis y sinusitis recurrentes durante su infancia. Estas manifestaciones desaparecieron en la pubertad, pero fueron relevadas por accesos de bronquitis asmatiforme.

En 1990 apareció una contractura del pie derecho, acompañada de la pérdida de la sensibilidad del dedo gordo del mismo pie. Al cabo de algunas semanas, la contractura desapareció, pero la anestesia persistía. En agosto de 1996, los signos neurológicos se volvieron más claros. Surgieron contracciones involuntarias de los músculos del cuello, del brazo derecho y de la parte derecha de la cara. Éstas provocan actitudes anormales, en particular tortícolis espasmódica en el cuello. Este cuadro de distonía coincide con una fatiga importante.

La sintomatología persiste de forma constante durante nueve meses. En mayo de 1997, la paciente leyó *La alimentación o la tercera medicina* y adoptó el régimen de tipo original. Al cabo de tres semanas recuperó una sensibilidad normal en el dedo gordo del pie derecho y volvió a encontrar su tono físico. Cuando acudió a mi consulta en agosto de 1997, la distonía había mejorado un 70%.

P., que tenía una gran inteligencia y voluntad, continuó aplicando correctamente las prescripciones dietéticas. Cada excepción era castigada con una pequeña recaída. En marzo de 1998, la mejoría podía estimarse en un 85%. En diciembre de 1998, en un 90%, y en mayo de 1999 en un 98%. En cuanto a la bronquitis asmatiforme, era sólo un mal recuerdo. La mujer, tranquila sobre su estado de salud, inició un embarazo.

Comentarios

1) Como veremos más adelante, considero que las otitis y sinusitis recidivantes, así como la bronquitis asmatiforme, pertenecen a la patología de eliminación. El cambio nutricional a menudo hace maravillas sobre estos estados, y la remisión de la afección bronquial no es sorprendente.

2) La distonía puede explicarse por un ensuciamiento de los núcleos grises centrales, ligado al depósito extra e intracelular de moléculas alimentarias y bacterianas procedentes del intestino delgado. La curación casi completa que se obtuvo con mi dieta respalda esta hipótesis.

3) La responsabilidad del régimen ancestral en la evolución favorable de la enfermedad es evidente, como demuestran:

- La situación estancada durante 6 años, que contrasta con los progresos producidos desde la exclusión de los alimentos peligrosos.

• La reanudación moderada de los signos neurológicos, en caso de excepciones del régimen.

4) El embarazo es compatible con el régimen hipotóxico, que no comporta ninguna carencia, ni para la madre ni para el niño. La carne cruda sólo se autoriza en las mujeres inmunizadas contra la toxoplasmosis.

H) ESCLEROSIS LATERAL AMIOTRÓFICA (ELA)

Esta temible enfermedad, por suerte bastante rara, se debe a la degeneración de las neuronas motoras:

• El deterioro de las neuronas motoras centrales se traduce en una hipertonía, torpeza de los movimientos y una exageración de los reflejos osteotendinosos.

• El deterioro de las neuronas motoras periféricas se traduce por fasciculaciones (contracciones involuntarias de algunas fascias musculares), calambres musculares, pérdida de la fuerza y atrofia de los músculos.

Los neurofilamentos se acumulan en las neuronas, en el citoplasma perinuclear y en la parte inicial de los axones. Es probable que estos neurofilamentos sean los causantes de la muerte de las neuronas (Julien, 1997), pero la causa inicial de la ELA es desconocida.

En el 10% de los casos, la ELA es hereditaria. Parece consecuencia de:

• Una mutación de la superoxidodismutasa, que tiene como cofactores al cobre y al zinc (SOD1). La insuficiente actividad de la enzima mutada dejaría que se acumularan demasiados radicales libres nocivos para la neurona (Brown Jr., 1997).

• Una mutación del gen NF-H, que codifica para la cadena pesada de los neurofilamentos, elemento necesario para la estructura de la neurona (Julien, 1997).

En el 90% de los casos, la ELA es adquirida. Su mecanismo es causa de controversia. Hay dos hipótesis principales:

• Una acumulación extracelular de glutamato, incluso de aspartato, sustancias tóxicas para las neuronas, ya que desencadenan un estímulo de apoptosis (Follezou y col., 1999).

• Un déficit progresivo de la glutationperoxidasa (GSHPX), enzima que, como la SOD1, interviene en la neutralización de los radicales libres (Mitchell y col., 1993).

No se dispone de ningún tratamiento curativo de la ELA. Sin embargo, el Riluzole consigue retardar la progresión de las lesiones (Wokke, 1996). Parece disminuir la liberación de glutamato.

Sabiendo que la ELA no es de origen autoinmune, es tentador atribuir la muerte de las neuronas motoras a un ensuciamiento. Aunque se confirma la nocividad del glutamato y el déficit de algunas enzimas depuradoras de radicales libres, es muy probable que las moléculas bacterianas y alimentarias procedentes de la luz intestinal tengan un papel coadyuvante.

Únicamente he podido probar mi método en un paciente. El enfermo sigue de manera correcta mis prescripciones dietéticas y toma también el Riluzole, aceite de onagra y grandes dosis de vitamina E. Parece que estos tratamientos han aminorado el desarrollo de la ELA, que, sin embargo, continúa agravándose lentamente.

Me guardaré bien de llegar a la menor conclusión a partir de esta única observación. Sólo indica que sería interesante poner a prueba el régimen alimenticio ancestral en un número suficiente de pacientes afectados de ELA.

CAPÍTULO 20

OTRAS ENFERMEDADES DE ENSUCIAMIENTO NO MALIGNAS

La nutrimedicina es un mensaje optimista y generoso, apoyado por la calidad de los resultados obtenidos.

Profesor MICHEL MASSOL

Primum non nocere. (Primero no perjudicar.)

Antiguo lema de los médicos

Si el ensuciamiento suele castigar las articulaciones, los huesos, los músculos, los tendones y el sistema nervioso, también puede atacar otros tejidos y otros órganos. Asimismo, en este capítulo encontraremos numerosas y variadas afecciones.

A) DIABETES DE TIPO 2

Definición

El diagnóstico de diabetes de tipo 2 se confirma:

- Por una glucemia en ayunas igual o superior a 126 mg/dl, comprobada dos veces. La cifra clásica de 140 mg/dl ya no se admite en los criterios actuales (Wareham y O'Rahilly, 1998).
- Por una glucemia medida dos horas después de la ingesta oral de 75 g de glucosa, igual o superior a 200 mg/dl.

Nociones generales

La diabetes de tipo 2 se denomina también diabetes del adulto. El término de diabetes grasa es cuestionable, ya que el sobrepeso no es constante. El término diabetes no insulinodependiente también es cuestionable, ya que la insulinodependencia puede aparecer durante la evolución de la enfermedad.

La diabetes de tipo 2 está muy extendida, y afecta al menos al 3% de la población francesa. Es menos grave que la diabetes juvenil, ya que no produce coma acidocetósico o hipoglucemia severa. En realidad, este tipo de diabetes es muy peligroso a medio y a largo plazo, ya que afecta a los vasos grandes y pequeños (Feener y King, 1997), y puede producir múltiples alteraciones: insuficiencia renal, retinopatía, neuropatía, insuficiencia coronaria, arteritis o accidente vascular cerebral.

La diabetes de tipo 2 es una enfermedad polifactorial. La concordancia en los gemelos monocigotos es del 70%. Los factores genéticos son importantes y, en este caso, los genes del HLA no son los afectados. Los factores medioambientales están también presentes y se conoce desde hace mucho tiempo el papel favorecedor de la obesidad y la falta de actividad física.

La diabetes del adulto se considera incurable. El objetivo de los tratamientos actuales es disminuir su intensidad y retardar la aparición de complicaciones vasculares.

Los dos fenómenos principales

La diabetes de tipo 2 se caracteriza por la asociación de dos fenómenos (Girard, 1994):

1) Una disminución de la secreción de insulina, que presenta además anomalías respecto a la pulsatilidad, la cinética y la cualidad (Guillausseau, 1994). La cantidad de células beta es a veces normal, pero con frecuencia está ligeramente disminuida. Esta pérdida moderada no es suficiente para explicar el déficit de insulina.

2) Una resistencia a la insulina de las células diana, principalmente células de los músculos estriados (miocitos) y del tejido adiposo (adipocitos). La glucosa es mal captada y mal metabolizada.

A veces se habla de un tercer proceso: el aumento de la producción de glucosa por el hígado después de la digestión. Ésta resulta de una neoglucogénesis excesiva por la transformación de ácidos grasos en glucosa, en caso de obesidad o falta de ejercicio físico. Pero este tercer trastorno refleja principalmente la resistencia de las células del hígado a la insulina y no merece ser individualizado.

Se ignora si la disminución de la secreción de insulina precede a la insulinorresistencia o si es a la inversa. Se sabe que la hiperglucemia crónica agrava la disfunción de las células beta y la resistencia periférica a la insulina. Es el efecto tóxico de la glucosa. En cuanto a la primera causa de los problemas, es desconocida. Las diferentes hipótesis han sido estudiadas por Delarue (1991).

Tratamiento

El tratamiento de la diabetes de tipo 2 apenas ha progresado desde hace 50 años. Se recomienda un aumento de la actividad física, régimen y algunos medicamentos.

Ejercicio físico
Se recomienda la actividad física, ya que se sabe desde hace tiempo que el sedentarismo y la obesidad no sólo favorecen la aparición de la diabetes del adulto, sino que potencian los factores agravantes.

Dietética
La dietética clásica recomendada para el tratamiento de la diabetes del adulto se expone en varios artículos (Moulin, 1989; Lean, 1995; Jeambrun, 1996). Los regímenes alimenticios propuestos por los especialistas han diferido según las épocas, lo que demuestra que todavía no se ha encontrado el modo de nutrición ideal. Actualmente, los principios fundamentales son los siguientes:

1) Una restricción calórica moderada: 500 a 1.000 calorías por debajo de la ración habitual.
2) La búsqueda de un equilibrio entre los distintos tipos de nutrientes, que se establecería en un 55% de glúcidos, un 30% de lípidos y un 15% de proteínas.
3) La noción de azúcares de absorción rápida o lenta ha sido reemplazada por la noción de índice glucémico, es decir, la capacidad que tiene un glúcido de aumentar la glucemia. Se deben consumir alimentos con un índice glucémico bajo, salvo en caso de hipoglucemia.
4) Para los lípidos, la relación entre ácidos grasos poliinsaturados y ácidos grasos saturados debe ser superior a 0,8, con el objetivo de reducir la neoglucogénesis y la hipercolesterolemia, y de aumentar la sensibilidad a la insulina.
5) Se recomiendan las fibras solubles, almidón resistente (plátanos) y legumbres, con el fin de disminuir la absorción intestinal de los alimentos, y por consiguiente la hiperglucemia posprandial, el hiperinsulinismo reactivo y la tasa de colesterol.

Medicamentos
Se han realizado revisiones generales de calidad sobre este tema (Tan y Nelson, 1996; Bressler y Johnson, 1997). Los medicamentos pertenecen a varias familias:

1) Las sulfamidas hipoglucemiantes

Se fijan en los receptores de superficie de las células beta, a las cuales estimulan directamente. Bloquean los canales potasio/ATP, lo que ocasiona una despolarización de la membrana y una apertura de los canales de calcio. El flujo intracelular del calcio activa la secreción de insulina (Henquin, 1993).

Las sulfamidas hipoglucemiantes tienen también receptores en otras células diferentes de las del páncreas. Parecen disminuir la insulinorresistencia en los miocitos y los adipocitos (Zimmerman, 1997).

El inconveniente de estos medicamentos es que tienen una eficacia variable según los enfermos. La apertura de los canales potasio/ATP no es la única causa de la hiperglucemia. Hay otras que no corrigen las sulfamidas. Además, exponen al enfermo a hipoglucemias, a veces severas.

2) Las biguanidas
Sus propiedades fueron descritas por Brogard y col. (1996), y Bell y Hadden (1997):

a) Disminuyen la insulinorresistencia a través de dos vías:

- Aumentan la captación celular de la glucosa, al mejorar la unión entre la insulina y sus receptores (figura 65), y probablemente por un efecto posreceptor.
- Aumentan la utilización celular de la glucosa.

b) Disminuyen la hiperglucemia por dos vías:

- Inhiben la neoglucogénesis hepática.
- Disminuyen la absorción intestinal de la glucosa.

Sus desventajas radican en el hecho de resultar contraindicadas en caso de insuficiencia renal y de comportar un riesgo de acidosis láctica.

3) La acarbosa
Ha sido bien estudiada por Allannic (1997) y Lebovitz (1997). Es un pseudotetrasacárido de origen bacteriano, que moviliza varias alfaglucosidasas, enzimas del borde en cepillo de los enterocitos. Una vez activadas, estas alfaglucosidasas no están disponibles para separar a los oligosacáridos en monosacáridos absorbibles. Esto disminuye la absorción intestinal de la glucosa, lo que reduce la hiperglucemia.

4) Las tiazolidinedionas
Han sido defendidas por Henry (1997), y Petrie y col. (1997). Disminuirían la resistencia a la insulina por tres vías:

- Al aumentar la captación de la glucosa por las células.
- Al potenciar los efectos de la insulina.
- Al disminuir la neoglucogénesis hepática (de forma inconstante).

Figura 65. **UTILIZACIÓN DE LA INSULINA Y SU ENSUCIAMIENTO**

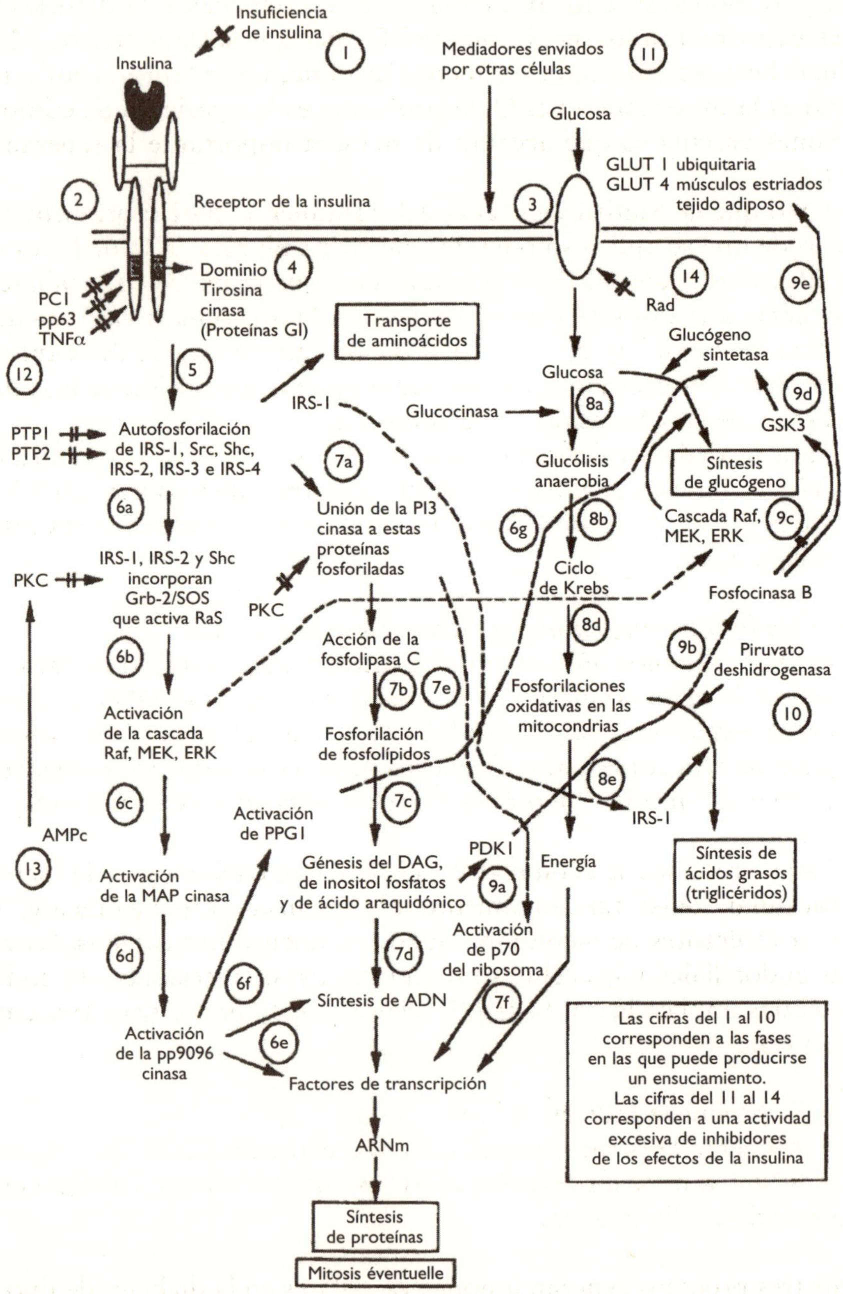

Límites del tratamiento clásico

Las medidas terapéuticas que se acaban de exponer moderan la evolución de la diabetes de tipo 2 y retardan la aparición de complicaciones, pero no curan a los pacientes. Tarde o temprano, la diabetes se vuelve resistente a los medicamentos. Se dice que se descompensa. Las células beta secretan cada vez menos insulina, y por tanto el único recurso es la insulinoterapia. Otro problema es la aparición de complicaciones vasculares que acortan de manera importante la esperanza de vida.

Creo que la relativa ineficacia del tratamiento clásico proviene del hecho de que se aplica sólo en las etapas terminales de la diabetes de tipo 2, en las cuales aparece la insuficiencia de la secreción insulínica, resistencia a la insulina y su consecuencia, la hiperglucemia. Para que sea más efectivo, hay que combatir las verdaderas causas de la diabetes de tipo 2, es decir, los factores causales de la disfunción de las células beta y de las células diana de la insulina.

Para la diabetes del adulto sólo puede ser eficaz un tratamiento etiológico. En ese caso deben aclararse los mecanismos fisiopatológicos de la diabetes de tipo 2. Esta búsqueda se desarrollará en los capítulos siguientes.

Papel de la hiperglucemia y de las proteínas glicadas

Desde hace algunos años se ha demostrado una correlación entre la gravedad de la hiperglucemia y la precocidad e intensidad de las afecciones degenerativas vasculares (Skyler, 1996). Hoy en día se conoce la razón de esta correlación. El exceso de glucosa induce la formación de proteínas glicadas (llamadas también glicosiladas), sin ayuda de enzimas.

Estas proteínas se acumulan en el colágeno cutáneo y en la matriz extracelular, cuyo funcionamiento obstaculizan. Principalmente, se unen a receptores de membrana de los monocitos/macrófagos, las células endoteliales y las células musculares lisas: en resumen, en todas las células implicadas en la arteriosclerosis. Esta unión tiene tres consecuencias:

- Se producen radicales libres.
- Aumenta la permeabilidad del endotelio vascular.
- Se activan varios factores de transcripción, lo que desencadena una reacción inflamatoria.

Estos tres procesos generan lesiones vasculares en la diabetes de tipo 2 (Wautier, 1997).

Cuanto más elevada es la cantidad de proteínas glicadas, mayor es el peligro de complicaciones vasculares (Klein y col., 1996). Por ello, la dosificación de la hemoglobina glicosilada es el mejor examen para seguir la evolución de una diabetes de tipo 2 (Taylor y Kerr, 1996). La hemoglobina glicosilada es la hemoglobina A, que en el transcurso de la vida del hematíe ha fijado progresivamente glucosa. Este proceso es fisiológico, pero normalmente lento. El porcentaje de hemoglobina glicada no debe exceder un 6%.

En la diabetes de tipo 2, la fijación de glucosa se acelera y la proporción de hemoglobina glicosilada aumenta claramente. Por encima del 8%, el riesgo vascular es mayor. El índice de hemoglobina glicosilada es más indicativo, debido a su mayor estabilidad, que el de la glucemia en ayunas, que a menudo varía de un día a otro.

La relación entre la glucemia y la importancia del riesgo vascular, mediante las proteínas glicadas, tiene una consecuencia práctica. Cuanto mejor se controla la glucemia, mejor se protege al diabético de las complicaciones vasculares. Esta teoría ha sido ampliamente confirmada por numerosas encuestas cuyos resultados han sido sintetizados por Guillausseau (1996), Skyler (1996), y Gaster y Hirch (1998).

Mecanismo de la secreción de insulina

Las células beta de los islotes de Langerhans del páncreas producen insulina. Constituye la única hormona hipoglucemiante, mientras que existen varias hormonas hiperglucemiantes: glucagón, leptina, epinefrina, cortisol y hormona de crecimiento.

La secreción de insulina por las células beta está regulada por dos variedades de sustancias «secretagogas» (Jones y Persaud, 1998):

1) La concentración sanguínea de algunos nutrientes, esencialmente glucosa, y accesoriamente algunos ácidos grasos y algunos aminoácidos. Estos agentes actúan penetrando en el interior de las células beta, donde inducen la secreción de insulina.

2) Algunos mensajeros no nutrientes, hormonas o neurotransmisores, que se unen específicamente a los receptores en la membrana de las células beta y transmiten el mensaje a través de las proteínas unidas a la GTP en el interior de las células. Estos agentes pueden modificar de forma notable la secreción de insulina. Citemos el GIP *(gastric inhibitory polypeptide)* y el GLP-1 *(glucagon-like polypeptide 1)*, los dos secretados por las células endocrinas del intestino (Thorens, 1995).

Entre los productos secretagogos, la glucosa es, con gran diferencia, el más importante. Tras el correcto desarrollo de varias etapas, induce a la secreción de insulina (figura 66):

- La captación de glucosa sanguínea por la célula beta. Aquí interviene el transportador GLUT 2, que permite a la glucosa atravesar la membrana plasmática de la célula beta (Bastard y col., 1998). GLUT 2 es un calibrador sensible a la tasa de glucosa sanguínea.
- Un metabolismo normal de la glucosa, que pasa por la glucólisis anaeróbica en el citoplasma, el ciclo de Krebs y las fosforilaciones oxidativas en las mitocondrias, finalizando en la producción de ATP, es decir, de energía. La glucocinasa es la enzima clave, ya que es sensible al nivel de glucosa. Según el caso, transforma la glucosa en glucosa-6-fostato, primer estadio de la glucólisis anaeróbica, o deja a la glucosa intacta en el citoplasma. Guía el destino de la glucosa, orientándola, bien sea hacia la producción de energía, o hacia la activación de señales que inducen la secreción de insulina.
- Un aumento de la concentración del AMP cíclico, del inositol trifosfato (IP3), del diacilglicerol, del ácido araquidónico y del ácido fosfatídico.
- El cierre de los canales K^+ (potasio) en la membrana plasmática, favorecido por el ATP e inhibido por el ADP, así como por el fosfolípido membranario PIP2, que disminuye enormemente la sensibilidad de los canales K^+ al ATP (Ashcroft, 1998). El cierre de los canales K^+ induce la apertura de los canales Ca^{++} (calcio). La entrada en gran cantidad de iones de calcio en la célula beta amplifica las señales emitidas por la glucosa.
- La puesta en marcha de una cascada: Señales → Factores de transcripción → Activación del promotor de la insulina → Transcripción del gen estructural en ARN mensajero → Traducción y síntesis de la hormona, que no pasa por los estadios de preinsulina, proinsulina e insulina.
- La salida de la insulina de la célula por exocitosis.

La secreción de insulina también se ve modificada por algunos factores:

1) La insulinorresistencia, de la cual se sabe que tiene una acción activadora, al menos al comienzo de la diabetes de tipo 2, de la secreción de insulina.

2) Los depósitos de sustancias amiloides en el páncreas, observados en el 80% de las diabetes de tipo 2 frente al 0-7% de los individuos control. El constituyente principal de estos depósitos es la amilina, un péptido de 37 aminoácidos (Guiot y Rahier, 1993; Castillo y col., 1995).

Figura 66. **LA SECRECIÓN DE LA INSULINA Y SU ENSUCIAMIENTO**

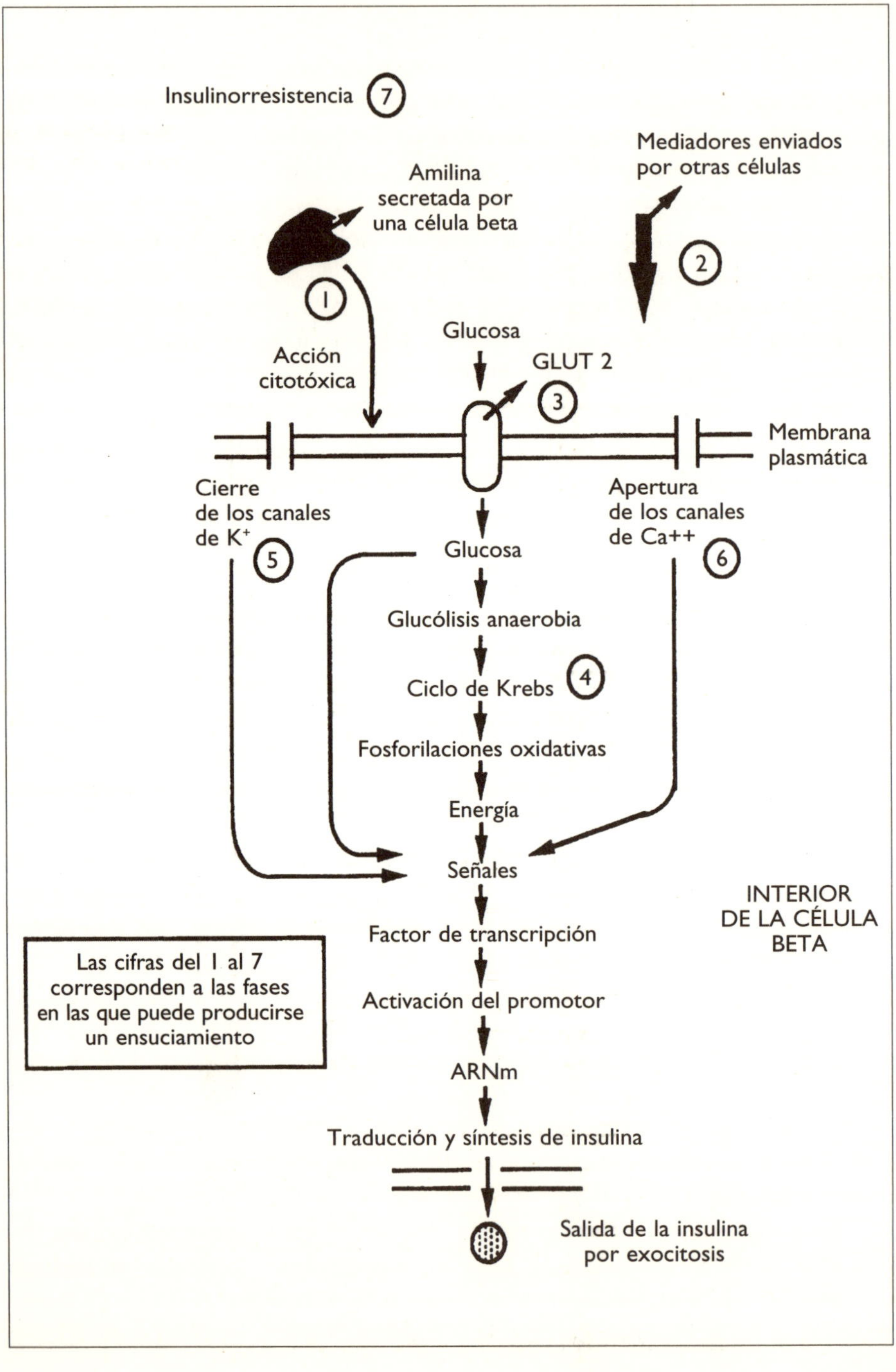

La producción de amilina precede a la aparición de la diabetes y puede, por tanto, contribuir a su desarrollo. Se sospecha que la amilina puede facilitar la destrucción de algunas células beta, impedir la secreción de insulina y ocultar las señales inducidas por la glucosa.

Es conveniente, por tanto, incluir estos dos factores en la figura 66.

Mecanismo de la utilización de la insulina
La insulina ejerce sus efectos sobre las células diana, principalmente las de los músculos estriados o miocitos, que consumen el 80% de la glucosa del organismo; las del tejido adiposo o adipocitos, y las del hígado o hepatocitos.

Una acción eficaz de la insulina necesita el desarrollo correcto de varias etapas (figura 65):

- La captación de glucosa por la célula diana, gracias a la acción de los transportadores de la familia GLUT, especialmente GLUT 1 y GLUT 4 (Bastard y col., 1998). Este proceso puede ser obstaculizado por un exceso de proteína rad, codificada por el gen Ras.
- La fijación de la insulina en su receptor, expresado en la membrana de la célula diana.
- La emisión de señales por la tirosina cinasa asociada a este receptor.
- La activación de cuatro vías diferentes de fosforilación/desfosforilación.
- La movilización de factores de transcripción que finaliza con la producción de ARNm.
- Según la acción predominante de la glucocinasa o de la glucógeno sintetasa, la glucosa se orientará hacia el catabolismo con liberación de energía o hacia la síntesis de glucógeno como forma de almacenamiento.
- La síntesis de los triglicéridos y la síntesis del glucógeno corresponden a los efectos metabólicos de la insulina.
- Las complejas regulaciones de las señales y de las cascadas enzimáticas en una célula diana de la insulina se representan en la figura 65.

El uso de la insulina también se altera por algunos factores:

1) Una insuficiencia cuantitativa y/o cualitativa de insulina.
2) La acción en la célula diana de mediadores enviados por otras células.

Conviene incluir estos dos factores en la figura 65.

Reflexiones sobre la patogenia de la diabetes de tipo 2

La diabetes de tipo 2 puede explicarse perfectamente por un ensuciamiento:

- Por una parte, por los circuitos de secreción de insulina, representados en la figura 66. Las cifras 3, 4, 5, 6 y 8 indican las estructuras o las reacciones que podrían estar afectadas en el interior de las células beta.
- Por otra parte, los circuitos de la utilización de insulina, representados en la figura 65. Las cifras del 2 al 10 indican las estructuras y las reacciones que podrían estar afectadas en el interior de las células diana (miocitos, adipocitos, hepatocitos). El bloqueo parcial o completo de algunas cascadas enzimáticas puede desequilibrar el funcionamiento de las células, con hiperactividad de otras cascadas y a veces producción muy importante de inhibidores de la insulina, sugerida por las cifras 12 a 14.
- Por último, diversas células que influyen a distancia en el comportamiento de las células beta y de las células diana. Las cifras 1, 2 y 7 en la figura 66, y las cifras 1 y 11 en la figura 65, corresponden a este proceso.

Varios de los engranajes mencionados, en las figuras 65 y 66, están probablemente afectados. Ignoro en qué pasos se produce el ensuciamiento y se necesitarán sin duda décadas y muchos progresos científicos para saber más respecto a este fenómeno. Creo que es de prever que los engranajes afectados varíen de un paciente a otro.

Las consecuencias del ensuciamiento de las células beta y de las células diana por moléculas exógenas procedentes de un intestino delgado demasiado permeable, son un funcionamiento insuficiente e inarmónico de estas células, que ocasiona finalmente un déficit de la secreción de insulina y una resistencia a esta hormona.

Estos dos fenómenos están interrelacionados:

1) La resistencia a la insulina suscita en un primer momento una respuesta pancreática con aumento de la síntesis de insulina. Pero las células beta ensuciadas y agotadas no pueden mantener indefinidamente un exceso de actividad y, más adelante, se observa, por el contrario, una disminución de la síntesis de insulina.

Las sulfamidas hipoglucemiantes estimulan a las células beta y las fuerzan a secretar más insulina. El peligro es el trabajo excesivo de las células beta, que pueden morir de agotamiento. El número de células beta disminuye cada vez más deprisa, la insulinosecreción desciende bruscamente y la diabetes de tipo 2 se vuelve insulinodependiente. El problema es igual al de los caballos que arrastran una carreta muy cargada. Si azotamos al tiro, los caballos tirarán durante algún tiempo del vehículo, y después morirán de fatiga. Es mucho más lógico aligerar el cargamento. Más adelante veremos cómo.

2) La falta de insulina produce insuficiencias en la utilización de la glucosa por las células diana, lo que agrava su ensuciamiento y, por tanto, la resistencia a la insulina.

3) Por último, el exceso de glucosa en la sangre ejerce un efecto tóxico, tanto en las células beta (Poitout y Robertson, 1996) como en las células diana (Schlienger y col., 1993).

Mi teoría sobre el mecanismo del desarrollo de la diabetes de tipo 2 está representada en la figura 67. He elaborado esta figura teniendo en cuenta no sólo la cadena principal de acontecimientos que conducen a la hiperglucemia y a sus complicaciones, sino también los principales factores que la favorecen, genéticos y adquiridos.

Si esta hipótesis es válida, tiene una consecuencia práctica esencial. Si la alimentación moderna es la primera causa de la diabetes de tipo 2, su sustitución por un modo nutricional bien elegido debe ser el mejor tratamiento para la enfermedad.

Si comparamos mi régimen y el clásicamente recomendado a los diabéticos, observamos que tienen algunas características en común:

- Cantidad suficiente de glúcidos y escasos azúcares refinados.
- Escasez en lípidos y principalmente en ácidos grasos saturados.
- Riqueza en fibras.

Pero mi método tiene objetivos más ambiciosos que estas simples modificaciones, que nunca han conseguido curar una diabetes de tipo 2. Se trata de descartar los alimentos que las enzimas humanas son incapaces de metabolizar, y de conservar únicamente las sustancias a las cuales nuestras enzimas están adaptadas.

La dietética de tipo ancestral tiene por meta normalizar el contenido alimentario y bacteriano del intestino delgado y regenerar los enterocitos, con el fin de que la mucosa recupere su impermeabilidad. Esto debe permitir parar el flujo de moléculas nocivas procedentes de la luz digestiva, nefasto para las células beta, los miocitos, adipocitos y hepatocitos. A partir de este momento, el organismo humano debe ser capaz de depurar progresivamente los residuos exógenos de las cuatro variedades de células que acabo de citar. La «limpieza» puede llevar, si el razonamiento es bueno, a la curación de la diabetes de tipo 2.

Figura 67. UNA HIPÓTESIS SOBRE LA PATOGENIA DE LA DIABETES DEL ADULTO

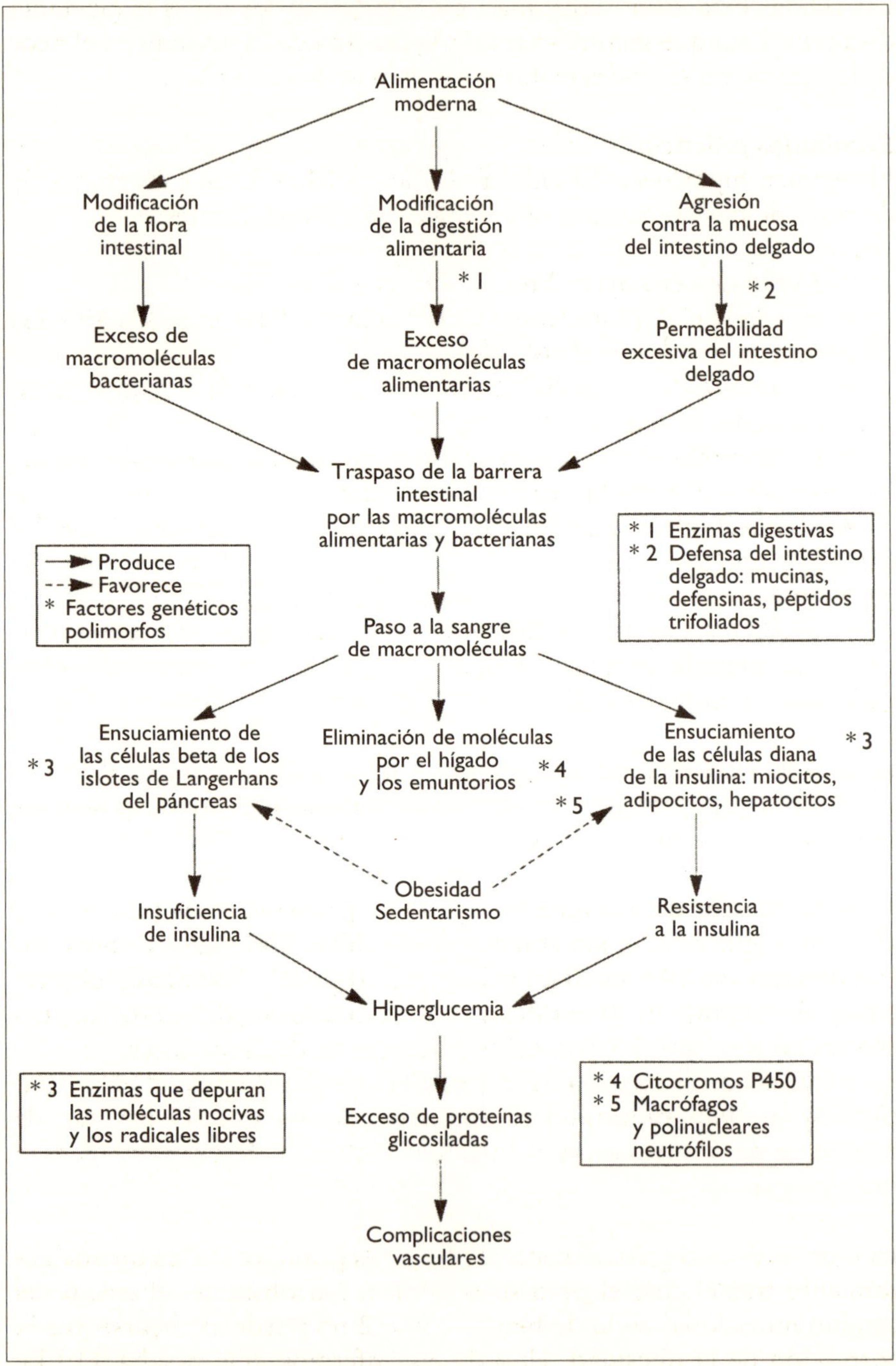

Es esencial proceder al cambio nutricional cuanto antes, cuando todavía queda un número suficiente de células beta. Cuando demasiadas células beta están destruidas, en el mejor de los casos la glucemia disminuirá aunque seguirá siendo más elevada de lo normal; en el peor de los casos, no se podrá evitar el recurso de la insulina.

Resultados prácticos
El régimen hipotóxico ha sido aplicado en 14 enfermos afectados de diabetes de tipo 2, cuyas características eran las siguientes:

- 8 eran de sexo masculino y 6 de sexo femenino.
- Su edad en el momento de la consulta oscilaba entre los 49 y los 71 años, con una media de 62 años.
- La antigüedad de la diabetes de tipo 2 variaba entre 1 y 18 años, con una media de 8 años.
- La glucemia en ayunas, cuyo valor no siempre es estable, oscilaba entre 140 y 350 mg/dl según los pacientes.
- El porcentaje de hemoglobina glicosilada se situaba entre el 6,7 y el 9,3% según los pacientes.
- En 6 enfermos habían surgido complicaciones vasculares.
- Todos los sujetos testados tomaban uno o varios medicamentos, sulfamida hipoglucemiante, biguanida o acarbosa. Ninguno había llegado todavía al periodo de insulinodependencia.

Si consideramos criterios de éxito una glucemia en ayunas igual o inferior a 100 mg/dl y un porcentaje de hemoglobina glicosilada igual o inferior al 6%, comprobamos que el cambio nutricional:

- Ha producido una mejoría clara en 3 pacientes, para los cuales la glucemia sigue siendo, sin embargo, superior a 100 mg/dl, y cuyas cifras precisas son 145 mg/dl (al principio 220 mg/dl), 130 mg/dl (al principio 260 mg/dl) y 120 mg/dl (al principio 250 mg/dl). Estos sujetos continúan tomando medicamentos, aunque en dosis menores.
- Ha producido la remisión completa de la enfermedad en 11 pacientes, que han suprimido todos los medicamentos. El periodo de tiempo va de 6 meses para el caso más reciente a 4 años para el caso más antiguo.

La dieta ocasiona generalmente durante los primeros meses un adelgazamiento tras el cual el peso se estabiliza. No obstante, el efecto del cambio nutricional en la diabetes de tipo 2 no puede explicarse por la corrección de la obesidad. Uno de los enfermos, que pesaba 110 kg para una talla de 175 cm antes de empezar la dieta, aún pesaba 108 kg después de tres meses de régimen. A pesar de ello, su glucemia en ayunas había pasado de 250 mg/dl a 98 mg/dl. Este hecho no es sorprendente, ya que:

- Algunos individuos afectados de diabetes de tipo 2 no tienen sobrepeso.
- Una pérdida acusada de peso en un obeso mejora la diabetes, pero no la cura (Guichard-Rode y col., 1997).

El régimen hipotóxico ejerce sus efectos favorables al cabo de algunas semanas. El beneficio se mantiene a medio plazo. La vuelta a la alimentación moderna es seguida de una recaída. No se ha observado ninguna nueva complicación vascular en las 14 personas sometidas al test, lo cual es lógico, pues este tipo de complicación está ligado a la hiperglucemia.

La evolución de los daños degenerativos vasculares ya instalados es variable. La insuficiencia coronaria puede detenerse al menos en parte. Algunas lesiones de arteriosclerosis son reversibles tras iniciar el régimen original. En cambio, la neuropatía parece definitiva, sin duda porque la destrucción de algunas estructuras nerviosas es irreparable.

La imposibilidad de obtener una remisión completa en una minoría de diabetes de tipo 2 puede explicarse al menos de dos maneras:

- Que el intestino delgado no sea totalmente recuperable, de modo que persista una permeabilidad exagerada de la mucosa y sigan traspasándola moléculas alimentarias y bacterianas peligrosas.
- Principalmente un páncreas no recuperable por completo, ya que demasiadas células beta están muertas o definitivamente agotadas.

En suma, es importante empezar el régimen alimenticio lo más pronto posible, antes de que se hayan producido los daños irreversibles que conducen a la insulinodependencia.

La diabetes de tipo 2 constituye sin duda uno de los principales éxitos de mi método (Seignalet, 1999). Relato aquí dos casos que ilustran estos éxitos:

Observación diabetes de tipo 2 1

La señora N., de 49 años, acudió a mi consulta en mayo de 1995 por varios problemas de salud:

- Una insuficiencia tiroidea debida a una atrofia de la glándula tiroides, sin enfermedad de Hashimoto.

- Migrañas frecuentes e intensas, a veces con crisis de edema cerebral seguidas de confusión y de amnesia.
- Brotes de urticaria extendidos, a veces con edema de Quincke.
- Colitis con estreñimiento.
- Espasmofilia.
- Sobrepeso: 88 kg para 165 cm.
- Fatiga crónica.
- Diabetes de tipo 2 desde 1988, con una glucemia en ayunas cuya media era de 180 mg/dl. Esta diabetes se trató con glicazida (sulfamida hipoglicemiante, 2 comprimidos al día) y metformina (biguanida, 3 comprimidos diarios).

La dieta correctamente aplicada produjo resultados espectaculares. Aparte de la insuficiencia tiroidea incurable, compensada por 125 mg diarios de levotiroxina, el resto de trastornos mejoró. Las migrañas desaparecieron lentamente, la urticaria y el edema de Quincke desaparecieron también, la colitis remitió, la espasmofilia se atenuó, la paciente perdió 8 kilos de peso y la fatiga disminuyó.

Sobre todo, la diabetes de tipo 2 desapareció. La glucemia en ayunas oscilaba entre 94 mg/dl y 100 mg/dl. A la enferma se le suprimió la medicación.

Más adelante, la evolución fue menos favorable. La enferma, que fumaba 25 cigarrillos al día, intentó dejar el tabaco. La desintoxicación fue mal tolerada y le produjo una hipersomnia con 18 horas de sueño al día. La paciente, alterada, hizo numerosas excepciones del régimen alimenticio. Varios síntomas reaparecieron. La glucemia ascendió a 158 mg/dl y de nuevo fue necesario recurrir a 3 comprimidos de metmorfina.

Comentarios

1) Los efectos beneficiosos del cambio nutricional en las migrañas ya han sido mencionados. El efecto sobre la urticaria, el edema de Quincke, la colitis, la espasmofilia, el sobrepeso y la fatiga se explicará más adelante.

2) El régimen ancestral no hace desaparecer el peligro de la diabetes de tipo 2, sólo produce una remisión. Si se abandona la dieta o se sigue mal, la diabetes vuelve a manifestarse. Esta situación ya se ha observado en otras afecciones tratadas por el mismo método.

Observación diabetes de tipo 2 8

El señor J., de 53 años, se presentó en mi consulta en marzo de 1997. Padecía varios males:

- Colitis con tránsito intestinal normal.
- Psoriasis poco extendida, localizada en las manos, en un codo, en una rodilla y en un tobillo.
- Obesidad, con un peso de 110 kg para una talla de 175 cm. Sin embargo, este sujeto no era excesivamente sedentario. Practicaba el ciclismo todos los fines de semana con la bicicleta de montaña.
- Presión sanguínea un poco elevada.
- Colesterol un poco elevado.
- Diabetes de tipo 2, que se había revelado dos años antes por un apetito excesivo, una sed anormal, orina muy abundante y adelgazamiento. Después de esa época, la glucemia en ayunas se situó en torno a 250 mg/dl. El tratamiento consistió en dos comprimidos diarios de glibenclamida (sulfamida hipoglucemiante).

El paciente siguió el régimen ancestral, con excepciones demasiado frecuentes. No obstante fue un éxito. Seis meses más tarde, la colitis desapareció, la psoriasis también (algo nunca antes observado), el peso disminuyó 4 kilos, la presión sanguínea se normalizó, el colesterol no se corrigió. La diabetes mejoró de manera progresiva. La glucemia descendió a 98 mg/dl. La dosis de sulfamida hipoglucemiante se redujo en un principio, y después se suprimió.

Comentarios

1) La asociación de varias patologías de ensuciamiento y de eliminación es bastante frecuente después de la cincuentena.

2) La normalización de la diabetes de tipo 2 no puede explicarse por la reducción de la obesidad. El paciente aún pesa 106 kilos después de seis meses de régimen hipotóxico.

3) Las complicaciones vasculares de la diabetes acortan alrededor del 50% la esperanza de vida de los enfermos. Ahora bien, estas complicaciones son resultado de la hiperglucemia. Reduciendo la glucemia a valores normales, se devuelve al diabético su esperanza de vida.

Conclusión

De este estudio se pueden destacar varias nociones importantes:

1) La diabetes de tipo 2 no es incomprensible. La teoría del ensuciamiento de las células beta y de las células diana de la insulina por moléculas exógenas procedentes del intestino, propone un mecanismo lógico y, principalmente, designa una causa primera: la alimentación moderna.

2) La diabetes de tipo 2 no es incurable. Un régimen alimenticio que descarte los alimentos a los cuales las enzimas humanas no están

adaptadas, es capaz de curarlo en la gran mayoría de los casos, siempre que se empiece lo antes posible.

3) La normalización de la glucemia y de la proporción de hemoglobina glicosilada tiene como consecuencia la supresión del riesgo de complicaciones vasculares. Un diabético tratado antes de la aparición de esas complicaciones recupera totalmente la esperanza de vida.

B) OTROS TRASTORNOS METABÓLICOS

1. Hipoglucemia

La tasa de glucosa sanguínea, en un sujeto normal en ayunas, varía entre 70 mg/dl y 110 mg/dl. La hipoglucemia se produce cuando esta tasa desciende por debajo de 55 mg/dl.

Las manifestaciones clínicas de la hipoglucemia comprenden signos generales y signos neurológicos, ya que el cerebro capta el 90% de su energía de la glucosa y manifiesta un sufrimiento en caso de carencia (Bolli y Fanelli, 1999). Los síntomas más frecuentes son los siguientes (Virally y Guillausseau, 1999; Cryer, 1999):

- Sudores.
- Temblores.
- Fatiga.
- Hambre.
- Sed.
- Nerviosismo.
- Aceleración del ritmo cardiaco.
- Palpitaciones.
- Dificultad de concentración.
- Dificultad de expresión.
- Vértigos.
- Vista nublada.
- Confusión.
- Malestar, indisposición.

La hipoglucemia puede ser secundaria a algunas enfermedades o al consumo de determinados medicamentos (Slama, 1998). Puede ser funcional, y aparecer en un sujeto sano tres o cuatro horas después de las comidas. A continuación, describiré esta última forma, nunca grave, pero a veces muy molesta para el interesado.

El consumo de glúcidos durante una comida es seguido de la absorción intestinal de glucosa y de un aumento de la glucemia. Ésta provoca una secreción de insulina por las células beta del páncreas que restablece la glucemia a la normalidad. En algunos individuos, esta respuesta insulínica es exagerada, demasiado intensa y/o demasiado prolongada. Sobrepasa su objetivo y ocasiona una hipoglucemia.

Para prevenir o tratar los efectos, es habitual administrar azúcar al paciente, poco antes (prevención) o poco después (tratamiento) de la aparición de los síntomas. Esta práctica es útil, pero está dirigida a las consecuencias de la hipoglucemia y no a sus causas.

Creo que la respuesta discordante del páncreas a la hiperglucemia que sigue a las comidas es producto de un ensuciamiento de las células beta, que hace que funcionen mal (tercera eventualidad de la tabla XV).

Efectivamente, el régimen alimenticio hipotóxico hizo desaparecer los accesos de hipoglucemia en los 4 voluntarios que lo siguieron.

2. Hipercolesterolemia

Hoy en día disponemos de medicamentos perfectamente capaces de vencer una hipercolesterolemia. Sin embargo, éstos tienen un efecto no deseado en algunos individuos.

Si bien es habitual aconsejar un régimen pobre en grasas a los enfermos, se admite que la dieta tiene poca influencia en la hipercolesterolemia. Las restricciones más draconianas únicamente hacen bajar la tasa de colesterol un 10%.

El régimen hipotóxico se revela mucho más eficaz. He comprobado que disminuye el colesterol en un promedio del 30%. Este fenómeno se observa casi constantemente tanto en las personas con un colesterol normal (48 casos) como en las personas con hipercolesterolemia (66 casos). Es decir, que el cambio nutricional:

- Puede bastar como tratamiento de las hipercolesterolemias moderadas.
- Es un coadyuvante útil de los medicamentos en las hipercolesterolemias graves.

El fracaso de los regímenes restrictivos en lípidos y en calorías contrasta con el beneficio obtenido con el régimen original, y demuestra que la hipercolesterolemia no se debe sólo a un exceso de consumo de grasas en los sujetos que tienen una predisposición genética para acumular el colesterol. Debe producirse un ensuciamiento de las reacciones enzimáticas en algunas células, puesto que la limpieza que realiza el cambio nutricional consigue disminuir netamente el índice de colesterol sanguíneo.

La nutrición de tipo ancestral actúa a través de dos vías:

- Disminuye los aportes de grasas saturadas.
- Hace que el colesterol sanguíneo entre en las células, que van a utilizarlo para la síntesis de numerosas sustancias: ácidos biliares, hormonas esteroides.

3. Espasmofilia

La espasmofilia es una afección generalizada, muy penosa para los enfermos que padecen sus formas severas y a menudo tratada con desprecio. Igual que la fibromialgia primitiva y el síndrome de fatiga crónica, con los cuales suele aparecer, se distingue por alteraciones funcionales que contrastan con un examen clínico anormal. Se da una hiperexcitabilidad neuromuscular (Stock, 1998) cuyos signos más frecuentes son: ansiedad, astenia, manifestaciones depresivas, lipotimias, parestesias, falsos vértigos, zumbidos en los oídos y vista nublada. A menudo se observan mioclonías palpebrales (contracciones rápidas de los párpados) y fasciculaciones musculares (contracciones involuntarias de algunas fascias musculares), mientras que las clásicas crisis de tetania son raras. Un buen argumento de diagnóstico es el signo de Chvostek: contracción del orbicular de los labios después de la percusión del hueso malar.

Considero la espasmofilia como la expresión clínica de un sufrimiento de las células nerviosas y musculares, provocada por perturbaciones de su metabolismo. Probablemente, la afección es polifactorial, y en ésta intervienen:

- Factores genéticos, que podrían corresponder a algunas aloenzimas que funcionan peor que las aloenzimas ideales.
- Factores medioambientales, entre ellos, una carencia de magnesio y de silicio y, en mi opinión, un ensuciamiento progresivo de las células por los residuos procedentes del intestino.

Para tratar la espasmofilia prescribo:

- Dosis elevadas de magnesio, del orden de 300 a 400 mg al día, ya que las dosis bajas raramente son eficaces (Speich y Bousquet, 1992). El magnesio es administrado en forma de cloruro de pidolato, particularmente bien absorbido por el sistema digestivo.
- El consumo de arroz tres veces a la semana, ya que el arroz es muy rico en silicio, que tiene la reputación de facilitar la entrada del magnesio en las células.

- Un cóctel de oligoelementos y pequeñas dosis de vitaminas A, C y E.
- El régimen de tipo original.

Las tres primeras medidas están enfocadas a activar el funcionamiento de las enzimas deficientes, mientras que la última medida tiene por objetivo detener el flujo de residuos intestinales, es decir, disminuir el trabajo que deben efectuar las enzimas.

Esta terapéutica a menudo hace maravillas, puesto que en 26 pacientes ha obtenido estos resultados:

- 2 fracasos,
- 1 mejoría del 50%,
- 3 mejorías del 75%, y
- 20 remisiones completas.

Sin embargo, hay una minoría de fracasos. Esto sugiere que la espasmofilia engloba en realidad varias afecciones en las cuales los déficits en enzimas y en minerales son variables.

4. Sobrepeso y obesidad

No he propuesto el régimen ancestral inicialmente para corregir el sobrepeso o la obesidad. Pero es un hecho que la dieta hace que adelgacen 4 personas de cada 5. La pérdida de peso es lenta, del orden de un kilo cada 15 días, y la media de pérdida final es de 5-7 kilos. En algunos individuos puede ser mucho más acusada. A largo plazo es frecuente un pequeño aumento de peso.

Para los sujetos motivados y bien organizados, es relativamente fácil practicar para el resto de su vida el nuevo modo nutricional que han adoptado. Éste no es el caso de los regímenes draconianos ordinariamente prescritos en los excesos de peso. Son demasiado duros para ser mantenidos permanentemente y, en cuanto se dejan, el paciente suele engordar de nuevo.

El régimen hipotóxico no está basado en la restricción de calorías ni en un cambio de las proporciones glúcidos/lípidos/prótidos. Probablemente actúa limpiando algunos engranajes enzimáticos que estaban bloqueados, lo que permite catabolizar algunos lípidos.

c) ARTERIOSCLEROSIS

Definición

La pared arterial tiene tres capas que son, yendo desde la luz del vaso hacia el exterior, la íntima, la media y la adventicia.

La arteriosclerosis es una enfermedad de la capa íntima de los vasos grandes y medianos, que se desarrolla con preferencia en algunas arterias: coronarias, carótidas, cerebrales, renales, femorales y aorta. Se traduce en la formación de placas de arteriosclerosis, constituidas por un centro lipídico (ateroma) intercalado en una trama fibrosa (esclerosis) (Capron, 1991). La proporción es de alrededor de 1/5 de ateroma y 4/5 de esclerosis.

En el envejecimiento arterial normal, los grandes vasos tienen tendencia a alargarse, se vuelven tortuosos y aumentan de calibre. En la arteriosclerosis, no se alargan y se encogen en algunas partes, a causa del abombamiento de la placa en la luz.

La arteriosclerosis es la principal causa de muerte en los países occidentales. La placa de arteriosclerosis puede ulcerarse y romperse, y provocar complicaciones peligrosas: hemorragia o trombosis. El 40% de los habitantes de la Europa del norte muere de enfermedades cardiovasculares.

Factores de riesgo

Ciertos elementos favorecen claramente la aparición de una arteriosclerosis:

- Antecedentes familiares.
- Una edad avanzada.
- La hipercolesterolemia, y principalmente el aumento del «colesterol malo» o LDL, por oposición al «colesterol bueno» o HDL.
- La hipertensión arterial, que puede ser una consecuencia pero también una causa de la arteriosclerosis.
- La diabetes, en particular la diabetes del adulto.
- El tabaquismo, que es sin ninguna duda la causa más importante.
- El sedentarismo.

Desde hace algunos años, la presencia de linfocitos y de signos de inflamación en las lesiones arteriales ha llevado a sospechar que algunos agentes infecciosos tienen un papel directo o indirecto en los procesos que conducen a la arteriosclerosis (Cook y Lip, 1996):

- La enfermedad de Kawasaki, causante de inflamaciones vasculares en el niño, a menudo con coronaritis o infartos de miocardio, es probablemente de origen infeccioso.

- *Chlamydia pneumoniae* es probablemente la causa en una minoría de los casos (Danesh y col., 1997). Dieciocho encuestas epidemiológicas en las que participaron 2.700 enfermos pusieron de manifiesto una correlación entre el número de anticuerpos anti-*Chlamydia pneumoniae* y la insuficiencia coronaria. Sería interesante investigar la presencia de estos anticuerpos, principalmente si una infección respiratoria ha precedido a los trastornos cardiacos. El interés práctico es que un tratamiento con un antibiótico, la azitromicina, puede mejorar notablemente el pronóstico (Gupta y col., 1997).
- Se ha incriminado a otros gérmenes en el origen de la enfermedad, pero con argumentos menos sólidos: virus Coxsackie, citomegalovirus, virus del herpes y *Helicobacter pylori.*

En el estado actual de nuestros conocimientos, la arteriosclerosis raramente parece tener un origen infeccioso y sí metabólico.

Etapas del desarrollo de la arteriosclerosis

La capa íntima está formada por células endoteliales que reposan sobre una matriz extracelular o membrana basal, y es modificada por procesos sucesivos (Tedgui y Levy, 1994):

1) *Penetración de las LDL en la pared vascular*

Las LDL *(low density lipoproteins)*, proteínas de baja densidad, atraviesan el endotelio y se acumulan en la capa íntima cuando entran en contacto con la matriz extracelular. Esta etapa está favorecida por:

- Un exceso de LDL circulantes.
- El aumento de la permeabilidad endotelial.
- La disminución de la permeabilidad de la capa media.
- La presencia de proteoglicanos y de colágeno IV en la membrana basal, que fijan las LDL.

2) *Llegada de monocitos/macrófagos a la capa íntima*

Poco tiempo después de la infiltración lipídica, los monocitos circulantes se adhieren al endotelio, luego lo atraviesan y se activan en macrófagos al entrar en contacto con las proteínas de la matriz extracelular.

3) *Oxidación de las LDL*
Las LDL nativas son oxidadas por los radicales libres producidos por las células endoteliales, las células musculares lisas, los macrófagos, los granulocitos neutrófilos y los linfocitos. Esta oxidación es una etapa esencial. En efecto, las LDL oxidadas ejercen varias acciones (Picard, 1996):

- Atraen y activan a los macrófagos.
- Activan a las células musculares lisas, induciendo su proliferación.
- Activan algunas células endoteliales que van a secretar diversos mediadores.
- Ejercen una acción citotóxica en otras células endoteliales. Las lesiones de estas células atraen a las plaquetas que van a adherirse y a activarse.

4) *Captación de las LDL por los macrófagos*
Esta captación se lleva a cabo por cuatro vías:

a) Por el receptor de las LDL nativas.
b) Por el receptor *scavenger* (carroñero), que capta e internaliza las LDL oxidadas.
c) Por la fagocitosis de agregados de LDL y de complejos glucosaminoglicanos + LDL.
d) Por el receptor del fragmento Fc, que se une a los anticuerpos fijados en las LDL, permitiendo su internalización.

Los macrófagos se transforman en células espumosas, lo que se manifiesta por la aparición en la pared arterial de estrías lipídicas.

5) *Formación de la capa fibromuscular*
El núcleo lipídico se recubre de una capa formada principalmente:

- Por proteínas de la matriz extracelular: proteoglicanos, colágeno y elastina.
- Por células musculares lisas que han emigrado de la capa media hasta la íntima, donde han proliferado.

Las células espumosas se necrosan en el interior de esta trama. Es frecuente una calcificación ulterior.

La placa de arteriosclerosis así formada espesa considerablemente a la íntima y produce un abombamiento en la luz del vaso. Las diferentes etapas que conducen a la arteriosclerosis están representadas en la figura 68.

Células y mediadores que intervienen en la arteriosclerosis
Algunos elementos tienen un papel clave en la prevención o el desarrollo de la arteriosclerosis:

1) Las células endoteliales (Crossman, 1997), que liberan según las necesidades:

- Vasodilatadores, como la prostaciclina, el óxido nítrico (NO) y el factor hiperpolarizante.
- Vasoconstrictores, como la endotelina.
- Anticoagulantes, como la trombomodulina y sustancias con efectos similares a la heparina, como la adenosina.
- Procoagulantes.
- El EDRF *(endothelium derived relaxing factor)*, que distiende las fibras musculares.

Las células endoteliales pueden expresar moléculas de adhesión a las cuales se fijan los macrófagos y los granulocitos neutrófilos

.

2) Los macrófagos (Rouis y col., 1991; Tedgui y Levy, 1994), que segregan:

- Dos factores que inducen la proliferación de las células musculares lisas: el PDGF *(platelet derived growth factor)* y el HBEGF *(heparin binding epidermal growth factor)*.
- Un factor que induce la migración de las células musculares lisas de la capa media hacia la íntima.
- Factores de angiogénesis que determinan la vascularización de la placa de arteriosclerosis.
- Factores mitógenos para los fibroblastos y las células endoteliales.
- Factores citotóxicos para las células endoteliales y las células musculares lisas.
- La IL-1 que incorpora a linfocitos T.
- Procoagulantes.

3) Las plaquetas, que se adhieren a las lesiones endoteliales y se activan para liberar el PGDF *(platelet growth derived factor)*, y las citocinas, que favorecen la proliferación de las células musculares lisas.

4) La matriz extracelular, que permite la adherencia, la migración y la interacción de las células, que regula la producción de citocinas.

Figura 68. ETAPAS DEL DESARROLLO DE LA ARTERIOSCLEROSIS

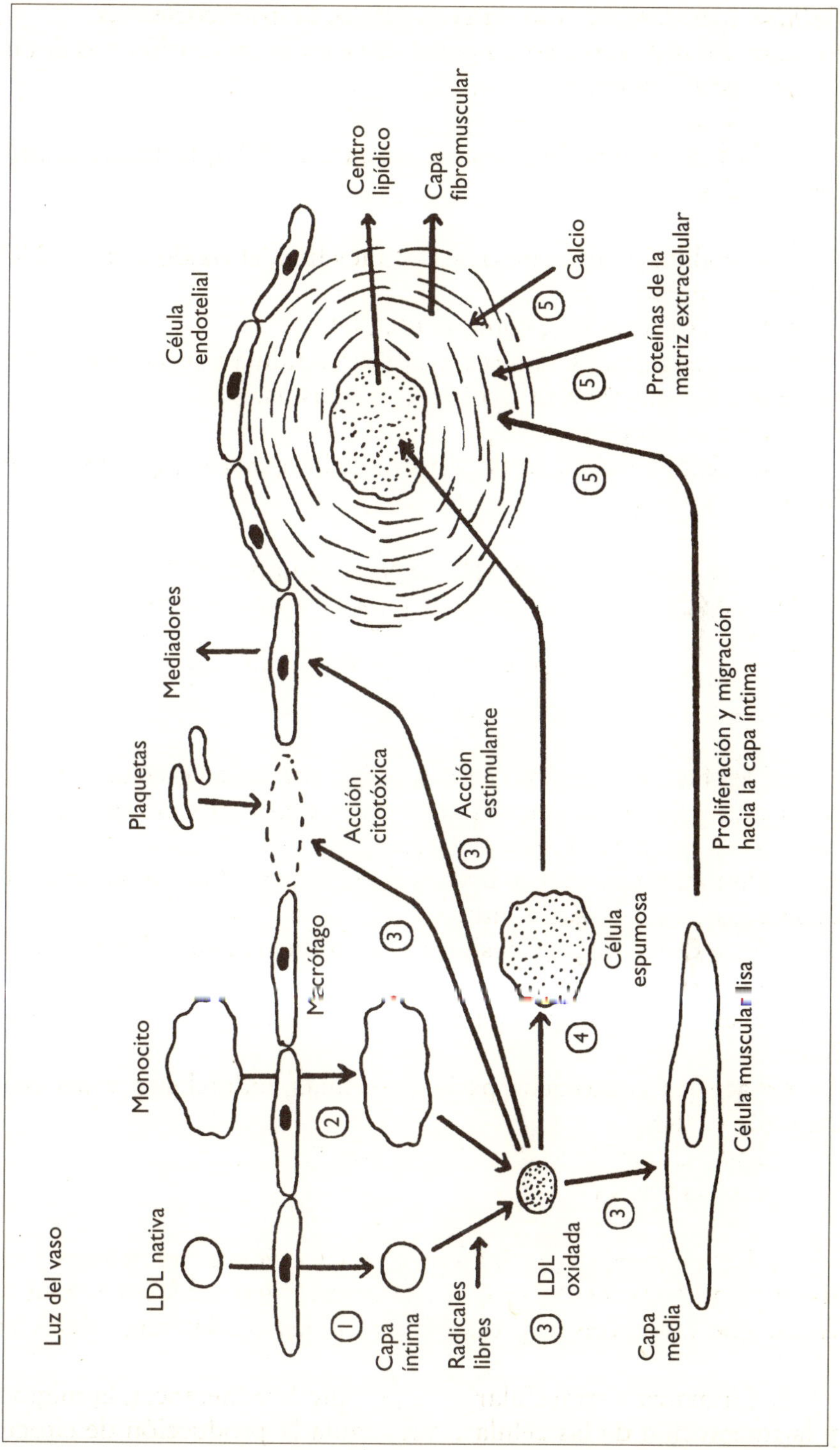

Puede ser degradada por metaloproteasas y no volver a realizar correctamente sus funciones.

Manifestaciones de la arteriosclerosis
El estrechamiento de la luz de las arterias se traduce en manifestaciones clínicas:

- En las arterias coronarias: angina de pecho.
- En las arterias carótidas: disminución del flujo sanguíneo cerebral.
- En las arterias renales: insuficiencia renal.
- En las arterias femorales: claudicación intermitente.

Las complicaciones pueden producirse por la rotura de la placa, y finalizar:

- En hemorragias (principalmente cerebrales).
- En trombosis (infarto de miocardio, ataque cerebral).

El tromboxano A2, sintetizado por las plaquetas, es un agregante plaquetario y vasoconstrictor que favorece estas complicaciones. Al contrario, la prostaciclina, sintetizada por las células endoteliales, es un antiagregante plaquetario y un vasodilatador que previene las complicaciones. Los estrógenos también son protectores de los vasos. Por ello, la arteriosclerosis suele afectar menos a la mujer que al varón.

Diagnóstico precoz
En la actualidad existen exámenes sin riesgo que permiten detectar la arteriosclerosis en un estado precoz, antes de que aparezcan las manifestaciones clínicas (Simon, 1996).

- El escáner ultrarrápido de alta resolución revela las calcificaciones de las arterias coronarias, que siempre están en la capa íntima.
- La ecografía de alta resolución de tres emplazamientos periféricos (carótidas, aorta abdominal, arteria femoral) muestra las placas de ateroma que forman un relieve en la luz arterial. Las calcificaciones están en la capa media o en la íntima.

Prevención y tratamiento de la arteriosclerosis
La prevención consiste en suprimir o atenuar algunos factores de riesgo:

- Medicamentos hipocolesterolemiantes.

- Régimen sin sal y medicamentos hipotensores.
- Sulfamidas hipoglucemiantes o biguanidas en el caso de la DNID.
- Supresión del tabaco.
- Ejercicio físico suficiente.

Cuando la arteriosclerosis se ha desarrollado, los dos principales medicamentos para su tratamiento son:

- Los anticoagulantes, que disminuyen el riesgo de trombosis pero pueden provocar hemorragias. Hay que prescribirlos con precaución, y uno de los menos peligrosos es el ácido acetilsalicílico.
- Los vasodilatadores, que ayudan a resolver algunos accesos agudos pero no solucionan los problemas de fondo.

Aunque los tratamientos clásicos tienen cierta eficacia, sus límites son claros, puesto que el 40% de los europeos muere de arteriosclerosis, incluida una proporción nada despreciable de sujetos jóvenes. La nutriterapia puede ser un recurso, a condición de que esté bien elegida.

Alimentación y arteriosclerosis

Nuestra manera de comer ejerce una gran influencia en la pared de las arterias. Todo el mundo está de acuerdo con este punto. Queda por definir cuál es la mejor manera de alimentarse.

Se han hecho amplios estudios en la población (Monnier y col., 1997):

- Estudio de la fundación Rockfeller.
- Estudio de los siete países.
- Estudio en la población japonesa.
- Estudio de Framingham.
- Estudio de la Western Electric.
- Estudio de los inmigrantes irlandeses de Boston.
- Estudio prospectivo de los profesionales de la salud.
- Proyecto Monica.

Este último estudio revela que los infartos de miocardio son dos veces más frecuentes en Estrasburgo que en Toulouse y cuatro veces más frecuentes en Dublín que en Toulouse. Estas observaciones confirman dos hechos que se han constatado varias veces:

- La superioridad del régimen mediterráneo sobre el régimen nórdico.

• La paradoja francesa: los franceses tienen muchos menos accidentes cardiovasculares que los habitantes de los países vecinos, cuando comen la misma cantidad de grasas. El fenómeno se atribuye principalmente al aceite de oliva y al vino tinto.

Aunque las informaciones aportadas por los grandes estudios no siempre sean fáciles de interpretar, de éstas se obtienen algunos datos:

Son peligrosos para las arterias:

• Las comidas demasiado abundantes.
• Las grasas saturadas y, por consiguiente, las carnes, los embutidos, la yema de huevo y los productos lácteos.
• Los ácidos grasos *trans* y, por consiguiente, las grasas y los aceites cocidos.
• La sal en exceso.

Son protectores para las arterias:

• Las comidas frugales.
• Los ácidos grasos insaturados, es decir, los aceites crudos y, en primer lugar, el aceite de oliva, pero también los pescados.
• Los alimentos ricos en fibra, es decir, las frutas y las verduras, entre las cuales hay que señalar las notables virtudes del ajo.
• Las bebidas alcohólicas y principalmente el vino tinto, que contiene sustancias que aumentan las HDL, sustancias que fluidifican la sangre y algunos flavonoides beneficiosos. Se pueden consumir con moderación vino y licores.

Régimen ancestral y prevención de la arteriosclerosis

El modo nutricional que preconizo es pobre en alimentos peligrosos y rico en alimentos protectores:

• Los productos lácteos, las grasas y los aceites cocidos están excluidos.
• Las carnes, los embutidos y la yema de huevo están autorizados, pero de forma cruda o cocida moderadamente. Considero que la cocción por encima de los 110 °C es el mayor peligro de estos alimentos.
• Los aceites vírgenes crudos, los pescados, las frutas y las verduras en abundancia son beneficiosos.
• Las bebidas alcohólicas están permitidas en una cantidad razonable.
• Debe ser habitual tomar un suplemento de antioxidantes.

Por tanto, el régimen hipotóxico debería prevenir la arteriosclerosis. He comprobado esta teoría recogiendo datos regulares de 1.200 enfermos que acudieron a mi consulta. Algunos no habían sufrido una afección arterial y otros presentaban arteriosclerosis, especialmente infarto de miocardio.

Se puede calcular el riesgo esperado para estos sujetos de padecer una enfermedad cardiovascular, durante el periodo en que me hice cargo de ellos. Si el 40% de la población desarrolla tarde o temprano una enfermedad cardiovascular, y la esperanza de vida media de los europeos es de 75 años, y 1.200 pacientes han seguido la dieta durante una media de 6 años, el riesgo esperado es igual a:

$$1.200 \times 0,40 \times 6/75 = 38,4$$

Deberíamos haber observado 38 casos de infarto de miocardio o de angina de pecho. Y esta cifra es subestimada, ya que mi clientela está compuesta en un 98% de adultos, más amenazados que los niños. Sin embargo, sólo he observado 5 casos. Esta diferencia es estadísticamente muy significativa.

La nutriprevención, para retomar un término tomado de Massol (1997), actúa a través de varias vías:

1) Combate directamente tres factores de riesgo:

- La hipercolesterolemia, ya que disminuye la tasa de colesterol un 30-35%.
- La hipertensión arterial. Taubes (1997) comprobó que los regímenes alimentarios similares al mío disminuían netamente la tensión arterial.
- La diabetes de tipo 2, ya que normaliza casi siempre la glucemia al cabo de algunas semanas.

2) Limpia las células y la matriz extracelular.

Los macrófagos, las células endoteliales, las células musculares lisas, las plaquetas y, en menor grado, los granulocitos neutrófilos y los linfocitos, están implicados en la génesis de la placa de ateriosclerosis:

- Porque liberan radicales libres.
- Porque secretan mediadores de forma descompensada.

La depuración de la matriz extracelular y del medio intracelular disminuye la cantidad de radicales libres y restablece una producción equilibrada de los mediadores.

La utilidad del régimen no excluye la de los medicamentos, y los dos pueden combinarse sin problemas.

Régimen ancestral y tratamiento de la arteriosclerosis

Mi impresión es que el cambio nutricional suele tener un efecto sobre la arteriosclerosis constituida, bien sea porque frena o porque bloquea, e incluso invierte, la evolución de las lesiones. Varias personas que padecieron una angina de pecho no han presentado más crisis desde que siguen mi dieta. Una de ellas la ha seguido durante 5 años.

Estos resultados son, a priori, sorprendentes en una afección clásicamente considerada incurable. De hecho, desde 1947, varios autores citados por Rougemont (1992) han referido casos donde la arteriosclerosis había disminuido, se había detenido o hasta mejorado por la acción de hipolipemiantes o de inhibidores cálcicos. Estos resultados se han comprobado por el estudio de las arterias femorales, carótidas y coronarias por angiografía. Parece que, en raras circunstancias, la arteriosclerosis es reversible.

Estos casos serían mucho más frecuentes si los humanos aprendieran a alimentarse de forma correcta. Siempre que no se envenene de manera crónica, el organismo tiene recursos para regenerarse. La pared arterial ensuciada puede seguramente limpiarse, al menos en parte.

D) HEMOPATÍAS NO MALIGNAS

La mayoría de las enfermedades de la sangre es de origen desconocido. Un ensuciamiento de algunas células de la médula ósea por residuos alimentarios o bacterianos podría ser una explicación lógica para algunas de estas afecciones:

- Las anemias sideroblásticas podrían ser el resultado del bloqueo de algunas reacciones enzimáticas necesarias para la incorporación del hierro en la molécula de hemoglobina durante su síntesis.
- La enfermedad de Vaquez provendría de señales erróneas, que estimularían de manera excesiva la capacidad de mitosis de los eritroblastos, de ahí la poliglobulia (exceso de hematíes en la sangre).
- La trombocitopenia esencial provendría de señales erróneas, que estimularían de manera exagerada la capacidad de mitosis de los megacarioblastos, de ahí la hiperplaquetosis (exceso de plaquetas en la sangre).
- Las aplasias medulares serían el resultado de la inhibición de algunas enzimas o de las alteraciones de algunas señales, que conducirían a una disminución de la capacidad de división, ya sea de la serie

roja (hematíes) o de la serie granulosa (polinucleares), de la serie megacariocitaria (plaquetas) o de varias familias a la vez.

Todas estas consideraciones sólo son hipótesis, puesto que apenas he tenido la ocasión de probar mi método en la mayoría de estas hemopatías. Sin embargo, he prescrito el régimen hipotóxico a dos personas que padecían insuficiencia medular grave (aplasia). El primer paciente no experimentó ninguna mejoría. En cambio, con el segundo la dieta supuso un éxito notable. Describo brevemente esta observación.

Se trataba de una mujer de 35 años que padecía una aplasia medular, sin causa evidente, como suele ocurrir en estos casos. El hemograma revelaba un cuadro severo:

- 1,6 millones de hematíes/mmc, en lugar del valor normal de 4,5 millones;
- 8.000 plaquetas/mmc, en lugar del valor normal de 150.000 a 300.000;
- 1.800 leucocitos, de los cuales un 4% eran polinucleares, en lugar de los habituales 4.000 a 8.000, de los cuales el 60% son polinucleares.

Los corticoides habían fracasado. Los andrógenos habían tenido un efecto parcial en las tres series, pero parecían haber llegado al límite. La única solución parecía el trasplante de médula ósea. Pero ningún pariente era compatible para los genes HLA. Además, el grupo HLA de la mujer era muy raro y prácticamente no había ninguna probabilidad de encontrar un donante no emparentado compatible.

En esta situación desesperada, aconsejé el régimen alimenticio original. El hemograma y el mielograma se normalizaron progresivamente al cabo de 10 meses. La enferma dejó la dieta 3 meses más tarde. Tres años después, todavía se encontraba en remisión.

¿Cómo interpretar esta evolución favorable? ¿Curación espontánea? ¿Efecto retardado de los andrógenos? ¿Efecto del cambio nutricional? Esta última hipótesis es la que creo cierta, pero una sola observación no es suficiente para sostenerla.

Todas las enfermedades que acabo de citar pueden, al cabo de algunos años, transformarse en leucemias. Esto hace pensar que el ensuciamiento es igualmente capaz de inducir afecciones malignas. Este problema será estudiado más adelante.

E) ENFERMEDADES DIVERSAS

El régimen hipotóxico se ha probado, muchas veces con éxito, en diversas afecciones que, a mi parecer, derivan en parte o en su totalidad de un ensuciamiento.

Bajo el término de dispepsia se agrupan diversos problemas digestivos, no relacionados con una enfermedad precisa: impresión de digestión lenta, lengua cargada, boca amarga, quemazones de estómago, «crisis de hígado» con náuseas, incluso vómitos seguidos a menudo de dolores de cabeza. La dietética casi siempre hace maravillas en este tipo de problemas.

La litiasis biliar afecta principalmente a la mujer, en la cual es frecuente. Puede complicarse con cólicos hepáticos, con colecistitis (inflamación de la vesícula) y con obstrucción del canal colédoco por un cálculo. Algunos autores han señalado que el desarrollo de la litiasis vesicular dependía en gran parte de la alimentación. Efectivamente, en personas que seguían el régimen ancestral, no he visto aparecer ningún caso de litiasis biliar.

Las pancreatitis agudas o crónicas, al menos algunas de ellas, deberían beneficiarse de mi método. Desgraciadamente, todavía no he podido someter a prueba a ningún paciente que padeciera una pancreatitis.

Las caries dentales se enrarecen considerablemente o no reinciden.

El cambio nutricional puede detener la amenaza de glaucoma. En 5 pacientes en los cuales la TACR (tensión de la arteria central de la retina) había subido a 20 o 21 unidades, he observado una vuelta a la normalidad, con un descenso de 4 o 5 unidades.

F) ENVEJECIMIENTO PREMATURO

Duración máxima de vida

La duración de vida «normal», no acortada por un accidente o una enfermedad, varía según las especies (Hamburger, 1985):

- Para la efímera: 24 a 48 horas.
- Para la abeja obrera: 3 semanas.
- Para la rata: 4 años.
- Para el conejo: 13 años.
- Para la vaca: 30 años.
- Para el orangután: 50 años.
- Para algunas tortugas: varios siglos.

Para el hombre, la longevidad se estima generalmente entre los 90 y los 100 años. Pero algunos autores consideran que nuestro reloj biológico se sitúa más bien entre los 120 y los 140 años. Es también mi opinión.

La longevidad media de los humanos ha progresado notablemente. En Europa, ha pasado de 45 años a principios del siglo XX a 75 años en la actualidad. Esto se debe a algunos progresos de la medicina, en particular a:

- La fuerte disminución de la mortalidad infantil.
- La fuerte disminución de la mortalidad por infecciones bacterianas, gracias a los antibióticos y a las vacunas.
- El desarrollo de la cirugía.

En resumen, más gente vive más tiempo. Pero hay que reconocer que muy a menudo su vejez se desarrolla en malas condiciones. Las complicaciones de la arteriosclerosis, los cánceres, las afecciones autoinmunes o la enfermedad de Alzheimer afectan a numerosos sujetos de edad avanzada y, un aspecto inquietante, parecen más frecuentes que antes (Fradin, 1991a).

El aumento de la proporción de estos estados degenerativos puede explicar por qué la longevidad máxima no ha aumentado. Tenemos más centenarios que antes, pero, salvo excepciones, no superan la marca de esta edad.

Manifestaciones del envejecimiento

Los signos externos de envejecimiento son evidentes: modificaciones en el aspecto del cuerpo y disminución de las capacidades físicas y a menudo intelectuales.

Algunos autores han buscado los deterioros internos que expliquen estos signos externos. Han buscado determinar las anomalías que aparecen en los sujetos de edad avanzada. Éstas son múltiples:

- Síntesis de algunas proteínas de estructura anormal, con sustitución de un aminoácido por otro.
- Glicosilación excesiva de las proteínas (Rusting, 1993), una de cuyas consecuencias es la multiplicación por 10 de la producción de interferón gamma. Hemos visto el papel de este mediador en la génesis de las alteraciones autoinmunes.
- Insuficiencia progresiva del sistema inmunitario (Proust y col., 1996).
- Alteración del ADN mitocondrial, que no está protegido por las histonas como el ADN nuclear.

• Aumento de la cantidad de radicales libres, favorecido por un funcionamiento aminorado de las enzimas antioxidantes (Rusting, 1993).

• Transformaciones en la matriz extracelular. Robert y Robert (1974) sostienen la teoría de los cuatro grifos. Las células conjuntivas producen cuatro tipos de moléculas: colágeno, elastina, proteoglicanos y glicoproteínas de estructura. En el sujeto joven se producen más proteoglicanos y glicoproteínas de estructura. En el adolescente, la elastina tiene prioridad. En el adulto, el colágeno ocupa el primer lugar. En el anciano, la cantidad de elastina disminuye y su estructura puede alterarse.

• Aumento de la apoptosis.

• Exceso de actividad de los antioncogenes con relación a los oncogenes (Kahn, 1990).

Sin duda, existen otras muchas anomalías que todavía no han sido descubiertas.

Mecanismos del envejecimiento

El envejecimiento es la finalización de una programación genética asociada a factores del medio ambiente.

La programación genética está demostrada por algunos hechos:

• La existencia de un reloj biológico variable según las especies.

• La limitación del número de mitosis en las células normales. Por ejemplo, un fibroblasto no puede dividirse más de 50 veces.

Pero si admitimos que el hombre no sobrepasa los 100 años, mientras que debería alcanzar los 140 años, debemos tener en cuenta los factores del medio ambiente. Se ha acusado del envejecimiento prematuro, entre otros, a: ciertas profesiones, el nivel socioeconómico, el tabaco, el alcohol, la contaminación, el estrés, el ejercicio físico insuficiente, los agentes infecciosos y la alimentación.

No sorprenderé al lector recordándole la gran importancia de la alimentación moderna. La intoxicación extracelular e intracelular que derivan de ella pueden bloquear progresivamente los numerosos engranajes y explicar los múltiples deterioros internos que se han descrito antes.

Importancia del régimen hipótoxico

El modo nutricional que preconizo suele ser eficaz en numerosas enfermedades que afectan a la vejez y acortan el periodo de vida:

- Arteriosclerosis.
- Cáncer (lo veremos en el siguiente capítulo).
- Autoinmunidad.
- Diabetes del adulto.
- Alergias en sus formas graves.

Es probable que sea preventivo en el caso de la enfermedad de Alzheimer y en el de la enfermedad de los cuerpos de Lewy, causas mayores de las demencias seniles.

Se puede esperar que una dieta bien elegida alargue la duración de vida media y quizá también la duración máxima de vida. Esto únicamente podrá verificarse dentro de algunos decenios. Sin embargo, la nutriprevención no pretende arreglar todos los problemas del envejecimiento, y esto por dos razones:

1) Comer de manera ideal es imposible, a causa de la contaminación generalizada de los suelos, del aire y del agua.

2) Otros factores del medio ambiente independientes de la alimentación pueden acortar la longevidad humana. Las agresiones perpetradas contra el medio ambiente se tratarán en el último capítulo de este libro.

Capítulo 21

CÁNCERES Y LEUCEMIAS

El cáncer no es una fatalidad.

Profesor HENRI JOYEUX

Entre las causas del cáncer, la alimentación ocupa un lugar importante.

Profesor HENRI JOYEUX

A) DEFINICIÓN

Los cánceres corresponden a la proliferación no controlada de células llamadas malignas, debido a sus características anormales. La proliferación puede estar localizada (tumor) o propagarse a otros sitios, ya sea por vía linfática (invasión ganglionar), ya sea por vía sanguínea (metástasis). Las leucemias son cánceres que afectan a las líneas celulares que dan lugar a las células de la sangre.

Los cánceres y las leucemias son enfermedades del ADN. Algunos genes tienen anomalías que ya existían en el zigoto y son la causa de los frecuentes cánceres hereditarios. En otros surgen alteraciones en algunas células en el transcurso de la vida, y son las causantes de los numerosos cánceres adquiridos. Esto significa que los genes estructurales, originariamente normales, se han modificado.

Los cánceres y las leucemias se deben a las anomalías genéticas que afectan a una célula. Al menos dos modificaciones, y a menudo más, generalmente cuatro, son necesarias para que la célula se vuelva maligna (Cavenée y White, 1995). La célula pierde su forma específica, y no reacciona a las señales exteriores, en particular a las señales de inhibición del crecimiento. Se multiplica en exceso, así como sus descendientes. Una sola célula maligna puede dar lugar a un cáncer o a una leucemia (Glaichenhaus, 1986; Favrot, 1997). El orden de frecuencia de los cánceres en Francia está representado en la tabla XXIII (Dohollou, 1995).

B) LOS GENES DEL CÁNCER

1. Los genes directamente responsables

Son los genes cuyas modificaciones conducen directamente al desarrollo de un cáncer. No todos los genes son peligrosos, sólo los que pertenecen a cinco categorías.

Tabla XXIII
CLASIFICACIÓN DE LOS CÁNCERES POR ORDEN DE FRECUENCIA EN FRANCIA

En los varones	En las mujeres
1) Pulmón	1) Mama
2) Boca/faringe/esófago/laringe	2) Útero
3) Próstata	3) Colon/recto
4) Colon/recto	4) Ovario
5) Estómago	5) Pulmón
6) Páncreas	6) Boca/faringe/esófago/laringe
7) Vejiga	7) Estómago

Metástasis de un cáncer primitivo desconocido en un 5-10% de los casos.

a) *Los oncogenes*

Para formar a partir del zigoto inicial el ser humano definitivo, y después reemplazar, en el transcurso de la vida, a las células senescentes, las células deben proliferar y diferenciarse. Estos fenómenos están gobernados por algunos genes llamados oncogenes, de los cuales se han identificado varias decenas (Krontiris, 1995). Entre los principales oncogenes citaremos: myc, ras, jun, fos, mdm2, Rb y beta catenina.

Cada oncogén codifica para una proteína que interviene para favorecer una señal de transducción. Así, cuando un factor de crecimiento o una hormona se fija en su receptor de membrana, la proteína codificada por el oncogén permite la transmisión de la señal hasta el ADN en el núcleo.

b) *Los genes supresores de tumores*

Son genes que se oponen a la transformación maligna de la célula, a menudo controlando la actividad de los oncogenes. Se han identificado numerosos antioncogenes (Skuse y Ludlow, 1995), entre los cuales se encuentran:

- BRCA1 y BRCA2, que protegen contra el cáncer de mama;
- APC y DCC, que protegen contra el cáncer de colon;
- RB1, que protege contra el retinoblastoma;
- p15, p16, p18, p21 y p27, que se oponen a la fosforilación de la proteína Rb.

c) *Los genes que activan o bloquean la apoptosis*
La apoptosis es un suicidio programado que actúa por el envío de algunas señales, que permite al organismo deshacerse de determinadas células inútiles o peligrosas, y entre estas últimas, las células que se orientan hacia la malignidad. La apoptosis está controlada genéticamente (Gorochov y Karmochkine, 1995). Entre los genes inductores destacan: Fas o Apo-1, c-myc, c-fos, c-jun y p53. Entre los genes inhibidores se encuentran: bcl-2 y bcl-XL. Para una información más detallada, véase la figura 61.

d) *Los genes reparadores del ADN*
El mantenimiento de la estructura del ADN se realiza gracias a la acción de algunas enzimas descubiertas recientemente y que constituyen el sistema de reparación de los desapareamientos (SRM). Durante la mitosis, las ADN polimerasas replican el ADN. Durante el proceso pueden producirse errores, en particular la sustitución de una base por otra (mutación puntual). Estas anomalías son reconocidas y reparadas por las enzimas del SRM: Mut S, Mut I, Mut U y Mut H (Radman y col., 1994). Estas enzimas están codificadas por genes llamados reparadores del ADN.

e) *Los genes de las telomerasas*
Los telómeros son las extremidades de los cromosomas. En el hombre están constituidos por millares de repeticiones de la secuencia TTAGGG. En el momento de la división celular, se replica el ADN en su totalidad, pero los telómeros no son totalmente reconstituidos. En las células somáticas humanas normales, los telómeros se acortan en cada mitosis. Al cabo de un cierto número de divisiones celulares, los telómeros han disminuido tanto de longitud que la ADN polimerasa no puede ocupar su lugar para transcribir los genes cercanos al telómero. Es imposible que se produzca una nueva mitosis (Greider y Blackburn, 1996).

Este acortamiento de los telómeros constituye un obstáculo para la formación de un cáncer. La hormona capaz de inducir la síntesis de los telómeros es la telomerasa. Está inactiva en las células humanas normales.

2. Los genes que intervienen de forma indirecta
Una disfunción de estos genes no origina directamente un cáncer, pero favorece la modificación de los genes directamente peligrosos.

a) *Los genes encargados de catabolizar los agentes cancerígenos exógenos*
En este apartado debemos citar a las monooxigenasas dependientes de los citocromos P450, encargadas de oxidar a las sustancias canceríge-

nas (Wolf y col., 1994). La eliminación del producto nocivo es seguida de una sulfo o de una glicuroconjugación. Intervienen otras enzimas: las glutatión-Stransferasas y las N-acetil transferasas.

También debemos mencionar las enzimas que eliminan los radicales libres (capítulo 8): superóxido dismutasa citoplásmica, supeóxido dismutasa mitocondrial, catalasa y glutatión peroxidasa.

b) *Los genes que codifican para los factores de crecimiento*
Los factores de crecimiento son numerosos:

- EGF *(epithelial growth factor)*,
- FGF *(fibroblast growth factor)*,
- PDGF *(platelet derived growth factor)*,
- TGFβ *(transforming growth factor β)*,

etc.

c) *Los genes que codifican para algunas hormonas*
Las más peligrosas son los estrógenos, que tienen los receptores en las células de la mucosa uterina (endometrio) y en las células de las glándulas mamarias. No parecen por sí solos capaces de generar un cáncer de útero o mama, pero facilitan la acción de los oncogenes. En el momento en que se forma el tumor, aceleran enormemente su desarrollo (Joyeux, 1997).

De igual manera, los andrógenos sin duda no dan lugar por sí solos a un cáncer de próstata, pero, cuando éste existe, favorecen su extensión y su diseminación metastásica.

C) ANOMALÍAS GENÉTICAS QUE CONDUCEN A LA TRANSFORMACIÓN MALIGNA DE UNA CÉLULA

1. Análisis de las modificaciones genéticas
Las anomalías se producen en varios genes directamente responsables.

a) *Deleción*
Desaparición de un fragmento de cromosoma que contiene un gen importante, por ejemplo, p53. Este gen codifica para la proteína p53, que se produce en cantidad importante en una célula en la cual el ADN está dañado y que provoca una apoptosis. La pérdida del gen p53 impide este fenómeno de eliminación y deja sobrevivir a la célula peligrosa (May y May, 1995).

b) *Mutación*
Sustitución de una base del ADN por otra, que puede volver inactivo el gen p53 o reactivar en exceso el gen de la telomerasa (Haber, 1995). En una célula cancerosa, la telomerasa permanece activa y permite una proliferación sin límites.

c) *Modificación cromosómica*
Este fenómeno se observa con frecuencia en las leucemias. El cromosoma de Filadelfia, translocación entre el cromosoma 9 y el 22, es un ejemplo. El oncogén c-sis pasa del cromosoma 22 al cromosoma 9 y el oncogén c-abl pasa del cromosoma 9 al 22. En el cromosoma 22, abl se fusiona con el gen normal bcr para crear un nuevo gen bcr/abl. Pero, mientras que bcr codificaba para una tirosina cinasa inofensiva con peso molecular de 145 KD, bcr/abl codifica para una tirosina cinasa cancerígena, producida de forma más abundante y con peso molecular de 210 KD, que tiene un efecto antiapoptosis.

Estas modificaciones pueden liberar un oncogén y separarlo del gen supresor del tumor que lo regulaba. Existe una notable coincidencia entre la localización de los oncogenes humanos y los puntos de rotura cromosómica observados durante las afecciones malignas (Philip y col., 1984). Además de las translocaciones son posibles otras anomalías, como las inversiones pericéntricas.

d) *Amplificación excesiva*
Con multiplicación por 10 o por 100 de las copias de un gen.

e) *Inestabilidad génica*
Es el reflejo de una disfunción de los genes reparadores del ADN y puede deberse a:

- Inestabilidad de los microsatélites, regiones no codificadas del ADN, constituidos por la misma secuencia repetida varias veces.
- Inestabilidad de la segregación de los cromosomas, que da lugar a un número anormal de cromosomas.

Las cinco modificaciones que acabo de describir corresponden a una fase ya avanzada. Nos podemos preguntar qué ha pasado en una fase más precoz. Beljanski (en Nordau y Beljanski, 1996) propone, con sólidos argumentos, que la primera lesión sea una desestabilización del ADN bicatenario. Las sustancias cancerígenas y/o los radicales libres romperían los enlaces hidrógenos, y unirían las dos hebras de ADN. Esta rotura hace accesibles algunos fragmentos promotores y moduladores. Otras moléculas cancerígenas se fijarían en estos sitios, produciendo una expresión exagerada de algunos genes o inhibiendo la expresión de otros. Los radicales libres se precipitan en las brechas, y liberan las bases púricas y pirimídicas o los nucleótidos, y pueden romper definitivamente la hebra de ADN. La desestabilización del ADN conduce así a las alteraciones genéticas y cromosómicas.

2. Consecuencias de las modificaciones genéticas
Van a producir varios de los siguientes resultados:

- Activación de uno o varios oncogenes.
- Déficit de uno o varios supresores del tumor.
- Déficit de genes que activan la apoptosis.
- Activación de genes que inhiben la apoptosis.
- Déficit de los genes reparadores del ADN.
- Activación de los genes de las telomerasas.

Lo cual deriva en:

- Producción de proteínas alteradas.
- Con menos frecuencia, producción en exceso de proteínas normales.

Estas proteínas van a alterar los sistemas que controlan la multiplicación y la maduración de las células y, finalmente, conducir a una transformación maligna de la célula.

D) CÁNCERES HEREDITARIOS Y CÁNCERES ADQUIRIDOS

1. Los cánceres hereditarios
Se entiende por cánceres hereditarios aquellos donde el carácter familiar es claro, y la susceptibilidad reside en un solo gen patológico, que se transmite a la descendencia y puede ser dominante o recesivo.

Las anomalías genéticas que producen cánceres sólo son hereditarias en el 5-10% de los casos (Sobol, 1993). Se clasifican en cánceres hereditarios:

- El 35% de los retinoblastomas.
- El 35% de los cánceres medulares de la tiroides.
- El 7% de los cánceres de mama.
- El 4% de los cánceres de colon.

Hoy en día, la mayoría de genes patológicos están identificados (véase la revisión general de Janin, 1995).

2. Los cánceres adquiridos

Designo con este término a los cánceres que no tienen un carácter familiar claro. Constituyen la gran mayoría, entre el 90% y el 95%. No están inducidos por un solo gen patológico. Esto no quiere decir que los genes de susceptibilidad no intervengan. Pero estos genes son múltiples y ellos solos no originan el cáncer, sólo favorecen su aparición. Se trata de genes que intervienen indirectamente, y se han citado con anterioridad (Wolf y col., 1994). Es la conjunción de estos genes con algunos factores del medio ambiente lo que va a llevar al desarrollo de las células malignas.

Consideremos, por ejemplo, los radicales libres (RL) (véase el capítulo 8). Un exceso de RL puede provocar lesiones en el ADN y, por consiguiente, facilitar la «cancerización» de una célula. Un déficit cuantitativo o cualitativo de las enzimas protectoras contra los RL favorece la acción nociva de éstos. Tenemos aquí la conjunción de dos elementos:

- Algunos factores del medio ambiente, tóxicos o alimentarios, que ocasionan un exceso de RL.
- Algunos factores genéticos, tales como una carencia de enzimas protectoras contra los RL.

B) CONSTITUCIÓN DE UN CÁNCER

Tiene lugar en varias fases:

1. Formación de una célula maligna inicial

Hemos analizado antes las múltiples modificaciones genéticas que generan la aparición de la célula cancerosa. Hay que hacer otras dos precisiones:

1.ª) Las anomalías genéticas aparecen de forma paulatina. La célula no se vuelve maligna de repente, sino que pasa por varias fases (Cavenée y White, 1995):

- Primera mutación: célula aparentemente normal, pero con tendencia a una proliferación excesiva.
- Segunda mutación: célula aparentemente normal, pero con una proliferación excesiva.
- Tercera mutación: proliferación más rápida y cambio de forma de la célula.

• Cuarta mutación: célula maligna, anormal, que escapa de todo control.

2.ª) Es probable que se desarrollen con bastante frecuencia células malignas en el organismo humano. Pero, generalmente, son eliminadas por las células NK y los linfocitos TCD8, encargados de la vigilancia inmunológica de los cánceres.

2. Formación del tumor maligno
Una célula precancerosa o cancerosa, que se ha escapado de la vigilancia inmunológica, va a multiplicarse para generar un tumor de volumen creciente. Este proceso suele ser muy largo, escalonado en varios años. Citaré dos ejemplos, tomados de Cavenée y White (1995):

1.º) El del epitelioma del colon:
Tejido normal → pérdida del gen APC en el cromosoma 5 → pequeño pólipo benigno → mutación en el oncogén ras en el cromosoma 12 → pólipo grande benigno → pérdida del gen p53 en el cromosoma 17 y del gen DCC en el cromosoma 18 → cáncer de colon.

2.º) El de un tumor cerebral, el astrocitoma:
Tejido normal → pérdida del gen p53 en el cromosoma 17 → tumor en fase inicial → pérdida de un grupo de genes en el cromosoma 9 → tumor más avanzado → aparición de genes supernumerarios que codifican el factor de crecimiento epidérmico en el cromosoma 7 y pérdida de una copia del cromosoma 10 → astrocitoma.

Mientras las células malignas sean poco numerosas, todavía pueden ser destruidas por las células NK y los linfocitos TCD8. Un tumor no puede crecer más allá de algunos milímetros cúbicos sin un aporte de oxígeno y de sustancias nutritivas suministradas por los vasos sanguíneos. Éstos van a ser creados por neoangiogénesis, proceso del cual hablaré en el apartado siguiente.

3. Metástasis
Son los tumores secundarios que se desarrollan lejos del tumor primitivo, cuyas células han emigrado por vía sanguínea a diversas regiones del organismo. Las metástasis constituyen el principal peligro y la causa mayor de muerte de los cánceres. No todos los cánceres tienen capacidad para producir metástasis. Así, en la piel, el epitelioma basocelular nunca produce metástasis, por lo que raramente es peligroso. En cambio, el melanoma ocasiona metástasis con facilidad y, si no se elimina rápidamente, resulta peligroso.

Para producir metástasis, las células tumorales, por ejemplo las células epiteliales, deben pasar por numerosas etapas (Bieche y Lidereau, 1996a y 1996b):

1) Liberarse de su punto de anclaje en la matriz extracelular, en la membrana basal o en otras células, lo cual es una diferencia principal respecto a las células sanas (Ruoslahti, 1996):

- Las células normales necesitan estar ancladas a la matriz extracelular, a la membrana basal o a otras células para sobrevivir y proliferar. Si no, sufren una apoptosis. Tienen moléculas de adhesión que les imponen fijarse en un tejido preciso.
- Las células cancerosas no tienen necesidad de estar ancladas para sobrevivir. Los oncogenes producirían proteínas que transmitirían al núcleo un mensaje erróneo, indicando que la célula está correctamente anclada, cuando no es así.

2) Degradar la membrana basal o la matriz extracelular, que es otra propiedad que las distingue de las células sanas (Ruoslahti, 1996):

- Las células epiteliales normales están separadas del resto del organismo por una membrana basal que no atraviesan nunca. Producen pocas metaloproteasas y muchos inhibidores de estas enzimas.
- Las células epiteliales cancerosas pueden disolver la membrana basal gracias a sus abundantes proteasas: plasmina, catepsina D, heparanasas, condroitinasas y, principalmente, metaloproteasas.

3) Atravesar la membrana basal o la matriz extracelular, para pasar al tejido conjuntivo, lo que requiere movilidad, que permite la adquisición de algunas moléculas de adhesión (cadherinas, integrinas, selectinas, proteoglicanos CD44 y adresinas) y modificaciones de la actina del citoesqueleto.

4) Multiplicarse en el tejido conjuntivo, liberando factores de crecimiento que susciten modificaciones en dicho tejido, llamadas reacción del estroma, con formación de tejidos de sostén que comprenden células mesenquimatosas, células inflamatorias y neovasos. La neoangiogénesis es desencadenada por algunos factores de crecimiento: FGF-1 *(fibroblast growth factor 1)*, FGF-2, VEGF *(vascular endothelial growth factor)*, PDGF *(platelet derived growth factor)* y angiogenina (Thiery y Sastre-Garau, 1995).

5) Pasar a la circulación linfática o sanguínea, lo que la célula logra por la fractura de la pared de un vaso gracias a las proteasas, o por la entrada en los neocapilares en el transcurso de su formación. En la

sangre, las células cancerosas son vulnerables. Sobreviven menos de 1 entre 10.000.

6) Salir de la circulación por un capilar, lo que necesita una adherencia al epitelio capilar, posible gracias a las moléculas especializadas, como las integrinas. Las células cancerosas suelen aparecer en los pulmones y el hígado, a veces en los huesos, pero pueden alcanzar otros tejidos. Un sistema de dirección molecular presente en la superficie de las células parece determinar el sitio de metástasis.

7) Multiplicarse para constituir un nódulo metastásico, proceso en el cual intervienen de nuevo los factores de crecimiento y la fabricación de neovasos.

Las diversas etapas de la evolución de un cáncer se representan en la figura 69.

Para ayudar al diagnóstico precoz, al pronóstico y a la vigilancia del cáncer, se dispone de marcadores tumorales. Aquí me limitaré a los marcadores administrados con el suero. Aunque ninguno sea perfecto, proporcionan una idea aproximada del número de células tumorales (Piperno-Neumann, 1996).

Los marcadores tumorales son proteínas sintetizadas en pequeñas cantidades o de forma muy temprana en la existencia del individuo normal, y fabricadas en cantidades elevadas o de manera intempestiva en el canceroso (Nordau y Beljanski, 1996). Los sintetizan el tumor o los tejidos normales, en respuesta a la invasión de las células malignas. Su aumento se puede observar en las patologías benignas, pero, por encima de un cierto umbral, es sinónimo de cáncer.

Cada marcador corresponde a un tipo de cáncer o a un número limitado de tipos de cáncer (Pamies y Crawford, 1996). Así, la tasa de CA 15.3 es muy útil para seguir la evolución de un cáncer de mama, mientras que la tasa de PSA se emplea para vigilar el cáncer de próstata. Los principales marcadores tumorales se agrupan en la tabla XXIV.

F) FACTORES DEL MEDIO AMBIENTE Y CÁNCERES

Los agentes del medio ambiente tienen una función esencial en el desarrollo de los cánceres adquiridos.

Se ha implicado a varios tipos de agentes:

1. Las radiaciones

Algunos cánceres, y en particular algunas leucemias, están mucho más generalizados en los sujetos expuestos a las radiaciones atómicas (japoneses después de los bombardeos de Hiroshima y de Nagasaki) o a los rayos X (radiólogos antes de la elaboración de los modernos méto-

Figura 69. **LAS ETAPAS EN LA EVOLUCIÓN DE UN CÁNCER**

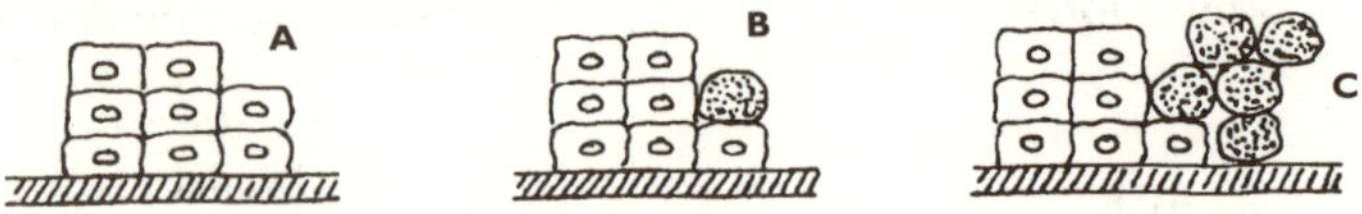

A) Las células epiteliales normales reposan en una membrana basal. B) Una célula se vuelve maligna (punteada). C) La célula maligna se multiplica.

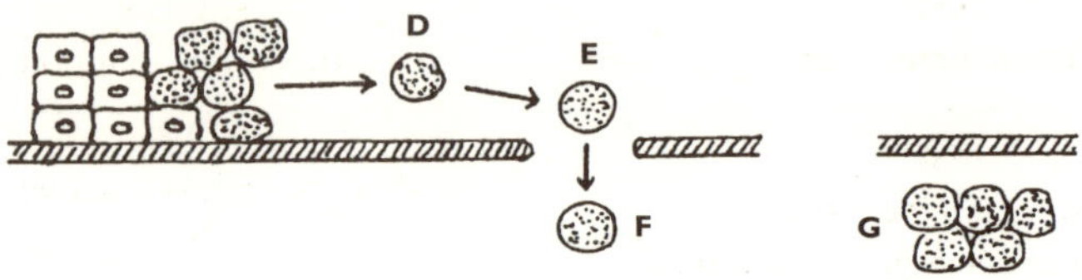

D) Una célula maligna se separa del tumor primitivo. E) La célula alcanza la membrana basal, que degrada con la ayuda de las proteasas. F) La célula pasa al tejido conjuntivo. G) La célula se multiplica.

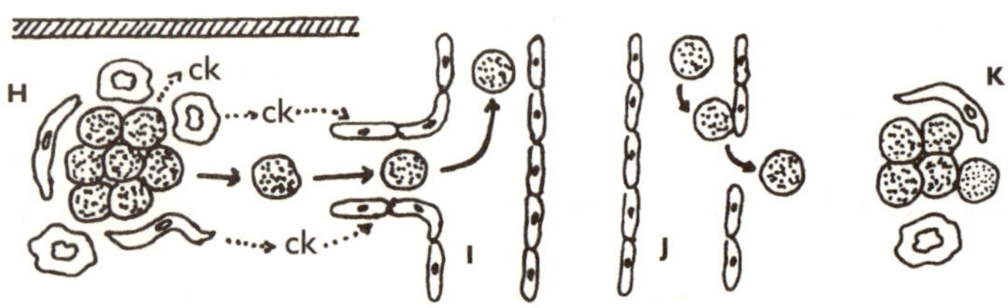

H) Las células tumorales se envuelven de un tejido de sostén, que comprende fibroblastos y macrófagos. Todas estas células liberan citocinas (ck), que inducen una neoangiogénesis. I) Las células tumorales pasan a los capilares. J) Las células supervivientes transportadas lejos del tumor primitivo salen de los capilares. K) Estas células son la base del desarrollo de un nódulo metastásico.

dos de protección). El melanoma maligno afecta mucho más a menudo a los individuos que exponen su piel durante mucho tiempo a los rayos solares.

2. Los productos químicos

Numerosas sustancias se consideran cancerígenas: nitrosaminas, benzopirenos, benzoantraceno, alquitranes, amianto, etc. Muchas de ellas se encuentran en el tabaco, que es la causa de la mayoría de los cánceres de pulmón y de numerosos cánceres del aparato digestivo.

Tabla XXIV
PRINCIPALES MARCADORES TUMORALES SÉRICOS

Marcadores	Cánceres correspondientes
ACE (antígeno carcinoembrionario)	Colon/recto Mama Pulmón Tiroides Metástasis hepáticas
AFP (fetoproteína alfa)	Hígado Testículo (no seminoma)
NSE *(Neuron Specific Enolase)* (Enolasa específica para el pulmón)	Pulmón (células pequeñas) Neuroblastoma
PSA *(Prostate Specific Antigen)* (Antígeno específico para la próstata)	Próstata
Cyfra 21-1	Pulmón (epidermoide)
BHCG Subunidad beta de la gonadotropina coriónica humana	Testículo (no seminoma)
CA-125	Ovario
CA-19,9	Páncreas Tubo digestivo
CA-15,3	Mama

CA = cáncer

3. Los virus

La influencia de los virus en el cáncer en algunas variedades de esta enfermedad (Vousden y Farrell, 1994):

- El virus de Epstein-Barr está implicado en el linfoma de Burkitt y en el cáncer de nasofaringe.
- Algunos papilomavirus, los números 16 y 18 principalmente, aumentan el riesgo de cáncer de cuello uterino.

- Los virus de las hepatitis B y C favorecen el cáncer de hígado.
- Los virus HTLV-1 intervienen en la leucemia T del adulto.

4. Las bacterias no intestinales
Helicobacter pylori, que puede vivir en la mucosa gástrica, es la causante de algunos cánceres del estómago (Goodwin, 1993).

Las radiaciones, los productos químicos, los virus y las bacterias no intestinales apenas pueden explicar alrededor del 40% de los cánceres adquiridos. Para el 60% restante, me parece lógico considerar los residuos bacterianos y alimentarios de origen intestinal resultantes de la alimentación moderna. Desarrollaré esta hipótesis más adelante.

G) TRATAMIENTO DEL CÁNCER

1. Terapéuticas clásicas
Hellma y Vokes (1996) realizaron una buena revisión general en cuanto a la terapéutica. Hay varios tratamientos y a menudo se combinan:

a) *La cirugía*
Es rápida y eficaz, sin embargo:

- Es limitada, ya que no garantiza la ausencia de metástasis.
- Presenta inconvenientes, ya que también se eliminan los tejidos sanos y a veces un órgano entero.
- Hay barreras, ya que no puede utilizarse cuando el cáncer ha invadido una estructura vital.

b) *La radioterapia*
Consiste en la aplicación de rayos X y de rayos gamma. Puede eliminar las células malignas o inducir su apoptosis. En algunos casos, es más eficaz que la cirugía, pero es ineficaz en las metástasis diseminadas.

c) *La quimioterapia*
Emplea diferentes clases de medicamentos:

- Los antimetabolitos, que sustituyen a las sustancias indispensables de la célula. Por ejemplo, el metotrexato ocupa el sitio del ácido fólico, lo que impide la síntesis del ADN.
- Los inhibidores de la topoisomerasa, enzima necesaria para la separación de las dos hebras del ADN, proceso necesario para la mitosis.

- Los agentes alquilantes, que se unen a las bases del ADN e introducen alteraciones en la estructura normal de la doble hélice.
- Los alcaloides vegetales, que se unen a la tubulina, obstaculizando el proceso de división celular.

La quimioterapia es eficaz en un grado variable en ciertos cánceres, pero resulta ineficaz en otros.

d) *La terapia hormonal*
Se aplica en los tumores hormonodependientes:

- Antiestrógenos en el cáncer de mama.
- Antiandrógenos en el cáncer de próstata.

e) *La inmunoterapia*
Su objetivo es aumentar la eficacia de los linfocitos TCD8 y de las células NK, encargadas de la vigilancia inmunológica de los cánceres. Se utilizan diversas citocinas, en particular la IL-2.

2. Los resultados
Los tratamientos del cáncer suelen ser eficaces en la enfermedad de Hodgkin, en algunas leucemias y en algunos cánceres sólidos detectados en un estadio temprano, antes de que hayan producido metástasis: huesos, testículos, tiroides, mama o cuello uterino. Estas curaciones indiscutibles explican el relativo optimismo mostrado por la mayoría de los especialistas. El público general tiene la impresión de que se hacen progresos lentos pero continuos, y espera a medio plazo un control total en la prevención y el tratamiento de los cánceres.

Algunos médicos son mucho más pesimistas. Entre ellos se encuentra el profesor Schwartz (1996), quien, en un artículo titulado «El cáncer resiste a la ciencia», elabora un acta alarmante. He extraído las principales ideas del mencionado texto:

«A pesar de los enormes medios utilizados desde hace 35 años por los países occidentales, la lucha contra el cáncer es un fracaso.»

«Los progresos de la biología, las técnicas de detección, cirugía, radioterapia y de los medicamentos no han producido una revolución terapéutica. El cáncer no retrocede y cada año se lleva a cerca de 150.000 franceses.»

«La curación de algunos cánceres no disminuye el número de fallecimientos, ya que cada vez son más frecuentes algunos cánceres rebeldes a los tratamientos: pulmón, próstata, hígado, cerebro, linfoma, mieloma.»

«El descubrimiento más notable en quimioterapia fue, hace 30 años, el cisplatino. Pero su eficacia es limitada y no existe nada mejor.»

«La eficacia de la quimioterapia está limitada por la capacidad de las células malignas de desarrollar una resistencia a los medicamentos antimitóticos.»

«Las esperanzas puestas en la inmunoterapia se han revelado vanas y las perspectivas de la terapia genética parecen ilusorias.»

3. Comentarios

La lucha contra el cáncer tiene un éxito mayor o menor, según el estadio en el que actúe:

a) *Antes del cáncer*

La prevención consiste en evitar los principales agentes cancerígenos: radiaciones, tabaco, virus de transmisión sexual, productos químicos. La prevención suele ser eficaz, pero no siempre, ya que existen tantos factores cancerígenos en un mundo cada vez más contaminado que nadie puede decir que esté totalmente a salvo.

b) *Al comienzo del cáncer*

Un examen precoz es esencial, ya que permite a la cirugía y a la radioterapia ejercer plenamente sus efectos en los tipos de cáncer en los cuales son eficaces. El examen se basa esencialmente en dos aspectos:

- El paciente debe ser capaz de identificar algunos signos alarmantes; por ejemplo, una hemorragia genital moderada en la mujer después del acto sexual puede deberse a un cáncer de cuello uterino; un tumor cutáneo oscuro con tendencia a crecer y a sangrar puede ser un melanoma.
- Los exámenes sistemáticos de control, como la mamografía, muy indicada para la detección del cáncer de mama en las mujeres de 50 a 69 años; la biopsia, muy útil para descubrir un cáncer de cuello uterino, y la coloscopia, esencial en los sujetos aquejados de poliposis cólica familiar, para localizar un pólipo degenerado. Las técnicas modernas de diagnóstico por imágenes (escáner, RMN) han aportado claros progresos.

c) *En el cáncer avanzado*

Cuando el tumor está localmente muy extendido o se ha propagado a las cadenas ganglionares, la cirugía y la radioterapia todavía pueden intentarse, pero las probabilidades de éxito son reducidas. Cuando el tumor ha producido metástasis en otras partes del cuerpo, sólo queda aplicar la quimioterapia. Hoy en día se conocen con exactitud los casos en los que la quimioterapia es inútil y los que puede tratar.

Por desgracia, incluso cuando se aplica correctamente, la quimioterapia raras veces obtiene la curación en estas formas graves. Una situación que a menudo se presenta es la siguiente: la primera cura de quimioterapia suele provocar una disminución del volumen de las metástasis. Pero durante la segunda cura o en una cura ulterior surge una resistencia al tratamiento, que hace que la evolución de la enfermedad sea ineluctable y fatal. Esta resistencia puede provenir de varias causas:

- Diferencias entre las células malignas: en cada cura se destruirían las células frágiles y se seleccionarían las células resistentes.
- Activación de los genes de resistencia a la quimioterapia. Se han descrito algunos de estos genes (Bieche y Lidereau, 1996a). El principal es el gen mdr, que codifica para una «proteína bomba», que expulsa de las células las moléculas del medicamento.
- Destrucción progresiva de las vías de la apoptosis. Todas las medicaciones actúan esencialmente provocando un suicidio de las células malignas. Hemos visto que las vías y las señales de apoptosis que convergen hacia las mitocondrias son numerosas (figura 55). Después de cada cura, algunas vías y algunas señales pueden desaparecer en las células supervivientes. Levade y col. (1996) señalaron la importancia de la vía esfingomielina/ceramida. Cuando han desaparecido muchas estructuras, no se puede producir más la apoptosis y la quimioterapia falla.

Otro inconveniente de la quimioterapia es que no es selectiva. También activa la apoptosis en las células sanas (Hannun, 1997). Por esa razón es mal soportada y puede resultar tóxica para numerosos órganos (Lowenthal y Eaton, 1996): médula ósea, vasos, tracto digestivo, boca, corazón, hígado, sistema nervioso, pulmón, riñón, gónadas, ojos y piel.

Finalmente, al debilitar de manera importante las defensas inmunitarias del paciente, la quimioterapia puede favorecer el desarrollo de un segundo cáncer.

Recientemente, Boehm y col. (1997) se han propuesto un nuevo método en el tratamiento medicamentoso del cáncer. Se trata de inhibidores de la angiogénesis, cuya molécula tipo es la endostatina. El principio es lógico ya que, si no hay formación de nuevos vasos, el tumor maligno no puede extenderse. Además, la endostatina no provoca resistencia por parte de las células endoteliales, que son sus células diana. Queda ultimar los medicamentos que pueden administrarse.

4. ¿Existen otras vías terapéuticas?
Beljanski (en Nordau y Beljanski, 1996) seleccionó algunos alcaloides, capaces de fijarse selectivamente en el ADN canceroso desestabilizado y de ajustar los enlaces entre las dos cadenas. El autor ha administrado estos alcaloides a varios pacientes y ha logrado algunas curaciones, avaladas por los testimonios de los enfermos.

Por último, la nutrición merece mucho más que el discreto y pequeño papel que se le ha asignado. Debe llegar a ser un elemento clave en la prevención y el tratamiento del cáncer. Creo que la mayoría de los cánceres se debe a un ensuciamiento.

H) ¿CÓMO EL ENSUCIAMIENTO PUEDE CAUSAR CÁNCER?

1. ¿Cuáles son las sustancias que causan el ensuciamiento?
Entre los agentes ambientales implicados en el origen de los cánceres, las radiaciones y los virus modifican directamente el ADN de las células. Pero los productos químicos y algunas de las 4.000 sustancias que contiene el tabaco tienen, en mi opinión, un papel importante en el ensuciamiento. Lo mismo ocurre con las macromoléculas bacterianas y alimentarias que traspasan el intestino delgado demasiado permeable, y que considero que causan el 60% de los cánceres adquiridos de origen desconocido.

2. El ensuciamiento extracelular
El ensuciamiento del medio extracelular impide a las células sanas y a la matriz extracelular ejercer sus efectos reguladores sobre las células en proceso de cancerización o cancerosas. Estos efectos se ejercen por dos vías:

- A distancia, a través de las citocinas, primeros mensajeros que se fijan a los receptores de membrana y desencadenan señales (capítulo 16).
- Por contacto directo entre las células, en el cual están implicadas las moléculas de adhesión y las uniones comunicantes (capítulo 16).

Ahora bien, está demostrado que las células sanas a menudo son capaces de evitar la cancerización de una célula, ya sea conduciéndola hacia la apoptosis o restableciendo su funcionamiento normal (Peschanski, 1994). Más aún, en ciertas condiciones una célula maligna puede volver a ser normal, como han comprobado Degos y col. (1985). Siempre que se pueda orientar a la célula hacia la diferenciación, se puede frenar o detener su proliferación.

La ausencia de una señal a veces tiene un papel clave en la transformación de una célula sana en célula leucémica, y el restablecimiento de la señal permite la transformación inversa. Como observó Degos (1995), un simple mediador es capaz de hacer remitir totalmente algunas variedades de leucemias, antes consideradas incurables. Es el caso de:

- El interferón alfa para la leucemia tricoleucocítica.
- El ácido todo-trans-retinoico para la leucemia promielocítica.

Mesnil y Yamasaki (1993) acusan al cierre de las uniones comunicantes entre células de ser el causante de determinadas cancerizaciones. Algunas sustancias, como el AMP cíclico, el ácido retinoico o los corticoides, restablecen las uniones, y esto basta para que las células malignas vuelvan a la normalidad.

Por otra parte, los procesos activados por el organismo para depurar el medio extracelular de las macromoléculas que lo obstruyen generan radicales libres, agresivos para las células vecinas y considerados cancerígenos.

El ensuciamiento extracelular es, probablemente, en muy pocas ocasiones la causa directa de la formación de una célula maligna. Sin embargo, cuando ésta aparece, impide su apoptosis o su normalización y favorece su proliferación incontrolada.

3. El ensuciamiento intracelular

Creo que constituye la causa principal de la cancerización de una célula. Algunas macromoléculas extrañas introducidas en el interior de la célula, cada vez más abundantes, generarán de forma progresiva, e incluso bloquearán, el funcionamiento de:

- Tirosina cinasas asociadas a los receptores de membrana.
- Cascadas enzimáticas.
- Vía Ras y otras vías de transducción.
- Señales de transcripción.
- ADN nuclear o mitocondrial.

La acumulación de residuos termina por romper algunos equilibrios fisiológicos, que generan el déficit de algunas reacciones y un exceso compensador, pero patológico, de otras reacciones. Mi convicción es que este envenenamiento prolongado de la célula termina por provocar alteraciones del ADN nuclear, y en particular la rotura de los enlaces hidrógenos entre las dos cadenas de ADN, y provocar las anomalías genéticas (deleciones, mutaciones, modificaciones cromosómicas, amplificación excesiva o inestabilidad genética) que provocan el cáncer.

Trabajos recientes han demostrado que algunas moléculas exógenas podrían penetrar en la célula, llegar al núcleo, unirse al ADN y actuar sobre él:

- Gottesfeld y col. (1997) observaron que las poliamidas sintéticas tenían una afinidad para el ADN comparable a la de las proteínas naturales que se fijan en el ADN. Estas poliamidas se unen específicamente a algunas secuencias en el ADN y pueden controlar la expresión de algunos genes.
- Schubbert y col. (1997) siguieron los pasos del ADN de un bacteriófago administrado por vía oral a ratas de laboratorio. Este ADN no se degrada totalmente en el tubo digestivo. Algunos fragmentos pueden pasar a la sangre y se encuentran en las células epiteliales, los hepatocitos, los linfocitos B, los linfocitos T y los macrófagos. Este ADN puede unirse de manera covalente al ADN de la rata, y dar lugar, en ocasiones, a mutaciones y cánceres.

La célula ensuciada intenta, probablemente, deshacerse de las macromoléculas exógenas que la obstruyen. Utiliza energía, con reacciones químicas aerobias. Se liberan de forma desproporcionada derivados del oxígeno, los conocidos radicales libres, capaces de dañar los constituyentes de la célula, en particular el ADN.

Por tanto, el mecanismo íntimo de la cancerización sería doble:

- Unión al ADN de moléculas nocivas.
- Acción destructiva de los radicales libres.

4. El ensuciamiento de las células inmunes

Las células malignas que aparecen en un organismo humano deberían ser rápidamente destruidas por las células encargadas de la vigilancia inmunológica de los cánceres, es decir, los linfocitos TCD8 y las células NK. Cuando este fenómeno no tiene lugar, una de las principales razones podría ser el ensuciamiento de las células de defensa por las macromoléculas bacterianas y alimentarias. Efectivamente, Levey y Srivastava (1996) observaron una alteración de la maquinaria necesaria para las señales de transducción en los linfocitos T en el transcurso de algunos cánceres.

Los diversos mecanismos por los cuales el ensuciamiento puede conducir a un cáncer se esquematizan en la figura 70. Esta teoría incita a buscar las relaciones entre la alimentación actual y el cáncer.

Figura 70. ¿CÓMO EL ENSUCIAMIENTO PUEDE CONDUCIR AL CÁNCER?

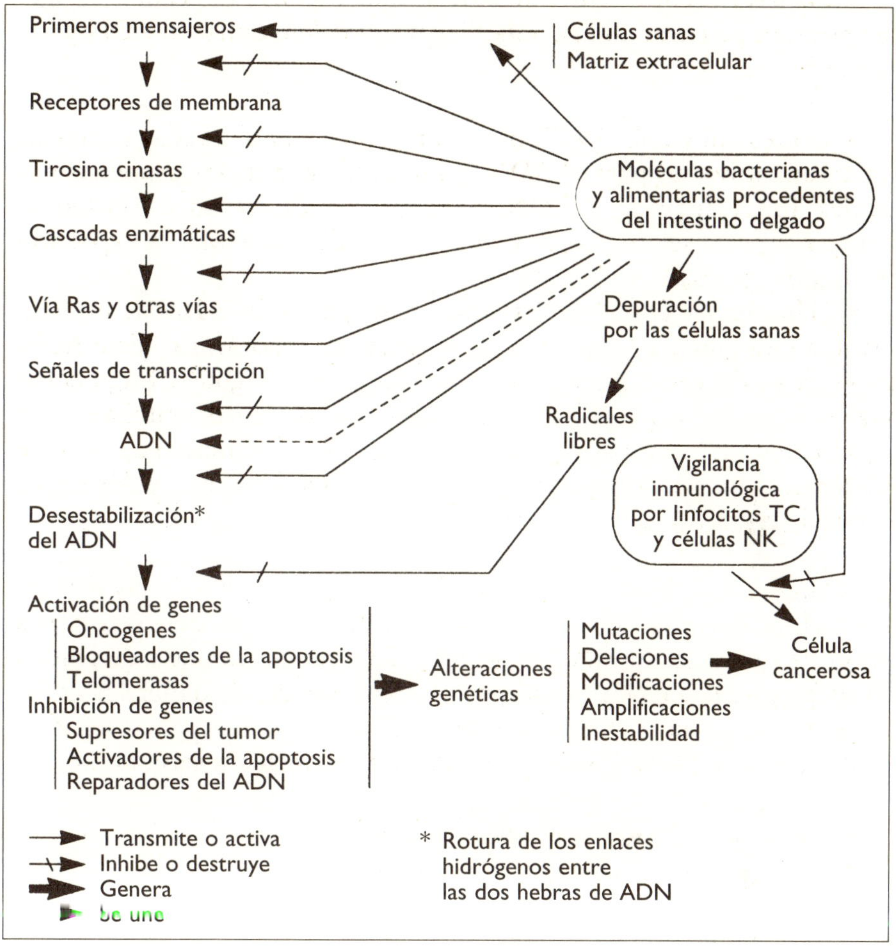

I) ALIMENTACIÓN Y CÁNCER

1. Correlaciones entre ciertos alimentos y algunos cánceres

La frecuencia de un cáncer puede variar considerablemente de un país a otro. Ahora bien, si un individuo, originario de un país donde la frecuencia de este cáncer es x, emigra a un país donde la frecuencia es y, la frecuencia observada en los descendientes de este individuo será y, lo cual demuestra la notable influencia de los factores medioambientales. Entre éstos, los hábitos alimentarios han sido bastante estudiados. Se han puesto de manifiesto algunas correlaciones (Hillon y col., 1985; Clifford y Kramer, 1993; Joyeux, 1994):

- Cáncer de esófago y alcohol + tabaco, carencias nutricionales.
- Cáncer de estómago y grasas saturadas, productos lácteos, sal, productos ahumados.
- Cáncer de intestino y grasas saturadas.
- Cáncer de colon o de recto y carnes, grasas saturadas, productos lácteos, cerveza, productos ahumados.
- Cáncer de páncreas y carnes, grasas saturadas, café.
- Cáncer de ovario, de útero, de próstata y grasas saturadas.
- Cáncer de mama y carnes, grasas saturadas.

Cuando hablamos de carnes y de grasas saturadas se trata, lógicamente, de productos cocinados.

Por otra parte, la nutrición moderna genera un exceso de poliaminas alimentarias y principalmente bacterianas, que favorecen la multiplicación de las células malignas (Seiler, 1991).

2. El ejemplo del cáncer de mama

Los cánceres son muy numerosos y cada uno tiene sus particularidades. Es imposible poder tratarlos todos. He escogido el cáncer de mama por varias razones:

- Es muy frecuente, y afecta en España a 1 de cada 11 mujeres.
- Está cada vez más extendido.
- Es peligroso, mortal una de cada tres veces, y obliga a las pacientes a sufrir duros tratamientos: amputación quirúrgica, radioterapia, quimioterapia, hormonoterapia.
- Se puede explicar perfectamente por un ensuciamiento, consecuencia de la alimentación moderna.

Muchos autores han insistido en la importancia de las hormonas, en particular los estrógenos. Un 70% de los cánceres de mama son al principio hormonodependientes (Joyeux, 1997), lo que significa que las células malignas tienen receptores para los estrógenos. Éstos favorecen el crecimiento rápido del tumor y pueden explicar la resistencia de algunos tumores a los diversos tratamientos. La acción estimulante de los estrógenos en las células malignas es tan fuerte que ni la radioterapia ni la quimioterapia consiguen erradicar estos cánceres rebeldes. Para contener el peligro de los estrógenos, se ha recurrido a los medicamentos antihormonales, como el tamoxifeno, y a veces a la extirpación de los ovarios, incluso de las glándulas suprarrenales.

Sin embargo, si bien los estrógenos tienen un papel agravante, no creo que puedan provocar las transformaciones malignas iniciales.

Para elucidar el origen del cáncer, me inclino por la alimentación y considero las carnes cocinadas y algunas grasas saturadas como elementos desencadenantes.

El caso de las mujeres japonesas es muy ilustrativo a este respecto (Schatzkin y col., 1989). En Japón no existe la cría de ganado; las japonesas consumían en otros tiempos muy pocas carnes y grasas saturadas. Las proteínas y los lípidos animales procedían del pescado. El cáncer de mama era excepcional. Después de la segunda guerra mundial se hicieron dos observaciones:

- Algunas japonesas emigraron a Hawai o a Estados Unidos y adoptaron el modo nutricional americano. Sus descendientes desarrollaron cáncer de mama con una frecuencia igual a la de las americanas.
- Además, en Japón se introdujeron algunos alimentos occidentales. La cantidad de grasa consumida a diario por un individuo era de una media de 23 gramos en 1958. En 1973 aumentó a 52 gramos y el número de cánceres de mama se incrementó un 30%.

Estos datos descartan que los estrógenos tengan un efecto causal en la fase inicial del cáncer. Además, las japonesas toman mucho menos la píldora anticonceptiva y las hormonas sustitutivas de la menopausia. Sin embargo tienen una secreción de estrógenos análoga a las de las mujeres occidentales. A pesar de ello, las japonesas apenas desarrollaban tumores de mama. Considero la alimentación moderna única culpable.

Las irritaciones locales repetidas por un alimento peligroso han sido implicadas en el origen de los cánceres del tubo digestivo. Pero este simple mecanismo no puede explicarlo todo. Si tomamos el caso del cáncer de mama, muy favorecido por el consumo de carnes cocinadas y de grasas saturadas, es más lógico admitir que una molécula alimentaria o bacteriana, procedente del intestino delgado, atraviese la barrera intestinal, pase a la sangre y se acumule en la glándula mamaria, porque su estructura le confiere una afinidad para este tipo de tejido. Al cabo de los años, esta acumulación creciente termina por alterar el funcionamiento de algunas células y produce su cancerización.

3. Alimentos peligrosos y alimentos protectores

Si resumimos los datos de la literatura sobre este tema (Joyeux, 1994; Clifford y Kramer, 1993; Hillon y col., 1994), comprobamos que algunos alimentos aumentan el riesgo de cáncer, mientras que otros lo disminuyen.

Se consideran peligrosos:

- Las carnes.
- Las grasas en exceso.
- Las grasas saturadas de origen animal.
- Los azúcares en exceso.
- Los alimentos en conserva.
- Los ahumados.
- El alcohol.
- La sal.

Se consideran protectores:

- Las frutas.
- Las verduras.
- Los productos ricos en fibras.
- Los aceites vegetales.
- Los aceites de pescado.
- Los antioxidantes: vitaminas A, C y E.
- Algunos minerales: calcio, magnesio y selenio.

Seguramente, la frugalidad es un elemento favorable. Los roedores sometidos a un régimen hipocalórico tienen menos cánceres y viven durante mucho más tiempo que los roedores que comen hasta la saciedad. El mismo fenómeno se ha comprobado en los monos.

J) RÉGIMEN HIPOTÓXICO Y PREVENCIÓN DEL CÁNCER

1. La lógica del régimen hipotóxico

Los oncólogos admiten que una alimentación bien elegida tiene, sin duda, una acción preventiva, al menos parcial, en muchos cánceres. Desgraciadamente, la definición de esta alimentación sana es bastante vaga, lo que tiene como consecuencia la ausencia de una aplicación práctica. Sin embargo, estudios estadísticos, realizados en grandes series de enfermos afectados de una u otra variedad de cáncer, han permitido identificar los alimentos peligrosos y los alimentos protectores.

El régimen hipotóxico me parece muy indicado en la prevención de los cánceres y de las leucemias. Si examinamos la tabla XXV, comprobaremos que, en este régimen, los alimentos peligrosos están disminuidos o ausentes, mientras que los protectores están ampliamente representados. Existe una convergencia entre:

Tabla XXV
PREVENCIÓN DEL CÁNCER: COMPARACIÓN ENTRE LOS DATOS CLÁSICOS Y EL RÉGIMEN HIPOTÓXICO

Alimentos peligrosos	**Régimen hipotóxico**
Carnes	Autorizadas, pero crudas
Grasas en exceso	Claramente disminuidas
Grasas saturadas animales	Disminuidas y crudas
Azúcares en exceso	Disminuidos en beneficio de la fruta y la miel
Alimentos en conserva	Eliminados
Ahumados	Tolerados ya que su papel es menos importante que el de la cocción
Alcohol	Autorizado el consumo moderado
Sal	Autorizada en cantidades moderadas
Alimentos protectores	**Régimen hipotóxico**
Frutas	Abundantes
Verduras	Abundantes
Productos ricos en fibra	Abundantes
Aceites vegetales	Abundantes y extraídos por primera presión en frío
Aceites de pescado	Abundantes (pescado crudo)
Antioxidantes: vit. A, C, E	Prescritos
Minerales: Ca, Mg, Se	Prescritos
	Elementos propios del régimen hipotóxico
	Supresión de la leche animal
	Supresión de cereales domésticos
	Reducción de alimentos cocinados

- Los datos de la literatura, determinados por la experiencia práctica, y
- Las consecuencias lógicas de mi concepción sobre el mecanismo del cáncer.

Nos encontramos en una situación análoga a la de la PR (tabla XI). Además, la nutrición ancestral tiene ventajas suplementarias, como la supresión de la leche animal, de los cereales y la notable reducción de la cocción, por lo que se eliminan numerosos factores cancerígenos, ya que:

• Los productos lácteos, los cereales modernos y los alimentos cocidos a más de 110 °C son grandes productores de moléculas no metabolizables por las enzimas humanas, susceptibles de ensuciar tanto el exterior como el interior de las células.

• La leche de vaca contiene factores de crecimiento capaces de hacer engordar a un ternero 200 kg en 6 meses. Semejantes factores podrían ser cancerígenos para los humanos, mucho más que sus propios estrógenos o andrógenos. En el transcurso de los últimos cincuenta años, el fuerte aumento del consumo de lácteos ha ocasionado un cambio en la talla de los españoles, que han ganado una media de 10 cm y 10 kg en relación con sus abuelos. Durante este periodo, algunos cánceres se han vuelto más frecuentes. Es probable una relación de causa efecto.

• Los alimentos cocinados por encima de los 110 °C, en particular las carnes a la plancha, están llenos de sustancias cancerígenas. Los efectos nocivos de la cocción, a menudo descuidados por los oncólogos, han sido subrayados por Burger (1988) y Dang (1990).

Es de esperar, por tanto, que el cambio nutricional, al impedir el ensuciamiento extracelular, intracelular y de las células inmunes, llegue a evitar la formación de un cáncer en muchos sujetos.

2. Los resultados

Para verificar el valor preventivo de la dietética, era esencial comparar en los pacientes el número esperado de cánceres y el número real de cánceres.

Realicé un estudio que incluía a 1.200 enfermos, de los cuales algunos no padecían cáncer ni leucemia, y otros sí los habían tenido pero estaban aparentemente curados. Excluí a los sujetos que padecían un cáncer o una leucemia, pues estos pacientes podían ser adecuados para estudiar la acción curativa del régimen, pero no su acción preventiva.

Descarté los cánceres de piel (espinocelular, basocelular, melanoma), ya que son provocados por los rayos solares y se consideran independientes del modo nutricional. Tuve en cuenta el resto de cánceres y, en particular:

• El cáncer de pulmón, a condición de que el paciente hubiera dejado de fumar.

• El cáncer de cuello uterino, a pesar de su etiología casi siempre viral.

• El cáncer de hígado, a pesar de la acción favorecedora de los virus de las hepatitis B y C.

Considero que una mala alimentación puede ser un cofactor en estos tumores.

El número esperado de cánceres N fue calculado de la siguiente manera:

- 35 franceses de cada 100 desarrollan un cáncer no localizado en la piel en el transcurso de su vida.
- La duración media de vida de los franceses es de 76 años.
- 1.200 personas siguen, desde hace una media de cinco años y medio, el régimen ancestral.

$$N = 0{,}35 \times (5{,}5/76) \times 1.200$$
$$N = 30{,}39$$

Se desarrollaron 3 cánceres. Estos 3 casos fueron los siguientes:

El primero correspondía a una mujer de 42 años, operada 2 años antes de un cáncer de mama, que desarrolló metástasis en los huesos y que empezó mi régimen alimenticio inmediatamente después de la extirpación del tumor. Este cáncer era hormonodependiente. Los ovarios no habían sido extirpados o irradiados y la enferma había rechazado la hormonoterapia antiestrogénica.

Podemos admitir que las metástasis óseas ya existían durante la intervención quirúrgica y que se desarrollaron a pesar de la radioterapia, la quimioterapia y la dietética. El efecto estimulante de los estrógenos se impuso al efecto antitumoral de los diversos tratamientos.

La segunda observación era también un cáncer de mama. Se trataba de una mujer que acudió a mi consulta en 1995 por una esclerosis múltiple que se había manifestado 4 años antes, cuando tenía 32 años. Por fortuna, no presentaba ninguna secuela neurológica. Probablemente, el régimen hipotóxico hizo remitir la EM, ya que no se ha observado ninguna otra recaída desde hace 5 años, contrastando este cuadro con los fuertes brotes que habían salpicado el periodo precedente. En cambio, hace poco se le descubrió un cáncer de mama, afortunadamente de pequeño tamaño, que fue extirpado.

La enferma atribuye, con razón, un efecto negativo al estrés prolongado que la había abrumado durante los 4 años en que la EM estuvo activa. Temía quedarse imposibilitada o que sus hijos también desarrollasen una EM; estaba frecuentemente deprimida, como a veces sucede en el caso de los pacientes de EM. Un cáncer de mama requiere de 10-15 años para ser palpable. Ya existía durante el periodo de los brotes de EM, y pudo recibir un estímulo. Sin embargo, el régimen original no pudo detener la progresión del tumor.

El tercer caso era el de una mujer de 62 años a la que se diagnosticó un cáncer de estómago y que desde hacía 6 años practicaba mi método nutricional. Gracias a ello, obtuvo la curación de una colopatía funcional, la detención de los dolores artrósicos y el bloqueo evolutivo de una osteoporosis. En esta fase de salud reencontrada, sin que se revelaran factores favorecedores, desarrolló un cáncer gástrico, que rápidamente dio lugar a metástasis en numerosos órganos y causó la muerte de la enferma en algunos meses.

La dietética no tiene una efectividad del 100% contra el cáncer, lo cual no es sorprendente, ya que disminuye considerablemente los productos cancerígenos que se consumen en la alimentación, pero no los suprime todos. Por otra parte, asociada a la dietética a un modo de vida saludable, continuamos incluso expuestos a diferentes agentes cancerígenos independientes de la alimentación.

La desviación entre 30 y 3 es muy significativa estadísticamente. Se observaron diez veces menos tumores malignos de lo que se esperaba. Esta desviación demuestra el notable valor preventivo de los cánceres del régimen alimenticio de tipo original. El examen de la tabla XXV permitía preverlo, y la experiencia lo confirma.

Como subrayó Besson (1991), la alimentación que protege contra el cáncer es la misma que la que puede prevenir la arteriosclerosis. Esto no me sorprende, ya que:

- El cáncer y la arteriosclerosis suelen ser enfermedades de ensuciamiento.
- Sólo hay una manera de comer bien, a la cual se llega con un razonamiento lógico.

K) RÉGIMEN HIPOTÓXICO Y TRATAMIENTO DEL CÁNCER

1. ¿Qué se puede esperar del cambio nutricional?

El objetivo de la dieta ancestral es limpiar las células sanas del organismo, las células que aseguran la vigilancia inmunológica del cáncer e incluso las cancerosas y las del estroma que las acompañan. Las consecuencias pueden ser beneficiosas:

- Restablecimiento de las señales por las cuales la célula sana a veces puede normalizar a la célula maligna. El empleo del interferón alfa en la tricoleucemia y el del ácido todo-trans-retinoico en la leucemia promielocítica evidencian el interés de este fenómeno.
- Restablecimiento de las uniones comunicantes entre células sana y maligna, que permite a la primera corregir el estado de la segunda.

• Activación de los linfocitos TCD8 y de las células NK, que se vuelven más eficaces en la destrucción de células cancerosas.

• Inducción de una apoptosis selectiva de las células malignas por medio de mensajes enviados por las células sanas.

• Para Janecek (1997), el régimen hipotóxico actúa también disminuyendo enormemente el paso a la sangre de poliaminas alimentarias y bacterianas procedentes del intestino delgado, ya que:

— Excluye algunos alimentos ricos en poliaminas.
— Erradica algunas bacterias ricas en poliaminas.
— Restaura la impermeabilidad de la mucosa del intestino delgado. Ahora bien, las células tumorales están ávidas de poliaminas, necesarias para su proliferación (Seiler y Moulinoux, 1996).

Por tanto, preveía algunos éxitos y algunos fracasos, ya que el régimen de tipo original sería ineficaz en algunos casos:

• Cánceres no debidos a un ensuciamiento.
• Cánceres hormonodependientes.
• Cánceres muy evolucionados, con destrucción de numerosas estructuras en las células, que ya no son influenciables.
• Cánceres muy extendidos, por el volumen del tumor y de las metástasis.

2. Los resultados

Respecto al cáncer, dispongo actualmente de 42 informes. Se pueden distinguir cinco situaciones:

a) *Cáncer en estado terminal (5 pacientes)*

Algunas personas acuden a mi consulta en una fase muy avanzada. El cáncer ha resistido a los diversos tratamientos y se han detectado metástasis voluminosas en algunas áreas del organismo. En este estado, ni el ayuno completo ni la exclusión total de alimentos nocivos impiden el progreso del tumor. Se ha franqueado un punto de no retorno. Conviene, por tanto, empezar la dieta lo antes posible, cuando el organismo todavía tiene recursos para combatir las células malignas.

Incluso en casos desesperados, el régimen ancestral conserva algunos efectos beneficiosos. Parece alargar la duración de supervivencia y atenúa el sufrimiento, junto con los medicamentos para el tratamiento del dolor.

b) *Cánceres evolutivos tratados con quimioterapia (11 pacientes)*
Se trata de sujetos con buen estado general, pero afectados de cánceres graves, cuyo tratamiento está más allá de los recursos de la cirugía y de la radioterapia, ya sea debido a una extensión local importante o a numerosas metástasis que afectan a zonas importantes.

El cambio nutricional puede haber retardado el plazo final en algunos de estos enfermos. Pero no ha llegado a salvar a ninguno. Quizá porque se trataba de formas severas. Sin duda, también porque la quimioterapia se opone a la acción de la dietética. El régimen tiene como objetivo reforzar la vitalidad de las células sanas, encargadas de eliminar o de normalizar a las células malignas. La quimioterapia busca destruir a las células malignas, pero también agrede a las células sanas, lo que va en contra del objetivo del régimen.

Un aspecto positivo es que el régimen hipotóxico ayuda en gran medida a soportar la quimioterapia. Ésta, cuando es pesada, resulta una prueba muy penosa. Sin embargo, todos los enfermos que han sufrido tratamientos de quimioterapia antes y después de seguir la dieta hicieron la misma observación: la tolerancia a los diversos medicamentos se incrementa claramente.

c) *Cánceres en remisión (17 pacientes)*
Este grupo incluye a pacientes en los que el cáncer ha remitido por efecto de la cirugía, la radioterapia, la quimioterapia o la combinación de dos o tres de estos métodos. Siguen el régimen ancestral y ninguno ha presentado una recidiva hasta la presente. Sabiendo que una proporción no despreciable de tumores reaparece después de un plazo variable, en forma de reanudación local o de metástasis, podemos considerar muy probable que la práctica de una nutrición sana ha contribuido a ese buen resultado.

d) *Cánceres evolutivos tratados únicamente por el régimen (8 pacientes)*
Nunca he pedido a un enfermo que abandonara la quimioterapia. Pero algunos pacientes no estaban sometidos a este tratamiento, ya sea porque era inútil en su caso, porque los tratamientos habían terminado después de un tiempo bastante largo o porque el mismo enfermo había rechazado tomar esos medicamentos. Dispongo de ocho observaciones de cánceres en los cuales se ha empleado como tratamiento sólo la dietética.

Registré dos fracasos:

• Un cáncer de la parótida, de poca malignidad, cuya extensión obligaba a practicar de vez en cuando una extirpación parcial, y en el cual resultaba imposible la exéresis total. La evolución no fue, de ninguna manera, modificada por el régimen hipotóxico.

• Un cáncer de mama complicado con metástasis ováricas, óseas y peritoneales. Después de la extirpación de los ovarios y la aplicación de una quimioterapia intensiva, la dietética fue el único tratamiento que se siguió durante 6 meses. En ese momento, un aumento del marcador CA-15.3 dio la alerta. Se detectaron cuatro metástasis óseas pequeñas y se inició una quimioterapia limitada al 5-fluorouracilo. Después de 2 años de régimen, esta mujer está en buena forma, con metástasis óseas de volumen reducido y un peritoneo aparentemente intacto.

En cuanto a los seis éxitos, los comentaré por orden cronológico:

1) Una mujer de 72 años, afectada de una leucemia aguda mielomonocitaria (LAM 4 para los especialistas). El examen de sangre revelaba varias anomalías:

• Una anemia moderada, con 3,64 millones/mmc de hematíes.
• Una leucocitosis, con 15.000 leucocitos/mmc.
• Una mielemia, que corresponde a la presencia de precursores de los granulocitos.
• Un exceso de monocitos, cuatro veces más numeroso que la cifra máxima normal.

El examen de la médula ósea confirmaba el diagnóstico de LAM 4.

Esta hemopatía tiene un pronóstico erróneo. Las diversas quimioterapias probadas durante 2 años y medio habían resultado ineficaces. La enferma empezó el régimen hipotóxico en un momento en que no tomaba ningún medicamento. Después no tuvo necesidad de recurrir a los fármacos, ya que mejoró rápidamente. Tres meses más tarde, la enfermedad estaba en remisión, con desaparición de la anemia, de la leucocitosis, de la mielemia y de la monocitosis. Los monocitos eran 16 veces menos numerosos que al principio. Después de 3 años persiste la remisión completa.

2) Un varón de 69 años que padecía un cáncer de próstata. Una hipertrofia prostática benigna subsistía desde hacía 10 años. Recientemente habían aparecido signos inquietantes:

• En la ecografía de próstata, se habían descubierto dos nódulos muy sospechosos, uno de 10 mm, el otro de 15 mm de diámetro, en el interior de la glándula.
• Aumento del PSA (antígeno específico de la próstata) en 15 unidades, mientras que la tasa normal es inferior a 5 unidades.

El diagnóstico de cáncer de próstata era más que probable, puesto que un primer médico había propuesto la extirpación del órgano y un segundo, una radioterapia. Pero el paciente, que había oído hablar de mis trabajos, quiso intentar el cambio nutricional.

Los resultados fueron muy favorables. Los nódulos disminuyeron de volumen en la ecografía y la PSA volvió a descender progresivamente a 3,9 unidades. La evolución en cuanto a posibles metástasis fue excelente. Los exámenes de control no han revelado ninguna. Hoy ya han pasado más de 5 años desde el comienzo de la enfermedad. Los críticos advertirán que el diagnóstico de cáncer de próstata era solamente una probabilidad y no una certeza, pues no se había practicado ninguna verificación histológica.

3) Otro caso de cáncer de próstata vino a confirmar esta interesante observación. La evolución fue igual, con una rápida disminución del volumen del tumor y un retorno progresivo a la normalidad de PSA. El diagnóstico fue confirmado con biopsias.

En el cáncer de próstata incipiente, el análisis de casi 60.000 pacientes (Dearnaley y Melia, 1997) permitió comparar los resultados de las tres terapias clásicas: cirugía, radioterapia y simple vigilancia. Esta última elección es posible, ya que en este tipo de cáncer no tienen por qué producirse metástasis. Si aparecen, se recurre a los antiandrógenos. El porcentaje de supervivientes a los 10 años es prácticamente idéntico para las tres opciones. Creo que la mejor opción es la vigilancia con el régimen alimenticio ancestral y, en caso de fracaso, recurrir a uno de los tres tratamientos clásicos.

4) Una mujer de 47 años, afectada de un cáncer de colon sigmoideo con un nódulo metastásico hepático. Se le extirpó el segmento intestinal afectado y se le administró 5-fluorouracilo y levamisol, medicamentos clásicos en este tipo de cáncer. La paciente, que seguía el régimen ancestral, soportaba bien la quimioterapia, sin que se manifestase ninguno de los efectos indeseables del 5-fluorouracilo. Después se interrumpió la medicación y la enferma sólo siguió la dieta, durante un año. Se procedió a la exéresis del nódulo hepático, cuyo volumen no había aumentado durante el periodo en que la paciente sólo había seguido el régimen. Dos años después de la intervención quirúrgica, la enferma se siente en plena forma.

5) Una mujer de 59 años, a la que se le había detectado un cáncer de mama hacía unos 3 años. A pesar de un tratamiento clásico bien seguido, 5 meses antes de que acudiera a mi consulta, se detectaron casi simultáneamente:

- Una metástasis ósea de 1 cm de diámetro, bajo el hueso parietal izquierdo, que le causaba crisis de epilepsia.

- Una metástasis pulmonar de 3 cm de diámetro.
- Dos metástasis hepáticas, cada una de 2 cm de diámetro.

Se le administraron quimioterapia y corticoides. Las metástasis disminuyeron de volumen, pero no desaparecieron. Cuando atendí a la enferma por primera vez, ya había terminado la quimioterapia.

Semejante cuadro tiene un pronóstico extremadamente malo. La curación parece imposible y es previsible, antes o después, un desenlace fatal. No obstante, aconsejé el régimen ancestral, aunque no esperaba que éste pudiera curar la enfermedad.

Sin embargo, se obtuvo un éxito asombroso. Cuatro meses después del comienzo del régimen, desaparecieron las metástasis óseas, pulmonares y hepáticas. Las técnicas de diagnóstico médico más avanzadas no encontraron la menor traza. El marcador CA-15.3, que se situaba en 46 unidades, volvió a bajar a 13 unidades, un valor normal. Desde entonces, esta mujer se encuentra muy bien y de ello hace ya 2 años.

6) A un varón de 48 años, africano, de raza negra, se le había diagnosticado un año antes una hepatitis B complicada por una cirrosis y un cáncer de hígado (hepatocarcinoma). La mitad derecha del hígado, atestada de nódulos tumorales, fue extirpada. No se detectó ninguna metástasis, pero en la mitad izquierda del hígado los escáneres y las radiografías revelaron dos nódulos cancerosos, con un diámetro de 11 mm y 5 mm, respectivamente. No era posible aplicar la quimioterapia, debido a la presencia del virus de la hepatitis B.

Si bien el cambio nutricional no tiene ningún efecto sobre el virus, sí actúa sobre el cáncer. Mientras que ordinariamente los nódulos hepáticos doblan su masa cada dos meses, primero disminuyeron de volumen y después se volvieron no detectables para la RMN (resonancia magnética nuclear). La tasa del marcador AFP pasó de 360 ng a 9,8 ng, tasa normal que confirmaba una disminución o desaparición de las células malignas. Este buen resultado se mantiene desde hace un año. Sabiendo que la duración de vida media en este tipo de cáncer es de seis meses, se puede hablar de un éxito evidente.

e) *Cánceres en los cuales el régimen ha sido interrumpido (2 pacientes)*

Un varón de 66 años, afectado de un cáncer de estómago, había sufrido una gastrectomía total, seguida de radio y quimioterapia. Realizaba el régimen hipotóxico y estaba en remisión clínica, con una tasa normal del marcador CA-19.9. Hospitalizado por una razón independiente al cáncer, volvió a seguir una alimentación «normal». El tumor reapareció y produjo numerosas metástasis. Murió al cabo de un mes.

Una mujer de 60 años debió decidirse por la extirpación de los ovarios cancerosos. Después de una quimioterapia, adoptó el régimen ancestral y se produjo una remisión completa durante tres años. Mientras atravesaba un paso de peatones, la atropelló un coche y sufrió una fractura de tibia y de peroné, desarrolló un estado depresivo transitorio y abandonó la dieta durante dos meses. Entonces se observó que el marcador CA-125, cuyo valor era normal, de 8 unidades, aumentó al cabo de algunas semanas a 88 unidades, lo cual indicaba una reanudación del proceso tumoral.

En estas dos personas, el nuevo inicio del cáncer después de la interrupción de la dieta no es una coincidencia. Es probable que el cambio nutricional no erradique todas las células malignas, pero disminuye enormemente su número. Este razonamiento parece corroborado para el cáncer de próstata, tan frecuente en Extremo Oriente como en los países occidentales, pero que mata 10 veces menos porque, a menudo, está muy poco extendido (Garnick y Fair, 1999). Las células malignas, frenadas por la alimentación ancestral, proliferan de nuevo en caso de retorno a la alimentación moderna.

L) CONCLUSIÓN

1. Sobre el cáncer

Hace algunos decenios, cánceres y leucemias eran enfermedades incurables y su patogenia, totalmente desconocida. Hoy en día se han logrado progresos incuestionables:

- Cada vez se conocen mejor los mecanismos que llevan a una célula normal a volverse maligna. Este dato es esencial, ya que se necesita conocer al enemigo para poder perfeccionar armas capaces de combatirlo con éxito.
- Se dispone de tratamientos eficaces en alrededor del 50% de los casos. La cirugía, la radioterapia, la quimioterapia y la hormonoterapia consiguen a menudo erradicar el tumor o mantenerlo a raya durante muchos años.

Sin embargo, el camino que recorrer es considerable. Las conclusiones del profesor Schwartz (1996) corresponden a la realidad. Las terapias actuales están limitadas por su falta de especificidad: la cirugía, la radioterapia y principalmente la quimioterapia matan demasiadas células sanas al mismo tiempo que eliminan las células degeneradas. Los investigadores deben mostrar imaginación y proponer nuevas vías si se quiere salir de este callejón sin salida.

2. Sobre el régimen

El régimen de tipo original merece ocupar un lugar importante en la lucha contra el cáncer, por varias razones:

1) No comporta ningún riesgo ni carencia.
2) Tiene un valor preventivo notable.
3) Es curativo en una proporción bastante elevada de casos.
4) Ayuda a soportar la quimioterapia y mejora el estado de los pacientes.
5) Es específico, ya que respeta las células normales. Más aún, refuerza sus capacidades para normalizar o para destruir las células malignas.

Sin embargo, la dieta no siempre es eficaz. Se aprecian fracasos, poco frecuentes en la prevención, más frecuentes en la cura. Pero, no obstante, es un arma que utilizar en todos los casos:

- Como método preventivo, en asociación con otras medidas: supresión del tabaco, disminución de la exposición a otros agentes cancerígenos, aporte de vitaminas y de minerales, principalmente los que tienen una acción antioxidante que se oponen a los radicales libres.
- Como tratamiento curativo, en asociación con los tratamientos clásicos (cirugía, radioterapia, quimioterapia, hormonoterapia) y sólo cuando el resto de técnicas terapéuticas se ha suprimido, y se considera la enfermedad en remisión.

No se puede nunca predecir con certeza en qué casos el régimen hipotóxico va a ser un éxito. La evocación de dos observaciones de cáncer de mama ilustra este punto:

- El régimen practicado durante 5 años curó una esclerosis múltiple, pero no pudo extinguir un pequeño tumor mamario. Es un fracaso inesperado.
- La dieta hace que desaparezcan las metástasis óseas, pulmonares y hepáticas en un cáncer de mama que parecía haber franqueado ampliamente el punto de no retorno. Es un éxito inesperado.

Siempre se debe recordar que cada enfermo es diferente y que miles de parámetros, que varían de un individuo a otro, intervienen en el desarrollo de la enfermedad. Conviene tener en cuenta los frecuentes buenos resultados del régimen, sin caer en un pesimismo o en un optimismo exagerados.

Capítulo 22

LA TEORÍA DE LA ELIMINACIÓN

El intestino no es solamente un órgano de absorción, sino que también es un potente emuntorio encargado de eliminar las materias indeseables.

GUY-CLAUDE BURGER

Un gran número de glóbulos blancos asegura a lo largo de nuestra existencia una función importante y hasta aquí subestimada de desintoxicación y de eliminación.

R. INDERST, K. RANSBERGER Y K. MAEHDER

A) EXISTENCIA DE UNA ELIMINACIÓN

Durante los capítulos precedentes, hemos visto que los residuos bacterianos y alimentarios procedentes del intestino delgado podrían ser la causa de numerosos estados patológicos:

- Los péptidos inmunogénicos y las proteínas superantígenas están implicados en el desarrollo de enfermedades autoinmunes o xenoinmunes.
- El resto de moléculas, incapaces de provocar una buena respuesta inmunitaria, obstruye algunos tejidos, y contamina tanto el medio extracelular como el interior de las células, lo que origina diversas enfermedades denominadas «de ensuciamiento».

Un régimen alimenticio bien elegido mejora considerablemente la situación y modifica varios parámetros:

- Restauración de una flora bacteriana fisiológica, que deriva en una importante reducción de moléculas bacterianas peligrosas.
- Consumo de alimentos compatibles con las enzimas y las mucinas del intestino delgado, que implica una fuerte reducción de moléculas alimentarias peligrosas.
- Reparación de daños de los enterocitos (lisis o disyunción) y recuperación de una impermeabilidad normal de la mucosa intestinal, lo cual es suficiente para impedir el paso de la mayoría de moléculas nocivas.

Cesa el flujo de sustancias tóxicas procedentes del intestino. Pero esto no es suficiente para explicar la gran mejoría o la curación obtenidas en enfermedades tradicionalmente consideradas incurables. Hay que admitir que los residuos acumulados en los tejidos y en las células pueden ser movilizados y expulsados fuera del organismo. Existe, por tanto, una eliminación. Ésta es más o menos rápida, pero siempre progresiva. Por esa razón, el beneficio obtenido con la dieta también es progresivo.

Finalmente, el balance entre los aportes y las salidas de residuos produce la evolución favorable de los síntomas y podemos avanzar las proposiciones siguientes:

- Cuando los aportes sobrepasan las salidas, el resultado, tarde o temprano, es una enfermedad.
- Cuando las salidas sobrepasan los aportes, el regreso a la normalidad es factible.
- La eliminación parcial de los residuos se traduce en una mejoría.
- La eliminación total de los residuos se traduce en una remisión completa.

Por supuesto, los factores genéticos van a influenciar este cuadro.

El polimorfismo de las mucinas intestinales, de las enzimas de los enterocitos y de las enzimas de diversas células, hace que la resistencia a los excesos de aportes y las capacidades de eliminación varíen de un individuo a otro.

B) VÍAS DE ELIMINACIÓN

Para expulsar las moléculas indeseables, el organismo dispone de diversos emuntorios:

1) El riñón: tiene un papel menor. En un sujeto normal, la orina únicamente contiene urea y iones. Sólo en un estado patológico, cuando el filtro glomerular está afectado, el riñón deja pasar las proteinas.

2) El hígado: tiene, por el contrario, una gran importancia, y algunas sustancias son excretadas con la bilis. Hemos visto, en la observación de la depresión nerviosa endógena descrita en el capítulo 19, cómo las excreciones biliares durante mucho tiempo han retardado la aparición de problemas psiquiátricos.

3) El colon: es también un emuntorio principal. Burger (1988) describió muy bien, en los sujetos que seguían su régimen, las reacciones de depuración que tienen lugar en el intestino grueso: inflamaciones, flatulencias, expulsión bastante frecuente de heces muy líquidas. No se trata de una colitis, ya que estos fenómenos son indoloros. Hay que respetarlos e incluso favorecerlos, y con esta finalidad Burger administra un laxante vegetal.

La presencia de un órgano tan voluminoso como el colon debe tener otra utilidad biológica que el simple tránsito de los residuos de la digestión. Creo que, por oposición al intestino delgado, que ante todo es un órgano de absorción, el colon es un órgano de eliminación. Algunas moléculas nocivas transportadas por la sangre atraviesan la pared del colon y van a parar a la luz digestiva.

4) El intestino delgado absorbe a través de las vellosidades, pero secreta a través de las criptas. Tiene, pues, una función en la expulsión de algunas sustancias.

5) La piel participa en los procesos de depuración. Las secreciones de las glándulas sudoríparas, la descamación de las células epiteliales, el crecimiento de los faneros son otras de las vías existentes para la salida de algunos residuos.

6) Los bronquios constituyen también un emuntorio, gracias a su mucosa, que secreta importantes cantidades de mucus, y a la descamación de las células epiteliales.

7) La mucosa de la esfera ORL y la conjuntiva ocular no son vías de eliminación despreciables, ya que con frecuencia sus células epiteliales son renovadas por las mitosis, las células muertas desaparecen, y con ellas lo hacen también sustancias peligrosas. Además, algunas de estas mucosas están dotadas de secreciones: líquido nasal, saliva y lágrimas.

C) MECANISMOS DE ELIMINACIÓN

Las moléculas nocivas tendrán un destino diferente según sean o no accesibles a la acción de las enzimas del organismo humano.

1. Moléculas accesibles a la acción de las enzimas

Podrán ser modificadas, hasta llegar a una forma que permita su eliminación. Así, algunos xenobióticos sufrirán una oxidación por las parooxonasas (La Du, 1996), favorecida por los citocromos P450; después una sulfoconjugación o una glicuroconjugación, seguidas de su excreción por la bilis.

2. Moléculas inaccesibles a la acción de las enzimas

El número de enzimas es grande, probablemente del orden de 10.000 a 20.000, pero limitado. Las enzimas no son llaves maestras, sino que se comportan como llaves diferentes. Cada enzima sólo puede actuar fijándose en un sitio de reconocimiento específico.

Opino que las enzimas digestivas están adaptadas a los alimentos ancestrales. Éstas se dividirán en pequeñas moléculas que serán las únicas que atraviesen la barrera intestinal normal, mientras que las grandes moléculas, como las fibras de celulosa, quedarán en la luz digestiva. Pocas o ninguna macromoléculas alimentarias pasarán a la circulación general.

La flora intestinal fisiológica, constituida por numerosas bacterias saprofitas, no suscitará ninguna respuesta agresiva por parte de la pared intestinal. Mientras las bacterias no se lisen, pocas o ninguna macromoléculas bacterianas accederán al interior del organismo.

Las enzimas celulares prácticamente sólo tendrán que actuar sobre las pequeñas moléculas alimentarias a las cuales están adaptadas. No habrá casi ensuciamiento y poca o ninguna necesidad de eliminación.

Las enzimas digestivas no están adaptadas a algunos alimentos modernos. La digestión imperfecta dejará sin metabolizar numerosas macromoléculas alimentarias.

Las modificaciones del quilo (capítulo 3) repercuten en la flora intestinal, que va a orientarse hacia una flora de putrefacción con aparición de diversas bacterias patógenas. Estas bacterias provocan una respuesta agresiva de la pared del intestino delgado. Algunas son destruidas, y dan lugar a muchas macromoléculas bacterianas.

Cuando las macromoléculas alimentarias y bacterianas fluyen a través de una mucosa del intestino delgado muy permeable y entran en la sangre, las enzimas celulares están indefensas frente a la mayoría de esas moléculas a las cuales no están adaptadas. La acumulación de moléculas extrañas puede conducir a una enfermedad autoinmune o una patología de ensuciamiento.

El organismo tiene interés en eliminar estas sustancias peligrosas. Pero es incapaz de catabolizarlas. El único recurso es el de transportarlas enteras, desde la sangre hasta el exterior del organismo, a través de un emuntorio. Este transporte está asegurado por algunos glóbulos blancos, los macrófagos y los granulocitos neutrófilos. Pero estas células liberan citocinas durante su progreso y atraen a otras células: linfocitos, mastocitos, granulocitos eosinófilos, etc. Así, se constituye un infiltrado inflamatorio en la pared del emuntorio.

D) LA ELIMINACIÓN FISIOLÓGICA Y SU VALOR TERAPÉUTICO

La eliminación no produce ningún trastorno mientras la cantidad de residuos no metabolizables transportados por los glóbulos blancos sea moderada. Semejante proceso puede considerarse fisiológico.

En los humanos que siguen una dieta basada en la alimentación moderna, existe una eliminación fisiológica de intensidad variable. En algunos privilegiados, es grande, y los protege de numerosas enfermedades. En otros, es débil, y tiende a disminuir con la edad, a medida que la acumulación de moléculas exógenas bloquea cada vez más los engranajes del organismo.

En los sujetos que adoptan el régimen ancestral, estos engranajes se limpian de forma progresiva. Los residuos salen de sus alojamientos y pasan a la sangre, lo que provoca manifestaciones de incomodidad: cefaleas, nerviosismo, astenia, trastornos digestivos y aftas. Estos pequeños signos no deben inquietar. A menudo persisten durante todo el periodo en el cual el paciente adelgaza. Numerosos productos nocivos que estaban depositados en el tejido adiposo son vertidos a la circulación general. Las pequeñas molestias desaparecen después de una depuración que a menudo es una excreción biliar o, a veces, unas heces líquidas acompañadas de una rinorrea (flujo de moco nasal) o de una salida abundante de películas en el cuero cabelludo. Se puede interpretar como el paso de los productos tóxicos desde la sangre hasta el medio exterior. Si bien estos episodios pueden repetirse, disminuyen de frecuencia y de intensidad a medida que se limpia el organismo.

El efecto terapéutico de la dieta se apoya en una doble acción respecto a los residuos alimentarios y bacterianos: gran reducción de los aportes y aumento de la eliminación.

Los procesos de depuración consumen energía. Me parece lógico asociar al régimen original minerales, oligoelementos y vitaminas.

E) LA ELIMINACIÓN PATOLÓGICA

Cuando la cantidad de moléculas no metabolizables transportadas es abundante, el número de glóbulos blancos movilizados aumenta y la cantidad de citocinas liberadas por estos glóbulos blancos se incrementa. El proceso de depuración se vuelve intensivo. Nuevos residuos salen de la sangre sin parar, atraviesan el grosor de un emuntorio y son transportados a la superficie. Las moléculas nocivas se eliminan de varias maneras:

- Expulsión de las células con los residuos que contienen.
- Vertido de los residuos en un líquido de secreción.
- Transmisión de los residuos a otras células de las cuales el organismo se deshace fácilmente; por ejemplo, las células de la epidermis se descaman.

La depuración es eficaz, pero tiene el inconveniente de provocar una inflamación crónica del emuntorio. Esta inflamación es la causante, por sí misma o junto con otros factores (bacterias, virus, alérgenos, contaminantes, alimentos, etc.), de enfermedades que varían según el emuntorio escogido. La elección de este último depende de la estructura de las moléculas. La vía biliar es aparentemente la menos peligrosa. Las excreciones biliares no ocasionan ninguna afección grave. Su único inconveniente es el desperdicio de minerales, en particular de fósforo.

En cambio, el paso a otros emuntorios puede, en mi opinión, tener consecuencias patológicas:

- En el colon: colopatía funcional, colitis linfocitaria, colitis colágena y enfermedad de Crohn.
- En la piel: acné, algunos eccemas, psoriasis y quizás ictiosis, queratodermia.
- En los bronquios: bronquitis crónica y asma.
- En las mucosas auditiva, bucal, nasal, faríngea, laríngea y conjuntiva: otitis, anginas, sinusitis, rinitis alérgica, rinitis crónica, edema de Quincke, conjuntivitis alérgica, aftas y enfermedad de Behçet.

Desde mi punto de vista, existe una verdadera patología de eliminación (Seignalet, 1996b) cuyas manifestaciones polimorfas se representan en la figura 71. Explicaré, en cada una de estas enfermedades, por qué pueden ser el resultado de un proceso de eliminación. ¿No es sorprendente comprobar la presencia de un infiltrado inflamatorio parecido en la pared cólica del enfermo de Crohn, la dermis del psoriásico y la submucosa bronquial del asmático?

F) ¿CÓMO PREVENIR O TRATAR LA PATOLOGÍA DE ELIMINACIÓN?

Dado que la alimentación moderna es la causa principal de los problemas, conviene proponer un régimen sin cereales (excepto el arroz), sin productos lácteos, rico en alimentos crudos y en aceites biológicos, acompañado de magnesio, de oligoelementos, de vitaminas y de fermentos lácticos.

El cambio nutricional disminuye ampliamente los aportes e incrementa la eliminación de moléculas nocivas. La cantidad de residuos contenidos en el organismo disminuye de forma progresiva. En consecuencia, cesa el flujo de células depuradoras que atraviesa los emuntorios. La limpieza de los emuntorios puede prevenir o curar una enfermedad.

Figura 71. **LA PATOLOGÍA DE ELIMINACIÓN**

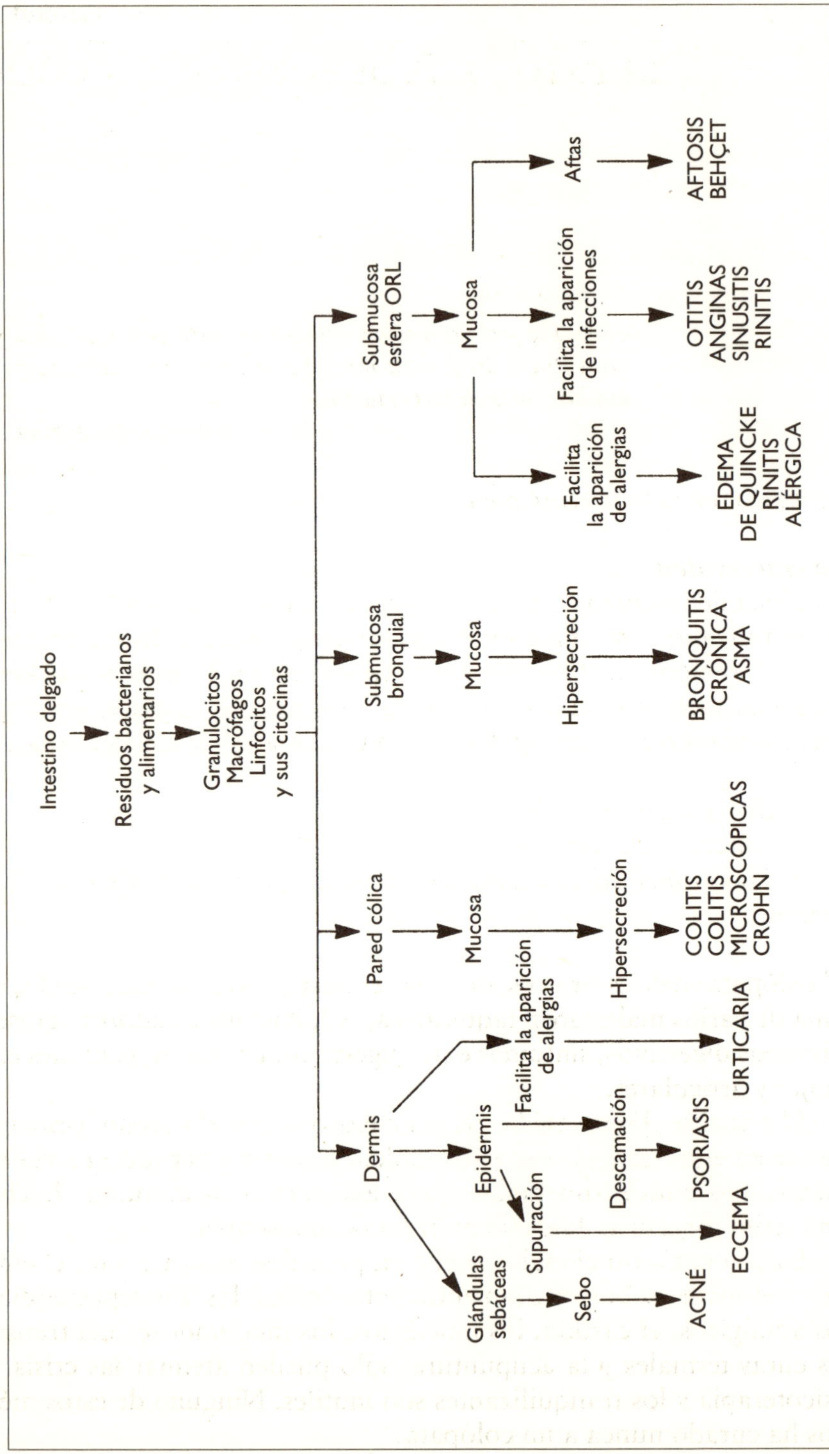

Capítulo 23

LA PATOLOGÍA DE ELIMINACIÓN CÓLICA

Hay que experimentar necesariamente con una idea preconcebida. Pero ésta no debe intervenir, ni al recoger los hechos, ni al interpretarlos.

CLAUDE BERNARD

A) COLOPATÍA FUNCIONAL

La enfermedad

También denominada colon espástico, colon irritable o colitis, la colopatía funcional está muy extendida (Naveau y col., 1986; Frexinos, 1993; Dapoigny, 1996). Afecta a alrededor de un 25% de la población francesa, y representa un 50% de las consultas de gastroenterología. Tiene tres síntomas principales, que se presentan juntos o por separado:

- Dolores abdominales.
- Hinchazón abdominal.
- Trastornos del tránsito: estreñimiento, diarrea o alternancia de ambos.

El colópata suele estar cansado, a veces hasta ansioso o deprimido, víctima de varios malestares: taquicardia, palpitaciones, sudores, náuseas, síntomas digestivos, síntomas extradigestivos: urinarios, genitales en la mujer y articulares.

El examen clínico evidencia un cuadro cólico doloroso, principalmente en el ciego y el colon sigmoideo. El enema baritado revela una motricidad cólica anormal, ya sea excesiva o disminuida. Excluye una lesión orgánica, lo cual confirma la endoscopia.

La colopatía funcional es benigna, pero desesperante para el enfermo y el médico. Los pinzamientos intestinales, los antiespasmódicos, los antálgicos, el carbón, los mucílagos, los moderadores del tránsito, las curas termales y la acupuntura, sólo pueden atenuar las crisis. La psicoterapia y los tranquilizantes son inútiles. Ninguno de estos métodos ha curado nunca a un colópata.

Se considera el colon espástico hasta tal punto incurable que incluso Ploin (1996) afirma que toda curación espectacular de una colitis es sinónimo de diagnóstico erróneo desde el principio. En 1995, el coste de la asistencia facultativa destinado al colon irritable estaba estimado en 8.000 millones de dólares al año en Estados Unidos (Longstreth, 1995). Y, sin embargo, veremos cómo un régimen bien elegido cura casi con seguridad esta afección.

Respecto a la manera de alimentar a los colópatas, los gastroenterólogos están divididos:

- Unos son partidarios de suprimir algunos alimentos que a menudo exacerban las crisis, en particular las verduras crudas y algunas frutas, e insisten en los alimentos cocidos. Este método atenúa sin duda la intensidad de las crisis, pero no hace que desaparezca la colitis.
- Otros estiman que ningún método nutricional es capaz de obtener un beneficio real. Creo que el colópata puede comer lo que quiera (Ploin, 1996).

Sólo he encontrado en la literatura médica un equipo que haya abordado el problema de una manera parecida a la mía. Nanda y col. (1989) comprobaron que los regímenes de exclusión eran eficaces en el 47% de los enfermos, y que muchos sujetos identificaban los alimentos peligrosos. Con una perspectiva de un año, la mejoría se mantiene.

Mecanismos propuestos para explicar la colopatía funcional

Se han expuesto varias hipótesis (Maxwell y col., 1997):

1) Una respuesta inmunitaria de los linfocitos T y de las células NK contra antígenos de la flora bacteriana normal. Sin embargo:

- Los colópatas no poseen más anticuerpos antibacterianos intestinales que las personas sanas.
- El infiltrado celular de la pared cólica tiene un carácter inflamatorio (macrófagos, granulocitos, neutrófilos) antes que inmunitario (linfocitos).

2) Una hipersensibilidad a un alimento.

Evidentemente, los alimentos pueden ser los causantes de la colitis, pero no debido a un mecanismo de alergia o de intolerancia. La enfermedad no se debe a la agresión de la mucosa del intestino por un alimento mal tolerado.

Las verduras crudas y las frutas son sólo alimentos desencadenantes de crisis. Son peligrosos porque la pared cólica es el foco de una inflamación permanente. Es por lo tanto prioritario encontrar la causa de esta inflamación, con el fin de poder tratarla. Sólo un tratamiento etiológico puede llegar a curar una colitis.

3) La utilización de antibióticos.

Los antibióticos desempeñan un papel favorecedor de la enfermedad en algunas personas, pero no por su acción directa sobre el colon. Modifican la flora bacteriana del intestino delgado y agreden a los enterocitos.

4) Una inflamación de la pared cólica.

Es indiscutible, pero no se debe, como habitualmente se cree, a una agresión por agentes presentes en la luz intestinal.

5) Una psicopatía.

Bonfils (1982), citado por Borotto y col. (1995), creía que la colitis era una enfermedad neurótica. Asimismo, había establecido una clasificación en la que distinguía al obseso fecal, al meticuloso obsesivo y al histerofóbico hipocondríaco. Creo que el orden de los sucesos es a la inversa. La enfermedad no es de origen psíquico. La astenia, los pequeños signos de ansiedad o de depresión, los diversos malestares, son la consecuencia de los dolores, de la inflamación del colon y de la pérdida de iones, importante en las formas diarreicas.

Propongo el siguiente mecanismo para el colon irritable:

- La mucosa del intestino delgado es agredida por la alimentación moderna y algunas bacterias peligrosas que ésta favorece.
- El intestino delgado, excesivamente permeable, permite el paso de macromoléculas bacterianas y alimentarias.
- Estos residuos se expulsan a través de la pared cólica, por las células que los transportan de la sangre a la luz intestinal. Estas células constituyen un infiltrado permanente que produce una inflamación crónica de la pared cólica.

En resumen:

- La afección primitiva tiene lugar en el intestino delgado y el colon sólo se afecta de forma secundaria.
- El peligro no proviene de la luz cólica, sino de la sangre. De ésta llegan las moléculas peligrosas y los glóbulos blancos que las transportan.

Es lógico proponer como tratamiento el régimen de tipo original, que hace hincapié en los productos crudos y no en los productos cocidos, a la inversa de las prácticas médicas clásicas.

Los resultados

La dieta hipotóxica se ha probado en 220 enfermos afectados de colopatía funcional primitiva, sin antecedentes de amibiasis. En 215 casos se ha obtenido una remisión completa, casi siempre en el plazo de un mes. Todos los signos clínicos desaparecen progresivamente, tanto los dolores, la hinchazón y las alteraciones del tránsito como la fatiga, los pequeños trastornos psíquicos y el malestar. Las verduras crudas y las frutas son muy bien toleradas por los pacientes, transcurridos los primeros días.

En algunos enfermos puede persistir una diarrea intermitente. No se trata de una colitis, sino de un proceso de depuración indoloro que debe respetarse. No hay que administrar medicamentos para disminuir el tránsito digestivo, sino, al contrario, dejar salir este flujo para que limpie el organismo de residuos.

En 5 personas sólo se obtuvieron mejorías parciales. Tres tenían un dolicolon (colon anormalmente largo). Quizás esta anomalía fuera la causa de la resistencia al tratamiento.

Para los otros 215 pacientes, se obtuvieron remisiones y no curaciones. La reanudación, incluso aislada, del consumo de una cantidad bastante importante de trigo o de leche produce en 24 horas una pequeña crisis. El régimen debe mantenerse toda la vida.

B) COLITIS MICROSCÓPICAS

Las colitis microscópicas son mucho más raras que la colitis clásica. Afectan principalmente a la mujer adulta. El signo principal es una diarrea acuosa crónica fluctuante. Se observan con menos frecuencia dolores abdominales, una alternancia de diarrea y de estreñimiento, náuseas y vómitos. Se conserva el estado general. El enema baritado y la coloscopia son normales.

El diagnóstico se basa exclusivamente en las múltiples y escalonadas biopsias de la mucosa rectocólica. El examen anatomopatológico permite distinguir dos variedades de colitis microscópica (Bogomoletz, 1996):

1) La colitis colágena, que se caracteriza por un depósito de colágeno que forma una banda bastante espesa bajo la membrana basal del epitelio cólico.

2) La colitis linfocitaria, que se distingue por el elevado número de

linfocitos en el infiltrado inflamatorio. En la región intraepitelial, encontramos al menos 20 linfocitos por cada 100 células epiteliales.

Las colitis microscópicas están asociadas, con más frecuencia de lo normal, a diversas enfermedades autoinmunes, pero principalmente a los reumatismos inflamatorios (Soulier y col., 1996) y a la atrofia de las vellosidades del intestino delgado.

El mecanismo de las colitis microscópicas es desconocido. Ningún tratamiento es realmente válido. La evolución es crónica, con crisis que alternan con remisiones. Se han referido casos poco frecuentes de curación espontánea.

Mi impresión es que las colitis microscópicas corresponden a una patología de eliminación. Las diferencias con la colitis común procederían de la estructura de los residuos que depurar. Algunos estimulan la producción de colágeno por los fibroblastos en la colitis colágena. En la colitis linfocitaria, la presencia de una gran proporción de péptidos explicaría la afluencia de linfocitos capaces de reconocer a estos péptidos cuando las CPA los transportan, emparejados a moléculas HLA.

Por tanto, parece indicado probar el régimen ancestral en este tipo de colopatía. Éste ha sido seguido por tres pacientes, dos afectados de colitis colágena y el tercero de colitis linfocitaria. Dos enfermos se han curado, mientras que una de las dos colitis colágenas no se ha modificado. A continuación describo uno de los éxitos.

Observación DIV 5

B., de 32 años, acudió a mi consulta en octubre de 1995 por un doble problema:

1) Un reumatismo inflamatorio que sufría desde que tenía 18 años, difícil de clasificar pero parecido a una espondiloartritis anquilosante. Este reumatismo fue lo bastante molesto para justificar la administración sucesiva de sales de oro, de un antimalárico, de sulfasalazina y de metotrexato asociados a AINE y a antálgicos.

2) Una colitis colágena que había empezado 7 meses antes de la consulta. Una diarrea acuosa crónica acompañada de dolores abdominales y de astenia. La endoscopia no revelaba anomalías cólicas. Las biopsias pusieron de manifiesto un depósito de colágeno en banda bajo el epitelio.

La paciente notaba un fenómeno de desequilibrio:

• Cuando la diarrea aumentaba, el reumatismo inflamatorio disminuía.

• Cuando la diarrea disminuía, el reumatismo inflamatorio aumentaba.

El régimen hipotóxico provocó en algunas semanas la completa desaparición de los síntomas, tanto los de la artropatía como los de la colitis colágena. Después de 3 meses, la paciente siguió el régimen de forma más irregular. Los periodos en que lo interrumpió estuvieron marcados por recaídas; las etapas en las cuales lo retomó, por remisiones.

Comentarios

1) La asociación de la colitis colágena con un reumatismo inflamatorio no es sorprendente, ya que las dos afecciones derivan de una misma causa inicial: una permeabilidad exagerada de la mucosa del intestino delgado.

• Algunas de las moléculas que lo atraviesan son péptidos, que tienen afinidad por las articulaciones. Se emparejan con moléculas HLA y son reconocidos por los linfocitos T, que se activan y agreden a las células portadoras de los péptidos, de ahí el reumatismo inflamatorio.

• Los leucocitos transportan las moléculas (péptidos y otras estructuras) introducidas en el organismo a través de la mucosa del intestino delgado por la mucosa cólica para ser devueltas a la luz digestiva, de ahí la colitis colágena.

El desequilibrio entre los brotes de diarrea y los brotes de reumatismo inflamatorio es lógico, si se admite que la diarrea permite al paciente eliminar los péptidos causantes de la afección articular. Cuanto más fuerte es la diarrea, más numerosos son los péptidos expulsados y más liberadas están las articulaciones. Y viceversa.

C) RECTOCOLITIS HEMORRÁGICA

La enfermedad

En otros tiempos, la rectocolitis hemorrágica (RCH) estaba más extendida que la enfermedad de Crohn. Actualmente, la RCH y la enfermedad de Crohn tienen una incidencia parecida. La RCH afecta más a la mujer que al varón y suele aparecer entre los 30 y los 50 años.

Los dos síntomas principales son:

• La diarrea, a veces con heces abundantes y muy líquidas, que a menudo contienen sangre.

• El tenesmo, que se define por quemazones anales y presencia de dolor cuando se tienen ganas de evacuar.

Otras manifestaciones son más inconstantes: dolores abdominales, fiebre, signos de anemia. El estado general raramente está alterado y, o se adelgaza poco, o se mantiene el peso inalterable.

La endoscopia revela lesiones rectales y cólicas. El resto del tubo digestivo está intacto. Las lesiones tienen una distribución continua. La mucosa está roja, destrozada y sangra al menor contacto. La submucosa está edematosa, y confiere a los vasos un aspecto poco definido.

Las biopsias evidencian, en la gran mayoría de los casos, lesiones superficiales, limitadas a la mucosa. Los microabscesos no son frecuentes y no hay granulomas inflamatorios. Las células mucosas han disminuido o desaparecido.

La RCH evoluciona por brotes, separados por remisiones. Algunas formas son graves, ya sea por la duración de los brotes y la brevedad de las remisiones o por la intensidad de los síntomas. Sin embargo, en general, la RCH es menos severa que la enfermedad de Crohn.

Los principales tratamientos son la sulfasalazina, los salicilatos, los corticoides locales y generales, los inmunosupresores y las intervenciones quirúrgicas, en particular la colectomía. La RCH se consideraba crónica e incurable.

Comparación entre RCH y enfermedad de Crohn

En la primera edición de este libro (diciembre de 1996), me adscribí a la minoría de autores que estiman que RCH y Crohn constituyen una misma enfermedad. Mis principales argumentos eran los siguientes:

• La enfermedad de Crohn se limita al colon en el 25% de los casos.
• En un 20% de los pacientes, el diagnóstico diferencial es difícil entre los dos estados, lo que sugiere formas de paso.
• Se han relatado transformaciones de RCH en Crohn.

Pero un estudio más profundo me hizo cambiar de opinión. Actualmente, estoy casi convencido de que RCH y Crohn son dos afecciones muy distintas (Ogorek y Fisher, 1994). En efecto, existe un gran número de diferencias, como revela la tabla XXVI.

Resultados del régimen

Probé mi método en 8 pacientes afectados de RCH. Mientras que mis primeras impresiones eran favorables (véase la primera edición de esta

Tabla XXVI
DIFERENCIAS ENTRE RCH Y ENFERMEDAD DE CROHN

		RCH	CROHN
MATICES CLÍNICOS	Dolores	Ocasionales	Frecuentes
	Sangre en las heces	Frecuente	Rara
	Tenesmo	Frecuente	Raro
	Adelgazamiento	Raro	Frecuente
	Tabaquismo	Protector	Agravante
FOCO DE LAS LESIONES	Rectales	Constantes	Raras
	Cólicas	Muy frecuentes	Inconstantes
	Ileales	Ausentes	Frecuentes
	Otras regiones	Ausentes	Posibles
EVOLUCIÓN DE LAS COMPLICACIONES	Evolución	A menudo moderada	A menudo grave
	Fisura anal	Ocasional	Frecuente
	Fístula perianal	Muy rara	Frecuente
	Masa abdominal	Muy rara	Frecuente
ASPECTOS ENDOSCÓPICOS	Continuidad de las lesiones	Constante	Excepcional
	Vasos	Aspecto impreciso	A menudo normales
	Friabilidad mucosa	Constante	Rara
	Eritema	Constante	Inconstante
	Petequias	Constantes	Raras
	Sangrado profuso	Frecuente	Raro
	Aftas	Raras	Frecuentes
	Úlceras	Raras	Frecuentes
	Remisión clínica	Persistencia de las lesiones	Desaparición de las lesiones
ASPECTOS HISTOLÓGICOS	Inflam. transmural	Ausente	Presente
	Granulomas inflam.	Ausentes	Presentes
	Microabscesos	Raros	Muy frecuentes
	Secreción de mucus	Muy disminuida	Muy aumentada
	Células de mucus	Desaparecidas	Presentes
TRATAMIENTO	Nutrición artificial	Poco eficaz	A menudo eficaz
	Régimen hipotóxico	Poco eficaz	A menudo eficaz

obra), mi opinión se modificó a medida que aumentaban el número de enfermos y la perspectiva de tiempo de la cual disponía. Ninguno de los 8 pacientes mejoró de forma evidente. Experimentaron las remisiones que se suelen observar de manera espontánea en la RCH. Todos recayeron después de un tiempo variable, lo que demuestra que la dietética tiene poco o ningún efecto favorable. Contrariamente a la enfermedad de Crohn, sobre la cual hace maravillas, el régimen hipotóxico fracasa en la RCH.

Esta constatación no es sorprendente si se considera que la alimentación artificial, cuyos puntos comunes con el régimen ancestral veremos, también es a menudo eficaz en la enfermedad de Crohn y muy poco útil en la RCH.

Reflexiones sobre el mecanismo de la RCH

Del fracaso del cambio nutricional se puede deducir que, a diferencia de la colopatía funcional, las colitis microscópicas y la enfermedad de Crohn, la RCH no se explica como una patología de eliminación.

El foco superficial de las lesiones, casi siempre limitadas a la mucosa, sugiere que los agentes agresores no proceden de la sangre, sino de la luz del colon y del recto. Podría tratarse de algunas bacterias y/o de ciertos residuos de la digestión alimentaria.

¿Por qué estos agentes agresores inofensivos para los sujetos sanos, se vuelven peligrosos para los sujetos aquejados de RCH? Quizá porque en estos últimos la mucosa está mal protegida. Se percibe la disminución o la ausencia de mucus y la desaparición de las células de mucus.

La situación en la enfermedad de Crohn es otra. En esta enfermedad, las células de mucus no sólo están presentes sino que son hiperactivas, estimuladas por el proceso inflamatorio transparietal.

Si la ausencia de las células de mucus constituye la causa de la RCH, quedaría por explicar por qué estas células han desaparecido. No parece tratarse de un proceso autoinmune. Quizá pueda deberse a un ensuciamiento que aparece en individuos genéticamente predispuestos. En este caso, el régimen de tipo original, en lugar de ser curativo, quizá tendría un valor preventivo.

D) ENFERMEDAD DE CROHN

La enfermedad

En otros tiempos, el Crohn era una enfermedad rara, que afectaba a 4 personas de cada 100.000 en Francia. Durante los últimos 50 años, su frecuencia ha aumentado progresivamente. En la actualidad, es de

4 personas entre 1.000, es decir, cien veces más que a principios de siglo (Gower-Rousseau y col., 1996). Está más extendida entre los anglosajones, los escandinavos y los judíos. En general, aparece entre los 20 y los 40 años. Las lesiones a menudo están localizadas en el íleon terminal, a veces en el colon y en el ano, más raramente en otros puntos del tubo digestivo.

Los principales signos clínicos son: dolores abdominales, diarrea prolongada, flemas ensangrentadas, una eventual masa palpable en la fosa ilíaca derecha, fiebre moderada, astenia y adelgazamiento. En el aspecto biológico, existe una VS acelerada, una CRP aumentada, una ligera anemia, una leucocitosis con polinucleosis y una hipoalbuminemia.

El diagnóstico se confirma por:

- Los exámenes radiográficos, tránsito del intestino delgado y enema baritado, que proporcionan las imágenes características.
- Las endoscopias, rectoscopia, coloscopia e ileoscopia, completadas por las biopsias.

Las lesiones histológicas están extendidas en todo el espesor de la pared intestinal:

- En la submucosa se observa un infiltrado formado por polinucleares, macrófagos, linfocitos T y B, plasmocitos y mastocitos. A veces, se encuentran granulomas que contienen células gigantes multinucleadas, así como microabscesos.
- En la mucosa se observan ulceraciones, un acortamiento de las vellosidades y una deformación de las criptas.

Los principales riesgos son las fístulas, las fisuras, los abscesos voluminosos y las estenosis cicatriciales. La inflamación puede extenderse al mesenterio y a los ganglios linfáticos vecinos.

Las manifestaciones extraintestinales no son extrañas en la enfermedad de Crohn (Bellanger y Gendre, 1996). Las principales son:

- Articulares: artritis periférica no deformante, espondiloartritis anquilosante, sacroileítis aislada.
- Cutáneas: eritema nudoso (nódulos rojos dolorosos), piodermitis gangrenosa (supuración con gangrena).
- Bucales: aftas.
- Oculares: uveítis.

La enfermedad de Crohn evoluciona por brotes sucesivos. Los principales tratamientos (Bonnet y Modigliani, 1996) son los salicilatos, la salazopirina, los corticoides, los inmunosupresores, los antiinfecciosos, la nutrición artificial y la cirugía. La afección se considera incurable. Después de 15 años de evolución, el 90% de los pacientes ha sufrido mutilaciones quirúrgicas.

Una teoría sobre la patogenia de la enfermedad de Crohn

Propongo para la enfermedad de Crohn un mecanismo semejante al de la colopatía funcional. La gravedad de la enfermedad de Crohn se debería a una diferencia en los residuos que eliminar, quizá porque se tratara de una cantidad mayor, o probablemente porque tuvieran una estructura más compleja. Las células movilizadas por el transporte serían más numerosas. En cuanto a las diversas lesiones anatomopatológicas, pueden explicarse de la siguiente manera:

- Los microabscesos están constituidos por cantidades pequeñas de pus, que corresponde a la liberación por parte de los polinucleares y los macrófagos muertos de su contenido celular. Esta muerte puede tener dos orígenes: un agotamiento de los leucocitos, demasiado cargados de moléculas nocivas, o un combate con bacterias que han penetrado en la pared intestinal a través de una mucosa fragilizada y ulcerada.
- Los granulomas inflamatorios corresponden a una reacción bastante habitual de los macrófagos, cuando son agredidos de manera crónica, como cuando transportan residuos peligrosos. Los macrófagos se fusionan para formar células gigantes, probablemente mejor armadas para ejercer su función de basurero y resistir a las agresiones de las bacterias procedentes de la luz intestinal.
- Las ulceraciones se deben, sin duda, a varias causas:

a) Apertura de los microabscesos en la luz digestiva.

b) Lesiones del epitelio de la superficie por el paso de numerosos leucocitos activados y principalmente de aglomeraciones de células gigantes, que se precipitan en el quilo.

c) Descamación de enterocitos bajo la influencia de las citocinas liberadas por los leucocitos que infiltran la pared.

d) Producción de numerosos radicales libres, debido a la intensidad de la respuesta inflamatoria. Estos derivados oxigenados agreden la mucosa del intestino delgado.

Las citocinas liberadas por los polinucleares neutrófilos, los macrófagos y los linfocitos me parecen, por otra parte, las causas de:

- Una irritación de los músculos lisos intestinales, cuyas fuertes contracciones provocan los dolores abdominales que sufren los pacientes.
- Una estimulación de las células de mucus, cuya secreción aumenta notablemente.

Estas hipótesis se esquematizan en la figura 72.

Las macromoléculas implicadas en la enfermedad de Crohn pueden ser expulsadas, no sólo a través de la pared del colon, sino también a través de la pared del íleon terminal, del recto o de otro segmento del tubo digestivo. La proporción de las diversas células y de citocinas en el infiltrado sugieren una respuesta mucho más inflamatoria que inmunitaria (Mac Dermott y col., 1993), lo que es corroborado por la ausencia de asociación entre la enfermedad de Crohn y HLA y la ineficacia de la ciclosporina, que no reduce la respuesta inmunitaria (Sandborn, 1995). La enfermedad de Crohn se relaciona con la patología de eliminación y no con la autoinmunidad. Creo que el Crohn es una colitis muy fuerte.

Varios elementos respaldan esta tesis y merecen ser discutidos:

1) *La enfermedad de Crohn es polifactorial*

La intervención de factores genéticos es evidente en la enfermedad de Crohn. La frecuencia en la población general es del 0,4%, pero en los gemelos enfermos llega al 46%. Existen, pues, genes de susceptibilidad.

Sin embargo, el 54% de los gemelos univitelinos no padece la enfermedad. Esto prueba que los genes de susceptibilidad no son suficientes. Por lo tanto, existen factores medioambientales.

Esto se confirma por otros argumentos (Colombel y Gower-Rousseau, 1994):

- El aumento en todo el mundo de la frecuencia de la enfermedad de Crohn desde la segunda guerra mundial, que corresponde a la difusión del modo de vida occidental.
- Un grado de incidencia mayor en los países del norte que en los del sur, en Estados Unidos y probablemente en Europa.
- El predominio en el medio urbano respecto al medio rural.
- El predominio en los sujetos de nivel sociocultural alto.

Si descartamos las radiaciones, los productos químicos, los medicamentos y los virus que no parecen intervenir en la enfermedad de Crohn, hay que sospechar de las bacterias y de los alimentos. El tabaco también puede tener un papel, ya que la enfermedad de Crohn es

Figura 72. **UNA HIPÓTESIS SOBRE LA PATOGENIA DE LA ENFERMEDAD DE CROHN**

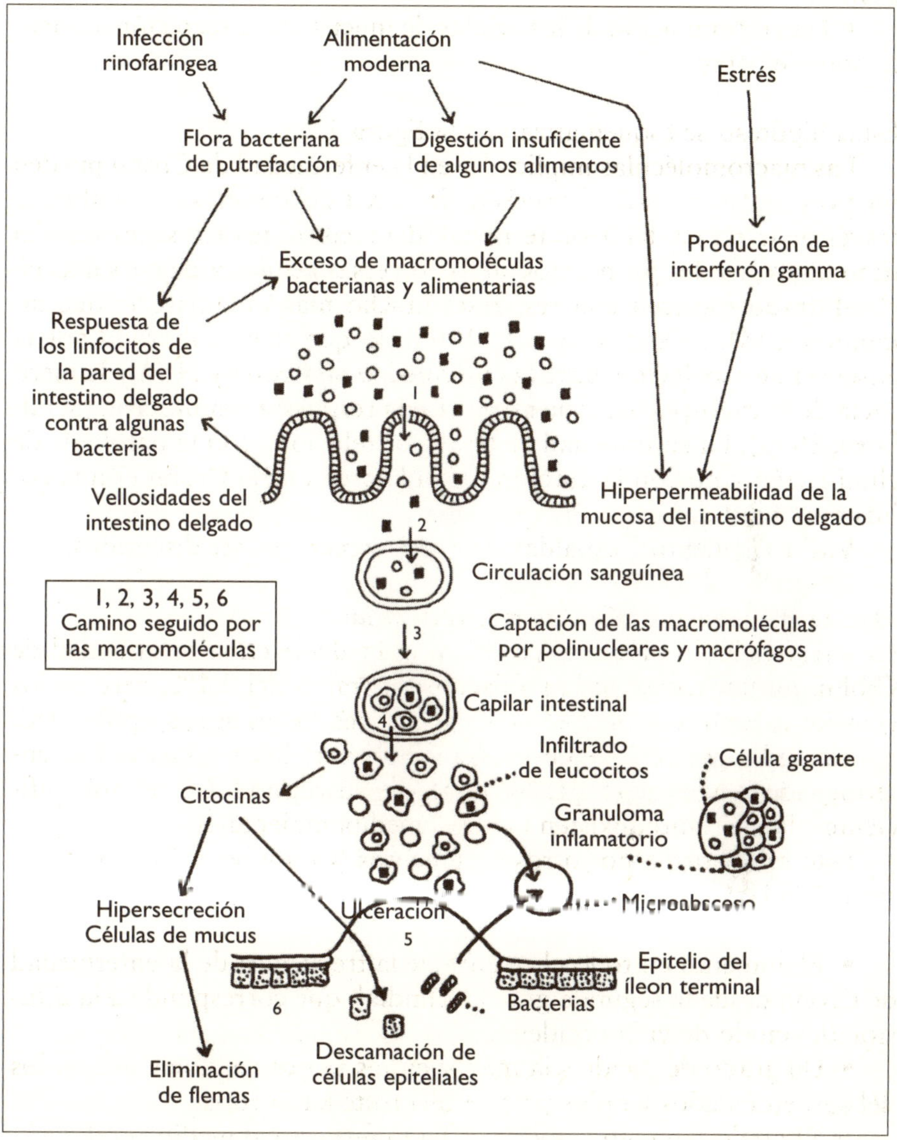

más frecuente y más grave en los fumadores. Las macromoléculas procedentes del tabaco se mezclan con las macromoléculas bacterianas y alimentarias transportadas por los leucocitos a través de las paredes del tubo digestivo.

2) *La enfermedad de Crohn está acompañada de una hiperpermeabilidad del intestino delgado*

Este fenómeno podría ser una realidad, ya que los enfermos presentan con más frecuencia que los sujetos control algunas afecciones autoinmunes (EA, UAA, púrpura trombocitopénica idiopática, lupus eritematoso sistémico, esclerosis múltiple) y algunas patologías de eliminación (psoriasis, Behçet) (Sofaer, 1993). El aspecto común de todos estos estados es un aumento de la permeabilidad del intestino delgado.

Pironi y col. (1992) y Gibson (1993) han demostrado este hecho en la enfermedad de Crohn. May y col. (1993) y Ma y Krugliak (1996) estudiaron los antecedentes familiares de los enfermos:

- La mayoría (85%) tiene una permeabilidad intestinal normal.
- Los otros (15%) tienen una permeabilidad intestinal claramente mayor.

Sólo estos últimos presentan un riesgo elevado de desarrollar la enfermedad de Crohn.

Wyatt y col. (1993) demostraron que un aumento de la hipermeabilidad del intestino delgado era señal de un brote de Crohn.

3) *La nutrición artificial es sumamente eficaz en la enfermedad de Crohn*

La nutrición artificial consiste en reemplazar la alimentación habitual por una mezcla de aminoácidos, de azúcares simples y de grasas simples.

Esta mezcla se administra:

- Por vía intravenosa, es decir, se trata de una alimentación parenteral (Azonutril).
- Por vía oral, es decir, alimentación elemental (Vivonex).

Desde hace más de 20 años sabemos que la nutrición artificial es más eficaz que los corticoides y constituye el mejor tratamiento de la enfermedad de Crohn (Halphen y col., 1993; Gorard y col., 1993; Riordan y col., 1993; King y col., 1997). Con la nutrición artificial se obtiene, en algunos días, una remisión en la mayoría de los enfermos. Por desgracia, raramente se prolonga más allá de algunas semanas, ya que necesita o 4 horas al día de perfusiones intravenosas o la ingesta de un producto con un sabor desagradable. Algún tiempo después de la interrupción del tratamiento, los pacientes recaen.

El efecto de la nutrición artificial no está claro. Creo que se debe a la brusca disminución o a la supresión de moléculas nocivas en el intestino delgado:

- Los cereales, los productos lácteos y los productos cocinados están totalmente excluidos, y los cuerpos de estructura simple que los reemplazan no suponen ningún problema para las enzimas y las mucinas.
- La flora bacteriana está profundamente modificada de forma positiva.

4) *Algunos alimentos son peligrosos para el paciente con la enfermedad de Crohn*

Riordan y col. (1993) pusieron a régimen elemental a 93 pacientes con enfermedad de Crohn durante 14 días, y obtuvieron una remisión en 78 de ellos. Separaron a éstos en dos grupos:

- 38 pacientes retomaron su nutrición habitual y se trataron con corticoides.
- En la dieta de los otros 40 se introdujo un alimento nuevo todos los días. Cada alimento que despertaba los síntomas (diarrea, dolores) se consideraba peligroso y se excluía. La tabla XXVII establece la lista de sustancias que se incluyen en esta clasificación. Con un simple régimen de exclusión, las remisiones fueron mucho más largas que con los corticoides.

Es interesante señalar que los cereales, la leche y algunos productos cocinados parecen ser nocivos para los enfermos.

Tabla XXVII

ALIMENTOS PELIGROSOS EN LA ENFERMEDAD DE CROHN

Riordan y col. (1993)

Por orden de frecuencia:
1) Maíz *,
2) Trigo *, leche ∞, levadura,
3) Huevo +, patatas +, centeno *, té +, café +,
4) Manzanas, avena *, chocolate, champiñones +.

La intolerancia apunta a menudo a varios alimentos.

* = Cereales.
∞ = Leche.
+ = Producto cocinado.

Los resultados

El régimen hipotóxico se puso en práctica en 49 casos de Crohn, pero sólo consideraré a los 40 pacientes en los cuales la experiencia es superior a un año. El balance es de 33 éxitos claros, con remisión completa o casi completa, y de 7 resultados más matizados. A continuación describiré uno de estos últimos casos, antes de analizar dos éxitos.

Observación CRO 11

La señora B., de 45 años, tenía como únicos antecedentes personales una sinusitis crónica antigua y una colitis normal. Me pidió consejo en octubre de 1996 por una enfermedad de Crohn que evolucionaba desde hacía 14 años.

En 1982 aparecieron los primeros síntomas: astenia importante, dolores abdominales y diarrea crónica, con 20 deposiciones líquidas al día. La endoscopia y las biopsias pusieron de manifiesto los aspectos típicos de la enfermedad de Crohn: ulceraciones, microabscesos y granulomas inflamatorios. Las lesiones se localizaban en el íleon terminal y en el ciego.

Los tratamientos médicos (sulfasalazina, salicilatos, corticoides) no podían detener la progresión de la enfermedad, que se complicó con tres repeticiones de abscesos voluminosos, el primero en 1983, el segundo en 1989 y el tercero en 1990. El primer absceso obligó a practicar una resección del íleon terminal y el ciego. Los dos abscesos siguientes situados en la zona de anastomosis ocasionaron, cada uno de ellos, la ablación de 20 cm de colon. Después de estas tres intervenciones quirúrgicas, la enferma entró en remisión durante 5 años.

En 1995, el Crohn volvió a aparecer y se complicó de nuevo. La inflamación provocó una fibrosis que se manifestó por un estrechamiento de la región anastomótica, en una zona de 20 cm de longitud. Esta estenosis fue la causa de episodios de suboclusión intestinal. Sin embargo, la enferma pudo evitar una cuarta operación, pero el Crohn seguía evolucionando.

La señora B. siempre fue vegetariana. Desde la aparición de la enfermedad, seguía los consejos clásicos para esta afección y evitaba las frutas y las verduras crudas. Comía muchos cereales y productos lácteos.

Tras acudir a mi consulta, siguió el régimen hipotóxico de forma correcta. La paciente suprimió los medicamentos que juzgó ineficaces. Vi a la señora B. después de 15 meses de dieta. Aún tenía accesos suboclusivos. Su estado general era bastante bueno y su fatiga se atenuó. Tiene una media de tres deposiciones muy líquidas al día que, a veces, contienen algunas flemas.

Comentarios

1) El cambio nutricional puede hacer desaparecer las ulceraciones, los microabscesos y los granulomas inflamatorios, en resumen, el proceso inflamatorio característico de la enfermedad de Crohn. Pero no puede hacer nada contra algunas lesiones definitivas, tales como las fisuras, las fístulas, los macroabscesos y las estenosis fibrosas. Encontramos la misma situación en las deformaciones articulares de la PR, la fibrosis de las glándulas lacrimales y salivares en el GS o algunas destrucciones del sistema nervioso en la EM.

2) Esta enferma no ha sufrido nuevos brotes graves y su sintomatología se atenuó, aunque estamos lejos de la remisión. Es probable que el régimen de tipo original indujera la reproducción de algunas lesiones de la enfermedad de Crohn. Pero la región estenosada y fibrosada constituye un foco inflamatorio inexpugnable que puede mantener los trastornos clínicos. Únicamente después de la exéresis del segmento estenosado (posible eventualidad en un futuro próximo o a medio plazo) podremos esperar curar el Crohn con mi método.

3) El consumo excesivo de cereales y de productos lácteos probablemente aumentó los riesgos de complicaciones, favoreciendo la aparición de los tres abscesos y de la estenosis.

4) Los otros 6 pacientes en los cuales la dieta sólo obtuvo resultados parciales sufrían complicaciones:

- Cuatro tenían una o varias estenosis.
- Uno tenía varias fístulas.
- Uno tenía un intestino delgado acortado, reducido a 1,80 m, en lugar de 6 m, después de varias intervenciones quirúrgicas.

Aparte de este último enfermo, para el que apenas hay recursos, la única solución, si queremos beneficiarnos de toda la eficacia del régimen hipotóxico, es una limpieza quirúrgica de las lesiones irreducibles.

Observación CRO 1

La señora R. tenía 29 años cuando vino a mi consulta. No presentaba ningún antecedente familiar o personal, aparte de su doble problema: una espondilitis anquilosante y la enfermedad de Crohn.

La EA había empezado 11 años antes. Los dolores predominaban en el cóccix, la cadera izquierda, el raquis cervical, los hombros y los talones. La VS estaba acelerada a 30/60, y el hemograma revelaba una leucocitosis con 11.000 glóbulos blancos/mmc. Las radiografías evidenciaron una sacroileítis bilateral en estadio 1. HLA-B27 estaba presente. La evolución se efectuó por brotes, desencadenados por estrés y separados por remisiones incompletas. El tratamiento con AINE tuvo una eficacia limitada.

La enfermedad de Crohn se había manifestado 2 años atrás. La sintomatología incluía dolores abdominales, varias heces líquidas al día y una alteración del estado general. La VS aumentó a 60/105 y la leucocitosis a 17.000 leucocitos/mmc. Una endoscopia con biopsia reveló las lesiones características de una enfermedad de Crohn, localizada en el íleon terminal. Se inició un tratamiento primero con corticoides, y después con salicilatos, que resultó poco eficaz. El índice de Best, que permite determinar la gravedad de una enfermedad de Crohn, oscilaba entre 200 y 250.

Después de algunas semanas, el régimen ancestral ocasionó la progresiva desaparición de los signos articulares y de los signos intestinales. La VS disminuyó a 15/28 y el número de leucocitos, a 5.800/mmc. La enferma no ha vuelto a sufrir ninguna recaída de la EA ni del Crohn desde hace más de 5 años.

Comentarios

1) Mientras que la enfermedad de Crohn se considera incurable, una dieta bien elegida conlleva la remisión completa.

2) El régimen original probablemente actúa de la misma manera que la nutrición artificial, pero con la ventaja de ser agradable en el sentido gastronómico y practicable *ad vitam aeternam*.

3) Esta paciente fuma del orden de 20 cigarrillos al día. El tabaco es un elemento favorecedor de la enfermedad de Crohn. Sin embargo, no impidió el efecto beneficioso del régimen, del mismo modo que no impide el efecto beneficioso de la nutrición artificial.

4) Entre la enfermedad de Crohn y la EA hay una correlación mayor que la que correspondería al azar. Esto se debe, según mi opinión, a la hiperpermeabilidad del intestino delgado, común a estos dos estados.

Observación CRO 7

La joven D., de 19 años, no tenía ningún antecedente patológico importante. Desde junio de 1994 estaba muy imposibilitada por los fuertes trastornos digestivos que sufría como consecuencia de un estrés debido a una interrupción voluntaria de un embarazo. Los dolores de la pared izquierda del abdomen, a menudo vivos, se acompañaban de deposiciones abundantes, hasta 30 al día, líquidas y a veces sanguinolentas. El estado general estaba alterado. No se advertía fiebre, ni masa palpable al examen del abdomen. Primero se creyó que la etiología de la enfermedad era infecciosa, pero todos los tratamientos fracasaban.

Durante los meses siguientes, el cuadro se agravó progresivamente. La astenia se volvió intensa, la leucocitosis sanguínea se incrementó, con 16.000 glóbulos blancos/mmc, la velocidad de sedimentación estaba cada vez más acelerada. La joven consultó a un gastroenterólogo que le practicó una endoscopia y biopsias. Observó una afección que se extendía a 30 cm de la última asa ilíaca, con ulceraciones de la mucosa y un edema de la submucosa. El examen anatomopatológico evidenció un infiltrado inflamatorio con numerosos leucocitos, en particular muchos polinucleares, y microabscesos. No se observaban granulomas inflamatorios.

El médico diagnosticó la enfermedad de Crohn. Los corticoides se administraron en dosis decrecientes, y después se reemplazaron por salicilatos. Este tratamiento mejoró la situación, pero el Crohn seguía activo. La enferma tenía miedo a comer, ya que la comida a menudo le causaba trastornos digestivos que le provocaban dolores abdominales y fuertes diarreas.

D. se presentó en mi consulta después de 15 meses de evolución de la enfermedad. Le prescribí el régimen ancestral, que siguió a rajatabla. En menos de un mes logró una remisión completa, que persiste después de 3 años de dieta. La fatiga desapareció por completo y el tono físico y psíquico de la paciente es excelente. Los dolores abdominales no se han vuelto a reproducir. El tránsito intestinal y el aspecto de las heces se han normalizado. La joven come sin ningún temor. La tasa de leucocitos sanguíneos y la VS se corrigieron. Se redujeron las dosis de medicamentos hasta suprimirlos.

Cuando D. sufre estrés o se salta el régimen, los signos menores de la enfermedad de Crohn rebrotan. En conjunto, la situación es excelente y la paciente continúa sus estudios sin dificultad.

Comentarios

1) A pesar de la ausencia de granulomas inflamatorios en las zonas en que se practicó una biopsia, el diagnóstico de enfermedad de Crohn era incuestionable. La única enfermedad que en la práctica puede parecerse a un Crohn es la RCH. Pero la RCH no afecta nunca a la última asa ileal.

2) El brote inicial fue desencadenado por un estrés, y los mínimos rebrotes actuales de la enfermedad son inducidos por el estrés. Este hecho puede explicarse por el siguiente mecanismo, al cual he hecho referencia a propósito de otras enfermedades: Estrés → Respuesta de las células del sistema nervioso central → Liberación de neuropéptidos → Estimulación de los linfocitos TH1 → Secreción de interferón gamma → Fijación del interferón gamma en los receptores del polo basal de los

enterocitos → Separación de los enterocitos → Paso de un número claramente incrementado de macromoléculas nocivas → Incorporación de muchos leucocitos para transportar estas moléculas a través de la pared del íleon terminal → Aumento del infiltrado celular transparietal → Liberación de los mediadores de la inflamación → Brote de Crohn.

3) Los corticoides y los salicilatos suelen tener un efecto favorable, pero no pueden curar la enfermedad de Crohn. Actúan sobre la inflamación, pero no sobre la causa de la inflamación. El régimen alimenticio es mucho más eficaz, ya que corrige la excesiva permeabilidad de la mucosa del intestino delgado, que considero el factor etiológico principal de la enfermedad de Crohn.

Conclusión

La enfermedad de Crohn tiene mala reputación, en realidad justificada. No se cura, es dolorosa, provoca cansancio, invalida, y está cargada de complicaciones que necesitan múltiples intervenciones quirúrgicas. A pesar de ello, siempre ha sido, según mi experiencia, curable si se utiliza un modo nutricional bien elegido (Seignalet, 1998).

Por supuesto, cuando se prescribe la dieta, se obtienen remisiones y no curaciones. Si el paciente vuelve a la alimentación moderna, sufrirá, tarde o temprano, una recaída.

Habría sido muy instructivo saber si estos éxitos clínicos se acompañan de la desaparición de los signos histológicos. Desgraciadamente, la mayoría de los pacientes, una vez han superado la enfermedad que los acosaba, a menudo durante varios años, no se sienten con ánimos de prestarse a nuevas exploraciones. Sólo en cuatro se ha llevado a cabo una endoscopia de control con biopsia. En dos casos, las lesiones habían desaparecido; en los otros dos, persistían, lo cual se puede interpretar de dos maneras:

- La remisión clínica precede a la remisión histológica y esta última se produce después de un plazo más largo.
- Las anomalías histológicas son definitivas, pero moderadas, y se sitúan por debajo del umbral necesario para la aparición de los signos clínicos.

Finalmente, el régimen alimenticio ancestral constituye la única terapia frecuente o regularmente eficaz, y cambia de forma radical el pronóstico de la enfermedad de Crohn.

Capítulo 24

LA PATOLOGÍA DE ELIMINACIÓN CUTÁNEA

¿Cómo imaginar prevenir, y más aún corregir, con una sola molécula las alteraciones que resultan de una multitud de factores?

Profesor MICHEL MASSOL

A) ACNÉ

El acné afecta a casi la totalidad de los adolescentes, con un 85% de acnés mínimos, un 14% de acnés medios y un 1% de acnés graves noduloquísticos, supurantes y recidivantes. Casi siempre desaparece en la edad adulta.

La enfermedad

El acné no es una enfermedad infecciosa, sino una afección inflamatoria de las glándulas sebáceas anexas a los folículos pilosos (Faure, 1993; Chivot, 1993). Los dos fenómenos iniciales son:

- La creciente proliferación del epitelio del canal de la glándula sebácea, que corresponde a una hiperqueratinización.
- La producción exagerada de sebo o seborrea, favorecida por los andrógenos, lo que explica la predominancia masculina.

El canal de la glándula sebácea y el folículo piloso son obstruidos por las células epiteliales descamadas, la queratina y el sebo, probablemente más espeso y más viscoso que en el estado normal, en el cual se produce una colonización bacteriana, causada principalmente por *Propionibacterium acnes*, pero también por *Staphylococcus epidermidis*. Estos fenómenos ocasionan la obstrucción del canal. Así se forma el comedón o punto negro. Este comedón puede suscitar una reacción inflamatoria que termina en una pústula. También hay que destacar la presencia de elevaciones blancas, que corresponden a los microquistes.

Las lesiones predominan generalmente en la cara y en el tórax. Los acnés superficiales se curan sin dejar cicatrices. En cambio, los acnés profundos pueden dejar cicatrices.

Los tratamientos del acné son múltiples (Delanoé y De Prost, 1997):

- Queratolíticos en aplicaciones locales: vitamina A ácida, lactato de amonio.
- Antiinflamatorios.
- Antibióticos.
- Sales de zinc.
- Hormonoterapia antiandrógenos.
- Isotrenitoína, reservada para las formas severas, ya que es teratógena.

Estos tratamientos a menudo llegan a vencer los brotes, pero su supresión es casi siempre seguida de una recaída. Los resultados de las medicaciones son decepcionantes.

Reflexiones sobre el mecanismo del acné

Cuando consultamos los tratados de dermatología, comprobamos que el origen del acné no está aún claro. Ningún medicamento tiene un enfoque etiológico, y eso es lo que explica su acción limitada.

Desde mi punto de vista, la proliferación epitelial y la seborrea corresponden a dos modos de eliminación de las macromoléculas transportadas desde la sangre hasta las glándulas sebáceas, con el fin de ser expulsadas al exterior del organismo por la secreción de estas glándulas. Los comedones y las pústulas son las consecuencias de las dos anomalías iniciales. Es lógico proponer el régimen ancestral para reducir la cantidad de residuos que eliminar.

Los resultados

De los 40 enfermos que aplicaron como tratamiento la dieta, todos obtuvieron beneficios. Las lesiones inflamatorias disminuyeron netamente en 5 de ellos y desaparecieron en 35. En cambio, las cicatrices de los brotes precedentes eran irreversibles. Hay que insistir en la importancia de tratarlo de manera precoz.

El acné es una afección benigna, que no amenaza la vida de los pacientes como algunas enfermedades descritas en esta obra. Pero, por su cronicidad y su relativa indiferencia a los tratamientos clásicos, plantea algunos problemas. Tiene consecuencias nefastas en cuanto al aspecto estético, lo que ocasiona preocupaciones y complejos en algunos adolescentes. Es importante saber que un simple régimen alimenticio es capaz de atenuar considerablemente o de hacer que desaparezcan las lesiones del acné.

B) ECCEMA

El eccema es una lesión cutánea que se caracteriza por:

- Eritema (enrojecimiento).
- Prurito (picores).
- Supuración debida a la apertura de pequeñas vesículas.
- Costras consecuencia del prurito y la supuración.

El eccema es una reacción de la piel a factores muy diversos. En el aspecto etiológico existen numerosas variedades de eccemas. Dos variedades son más frecuentes que las demás: el eccema de contacto y el constitucional (Grosshans, 1996).

El eccema de contacto se debe al contacto directo de la piel con un hapteno, es decir, con una sustancia no inmunogénica, incapaz de inducir la formación de anticuerpos, pero capaz de unirse específicamente a un anticuerpo. Este hapteno se une a una proteína epidérmica para convertirse en un antígeno completo. Las CPA transportan el antígeno a los linfocitos TCD4 (véase el capítulo 8), lo cual suscita una respuesta inmunitaria, seguida poco después de una respuesta inflamatoria, que provocan las lesiones del eccema alcanzando su objetivo en la piel.

El eccema de contacto se desarrolla por causas profesionales, ante el contacto con: ropa, guantes de látex, cosméticos, medicamentos, etc. El diagnóstico se basa en unas preguntas detalladas al paciente y en una batería de tests cutáneos. El tratamiento se fundamenta en la eliminación del hapteno causal y en la corticoterapia local. La alimentación moderna tiene un papel menor en este tipo de eccema, por lo que no está indicado el régimen hipotóxico.

El eccema constitucional afecta al 20% de los niños menores de 2 años. Es menos frecuente en el estadio adulto, pero afecta a un buen número de adultos. Este eccema ha doblado su frecuencia desde hace 20 años. También se denomina dermatitis atópica. Se detecta un origen alérgico en una minoría de casos, pero la mayoría de las veces no se descubre su causa.

Esta variedad de eccema puede explicarse por la eliminación a través de la piel de macromoléculas bacterianas y alimentarias, procedentes del intestino delgado y transportadas por los glóbulos blancos a través del emuntorio, provocando una inflamación de éste. El régimen ancestral a menudo hace maravillas en este tipo de eccema, y conlleva casi siempre la disminución o desaparición de las lesiones cutáneas.

C) URTICARIA

La enfermedad

La urticaria está muy generalizada, y afecta a un 20% de la población. Se trata de una erupción cutánea con placas realzadas, eritematosas (rojas) y pruriginosas (producen picores). Las placas son, generalmente, redondas o anulares con, en este último caso, un centro claro. Se difuminan con la vitropresión. Los brotes son lábiles, su superficie aumenta o disminuye rápidamente y se borra a menudo en unas horas (Bressler, 1995; Félix y Géniaux, 1996).

En el aspecto etiológico, se distinguen numerosas variedades de urticaria (Bayrou, 1995):

- Urticarias de contacto.
- Urticarias físicas.
- Urticarias de enfermedades del sistema (colagenosis).
- Urticarias de origen genético.
- Urticarias comunes, las más corrientes, a veces con una causa reconocida (alimento, medicamento, infección) y, a menudo, sin ninguna causa aparente (Charlesworth, 1995).

En el aspecto evolutivo, se diferencian:

- La urticaria aguda, que corresponde a alrededor del 75% de los casos, y tiene a menudo un origen alérgico.
- La urticaria crónica, que corresponde al 25% restante, y sólo en un 10% de los casos es de origen alérgico (Guinnepain, 1996).

Existen numerosos tratamientos para la urticaria. Los principales son la supresión del factor causal, los antihistamínicos y los corticoides.

Reflexiones sobre el mecanismo de la urticaria

La urticaria se caracteriza por un edema de la dermis y por un infiltrado leucocitario localizado alrededor de los vasos de la dermis (Bressler, 1995). En este infiltrado se encuentran principalmente mastocitos, linfocitos T y monocitos.

La reacción urticariana se produce por la desgranulación de los mastocitos y accesoriamente de los granulocitos basófilos, que liberan histamina, serotonina y algunos otros mediadores. Esta desgranulación puede desencadenarse por diversos mecanismos (Félix y Géniaux, 1996):

• Mecanismos inmunológicos: fijación de un antígeno que crea un puente entre dos IgE o dos IgG4 ya fijadas en el mastocito o en el basófilo (véase el capítulo 8), activación del complemento por complejos inmunes.

• Mecanismos no inmunológicos: acción directa de medicamentos, de alimentos, de venenos, de toxinas bacterianas, activación no inmunológica del complemento por la vía alterna.

Estos datos histológicos y patogénicos me sugirieron que el paso de partículas a través de una mucosa del intestino delgado muy permeable, tanto antigénicas como no antigénicas, podía influir en el desarrollo de la urticaria. La llegada de partículas a la dermis corresponde, en mi opinión, a una tentativa para eliminarlas fuera del organismo, a través de la piel. Consideré positivo probar mi método como tratamiento de la urticaria.

Resultados

El régimen de tipo original fue seguido por 15 pacientes que presentaban una urticaria típica y recidivante. Se obtuvo una remisión completa en 14 sujetos. En el caso restante, la urticaria, después de haber remitido en un primer momento, rebrotó al cabo de algunos meses. La recidiva estuvo claramente inducida por un estrés importante. No pierdo la esperanza de, a largo plazo, llegar a curar a esta enferma.

En resumen, el régimen está indicado para eliminar la urticaria.

Las variantes de la urticaria

El edema de Quincke es una forma agravada de urticaria donde se añade al edema de la dermis un edema del tejido subcutáneo o hipodermis. Aparece descrito en el capítulo 26

La vasculitis urticariana asocia episodios recidivantes de urticaria a una vasculitis (Venzor y col., 1995; Wisnieski y col., 1995). La vasculitis está inducida por complejos inmunes que activan la clásica vía del complemento. Los depósitos de anticuerpos y del complemento en la pared de los vasos atraen a numerosos polinucleares neutrófilos cuyos núcleos a menudo están fragmentados (leucocitoclasia). Estas células ejercen una actividad de fagocitosis y liberan las enzimas contenidas en sus lisosomas, dando lugar a una vasculitis.

He sometido al régimen hipotóxico a 4 mujeres aquejadas de esta afección y he obtenido resultados variables, puesto que he registrado 2 éxitos totales y 2 fracasos completos. Esto no es sorprendente, ya que existen muchas variedades de vasculitis urticariana:

• Formas derivadas de una causa común: enfermedad autoinmune, infección, intolerancia medicamentosa.

• Formas idiopáticas, las más numerosas.

D) PSORIASIS VULGAR

La enfermedad

La psoriasis está generalizada, y afecta a un 2,5% de la población de raza blanca y a un porcentaje menor en los individuos de raza negra. Típicamente, se presenta bajo la forma de manchas eritematoescamosas. Las placas de descamación de tamaño variable reposan en un fondo rosado o rojo. Las lesiones se sitúan preferentemente en los codos, las rodillas, la región lombosacra y en el cuero cabelludo.

Hay varios factores desencadenantes. En un 10% de los adultos y en un 40% de los niños se observa un foco infeccioso faríngeo o bucodental. En un 70% de los casos, la causa es el estrés.

Las lesiones cutáneas afectan a la epidermis y a la dermis:

• En la epidermis, la capa córnea es muy espesa, con una persistencia de los núcleos en las células (paraqueratosis). La capa granulosa está disminuida o ausente. Numerosos polinucleares se reagrupan en microabscesos junto a una minoría de macrófagos y de linfocitos.

• En la dermis, se advierte un infiltrado inflamatorio con linfocitos TCD4 y TCD8, polinucleares, macrófagos y células de Langerhans, acompañado de una hipervascularización.

• Las formas clínicas son muy numerosas. La evolución transcurre por brotes separados por remisiones más o menos completas. Existen todos los grados intermedios entre las formas muy moderadas y las formas graves.

Los tratamientos de la psoriasis pueden ser:

• Locales: queratolíticos, corticoides, reductores, antimitóticos, vitamina D_3.

• Generales: metotrexato, retinoides, ciclosporina, rayos UV.

Todos ellos pueden disminuir las lesiones, pero no curar la enfermedad.

Una teoría sobre la patogenia de la psoriasis

En la actualidad, nadie puede explicar el mecanismo de esta dermatosis (Barker, 1991; Guilhou, 1993). Sin embargo, se conocen algunos datos:

• La concordancia en los gemelos monocigotos es del 72%, lo que implica que la enfermedad es polifactorial, en ella intervienen factores genéticos y ambientales.

• Intervienen los genes HLA de clase I, puesto que la psoriasis presenta una clara correlación con Cw6.

Todo cobra sentido si se admite que la psoriasis se debe a la eliminación a través de la piel de residuos bacterianos alimentarios que han penetrado en el organismo gracias a un intestino delgado muy permeable:

• Los factores genéticos pueden estar relacionados con el polimorfismo de las enzimas digestivas, de las mucinas intestinales y de las enzimas de algunas células.

• Un foco infeccioso faríngeo o bucodental puede ocasionar un fuerte aumento de las bacterias en el intestino delgado, lo que incrementa considerablemente la cantidad de residuos bacterianos.

• El estrés puede provocar una secreción de interferón gamma que induzca una excesiva permeabilidad de la mucosa del intestino delgado.

• El transporte de residuos a través de la dermis hacia la epidermis explica la hipervascularización y el infiltrado inflamatorio. La asociación entre psoriasis y HLA-Cw6 sugiere la presencia en las moléculas en tránsito de péptidos de 8 a 11 aminoácidos que tienen afinidad para la molécula HLA-Cw6 que los transporta a los linfocitos TCD8.

• Las citocinas liberadas por las células del infiltrado inflamatorio son probablemente la causa de la activación de las células epidérmicas (queratinocitos), que se dividen exageradamente.

• La expulsión al exterior de residuos se produce por la proliferación de las células de la epidermis, seguida de su caída por descamación. Los queratinocitos se llevan con ellos las sustancias no deseadas además de a los polinucleares (microabscesos), macrófagos y linfocitos.

Mi teoría sobre la patogenia de la psoriasis se representa en la figura 73.

Resultados

Probé mi régimen en 53 enfermos con lesiones cutáneas típicas de la psoriasis. Deben distinguirse dos grupos:

1) Veintisiete sujetos padecían una psoriasis aislada.

El cambio nutricional resultó muy beneficioso, ya que sólo hubo 3 fracasos. La mejoría obtenida fue variable:

Figura 73. **UNA HIPÓTESIS SOBRE LA PATOGENIA DE LA PSORIASIS**

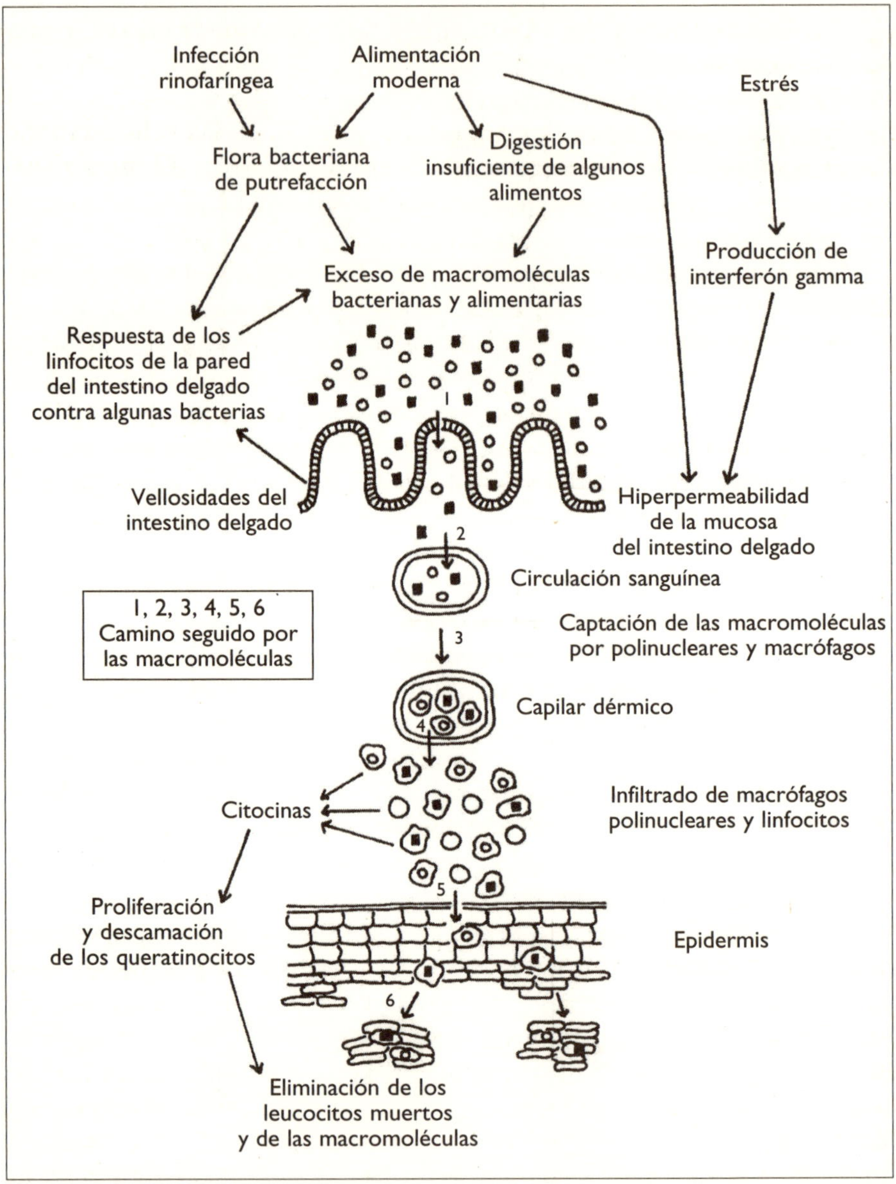

• En 5 pacientes, la psoriasis se atenuó. Las regiones afectadas disminuyeron. La cantidad de escamas decreció en las zonas aún afectadas. La mejoría osciló entre el 30% y el 70%.

• En 19 pacientes, la psoriasis desapareció casi por completo o completamente y no volvió a darse una recidiva. El caso más antiguo se remontaba a 9 años.

2) Veintiséis sujetos padecían una psoriasis asociada a un reumatismo psoriásico.

El régimen hipotóxico tuvo una eficacia irregular, ya que se observaron 9 fracasos, 3 mejorías de un 50% y 14 éxitos. No hay un paralelismo entre la evolución de la dermatosis y del reumatismo:

- Curación conjunta de las dos afecciones: 15 casos.
- Curación de la dermatosis, pero mantenimiento del reumatismo: 2 casos.
- Curación del reumatismo, pero mantenimiento de la dermatosis: 9 casos.

Estas divergencias no son extrañas, si se considera la psoriasis como un proceso de eliminación de moléculas nocivas, entre las cuales el péptido causal del reumatismo que sale de las articulaciones se expulsa a través de la piel. Una psoriasis en actividad puede eliminar suficientes péptidos para permitir la remisión del reumatismo. Una psoriasis en remisión no elimina más péptidos, lo que puede impedir la curación del reumatismo. En algunos individuos se da un equilibrio entre la enfermedad cutánea y la articular.

Aquí describo un éxito particularmente espectacular.

Observación PSO 2

El señor T., conductor de camión, de 42 años, se presentó en mi consulta en febrero de 1995. La entrevista no reveló ningún antecedente personal importante, pero su madre padecía una psoriasis. En el enfermo, la psoriasis se manifestó en 1983, como consecuencia del estrés producido por un accidente de camión. La dermatosis se agravó progresivamente y las lesiones eritematoescamosas cubrían el 90% de la superficie corporal. Las remisiones eran poco frecuentes y parciales, sin que la piel se curara, ya que en las zonas liberadas se establecía un acné. Numerosos tratamientos, y en particular rayos ultravioleta y el ácido retinoico, no pudieron evitar la evolución hacia una psoriasis grave y extensa. En el resto del examen clínico no se observaba nada de particular, a excepción de un ligero sobrepeso (70 kg para una estatura de 168 cm) y de una tendinitis en una rodilla.

Tras algunas semanas, la adopción del régimen ancestral, aplicado de manera correcta, fue seguida de una extraordinaria mejoría de la psoriasis. Ésta no ocupaba más que un 5% de su superficie inicial. Algunas placas poco espesas persistían detrás de las orejas, en los pliegues de los codos y en las rodillas. Como dijo el enfermo, «es la noche y el día». El acné y la tendinitis desaparecieron totalmente. Una pérdida de 6 kilos completó este excelente resultado, que se mantiene desde hace más de 3 años.

Comentarios

1) Según mi escasa experiencia respecto a la psoriasis aislada, la dietética tiene efectos favorables muy frecuentes, si bien la mejoría varía entre el 80% y el 100%. En esta observación se situaba en el 95%.

2) El equilibrio entre la psoriasis y el acné no es sorprendente. En los dos casos se trata de una patología de eliminación a través de la piel. Las macromoléculas expulsadas con las escamas de la psoriasis probablemente tienen una estructura diferente de las macromoléculas expulsadas con el sebo del acné.

3) Con la exclusión de los alimentos peligrosos, las tendinitis se suelen curar, pero no siempre. Este tema se ha expuesto en el capítulo 18.

E) OTRAS AFECCIONES DERMATOLÓGICAS

El prurito aislado se caracteriza por picores de la piel y/o de algunas mucosas, más o menos extensos e intensos, que obligan a menudo al paciente a rascarse, lo que puede generar lesiones. El prurito puede ser el síntoma de una enfermedad, pero a veces aparece de forma aislada. Semejante cuadro me sugiere un proceso de eliminación. El régimen original ha hecho desaparecer el prurito en 3 pacientes, tan sólo después de algunas semanas.

Los callos son grosores cutáneos que pueden volverse dolorosos. Se localizan principalmente en los pies, donde se distinguen:

- Las callosidades, en la cara superior de los dedos.
- Las durezas, en la planta de los pies.
- Los ojos de pollo, entre los dedos.

Estos callos se atribuyen clásicamente al frotamiento de la piel contra el cuero o la suela de un zapato muy pequeño o muy duro, o de forma mal adaptada. Creo que la causa mayoritaria de muchos callos es un proceso de eliminación de residuos. Los leucocitos que atraviesan el emuntorio liberan citocinas, provocando la multiplicación de las células epidérmicas.

Esta hipótesis es fundada, ya que el régimen alimenticio hace que desaparezcan progresivamente las callosidades, las durezas y los ojos de pollo en la gran mayoría de individuos afectados.

Capítulo 25

LA PATOLOGÍA DE ELIMINACIÓN BRONQUIAL

El gran público es inteligente, cada vez comprende mejor un lenguaje científico equilibrado, puesto a su alcance.

Profesor HENRI JOYEUX

A) BRONQUITIS CRÓNICA

La bronquitis crónica se define como tos, acompañada a menudo de una expectoración mucopurulenta, que se manifiesta durante al menos tres meses al año y que aparece, al menos dos años seguidos, sin causa ORL o bronquial precisa (Pariente, 1993). En España afecta al 9,1% de la población entre los 40 y los 70 años y al 16% de los mayores de 60 años, y provoca dos veces más fallecimientos que el cáncer de pulmón.

La bronquitis crónica afecta al conjunto del árbol bronquial, que evidencia un estado inflamatorio no específico, en el cual las células dominantes son los granulocitos neutrófilos y los macrófagos (Guérin, 1995). Pueden producirse varias complicaciones:

1) La obstrucción parcial de los bronquios, debida a distintas causas (Muir, 1995): edema de la pared, exceso de secreciones y a veces tendencia a un espasmo reactivo de la musculatura bronquial, en cuyo caso se puede hablar de bronquitis asmatiforme. La consecuencia de la obstrucción es la insuficiencia respiratoria más o menos marcada.

2) Las dificultades de la espiración del aire terminan por ocasionar a la larga una distensión de los alveolos pulmonares. Cuando la elastina, que confiere elasticidad al tejido pulmonar, es destruida por las elastasas, enzimas liberadas en exceso por los polinucleares neutrófilos activados, esta distensión se vuelve irreversible. Y se produce un broncoenfisema (Stockley, 1995).

3) Las elastasas y otras enzimas secretadas por los leucocitos atacan a los constituyentes de la pared bronquial: fibras elásticas, fibras musculares y cartílago. El resultado es la fibrosis y la dilatación de los bronquios (Baldeyrou, 1995).

Varios factores favorecen la bronquitis crónica (Silverman y Speizer, 1996): el tabaquismo, la polución atmosférica urbana, las profesiones expuestas al polvo y a los contaminantes, las infecciones respiratorias de la infancia y el déficit en alfa-1-antitripsina, enzima que neutraliza a las elastasas (rara).

El tratamiento incluye la supresión de algunos factores favorecedores, los antibióticos, los antiinflamatorios, la quinesiterapia, los mucolíticos, los broncodilatadores y la oxigenoterapia. Estas medidas combaten las crisis y lentifican la evolución, pero no pueden impedir una degradación más o menos rápida.

Creo que la bronquitis crónica pertenece a una patología de eliminación. En algunos individuos, la pared bronquial sirve de emuntorio para ciertos residuos bacterianos y alimentarios transportados por la sangre y procedentes de un intestino delgado demasiado permeable. Ésta es la causa mayor, y los factores favorecedores citados antes, incluso si su participación es indiscutible, son elementos agravantes. El bronquio convertido en emuntorio está permanentemente infiltrado de leucocitos, inflamado, edematoso y fragilizado. Esta fragilización favorece las infecciones, que se traducen en bronquitis prolongadas, que reinciden cada invierno y que pueden extenderse a otros periodos del año.

Esta concepción patogénica debe corresponder en gran parte a la realidad, ya que el régimen hipotóxico siempre ha conseguido, según mi experiencia, limitada a 8 pacientes, la desaparición de las infecciones bronquiales de repetición. En cambio, la dieta es ineficaz en el enfisema y en la dilatación de los bronquios, temibles complicaciones de la bronquitis crónica. La destrucción de los tejidos elásticos es definitiva y perpetúa la obstrucción de las vías aéreas, la hipersecreción de moco, el ahogo de los pacientes y la constitución de concentraciones bacterianas causantes de las infecciones repetidas.

El cambio nutricional debe ponerse en práctica lo antes posible, antes de que las elastasas lleven a cabo su trabajo destructor.

Observación DIV 59

El señor B., de 51 años, acudió a mi consulta en enero de 1998. No tenía antecedentes patológicos importantes. Sus problemas de salud eran de dos órdenes:

1) Problemas digestivos.

Entre 1975 y 1985, el enfermo estuvo aquejado de una diarrea crónica, con un promedio de 4 a 8 deposiciones líquidas al día. Las diversas exploraciones no revelaron ninguna lesión del aparato digestivo y se le diagnosticó diarrea motora, por peristaltismo intestinal exagerado. Sin duda, la causa desencadenante fue el estrés, ya que la diarrea desapareció poco después de que el paciente se divorciara de su primera mujer.

Entonces se manifestaron trastornos dispépticos (dificultades para la digestión) a consecuencia de comidas muy copiosas o de consumo de alcohol: dolores hepáticos, inflamaciones abdominales y tendencia diarreica.

2) Una bronquitis crónica.

Ésta comenzó en 1992 con frecuentes accesos, 3 o 4 por año, que se curaban rápidamente con antibióticos y eran relativamente cortos. De forma progresiva, las crisis de bronquitis se hicieron rebeldes a los antibióticos y, por tanto, fueron mucho más largas. Se tuvo que recurrir a los corticoides para hacerlas remitir. Pero cuando se suprimían los corticoides, la recidiva era sistemática. Durante los últimos años, la bronquitis tomó un cariz asmatiforme moderado. Por fortuna, no se formó ni una dilatación de los bronquios ni un enfisema. Durante los raros periodos de remisión persistía una expectoración de origen traqueal.

El estado general del paciente se alteró poco a poco, debido a la repetición y al alargamiento de las bronquitis, con motivo de las repetidas tomas de antibióticos y de corticoides. Sufría anorexia (falta de apetito), una importante astenia (fatiga) y había adelgazado 9 kilos.

Cuando el señor B. empezó el régimen hipotóxico, presentaba desde hacía 4 meses una crisis de bronquitis que, a pesar de los antibióticos y de los corticoides, no daba muestras de remitir. Dos días más tarde, cesaron la tos y la expectoración. Aunque se suprimieron los antibióticos y los corticoides, la remisión se mantuvo. Sorprendido por este resultado, el paciente volvió a consumir productos lácteos. Al día siguiente, la bronquitis rebrotó. De nuevo siguió la dieta y la bronquitis desapareció. La situación se reprodujo con el consumo de cereales.

El enfermo comprendió que su mejoría estaba ligada a su dieta nutricional. En adelante se ciñó a mis prescripciones. Un año más tarde, todavía se encontraba en remisión completa. Los trastornos dispépticos desaparecieron rápidamente, recuperó el apetito y dejó de experimentar fatiga.

Comentarios

1) La diarrea motora y la bronquitis crónica son, en mi opinión, dos expresiones diferentes de un mismo proceso: la necesidad de eliminar las moléculas nocivas a través de un emuntorio.

2) Los antibióticos son capaces de curar una infección contra la cual actúan los corticoides. Sin embargo, en este caso han sido poco eficaces, ya que:

- La infección es sólo la consecuencia de la inflamación, que ha fragilizado la pared bronquial, que deja pasar con más facilidad las bacterias.
- La inflamación es la consecuencia de un paso por la pared bronquial de numerosas variedades de leucocitos que liberan abundantes citocinas.
- Estos leucocitos transportan macromoléculas bacterianas y alimentarias desde la sangre hasta la luz bronquial. Estas moléculas tienen un origen intestinal. Para curar la bronquitis crónica, hay que restablecer la normalidad tanto del contenido como de la pared del intestino delgado. Es lo que se consigue con el cambio nutricional y lo que explica este éxito.

3) El régimen de tipo original a menudo hace que desaparezcan los trastornos dispépticos: boca amarga, lengua pastosa, digestión lenta y «crisis de hígado» seguidas de dolores de cabeza.

B) ASMA

La enfermedad

Antes de 1850, el asma era extremadamente rara. A partir de entonces, su incidencia siguió siendo menor en los países subdesarrollados, pero se incrementó progresivamente en los industrializados (Vogel, 1997). El asma se ha triplicado desde 1950 y actualmente la prevalencia en España entre niños y adolescentes oscila entre el 10% y el 17%. Se distinguen clásicamente:

1) El asma extrínseca (60%), que se manifiesta en la infancia y que es desencadenada por los alérgenos. Los principales alérgenos son:

- El polvo de la casa, que contiene ácaros.
- Los pelos de los animales: gato, perro, rata, ratones.
- Algunos insectos, en particular las cucarachas.
- Los mohos.
- El polen de los árboles (de finales de enero a finales de abril e incluso a finales de junio), las gramíneas (de mediados de mayo a mediados de julio), las herbáceas (de principios de junio a finales de noviembre).
- Algunos alimentos y aditivos alimentarios.

Muchos enfermos son sensibles a varios alérgenos. Se habla entonces de polisensibilización. El origen alérgico del asma se demuestra por tres exámenes (Pin y col., 1999):

- El aumento de las tasas de IgE totales.
- La presencia de IgE específicas de uno o varios antígenos.
- La positividad de los tests cutáneos a uno o varios pneumoalérgenos.

2) El asma intrínseca (40%), que a menudo se manifiesta en el adulto y no está relacionada con un proceso alérgico.

Las crisis de asma corresponden a una obstrucción bronquial paroxística y se manifiesta por una disnea con dificultad para expulsar el aire de los pulmones. La espiración es difícil, prolongada, silbante, convulsiva. La auscultación torácica detecta importantes estertores sibilantes y el resuello que corresponde al paso del aire a los bronquios estrechados. El acceso disneico se prolonga durante un periodo de tiempo variable y termina con la expectoración de esputos blanquecinos y espesos.

Aunque a veces el asma infantil desaparece en la pubertad, la mayoría de asmas persiste toda la vida. Algunas formas son moderadas, otras graves, y pueden llegar a causar insuficiencia respiratoria. El asma mata cada año a alrededor de 180.000 personas en el mundo (Bousquet y col., 1999). El pronóstico es, generalmente, mejor para el asma extrínseca que para la intrínseca.

Los principales tratamientos son los broncodilatadores (teofilina, salbutamol), el ácido cromoglícico, los antiinflamatorios, los corticoides y las curas de desensibilización. Éstos atenúan y acortan las crisis pero no llegan a erradicar la enfermedad.

El asma es una verdadera plaga, ya que:

- Es muy frecuente.
- Es crónica, invalidante en su forma grave, y a veces incluso mortal, ya sea por insuficiencia respiratoria aguda durante una crisis, ya sea por sus complicaciones cardiacas o pulmonares.
- No se cura con las terapias clásicas.

Una teoría sobre la patogenia del asma

El asma es una enfermedad polifactorial. En ella intervienen factores genéticos, tal como demuestra la elevada frecuencia de esta afección en algunas familias, pero también factores ambientales. Parece evidente que las modificaciones de los factores exógenos explican el enorme incremento del asma desde hace 100 años. Newman-Taylor (1995) sugiere algunas causas:

- Las variaciones geográficas. La máxima incidencia del asma se da en Australia y en Nueva Zelanda, donde es de un 20%.
- La expansión de algunos alérgenos.
- El tabaquismo.
- Los antioxidantes en la alimentación.
- La contaminación del aire en el interior de las casas.
- Las profesiones expuestas.
- Los virus que afectan al aparato respiratorio.
- La contaminación del aire exterior.

Este último factor se considera por parte de la gente y por muchos científicos como una causa segura e importante. Sin embargo, no es verdad. Durante los periodos de grandes nieblas en Londres, Holanda y en otros catorce países europeos, no se ha demostrado nunca un aumento de la frecuencia del asma (Burney, 1999). Curiosamente, Newman-Taylor, como muchos otros especialistas, no tiene en cuenta las importantes modificaciones que ha sufrido la alimentación en el transcurso del siglo XX.

Para intentar comprender el mecanismo del asma, hay que tomar como base los datos anatomopatológicos.

Los bronquios y los bronquiolos del asmático pueden desarrollar cuatro tipos de lesiones (Advenier y col., 1993):

1) Una hipersecreción de la mucosa, con hiperplasia de las células caliciformes que producen el mucus. La expectoración terminal de la crisis del asma es una indicación más de esta hipersecreción.

2) Un espesamiento de la mucosa y, en algunos sitios, formación de placas de descamación, que dejan la lámina basal al descubierto.

3) Una inflamación constante de la submucosa, con edema e infiltrado de polinucleares neutrófilos, polinucleares eosinófilos, macrófagos, mastocitos, linfocitos y las diversas sustancias que liberan: citocinas, chemocinas, eicosanoides, proteína básica de los eosinófilos, proteína catiónica de los eosinófilos, radicales libres.

4) Una contracción espasmódica del músculo bronquial, causa de la crisis disneica.

Clásicamente, se atribuye el desarrollo del asma a productos que están presentes en el aire: alérgenos y contaminantes. Estos productos penetran en la luz bronquial y provocan los cuatro tipos de lesiones, en el orden 1, 2, 3, 4. La contracción bronquial es favorecida por un mal funcionamiento del sistema nervioso autónomo. Según esta teoría, el peligro procede de la luz bronquial.

Desde hace algunos años, varios autores han comprobado que algunos tipos de asma intrínseca se declaran fuera de todo contacto con un alérgeno o un contaminante atmosférico. En cambio, la inflamación de la submucosa está presente en todas las variedades de asma. Hay que considerar el asma como una enfermedad inflamatoria (Godard y col., 1993; Barnes, 1993; Vincent y Pradalier, 1994).

Propongo la siguiente teoría para explicar el asma:

- En algunos individuos genéticamente predispuestos por la estructura de sus enzimas y de sus bronquios, las macromoléculas que provienen del intestino delgado se eliminan a través de la pared bronquial.
- El transporte de estas moléculas por los polinucleares neutrófilos y los macrófagos, que atraen a los linfocitos, que a su vez liberan citocinas, crea un infiltrado inflamatorio en la submucosa bronquial.
- Seguidamente, los residuos se expulsan a la luz bronquial, unos a través de secreciones, otros a través de descamaciones. Los cristales de Charcot-Leyden que se encuentran en la expectoración de los asmáticos corresponden a neutrófilos polinucleares lisados.
- La inflamación crónica aumenta la excitabilidad del músculo bronquial. Numerosos factores son, a partir de ese momento, capaces de desencadenar la crisis disneica: los alérgenos y los contaminantes, pero también el frío, el ejercicio, el tabaquismo pasivo o el estrés (Ingram y Heymann, 1993).
- La descamación de la mucosa permite a los alérgenos penetrar hasta la submucosa, donde reaccionan con las IgE, lo cual conlleva la llegada de mastocitos y de polinucleares eosinófilos. Los mastocitos son mediadores de la inflamación aguda, mientras que los eosinófilos mantienen la inflamación crónica (Heinecke, 2000). La citocina que atrae a los eosinófilos es la IL-5, principalmente producida por los mastocitos y los linfocitos Th2. El conjunto de mi teoría se representa en la figura 74.

Esta teoría tiene la ventaja de explicar todos los tipos de asma, tanto las extrínsecas como las intrínsecas. El peligro proviene de la sangre y, antes, del intestino. Parece procedente prescribir el régimen alimenticio.

Los resultados

Cincuenta y un enfermos que padecían diversas variedades de asma, unas extrínsecas, otras intrínsecas, algunas relativamente recientes y otras muy antiguas, adoptaron el régimen ancestral. Casi todos los voluntarios (49 de los 51) se beneficiaron con el cambio nutricional:

- Tres pacientes obtuvieron una mejoría. El efecto favorable se percibió entre 2-8 semanas después y se produjo de forma progresiva. Las

Figura 74. **UNA HIPÓTESIS SOBRE LA PATOGENIA DEL ASMA**

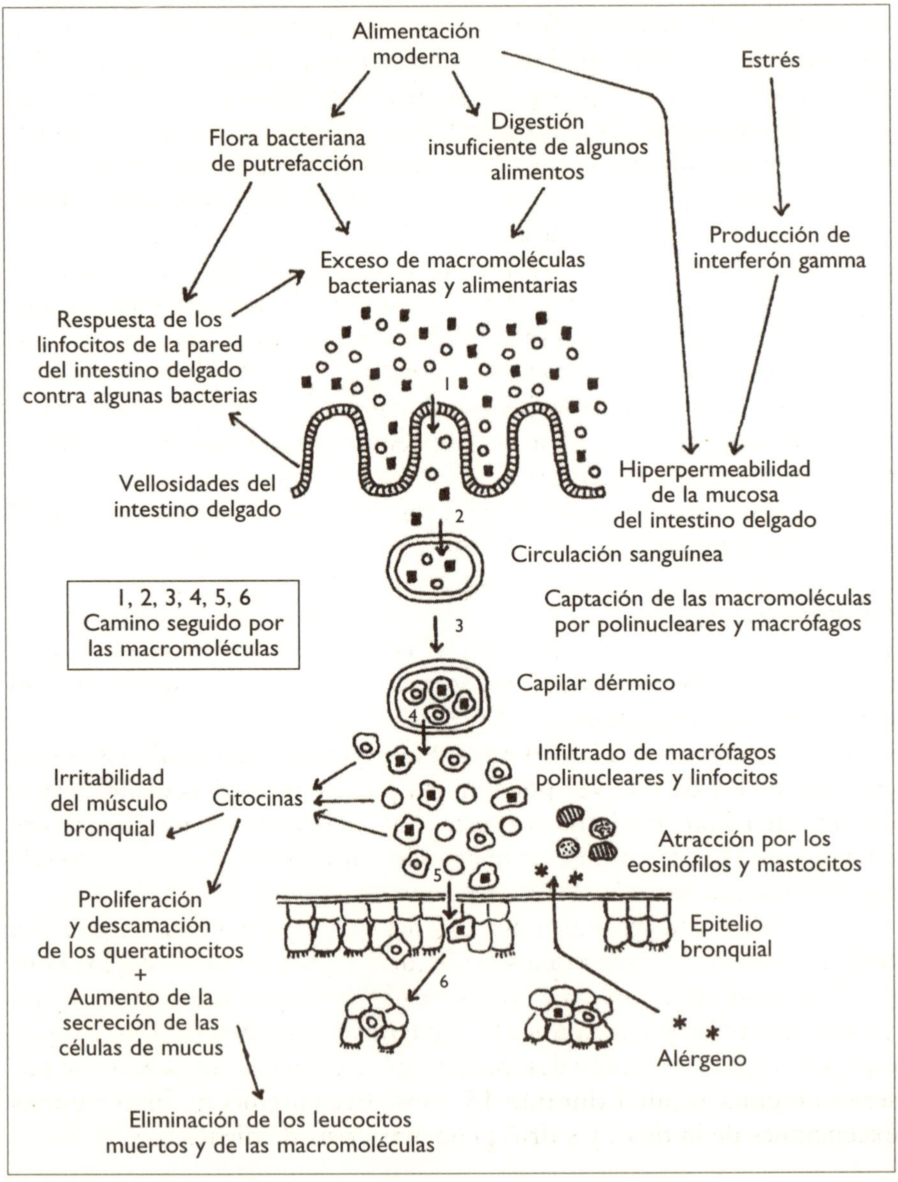

crisis se espaciaron y disminuyeron de intensidad, la capacidad respiratoria aumentó entre las crisis y se redujeron las dosis de medicamentos.

- Cuarenta y seis enfermos obtuvieron una remisión completa o casi completa en algunas semanas o algunos meses. No toman ningún medicamento, o sólo en dosis pequeñas cuando es necesario, lo cual no es frecuente.

La dieta obtiene el mismo éxito en el asma extrínseca que en la intrínseca. Es más eficaz en asmas recientes que en antiguas. Estas últimas a menudo han ocasionado lesiones más o menos importantes en los bronquios y en los alveolos pulmonares. Estas secuelas son definitivas y la acción positiva del régimen no llega a restaurar el estado normal en las formas llamadas fijadas. Es esencial tratarla lo antes posible.

Sin embargo, la dieta no es una panacea. Se registraron dos fracasos, de los cuales uno fue inesperado. En una mujer de 55 años, que seguía la dieta desde hacía 5, se manifestó un asma intrínseca que persiste sin variaciones desde hace 5 años. En esta persona, el régimen hipotóxico no pudo prevenir el desarrollo del asma, ni detenerlo una vez instaurada la enfermedad. Esta curiosa excepción es difícil de interpretar. ¿Ha ocurrido después de varios años de régimen una limpieza de algunas células que ocasionara a continuación una liberación de residuos eliminados a través de los bronquios?

Describo a continuación dos éxitos: uno de un asma corriente, el otro de un asma muy grave.

Observación ALL 1

L., de 18 años, tiene en su familia antecedentes de alérgicos: su abuela, su tía y su madre son asmáticas. El chico no presenta ningún antecedente personal importante.

El asma comenzó a los 14 años. Sin un factor desencadenante preciso, alrededor de una vez por semana padece una crisis disneica típica, de intensidad mediana o fuerte. La crisis dura espontáneamente de 2 a 3 horas, y se limita a un cuarto de hora con la administración de broncodilatadores.

No se observan otras manifestaciones que sugieran una alergia. Los tests cutáneos evidencian una sensibilidad a las gramíneas y a los hongos. Sin embargo, una cura de desensibilización fracasó totalmente.

El régimen original cambió la situación por completo. Las crisis se espaciaron cada vez más y desaparecieron al cabo de 7 meses. No se observó ninguna recaída durante 15 años. Recientemente, hizo algunas excepciones de la dieta y sufrió pequeñas crisis de disnea.

Comentarios

1) El asma extrínseca, que empezó después de la pubertad, en principio debía durar toda la vida. Sin embargo, desapareció hace 15 años, simplemente gracias a una alimentación bien elegida.

2) El fracaso de la cura de desensibilización no es sorprendente, pues puede eliminar algunos factores desencadenantes, pero no todos. El éxito del régimen parece lógico, ya que ataca la causa del asma y detiene el flujo de macromoléculas que entran atravesando el intestino delgado y que se expulsan a través de los bronquios. Reducir este flujo es disminuir en proporción la inflamación de la pared bronquial.

Observación ALL 64

La señora J., de 56 años, es médica. El único antecedente personal que tenía era la aparición, como consecuencia de una tos ferina durante la infancia, de una dilatación de los bronquios, afortunadamente limitada al lóbulo inferior y a la língula del pulmón izquierdo. Cuando tenía 18 años se extirparon las regiones dañadas. A continuación siguió una vida normal, con actividad deportiva, hasta 1994.

En esta época desarrolló un asma extrínseca, que al principio se reveló grave. Sin embargo, hasta 1997, se observaban remisiones. Después la disnea continuó, y se estableció un cuadro que se llamó «estado de mal asmático». Se detectó una polisensibilización alérgica. Los tratamientos con medicamentos clásicos, la homeopatía y la acupuntura sólo ofrecieron resultados parciales.

En febrero de 1999, una infección broncopulmonar por *Staphylococcus aureus* produjo una insuficiencia respiratoria aguda, con una reacción pancreática importante, que indicaba un aumento de la lipasa y de la amilasa en la sangre, así como una insuficiencia renal aguda con anuria y un coma.

Los cuidados intensivos practicados en un centro hospitalario salvaron in extremis la vida de la enferma. Desgraciadamente, uno de los medicamentos desencadenó una alergia severa, con eccema generalizado, urticaria y edema de Quincke. En junio de 1999 se produjo un segundo episodio de insuficiencia respiratoria aguda con coma.

En agosto de 1999, un tercer episodio del mismo orden se acompañó además de un anasarca (edema generalizado en la piel y en varias serosas). La paciente escapó por poco de la muerte, aunque su estado se consideraba crítico. Las exploraciones funcionales respiratorias evidenciaron una situación muy mala. Un cuarto episodio sería mortal y se consideró un trasplante pulmonar. La señora J. estaba en cama, sometida a tratamientos intensivos, con una traqueotomía permanente y oxigenoterapia.

En septiembre de 1999 leyó mi libro *La alimentación o la tercera medicina* y decidió, pues no tenía nada que perder, probar el régimen alimenticio original.

Al cabo de 15 días, la mejoría era evidente. Respiraba con más facilidad y empezó a caminar. Durante los meses siguientes, la mejora fue progresiva. La hipercapnia (exceso de gas carbónico en la sangre), antes muy acentuada, desapareció. En enero del 2000 se suprimió la traqueotomía; la oxigenoterapia todavía era necesaria, pero no sufría ahogos. Una broncoscopia evidenció que el edema de los bronquios había remitido por completo. En marzo del 2000, la señora J. acudió a mi consulta y me contó esta extraordinaria historia.

Comentarios

1) A la luz de esta observación y de algunas otras descritas en este libro se demuestra que si la nutriterapia es, cronológicamente, la tercera medicina, a menudo en términos de eficacia es la primera. Es la opinión de Michel Massol (2000) y también la mía, y los dos tenemos 12 años de experiencia. ¡Cuántas veces un pronóstico incurable o de evolución fatal se ha invertido con una dietética bien concebida!

2) ¿La señora J. puede esperar todavía nuevos progresos? Es probable, ya que la intensidad de su asma indica que la cantidad de moléculas nocivas que se deben eliminar es muy elevada y que, sin ninguna duda, en 7 meses no ha acabado de depurar del todo su organismo. En cambio, el beneficio puede ser limitado si existen secuelas pulmonares o cardiacas del estado del mal asmático. Será muy instructivo seguir la evolución a medio plazo.

Capítulo 26

OTRAS PATOLOGÍAS DE ELIMINACIÓN

La medicina actual no se ocupa de la salud. Sólo se interesa por las enfermedades.

Doctora CATHERINE KOUSMINE

Amad pues la razón. Que siempre vuestros espíritus se valgan por sí mismos, de su brillo y de su precio.

BOILEAU, *El arte poético*

A) ENFERMEDADES DE LAS MUCOSAS DE LA ESFERA ORL Y DE LAS CONJUNTIVAS

1. Infecciones de repetición

La teoría de eliminación propone que la salida de algunos residuos se hace a través de las mucosas bucales, faríngeas, laríngeas, nasales, conjuntivas y auditivas. El resultado es la formación de infiltrados de células causantes de una inflamación de esas mucosas, que están debilitadas y, en consecuencia, se infectan con facilidad.

Las rinofaringitis y las otitis recidivantes están muy generalizadas en los niños. No tengo mucha experiencia en este tipo de patología, pero mi amigo el doctor Christian Pauthe demostró, en un centenar de niños que sufrían estos trastornos, que la supresión de la leche animal resultaba muy eficaz en el 80% de los casos. Muchas amigdalectomías y paracentesis se han evitado con este método. Es probable que la exclusión de los cereales y el incremento de productos crudos aumentara aún más estos éxitos.

Las rinitis crónicas no son raras en los adultos. No tienen carácter estacional, lo que las distingue de las rinitis alérgicas. Son muy sensibles al régimen ancestral, que ha curado 18 casos de 18.

Las sinusitis crónicas también pueden beneficiarse de la dietética, principalmente las formas idiopáticas, en cuyo caso no existe ninguna anomalía en la anatomía de los senos o de las regiones próximas que podrían favorecer una infección. He podido curar a seis adultos aquejados de esta afección. Uno de ellos padecía una sinusitis desde hacía mucho tiempo, y era lo bastante grave para quedar exento en el momento de la guerra de Argelia. A pesar de ello, la sinusitis desapareció sin dejar secuelas.

2. Alergias

El cambio nutricional dio excelentes resultados en los pacientes de este grupo:

- De 35 rinitis alérgicas, 30 no se volvieron a reproducir, y 5 parecían evolucionar de forma favorable después de algunos meses de régimen. El periodo de los trastornos, que duraba 5 meses cada año, se acortó a 3 semanas. Con el tratamiento dietético, la rinitis alérgica suele desaparecer desde el primer año, a veces tras 2-3 años.
- Trece edemas de Quincke, que se habían manifestado con frecuencia durante los 6 meses precedentes a la consulta, remitieron por completo después de 2 años en el caso más reciente y de 6 en el más antiguo. Dada la posible gravedad de una recidiva, se pidió a los enfermos que conservaran corticoides inyectables al alcance de la mano.

Las conjuntivitis alérgicas son un excelente ejemplo para mi método terapéutico. Doce tentativas se saldaron con otros tantos éxitos.

Como en el asma extrínseca, el alérgeno parece ser sólo un factor desencadenante, mientras que la inflamación crónica de la mucosa sería la causa principal de la enfermedad. Cuando el cambio nutricional ha disminuido la inflamación, el contacto con el alérgeno no es peligroso. Parafraseando a Claude Bernard, resumiré mi opinión con una fórmula lapidaria: «El alérgeno no es nada, la inflamación lo es todo».

3. Pólipos nasales

Numerosas personas se quejan de estos «pólipos» que obstruyen sus fosas nasales, les molestan cuando respiran por la nariz y parecen favorecer las rinitis y otras infecciones de la esfera ORL. La extirpación de los pólipos por un especialista ORL raramente es coronada por el éxito, y la recidiva es casi fatal.

Considero estos «pólipos» un aumento y una inflamación de la mucosa nasal como consecuencia del paso crónico de leucocitos que transportan residuos desde la sangre hasta la superficie de la mucosa. Efectivamente, los pólipos se funden como la nieve al sol cuando los pacientes practican el régimen alimenticio hipotóxico.

4. Aftas

Las aftas son ulceraciones de la mucosa bucal en las encías, en las mejillas o en la lengua. Tienen un fondo blanquecino y un borde definido por un ribete rojo. Son inflamatorias y dolorosas. Remiten al cabo de 10-15 días, pero a menudo son recidivantes. Existen todas las situaciones intermedias entre la afta aislada y las aftas numerosas (aftosis).

Las úlceras aftosas son fenómenos comunes, cuyo origen sigue siendo desconocido y para las cuales no se dispone de ningún tratamiento satisfactorio. Creo probable que correspondan a un proceso de eliminación de residuos a través de la mucosa bucal. Esto me ha llevado a probar el régimen en 12 individuos que tenían aftas de repetición (presentaban permanentemente de una a cinco aftas). El método resultó eficaz, pero el régimen ancestral se tuvo que aplicar de manera muy estricta, y a veces durante mucho tiempo. Parece que, en algunos individuos, este doloroso modo de depuración sea preferente, quizá porque es el mejor para deshacerse de algunas clases de moléculas.

Trataré la enfermedad de Behçet, que no es una simple aftosis, en el capítulo 27.

B) ENFERMEDADES QUE SE CARACTERIZAN POR LA ACTIVACIÓN DE ALGUNAS VARIEDADES DE LEUCOCITOS

Los linfocitos son los encargados de asumir la respuesta inmunitaria, y los demás leucocitos tienen funciones diferentes. Sin hablar de las capacidades particulares de cada serie, podemos distinguir grosso modo cuatro principales formas de actividad:

- Presentación de antígenos a los linfocitos (principalmente macrófagos y células similares).
- Respuesta inflamatoria (principalmente polinucleares neutrófilos, polinucleares eosinófilos y macrófagos).
- Reacción alérgica (principalmente mastocitos y polinucleares basófilos).
- Neutralización, seguida de una depuración por transporte al exterior del organismo de numerosas moléculas exógenas nocivas, mediante un verdadero trabajo de limpieza de basuras (principalmente macrófagos y células similares, pero también intervienen, al menos en la neutralización, polinucleares neutrófilos, polinucleares eosinófilos y mastocitos).

Cuando esta última función de neutralización y/o depuración se vuelve más intensa, puede desembocar en algunas enfermedades cuando los leucocitos implicados se multiplican exageradamente, invaden algunos tejidos y su excesiva actividad ocasiona lesiones en las regiones del organismo donde se han acumulado. Estas enfermedades son relativamente extrañas, pero numerosas. No detallaré aquí su clasificación. Algunas veces son graves y otras veces pueden ser mortales.

Es interesante saber que el régimen alimenticio ancestral puede tener un efecto muy beneficioso en este tipo de afecciones. Lo demuestran las dos observaciones siguientes:

Histiocitosis de células de Langerhans

Observación DIV 14

El señor L., de 70 años, tiene sobrepeso: 92 kg para 180 cm, lo que probablemente favoreció la aparición de una diabetes de la madurez, mal «controlada» con una sulfamida hipoglucemiante y una biguanida. Todavía no presentaba complicaciones vasculares derivadas de esa diabetes, pero estaba claramente amenazado. Su presión arterial aumentaba de forma intermitente y las radiografías revelaban calcificaciones vasculares difusas, que sugerían una arteriosclerosis generalizada.

En junio de 1994 aparecen lesiones en el paladar y en las encías, que están tumefactas y ulceradas. La afección bucal, rebelde a los tratamientos locales, pasó a ser crónica, y resultaba molesta al comer. En junio de 1996 brotó una erupción cutánea en la cara, el tronco y las manos. La biopsia de algunos elementos cutáneos permitió el diagnóstico. Se trataba de una histiocitosis de células de Langerhans: invasión de las encías y de la piel por numerosos histiocitos. Las exploraciones evidenciaron la ausencia de otras localizaciones: ósea, pulmonar, esplénica, hepática o ganglionar.

Cuando el señor L. acudió a mi consulta, en febrero de 1997, su estado era estacionario y se le había propuesto una radioterapia. Le aconsejé que primero probara mi método. Cuatro meses más tarde, la mejoría era evidente:

- Perdió 4 kilos de peso.
- La glucemia en ayunas pasó de 254 mg/dl a 147 mg/dl.
- Y respecto a la histiocitosis de células de Langerhans, las lesiones desaparecieron en el paladar y disminuyeron claramente en las encías y la piel.

Por desgracia, no he vuelto a tener más noticias de este paciente.

Comentarios

1) La histiocitosis de células de Langerhans, antes denominada histiocitosis X, es una afección rara, que se clasifica en numerosos subgrupos (Boralevi y Taieb, 1998). Se caracteriza por la proliferación de las células de Langerhans epidérmicas, variedad de histiocitos que sólo

se encuentran en la epidermis de los sujetos sanos. Las células de Langerhans se multiplican en la piel, pero también pueden invadir cualquier órgano o tejido, lo que tiene como consecuencia cuadros clínicos extremadamente variados (Arico y Egeler, 1998). La biopsia de uno de los elementos patógenos permite el diagnóstico.

2) La causa sigue siendo desconocida, los tratamientos tienen como único objetivo inhibir la proliferación de las células de Langerhans. Generalmente se utilizan los corticoides, la quimioterapia o la radioterapia (Veyssier-Belot y Callot, 1996). A menudo son eficaces en las formas localizadas, y mucho menos en las formas generalizadas. Estos tratamientos no atacan al factor que ha desencadenado la activación de los histiocitos.

3) Imaginemos ahora que una macromolécula a la que llamaré A, de origen alimentario o bacteriano, procedente de un intestino delgado muy permeable, ensucie en grandes cantidades algunos tejidos. La estructura de A le confiere la propiedad de atraer a las células de Langerhans, encargadas de captarla y de eliminarla. Cuanto más numerosas sean las moléculas A y más diseminadas estén en diversos órganos, más fuerte será la proliferación histiocitaria, que generará tumefacciones. Los mediadores liberados por los histiocitos producirán inflamaciones, lesiones y ulceraciones. El régimen alimenticio ancestral, al impedir el flujo de las moléculas A, permite la limpieza progresiva de los tejidos y el reposo de las células de Langerhans.

4) Durante la diabetes del adulto, el cambio nutricional resulta a menudo capaz de disminuir o de normalizar la glucemia, y tiene una acción preventiva sobre las complicaciones vasculares (véase el capítulo dedicado a la diabetes de tipo 2).

Mastocitosis

Observación DIV 62

R. tenía 20 años cuando me pidió consejo en marzo de 1999. Padecía algunas manifestaciones alérgicas: una rinitis recidivante y un asma leve. Principalmente presentaba desde hacía 8 meses una erupción cutánea crónica en el tronco, constituida por nódulos turgentes y pruriginosos. La biopsia de uno de esos elementos reveló la presencia de linfocitos T y principalmente de numerosos mastocitos. Se trataba de una mastocitosis cutánea, sin ningún signo de localización visceral.

Los mastocitos son células presentes en todos los tejidos, pero principalmente en los que están en contacto con el medio exterior: piel, aparato respiratorio y tubo digestivo. En los sujetos sanos, los mastocitos se encuentran en número limitado, mientras que en la mastocitosis proliferan. La mastocitosis cutánea es relativamente benigna en comparación con la sistémica, en la cual todos los órganos pueden estar afectados (Boisson y Arock, 1999). Sin embargo, su pronóstico sigue siendo reservado, ya que:

- Suele persistir durante toda la vida.
- Puede extenderse a otros órganos.
- Aunque no es frecuente, puede transformarse en una hemopatía maligna.

Desde hace mucho tiempo se sabe que los mastocitos son células implicadas en una respuesta inmunitaria particular, llamada hipersensibilidad inmediata. La desgranulación de los mastocitos libera numerosos mediadores, de los cuales el principal es la histamina. Por esa razón, el tratamiento prescrito al paciente implicaría la supresión de los alimentos ricos en histamina o histaminoliberadores. Esta medida limitaría los desgastes, pero no podría invertir el curso de los acontecimientos.

Otros tratamientos posibles son los antihistamínicos, los corticoides y el interferón alfa (Duche, 1999). Son de eficacia reducida.

El régimen alimenticio hipotóxico, asociado a la exclusión de los productos ricos en histamina o histaminoliberadores, mejoró, en 5 meses, esta mastocitosis cutánea. Los nódulos se deshincharon considerablemente. Se volvían de nuevo activos y pruriginosos en algunas circunstancias:

- Situaciones de estrés.
- Durante la segunda mitad del ciclo menstrual.
- Si se producía una lentificación del tránsito digestivo.

La paciente estimó la mejoría en un 80%. Pero desde hace 9 meses se ha llegado al límite y no ha habido más progresos. La rinitis y el asma prácticamente han desaparecido.

Comentarios

1) Los mastocitos no son sólo células liberadoras de mediadores, entre los cuales se encuentra la histamina. Recientemente se ha descubierto (Boisson y Arock, 1999) que los mastocitos tienen también otras funciones:

- Pueden transportar antígenos a los linfocitos y experimentan con las moléculas HLA y las moléculas de coestimulación.
- Pueden participar en la defensa contra las bacterias y los parásitos.

2) Del mismo modo que las células de Langerhans son atraídas por una molécula A, es posible que los mastocitos tengan un tropismo para una molécula B, alimentaria o bacteriana, procedente del intestino delgado y que ha invadido la piel. Los mastocitos se amontonan para reaccionar contra B, pero nuevos flujos de B procedentes de la luz digestiva mantienen la activación de los mastocitos y hacen que la afección se vuelva crónica. El régimen original, al detener las llegadas de moléculas B, disminuye la activación de los mastocitos y obtiene un éxito parcial del 80%.

3) La rinitis y el asma se suelen curar con el cambio nutricional (véase el capítulo en que se tratan estas dos enfermedades).

Conclusión

Los efectos positivos de la dieta en la histiocitosis de células de Langerhans y la mastocitosis cutánea auguran que la dieta podría ser útil en el tratamiento de una enfermedad que ha dado lugar a numerosos trabajos durante los últimos años: el síndrome de activación de los macrófagos.

Esta rara y grave afección ha sido muy bien descrita por Béraud y col. (1995). El diagnóstico debe ser rápido, y se requiere la administración urgente de tratamientos potentes: antibióticos, corticoides en grandes dosis, ciclosporina, inhibidores del TNF y anticoagulantes. Sería muy interesante probar la nutrición ancestral en una patología que sugiere procesos de autoinmunidad y ensuciamiento.

Capítulo 27

ENFERMEDADES DE MECANISMOS COMPLEJOS

Ninguna actividad humana, ni siquiera la medicina, tiene tanta importancia para la salud como la agricultura. Mientras agricultores y médicos se ignoren, el estado sanitario será mediocre o malo y cada vez lo será más.

Profesor P. DELBET

Este pionero en el uso del magnesio escribió estas líneas proféticas en 1942.

Las enfermedades abordadas hasta ahora en esta obra eran el resultado de un solo mecanismo: autoinmunidad, ensuciamiento o eliminación. Sin embargo, algunas afecciones tienen una patología más compleja, bien porque en éstas intervienen dos o tres de estos mecanismos, bien porque la puerta de entrada es diferente del intestino delgado, o bien porque se dan factores originales, además del mecanismo clásico. Aquí se han reagrupado estas alteraciones particulares.

A) ENFERMEDAD DE BEHÇET

Conocimientos actuales

Se exponen en una excelente revisión general de Wechsler y Du Boutin (1996). La enfermedad de Behçet es rara, pero no excepcional. Clásicamente se encuentra en algunos países de la cuenca mediterránea (Turquía, Magreb) y en algunos países asiáticos (Japón, China). De hecho es cosmopolita. Afecta a 7 varones por cada 3 mujeres y, a menudo, se manifiesta en los adultos jóvenes. Está asociada a la molécula HLA-B51, presente en el 65% de los pacientes frente al 13% de los individuos control (Mizuki y col., 1992).

Los síntomas y los signos de la enfermedad de Behçet se dividen en dos categorías:

1) Las manifestaciones frecuentes:

- Aftas bucales múltiples, voluminosas y recidivantes.
- Aftas genitales.
- Inflamación ocular.

- Lesiones cutáneas: eritema nudoso o pseudofoliculitis o erupciones de pápulas y pústulas.
- Hipersensibilidad cutánea en los puntos de inyección y en las zonas de traumatismo.
- Artralgias, a veces con artritis y mialgias.
- Afección digestiva, principalmente con ulceraciones del íleon terminal y del colon, que pueden sugerir una enfermedad de Crohn.

2) Las manifestaciones más raras:

- Afección pulmonar.
- Afección cardiaca.
- Afección neurológica.
- Arteritis.
- Trombosis venosas.

La evolución de la enfermedad de Behçet se produce por brotes separados por remisiones más o menos completas. El estrés suele favorecer los brotes. La afección no tratada raramente es mortal, pero resulta peligrosa para los ojos. Las inflamaciones oculares recidivantes pueden ocasionar una catarata o un glaucoma. La ceguera afecta, después de 5 años, al 50% de los pacientes.

El tratamiento con medicamentos (Wechsler y col., 1992) se apoya ante todo en los corticoides, y también puede recurrirse a la colchicina, a la talidomida, a los inmunosupresores (azatioprina, ciclofosfamida, ciclosporina), a la aspirina, a los anticoagulantes y a los antiagregantes plaquetarios. Estos tratamientos tienen algunos efectos favorables. En particular, los corticoides reducen considerablemente el riesgo de ceguera (Wechsler y col., 1999). Sin embargo, si bien con frecuencia los medicamentos consiguen atenuar los sufrimientos de los pacientes y prevenir algunas complicaciones, nunca llegan a curar esta enfermedad crónica y, a menudo, invalidante.

Reflexiones sobre el mecanismo de la enfermedad de Behçet

El estudio de las lesiones anatomopatológicas es la guía más precisa para intentar elucidar su mecanismo. Se observan dos lesiones principales: la vasculitis y las aftas.

La vasculitis puede explicarse por un proceso autoinmune

En la enfermedad de Behçet a menudo se produce la inflamación de algunas arterias. En la capa media, la adventicia y el contorno de los vasa vasorum se concentra un infiltrado rico en polinucleares neutrófilos, linfocitos y plasmocitos, con algunos eosinófilos y a veces células gigantes (Wechsler y Du Boutin, 1999). La evolución espontánea conlleva el desarrollo de lesiones destructivas. Las fibras elásticas y musculares de la pared arterial desaparecen, mientras que los fibroblastos proliferan. En el estado cicatricial, el espesor fibroso predomina en las capas media y adventicia. La capa íntima de los vasa vasorum está espesada.

La vasculitis puede explicar las manifestaciones oculares, articulares, pulmonares, cardiacas y neurológicas, así como la arteritis. En cuanto a las flebitis, podrían ser la consecuencia de alteraciones de las células endoteliales por la vasculitis, que ocasionaría una disminución de la producción de factores fluidificantes de la sangre y un aumento de la producción de endotelina vasoconstrictora.

Algunos argumentos están a favor de un origen autoinmune de esta vasculitis:

1) El infiltrado inflamatorio perivascular es rico en linfocitos, particularmente en linfocitos TCD4 + y en linfocitos B (Lehner, 1999). Los linfocitos son las células que aseguran las respuestas inmunitarias.

2) La enfermedad de Behçet ofrece una asociación clara con la molécula HLA-B51. Ahora bien, el papel de las moléculas HLA de clase I, como B51, es el de unirse a los péptidos de 8 a 11 aminoácidos y de transportar estos péptidos a los linfocitos TCD8 +, lo que puede desencadenar la activación de algunos de estos linfocitos y una respuesta inmunitaria.

3) Muchas vasculitis se consideran autoinmunes; por ejemplo, la enfermedad de Horton, la granulomatosis de Wegener y la enfermedad de Churg-Strauss.

4) Se pueden detectar en la enfermedad de Behçet diversas variedades de autoanticuerpos: anticélulas endoteliales, anticélulas epiteliales de las mucosas, antirretina, anticitoplasma de los polinucleares neutrófilos (ANCA), así como complejos inmunes circulantes (Bayraktar y col., 2000).

El péptido implicado en la enfermedad de Behçet puede provenir del medio ambiente. Podría tratarse de un péptido procedente de una bacteria intestinal. En efecto, Iannone y col. (1997) observaron en pacientes que padecían la enfermedad de Behçet anticuerpos de grado claramente elevado, dirigidos contra algunas bacterias intestinales: *Campylobacter foetus*, *Yersinia enterocolitica*, *Yersinia pseudotuberculosis* y *Chlamydia trachomatis*.

El infiltrado inflamatorio perivascular es rico en linfocitos, pero también contiene muchos polinucleares neutrófilos (Lehner, 1999). Estas células no intervienen en las respuestas inmunitarias, pero, a mi parecer, están implicadas en el transporte de las diversas moléculas no peptídicas, lo cual sugiere que un proceso de eliminación se asocia al proceso autoinmune. Los polinucleares neutrófilos acudirían a las paredes arteriales inflamadas de partículas nocivas para transportarlas hasta un emuntorio (piel o mucosa), a través del cual serían expulsadas del organismo.

Las aftas pueden corresponder a un proceso de eliminación

El afta está constituida por un nódulo que reposa sobre una base infiltrada inflamatoria. El centro del nódulo, de color amarillento, se necrosa y cae. Esta zona central contiene fibrina, restos celulares y polinucleares neutrófilos. Los capilares del centro de la lesión a menudo están trombosados. En cuanto al infiltrado inflamatorio, situado en la base del nódulo, está formado por polinucleares neutrófilos, la mayoría a punto de morir (Samson y Kuffer, 1992). También se observa la presencia de una minoría de linfocitos.

Estos aspectos anatomopatológicos respaldan con fuerza que se trate de un proceso de eliminación, asegurado por los polinucleares neutrófilos. Éstos captan las diversas variedades de moléculas nocivas que han franqueado el intestino delgado demasiado permeable: ADN bacterianos, lipopolisacáridos bacterianos, péptidos, proteínas, lípidos, glúcidos y moléculas de Maillard originadas en la cocción (Cuq y Lorient, 1992). La mayoría de estas moléculas tiene en común la propiedad de no poder ser degradadas por las enzimas, que no están adaptadas a ellas. La única forma que tiene el organismo de deshacerse de esas moléculas no metabolizables es incorporarlas enteras en los glóbulos blancos, principalmente en los polinucleares neutrófilos, que se encargarán de transportarlas desde la circulación sanguínea hasta el exterior, lo que supone atravesar un emuntorio.

En la enfermedad de Behçet, los emuntorios elegidos son la mucosa bucal (aftas bucales), la mucosa genital (aftas genitales), la mucosa digestiva (ulceraciones intestinales) y la piel (lesiones cutáneas). La acumulación de numerosos polinucleares neutrófilos en un emuntorio provoca la inflamación de éste. Sin duda, la presencia de algunos linfocitos está ligada a su captación por las citocinas liberadas por los polinucleares neutrófilos.

Es probable que los neutrófilos, en las cercanías de la mucosa bucal, genital, o intestinal, liberen citocinas que ocasionen una trombosis de los capilares. Así, se constituye una zona de necrosis que se desprende, llevándose con ella los neutrófilos y las moléculas nocivas que éstos contienen.

El afta es un fenómeno de depuración extendido. La enfermedad de Behçet, mucho más rara, aparece como una aftosis grave asociada a una vasculitis sistémica. La situación es análoga a la de la colitis, enfermedad benigna y común, y a la enfermedad de Crohn, afección poco frecuente y grave que corresponde a una colitis aguda (Seignalet, 1998a).

Varios trabajos respaldan el papel preponderante de los polinucleares neutrófilos en la enfermedad de Behçet. Roux y Fersko (1995) han comprobado que estos leucocitos son hiperactivos en los pacientes. Otras publicaciones aportan datos en el mismo sentido:

- Takeno y col. (1995) denuncian una producción de superóxido de O_2^- por los neutrófilos claramente más elevada en los sujetos aquejados de la enfermedad de Behçet que en los controles. Esta producción de superóxido es, por otra parte, dos veces más grande en los individuos HLA-B51$^+$ que en los individuos HLA-B51$^-$. Para finalizar, hay que destacar que ratones transgénicos para el gen HLA-B51 producen mucho más superóxido que los transgénicos para otro gen HLA de clase I o que los no transgénicos.
- Los neutrófilos tienen una actividad quimiotáctica mayor en la enfermedad de Behçet. La colchicina inhibe la actividad quimiotáctica de estas células, despolarizando sus microtúbulos citoplásmicos, lo cual explicaría su eficacia parcial en la enfermedad de Behçet (Thome y col., 1999). La talidomida tiene, quizás, un efecto parecido (De Wazières y col., 1999).
- La pentoxifilina es una sustancia que disminuye la motricidad de los neutrófilos y suprime la producción del anión superóxido O_2^-. Este producto, probado en 3 pacientes que padecían la enfermedad de Behçet, mejoró su estado (Yasui y col., 1996).

Finalmente

Los datos que acaban de ser expuestos permiten proponer un mecanismo probable para el desarrollo de la enfermedad de Behçet. Esta teoría se representa en la figura 75. Mientras que la mayoría de enfermedades resulta de un solo proceso (autoinmunidad, ensuciamiento o eliminación), el Behçet es una de las poco frecuentes afecciones en las que intervienen a la vez dos de estos fenómenos.

Resultados

Seis pacientes con enfermedad de Behçet, bien diagnosticada, siguieron el régimen alimenticio ancestral. Las principales características de estas 6 observaciones se detallan en la tabla XXVIII. Los resultados fueron excelentes, ya que se registraron 1 éxito parcial y 5 éxitos claros. Aquí

Figura 75. UNA HIPÓTESIS SOBRE LA PATOGENIA DE LA ENFERMEDAD DE BEHÇET

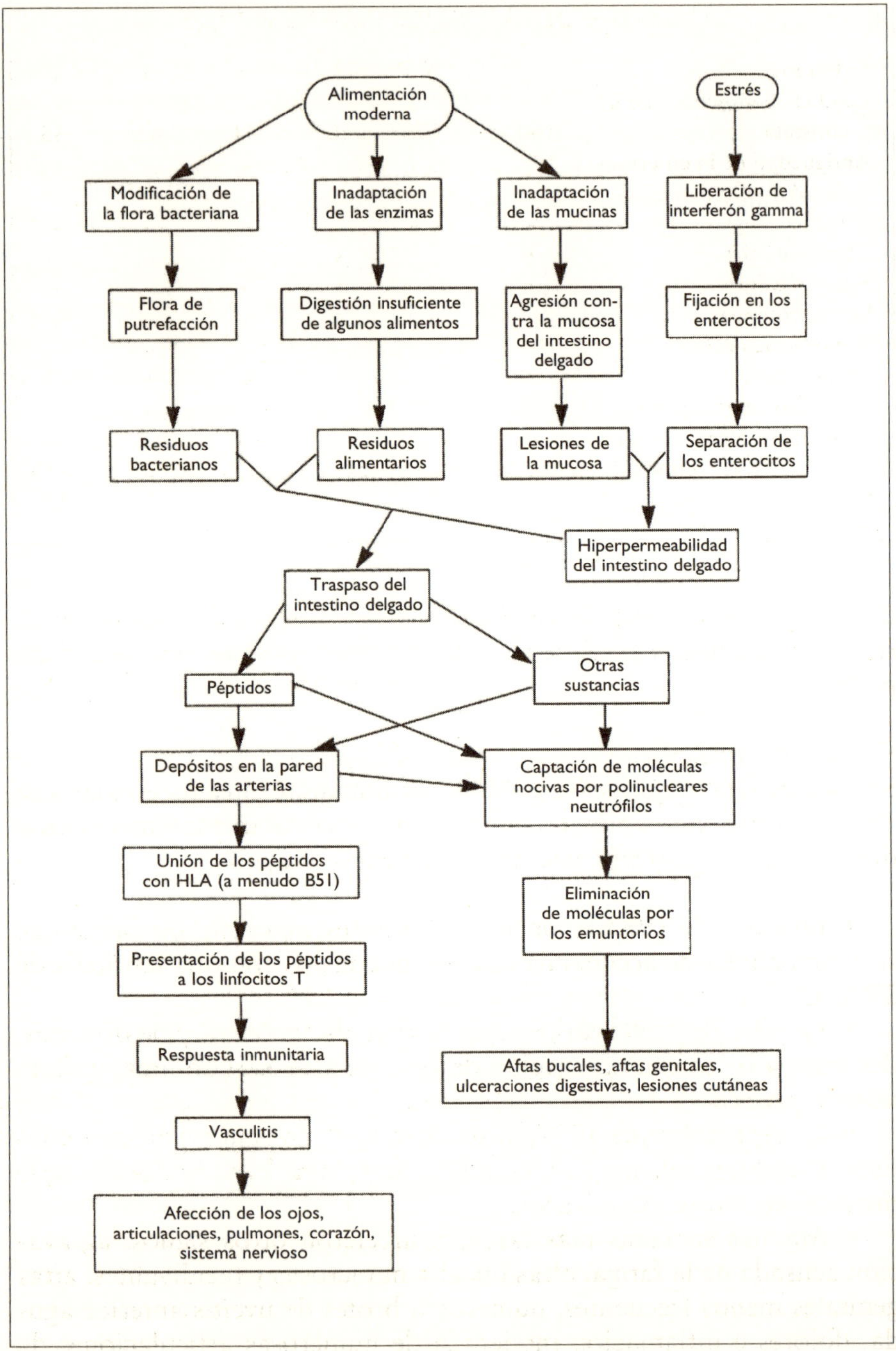

Tabla XXVIII
CARACTERÍSTICAS DE LOS 6 ENFERMOS
AQUEJADOS DE LA ENFERMEDAD DE BEHÇET

Enfermos	1	2	3	4	5	6
Edad en el momento de la consulta	40	37	40	41	42	35
Antigüedad de la enfermedad de Behçet en años	11	7	5	10	1	15
Aftas bucales	+	+	+	+	+	+
Aftas genitales	+	+	+	+	+	+
Signos oculares	+	-	+	+	-	-
Signos cutáneos	-	+	-	-	+	+
Signos articulares	+	+	+	+	+	-
Otros signos	-	-	+	+	+	-
Severidad (moderada +, media ++ o grave +++)	++	++	+++	++	++	+
Mejoría con el régimen	100%	90%	50%	80%	100%	100%
Perspectiva en años	1	3	2	1,5	1	0,5

describiré dos de estos casos: el de un paciente que sólo obtuvo mejoría de su enfermedad y el de un enfermo que logró una remisión completa.

Observación BEH 3

Se trata de una mujer de 40 años que acudió a mi consulta en mayo de 1998. No presentaba ningún antecedente personal importante. El cuadro clínico se constituyó y se agravó en varias etapas:

- En mayo de 1993, es decir, 5 años antes, apareció una fatiga que se acompañaba de accesos de sudores nocturnos con una febrícula de 37,8 °C.
- En julio de 1996, un periodo de dolores torácicos y de dificultades respiratorias con agravación de la astenia no suscitó ningún diagnóstico preciso.
- En septiembre de 1997, la recidiva de los mismos síntomas condujo al descubrimiento de una pericarditis, con derrame líquido, que provocó accesos de taquicardia.
- Algunas semanas más tarde, aparecieron otros signos: agravación acusada de la fatiga, aftas bucales numerosas y recidivantes, aftas genitales menos frecuentes, numerosos brotes de uveítis anterior aguda, dolores e inflamación moderada de numerosas articulaciones de

los miembros, dolores musculares, dolores de cabeza y trastornos de la memoria.

• Las manifestaciones respiratorias con tos y expectoración se consideraron aparte. Un neumólogo consultado las atribuyó a una bronquitis asmatiforme favorecida por una dilatación de los bronquios. Los dos son signos independientes de la enfermedad de Behçet.

En contraste con este importante cuadro clínico, los exámenes biológicos no revelaban ninguna anomalía. De septiembre de 1997 a mayo de 1998, es decir, durante los 9 meses precedentes a la consulta, los trastornos eran constantes, intensos y muy invalidantes. La enferma fue a ver a un médico, quien le diagnosticó un lupus eritematoso. A continuación, recabó la opinión de un neumólogo, que sugirió una poliartritis reumatoidea. Los sucesivos tratamientos con colchicina, aspirina y bloqueadores beta fracasaron, y se le administraron corticoides en inhalaciones y principalmente por vía general, en una dosis elevada, de 80 mg al día. No se obtuvo ninguna mejoría durante los últimos 9 meses.

Después de preguntar y examinar a la paciente, no dudé en diagnosticar la enfermedad de Behçet. Se daban los criterios clásicamente exigidos: aftas bucales + aftas genitales + inflamación ocular característica. Las artralgias y/o las artritis a menudo se encuentran en la enfermedad de Behçet, a veces acompañadas de mialgias (Bergaoui, 1997). Las manifestaciones cardiacas se dan sólo en 6 casos de cada 100, y la pericarditis es la más frecuente entre ellas (Duchêne y col., 1998). En cuanto a las cefaleas y a la pérdida de memoria, sugieren una afección del sistema nervioso central, posible en la enfermedad de Behçet (Wechsler y Du Boutin, 1999). Por último, los sudores nocturnos y la febrícula no son sorprendentes cuando la enfermedad de Behçet reviste una forma grave como ésta.

Si bien la pericarditis y las artralgias podían orientar el diagnóstico hacia un lupus eritematoso o una poliartritis reumatoidea, estos diagnósticos deben descartarse, pues:

• No tienen en cuenta las aftas bucales y genitales.

• La inflamación de la cámara anterior del ojo es diferente de la sequedad ocular normal que a veces se observa en el lupus eritematoso diseminado y en la poliartritis reumatoidea.

• No se detecta ninguno de los signos de laboratorio del lupus (anticuerpos antinúcleos enteros, anticuerpos anti-ADN nativo) o de la poliartritis (factor reumatoide, anemia hipocrómica, leucocitosis).

Pedí que se hicieran análisis a la enferma para detectar HLA-B51, pero resultó estar ausente. También solicité que se hiciera un Doppler, para prevenir el riesgo de aneurismas vasculares, posible en la enfermedad de Behçet, y una RMN, para prevenir el riesgo de afección cerebral. Hasta la presente, la paciente no se ha hecho estas dos pruebas.

En cambio, ha seguido de forma correcta el régimen alimenticio ancestral. Ha perdido 4 kilos superfluos y ha conseguido, en algunas semanas, una mejoría evidente:

- La enfermedad, que evolucionaba de manera continua, se volvió intermitente, con brotes de 15 días separados por remisiones de 45 días. Sin embargo, de 1993 a 1998, es decir, durante 5 años, no había tenido ningún periodo de calma.
- Durante los brotes, los síntomas reaparecían, pero la mayoría con menor intensidad.
- La posología de los medicamentos pudo reducirse. Los corticoides sólo se administraban durante los brotes, en dosis de 40 mg al día. En cuanto al tratamiento de fondo, se limitó a un comprimido diario de colchicina.
- Si se analizan los síntomas, el balance es el siguiente: evidente mejoría para la pericarditis, las aftas y las artralgias; mejoría clara, pero menos acusada, para los sudores nocturnos, las mialgias y las cefaleas; estado estacionario para la uveítis anterior aguda y las crisis de taquicardia. En cuanto a los signos respiratorios, parecen indiferentes a la dietética.

Con un plazo de 2 años, se puede estimar que el régimen hipotóxico mejoró en, alrededor de un 50%, la enfermedad de Behçet.

Comentarios

1) Contrariamente a una opinión todavía extendida, la enfermedad de Behçet no tiene como origen el Magreb y el Extremo Oriente. En este caso, la enferma era francesa.

2) El diagnóstico de la enfermedad de Behçet no siempre es fácil, ya que no es frecuente que un médico generalista o un neumólogo traten esta afección relativamente rara. Es más habitual que la reconozca un dermatólogo (diagnóstico de una aftosis) o un oftalmólogo (diagnóstico de una inflamación ocular).

3) El cambio nutricional es muy eficaz en la bronquitis crónica y en el asma (Seignalet, 1998a). Su fracaso en esta enfermedad se debe probablemente a la dilatación de los bronquios, fuente de infección que reinicia la bronquitis y, como consecuencia, el asma. La alimentación ancestral no puede revivir lo que ya está roto, cuando el tejido elástico de los bronquios está definitivamente distendido.

4) ¿Por qué la dieta, que ha obtenido mejorías en los otros 5 casos

de la enfermedad de Behçet, sólo ha obtenido un éxito parcial en esta paciente? Se pueden proponer dos explicaciones no excluyentes:

- Ningún método es curativo al 100% en el 100% de los sujetos que padecen la misma enfermedad. Así, un antibiótico adecuado curará una infección bacteriana en la gran mayoría de individuos, pero siempre habrá pacientes que se mostrarán resistentes en parte o totalmente a un medicamento. Una enfermedad puede adquirir aspectos diferentes y ningún enfermo es idéntico a otro. Por un lado, la medicina es un arte y no corresponde enteramente a una ciencia, como las matemáticas.
- En esta persona, la enfermedad de Behçet era particularmente severa. Siempre podemos esperar que desaparezcan las manifestaciones de eliminación, como las aftas, que no son definitivas. En cambio, la vasculitis, cuando es intensa y prolongada, puede provocar destrucciones y lesiones cicatriciales no recuperables.

Observación BEH 5
Este hombre de 42 años vino a mi consulta en junio de 1999. En su historial destacaba una extirpación del bazo, traumatizado después de un accidente de coche. Desde hacía algunos años sufría dolores en la rodilla izquierda causados por una condrocalcinosis (depósitos de calcio en el cartílago de la rodilla). Su principal problema de salud era una enfermedad de Behçet que se había manifestado en abril de 1998, es decir, 14 meses antes.

Los signos clínicos aparecieron rápidamente y comprendían:

- Aftas bucales múltiples y frecuentes.
- Aftas genitales menos numerosas y menos frecuentes.
- Una artritis crónica de la rodilla.
- Un eritema nudoso recidivante.
- Fiebre intermitente, que a veces subía a 40 °C.
- Dos episodios de epididimitis.

El diagnóstico de Behçet era indudable. El antígeno HLA-B51 está presente. La epididimitis no es una localización habitual de la enfermedad pero su aparición, sin duda, no es una coincidencia y la inflamación de este pequeño órgano, perteneciente a la vía excretora del testículo, probablemente tenga relación con la enfermedad de Behçet. No se observó, en este sujeto, ninguna manifestación ocular, neurológica, digestiva, cardiaca o pulmonar. Es una forma menos severa que la descrita en la observación precedente. Sin embargo, el paciente estaba muy invalidado y tuvo que reducir considerablemente sus actividades profesionales.

El enfermo fue seguido desde el principio de su afección por uno de los mejores especialistas franceses de la enfermedad de Behçet. Este médico hizo rápidamente el diagnóstico y prescribió un tratamiento con colchicina y aspirina, medicamentos clásicos en este caso. Por desgracia, no se pudo registrar ninguna mejoría.

El enfermo empezó el régimen alimenticio original 2 meses antes de acudir a mi consulta, confiando en las indicaciones de mis libros. Había adelgazado 5 kilos y paradójicamente había empeorado durante este periodo, ya que las aftas se redoblaron, acompañadas de una fiebre de 40 °C todas las noches. Calmé las inquietudes del paciente, explicándole las razones de esta crisis (que detallaré en los comentarios sobre esta observación), y le pedí que siguiera aplicando con continuidad las prescripciones dietéticas.

Algunas semanas más tarde se produjo una rápida mejoría, tan clara, que le permitió dejar la medicación:

- Las aftas bucales disminuyeron considerablemente.
- Las aftas genitales desaparecieron.
- La artritis de la rodilla remitió totalmente.
- El eritema nudoso desapareció.
- Los accesos febriles cesaron.
- No se observó ninguna crisis de epididimitis.

Podemos considerar que, en este caso, la enfermedad de Behçet está en remisión casi completa.

Este buen resultado se mantiene desde hace un año. El paciente trabaja normalmente y hasta demasiado, ya que, según su esposa, trabaja 80 horas a la semana. El efecto del cambio nutricional está demostrado pues, cuando el enfermo hace algunas excepciones del protocolo (lo que no es frecuente), aparecen de forma atenuada algunos signos de la enfermedad de Behçet.

Comentarios

1) Los medicamentos habitualmente utilizados para el tratamiento de la enfermedad de Behçet no llegan a curarla, ya que sólo atacan a los síntomas y no a las causas. La alimentación hipotóxica es mucho más eficaz, pues se dirige a la fuente de los males, que son los cambios que afectan al contenido y a la mucosa del intestino delgado.

El modo nutricional ancestral devuelve la normalidad al contenido bacteriano y alimentario del intestino delgado, y restaura la impermeabilidad de la mucosa. Cesa la entrada en la circulación sanguínea de los péptidos antigénicos causantes de la vasculitis autoinmune y de las moléculas no peptídicas que causan la patología de eliminación. Mientras las entradas de sustancias nocivas eran superiores a las salidas, la situación era la inversa, y el organismo se deshace progresivamente de estas moléculas peligrosas. Una vez terminada la limpieza de los tejidos y de los órganos, la vasculitis y la eliminación desaparecen y se obtiene la remisión.

2) Hay que hablar de remisión y no de curación, pues el paciente conserva una susceptibilidad a la enfermedad de Behçet. En caso de abandono del régimen alimenticio original, se produce una recaída en algunas semanas o meses. Sin embargo, en la práctica, siempre que se mantenga la dieta, la remisión equivale a la curación.

3) Al principio del cambio nutricional, se observa a menudo un adelgazamiento, acompañado a veces de una agravación de la enfermedad. Es probable que el organismo humano acumule en la grasa importantes cantidades de residuos más o menos peligrosos, que son eliminados de esta manera. Cuando se prescribe el régimen ancestral, las moléculas nocivas X salen de los tejidos y los órganos donde estaban almacenadas para ser expulsadas por los emuntorios.

En el momento en que el enfermo adelgaza, las moléculas X, liberadas en gran cantidad por la pérdida de grasa, transitan las regiones y los tejidos reemplazan a las que acaban de ser depuradas. El flujo de entradas puede sobrepasar al de salidas, ocasionando una exacerbación de signos clínicos de la enfermedad de Behçet. Cuando las grasas superfluas desaparecen y el peso se estabiliza, cesan las entradas mientras se mantienen las salidas. La limpieza de las regiones invadidas puede darse por concluida y se traduce en la remisión de la enfermedad de Behçet.

4) Se puede estimar que la rodilla izquierda estaba doblemente afectada, en primer lugar por una condrocalcinosis, que producía dolores moderados y crónicos, y en segundo lugar por una artritis con dolores más vivos, inflamación e impotencia funcional derivada de la enfermedad de Behçet. La alimentación hipotóxica curó esta rodilla calmando las dos enfermedades: el proceso de ensuciamiento de la condrocalcinosis y el autoinmune de la enfermedad de Behçet.

B) SAPHO

Descripción de la enfermedad

El SAPHO asocia un reumatismo inflamatorio especial a lesiones cutáneas particulares. El término SAPHO fue propuesto en 1987 por Chamot y col.; cada una de las cinco letras corresponde a uno de los signos clínicos de la afección. La sintomatología ha sido bien descrita por Kahn y Chamot (1992):

- S = Sinovitis, la inflamación de la membrana sinovial, que en la práctica causa artritis, a menudo más agudas que crónicas.
- A = Acné, con frecuencia severo, pudiendo adoptar una forma *fulminans* o una forma *conglobata*. En este último caso, las pústulas y los comedones se acompañan de pseudoabscesos subcutáneos, acumulaciones de polinucleares neutrófilos sin supuración, y de quistes sebáceos supurados.
- P = Pustulosis de la palma de las manos y de los pies con, a veces, psoriasis pustulosa.
- H = Hiperostosis, es decir, aumento del volumen y condensación exagerada de algunos huesos, a veces los ilíacos, pero principalmente los del tórax: esternón, costillas y clavículas. Se pone de manifiesto en las radiografías y la escintigrafía ósea.
- O = Osteítis, que es la inflamación dolorosa de algunos huesos, principalmente del tórax, del raquis y de la pelvis. La biopsia ósea revela, al principio, infiltrados de polinucleares neutrófilos, con, a menudo, osteoclastos y osteoblastos. Mas tarde, los linfocitos y los plasmocitos se vuelven dominantes, a menudo con algunas células multinucleadas.

Otras manifestaciones frecuentes son la psoriasis vulgar y la hidradenitis supurativa, pequeños abscesos cutáneos y subcutáneos, casi siempre situados en el hueco de la axila, que se originan en una glándula sudorípara.

La evolución es variable, y puede avanzar hacia la remisión, después de un plazo más o menos largo, o hacia la cronicidad. Los tratamientos más empleados son los antibióticos, los AINE y los corticoides. Su acción es irregular y parcial. El origen del SAPHO es desconocido.

Una teoría sobre la patogenia del SAPHO

Los causantes del SAPHO podrían ser macromoléculas bacterianas y/o alimentarias que han atravesado una pared del intestino delgado muy permeable. Estas moléculas tienen un tropismo para algunas articulaciones y algunos huesos, donde se acumulan. El organismo intenta eliminarlas expulsándolas a través de la piel. El SAPHO reuniría dos patologías:

1) Una patología inflamatoria, que afecta a las articulaciones y a los huesos. Podría ser el resultado de un proceso autoinmune, si se considera que tres grupos de estudio han referido una asociación con HLA-B27, observado en el 33% de los pacientes frente al 6% de los sujetos del control (Kahn y Chamot, 1992). Este dato acerca el SAPHO a las espondiloartropatías y sugiere la intervención de un péptido bac-

teriano. La hipótesis se ve reforzada por la eficacia de un antibiótico, la doxiciclina, en algunos enfermos (Ballara y col., 1999).

Sin embargo, predomina la inflamación, como demuestra la abundancia de polinucleares neutrófilos en las lesiones, así como la posible acción favorable de los AINE y de los corticoides, más frecuente que la de los antibióticos. La principal molécula causal parece capaz de inducir una respuesta inflamatoria. Podría tratarse, por ejemplo, de un lipopolisacárido bacteriano.

2) Una patología de eliminación en la piel. El acné y la pustulosis serían la consecuencia del paso de los polinucleares neutrófilos que transportan los residuos nocivos, desde los vasos de la dermis hasta la superficie cutánea. Otro argumento en favor de un proceso de depuración es la asociación relativamente frecuente del SAPHO con la enfermedad de Crohn (Dharancy y col., 1998). La eliminación se hace, en este caso, a través de dos emuntorios: la piel y el tubo digestivo.

El conjunto de la teoría se representa en la figura 76.

Resultados

El razonamiento que acabo de desarrollar atribuye el origen del SAPHO a la proliferación de una bacteria intestinal peligrosa en un intestino delgado cuya mucosa es demasiado permeable. Es interesante probar el régimen alimenticio ancestral como tratamiento. El método se aplicó a cuatro enfermos y se obtuvieron una mejoría neta y tres remisiones completas. Aquí resumo la historia de uno de estos éxitos completos:

Observación del enfermo

A. acudió a mi consulta en junio de 1997. Esta joven de 26 años no tenía ningún antecedente personal importante. En 1990, y como consecuencia de preocupaciones familiares y profesionales, se desarrollaron con rapidez los siguientes signos:

- Una sinovitis que afectaba a las articulaciones esternoclaviculares, coxofemorales y mandibulares.
- Una pustulosis especialmente palmoplantar, pero que a veces se extendía a otros sitios.
- Una hiperostosis, particularmente marcada al nivel de las costillas y de las clavículas, confirmada por las radiografías.
- Una osteítis, causante de dolores severos, localizados en la primera costilla, en los raquis cervical y lumbar.

En los análisis de laboratorio se revela una VS acelerada a 37/62, una leucocitosis y ausencia de HLA-B27. A pesar de que no tenía acné, este

Figura 76. UNA HIPÓTESIS SOBRE LA PATOGENIA DEL SAPHO

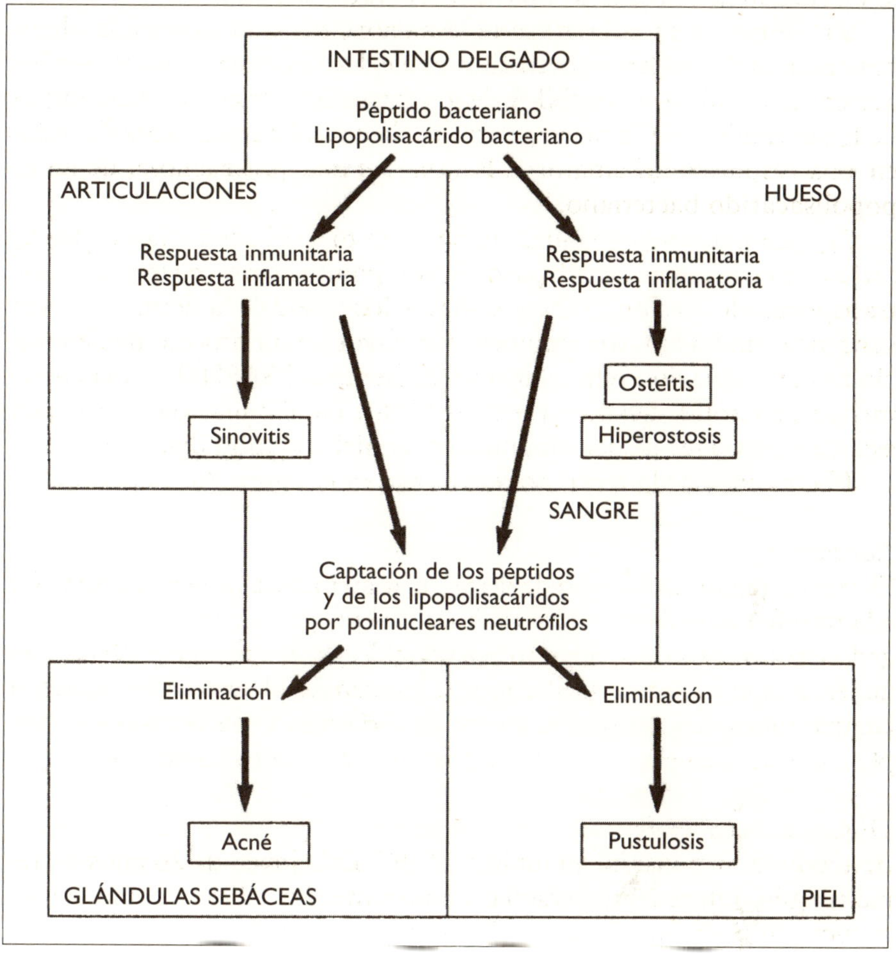

cuadro permitió diagnosticar un SAPHO. Al menos éste fue el diagnostico de un profesor de reumatología parisino, particularmente experto en materia de SAPHO. Se prescribió un tratamiento con AINE y sulfasalazina durante 18 meses, plazo necesario para obtener la remisión. Éste se mantuvo durante casi 6 años.

En octubre de 1996 apareció un segundo brote, análogo al primero pero más intenso, ocasionando contracturas musculares muy dolorosas. Los AINE en esta ocasión fueron ineficaces. Los corticoides, que se probaron a una dosis de 40 mg al día, también fracasaron. Cuando la enferma contactó conmigo, el brote duraba desde hacía 8 meses y los dolores óseos y articulares eran tan fuertes que se le administraba morfina diariamente desde hacía 2 meses.

La paciente adoptó el régimen alimenticio ancestral, que siguió correctamente. En algunos días desaparecieron todos los signos clínicos del SAPHO. La VS se normalizó y la leucocitosis se corrigió. Se suprimieron la morfina y los corticoides. Las únicas secuelas que quedaron fueron un espesor de las clavículas y de algunas costillas, derivado de la hiperostosis. La remisión completa dura desde hace 2 años. La joven pudo llevar a buen término un embarazo y traer al mundo a su segundo hijo. En caso de repetidas excepciones del régimen, se comprueba una recidiva moderada del SAPHO.

Comentarios

1) El SAPHO no siempre se presenta en su forma completa. En este caso no había acné. Han sido descritas varias variantes incompletas:

- La hiperostosis esternocostoclavicular.
- Las artritis del acné *conglobata*.
- Las artritis de la pustulosis palmoplantar.

Todas estas afecciones pertenecen a la misma familia y resultan de un mecanismo parecido.

2) El resultado positivo registrado en esta paciente no puede atribuirse a una remisión espontánea. Las manifestaciones clínicas y biológicas remiten gracias a la dietética y volverían a producirse si el régimen se abandonara.

3) Es sorprendente el contraste entre el plazo de 18 meses necesarios para la acción de los medicamentos durante el primer brote y los pocos días que han sido necesarios desde el inicio del cambio nutricional para neutralizar el segundo brote. Los medicamentos se esfuerzan en disminuir la intensidad de la respuesta inmunitaria e inflamatoria implicadas en el SAPHO, mientras que el régimen hipotóxico tiene como objetivo erradicar el péptido bacteriano causal en el intestino y acelerar la evacuación de las moléculas nocivas a través de la piel. Los medicamentos atacan algunas consecuencias, mientras que el régimen alimenticio ataca la causa.

c) SARCOIDOSIS

La sarcoidosis es rara, y es más frecuente entre los europeos septentrionales. Sus signos principales son (Cordier, 1994):

- Imágenes radiológicas pulmonares, a veces impresionantes, que contrastan con un buen estado general y la levedad de los signos clínicos pulmonares.

• Un eritema nudoso.
• Adenopatías en los hilios pulmonares.

La sarcoidosis se caracteriza por la presencia en los sitios más variados de granulomas (Tazi y col., 1994). Cada granuloma está compuesto:

• De un folículo central, formado por células epiteloides que derivan de los macrófagos.
• De una corona periférica, formada por linfocitos TCD4, TCD8 y B.

Estos granulomas indican una inmunización y una inflamación crónica, con ausencia de polinucleares y eosinófilos, observados en la inflamación aguda.

El antígeno que desencadena esta respuesta inmunitaria e inflamatoria crónica no se ha identificado. Se han propuesto micobacterias, virus, micoplasmas, complejos inmunes, etc. En ese caso, ¿por qué no sugerir que se trate de residuos de origen intestinal e intentar el régimen de tipo original? Eso es lo que hice con tres pacientes. Aunque no sea un número suficiente para llegar a conclusiones firmes, mi impresión es que el cambio nutricional es beneficioso, pero sólo parcialmente.

Aunque la sarcoidosis puede afectar cualquier órgano, las localizaciones se sitúan en el aparato respiratorio. La mucosa de los alveolos pulmonares, muy extensa y delgada, es igual de frágil que la mucosa del intestino delgado. Quizás el agente etiológico penetre en el organismo, no sólo por vía digestiva, sino también, y principalmente, por vía respiratoria.

¿Por qué no sugerir a los enfermos «cambiar de aires»? Si el agente causal está presente en su atmósfera profesional o privada, podría resultar saludable mudarse a otra región menos contaminada. Sólo es una hipótesis, pero merecería la pena ser comprobada.

D) SENSIBILIDAD BIOQUÍMICA MEDIOAMBIENTAL (SBM)

Durante la guerra del Golfo, llamaron la atención los extraños síntomas que afectaban a un 3,4% de los soldados (Black y col., 2000); Bell y col. (1998) clasificaron estas manifestaciones en tres categorías:

• Alteraciones somáticas: dolores de cabeza; vértigos; náuseas; hormigueos de manos, pies y cara; dolores musculares, tendinosos y articulares; fatiga.
• Trastornos cognitivos: dificultades de concentración, pérdida de memoria.

- Trastornos afectivos: depresión, ansiedad, irritabilidad. En resumen, un cuadro bastante próximo al de la fibromialgia y de la fatiga crónica.

Pero el aspecto diferencial es el desencadenamiento del malestar por el contacto con algunos factores que pudieran estar presentes en el aire: gas de escape de los vehículos, cosméticos, humos, pesticidas y olores de diversos productos químicos. Se habla de intolerancia química múltiple.

En mi experiencia, esta intolerancia a algunos olores a menudo suele acompañarse de una intolerancia a numerosos alimentos. También me parece un buen término para describirlo «intolerancia bioquímica medioambiental».

Esta afección, desconocida hace 10 años, quizá porque pasaba inadvertida o probablemente porque era excepcional, es todavía rara, pero parece aumentar progresivamente su frecuencia. No es específica de los militares y castiga a toda la población. Además, en general tiende a agravarse (Fontana y col., 1999) y puede hacer la vida muy difícil a las personas que la sufren. Su mecanismo es desconocido. Se ha sugerido, sin razón, la somatización de trastornos psíquicos y también el estrés o las múltiples vacunas que se administran a los soldados. Mi opinión es que, en algunos humanos menos resistentes que otros a crecientes agresiones del medio ambiente, se desarrolla una hiperpermeabilidad de las mucosas nasales, respiratorias y digestivas. Grandes moléculas, antigénicas o ensuciadoras, entran directamente en la circulación sanguínea y provocan las diversas manifestaciones.

El régimen alimenticio hipotóxico no obró milagros, pero sí obtuvo mejorías en 2 de cada 3 pacientes afectados de SBE y fracasó en los otros casos. Como en la sarcoidosis, sería aconsejable un cambio de domicilio, de la ciudad contaminada al campo, cuya atmósfera está menos cargada de sustancias químicas volátiles.

E) FATIGA CRÓNICA

El 25% de los humanos padece fatiga de mayor o menor intensidad. Sin embargo, para hablar de fatiga crónica, hacen falta algunos criterios precisos, enumerados más adelante según su frecuencia (Aaron y col., 2000; Levine, 1998; Tirelli y col., 1998):

- Fatiga de manifestación rápida, tanto física como intelectual, presente al menos durante más de 6 meses, reduciendo en al menos un 50% la actividad, sin razón médica o psiquiátrica (100%).

- Aparición al final de una enfermedad infecciosa (90%): mononucleosis infecciosa, fiebre Q, enfermedad de Lyme, infecciones bacterianas y principalmente virales.
- Dolores musculares o incomodidad muscular (100%).
- Dolores articulares migratorios, sin inflamación (72%).
- Trastornos del sueño, con hiper o hiposomnia, sueño no reparador (92%).
- Cefaleas (100%), que sugieren el trastorno cuando son recientes.
- Fiebre moderada o escalofríos intermitentes (92%).
- Dolores de garganta o a veces faringitis (85%).
- Ganglios cervicales y/o auxiliares dolorosos o hipertrofiados (50%).
- Pérdidas de memoria y/o dificultades de concentración y/o irritabilidad (100%).
- Fotofobia (miedo a la luz) y/o escotoma transitorio (mancha que cubre el campo visual) (75%).
- Malestar o fatiga intensa después del ejercicio físico (no se menciona la frecuencia).

La fatiga crónica ofrece algunas semejanzas con la fibromialgia. Sin embargo, es posible diferenciar las dos enfermedades, como se muestra en la tabla XXIX. Es necesario un buen diagnóstico, ya que éste puede dar un pronóstico: la nutrición original, a menudo efectiva en la FM, tiene resultados más irregulares y a menudo parciales en la fatiga crónica.

Tabla XXIX
DIAGNÓSTICO DIFERENCIAL ENTRE FIBROMIALGIA Y FATIGA CRÓNICA

Signos en favor de la fibromialgia	**Signos comunes a las dos enfermedades**	**Signos en favor de la fatiga crónica**
• Dolores a la palpación de algunos puntos precisos (22 puntos que explorar). • Disfunciones frecuentes: colitis, cistitis, nerviosismo.	• Dolores musculares y tendinosos múltiples. • Fatiga física e intelectual con intolerancia a los esfuerzos. • Trastornos del sueño.	• Comienzo al final de una virosis. • Insensibilidad a la palpación de los puntos de la fibromialgia. • Dolores frecuentes de garganta. • Fiebre moderada intermitente, frecuente.

Esta afección afecta a 3 mujeres por cada varón. Se considera bastante rara, y afecta a 2 personas de cada 1.000. Probablemente, esta cifra esté subestimada, pues sólo hace 2 años que me ocupo de esta patología y ya he encontrado 11 casos. El pronóstico es severo en el adulto. No existe peligro de muerte, pero los síntomas persisten a largo plazo en el 90% de los pacientes (Joyce y col., 1997).

Desgraciadamente, no se dispone de ningún tratamiento válido. El ejercicio físico forzado, así como el reposo prolongado, fracasan. La suplementación en magnesio, los antidepresivos o la psicoterapia no dan ningún resultado. A veces se consigue una mejoría con los corticoides, las inmunoglobulinas intravenosas o el NADH (Reid y col., 2000).

La patogenia de la fatiga crónica es controvertida. Algunos autores le atribuyen un origen psiquiátrico y la consideran una clase de estado depresivo, acompañado de una somatización importante. Creo que es un gran error, ya que:

- Los antidepresivos y la psicoterapia no aportan ningún beneficio.
- Los pacientes no están deprimidos, sino que tienen ganas de trabajar, de retomar sus actividades, de participar en la vida, pero no pueden porque están agotados.
- Cuando aparece una depresión nerviosa, no es primaria, sino reactiva: el sujeto se desmoraliza ante de sus sufrimientos y su invalidez crónica.

Propongo que la fatiga es la consecuencia de una respuesta inmunitaria, desencadenada por un agente infeccioso pero que, en lugar de detenerse al cabo de algunas semanas, persiste indefinidamente. Semejante proceso puede «agotar» la energía del organismo y explica muy bien la astenia física e intelectual. En favor de esta teoría estarían la producción aumentada de los interferones (Komaroff, 2000) y de algunas citocinas (Kavelaars y col., 2000), con una resistencia de la respuesta inmunitaria a la influencia reguladora del sistema nervioso y de las glándulas endocrinas (Kavelaars y col., 2000). También respalda esta teoría el efecto favorable en la fatiga crónica de los corticoides y de las inmunoglobulinas intravenosas.

Se han descrito numerosas anomalías en la fatiga crónica (Evengard y col., 1999; Streeten, 1998):

- Una hipotensión ortostática.
- Una disminución de las beta endorfinas.
- Una disminución de la secreción de cortisol.

- Un aumento de la tasa de serotonina cerebral.
- Una disminución del flujo sanguíneo en algunas regiones del córtex cerebral y en el tronco cerebral (Costa y col., 1995; Tirelli y col., 1998).

Estas anomalías pueden participar en el mantenimiento de la astenia, pero creo que no constituyen la primera causa de los trastornos, sino que son consecuencia de la pérdida de la energía empleada en mantener una respuesta inmunitaria prolongada.

Si esta teoría es correcta, habría que saber si la aceleración de la respuesta inmunitaria está ligada a una estimulación crónica, debida a la persistencia en el organismo del germen causal o de algunos de sus antígenos, o a un trastorno de la respuesta inmunitaria, inicialmente inducido por el germen, pero que perdura después de la desaparición de éste.

Es de esperar que el régimen alimenticio ancestral pueda combatir estos dos fenómenos. Al limpiar los macrófagos, les permite fagocitar y eliminar algunos gérmenes o sus restos. Al limpiar los linfocitos, su actividad excesiva volverá a la normalidad. Son acciones más indirectas que directas, que a priori me hacían temer cierta proporción de fracasos.

Efectivamente, los resultados están mitigados. De 11 pacientes que sufrían fatiga crónica, registré el siguiente balance:

- 2 fracasos completos,
- 7 mejorías de alrededor de un 50%, y
- 2 remisiones totales.

Sin duda, en los casos rebeldes, habrá que aplicar conjuntamente otras terapias. Espero probar, por ejemplo, algunas mezclas de enzimas (Neu y Ransberger, 1995) administradas por vía oral. Del 12% al 20% de estas enzimas atraviesan la barrera intestinal y podrían degradar en diversos lugares del organismo a los péptidos antigénicos bacterianos o virales. Se puede recurrir también a la inmunohomeopatía (Hervieux, 1996 y 1998) con el objetivo de inhibir la respuesta inmunitaria persistente.

Capítulo 28

SÍNTESIS DE LA TEORÍA Y DE LOS RESULTADOS

Los progresos de la ciencia encuentran cuatro adversarios: la ignorancia, los dogmas, la magia y el dinero.

Profesor JEAN BERNARD

Personalmente, añadiré a esta lista el orgullo y el gusto por el poder.

El estudio frente al placebo es inaceptable en la consulta médica por razones éticas. Recopilar miles de observaciones clínicas y de resultados terapéuticos tiene un carácter decisivo mucho más fuerte.

Profesor MICHEL MASSOL

A) CONCEPCIÓN DEL CONJUNTO DE LA TEORÍA

La teoría global se representa en la figura 77, en la cual se encuentran los principales datos expuestos en los capítulos precedentes:

- El papel causal de la alimentación moderna.
- El frecuente papel desencadenante del estrés.
- La importancia principal del intestino delgado, que es un órgano clave, por su flora bacteriana, su capa mucosa, sus enzimas y sus mucus.
- El flujo de residuos bacterianos y alimentarios a través de la pared intestinal demasiado permeable.
- La patología autoinmune, inducida por los péptidos antigénicos y las proteínas superantigénicas.
- La patología de ensuciamiento inducida por residuos que tienen otras estructuras.
- La patología de eliminación, relacionada con el transporte de las moléculas de desecho a través de los diferentes emuntorios.
- La participación de los genes de susceptibilidad que, añadidos a los factores procedentes del medio ambiente, contribuyen al desarrollo de las diversas enfermedades.

En la figura 77 se muestra muy bien que la alimentación moderna es el punto de partida de una larga cadena de acontecimientos que derivan en enfermedades. No es sorprendente que un cambio nutricional bien

Figura 77. CONCEPCIÓN DEL CONJUNTO DE NUESTRA TEORÍA

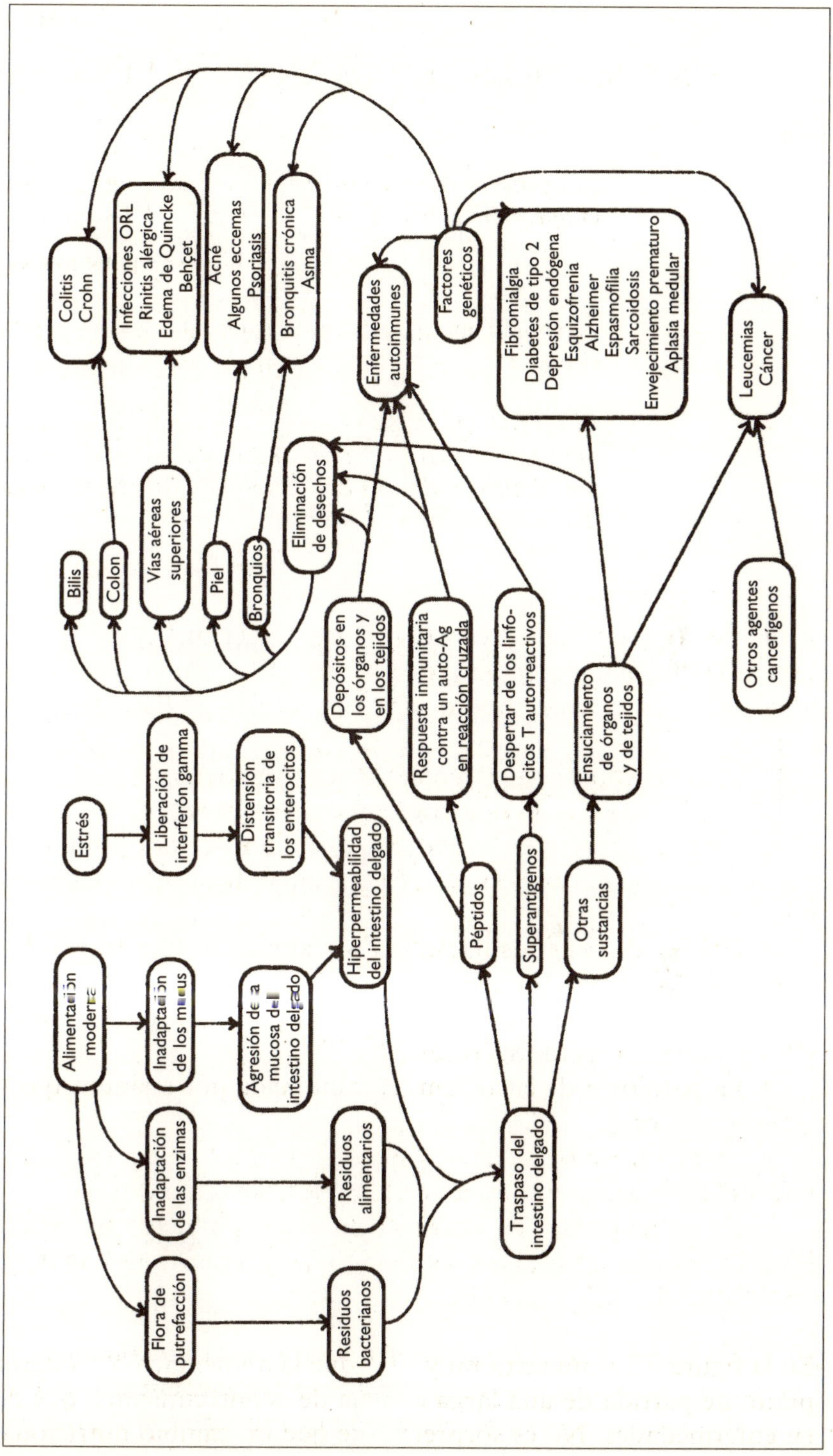

concebido pueda mejorar o curar a numerosos pacientes. Autoinmunidad, ensuciamiento y eliminación engloban a alrededor del 80% de las patologías (Seignalet, 1994, 1996a, 1996b). Sin embargo, algunos estados están fuera del alcance de la dietética:

- Las enfermedades puramente hereditarias, que dependen poco o nada de los factores ambientales. Ejemplos: la hemofilia, la mucoviscidosis.
- Las lesiones anatómicas irrecuperables. Ejemplos: la sección de la médula espinal, el enfisema pulmonar, la dilatación de los bronquios.
- Las infecciones bacterianas y virales, aunque en este grupo debemos matizar: es evidente que el régimen hipotóxico no tiene un efecto directo en una infección declarada, pero, en asociación con otras medidas (minerales, oligoelementos, vitaminas, fermentos lácticos, modo de vida sano), actúa sobre el terreno y aumenta la resistencia al organismo. Las virosis disminuyen claramente.

B) LOS RESULTADOS COMPLETOS

De entrada hay que precisar que el cambio nutricional no tiene efecto sobre ciertas afecciones. Algunas ya se han mencionado en este libro: la narcolepsia y la diabetes de tipo 1. La dietética interviene demasiado tarde, cuando los acontecimientos son definitivos. Si bien en estos casos no tiene un papel curativo, el régimen hipotóxico podría ser preventivo.

Por otra parte, la práctica cotidiana me ha revelado otras enfermedades rebeldes a mi método: la leucemia linfoide crónica, las gammapatías monoclonales, el vitíligo, el adenoma prostático y, de manera general, la mayoría de tumores benignos, lo que contrasta con los extraordinarios resultados obtenidos a veces en los tumores malignos.

El texto que sigue se referirá únicamente a las afecciones para las cuales el régimen original es eficaz en una proporción variable de casos. Probablemente no tiene efectos en la púrpura trombocitopénica idiopática ni en la rectocolitis hemorrágica. He conservado estos dos estados, ya que aún son dudosos: para la PTI, porque únicamente he tratado a dos pacientes, y para la RCH, porque algunos de mis colegas me han señalado ciertos éxitos.

El conjunto de los resultados está representado en las tablas XXX, XXXI, XXXII y XXXIII.

Tabla XXX
RESULTADOS DEL RÉGIMEN EN LAS ENFERMEDADES AUTOINMUNES

Enfermedades	Número de enfermos	Remisiones completas	Mejoras del 90%	Mejoras del 50%	Fracasos	Proporción de éxitos
Poliartritis reumatoidea	200	83	66	11	40	80%*
Espondilitis anquilosante	100	63	33		4	96%
Reumatismo psoriásico	25	10	8	6	1	96%*
Polimialgia reumática	13	10	3			100%
Enfermedad de Still	7	5		1	1	
ACJ poliarticular	4		2		2	
ACJ oligoarticular	1				1	
Reumatismo palindrómico	4	3			1	
Reumatismo inflamatorio X	8	6		2		
Gougerot-Sjögren	65	11	10	28	16	75%*
Lupus eritematoso diseminado	13	6	3	4		100%*
Esclerodermia	10		10			100%
Dermatomiositis	1		1			
Conectividad mixta	3		2		1	
Lupus cutáneo	5	1	2	2		
Fascitis de Shulman	1		1			
Enfermedad de Basedow	7	(Basedow) Ninguna recaída, reducción de la exoftalmia				
Tiroiditis de Hashimoto	8			8		
Esclerosis múltiple	33	9	15	8	1	97%*
Enfermedad de La Peyronie	4	2	2			
Miastenia	1			1		
Púrpura trombocitopénica idiopática	2				2	
Hepatitis crónica activa	1	1				
Pénfigo	2	(Pénfigo) Tiempo insuficiente				
Nefropatía por IgA	6	(Nefropatía por IgA) Bloqueo de la evolución				
Uveítis anterior aguda	10	8	2			100%
Guillain-Barré	1		1			
Neuropatía periférica	6		1	4	1	
Cirrosis biliar primitiva	1		1			
Granulomatosis de Wegener	2		1	1		
Enfermedad de Churg-Strauss	1			1		

* Cifra que engloba las mejorías en un 50%.

Tabla XXXI
RESULTADOS DEL RÉGIMEN EN LAS ENFERMEDADES DE ENSUCIAMIENTO

Enfermedades	Número de enfermos	Remisiones completas	Mejoras del 90%	Mejoras del 50%	Fracasos	Proporción de éxitos
Fibromialgia primitiva	41	25	8	7	1	97%*
Tendinitis	10	6	2		2	80%
Artrosis	26	9	10	7		100%*
Osteoporosis	20		(Osteoporosis) Bloqueo de la evolución 1 vez de cada 2			50%
Gota	2	2				
Condrocalcinosis	2		2			
Migrañas y cefaleas	40	26	8		6	85%
Psicosis maniacodepresiva	1		1			
Depresión nerviosa endógena	16	12	3		1	93%
Enfermedad de Alzheimer			(Alzheimer) Efecto preventivo notable			
Enfermedad de Parkinson	6		2	2	2	
Distonía	1	1				
Diabetes de la madurez	14	11		3		100%
Hipoglucemia	4	4				
Hipercolesterolemia	66	(Hipercolesterolemia) Disminución del 30% de la tasa de colesterol				
Espasmofilia	26	20	3	1	2	92%*
Sobrepeso	100	30	25	25	20	80%*
Infarto de miocardio (en prev.)	1.200	(Infarto de miocardio, en prev.) 5 infartos-número esperado			38	
Aplasia medular	2	1			1	
Litiasis biliar			(Litiasis biliar) Efecto preventivo notable			
Cánceres (en prevención)	1.200	(Cánceres, en curación) 3 cánceres-número esperado			30	
Leucemias y cánceres (en curación)	8	5	1		2	

* Cifra que engloba las mejorías en un 50%.

Tabla XXXII

RESULTADOS DEL RÉGIMEN EN LAS ENFERMEDADES DE ELIMINACIÓN

Enfermedades	Número de enfermos	Remisiones completas	Mejoras del 90%	Mejoras del 50%	Fracasos	Proporción de éxitos
Colopatía funcional	220	215			5	98%
Colitis microscópicas	3	2			1	
Rectocolitis hemorrágica	8			3	5	
Enfermedad de Crohn	40	33	2	5		100%*
Acné	40	35	5			100%
Eccema constitucional	11	6	4	1		100%*
Urticaria	15	14			1	93%
Vasculitis urticariana	4	2			2	
Psoriasis vulgar	53	33	4	4	12	77%*
Bronquitis crónica	8	8				
Asma	51	46		3	2	96%*
Infecciones ORL recidivantes	100	80			20	80%
Sinusitis crónica	6	6				
Rinitis alérgica	35	30	2	3		100%*
Rinitis crónica	18	18				100%
Conjuntivitis alérgica	12	12				100%
Edema de Quincke	13	13				100%
Aftosis	12	6	4	2		100%*
Histiocitosis de células de Langerhans	1		1			
Mastocitosis cutánea	1		1			

* Cifra que engloba las mejorías en un 50%.

Tabla XXXIII

RESULTADOS DEL RÉGIMEN EN LAS ENFERMEDADES COMPLEJAS

Enfermedades	Número de enfermos	Remisiones completas	Mejoras del 90%	Mejoras del 50%	Fracasos	Proporción de éxitos
Enfermedad de Behçet	6	2	3	1		
SAPHO	4	3	1			
Sarcoidosis	3		Plazo de tiempo insuficiente			
Sens. bioq. medioambiental	4			2	2	
Fatiga crónica	11	2		7	2	82%*

* Se han clasificado en los éxitos las mejorías del 50%.

1. Los éxitos

Cuando se obtienen éxitos, son muy satisfactorios, se trate de mejorías del 90% o de remisiones completas. Hay que hablar de remisiones y no de curaciones, ya que el abandono de la dieta es, por regla general, seguido de una recaída después de algunas semanas o meses.

En las enfermedades en las que he podido observar a más de 15 sujetos, la eficacia del régimen parece indudable. Es el caso de la poliartritis reumatoidea, la espondiloartritis anquilosante, el reumatismo psoriásico, el síndrome de Gougerot-Sjögren, la esclerosis múltiple, la fibromialgia primitiva, la depresión nerviosa endógena, la hipercolesterolemia, la espasmofilia, el sobrepeso, la artrosis, las cefaleas, la colopatía funcional, la enfermedad de Crohn, el acné, la urticaria, la psoriasis, la rinitis alérgica, el asma y las infecciones ORL de repetición en el niño.

En las demás enfermedades, en las cuales sólo he podido someter a prueba a pocas personas, parece justificado, a priori, ser más reservado y esperar a disponer de un mayor número de pacientes y de un plazo más importante antes de tomar una posición definitiva. Sin embargo, ningún medicamento ha llegado hasta la presente a producir una remisión completa prolongada de un lupus eritematoso, una esclerodermia, una diabetes de tipo 2, una bronquitis crónica o una enfermedad de Behçet. En estas condiciones, hasta un éxito aislado es importante. El balance del régimen hipotóxico es muy esperanzador.

El cambio nutricional ofrece mejores resultados en las patologías de ensuciamiento (una media del 90%) y de eliminación (una media del 95%) que en la patología autoinmune (una media del 80%). En el primer caso, la fuerte reducción de la cantidad de desechos tiene, casi siempre, un impacto favorable. En el segundo caso, la gran reducción de péptidos antigénicos puede no ser suficiente, ya que, a veces, una pequeña cantidad de péptidos es suficiente para mantener una inmunización.

2. Los fracasos

Se han observado entre un 0% y un 30% de fracasos según las enfermedades, y son tan evidentes como los éxitos. Esta clara separación entre pacientes que responden y que no responden ya había sido señalada por Darlington y col. (1986) en el cuadro de la PR.

La ineficacia del régimen ancestral en una minoría de sujetos no es sorprendente. Ninguna terapia obtiene el 100% de éxito, pues en la enfermedad intervienen muchos parámetros, que varían de un individuo a otro. Tomemos como ejemplo una infección bacteriana que afecta a numerosas personas en una población y que se trata con un antibiótico en principio capaz de matar a esta bacteria. Siempre encontraremos un pequeño número de pacientes para los cuales el antibiótico es ineficaz. Las posibles razones son múltiples: mutación de la bacteria, modificaciones anatómicas que crean «refugios» para el germen, déficit inmunitario en el huésped, etc.

La dietética, como otros tratamientos, resulta ineficaz en una minoría de personas. Estos fracasos son frustrantes, ya que no son previsibles. Ni los signos clínicos, ni los exámenes complementarios, ni la severidad de la afección autorizan a hacer un pronóstico. Los pacientes que se benefician de la dieta no parecen diferentes de los que no obtienen resultados con ella. Sólo he comprobado un hecho en la PR: los fracasos son más frecuentes en los varones que en las mujeres (un 50% frente a un 14%).

Estos fracasos no tienen una explicación evidente y sólo pueden formularse hipótesis. Las principales se han agrupado en la tabla XXXIV y merecen ser discutidas:

1) *Hipoclorhidria gástrica*
La gastritis atrófica es frecuente en algunas enfermedades, como la PR. La función principal del estómago no es, en mi opinión, la digestión, sino la esterilización de los alimentos ingeridos. Una falta de ácido clorhídrico puede multiplicar por 1.000 o 10.000 el número de bacterias en el intestino delgado y, por consiguiente, obstaculizar la eficacia del cambio nutricional.

En esta situación, podría ser útil administrar un preparado que contenga ácido clorhídrico. El único, que yo conozca, que se comercializa es el elixir Grez clorhidropépsico, que desgraciadamente muy pronto será retirado del mercado. Siempre queda la posibilidad de adquirir una fórmula magistral.

2) *Presencia de moléculas peligrosas en el colon derecho*
El régimen ancestral puede normalizar la pared y el contenido del intestino delgado, pero es posible que sea menos eficaz en el colon. Sin embargo, algunas sustancias pueden absorberse en el colon derecho.

Si esta hipótesis se verificara, sería lógico pedir a los pacientes que realicen lavados evacuantes, según la técnica recomendada por Kousmine (1987), con el fin de eliminar todos los residuos nocivos que pudieran persistir en el colon derecho.

3) *Déficit de enzimas pancreáticas*
Las enzimas pancreáticas tienen un papel fundamental en la digestión intestinal, pues degradan numerosos prótidos, lípidos y glúcidos. Si estas enzimas son deficitarias, en cantidad o en calidad, el número de macromoléculas presentes en el intestino delgado puede aumentar con-

Tabla XXXIV
CAUSAS DE FRACASOS DEL RÉGIMEN HIPOTÓXICO
Primero se debe verificar que el régimen se ha seguido correctamente

1) HIPOCLORHIDRIA GÁSTRICA.
Elixir Grez clorhidropépsico

2) MOLÉCULAS PELIGROSAS EN EL COLON DERECHO.
Lavados Kousmine

3) DÉFICIT DE ENZIMAS PANCREÁTICAS.
Creon, Pancreal Kouchner

4) DÉFICIT EN ENZIMAS CELULARES.
Wobenzym

5) RÉGIMEN SEGUIDO UN PERIODO DEMASIADO CORTO.
Prolongación del régimen

6) ALIMENTO PELIGROSO NO SUPRIMIDO.
Búsqueda y exclusión de este alimento

7) PERSISTENCIA DE UNA HIPERPERMEABILIDAD DEL INTESTINO DELGADO.
Glutamina
Alimentación parenteral o elemental
Fermentos lácticos
L Base

8) CANDIDIASIS CRÓNICA.
Tratamiento de la candidiasis

9) FOCO INFECCIOSO PERSISTENTE (infección dental, DDB).
Antibioterapia

10) PERSISTENCIA AL ESTRÉS.
Evitar las agresiones o soportarlas mejor

11) DESEQUILIBRIO HORMONAL (falta de andrógenos, tratamiento sustitutivo por estrógenos).
Administrar andrógenos, suprimir los estrógenos

12) TRATAMIENTOS AGRESIVOS PARA LA MUCOSA DEL INTESTINO DELGADO
(corticoides, AINE, salicilatos, quimioterapia, radioterapia).
Utilizar otras vías de aporte (inyecciones, supositorios) o suspender el tratamiento

siderablemente. En ese caso, sería indicado administrar por vía bucal enzimas pancreáticas de origen animal, por ejemplo, Creon o Pancreal Kouchner.

4) *Déficit en enzimas celulares*
La neutralización y la depuración de las moléculas peligrosas que han atravesado la barrera intestinal requiere la fagocitosis y el transporte a través de un emuntorio por los glóbulos blancos. El correcto funcionamiento de estos procesos radica en una buena eficacia de las enzimas leucocitarias. Una insuficiencia de estas enzimas puede favorecer la autoinmunidad y el ensuciamiento.

Inderst y col. (1992), Neu y Ransberger (1995) proponen la administración vía oral de mezclas de enzimas, unas de origen animal, otras de origen vegetal. Del 12% al 20% de estas enzimas atraviesan indemnes la barrera intestinal y pueden cubrir algunos déficits de las enzimas celulares. Los autores comentan éxitos en una proporción bastante grande de esclerosis múltiple, poliartritis reumatoidea, artralgias y cánceres. Esta enzimoterapia se utiliza desde hace varios decenios en Alemania, pero es mal conocida.

Los mecanismos de acción que sugieren los autores no me convencen. Creo que estas enzimas rompen los péptidos y otras moléculas exógenas que se resistían a las enzimas del huésped, en diversas zonas del organismo. Las dos mezclas más empleadas son Wobenzym y Wobemugos.

5) *Régimen seguido un periodo demasiado corto*
En algunos individuos quizá se necesite más de un año para eliminar los residuos peligrosos a través de los emuntorios, bien sea porque la cantidad de moléculas nocivas acumuladas es grande o bien porque su capacidad de depuración es menor que la de otros humanos.

Éste fue el caso de una enferma que padecía una PR muy dolorosa. Después de haber practicado de manera muy correcta la dieta durante 1 año, no había observado ninguna mejoría. Sin embargo, continuó comiendo de la misma manera y su obstinación fue recompensada. Al cabo de 22 meses se instauró una remisión completa, que se prolonga desde hace 6 años.

6) *No supresión de un alimento peligroso*
Aunque las sustancias más peligrosas son claramente la leche animal y los cereales, otros alimentos pueden resultar tóxicos en una minoría de sujetos. A veces, el enfermo se da cuenta por sí mismo y señala que no tolera la carne o el arroz, por ejemplo. Cuando el enfermo no indique

nada, aun conservando el régimen hipotóxico, se pueden hacer pruebas de exclusión durante un mes:

- Primer mes: exclusión de la carne;
- Segundo mes: exclusión del arroz;
- Tercer mes: exclusión de los frutos secos;

etc.

7) *Persistencia de los enterocitos dañados*
A pesar de la puesta en práctica del régimen de tipo original, la mucosa del intestino delgado no llega a reconstituirse. Los enterocitos están dañados en mayor o menor grado y las vellosidades no recuperan su amplitud normal. La hiperpermeabilidad del intestino delgado persiste. He aquí, a mi parecer, la causa principal de los fracasos. Si se trata de una disfunción de las enzimas de los enterocitos, la situación corre el riesgo de ser irremediable. El único recurso es, en ese caso, la alimentación parenteral o elemental (capítulo 21).

Sin embargo, sabemos que los enterocitos, como todas las células que se dividen rápidamente, están ávidos de glutamina (Darmaun, 1993; De Blaauw y col., 1997). La glutamina sólo representa el 6% de los aminoácidos aportados por las proteínas que consumimos, pero constituye el 50% de los aminoácidos utilizados por los enterocitos, y es su principal carburante.

Podría ser beneficioso suplementar en glutamina a los pacientes que no responden a mi método. Durante mucho tiempo ha sido imposible conservar la glutamina. Pero desde hace poco se han elaborado preparaciones ricas en glutamina. Citaré Ultra Inflamm X y Ultra Clear, fabricados por el laboratorio Biodynamics (Ostende, Bélgica), y las cuatro variedades de Synergic Nutriments, fabricadas por el laboratorio Althéus (Lyon, Francia), así como Entezym, del laboratorio Nutergia (Francia).

Por último, sabiendo que una flora intestinal normal ejerce efectos positivos en la vitalidad de los enterocitos, puede ser útil prescribir fermentos lácticos (ya mencionados en el capítulo 5) o sustancias nutritivas de la flora dominante, como L Base, comercializada por el laboratorio pariNAT (Vincennes, Francia), así como Ergyphylus, de los laboratorios Nutergia (Francia).

Los enterocitos tienen también una gran necesidad de vitamina F para renovarse. Su reserva no cubre más allá de las 24-48 horas. Esto sugiere, en caso de un fracaso del régimen, insistir en los aceites de primera presión en frío.

8) *Candidiasis crónica*
Candida albicans es una levadura saprofita de las mucosas digestivas. Puede volverse peligrosa cuando altera su habitual forma redonda para adquirir una silueta miceliana, que estimula las prolongaciones entre los enterocitos, penetrando hasta los vasos sanguíneos y linfáticos. *Candida albicans* puede así aumentar la permeabilidad de la mucosa intestinal.

Por otra parte, puede proliferar, alterando considerablemente la composición de la flora intestinal. Considero la candidiasis crónica como una posible causa de fracaso del régimen hipotóxico.

El tratamiento de la candidiasis crónica no es fácil y sería muy largo explicarlo aquí. El lector que desee saber más sobre este tema puede consultar el excelente libro de Besson (1994).

9) *Foco infeccioso persistente*
Una infección dental persistente o una dilatación de los bronquios (DB) pueden resultar un obstáculo para la acción del régimen de exclusión. El paciente ingiere gérmenes procedentes de estos focos en una cantidad nada despreciable. Estos gérmenes modifican la flora intestinal y favorecen la aparición de bacterias patógenas en mayor o menor medida peligrosas. La degradación de estas bacterias por las defensas inmunitarias del intestino delgado origina macromoléculas bacterianas (péptidos, lipopolisacáridos) peligrosas para la salud del huésped.

La coexistencia, demasiado frecuente, de una PR y de una DB no es una coincidencia. Creo que la DB favorece la aparición de la PR desequilibrando la flora intestinal, con proliferación de *Proteus mirabilis*.

Es importante, por tanto, erradicar cuando sea posible los focos infecciosos del organismo.

10) *Exposición al estrés*
No creo que el estrés sea capaz por sí solo de crear una enfermedad. Pero está claro que puede desencadenar la crisis inicial o las recaídas. Unas preguntas bien enfocadas suelen poner de manifiesto este efecto. Encontramos, por ejemplo, un estrés desencadenante en un 80% de las PR y en el 90% de la enfermedad de Basedow.

Citaré, para ilustrar mis propósitos, una enferma afectada de PR y que, gracias a mi método, obtuvo una remisión completa durante 5 años. Entonces sufrió 5 shocks sucesivos en algunos meses:

- Mudanza y traslado de región.
- Fallecimiento de su madre.
- Accidente de coche.

- Disputa con un miembro de su familia.
- Fallecimiento de su hermana.

Después de esta última circunstancia, la PR reincidió durante algunos meses. Con la vuelta a la calma, el régimen de exclusión volvió a recuperar toda su eficacia.

Es posible, por tanto, que las presiones profesionales, sentimentales, familiares, etc., sean una causa de resistencia a la dieta. Puede aconsejarse a los pacientes modificar su modo de vida con el fin de disminuir su exposición al estrés. Se les puede sugerir soportar las agresiones con más calma y más indiferencia. Estas actitudes, que no siempre son fáciles de aplicar en la práctica, son, en mi opinión, muy importantes.

11) *Desequilibrio hormonal*
Seguiré hablando de la PR, ya que es una afección donde las hormonas sexuales han revelado su importancia (capítulo 9):

1) En los varones afectados por este reumatismo inflamatorio se observa a menudo una disminución de la tasa de andrógenos. Ésta puede ser la razón de la frecuente resistencia a la dieta. Sería interesante suplementar con andrógenos a los pacientes que tienen déficit de estas hormonas.

2) En una escasa minoría de mujeres con PR mejorada con el régimen, el tratamiento con estrógenos como sustitutivo de la menopausia puede hacer rebrotar los dolores articulares. He observado dos veces esta situación.

12) *Tratamiento agresivo para la mucosa del intestino delgado*
Algunos medicamentos, como los salicilatos, los AINE y los corticoides, atacan la mucosa del intestino delgado con una intensidad variable según los individuos. La radioterapia y la quimioterapia, ampliamente empleadas en el cáncer, tienen también acciones dañinas. Todos estos tratamientos pueden dañar los enterocitos y mantener una permeabilidad excesiva de la pared intestinal.

En la gran mayoría de los casos no he observado que estas terapias hayan alterado los efectos positivos del régimen de exclusión. En los que no responden sería interesante:

- Parar el tratamiento agresivo, si es posible.
- Administrar el medicamento por otras vías que no sean la oral, con inyecciones o con supositorios, con el fin de tener cuidado con la mucosa intestinal.

En la búsqueda de las causas de los fracasos aún me baso en hipótesis. Espero comprobar si algunas de estas pistas están fundadas o no. La lista que he establecido no es exhaustiva y quizá se propongan otras hipótesis.

Seguramente sería muy instructivo que especialistas del aparato digestivo y en biología molecular estudiasen algunos aspectos del intestino delgado:

- pH del contenido intestinal.
- Análisis preciso de la flora bacteriana.
- Examen de la mucosa por endoscopia y biopsia.
- Medida de la permeabilidad de la mucosa.
- Secuencia de los genes que codifican las enzimas digestivas.
- Secuencia de los genes que codifican las mucinas de los enterocitos.

La comparación de estos factores en los pacientes que responden y en los que no responden al régimen proporcionaría informaciones útiles.

3. Los casos intermedios
Aunque los efectos del régimen son habitualmente muy claros, tanto en un sentido como en otro, existe una minoría, inferior al 10%, de pacientes que responden de forma parcial. Dicen haber mejorado clínicamente entre el 30% y el 70% según su estimación, pero persisten anomalías en los resultados de laboratorio que evidencian que su enfermedad está constantemente presente.

4. Los límites del método
El régimen de tipo ancestral a menudo puede hacer remitir una enfermedad, pero es incapaz de hacer desaparecer algunas lesiones irreversibles.

Daré aquí algunos ejemplos:

- En la PR, las artritis pueden cesar, pero las deformaciones de las manos y de los pies persisten.
- La bronquitis crónica es curable, pero no la dilatación de los bronquios.
- Las crisis de asma son curables, pero no el enfisema derivado de la dilatación de los alveolos pulmonares.

Del mismo modo, aunque una alimentación bien elegida sea seguramente capaz de prevenir muchos cánceres, es inútil empezarla con las metástasis generalizadas.

Por lo tanto, se recomienda empezar el cambio nutricional lo antes posible, desde el principio de una afección, sin esperar a que ésta haya ocasionado daños irremediables.

5. Aplicación a los animales

Dos veterinarios, Blostin y Sauvan (1999), impresionados por la eficacia de mis consejos dietéticos, tuvieron la excelente idea de aplicar un régimen semejante en perros. Pudieron definir la alimentación consumida por los primeros perros nacidos de lobos, domesticados en Mesopotamia hace alrededor de 10.000 años. Comprobaron que el régimen ancestral curaba al 90% de los perros enfermos, y sólo debían emplearse medicamentos en el 10% restante.

6. Autenticidad de los resultados

Es imposible atribuir los notables éxitos obtenidos con la dietética a remisiones espontáneas o a un efecto placebo:

- La mejoría se observa en numerosas enfermedades consideradas incurables.
- La proporción de los éxitos es muy elevada.
- El beneficio registrado es muy importante, con mejoría del 90% o remisión completa.
- Este beneficio es duradero, se alarga un plazo de varios años (15 años para el enfermo más antiguo).
- Los efectos positivos del régimen no se hacen notar inmediatamente después de la consulta con el médico, sino algunas semanas más tarde o algunos meses más tarde.
- El abandono de la dieta es seguido en un plazo variable de una recaída.

En esta obra, los resultados provienen de la observación directa de los efectos del régimen alimenticio ancestral en muestras de sujetos aquejados de una misma enfermedad. Hoy, este método de trabajo es denigrado. Cuando se quiere apreciar el valor de un tratamiento para una enfermedad, se considera que las únicas encuestas válidas son las que son «aleatorias y controladas» (Boissel, 2000). Los pacientes se distribuyen al azar en dos grupos. Los del primer grupo reciben el tratamiento y los del segundo, un placebo, sin que ninguno sepa lo que le ha sido administrado (simple ciego). Los médicos clasifican los resultados obtenidos en éxitos o fracasos, con eventuales situaciones intermedias, sin saber quién ha sido tratado y quién no lo ha sido (doble ciego).

Las ventajas teóricas de este método son dos:

1) Se mide el efecto placebo, es decir, la proporción de individuos que han experimentado una mejoría sin haber recibido el medicamento, probablemente por una respuesta psicosomática favorable, inducida por las propuestas del médico. Si el tratamiento es eficaz, debe producir una mejoría en una proporción de sujetos claramente más elevada que el placebo.

2) Elimina la tendencia del médico, juez en causa propia, a sobreestimar la acción positiva del medicamento probado.

Sin embargo, nunca he practicado encuestas doble ciego, por varias razones:

1) En el aspecto ético, no creo tener derecho a prescribir a un paciente, que muchas veces ha recorrido cientos de kilómetros para venir a mi consulta, un falso régimen alimenticio, cuando sé que con mi método tiene muchas posibilidades de salir adelante. No creo tener derecho a dejar que se agraven algunas lesiones o dejar que perduren los dolores durante un año, por ejemplo, con la única satisfacción de disponer de una serie de individuos en un grupo control. Massol (2000) opina lo mismo.

2) Un estudio doble ciego es probablemente útil para estimar los efectos de un tratamiento, cuando éstos son parciales y muy inconstantes, pero me parece que carece de interés en el caso del régimen alimenticio ancestral. La dieta obtiene resultados netos, un 80% en la PR, un 96% en el asma y un 98% en la colopatía funcional. Si comparamos estos porcentajes con la incapacidad de la medicación clásica para curar incluso un pobre porcentaje de estos sujetos, se puede decir, empleando una expresión popular, que no hay color.

3) La eficacia del efecto placebo, admitida por la mayoría de los médicos, es muy discutible. Es el corolario de la preponderancia que se da a las patologías psicosomáticas. Esta teoría es en gran parte errónea, como explicaré en el último capítulo de esta obra. En cuanto al efecto placebo, aún espero encontrar un paciente que padezca una enfermedad grave que haya mejorado o se haya curado con un falso tratamiento.

4) La sospecha con respecto a la interpretación de los resultados por los médicos que han aplicado el régimen no me parece fundada. Los investigadores, en su gran mayoría, son honestos y capaces de discernir los éxitos de los fracasos. ¿Por qué mentirían proclamando la eficacia de un tratamiento, sabiendo que sus conclusiones serán verificadas con seguridad por otros equipos?

5) Benson y Hartz (2000) y Concat y col. (2000) examinaron, respectivamente, 136 y 99 publicaciones, aparecidas en las grandes revis-

tas médicas. No revelan ninguna diferencia estadísticamente significativa, en la gran mayoría de los casos, entre los resultados de las encuestas doble ciego y las que se basan en las observaciones directas.

Las mejorías y las remisiones referidas en esta obra son auténticas, y numerosas cartas de los enfermos lo atestiguan. Estos éxitos frecuentes y evidentes se explican, como es lógico, por los mecanismos que he desarrollado largamente en los capítulos precedentes.

Capítulo 29

PRÁCTICA DEL RÉGIMEN ALIMENTICIO

Conciencia y responsabilidad deben ser las dos palabras clave en lo que concierne a nuestra salud.

Doctor PHILIPPE GASTON BESSON

Sólo tenemos la inteligencia para permitirnos reparar los errores de la inteligencia.

GUY-CLAUDE BURGER

A) SEGUIMIENTO DEL RÉGIMEN ALIMENTICIO

1. Proporción de sujetos que aplican las prescripciones

Cuando se propone la dietética como tratamiento de una enfermedad a cien personas que nunca han oído hablar del tema, sesenta no están interesadas, ya sea porque no se sienten capaces de modificar sus hábitos alimentarios o porque creen más en los medicamentos. Las otras cuarenta prueban el método, pero veinte lo abandonan, a menudo con bastante rapidez, y al cabo de un año sólo veinte personas han mantenido el cambio nutricional.

Cuando los enfermos acuden a mi consulta, con ganas de aplicar mis consejos terapéuticos, podríamos esperar una gran motivación por parte de las personas que sufren afecciones dolorosas y rebeldes a los diversos tratamientos que ya se han probado. Sin embargo, el 50% renuncia, unos al cabo de algunos días, otros al cabo de algunas semanas. Únicamente es constante el 50% de los voluntarios iniciales.

Las razones de estos abandonos han sido recopiladas por Rivals-Jonquet (1992):

- Impresión de una ineficacia del régimen (poco frecuente).
- Inquietud ante un adelgazamiento de algunos kilos, normal al principio de la cura.
- Temor a una carencia en calcio, aunque este riesgo sea ilusorio, como veremos más adelante.
- Presión del entorno: familia, amigos, médicos que decretan que este modo nutricional es inútil o peligroso.
- Motivos religiosos: una enferma aquejada de PR y en remisión

después de un año, prefirió volver a comer pan y recaer, ya que consideraba el pan como un alimento sagrado.

Pero los dos motivos principales, que a menudo van unidos, para renunciar al método son:

- Una insuficiente comprensión de los motivos del tratamiento.
- Una incapacidad para adaptarse a las obligaciones de la dieta.

Finalmente, el régimen hipotóxico es seguido por una minoría de individuos, que destacan por su inteligencia, o en su defecto por su confianza, y voluntad.

2. Manera de seguir el régimen

La mayoría de los sujetos que adoptan de forma duradera el régimen ancestral lo practican de manera correcta, siempre o con algunas excepciones, y no sólo en su casa, sino también en el restaurante o en casa de sus amigos, los cuales han sido avisados de que no les sirvan trigo, maíz o lácteos.

Algunas personas hacen excepciones muy graves y frecuentes y, en ocasiones, sin embargo, obtienen resultados favorables. Pero, en general, el cambio nutricional sólo es eficaz cuando es aplicado adecuadamente. Cuando la dieta se sigue al 90%, el beneficio no es del 90%, sino de una media del 50% con relación al máximo posible.

Para ayudar a los enfermos a evitar errores, les entrego una lista de menús para un periodo de 25 días, acompañado de consejos para preparar un máximo de alimentos crudos. Mi amigo, el doctor Christian Pauthe, en colaboración con el cocinero Jean-Marie Ozanne, ha publicado un libro muy útil, *L'alimentation crue en 400 recettes*, editado por François-Xavier De Guibert. Una de mis antiguas pacientes, Colette Lesure, curada de una poliartritis reumatoidea, ha escrito un libro que contiene 120 recetas de alimentos cocidos por debajo de los 110 °C, en preparación por el mismo editor.

3. Coste del régimen

Rivals-Jonquet (1992) entrevistó sobre este aspecto a 35 enfermos afectados de PR. No juzgaron este régimen particularmente caro:

- La materia prima es un poco más cara, ya que se pide a los pacientes que compren los productos de buena calidad, en particular las carnes y los pescados, incluso biológicos.

• Los gastos de gas y de electricidad son menores, ya que muchos alimentos se consumen crudos o con una cocción no muy prolongada.

4. Facilidad para seguir el régimen
Varía considerablemente según los individuos. Algunos aplican las reglas, aunque echen de menos el pan, el queso o los platos muy preparados. Pero la mayoría de los voluntarios se adapta muy bien. Aprecian cada vez más el sabor de los alimentos crudos. Por otro lado, entienden muy bien la relación entre la dieta y la mejoría de su salud, especialmente en el caso de aquellos para los cuales cada excepción importante es sancionada con un pequeño brote de algunos de los signos de la patología. No hay, por lo tanto, ningún problema en la gran mayoría de los casos.

5. Los plazos que respetar
Cuando el cambio nutricional tiene efectos positivos, éstos se hacen notar a partir de los tres primeros meses en la mayoría de los sujetos. Sin embargo, la acción favorable puede ser más tardía. Por ello pido que las prescripciones se sigan al menos durante un año.

Algunas personas, que no se han desanimado a pesar de no haber obtenido buenos resultados en un año, a veces han obtenido un beneficio inesperado. En particular, me refiero a una enferma que sufría una PR aparentemente rebelde que obtuvo, de manera espectacular y clara, una mejoría a los 22 meses.

6. Necesidad de un largo plazo
El régimen de tipo original debe continuarse toda la vida. Los pacientes no están curados, sino que su enfermedad está en remisión. Si vuelven a sus antiguos hábitos alimentarios, tarde o temprano aparece una recaída, a menudo después de algunas semanas o algunos meses. Esto constituye una nueva prueba, si era necesaria, de la eficacia de la dieta.

Parece que, cuando un órgano o un tejido han sido afectados por una patología autoinmune, de ensuciamiento o de eliminación, persiste definitivamente una debilidad, con una tendencia a una recidiva del mismo mal. Por fortuna, los individuos que han respondido bien al régimen hipotóxico vuelven a reaccionar favorablemente a una nueva tentativa con este tratamiento.

B) OTROS PROBLEMAS RELACIONADOS CON EL RÉGIMEN

1. Los medicamentos

Muchos enfermos están tomando medicamentos cuando los atiendo en la primera consulta. Mi actitud varía según los casos. Hay dos posibilidades:

- O bien los medicamentos son ineficaces y los suprimo.
- O bien los medicamentos inducen una mejoría parcial y los mantengo, sabiendo que el régimen ancestral necesita un plazo largo para actuar.

Cuando la dieta ha producido una clara mejoría, disminuyo progresivamente los medicamentos, después los suprimo y observo la evolución:

- Si la mejoría continúa, sólo mantengo la dieta. Es el caso más frecuente.
- Si la situación se deteriora, vuelvo a administrar los medicamentos. En algunos casos, parece que el régimen y los medicamentos suman sus efectos positivos, pero son menos frecuentes.

Algunos medicamentos son más peligrosos que otros, porque agreden la mucosa intestinal. Son armas de doble filo. Así, los salicilatos, los AINE y los corticoides administrados en el tratamiento de los reumatismos inflamatorios:

- Disminuyen la inflamación de las articulaciones.
- Pero aumentan la permeabilidad de la mucosa del intestino delgado, favoreciendo el paso de los residuos bacterianos que «eternizan» la enfermedad.

Es conveniente, siempre que sea posible, suspender los salicilatos, los AINE y los corticoides. Si su administración parece necesaria, son preferibles las inyecciones intramusculares o los supositorios a la administración oral.

Existen otros medicamentos que pueden ocasionar problemas. Son los antibióticos, irreemplazables y salvadores en el tratamiento de algunas infecciones bacterianas, pero a menudo prescritos excesivamente en las virosis y en algunas otras situaciones. Por ejemplo, en el acné, en el cual, a veces, se administra una antibioterapia durante 6 meses, mientras que el régimen de exclusión es suficiente para curarlo.

Sabemos que los antibióticos pueden alterar profundamente la flora bacteriana intestinal (Boye, 2000), por lo que también son sospechosos de alterar la actividad de los enterocitos, ya sea por agresión directa o por destrucción de algunas bacterias saprofitas que ejercían una acción favorable sobre los enterocitos. Es conveniente limitar los antibióticos a sus verdaderas indicaciones.

2. Las variaciones de peso

El régimen hipotóxico hace perder peso a 4 personas de cada 5. La pérdida de peso es lenta y progresiva, con una media de 1 kilo cada 15 días. Cuando el tejido adiposo superfluo ha disminuido de manera importante, el adelgazamiento se detiene. A largo plazo, no es extraño que el sujeto vuelva a ganar 2 o 3 kilos.

De manera excepcional, en algunos individuos el adelgazamiento es muy rápido y muy acusado. La pérdida de peso puede acompañarse de diversos malestares, ligados probablemente a la salida, demasiado fuerte, de residuos lipófilos a la sangre. Hay que interrumpir la dietética y retomarla de una forma progresiva, procediendo por etapas.

3. Las depuraciones

La fase inicial del cambio nutricional está a menudo alterada por pequeños malestares que corresponden a la eliminación de moléculas indeseables por los emuntorios. Estos fenómenos se han descrito en el capítulo 22.

Después de este periodo, un poco desagradable, a menudo aparece una etapa de bienestar. El apetito aumenta, se incrementa la energía, el paciente se vuelve más optimista. Algunos sujetos describen una impresión de limpieza física y psíquica a la vez.

4. Las eventuales carencias

El abandono de los cereales y de los productos lácteos hace que algunos enfermos teman tener una alimentación pobre en algunos nutrientes. Pueden estar completamente tranquilos. El régimen ancestral aporta en proporciones excelentes glúcidos, lípidos y proteínas. Es rico en minerales y en vitaminas, pues éstas son abundantes en los productos crudos.

Contrariamente a una extendida opinión, la supresión de la leche y de sus derivados no ocasiona ninguna carencia en calcio, ni una mayor tendencia a la osteoporosis, lo cual es lógico ya que:

- La leche aporta, evidentemente, grandes cantidades de calcio, pero la mayor parte de este calcio no se absorbe, y se precipita en forma de fosfato de calcio, que a continuación es eliminado por las heces, lo cual es deseable, ya que la leche de vaca contiene mucho más calcio del necesario para las necesidades del hombre.

- Las verduras y las frutas contienen cantidades suficientes de calcio.
- Ningún animal salvaje sufre osteoporosis y, sin embargo, después de su periodo de lactancia no beben más leche.
- El papel preventivo de los grandes aportes cálcicos en la osteoporosis no está demostrado. La osteoporosis no surge ante una carencia de calcio, sino que es fruto de la conjunción de varios factores, hereditarios y ambientales, que provocan una actividad exagerada de los osteoclastos, lo que ocasiona un exceso de reabsorción ósea, no compensada por una respuesta apropiada de los osteoblastos, encargados de la síntesis ósea. Los mejores tratamientos para prevenir la osteoporosis son los estrógenos y los bifosfonatos (De Vernejoul, 1994).

Tampoco es sorprendente que entre los voluntarios que han seguido el régimen original no se haya revelado ni tendencia a la hipocalcemia, ni a la osteoporosis. Cuando la osteoporosis existía antes del cambio nutricional, se observaron dos situaciones:

- O bien la osteoporosis continuaba su evolución al mismo ritmo, ni más deprisa, ni más lentamente que antes.
- O bien la osteoporosis se estabilizaba y no se agravaba más, sin que los tramos óseos ya destruidos pudieran recuperarse.

Como expliqué en el capítulo 18, no soy reacio al consumo de calcio, siempre que las dosis sean moderadas.

5 Las infecciones bacterianas y las parasitosis

El consumo de numerosos productos crudos, en particular carnes y pescados, plantea un problema: ¿incrementa el riesgo de infección bacteriana o de parasitosis? El seguimiento de más de 1.200 personas, sanas o enfermas, que siguen la dieta, no ha revelado ninguna intoxicación, a excepción de muy pocas infecciones bacterianas digestivas provocadas por ostras contaminadas. No se ha observado ningún caso de teniasis o de anisakiasis, por mencionar los parásitos que suelen ser transmitidos por la carne o los pescados crudos o muy poco hechos.

¿A qué se puede atribuir la ausencia de accidentes ligados a los alimentos crudos?

- Por una parte, a la compra de carnes, pescados, verduras y frutas de buena calidad en comercios de confianza.

• Por otra parte, a una mejora del estado intestinal por el régimen hipotóxico. La restauración de una mucosa en buen estado y de una flora bacteriana normal explica, sin duda, las dificultades que tiene una bacteria o un parásito para enraizarse en este medio desfavorable para ellos. Burger (1988) había propuesto ya una interpretación análoga.

Conviene estar atento a los dos únicos parásitos realmente peligrosos: el distoma hepático y la triquina. Este problema ha sido ya tratado en el capítulo 5.

Quizás en un futuro aparezca una infección bacteriana o una parasitosis, aunque las probabilidades parecen mínimas. El riesgo debe asumirse, pues, en mi opinión, los peligros de la alimentación cruda son infinitamente menores que los ligados a la alimentación basada en productos cocinados, excesivamente implicada en las numerosas enfermedades autoinmunes, de ensuciamiento y de eliminación que hemos estudiado.

c) CONCLUSIÓN

La aplicación del régimen ancestral no supone ningún problema importante para la minoría de iniciados que han decidido seguirlo. Este modo nutricional no comporta ninguna carencia y no conlleva ningún peligro importante, a diferencia de la aberrante alimentación moderna.

Una de las principales diferencias entre las terapias clásicas y el régimen hipotóxico reside en el comportamiento del enfermo. En general, el paciente se contenta con «tomar» pasivamente lo que se le prescribe, sin pretender comprender el efecto de los medicamentos. En cambio, cuando sigue la dieta debe participar de forma activa. Tiene que haber asimilado el mecanismo de su enfermedad, haber comprendido los objetivos del régimen, componer sus menús, evitar las trampas, combatir las tentaciones y resistir a las eventuales presiones del entorno. Kousmine (1980) insistió mucho en el papel activo que tiene el enfermo.

Capítulo 30

LA MICRONUTRICIÓN

Capítulo redactado por el doctor Claude Lagarde[1]

A pesar de su gran poder de transformación, el organismo es incapaz de producir algunas moléculas vitales, denominadas esenciales y llamadas micronutrientes. Por lo tanto, deben ser aportadas por la alimentación en cantidad suficiente y en una forma asimilable. Estos micronutrientes son los elementos trazas esenciales (ETE) u oligoelementos, así como los minerales (sodio, potasio, calcio y magnesio), las vitaminas hidrosolubles y liposolubles, los aminoácidos esenciales y los ácidos grasos poliinsaturados esenciales.

La carencia grave en vitaminas produce enfermedades tales como el beriberi (vitamina B_1) o el escorbuto (vitamina C), que ya no se observan, prácticamente, en el mundo occidental, y sin embargo podemos encontrar con frecuencia subcarencias en micronutrientes, causantes a largo plazo de múltiples trastornos funcionales. Estas subcarencias, paradójicas si consideramos la abundancia actual de alimentos, están ligadas a la degradación de la calidad nutricional de la alimentación.

La insuficiencia en algunos micronutrientes que actúan como catalizadores y cofactores enzimáticos es el origen de una pérdida global de actividad bioquímica celular y, por tanto, de un mal rendimiento de las funciones metabólicas. De éste derivan trastornos funcionales por carencia enzimática, a menudo asociados a un exceso de radicales libres, fuente de múltiples procesos degenerativos.

En todos los casos, como complemento de una alimentación variada y equilibrada de tipo original, la ingesta de micronutrientes resulta indispensable para restaurar el equilibrio biológico celular.

1. Farmacéutico, biólogo, antiguo interno de los Hospitales de Montpellier, fundador de los Laboratorios Nutergia.

Para tener una visión bionutricional específica adaptada a los principales cuadros clínicos procedentes de nuestra experiencia, es necesario comprender muy bien la biología celular y las reacciones enzimáticas.

A) LAS REACCIONES ENZIMÁTICAS

Las reacciones enzimáticas son fundamentales en los diferentes metabolismos. Poseemos alrededor de 15.000 enzimas distintas, presentes en cada célula y particularmente sensibles a toda disfunción. Cada enzima cataliza una reacción bioquímica celular y resulta indispensable para las diversas transformaciones: desde la digestión de los alimentos, en la que intervienen las enzimas salivares, digestivas, pancreáticas..., pasando por todas las síntesis vitales, hasta la neutralización y la eliminación de los residuos metabólicos, en la que intervienen, por ejemplo, los citocromos P450 o las superoxidodismutasas (SOD).

El estudio de esta reacción enzimática (figura 78) permite poner de manifiesto el carácter indispensable de los diferentes micronutrientes, tanto respecto a la catálisis y la función de los cofactores (oligoelementos, vitaminas del grupo B) como respecto al sustrato (ácidos grasos, aminoácidos esenciales).

I. LOS OLIGOELEMENTOS, CATALIZADORES ENZIMÁTICOS

1. Definición

Los oligoelementos o elementos esenciales (como el zinc, cobre, manganeso, selenio, cobalto, cromo, etc.) son minerales que están presentes en muy pequeña cantidad en el organismo (*oligo*, en griego, significa «poco»). Representan un ínfimo porcentaje de los constituyentes orgánicos, pero aseguran numerosas funciones biológicas principales, entre ellas, las catálisis enzimáticas.

Generalmente, existen otros minerales no tan conocidos, como el rubidio, el cesio o el germanio, cuya actividad descubrió Sctric (1991). No todas sus funciones biológicas están demostradas aún, pero es muy probable que desempeñen un papel importante en el organismo. ¡No hace mucho tiempo, todos los oligoelementos estaban considerados como «impurezas»!

Los minerales y los oligoelementos están implicados en 4 tipos de actividades: hormonales, estructurales, sobre los canales iónicos y catalíticas. Esta última clase de actividad es primordial.

Figura 78. **LA REACCIÓN ENZIMÁTICA**
= Reacción energética por intercambio de electrones

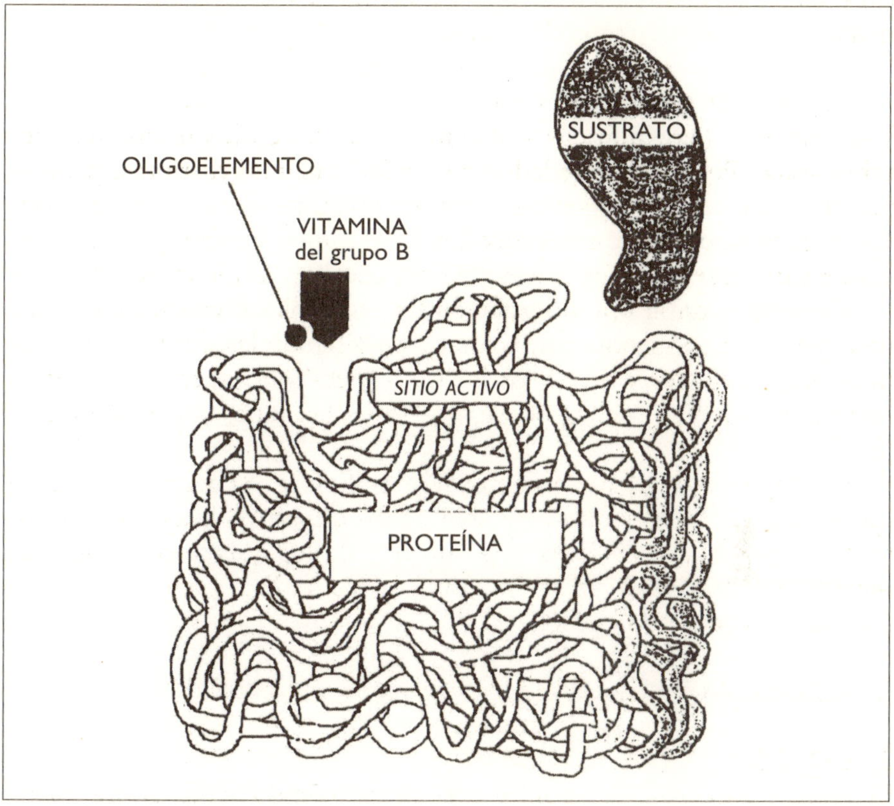

2. La acción catalítica

Los oligoelementos biocatalizadores de las reacciones enzimáticas son los metales pertenecientes al primer período de transición de la tabla de Mendeleiev. Se caracterizan por la presencia de electrones desapareados en sus órbitas internas 3d. En general, un solo oligoelemento es suficiente para activar una enzima compuesta de varias decenas o centenas de átomos. Durante la reacción enzima-metal-sustrato, los electrones desapareados de estas órbitas se emparejan con los electrones de las órbitas 2s del ligando (o sustrato) y se produce una modificación energética, lo que inicia la reacción enzimática (Pelmont, 1995).

Un oligoelemento puede activar varias enzimas diferentes. Así, el zinc cataliza más de 200 reacciones, entre ellas, las de la SOD (superoxidodismutasa), enzima que neutraliza los radicales libres. Por otro lado, el zinc participa en la regulación de los genes, en la síntesis del ARN y en la estabilización de la molécula de insulina, actuando en la estructura espacial de las moléculas. Estudios recientes han demostrado la presencia de «dedos de zinc» (cadenas de aminoácidos replegados bajo la influencia de un átomo de zinc).

Las reacciones enzimáticas no se producen de manera aislada, sino que se encadenan en largas cascadas (figura 79). Además, a cada enzima corresponde uno o varios oligoelementos particulares: la citocromo oxidasa, implicada en la respiración de las células, es catalizada por el cobre; la SOD es activada por el zinc y el cobre en el citoplasma y por el manganeso en las mitocondrias. Por esa razón, para un rendimiento óptimo, las cascadas enzimáticas necesitan un aporte equilibrado de oligoelementos (Lagarde, 1991).

De hecho, una ligera disminución de varios oligoelementos reduce la eficacia de las reacciones enzimáticas. Estos rendimientos defectuosos se

Figura 79. **ESQUEMA DE UNA CASCADA ENZIMÁTICA**

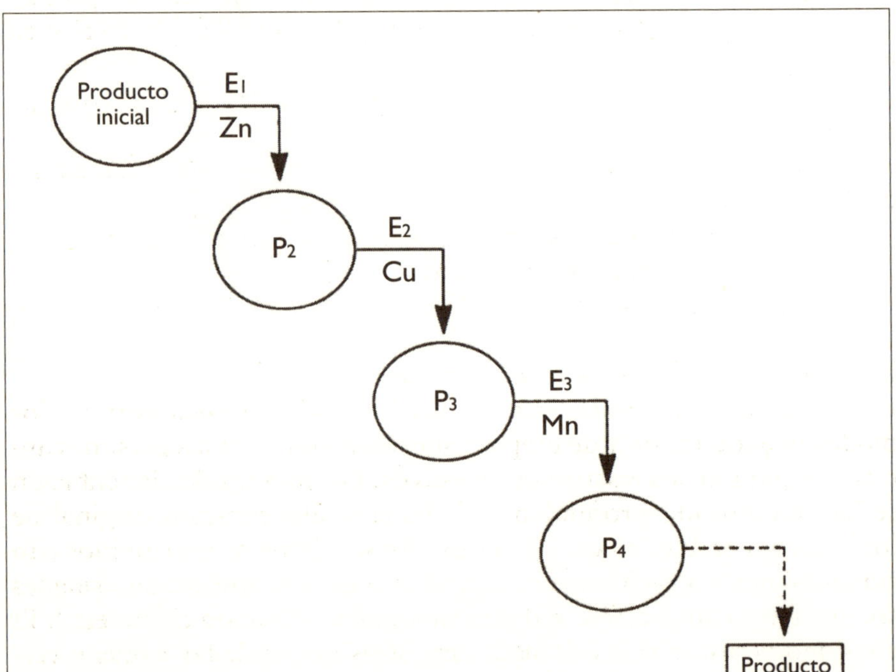

El aporte del conjunto de los oligoelementos es necesario para el buen funcionamiento de las cascadas enzimáticas... y para una buena salud.

acumulan y el rendimiento global de la cascada es malo. Así, los estados de subcarencias en oligoelementos son los causantes de alteraciones bioquímicas, a las que siguen trastornos funcionales y orgánicos.

3. Situación actual de los oligoelementos

Estamos lejos de las profundas carencias que castigaban hace algunos decenios (el cretinismo ligado a una carencia en yodo en los valles alpinos, carencia de selenio en China, Finlandia, etc.). Sin embargo, las subcarencias en minerales esenciales son frecuentes. Están ligadas a los fenómenos de activación, a las insuficiencias de aporte o de asimilación y al exceso de eliminación o al aumento de las necesidades (Keros, 1994).

a) *Inactivación o quelación química*

Debida a agentes tóxicos o a diversos contaminantes, ocasiona una pérdida en mayor o menor grado de la actividad enzimática:

- Antagonismo de los metales pesados (Cd, Pb, Hg, As), problemas de las aleaciones dentales y los efectos de humo del tabaco rico en cadmio.
- Formación de quelatos por diversos conservantes y fitatos vegetales.
- Contaminación atmosférica: gas de escape, residuos halógenos y cuerpos sulfurados.
- Contaminación de las aguas: nitratos, fosfatos, detergentes.
- Pesticidas, herbicidas, insecticidas.
- Muchos abonos.

b) *Carencias de aporte o de asimilación*

La insuficiencia en aportes está ligada a los hábitos alimentarios y a los modos de producción y de preparación. Será mayor en las personas ancianas y durante los trastornos digestivos. Los hábitos de alimentación se han modificado profundamente desde la alimentación original de los hombres prehistóricos, y en estos últimos decenios los cambios han sido mayores. La ración calórica ha disminuido ya que las necesidades son menores (calefacción, sedentarismo, menos trabajo físico, etc.). El consumo de carne se ha doblado, mientras que el de las frutas y verduras ha bajado. En cambio, el aporte nutritivo de los alimentos ha disminuido: el refinamiento de las harinas y del azúcar, la separación de los lugares de producción y de consumo, la recogida antes de la madurez, el agotamiento de los suelos, etc., empobrecen los minerales y las sustancias vitales presentes en los alimentos.

Las cocciones a una temperatura superior a 100 °C producen, asimismo, una disminución del contenido en vitaminas y la producción de sustancias tóxicas (aminas cancerígenas) o no metabolizables por nuestras enzimas, que pueden favorecer la aparición de patologías de ensuciamiento, de eliminación o autoinmunes.

c) *Fenómenos de competición digestiva entre los diferentes minerales*
Por ejemplo, un aporte excesivo de calcio, que supere 3 veces al de magnesio, altera la asimilación de este último (notable inconveniente para los grandes consumidores de lácteos, etc.). Durante una suplementación en oligoelementos, es necesario elegir una fórmula científicamente equilibrada.

d) *Aumento de las necesidades*
Es importante en los niños en periodo de crecimiento, en las mujeres embarazadas, en los deportistas (aún más incrementado por el sudor), en los enfermos, en los convalecientes, etc., pero también en caso de máxima solicitación del organismo y durante los fenómenos de sobreconsumo ligados, por ejemplo, al estrés.

e) *Exceso de eliminación*
El estrés bajo todas sus formas (psicológico, ritmo de vida ajetreado, esfuerzo intenso, etc.) implica un consumo y una eliminación mayores de oligoelementos. Además, los acidificantes (carnes, azúcares, etc.) producen a la larga una solubilización del fosfato de calcio del tejido óseo y una eliminación urinaria de los oligoelementos (la mayoría de ellos son ligeramente básicos). El bloqueo de las reacciones enzimáticas también puede provenir de alteraciones energéticas de origen físico o electromagnético. Los efectos nefastos de las radiaciones electromagnéticas (líneas de alta tensión) empiezan, de hecho, a tenerse en cuenta, así como el papel de otros tipos de ondas (horno microondas, etc.).

4. Consecuencias de una subcarencia en oligoelementos
Las subcarencias en oligoelementos son el origen de múltiples trastornos biológicos (pérdida de actividad enzimática, aumento de los radicales libres, alteración hormonal, etc.). En un primer momento se observa una disminución total del rendimiento del organismo, evidencia de la fragilidad del terreno (fatiga excesiva, falta de dinamismo, etc.). A continuación se desarrollan las patologías funcionales, que reflejan una disfunción celular, y después se instauran los trastornos orgánicos. A la larga, estos trastornos se encuentran implicados en numerosas en-

fermedades más graves y participan en el desarrollo de las «enfermedades de la civilización»: cánceres, enfermedades cardiovasculares, diabetes, reumatismos, alergias, etc.

5. Una solución fisiológica: la oligoterapia bionutricional

La oligoterapia es un método terapéutico basado en la administración de oligoelementos. Hay tres corrientes principales:

- La oligoterapia reactiva: se basa en las diátesis definidas por Ménetrier y presenta cierta similitud con la homeopatía.
- La oligoterapia farmacológica: aporte de minerales en dosis importantes (con el riesgo de inducir algunos desequilibrios).
- La oligoterapia bionutricional, que se basa en cuatro principios:

1. *Aporte del conjunto de oligoelementos*

Numerosos trabajos experimentales y múltiples observaciones demuestran que, para una mayor eficacia, es necesario aportar un verdadero cóctel de minerales y de oligoelementos (noción que ya percibió Quinton). Las subcarencias en minerales esenciales, incluso en las personas exentas de patología declarada, son múltiples, y a menudo conciernen a más de 10 elementos diferentes.

2. *En dosis fisiológica*

El aporte de oligoelementos en dosis fisiológica permite disolver los bloqueos funcionales ligados a las sustancias, y relanzar los procesos vitales. Esta noción es fundamental: demasiado puede ser tan perjudicial como poco.

3. *El aporte equilibrado de los diferentes oligoelementos*

Los trabajos de Couzy y Mareschi (1988) demostraron la importancia del equilibrio entre los aportes de los distintos minerales. Se dan numerosas interacciones positivas o negativas: competición, antagonismo o sinergia. Los fenómenos de competición son muy importantes y se manifiestan:

— En la absorción intestinal.
— En la utilización tisular de un elemento.

Por ejemplo, la asimilación del zinc será menor si el aporte de cobre es demasiado elevado. Es el principio de Hill y Matrone: el aporte de un elemento en cantidad importante (muy superior a los aportes normales) entra en competición con un elemento de estructura atómica similar. Esto puede crear desequilibrios perjudiciales para el organismo.

Drueke y col. (1986) establecieron las relaciones entre los aportes de diversos minerales. Las relaciones óptimas son:

— 5 a 6 veces más zinc que cobre;
— 3 a 4 veces más zinc que manganeso;
— 2 a 3 veces más calcio que magnesio...

4. *Bajo una forma biodisponible: la forma iónica*
La forma iónica tiene dos ventajas con relación a la forma mineral:

- Su asimilación es más rápida y es total.
- Es la única forma que permite una asimilación directa perlingual.

II. LAS VITAMINAS DEL GRUPO B, COFACTORES ENZIMÁTICOS

Las vitaminas del grupo B comprenden las vitaminas B_1, B_2, B_3, B_5, B_6, B_8, B_9 y B_{12}. Además de sus propiedades específicas (la vitamina B_6 y la síntesis de los neurotransmisores, metabolismo de los ácidos grasos, etc.), las vitaminas del grupo B son cofactores de reacciones enzimáticas. Son indispensables para múltiples reacciones celulares y permiten una utilización energética y anabólica óptima de los alimentos en los grandes metabolismos (prótidos, lípidos y glúcidos) (véase la tabla XXXV).

Actualmente, debido a la disminución de la ración calórica occidental, es casi imposible obtener, incluso con una alimentación perfecta, las cantidades óptimas de algunas vitaminas (Menat, 1998; Curtay y Souccar, 1999). Los varones ingieren alrededor de 2.600 calorías al día y las mujeres, 1.800, es decir, dos veces menos que hace un siglo; así, las vitaminas contenidas en los alimentos se aportan en cantidades menores.

Además, nuestra alimentación a menudo carece de vitaminas del grupo B, como resultado del refinamiento de los cereales, del agotamiento de los suelos y de la cocción a temperaturas elevadas. Por otra parte, el estrés es el causante de un consumo excesivo de vitaminas para permitir las múltiples adaptaciones a las agresiones; con la edad, la absorción digestiva de los nutrientes disminuye. Por estas razones, a menudo, un aporte en vitaminas resulta necesario, además del retorno a una alimentación original, para restaurar el equilibrio biológico celular.

III. PÉRDIDA DE ACTIVIDAD ENZIMÁTICA Y EXCESO DE RADICALES LIBRES

En 1969, el descubrimiento de una enzima celular, la superoxidodismutasa (SOD), permitió demostrar la importancia del papel de los ra-

Tabla XXXV
LAS VITAMINAS DEL GRUPO B

Vitamina	Origen	Papel
B_1 Tiamina	Hígado, carne, pescado, leche, huevos, algunas levaduras, germen de cereales, verduras, frutas	Regula el metabolismo de los glúcidos, de los lípidos y de los aminoácidos. Facilita la transmisión del impulso nervioso y combate los fenómenos del estrés.
B_2 Riboflavina	Hígado, carne, pescado, leche, huevos, algunas levaduras, germen de cereales, frutas, verduras	Interviene en la formación de enzimas. Regula el metabolismo hormonal (estimula la acción de la insulina). Esencial en el metabolismo de los glúcidos, lípidos y proteínas. Participa en la producción de energía necesaria para el metabolismo celular.
B_3 Niacina o PP	Hígado, carne, riñones, pescado, cereales, verduras, frutas, levadura de cerveza	Esencial para el metabolismo de los glúcidos, los lípidos y las proteínas. Acción reductora de la tensión y la tasa de colesterol. Participa en la producción de la energía necesaria para el metabolismo celular y en la transmisión del impulso nervioso.
B_5 Ácido pantoténico	Hígado, carne, riñones, pescado, algunas levaduras, patatas, verduras (col), frutas, leche	Indispensable para el crecimiento. Indispensable para el sistema nervioso central. Acción beneficiosa sobre los fáneros y las mucosas de la piel. Ayuda a la cicatrización.
B_6 Piridoxina	Hígado, carne, riñones, pescado, algunas levaduras, cereales, verduras, frutas (plátanos)	Esencial para el metabolismo de las proteínas, de los aminoácidos y de los ácidos grasos. Indispensable para la regeneración de los glóbulos rojos. Ayuda al buen funcionamiento del sistema nervioso.
B_8 Biotina	Hígado, verduras, champiñones, cereales, oleaginosos (nueces, cacahuetes, etc.), chocolate, yema de huevo, leche	Participa en numerosas reacciones celulares de síntesis bioquímica, de los ácidos grasos y de los ácidos nucleicos en particular. Ayuda a la calidad de la piel y los fáneros.
B_9 Ácido fólico	Hígado, germen de cereales, verduras de hojas verdes (espinacas, brócoli, etc.), leche	Indispensable en la formación de los ácidos nucleicos y en la reproducción celular. Participa en la formación de la hemoglobina y previene algunas formas de anemia. Interviene en el crecimiento. Previene las malformaciones del tubo neural.
B_{12} Cianocobalamina	Hígado, riñones, carne, pescado, yema de huevo, marisco (ostras, almejas, etc.), productos lácteos	Participa en numerosas reacciones enzimáticas. Interviene en la regeneración de los tejidos. Indispensable para la síntesis de los ácidos nucleicos y de las proteínas, así como para la multiplicación de los glóbulos rojos.

dicales libres (RL) en la biología humana. Desde hace algunos años, los trabajos se han multiplicado y numerosos fenómenos fisiopatológicos ligados a un exceso de RL han podido entenderse mejor. No obstante, a pesar del entusiasmo actual, es importante precisar que esta lucha antirradicales no es la panacea terapéutica. Debe inscribirse en un proceso más global, ya que el exceso de radicales libres no es la causa primera de los trastornos orgánicos; hay que interesarse por su origen, que, frecuentemente, se debe a una acumulación de diversas toxinas en el organismo y a una subcarencia en oligoelementos y en vitamina B, catalizadores y cofactores enzimáticos, como hemos visto antes.

1. Definición, estructuras alteradas

Los RL son compuestos muy inestables y reactivos. Se producen de manera natural por el organismo en las mitocondrias y tienen un papel importante, entre otros procesos, en la fagocitosis y en la destrucción de las bacterias. En cambio, la acumulación de RL es extremadamente nociva, pues, en ese caso, los sistemas de defensa endógenos y exógenos se desequilibran, y estas moléculas, muy reactivas, agreden y desnaturalizan a los constituyentes celulares de su entorno inmediato. Atacan a cuatro grandes objetivos, potencialmente donadores de electrones:

- El tejido conjuntivo: colágeno, elastina, ácido hialurónico.
- Los ácidos nucleicos: ADN, ARNm, ARNt.
- Las proteínas y las enzimas.
- Las estructuras membranarias: ácidos grasos poliinsaturados, fosfolípidos.

2. Acumulación de radicales libres

Concretamente, se debe a dos procesos que a menudo se encuentran asociados (Lagarde, 1991):

- Producción exagerada.
- Eliminación insuficiente.

a) *Exceso de producción*

Aumento del *ANIÓN SUPERÓXIDO*

La alteración del funcionamiento de ciertas enzimas aumenta desmesuradamente la producción del anión superóxido (O_2^{-*}):

- NADPH oxidasa en la reacción inflamatoria de la explosión fagocitaria (leucotrienos).

- Xantina oxidasa en la isquemia del miocardio.
- Citocromo P450 en la respiración mitocondrial.

Aumento del *RADICAL HIDROXILO*
En concentraciones elevadas, el anión superóxido O_2^{-*} reacciona con el agua oxigenada H_2O_2 ambiental en presencia de Fe^{++} para dar un radical hidroxilo OH^* y un ion hidróxido OH^- (reacción de Fenton). Además, la acción de las radiaciones ionizantes (rayos X, radiactividad, etc.) puede provocar la radiólisis del agua intracelular con formación del radical hidroxilo OH^*.

Aparición del *OXÍGENO SINGULET*
Las radiaciones ionizantes y los rayos solares (UV) favorecen la producción del último RL° del oxígeno conocido, el oxígeno singulet (1/2 O_2^*). Es muy reactivo y destruye el colágeno y los tejidos subcutáneos (arrugas).

Aparición de *RADICALES ORGÁNICOS OXIDADOS*
Es secundaria a la acumulación de los RL precedentes y al efecto de algunos productos tóxicos (xenobióticos), de naturaleza química o medicamentosa. En el mecanismo particular de la producción de estos RL intervienen la prostaglandina sintetasa y diversas enzimas, para asegurar la depuración de las sustancias tóxicas.

b) *Eliminación insuficiente*

Mal funcionamiento de los sistemas de protección endógenos
La protección endógena está asegurada por las enzimas encargadas de la inactivación de los radicales libres: la SOD y la glutationperoxidasa, catalizadas por el cobre, el manganeso, el zinc o el selenio (Jadot, 1988). De esta manera, toda carencia o quelación de estos oligoelementos se traducirá por una disminución de la eficacia del sistema de protección.

Por otra parte, puede existir una disfunción de la proteína enzimática:

- Cuya síntesis puede ser insuficiente o proporcionar un compuesto inactivo. Este fenómeno puede tener un origen genético o deberse a una modificación por contaminación o malnutrición.
- Ligada a una destrucción exagerada debida a los efectos nocivos de los RL° sobre la proteína (círculo vicioso).

Insuficiencia de antioxidantes exógenos
Como complemento del sistema enzimático endógeno, la acción antirradicales libres puede estar reforzada por la intervención de factores nutricionales exógenos denominados antioxidantes o cazadores de RL.

Secuestradores y antilipoperoxidantes exógenos
Son cazadores que intervienen en el estadio inicial de los ciclos de peroxidación: las vitaminas E, A, C, los flavonoides y los polifenoles de las vitaminas P. Es importante observar que todas estas sustancias son de origen vegetal, lo que, en parte, podría explicar la acción terapéutica de algunas plantas.

Los captadores ocasionales
Existen moléculas químicas naturales que, introducidas en el organismo, pueden neutralizar a los RL y alterar su integridad molecular y funcional. Se distinguen entre estas moléculas:

- Los ácidos grasos poliinsaturados.
- Las enzimas que tienen aminoácidos con función tiol (cisteína), aromática (fenilalanina) o indólica (triptófano).
- El colágeno y sus derivados.
- Los ácidos nucleicos (placenta, etc.).

La utilización de estas sustancias en nutriterapia consiste en «engañar» a los RL, que, parcialmente inactivados, son menos agresivos ante los componentes celulares.

IV. LOS ÁCIDOS GRASOS POLIINSATURADOS: SUSTRATO ESENCIAL

1. Definición
Los ácidos grasos poliinsaturados (AGPI) son ácidos grasos de cadenas largas que tienen entre 2 y 6 enlaces dobles, fácilmente oxidables.

En la naturaleza hay dos AGPI esenciales para el hombre, el ácido linoleico y el ácido linolénico, que sólo pueden ser aportados por la alimentación (semillas de cereales, aceites vírgenes de primera presión en frío, verduras, etc.). Estos dos ácidos grasos son los precursores biológicos de otros que se sintetizan en la célula gracias a enzimas específicas (delta-6 y delta-5-desaturasas), y se clasifican en dos familias en función de la posición de su primer doble enlace:

— Los ácidos grasos omega 3, que derivan del ácido linolénico (primer doble enlace situado en el tercer átomo de carbono) y son el origen de las PG3 (prostaglandinas de tipo 3).

— Los ácidos grasos omega 6, que derivan del ácido linoleico (primer doble enlace situado en el sexto átomo de carbono) y son los precursores de las PG1 y PG2.

2. Acciones fisiológicas de los ácidos grasos y de las prostaglandinas
Varios ácidos grasos procedentes de estas dos familias desempeñan un papel fundamental en la biología celular:

— De la plasticidad y la fluidez de la membrana celular.
— De la dinámica intercelular, pues son los precursores de los eicosanoides (prostaglandinas, leucotrienos, tromboxanos, etc.), que son moduladores celulares cuyo sutil equilibrio rige los procesos biológicos fundamentales.

Existen tres familias de prostaglandinas, las PG1 y PG2, que derivan de los ácidos grasos de la serie omega 6, y las PG3, de los omega 3. Las PG2, llamadas «prostaglandinas de guerra» por Catherine Kousmine (1987), mantienen en alerta al sistema inmunitario e inducen las reacciones inflamatorias cuyos efectos están controlados y regulados por las PG1 o «prostaglandinas de la paz» y neutralizados por las PG3.

El ácido linoleico, el ácido gammalinolénico y las PG1 (familia omega 6) poseen numerosas cualidades (Poncet, 1999):

• Propiedades antiinflamatorias e inmunomoduladoras (estimulación de la hormona tímica, activación de los linfocitos).
• Acción sobre el sistema nervioso (regulación de los neurotransmisores, acciones sobre el comportamiento, síntesis de la capa de mielina).
• Regulación hormonal (las PG1 se oponen a la hiperestrogenia relativa y a la hipersensibilidad a la prolactina observadas durante el síndrome premenstrual, etc.).
• Mantenimiento de la elasticidad de los tejidos cutáneos (papel estructural).
• Regulación de las secreciones salivares y lagrimales.
• Acción sobre el sistema cardiovascular.

Los AGPI de la familia omega 3 desempeñan un papel importante en:

• La protección cardiovascular:

— Disminuyen los triglicéridos y el colesterol.
— Tienen un papel antiagregante.

— Previenen la arritmia.
— Mejoran la microcirculación.

- El desarrollo del cerebro y de la retina (Bloch-Janin, 1998):

— Importancia en particular del ácido decosahexanoico (DHA).

- La modulación de los fenómenos inflamatorios y alérgicos.

3. Metabolismo de los ácidos grasos
Se representa en la figura 24. El metabolismo de los diferentes ácidos grasos depende de enzimas como la delta-6 y la delta-5-desaturasas, que necesitan la presencia de catalizadores y cofactores enzimáticos específicos para desempeñar su función.

En el estado normal existe una relación de equilibrio entre las familias PG1 y PG2. Pero este equilibrio puede romperse en diversas situaciones, en beneficio de las PG2 (Bondil). La alimentación puede aportar directamente un exceso de ácido araquidónico (mantequilla, quesos, carnes, etc.) y favorecer, por tanto, la síntesis de las PG2.

Por otra parte, se da una insuficiente producción de ácido gamma-linolénico y, en consecuencia, de PG1 en los siguientes casos:

— En caso de carencias directas en AGPI esenciales bajo forma biológicamente activa *(cis-cis)* como resultado del calentamiento o el refinado de los aceites... pero también de su hidrogenación: ¡cuidado con las margarinas!

— En caso de carencias indirectas ligadas a una disfunción de la delta-6-desaturasa por una insuficiencia en zinc, magnesio, vitaminas B_6 y B_8 o por exceso de factores inhibidores (estrés, ácidos grasos saturados o *trans*, senectud, azúcares rápidos, etc.).

Este desequilibrio es muy frecuente en la actualidad por los hábitos alimentarios de nuestras sociedades y las subcarencias en minerales y en vitaminas.

B) CONSECUENCIAS CLÍNICAS

Especificidad individual y noción de terreno
Cada humano dispone desde su nacimiento de un capital genético enzimático que le es propio. Algunos pocos privilegiados gozan de un buen capital enzimático que les permite resistir a excesos de todos los órdenes. Otras personas, por el contrario, son particularmente frágiles y se ven afectadas por enfermedades, a pesar de una higiene de vida irreprochable.

Figura 80. **HERENCIA Y SALUD**

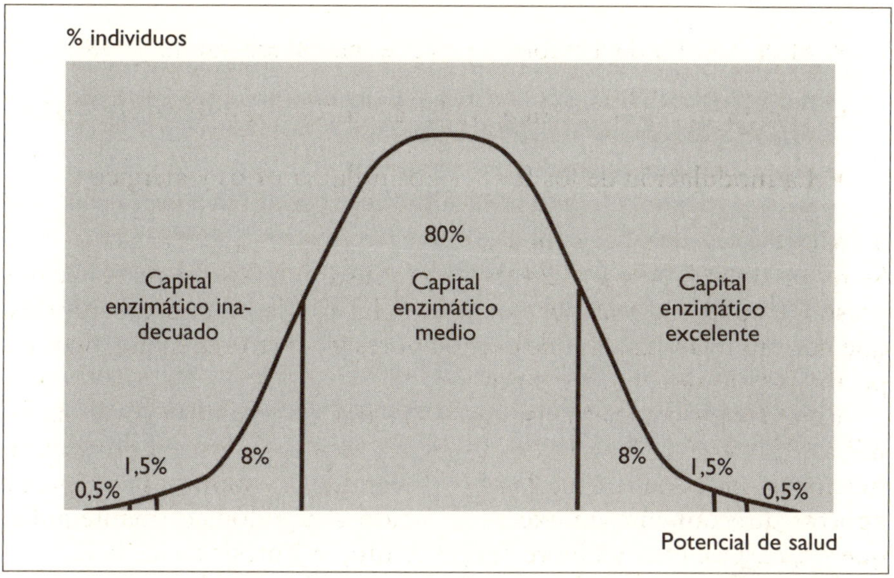

Pero la gran mayoría de los individuos posee un capital enzimático medio y su estado de salud está íntimamente ligado a la higiene de vida y, por tanto, a factores ambientales y adquiridos. En función de los malos hábitos alimentarios, del modo de vida más o menos estresante, de algunos factores psicológicos y de la contaminación, los trastornos biológicos y los trastornos funcionales aparecerán o no (figura 80).

El terreno biológico está sometido a la influencia de los múltiples factores que acabamos de citar y puede estar desequilibrado, lo que favorece la aparición de una serie de alteraciones específicas que son los signos exteriores de las alteraciones biológicas internas.

Este terreno biológico es diferente de los terrenos homeopáticos y de los terrenos diatésicos de Ménétrier. A partir del modo de vida de la persona y del origen de las carencias en oligoelementos, vitaminas, ácidos grasos, etc., y teniendo en cuenta las diversas intoxicaciones y los trastornos funcionales característicos —expresión localizada de alteraciones más profundas—, nuestras investigaciones nos han permitido distinguir siete terrenos biológicos diferentes:

— Carencial.
— Hipoglucémico.
— Ácido.
— Neurodistónico.

— Basocolítico.
— Intoxicado.
— Degenerativo.

Hemos concebido un programa informatizado, IoMET, para establecer el perfil bionutricional del paciente en un momento dado, y que revele los porcentajes de los diferentes terrenos (tenemos un ejemplo en la figura 81). Además, nos permite proponer una cura bionutricional personalizada, basada en micronutrientes y, principalmente, en oligoelementos específicos *(Ionic Mineral Enzymo Therapy)*. Esta cura se complementa con un régimen alimenticio adaptado, como el régimen original.

El tratamiento de fondo comprende una fase de desintoxicación, seguida de una fase de reestructuración metabólica. Tiene como objetivo corregir sus causas biológicas, no neutralizar las manifestaciones de las disfunciones.

I. EL TERRENO CARENCIAL EN AGPI

Este terreno resulta de una subcarencia global en micronutrientes y, en particular, de una carencia crónica en ácidos grasos esenciales, que desempeñan un papel principal en la estructuración de las membranas celulares, y que se encuentra en cantidades importantes en los tejidos nerviosos y cerebrales; los ácidos grasos esenciales (AGE) son, por otra parte, los precursores de las prostaglandinas, moléculas reguladoras fundamentales para el organismo.

Este terreno se suele traducir en una fragilidad inmunitaria (trastornos ORL crónicos, alergias, etc.). Por otra parte, la carencia en ácidos grasos esenciales puede manifestarse por trastornos femeninos, fragilidad de los cabellos, alteraciones cutáneas, etc.

Los ácidos grasos poliinsaturados omega 6 y omega 3: 2 familias en equilibrio

Actualmente, algunos autores consideran que los ácidos grasos omega 6 son nocivos para el organismo, ya que son los precursores de PG2, pero la realidad es más compleja y hay que respetar o restaurar el equilibrio entre los diferentes ácidos grasos poliinsaturados.

Kousmine, Menguy, y más recientemente Dupin, Abraham y Giachetti (1992), estudiaron la relación ideal entre las dos familias de ácidos grasos. La relación idónea es de: omega 6 / omega 3 comprendida entre 4 y 10, siendo el valor óptimo de 6.

Por otra parte, los ácidos linoleico y gammalinolénico son aportados por los aceites vegetales y transformados en el hígado en ácido ho-

Figura 81. IoMET®

Nombre:
Apellidos:
Fecha de nacimiento: 12/09/45
Sexo (M o F): F

Fecha:
Médico:
Talla: 1,61 m
Peso: 70 kg

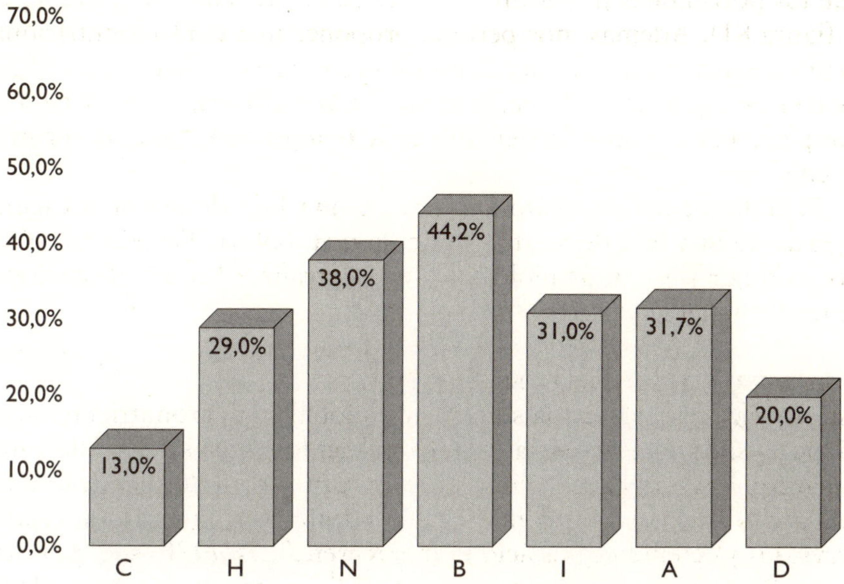

C = Carencial
H = Hipoglucémico
N = Neurodistónico
B = Basocolítico
I = Intoxicado
A = Ácido
D = Degenerativo

CONCLUSIONES
Terreno dominante: BASOCOLÍTICO
IMC (ind. masa corp.): 27,0
IMC < 24: Normal
25 < IMC < 30: Sobrepeso
IMC > 30: Obesidad

mogammalinolénico, y después en ácido araquidónico. Estos dos últimos ácidos grasos, precursores directos de las PG1 y las PG2, se incorporan luego a las membranas celulares. Normalmente, debería haber una relación 5:6 de ácido dihomogammalinolénico por 1:6 de ácido araquidónico. Sin embargo, en la práctica, la cantidad de ácido araquidónico es mucho más importante, no debido a la síntesis endógena excesiva a partir del ácido linoleico, sino como resultado de un aporte excesivo de grasas animales.

Enfoque bionutricional

Es necesario mantener mediante la alimentación y los complementos alimenticios un equilibrio en AGPI con el fin de no ocasionar un exceso de PG2 en detrimento de las PG1 y las PG3.

Para un buen equilibrio en ácidos grasos poliinsaturados, conviene limitar el consumo de grasas saturadas y consumir aceites vegetales vírgenes de primera presión en frío, así como pescado 2 o 3 veces a la semana. Dupin, Abraham y Giachetti (1992) propusieron como consumo necesario los siguientes valores:

- Ácido linoleico: de 9 a 12 g al día y, por prudencia, se pueden aportar entre 15 y 18 g al día;
- Ácido gammalinolénico: de 1,5 a 3 g al día;
- Ácidos eicosapentanoico y decosahexanoico (EPA y DHA): alrededor de 1,5 g al día.

Además, es posible suplementar la alimentación con aceites de onagra o de borraja, ricos en ácido gammalinolénico, primordial para la síntesis de las prostaglandinas 1 (PG1).

Para condimentar pueden alternarse, por ejemplo, aceites vírgenes de primera presión en frío de girasol (omega 6), de colza o de nuez (omega 6 + omega 3) y de oliva (ácidos grasos monoinsaturados, antioxidantes de calidad) (véase la tabla XXXVI). También se pueden espolvorear las ensaladas, compotas, etc., con semillas de calabaza o de lino (60% de ácido alfalinolénico) biológicas.

Por otra parte, el DHA y el EPA, precursor de las prostaglandinas

Tabla XXXVI
CONTENIDO EN AGPI DE ALGUNOS ACEITES

por g/100 g	Ácido linoleico	Ácido gammalinolénico	Ácido alfalinolénico
Onagra	70 - 79	8 - 13	0,1
Girasol	62 - 70	0,5	0,2
Maíz	55 - 62	0,5	2
Pepitas de uvas	70	0,5	1
Colza	19 - 27	0,5	7 - 10
Nuez	54 - 65	0,5	9 - 15
Soja	50 - 62	0,5	4 - 10
Borraja	32 - 38	18 - 25	1

de tipo 3, se encuentran en estado natural en la carne de pescados de mares fríos que se alimentan de fitoplancton. Sólo los pescados grasos salvajes (salmón, caballa, sardinas, etc.) son ricos en DHA y en EPA. Los pescados de criaderos tienen una composición en ácidos grasos diferente, reflejo de su alimentación (utilización de aceites vegetales o de harinas animales, etc.).

II. EL TERRENO HIPOGLUCÉMICO

La glucosa es el carburante que permite a las células funcionar con normalidad. El organismo debe, por tanto, estar a disposición de las células, y por ello almacena la glucosa en forma de glucógeno en el hígado y en los músculos.

Si bien el azúcar es una sustancia indispensable para nuestro organismo y para el metabolismo, también puede revelarse como un producto perjudicial. Normalmente, se suele hablar de azúcares «buenos» y de azúcares «malos». El azúcar blanco refinado, que se encuentra en las golosinas, en los pasteles, en las bebidas gaseosas, en los zumos de fruta envasados, etc., es el azúcar malo. Se absorbe rápidamente en la sangre, y la sacarosa induce a un pico de hiperglucemia. El páncreas secreta abundante insulina para favorecer el almacenamiento tisular de la glucosa. En las horas que siguen, tiene lugar una hipoglucemia reactiva, que produce la necesidad de consumir de nuevo azúcar. Ésta se acompaña de una sensación particular, denominada comúnmente «desfallecimiento», que a menudo suele darse a media mañana o a media tarde. Se abre una puerta al círculo vicioso si de nuevo se ingiere azúcar para hacer frente al malestar de la hipoglucemia.

El café, que favorece la liberación de insulina, tiene el mismo efecto. En cambio, el alcohol, al inhibir la glucogénesis, induce una hipoglucemia secundaria.

Los tests de hiperglucemia inducida en 4 horas, realizados en laboratorios de análisis, revelan estas hipoglucemias reactivas crónicas, así como su gran frecuencia en la población.

Alteraciones clínicas ligadas al terreno hipoglucémico

Las hipoglucemias reactivas crónicas son extremadamente nocivas para el organismo. Cuando a las células del organismo, en particular las cerebrales, les falta glucosa, funcionan mal y «sufren». Esta disfunción es el origen de una gran diversidad de trastornos funcionales (Lesser, 1987; Pfeiffer, 1988):

— Depresión nerviosa.
— Ansiedad.

— Mareos.
— Desfallecimiento, astenia.
— Adormecimiento.
— Falta de sensaciones.
— Hiperemotividad.
— Irritabilidad.
— Dolores de cabeza.
— Espasmos musculares.
— Angustia.
— Insomnio.
— Convulsiones.
— Síndrome premenstrual.
— Indigestión crónica, etc.

En general, se observa un predominio de las afecciones de carácter neurológico.

Por otro lado, la hipoglucemia reactiva produce un excesivo consumo de oligoelementos y de vitaminas del grupo B para asegurar las necesidades de adaptación. A largo plazo, el terreno hipoglucémico agota al organismo, causa trastornos metabólicos que producen una sensación de fatiga y conduce, a menudo, a un gran aumento de peso (obesidad).

Enfoque bionutricional

Las personas con hipoglucemia mejorarán con el régimen original. Tendrán que ser más estrictas en cuanto al consumo de alcohol y café. El azúcar completo, mejor tolerado que el azúcar refinado, ya que aporta el factor de tolerancia a la glucosa, deberá consumirse con moderación y en presencia de fibras, que lentificarán su absorción.

El consumo de complementos nutricionales que aporten vitaminas del grupo B, minerales como el cromo (que tiene un papel regulador en la glucemia) y ácidos grasos esenciales, tendrá un efecto regulador. El desayuno deberá aportar más proteínas que azúcares rápidos: fruta + arroz con pasas de Corinto o arroz con leche de avena, etc. Asimismo se podrá utilizar, si es necesario, una preparación hiperprotídica sin proteínas de leche de calidad, que reúna los aminoácidos esenciales en cantidades óptimas (índice proteico > 100).

III. EL TERRENO ÁCIDO

1. Definición. Presentación

a) *Un pH sanguíneo óptimo próximo a 7,4*
El valor óptimo del pH sanguíneo es de 7,42, es decir, ligeramente básico. Sus variaciones únicamente son compatibles con la salud cuando están entre 7,36 y 7,42. Por debajo de 7,36 se produce acidosis y, por encima de 7,42, una alcalosis. El pH tiene un papel muy importante, ya que de él dependen la estructura molecular de las proteínas, así como numerosas actividades enzimáticas.

b) *Neutralización de los ácidos*

Sistemas tampón elaborados
El mantenimiento del pH sanguíneo, entre un corto intervalo de valores, se basa en el principio, actualmente bien conocido, de la homeostasis.

Para alcanzarlo, el organismo pone en juego dos sistemas tampón muy eficientes frente a los elementos perturbadores, entre los cuales la alimentación es uno de los principales.

Los sistemas tampón se clasifican en dos grandes familias (Garric, 1995):

— Los tampones plasmáticos:

- El tampón fosfato bimetálico/fosfato monometálico (es decir, más explícitamente, la capacidad tampón del hueso ligada a la hidroxiapatita).
- El tampón ácido carbónico/bicarbonato llamado «reserva alcalina».
- El tampón de los ácidos orgánicos débiles.
- El tampón proteínas/proteinatos.

— Los tampones globulares:

- El tampón hemoglobina/hemoglobinato.
- El tampón oxihemoglobina/oxihemoglobinato.

La acción de los sistemas tampón se basa siempre en un mismo principio:

$$\text{Ácido fuerte} + \text{Tampón} \rightarrow \text{Sal neutra} + \text{Ácido débil}$$

La eliminación pulmonar y renal

Independientemente de la intervención de estos sistemas tampón, el organismo debe librarse también de todos los ácidos procedentes de su metabolismo y de la acción de los tampones.

Los pulmones y los riñones están encargados de esta evacuación:

— Los pulmones: aseguran más del 90% de la desacidificación del organismo. Expulsan todos los ácidos «volátiles» procedentes principalmente de la degradación de las proteínas vegetales, en especial, ácidos orgánicos débiles tales como el ácido cítrico, oxálico, pirúvico, etc., que son transformados en ácido carbónico y luego en gas carbónico, que será expulsado al medio exterior por la respiración.

— Los riñones: expulsan los otros ácidos «no volátiles» procedentes principalmente de la degradación de las proteínas animales; la mayoría son ácidos minerales fuertes, como los ácidos fosfórico, sulfúrico o úrico.

Además, la diferencia entre estas dos vías de eliminación estriba en que la pulmonar es rápida y adaptable (por un aumento de la amplitud respiratoria), mientras que la renal es lenta y poco adaptable.

La eliminación cutánea es limitada (sudor odorífero ácido); puede acompañarse de una dermatosis pruriginosa.

2. Circunstancias de aparición de una acidosis tisular

• La causa esencial de la acidosis es alimentaria. Es el resultado de un exceso de alimentos acidificantes y pobres en minerales y de una falta de alimentos alcalinizantes. Estas dos categorías de alimentos se han descrito en el capítulo 5.

Por otra parte, existe una tercera categoría de alimentos, los productos ácidos ricos en minerales y en ácidos: cítrico en el caso del limón, málico en el de la manzana y la sidra, etc., que tienen un efecto alcalinizante en las personas con una buena actividad enzimática. Los ácidos serán metabolizados en ácido carbónico, que se eliminará por los pulmones, y los minerales aportados con función básica (potasio, calcio, magnesio, etc.) tendrán un efecto alcalinizante (Vasey, 1991).

En cambio, las personas con una debilidad metabólica y enzimática (círculo vicioso de los oligoelementos) que puede expresarse por pusilanimidad, nerviosismo, fatiga frecuente, fisionomía longilínea, poseen una escasa capacidad de combustión de los ácidos, que se almacenarán y contribuirán a la acidificación del organismo.

Las correcciones alimentarias no tienen como objetivo suprimir todos los alimentos acidificantes (lo cual provocaría una carencia proteica nefasta), sino velar por un equilibrio entre productos alcalinizantes y acidificantes, suprimiendo, como se preconiza en el régimen original, bebidas gaseosas, golosinas, productos refinados, y procurando consumir una cantidad importante de verduras de calidad.

- El estrés, el agotamiento por cansancio excesivo, la falta de sueño, los trastornos colíticos y las patologías crónicas contribuyen igualmente a la acidificación. Por esa razón suelen cohabitar los procesos neurodistónicos, colíticos y ácidos.
- Las carencias en vitaminas y en oligoelementos, y el sedentarismo (baja oxigenación), ocasionan una disminución del metabolismo y de la combustión de los ácidos causantes de una acidificación del organismo por acumulación de derivados intermediarios frecuentemente ácidos.

En cambio, la actividad física favorece la eliminación pulmonar de los ácidos volátiles y estimula el conjunto de los emuntorios..., pero una actividad deportiva muy intensa tiene una acción acidificante (producción de ácido láctico).

- Los fenómenos digestivos (fermentación y putrefacción) ocasionan la formación de numerosos subproductos, muchos de ellos ácidos. Estos últimos, reabsorbidos y reintroducidos en la circulación sanguínea, hacen que baje el pH.
- Una eliminación renal insuficiente favorecerá la acumulación de los productos ácidos.

Las causas de la acidificación se agrupan en la figura 82.

3. Consecuencias de la acidosis tisular

a) *Agotamiento de las reservas básicas naturales*
Cuando el pH sanguíneo tiende a bajar, el fosfato de calcio del tejido óseo tiende a solubilizarse para pasar a la circulación sanguínea, donde puede captar los iones H^+ en exceso. Durante la acidosis crónica, se puede producir un agotamiento de esta reserva ósea y una gran desmineralización. Los trastornos de descalcificación que se dan durante la menopausia están relacionados con este proceso.

El saqueo del tejido óseo ocasiona su fragilización, que se traduce en caries, dolores óseos, articulares y osteoporosis, y afecta a los fáneros (cabellos, uñas). Por otra parte, los seis sistemas tampón actualmente identificados intervienen según una jerarquía establecida en fun-

Figura 82. **ACIDIFICACIÓN: LAS MÚLTIPLES CAUSAS**

ción de su propio pH y, por lo tanto, del grado de acidosis del organismo, pero no son solicitados sistemáticamente al mismo tiempo para hacer frente a un estado de acidosis.

b) *Ensuciamiento de los tejidos y disfunción de las células*

Cuando el organismo tiende a producir un exceso de ácidos, éste es desviado hacia el tejido mesenquimatoso para ser eliminado. En general, esta fase de «almacenamiento» se produce durante el día. Por la noche, el mesénquima libera las moléculas ácidas para que puedan ser eliminadas, lo que explica la gran acidez de las orinas nocturnas.

Hay que destacar que la sustancia coloidal, compuesto importante de la mesénquima, no tiene las mismas características físico-químicas según su pH: en un medio ácido, tiende a convertirse en gel, mientras que, en estado normal, es sol. Esta situación corresponde todavía a un estado inestable de equilibrio físico-químico. Es la forma sol (básica) la que corresponde a su estado ideal y permite su funcionamiento óptimo (Besson, 1991).

Un exceso de ácidos en el tejido mesenquimatoso ocasiona una disfunción y, por consiguiente, alteraciones en los órganos bañados por esta sustancia:

— Anoxia y sufrimiento celular.
— Autointoxicación celular.
— Malos intercambios tróficos.
— Envejecimiento exagerado de los tejidos.
— Irritación de los tejidos por el ácido.

Las consecuencias patológicas de estos fenómenos son dolores musculares y tendinosos, calambres musculares, gingivitis, irritación de la piel y de los ojos, y ensuciamiento de los emuntorios con cálculos biliares o renales. Además, la acidosis acelera la proliferación de las células cancerosas.

4. Cómo identificar una acidosis

Existe un método simple para controlar su estado de acidez/alcalinidad y para vigilar su evolución. Basta con hacer un test de orina tres veces al día (segunda orina de la mañana, antes de las comidas del mediodía y de la noche) con una tira de papel pH. La primera orina de la mañana es siempre muy ácida, ya que refleja el trabajo de depuración nocturno. Normalmente, la orina es más bien neutra básica, con un pH que se sitúa entre 7 y 7,5.

5. Enfoque bionutricional

Frente a una acidosis, el primer paso consistirá en adoptar una alimentación adaptada de tipo original, lo que permitirá disminuir los alimentos ácidos, aumentar la alimentación básica y tomar una comida ligera por la noche. Las personas con debilidad metabólica procurarán disminuir los alimentos ácidos.

Una buena oxigenación (actividad física o deportiva regular) es igualmente recomendable, ya que favorece la eliminación pulmonar de los ácidos volátiles y, de manera más general, estimula todos los emuntorios.

Sin embargo, estas «correcciones» por sí solas no siempre son suficientes. Son necesarias curas regulares de micronutrientes y oligoelementos específicos. Estos complementos deben ser ricos en sales minerales básicas, las cuales estarán ligadas a un ácido débil (carbonatos o citratos de calcio, magnesio, potasio, etc.) procedentes de productos naturales. Además, deben contener vitaminas del grupo B necesarias para la mayoría de procesos metabólicos concernidos, en particular B_3, B_5 y B_6.

Por otra parte, se podrá completar su acción consumiendo agua con gas (tipo Vichy) rica en carbonatos, pero sin abusar, pues también aporta sodio (no más de 10-15 días al mes).

IV. EL TERRENO NEURODISTÓNICO

Este terreno se caracteriza por una sensibilidad a las agresiones que puede derivar en un verdadero estrés (síndrome general de adaptación de Hans Selye) por agotamiento nervioso y tensión e irritabilidad frecuentes, que ocasionan trastornos del sueño y dificultades de relación con el entorno familiar y profesional. Puede evolucionar a un agotamiento del organismo, acompañado de una fatiga crónica y un estado depresivo.

1. Micronutrientes y salud mental

Numerosos estudios científicos han demostrado el papel fundamental de algunos micronutrientes en la comunicación interneuronal, concretamente en las sinapsis. Los micronutrientes son también factores de protección contra los procesos degenerativos celulares neuronales (Massol, 1994).

El origen de la mayoría de compuestos de los tejidos neurológicos y de los neurotransmisores es alimentario. Las proteínas, esenciales para la renovación de las estructuras proteicas cerebrales, aportan aminoácidos, que tienen también un papel fundamental como precursores de los neuromediadores o neurotransmisores:

— Triptófano: precursor de la serotonina.
— Fenilalanina y tirosina: precursores de la dopamina y de la noradrenalina.
— Ácido glutámico: ácido gammaaminobutírico (GABA).
— Colina y lecitina (huevo, soja): precursores de la acetilcolina.
— Glicina, aspartato, glutamina: neurotransmisores.

Por otra parte, los neurotransmisores sólo actúan cuando las neuronas que deben estimular poseen receptores específicos eficientes. Además, las diversas reacciones enzimáticas que permiten la síntesis de los neurotransmisores dependen de la tasa de micronutrientes catalizadores y cofactores: oligoelementos y vitaminas B. Otros micronutrientes también son importantes: los ácidos grasos poliinsaturados, que constituyen los fosfolípidos membranarios, son fundamentales en la integridad de las neuronas, y los antioxidantes frenan las degeneraciones cerebrales, protegiendo las estructuras neuronales de la agresión de los radicales libres.

Toda disfunción del sistema de neurotransmisores, durante el aporte, la síntesis o el catabolismo, consecuencia de carencias en micronutrientes, o ensuciamientos celulares o tisulares, tendrá una influencia en el comportamiento y las emociones, y será el origen de alteraciones neurodistónicas (Wurthan, 1981; Pfeiffer, 1988; Lesser, 1987; Bourre, 1990):

— Hiperemotividad.
— Desgana, depresión.
— Obsesiones, miedos, fobias (insectos, ascensores, etc.).
— Agitación.
— Cólera.
— Ansiedad, etc.

2. El estrés

Bien sea endógeno o exógeno, las causas del estrés son múltiples y numerosas. Citemos como ejemplo:

— Todos los traumatismos físicos (heridas, quemaduras, golpes, etc.).
— Todas las alteraciones sensoriales (ruidos, olores, flashes luminosos, etc.).
— Todas las situaciones donde interviene un fuerte factor psicológico, ya sea positivo o negativo (miedos, tensiones familiares, de relación, profesionales, rupturas, enfermedades, lutos, pero también bodas, nacimientos, traslados, etc.).

Cada uno posee su propia sensibilidad, su naturaleza y su terreno, que explican sus límites, y la intensidad de las diferentes respuestas. En general, se observan tres fases sucesivas: la *reacción de alarma* muy fugaz, que permite analizar la situación; seguida de la *fase de resistencia* más larga, y finalmente la *respuesta de adaptación* (vuelta a la homeostasia, desaparición de los eventuales síntomas). La respuesta «buena» al estrés conduce a una plenitud del individuo. Psicológicamente, la experiencia es positiva; biológicamente, la secreción hormonal está adaptada.

Pero si los mecanismos de adaptación se desbordan, el organismo llega a la fase de agotamiento orgánico. Se produce la respuesta «mala» al estrés, un síndrome de desadaptación, acompañado de ansiedad, nerviosismo y pensamientos obsesivos, que da lugar a una sensación de desamparo y un envejecimiento prematuro.

Biología del estrés

El punto de partida es cerebral. La información del estrés llega al cerebro. A partir de ahí, son posibles dos vías de evolución:

— El primer «estrés agudo» se da en individuos de carácter dominante o que controlan la situación estresante.

— El segundo aparece en los individuos de carácter pasivo o que pierden el control ante la situación estresante.

El estrés agudo: una respuesta adrenérgica

En el primer caso, de «estrés agudo», se produce un aumento de la secreción de adrenalina. El hipotálamo se activa y, a través del sistema nervioso simpático, se estimulan las glándulas suprarrenales. Esta respuesta adrenérgica provoca una reacción defensiva de urgencia (la adrenalina actúa sobre el corazón, los músculos y el hígado, y también provoca una liberación de azúcar). Tiene lugar la huida ante el agente estresante o el combate contra ese agente. El individuo quiere conservar el control de la situación, si es necesario por la fuerza, o bien prefiere escapar para evitar su destrucción.

Experimentos recientes tienden a demostrar la existencia de una segunda «cascada» de reacciones en esta misma vía. Pondría en juego una importante producción de acetilcolina, la cual estimularía los ganglios nerviosos del sistema nervioso autónomo que, a su vez, producirían noradrenalina.

El estrés crónico: una respuesta cortisólica

La segunda vía de «estrés crónico» produce cortisol en abundancia. La activación de la hipófisis produce una secreción de la hormona adenocorticotropa (ACTH), que estimula la corteza de la glándula suprarrenal, de ahí una respuesta cortisólica. Esta respuesta corresponde a una adaptación en forma de sumisión frente al agente estresante: el individuo no huye ni tampoco combate, o bien lo hace de manera insuficiente para neutralizar al agente estresante (tiende a «aceptar» la presión). Es una situación potencial «de inhibición de acción», como muy bien explicó y demostró Henri Laborit (*Éloge de la fuite* y *Mon oncle d'Amérique*), que puede mantenerse a sí misma (tanto en los aspectos psicológicos como en los fisiológicos).

Las malas respuestas al estrés están ligadas a la aceleración de la respuesta de adaptación, que, a la larga, genera patologías, primero funcionales y después orgánicas. El organismo se agota en una tentativa repetida e ineficaz de adaptación y de retorno a la homeostasis, y las aceleraciones secretoras son las causantes de las carencias en vitaminas y oligoelementos.

3. Enfoque bionutricional

El régimen ancestral, fuente de vitaminas, oligoelementos y ácidos grasos, aportará una clara mejoría a este terreno. Es importante evitar el café, la cafeína, el tabaco y el alcohol.

- La cafeína (café, té, cola, etc.) está relacionada con la severidad de los trastornos y provoca una pérdida de zinc, hierro, cromo y calcio.
- El tabaco puede alterar el comportamiento debido a la presencia de monóxido de carbono y de nicotina, y produce carencias en vitamina C. Además, estimula la secreción de adrenalina y de cortisol.
- El alcohol aumenta la secreción de cortisol, interviene en infinidad de procesos metabólicos y altera los ciclos normales del sueño.

Por otra parte, un aporte de diversos nutrientes será un buen complemento:

- Vitaminas, en particular del grupo B, que participan en la síntesis de los neurotransmisores.
- Ácidos grasos esenciales (mejoran las comunicaciones intercelulares, regulan los neurotransmisores).
- Minerales y oligoelementos, para relanzar el conjunto de cascadas enzimáticas (Anton y Wichtl, 1999).

Plantas como el espino blanco, el hipérico, el kawa o la manzanilla tienen también un efecto calmante, tanto más si su acción es potenciada por el aporte simultáneo de oligoelementos. Las preparaciones desacidificantes se indican en los casos en los que subyace un terreno ácido que mantiene la neurodistonía (agresión del tejido nervioso, estimulación del sistema adrenérgico).

La síntesis de la serotonina, neurotransmisor esencial en la regulación del humor y del comportamiento, es proporcional a las concentraciones sanguíneas de triptófano. Éste es un aminoácido bastante raro, principalmente presente en las proteínas animales y en la soja. A veces puede ser útil complementar la alimentación con preparaciones hiperprotídicas de calidad ricas en aminoácidos.

Durante los trastornos del sueño, la ingesta de proteínas que aporten aminoácidos variados por la mañana, permite una utilización cerebral óptima del triptófano por la noche.

La síntesis de serotonina resultante favorece un sueño normal.

Diversos estudios han demostrado que el mercurio y otros metales pesados pueden causar la aparición de depresiones: estos resultados fueron corroborados en 1994 por unas investigaciones realizadas sobre el mercurio dental (Montain, 1999). Sería bueno contrastar este hecho con un dentista y sus pacientes con amalgamas.

Algunos solventes, los pesticidas, herbicidas y otros tóxicos químicos, pueden tener una acción nefasta sobre el sistema nervioso. El ejercicio físico regular aumenta las concentraciones de endorfinas y aleja las ideas negativas; es un medio de lucha eficaz contra el estrés, la ansiedad, el agotamiento y el insomnio.

Los pensamientos positivos, un seguimiento psicológico y una mejor gestión del estrés pueden ser un complemento beneficioso.

V. EL TERRENO BASOCOLÍTICO

1. La microflora intestinal

Al nacer, el intestino no contiene gérmenes. A los dos días, se desarrolla una flora microbiana específica y forma un verdadero órgano simbiótico que asegura un desarrollo esencial en múltiples funciones del organismo a lo largo de la vida del individuo. El equilibrio de esta flora es fundamental.

La flora de fermentación está presente en la segunda parte del intestino delgado y se extiende hasta el colon transverso, con un máximo de actividad en el ciego. Constituida esencialmente por fermentos lácticos y bifidobacterias, permite la fermentación ácida de los glúcidos complejos (polisacáridos, fibras), de ahí que se liberen ácidos orgánicos (láctico, acético, propiónico, etc.) y gas carbónico.

En estado normal, esta flora predomina en el colon ascendente y mantiene un pH ácido. En cambio, la flora de putrefacción predomina en el colon descendente. En éste, las proteínas sufren un proceso de putrefacción y dan lugar a cuerpos aromáticos (amoníaco, H2S, indol, escatol, etc.) y a productos alcalinos como las ptomaínas, aminas tóxicas. Estas toxinas son asimiladas e inactivadas en el hígado (sufren gluco y sulfoconjugaciones) y después son eliminadas por la orina (Besson y col., 1993). El desarrollo de estos fenómenos se ilustra en la figura 83.

Normalmente, la flora protectora de fermentación se opone a la proliferación de bacterias patógenas, así como al desarrollo de la flora de putrefacción, que, cuando es excesiva, se vuelve irritante para el colon y genera compuestos tóxicos para el hígado. Las dietas muy ricas en carne proporcionan materias intestinales demasiado ricas en proteínas, de ahí el desarrollo exagerado de la flora de putrefacción. Por otra parte, cuando hay un aporte insuficiente de fibras, la flora de fermentación disminuye y la barrera ácida se debilita. Entonces, la flora de putrefacción remonta hasta el intestino delgado y produce meteorismo, hinchazones, aliento fétido, así como sustancias tóxicas (cancerígenas para algunas personas).

Figura 83. **FERMENTACIÓN – PUTREFACCIÓN**
(según P. G. Besson)

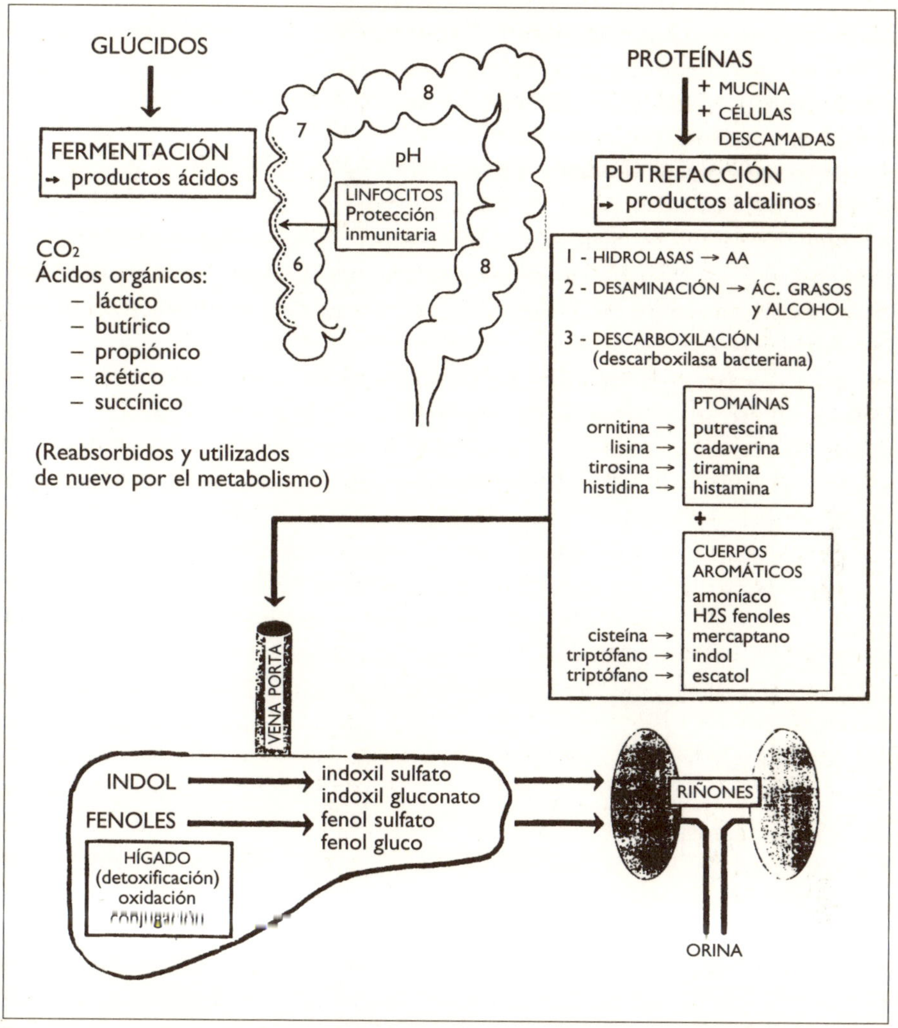

2. Los probióticos y los prebióticos en el equilibrio intestinal

a) *Los probióticos*

Los probióticos son microorganismos, bacterias o levaduras no patógenas y no tóxicas, que contribuyen al equilibrio de la flora intestinal, al favorecer el desarrollo de la flora de fermentación. Permiten, por tanto, luchar contra las diferentes alteraciones del tránsito (acelerado, lentificado, inflamaciones, etc.), los trastornos digestivos, y prevenir alteraciones más importantes.

Los lactobacilos

Elementos importantes de la flora de fermentación, los lactobacilos mejoran la digestión de la lactosa y producen una gran cantidad de ácido láctico, con lo que se evita la proliferación de la flora de putrefacción, que no puede desarrollarse en ese medio, y se neutralizan los excesos de amoníaco y de las aminas tóxicas. Asimismo, refuerzan las defensas locales y generales (al favorecer la producción de IgA secretoras en la luz intestinal, y estimular la activación de los macrófagos y de las estructuras linfoides).

Los lactobacilos, utilizados vivos, podrían prevenir el inicio de cánceres o el desarrollo de células tumorales, ya sea destruyendo sustancias cancerígenas tales como las nitrosaminas, o inhibiendo el desarrollo de bacterias productoras de enzimas tales como la betaglucosidasa y la betaglucoronidasa, que catalizan la transformación de sustancias precancerígenas en cancerígenas. Asimismo, parecen favorecer la supresión de células tumorales, al aumentar la actividad de los macrófagos de la mucosa intestinal por estimulación de la inmunidad local.

Lactobacillus casei, *acidophilus* y *rhamnosus* son resistentes a los jugos gástricos y a las sales biliares. La cepa *Lactobacillus GG* es la más importante, como demuestran los numerosos estudios del Instituto Rosell (Saxelin, 1997). En cambio, *Lactobacillus bulgaris*, fermento clásico del yogur y ausente en la flora normal endógena del hombre, resiste muy mal la acidez gástrica y tiene poca capacidad de sobrevivir en el intestino.

Las bifidobacterias

Tienen una muy buena resistencia a los jugos gástricos y contribuyen a la síntesis de las vitaminas en el intestino, principalmente las del grupo B. Asimismo, facilitan la absorción de estos nutrientes estimulando la actividad enzimática.

b) *Los prebióticos*

Los prebióticos estimulan de manera selectiva el crecimiento y la actividad de la flora intestinal, respetando el ecosistema de cada individuo. Están constituidos principalmente por:

— Fibras solubles (pectinas).

— Fructooligosacáridos (FOS), glúcidos de origen vegetal como la inulina.

— Los cereales fermentados. Estos últimos no contienen las bacterias vivas que se multiplican durante la fermentación, pero sí numerosos metabolitos esenciales liberados por los microorganismos durante el proceso de fermentación.

Propiedades

• El consumo diario de prebióticos permite mejorar el tránsito intestinal.

• Se refuerza el efecto barrera de la flora de fermentación contra el desarrollo de algunas bacterias peligrosas y potencialmente patógenas:

— Los metabolitos presentes en el medio se oponen a la implantación de gérmenes y favorecen la secreción de IgA.

— Los fructooligosacáridos (inulina) permiten producir ácidos grasos volátiles causantes de la acidificación del colon derecho, que refuerza este efecto barrera.

• Los cereales fermentados son una fuente de metabolitos y de enzimas necesarias para el ecosistema intestinal. Refuerzan la actividad enzimática digestiva.

— Mientras que la velocidad de acción de las enzimas digestivas es muy rápida, la de un cierto número de enzimas bacterianas es lenta. Las bacterias exigen que los residuos alimentarios permanezcan durante un tiempo suficiente (unas 12 horas) en el colon para poder cumplir su trabajo de hidrólisis. Por otra parte, durante un tránsito acelerado, se comprueba una disminución de la digestibilidad de la celulosa.

A menudo, una irritación de la pared intestinal acompaña a estos desequilibrios digestivos. Los ácidos grasos de cadena corta (AGCC) producidos por la inulina constituyen una fuente de energía para las células epiteliales, cuya renovación se estimula. Además, los AGCC participan en la regulación de los procesos normales de la digestión.

Los antioxidantes vegetales, como los citroflavonoides, contribuyen a disminuir la inflamación. Por otro lado, la glutamina es un nutriente importante. Este aminoácido, la primera fuente de energía del intestino delgado, es indispensable para el mantenimiento de la troficidad de su epitelio. Su captación intestinal selectiva (absorción activa gracias a una bomba de sodio) contribuye a luchar contra la atrofia de las vellosidades y sus potenciales complicaciones de hiperpermeabilidad y de translocación bacteriana.

Principal nutriente de los enterocitos, la glutamina proporciona, por una parte, la energía y, por otra, el nitrógeno para la síntesis de las bases púricas y pirimidínicas de los ácidos nucleicos; se trata de un micronutriente esencial para favorecer la regeneración de las células intestinales y contribuir a la integridad de esta pared.

3. Enfoque bionutricional

Las alteraciones producidas por un desequilibrio intestinal (tránsito acelerado, lentificado, flatulencias, hinchazones, colitis, etc.) mejorarán con el régimen ancestral rico en fibras (prebióticos) y sin exceso de carne. Será necesario completar este régimen, tal como precisa Jean Seignalet, con el consumo de probióticos y prebióticos. Alrededor de la alteración del equilibrio intestinal y de la agresión de la pared intestinal giran las teorías de las patologías de ensuciamiento y autoinmunes. Para los probióticos, los complementos alimenticios deberán aportar suficientes gérmenes en forma revivificable.

En lo que concierne a los prebióticos, una preparación completa que aporte fibras solubles e insolubles y cereales fermentados ricos en enzimas y péptidos prebióticos será más eficaz que un aporte aislado en fibra. Por otro lado, la asociación de antioxidantes vegetales (citroflavonoides) y de glutamina (principal carburante de los enterocitos) será de gran interés para acelerar la restauración de la mucosa del intestino delgado. Jean Seignalet preconiza principalmente la glutamina en los casos de una hiperpermeabilidad refractaria del intestino delgado.

Asimismo, será beneficioso tomar las proteínas por la mañana y al mediodía, y no por la noche, para limitar el desarrollo de la flora de putrefacción. Las frutas frescas se tolerarán mejor entre las comidas (a las 10 h y a las 17 h) que al final de las comidas (favorecen la hinchazón). Es importante comer con tranquilidad, emplear el tiempo necesario, masticar bien los alimentos, evitar hablar cuando se come y evitar beber al principio y durante las comidas.

VI. EL TERRENO INTOXICADO

1. Definición. Presentación

Este terreno reúne todos los desequilibrios ligados a las toxinas endógenas y a los tóxicos exógenos. Los excesos alimentarios, en particular el consumo excesivo de grasas saturadas, dulces, o una insuficiencia en los sistemas de eliminación (saturación, debilidad metabólica de origen genético, etc.), favorecen que el terreno sano se convierta en un terreno intoxicado.

Este terreno está también favorecido por diversos contaminantes como el tabaco, alcohol, metales pesados (en particular, amalgamas dentales), pesticidas, polimedicación, solventes orgánicos, gases de los tubos de escape, etc. (Kieffer, 1993). Las contaminaciones electromagnéticas (exposición intensiva a los televisores, ordenadores, teléfonos móviles) constituyen un factor agravante que obstaculiza la catálisis enzimática.

El terreno intoxicado tiende a desarrollar diversas alteraciones metabólicas: cardiovasculares, hiperglucemia, cefaleas, dolores difusos, depósitos de grasa, exceso de colesterol, de ácido úrico, sobrepeso, etc.

2. Una fuente de intoxicación frecuente: los problemas dentales

Los focos o irritaciones bucodentales pueden desencadenar fenómenos patológicos a distancia (Koubi, 1983). Intervienen como un factor agravante o desencadenante de un trastorno. Los problemas dentales son varios:

— Infección.

— Inflamación.

— Materiales utilizados en odontología (aleaciones que aportan metales pesados, pastas de obturación a base de cortisona) que pueden ser una fuente nada despreciable de toxinas.

— Alteraciones de la oclusión bucal (Koubi, 1983).

El caso particular de los metales pesados

Los metales pesados como el cadmio, el plomo, el mercurio, el níquel, el estaño, el aluminio, etc., son contaminantes peligrosos presentes en nuestro medio ambiente:

— El aire, la tierra y los alimentos están contaminados por los metales pesados arrojados por algunas industrias (refinado del petróleo, pilas eléctricas, pinturas, etc.). Casi todos los alimentos contienen, además de pesticidas, plomo en cantidad variable o mercurio (pescado)

— Los apósitos gástricos basados en gel de aluminio, los gases de escape (plomo), el humo del tabaco (cadmio), algunos desodorantes (aluminio), son contaminantes corrientes.

— El agua del grifo contiene cloro, nitratos, aluminio en algunos casos (utilización de un gel de aluminio como desinfectante). Es mejor beber agua de manantiales débilmente mineralizada.

— Las amalgamas dentales con base de mercurio, de estaño o de cadmio son peligrosas para la salud. En algunos países ya están prohibidos en las mujeres embarazadas o en personas con insuficiencia renal. El mercurio se solubiliza bajo el efecto de la temperatura bucal o por electrólisis y se acumula en el organismo (Murray y Vimy, 1998).

Los metales pesados ocasionan diversas alteraciones celulares:

— Son antagonistas de numerosos oligoelementos, tales como el zinc, el cobre, el hierro, el manganeso, el calcio, el magnesio, e inhiben los sistemas enzimáticos.
— Ensucian los tejidos o las células, provocan un estrés oxidativo y son prooxidantes.

El plomo, por ejemplo, está implicado junto con el cadmio en la mortalidad cardiovascular. El mercurio se acumula en el sistema nervioso, hígado, riñones y cerebro, induciendo múltiples trastornos.

Neutralización de los metales pesados

— El glutatión y los compuestos azufrados, como la taurina, la metionina y la cisteína, desempeñan un papel importante en la neutralización y la detoxificación de metales pesados y son antioxidantes. Protegen a las enzimas de la acción de los metales pesados que poseen una gran afinidad para las funciones tiol (SH), omnipresentes en las enzimas (Chappuis, 1991). El glutatión fija los metales pesados como el mercurio, que puede pasar a la circulación y ser excretado.
— El selenio interactúa en el organismo con numerosos metales pesados para formar, con frecuencia, seleniuros biológicamente inactivos. Por otra parte, el selenio favorece la fijación del mercurio y del cadmio por los compuestos azufrados. Estos fenómenos se producirían también con las concentraciones fisiológicas de selenio, que resultarían suficientes para la detoxificación de los metales pesados.
— El zinc, principalmente catalizador de la superoxidodismutasa, tiene propiedades antioxidantes. Interviene en la neutralización y la eliminación del mercurio y los metales pesados.

3. Enfoque bionutricional

En un terreno intoxicado hay que eliminar las fuentes de intoxicación y completar el régimen hipotóxico original con el consumo de micronutrientes que permitan relanzar las funciones de eliminación del organismo: drenadores para estimular el conjunto de los emuntorios, oligoelementos catalizadores (principalmente los citocromos P450) y compuestos azufrados que participan en la sulfoconjugación hepática. Por otra parte, los antioxidantes, los ácidos grasos esenciales y los cofactores enzimáticos podrán tomarse para reestructurar el terreno.

Asimismo, puede ser interesante asegurar la ausencia de focos dentales. En el caso de la presencia de metales pesados, una combinación equilibrada de antioxidantes permitirá neutralizar sus efectos prooxidantes.

Estos antioxidantes pueden ser el glutatión y los aminoácidos azufrados, entre los que la taurina desempeña un papel importante en los fenómenos de detoxificación: fijación en las funciones tioles, eliminación de los metales pesados. Por último, dada la interacción entre los metales pesados y los minerales, es indispensable aportar al organismo un complejo equilibrio de oligoelementos (zinc, manganeso, selenio, magnesio, calcio, etc.).

VII. EL TERRENO OXIDADO-DEGENERATIVO

El terreno degenerativo, consecuencia de una debilidad congénita o resultado de terrenos precedentes, se caracteriza esencialmente por una superproducción de radicales libres, moléculas nocivas para las células (agreden y alteran el tejido conjuntivo, las proteínas, los ácidos nucleicos y las membranas celulares). Están implicados en la mayoría de fenómenos degenerativos celulares y deben ser captados y neutralizados desde su formación.

El consumo regular de tóxicos químicos, el recurso cotidiano a los excitantes (tabaco y alcohol en particular), la repetida exposición a las radiaciones ionizantes, así como a los rayos solares, son los factores que desencadenan el desarrollo de los radicales libres.

Los signos más visibles de una superproducción de radicales libres se manifiestan en la piel (desarrollo acelerado de arrugas y líneas de expresión, bolsas bajo los ojos, manchas cutáneas), pero esta fragilidad celular tiene también numerosas repercusiones internas, causantes de diferentes trastornos en función de las personas: patologías cardiovasculares, trastornos reumáticos e inflamaciones crónicas, trastornos prostáticos, trastornos neuro-degenerativos, autoinmunes, proliferativos, fibrosis y esclerosis, etc. (Jadot, 1994).

Enfoque bionutricional

En la actualidad, detoxificar el organismo y favorecer el buen funcionamiento celular parece el único enfoque factible en materia de terapia antirradicales, como demostraron de manera notable Pauling, Kousmine y Pfeiffer, pioneros de la medicina ortomolecular. Sus tratamientos empíricos son diferentes, pero curiosamente orientados a la erradicación de esos radicales libres mucho antes de la puesta en evidencia de su nocividad.

Hasta hoy no se ha descubierto una molécula milagrosa para luchar contra los radicales libres, a pesar de las múltiples investigaciones llevadas a cabo en todo el mundo. La mayoría de los trastornos patológicos ocasionados por estas moléculas necesita una reactivación enzimática global que permita un aporte mineral nutricional del conjunto de oligoelementos catalizadores en una forma fácilmente asimilable, y así:

- Optimizar el funcionamiento de los emuntorios.
- Catalizar las enzimas específicas de la lucha antirradicalaria (SOD, GSPx).
- Favorecer la reconstitución de las células y los tejidos dañados.

Además de esta acción primordial de los oligoelementos, hay que recurrir a las vitaminas antioxidantes (A, E, C y P) (Lévy, 1988). En el caso de las afecciones degenerativas, la conocida eficacia de la macronutrición ganará al asociarse a la micronutrición, que aporta las ventajas de una verdadera inducción enzimática.

En el caso del terreno degenerativo, los antioxidantes, ya aportados en abundante cantidad por el régimen ancestral, se completarán con un complejo antioxidante global (vitaminas + oligoelementos + moléculas vegetales) para proteger cada diana celular de la acción de los radicales libres. El té, rico en taninos protectores, puede reemplazar al café; medio vaso de vino en las comidas aportará resveratrol, que tiene un poder antioxidante considerable. Debe elegirse un vino de calidad, mucho más apreciado por las papilas gustativas y que contendrá menos productos químicos.

C) CONCLUSIÓN

Unas preguntas detalladas a los pacientes permitirán relacionar la patología que padecen con uno de los siete terrenos metabólicos que acabamos de describir, como resume la figura 84.

Si las terapias clásicas (alopatía) o no convencionales (homeopatía, acupuntura y otras) están indicadas, siempre es útil acometer la primera causa de los trastornos y combinar:

- La alimentación hipotóxica y revitalizante.
- Los minerales, los oligoelementos, las vitaminas y los AGPI.
- La mejoría de la higiene de vida, en particular, con la supresión del tabaco y la práctica de un ejercicio físico regular.
- La gestión del estrés.

Naturalmente, este enfoque necesita la completa adhesión e implicación del paciente para ser eficaz, y en esto se distingue de una prescripción medicamentosa clásica que no siempre responsabiliza a la persona.

Comentarios de Jean Seignalet

1) En este capítulo, el lector ha encontrado algunas nociones básicas, ya abordadas en los capítulos precedentes. No se trata de repeti-

Figura 84. **LOS TERRENOS BIONUTRICIONALES**

7 terrenos metabólicos desequilibrados	
C T. carencial	Disminución inmunitaria = infecciones frecuentes o repetitivas Alergias, trastornos ORL, asma Alteraciones dermocutáneas, erupciones, eccema Trastornos femeninos (trastornos de la regla, sofocos)
H T. hipoglucémico	Sobrepeso, diabetes, obesidad Dolores de cabeza, vértigos Cansancio repentino a las 11 h Hiperemotividad, nerviosismo
A T. ácido	Desmineralización, caries Fragilidad musculotendinosa, dolores osteoarticulares Trastornos artrósicos, osteoporosis Irritaciones de las mucosas, cistalgias, enfermedades de las encías
N T. neurodistónico	Fatiga crónica, anergia Estrés, ansiedad, nerviosismo, palpitaciones Depresión, angustia, tetania, espasmofilia Trastornos del sueño
B T. basocolítico	Alteraciones del tránsito (estreñimiento, diarreas) Síndrome de colon irritable Insuficiencia digestiva, hepatobiliar Candidiasis digestiva y sanguínea
I T. intoxicado	Trastornos cardiovasculares, hipertensión Sobrecarga metabólica, plétora Delgadez, caquexia Trastornos del humor y neuropsíquicos
D T. oxidado-degenerativo	Envejecimiento acelerado, manchas cutáneas Trastornos neuro-degenerativos Enfermedades autoinmunes

ciones banales, pues el ángulo desde el cual están enfocados estos datos es diferente. Una visión orientada principalmente por la micronutrición, como la de Claude Lagarde, difiere de una visión guiada por la macronutrición, como la mía. Aunque los dos elementos son inseparables en el esquema de una nutriterapia bien concebida.

2) La manera de abordar los problemas y la forma de razonar de Claude Lagarde no coinciden con las mías. No obstante, nuestras conclusiones son análogas en el 95% de los casos. Las escasas divergencias que persisten reflejan la sinceridad de los autores, en el estado actual de sus conocimientos y de sus reflexiones. Sin embargo, el mensaje sigue siendo similar.

Capítulo 31

CONCLUSIÓN

A medida que la información se acumula, los hechos deshilvanados y los misterios insondables dan lugar a explicaciones racionales y la simplicidad emerge del caos.

Profesor BRUCE ALBERTS

El nexialismo es un totalitarismo aplicado.

ALFRED ELTON VAN VOGT, *La fauna del espacio*

A) ASPECTO MÉDICO

Quisiera recordar algunos puntos que me parecen importantes:

1) Si bien aprecio, como mis contemporáneos, los progresos llevados a cabo por la medicina durante el siglo XX, no puedo estar totalmente satisfecho, ya que aún quedan grandes problemas por resolver:

• La autoinmunidad, la alergia, la arteriosclerosis, el cáncer y muchas otras enfermedades cuya patogenia es todavía mal conocida.

• Numerosas afecciones siguen siendo parcial o totalmente incurables y tienen tratamientos mal adaptados y a veces peligrosos.

• La duración media de vida de los humanos se ha alargado, principalmente gracias a la reducción de la mortalidad infantil, a algunos medicamentos y a las proezas de la cirugía, pero si las personas mayores son más numerosas, a menudo se encuentran en un triste estado de deterioro físico y/o psíquico.

2) Para prevenir mejor o tratar los estados patológicos, primero hay que comprender su mecanismo, y eso es imposible si uno se aísla en una sola especialidad médica. Los misterios se esclarecen cuando se consigue desarrollar una visión global, basada en los conocimientos de los principales sectores de la medicina y de diversas ramas científicas. A menudo, una reflexión profunda permite conectar hechos aparentemente dispares y reconstituir la cadena de acontecimientos que conducen al desarrollo de una enfermedad.

3) La alimentación moderna es el primer eslabón de esta cadena que conduce a los diversos trastornos: autoinmunidad, ensuciamiento y eliminación, que se subdividen en 75 enfermedades, si se tienen en

cuenta las tablas XXX a la XXXIII. Es lógico, por tanto, volver a una nutrición de tipo ancestral.

Hemos visto los resultados, a menudo extraordinarios, obtenidos en los estados considerados clásicamente incurables. El régimen hipotóxico es eficaz, porque trata la causa y no los síntomas, que son sólo las consecuencias.

4) Este régimen es compatible con cualquier otro tratamiento, alopático u homeopático. No obstante, a menudo permite evitar tomar medicamentos. Algunos complementos (minerales, oligoelementos, vitaminas, fermentos lácticos) y un modo de vida sano son herramientas adyuvantes.

5) En este libro hemos hablado mucho de genética, inmunología, metabolismo, bacterias, alimentos y poco de psiquismo. Considero que las afecciones psicosomáticas, cuyo ámbito a menudo ha sido hipertrofiado, ocupan un lugar restringido, suponiendo que existan. Sin duda alguna, el estrés es un importante factor desencadenante de numerosos trastornos, pero no constituye su verdadera causa, simplemente tiene un papel revelador. No creo que la ansiedad por sí sola pueda desarrollar una enfermedad, aunque sí la puede favorecer. Los principales factores etiológicos son los genes de susceptibilidad y algunos elementos del medio ambiente, especialmente bacterias y alimentos. Creo que el asma, la psoriasis, la enfermedad de Crohn, la rectocolitis hemorrágica, la fibromialgia primitiva y muchas otras no son enfermedades psicosomáticas.

6) La fibromialgia primitiva es el prototipo de enfermedad que durante mucho tiempo se ha considerado erróneamente de origen psíquico. Sin embargo, jamás se ha obtenido la menor curación con los antidepresivos. Recientemente, Russell y col. (1994) comprobaron que la tasa de sustancia P en el líquido cefalorraquídeo de los pacientes es tres veces mayor que en los individuos control. Ahora bien, la sustancia P es un neuropéptido que se libera en caso de dolor. Esto demuestra de manera definitiva que estos sujetos sufren de verdad y no son hipocondríacos. ¿Por qué sospechar que mienten las personas que se quejan? ¿Habría que tachar de histéricas al 5% de las mujeres? Si, por el contrario, se admite que la fibromialgia resulta de un ensuciamiento de los músculos, de los tendones y del sistema nervioso, se llega a un esquema lógico y a un tratamiento con un simple régimen que hace que desaparezcan progresivamente los dolores.

7) Las afecciones psiquiátricas graves, como la depresión nerviosa endógena, la esquizofrenia o el Alzheimer, no tienen, según mi opinión, un origen psíquico. Los trastornos psiquiátricos son sólo la expresión de un ensuciamiento del cerebro por moléculas nocivas. El cerebro no es únicamente la región que sirve para pensar. Es también un

órgano que puede sufrir tanto como un hígado, un bronquio o una articulación. Creo que los grandes trastornos psiquiátricos son somatopsíquicos y no psicosomáticos. Conocemos los límites de las benzodiazepinas, de los antidepresivos y de otras medicaciones en estos estados crónicos. Merecería probarse el régimen de tipo original.

8) La úlcera gastroduodenal, ejemplo habitual de afección psicosomática, queda fuera de este cuadro desde que se ha demostrado la responsabilidad de una bacteria viva en el mucus, *Helicobacter pylori.*

9) Considero que el psiquismo no puede por sí solo generar una enfermedad, ya que, por lo que sabemos hoy en día, el cerebro sólo puede actuar por tres vías: el sistema nervioso, la respuesta inmunitaria y la endocrina. El estímulo o la inhibición de una u otra de estas tres vías no pueden conducir a una PR, una enfermedad de Crohn o un asma. En cambio, pueden revelar la afección, favorecer las crisis y acelerar su evolución. Daré algunos ejemplos:

• En las enfermedades autoinmunes, considero que la causa es un péptido bacteriano o alimentario procedente del intestino delgado y acumulado en un tejido, presentado por las moléculas HLA a los linfocitos T. El cerebro puede intervenir induciendo la producción de interferón gamma, ya sea directamente por liberación de neuropéptidos o de forma indirecta aumentando la secreción de estrógenos. El interferón gamma tiene tres acciones:

• Inducir una expresión aberrante de las moléculas HLA de clase II sobre las células que contienen el péptido peligroso.

• Activar los linfocitos TCD4, que reaccionarán con más fuerza contra ese péptido.

• Aumentar la permeabilidad de la mucosa del intestino delgado, lo cual hará incrementar la cantidad de péptidos nocivos que llegan a la sangre.

Estas tres acciones pueden favorecer la eclosión o la recidiva del proceso autoinmune.

En el cáncer de pecho, creo que las gammacarbolinas contenidas en las carnes y los embutidos cocidos son las principales causantes de las alteraciones genéticas de las células de las glándulas mamarias, que conducen a un tumor maligno. El estrés puede desempeñar un papel coadyuvante, al menos de tres maneras:

• Al aumentar la producción de estrógenos, que no originan el cáncer de pecho, pero aceleran la proliferación de las células malignas ya existentes.

• Al inhibir la acción de las células NK y de los linfocitos TCD8, encargados de eliminar las células tumorales. Esta disminución de la vigilancia inmunológica facilita el desarrollo del cáncer ya existente.

• Al disminuir el poder antioxidante global de las células de la enferma, como demuestra el test elaborado por Blache y Prost (1992). La defensa contra los radicales libres capaces de agredir al ADN está disminuida.

10) El enfoque psicosomático finaliza en una impotencia terapéutica. Los tranquilizantes o la psicoterapia nunca han curado un asma, una colitis, una psoriasis o una fibromialgia. Sólo culpan al enfermo y a su entorno.

11) Muchos de mis colegas verán con escepticismo los resultados que presento. Comprendo muy bien su reacción. Han estudiado, en la universidad y durante el aprendizaje postuniversitario, que muchas enfermedades tenían una patogenia misteriosa y eran incurables. Les resulta muy difícil admitir que existe una explicación lógica y un tratamiento eficaz para éstas. Principalmente, cuando este tratamiento es un simple régimen alimenticio y no un anticuerpo monoclonal, una citocina u otro elemento obtenido por una técnica de recombinación genética. No pido a estos médicos que me crean. Simplemente les digo: «Probad la dietética en algunos de vuestros pacientes, verificad que es aplicada correctamente y observad los resultados al cabo de un año. Podréis constatar algunos fracasos y muchos éxitos».

B) MÁS ALLÁ DE LA MEDICINA

La alimentación moderna, y su desfile de enfermedades derivadas, sólo es un ejemplo más de los errores cometidos por el hombre. La alimentación no puede considerarse de forma aislada, ya que depende de otros muchos factores. Para comprender el problema en su conjunto, conviene ampliar el debate. Esto es lo que haré en las últimas líneas de este libro, aunque las nociones que voy a sugerir han sido voluntariamente simplificadas.

1. Los principales errores

Los ancestros del hombre, igual que los animales salvajes, vivían en equilibrio con su entorno. Un equilibrio a veces cruel, que suponía un exterminio despiadado de los más débiles e inadaptados. Pero un equilibrio al fin y al cabo, que ha permitido el desarrollo en la Tierra de un gran número de especies: virus, bacterias, protozoos, vegetales y animales.

El hombre moderno se ha vuelto suficientemente inteligente y poderoso para modificar la naturaleza, pero no lo bastante inteligente u organizado para cambiarla de forma positiva. Se han cometido numerosos errores, de los cuales los dos más importantes son:

- El aumento inquietante de la población. En la Antigüedad, la población mundial era de 400 millones de personas; en 1825 se alcanzaron los primeros 1.000 millones; en 1925, los 2.000 millones; en 1999, los 6.000 millones, y en el año 2050 se prevé llegar a los 9.000 millones.
- La utilización sin discernimiento del poder conferido por los progresos de la ciencia y de la industria.

Los daños cometidos son ya muy importantes. Sólo comentaré los principales. Son nueve: la contaminación de los suelos y la exagerada explotación de los mares han sido mencionadas en el capítulo 4. Los efectos de las radiaciones electromagnéticas, la polución del aire y la contaminación de las aguas se han desarrollado en el capítulo 7. Quedan otros cuatro: la extinción de numerosas especies, la desertización, la destrucción de la capa de ozono y el efecto invernadero.

a) *La extinción de numerosas especies*
Las especies animales y vegetales no son eternas. Algunas desaparecen y aparecen otras nuevas. Pero el hombre ha adulterado este fenómeno natural provocando la rápida extinción de numerosas especies por varias razones:

- Los excesos de la caza.
- Los excesos de la pesca.
- La extensión de las ciudades.
- La extensión de las zonas cultivadas.
- La utilización de enormes cantidades de insecticidas que no cumplen su objetivo al seleccionar insectos resistentes, pero que eliminan algunas variedades de pájaros (Krebs y col., 1999).
- El monocultivo que se practica en algunas regiones tiene como consecuencia una pérdida de la diversidad alimentaria, que para algunas especies animales es sinónimo de muerte.
- La introducción de depredadores imprevistos; por ejemplo, los conejos en Australia.
- La deforestación, que merece un tratamiento más detallado. Durante la prehistoria, los bosques cubrían vastos territorios. El desarrollo de las actividades humanas hace tiempo que redujo de manera importante los bosques de Asia y de Europa. Actualmente, los bosques tropicales, en México, en Indonesia, en Brasil (el principal, que cubre la cuenca de la Amazonia), están en curso de destrucción. La razón es

ganar terrenos agrícolas y también la tala de árboles exóticos cuya madera tiene un gran valor. En algunos países desarrollados de clima templado, como Francia y Estados Unidos, los bosques vuelven a ganar terreno. Pero, en el resto del planeta, el balance es negativo y podemos hablar de deforestación.

Sin embargo, debemos recordar que los árboles fabrican el oxígeno que respiramos y que la pérdida del bosque amazónico ocasionaría la desaparición del 25% de las especies animales y vegetales actuales.

Las especies son interdependientes. El fin de una especie animal o vegetal provoca a menudo el fin de otras especies que forman parte de la misma cadena ecológica (Berlow, 1999).

b) *La desertización*
Los desiertos cubren hoy el 7,5% de las tierras, y tienden a extenderse más. Este avance de los desiertos es el resultado de varias causas:

- La destrucción de los suelos por una agricultura y una ganadería mal concebidas.
- La modificación del clima, con el aumento de la violencia de los vientos y de las lluvias.
- El calentamiento planetario debido al efecto invernadero.
- La tala masiva de árboles.

La superficie desértica aumenta en el Sahara, en África del Sur, en Australia, en Asia Central, en Estados Unidos y en España.

c) *La destrucción de la capa de ozono*
Las actividades humanas modernas han aumentado la cantidad de ozono en las capas bajas de la atmósfera y, por el contrario, han disminuido la cantidad de ozono en las capas altas de la atmósfera. La capa de ozono se ha vuelto más fina, principalmente en invierno y en primavera, y sobre todo por encima de las regiones polares, en particular en la Antártida.

La responsabilidad de los clorofluorocarbonos (CFC) está ampliamente demostrada (Brune, 1996; Kerr, 1996a; Prather y col., 1996). Millones de toneladas de CFC se liberan por los aparatos de refrigeración, el aire acondicionado, cremas de afeitar y otros aerosoles, disolventes, etc. La producción de CFC se ha multiplicado por diez entre 1970 y 1987. Los CFC suben hasta la estratosfera, donde son degradados, con emisión de clorina (ClH, Clo) y de fluorina (FH). Estos ácidos destruyen el ozono (O_3).

d) *El efecto invernadero*
La combustión de los hidrocarburos fósiles (carbón, petróleo) aumenta la concentración en la atmósfera de gas y causa el efecto invernadero (Karl y col., 1997). Se trata principalmente de gas carbónico (CO_2), pero también de metano (CH_4), de ozono (O_3), de hidrocarburos, de óxidos de nitrógeno (NO, NO_2, NO_x) y de partículas de tamaño más pequeño, denominadas aerosoles.

El gas carbónico es particularmente peligroso, ya que puede persistir durante mucho tiempo en la atmósfera. Actualmente, sólo el 54% del CO_2 emitido vuelve a descender para ser recuperado por los océanos (2/3) y los bosques (1/3) según Schmidt (1998).

Estos gases dejan pasar la luz solar, pero interceptan su reflejo en forma de rayos infrarrojos en la superficie del suelo. Así, el calor es secuestrado en una envoltura aislante, como en un invernadero. Este fenómeno es el causante de un aumento de 0,8 °C de la temperatura media del planeta, entre 1900 y 1995, como muestra la figura 85 (Kerr, 1996b).

El aumento de la temperatura es consecuencia de las actividades humanas. El análisis de las muestras de perforaciones glaciares en las regiones polares permite estudiar la composición de la atmósfera hace miles de años y reconstituir el clima (Alley y Bender, 1998). Se ha comprobado que, durante los 100.000 últimos años:

- Nunca los gases con efecto invernadero fueron tan abundantes.
- Nunca se ha producido tan rápido un ascenso de 0,8 °C.

Figura 85. **EVOLUCIÓN DE LA TEMPERATURA MEDIA DE LA TIERRA**

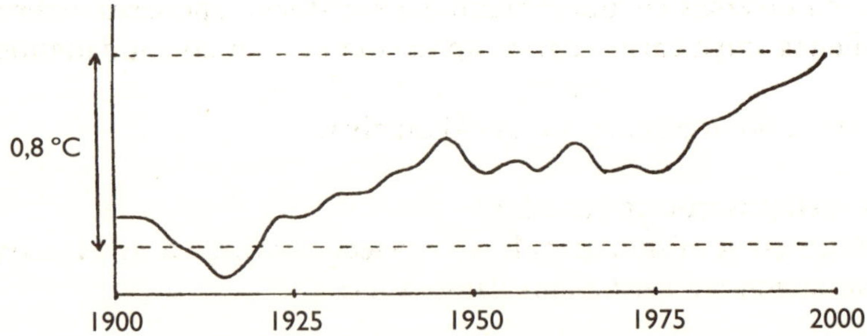

A partir de 1925, la temperatura empieza a elevarse, y el aumento se acelera a partir de 1975. La máxima se alcanza en 1996, última fecha inscrita en esta curva.

Es curioso observar que los gases que causan el efecto invernadero al calentar las capas bajas de la atmósfera enfrían las capas altas (estratosfera).

En esta obra de contaminación y de degradación, todos los países participan en un grado más o menos importante:

- Estados Unidos es el campeón de los pesticidas y de los alimentos transgénicos.
- Rusia se resiste a reducir las emanaciones de gas carbónico y utiliza centrales nucleares poco seguras, como demostró la catástrofe de Chernobyl.
- China y algunos países en desarrollo continúan utilizando CFC, e incluso han aumentado su producción.
- Algunos países árabes, Rusia, Estados Unidos, México y Venezuela son los mayores productores de la energía contaminante que es el petróleo.
- Gran Bretaña es la responsable de la enfermedad de las vacas locas.
- Japón, Rusia, China, Estados Unidos, Chile y Perú son los países que más se ensañan en despoblar los mares.
- China ha hecho desaparecer la mayoría de sus bosques. Algunos países de Asia, de África y de América, entre ellos Brasil, siguen la misma vía.
- Asia, África y América del Sur son los continentes donde se está produciendo el mayor crecimiento de la población.
- Japón, Estados Unidos y Europa Occidental tienen muchas industrias contaminantes y fabrican la mayoría de vehículos de gasolina y diésel.
- Algunos cazadores africanos exterminan a los elefantes de África y a los rinocerontes para apoderarse de sus defensas (marfil), a las que atribuyen diversas virtudes; algunos pescadores japoneses exterminan las ballenas, cuya carne es muy apreciada por sus conciudadanos.

Y la lista, evidentemente, no es exhaustiva.

2. Los peligros que nos acechan

Continuar en el mismo sentido sólo puede conducir a una agravación de la situación y a verdaderas catástrofes:

a) La contaminación de los suelos destruirá progresivamente las tierras cultivables, reduciendo cuantitativa y cualitativamente las cosechas y, en consecuencia, el número de cabezas de ganado.

b) La contaminación del aire tendrá consecuencias nefastas:

- En las ciudades, agrediendo los bronquios y los pulmones de los habitantes, lo cual favorece las infecciones respiratorias, agrava las insuficiencias respiratorias y cardiacas, y aumenta el riesgo de cáncer de pulmón. Las finas partículas emitidas por los motores diésel son particularmente peligrosas, ya que penetran hasta los alveolos pulmonares, donde pueden permanecer durante varios meses o varios años.
- En el campo, donde el riesgo de lluvias ácidas ha podido contenerse bastante bien, pero donde el ozono, que es muy oxidante, ataca a los bosques y disminuye el rendimiento de los cultivos de cereales. Por otra parte, los pesticidas organofosfatados, cada vez más empleados, pueden afectar al sistema nervioso central y periférico de los agricultores (Steenland, 1996).

c) La contaminación de las aguas agravará la situación:

- Al depositar en los suelos grandes cantidades de nitratos, que la tierra no tiene capacidad para absorber o degradar.
- Al modificar el equilibrio natural de las especies vegetales y animales, con desaparición de algunas especies y proliferación excesiva de otras.
- Al introducir productos tóxicos variados en el organismo de los peces y otras especies de ríos y mares.

Recordemos que en la actualidad más del 25% de la humanidad no dispone de agua potable y que esta carencia es la causa de más de 5 millones de muertes todos los años.

d) La extinción de numerosas especies animales y vegetales reducirá la biodiversidad. Ahora bien, esta diversidad vegetal y animal es vital para nuestra especie (Rice y col., 1997). Es una fuente irreemplazable de alimentos, medicamentos y materias primas. Además, la disminución del número de árboles modificará la composición de la atmósfera, con un aumento del gas carbónico y una disminución del oxígeno.

e) La desertización reducirá los recursos alimentarios y disminuirá las superficies habitables.

f) La destrucción de la capa de ozono expondrá a los humanos a algunos rayos solares peligrosos. Esto favorecerá la aparición de mutaciones genéticas y multiplicará la frecuencia de los cánceres de la piel. La incidencia del melanoma, que antes era excepcional, se dobla cada diez años y está a un paso de ser uno de los cánceres más extendidos.

g) El efecto invernadero, si no se llega a controlar, tendrá temibles consecuencias (Karl y col., 1997; Mahlman, 1997):

- Aumento de la temperatura media del planeta en el transcurso del siglo XXI una media comprendida entre 1 °C y 4,5 °C.
- Modificaciones climáticas derivadas de la acumulación de un exceso de energía térmica en la atmósfera (Karl y Trenberth, 2000) con olas de calor estival y olas de frío invernales más frecuentes y más intensas; aumento de lluvias en las latitudes altas y disminución de lluvias en las latitudes bajas; aumento del número y de la fuerza de los ciclones, de las tormentas, de las tormentas de nieve, de las inundaciones, y una desertización de las regiones que sufran sequías (Easterling y col., 2000).
- Amplificación del fenómeno de El Niño (Mc Phaden, 1999; Timmerman y col., 1999), que corresponde a un recalentamiento de la parte tropical del océano Pacífico, en el periodo de Navidad, un año de cada tres a siete, en asociación con un debilitamiento de los vientos alisios. En 1997 y 1998, El Niño batió todos sus récords en ascensión de temperaturas, lo cual modificó el clima en muchos puntos del planeta, y alteró los equilibrios entre las especies animales y vegetales.
- Fundición parcial de los hielos, ya visible hoy en día, donde se asiste al claro adelgazamiento de los glaciares tropicales (Francou y col., 1997) y a una pérdida del 14% del volumen del casquete glaciar ártico en el transcurso de los últimos veinte años (Kerr, 1999). Los icebergs desaparecen entre Groenlandia y el Labrador. Si este proceso continúa, hay que esperar un aumento de 25-50 cm del nivel de los mares, lo que significa la erosión de las playas, la destrucción de los manglares costeros y la inundación de algunos países, como Holanda y Bangladesh.

En este mundo de grandes dificultades, alimentarse convenientemente será muy difícil. Muchos humanos estarán amenazados por el hambre. Los alimentos originales habrán desaparecido debido a la contaminación generalizada. ¿Tendremos aún la posibilidad de producir alimentos biológicos?

3. Las medidas que debemos tomar

¿Tenemos que esperar pasivamente la decadencia de la humanidad, sea progresiva, frente al creciente impacto de la contaminación, o brutal, con guerras de exterminio para disputarse los recursos restantes?

Los demás planetas del sistema solar no parecen habitables y, a menos que realicemos progresos científicos inesperados, no estamos preparados para viajar hasta planetas de soles más lejanos. Estamos condenados a permanecer en la Tierra.

La única solución posible es la corrección de nuestros errores:

a) Contra la contaminación de los suelos, el único remedio es la generalización de la agricultura y la ganadería biológicas. Sabemos que es mucho más fácil dañar los suelos que reconstituirlos. La agricultura y la ganadería biológicas ocupan solamente el 0,3% de la superficie útil en Francia, por ejemplo, frente al 11,2% en Austria, líder europeo. La creciente demanda de consumidores debería multiplicar esta superficie en toda Europa.

b) Contra la contaminación del aire, la legislación actual de las industrias y la reducción de la circulación automovilística en las grandes ciudades en caso de urgencia sólo son medidas paliativas. Hay que desarrollar industrias no contaminantes. El carbón y el petróleo, grandes productores de gases nocivos, cuyo coste de extracción es cada vez más elevado y que estarán agotados en algunos decenios, deben ser reemplazados progresivamente por otros medios de obtención de energía menos peligrosos.

Evidentemente hay que desarrollar al máximo las energías llamadas renovables: presas, energía eólica, productos agrícolas y energía solar. Pero estas diversas fuentes parecen muy insuficientes para asegurar las necesidades de 6.000 millones, y dentro de 50 años de 9.000 millones, de humanos. Como Sailor y col. (2000), preconizo una utilización mucho mayor de la energía nuclear.

Ésta, en efecto, tiene numerosas ventajas:

- Es limpia, no libera ningún gas contaminante o con efecto invernadero.
- Está cerca del riesgo cero, con los reactores nucleares actuales.
- Es cada vez más competitiva en el aspecto económico.
- Se puede implantar en todos los países.

El único problema que queda por resolver es el de los residuos nucleares de larga vida. No faltan desiertos para esconderlos, a la espera de encontrar un método científico para neutralizar su radiactividad. La energía atómica debe permitir el funcionamiento de las industrias. Los vehículos diésel y de gasolina tienen que eliminarse progresivamente para dar paso a los vehículos eléctricos o atómicos.

Solamente los lobbies financieros se oponen a esta evolución deseable. Los dirigentes de la industria petrolera deberían, sin embargo, hacerse esta pregunta: ¿Es mejor ser multimillonario y morir a los 70 años, o ser un poco menos rico pero ganar 30 años de vida suplementaria prolongando la duración de la edad adulta?

c) Se han realizado progresos para contener la amenaza de las lluvias ácidas (Jenkins, 1999). Acuerdos entre los principales países industriales han disminuido enormemente las emisiones de sulfatos y deberían reducir, en un futuro próximo, las emisiones de nitratos. Contra las demás contaminaciones de las aguas, nuestra salvación reside aún en el desarrollo de industrias limpias.

d) El mantenimiento de las especies animales depende de la descontaminación de los suelos, del aire y de las aguas, y del cese de la destrucción de los bosques. Pero seguramente será más útil educar y vigilar a los cazadores, a los pescadores, a los agricultores y a los industriales.

e) La lucha contra la deforestación necesita decisiones políticas sanas por parte de los gobiernos y de los países implicados. Habrá que restablecer el equilibrio entre los bosques frondosos, muy raros, y los resinosos, demasiado abundantes.

f) La reducción de la superficie de los desiertos está relacionada con la reimplantación de árboles y la disminución de la sequedad, consecuencia del efecto invernadero. Recordemos que los aerosoles, partículas de tamaño muy pequeño procedentes de los humos industriales y de los gases de escape de los vehículos, pueden alcanzar las nubes y fijarse en las gotas de agua, que impiden crecer, disminuyendo la frecuencia de las lluvias (Toon, 2000). La reconquista de los desiertos necesitará también la utilización de un máximo rendimiento de cantidades limitadas de agua, imitando los procedimientos de irrigación empleados en Israel.

g) La reconstitución de la capa de ozono pasa por el abandono de los CFC. Se ha dado un gran paso en la buena dirección con el acuerdo internacional de Montreal de 1987 (Kerr, 1996a). En los países desarrollados, sólo algunos viejos refrigeradores y algunos viejos climatizadores emiten aún pequeñas dosis de clorina. La clorina no subirá más a la estratosfera, y su tasa debería volver a descender lentamente para llegar en el año 2050 a la tasa de 1979, a partir de la cual la capa de ozono puede reformarse. Queda persuadir a los países en vías de desarrollo para que se adhieran al mismo protocolo y poder acelerar esta mejoría.

Desgraciadamente, nos hemos dado cuenta de que la bromina persiste y que esta sustancia, menos abundante que la clorina, es 40 veces más activa al destruir el ozono. La bromina procede de los halones, empleados en la lucha contra los incendios, y de la metilbromida, un producto que se utiliza para eliminar patógenos del suelo antes de plantar. Este problema deberá ser regulado.

h) El control del efecto invernadero es una necesidad vital para la humanidad. Con este objetivo, los especialistas de los países desarrollados se reunieron recientemente en Kioto (Bolin, 1998). Se comprometieron a un plazo, 2010, para reducir las emisiones de CO_2:

- El 8% para la Unión Europea.
- El 7% para Estados Unidos.
- El 6% para el conjunto de otros países ricos.
- El 1% para el conjunto de los países del Este.

De nuevo, la verdadera solución es la creación de industrias y de vehículos que no utilicen los derivados del carbón y del petróleo.

Aún falta que los países en vías de desarrollo firmen los acuerdos de Kioto, ya que son los responsables del 43% del efecto invernadero, y están en plena expansión en este aspecto (Parry y col., 1998). Es esencial obtener su colaboración.

i) Finalmente, deberán efectuarse estudios detallados para determinar, en nuestro medio ambiente electromagnético, si algunas radiaciones son peligrosas. Si fuera el caso, deberán encontrarse los medios de protección.

Todas las medidas que acabo de enunciar son un mero planteamiento de solución a las consecuencias del aumento exagerado del número de seres humanos. La demografía desbocada es la primera causa de la mayoría de nuestros males. A causa de ello, hacen falta más fábricas, más coches, más agricultura, más ganadería, más pesca, más caza, más tala de árboles y más aparatos que emiten radiaciones electromagnéticas. Por este motivo, los gobernantes se contentan con atajar lo más urgente, favoreciendo el rendimiento cuantitativo en detrimento de la calidad y de la ecología.

Me parece deseable, no solamente estabilizar, sino incluso disminuir la población para volver a una cifra ideal que se sitúe alrededor de 1.000-2.000 millones. Esto es realizable mediante un riguroso control de los nacimientos, apoyado en la contracepción, lo que supone una educación de los hombres y principalmente de las mujeres. La familia, la escuela, los medios deberían movilizarse en este sentido. Este primer objetivo es, en mi opinión, esencial.

Un punto alentador es el uso cada vez más extendido de la contracepción en Extremo Oriente, en África y en América Latina. La media global de 6 niños por familia de hace algunos decenios, ha descendido a 2,9. Dado que la cifra de mortalidad infantil ha disminuido enormemente, esta media debería llegar a 2,1 para detener el desarrollo demográfico (Potts, 2000). Quienes viven en regiones pobres tienen que comprender que la riqueza de los habitantes de un país está directamente relacionada con el control de la demografía.

Un segundo objetivo será emplear con discernimiento nuestros medios científicos. La naturaleza no es perfecta y merece mejorarse. Pero hay que tener en cuenta numerosos parámetros y desarrollar una visión de las consecuencias a largo plazo. Toda decisión política de emplear cualquier procedimiento científico nuevo deberá recibir la aprobación de los expertos, que han estudiado los resultados que se pueden esperar a largo plazo de la aplicación de tal procedimiento. Una estricta vigilancia, a lo largo del tiempo, permitirá descubrir algunos efectos imprevistos y aportar las correcciones necesarias.

En la actualidad, este programa parece utópico. Sin embargo, habrá que considerarlo dentro de 50, 100 o 200 años, ante el riesgo de un desastre, y cuanto más tarde se aplique, mayor será el trabajo de recuperación. La realización de estos dos objetivos que he definido implicaría la existencia de un gobierno mundial, o al menos de la asociación de algunos países fuertes, capaces de imponer una acción de salvamento de la humanidad, a pesar de la estupidez, el egoísmo, la corrupción o el fanatismo de algunos. La «razón de planeta» deberá sustituir a la razón de Estado.

Cuando la especie humana haya cesado de proliferar de manera desordenada, como un cáncer, cuando se haya dado a la pequeña minoría competente, es decir, a los verdaderos sabios, el sitio que les pertenece cerca de los gobernantes, la obra de restauración de la Tierra podrá empezar. Este trabajo de larga duración exigirá la participación de todos, gracias a una cultura y a una disciplina inculcadas por una educación bien planteada. Todos los hombres deberán transformarse en ecologistas inteligentes.

La alimentación es una de las ramas de la ecología. Si un día se llega a descontaminar, al menos en gran parte, nuestro mundo, y a reparar los daños más graves, la nutrición será de tipo ancestral, y se basará en una ganadería y una agricultura biológicas.

C) ALGUNAS PALABRAS PARA TERMINAR

Si bien este libro tiene como objetivo principal mostrar la importancia de una alimentación sana para la prevención y el tratamiento de numerosas enfermedades, muchos otros elementos han sido descritos, desde la química hasta la fisiología, desde la genética hasta la inmunología, desde los orígenes del hombre hasta su porvenir en tiempos futuros. Creo que la nutrición y la medicina están ligadas en mayor o menor grado a otros sectores de la ciencia. Al estilo de Grovenor, el sabio nexialista de la novela de Van Vogt, he insistido en estos ámbitos para proponer una concepción teórica global y extraer las aplicaciones prácticas.

Desde mi perspectiva, he intentado sistemáticamente dar prioridad a los aspectos principales y tomar el camino más corto. Actualmente se derrochan enormes esfuerzos en investigaciones especializadas que siguen caminos a la deriva. Todo esto cuesta muy caro y tiene poco interés, tanto a corto como a largo plazo.

Se pueden distinguir tres variedades de medicina (clásica, no convencional y dietética), y no hay que oponerlas. Un buen terapeuta ha de recurrir al método que le parezca mejor para tratar una enfermedad precisa en un enfermo preciso. A veces deberán combinarse varios métodos.

Si esta obra tiene un objetivo amplio, las imperfecciones son, sin duda, numerosas, ya que mi competencia es limitada en ciertas especialidades. Sin embargo, espero haber suscitado el interés de algunos lectores y haber sido útil a algunos médicos y enfermos.

AGRADECIMIENTOS

Quiero expresar mi agradecimiento a todos aquellos que me han ayudado a elaborar este libro, al proporcionarme una preciosa información sobre su especialidad o al discutir algunas hipótesis o resultados: doctor Bernard Astruc, profesor Jean-Claude Autran, doctora Jacqueline Bayonove, profesor Marcel Benevent, profesor René Cordesse, profesor Jean-Louis Cuq, doctora Virginie Duchan, doctor Philippe Fievet, doctor Hervé Janecek, profesor Philippe Joudrier, profesor Henri Joyeux, profesor Jacques Lafont, doctor Claude Lagarde, doctor Raymond Lavie, profesor René Marie, profesor Michel Massol, doctor Christian Pauthe y doctor Pierre Tubéry.

BIBLIOGRAFÍA

AARON L.A., BURKE M.M. et BUCHWALD D. — *Overlapping conditions among patients with chronic fatigue syndrome, fibromyalgia and temporo mandibular disorder.* **Arch. Intern. Med.**, 2000, 160, 221-227.

ABI-HANNA D. et WAKEFIELD D. — *Differential enhancement of HL A-B27 by interferon.* **Hum. Immunol.**, 1990, 27, 33-39.

ACQUAVIVA C., SALVAT C., PIECHACZYK M. et JARIEL-ENCONTRE I. — *Catabolisme protéique intracellulaire.* **Hématologie**, 1999, 5, 206-215.

ADAMS R.B., PLANCHON S.M. et ROCHE J.K. — *IFN-γ modulation of epithelial barrier function: time course, reversibility, and site of cytokine binding.* **J. Immunol.**, 1993, 150, 2356-2363.

ADVENIER C., MACQUIN-MAVIER I. et DEVILLIER Ph. — *Physiopathologie de l'asthme.* **La Lettre du Pharmacologue**, 1993, 7, 24-28.

AGID Y. — *Le vieillissement, la maladie et la mort des cellules nerveuses.* **Bull. Acad. Natl. Med.**, 1995, 179, 1193-1207.

ALAMARTINE E. — *La glomérulonéphrite primaire à dépôts mésangiaux d'IgA: quoi de neuf pour une ancienne maladie?* **Néphrologie**, 1999, 20, 315-318.

ALBERTS B., BRAY D., LEWIS J. et coll. — **Biologie moléculaire de la cellule.** 1 vol., 1986, Flammarion édit. Paris, 1146 pages. [*Biología molecular de la célula,* Ediciones Omega S.A., Barcelona, 1996.]

ALEXANDRE C. — *Définition de l'ostéoporose.* **Rev. Rhum**, 1997, 64, 7SP-9SP.

ALLANNIC H. — *Les inhibiteurs des α glucosidases: leurs places dans la thérapeutique actuelle du diabète.* **Sang Thromb. Vaiss.**, 1997, 10, 601-608.

ALLEY R. et BENDER M. — *Le climat dans les glaces.* **Pour la Science**, 1998, n.° 246, 80-86.

ALZONA M., JACK H.M., FISHER R.I. et coll. — *CD30 defines a subset of activated human T cells that produce IFN-γ and IL-5 and exhibit enhanced B cell helper activity.* **J. Immunol.**, 1994, 153, 2861-2867.

AMIRANOFF B. — *pS2, le peptide «en feuille de trèfle» protecteur de l'intestin agressé.* **Médecine/Sciences**, 1996, 12, 846-847.

AMMANN K. — *Les OGM entre mensonges et hystérie.* **La Recherche**, 1999, n.° 325, 104-107.

ANDERSON R.M., DONNELLY C.A., FERGUSON N.M. et coll. — *Transmission dynamics and epidemiology of BSE in British cattle.* **Nature**, 1996, 382, 779-788.

ANDERSON R.P., DEGANO P., GODKIN A.J. et coll. — *In vivo antigen challenge in celiac disease identifies a single transglutaminase-modified peptide as the dominant A-gliadin T-cell epitope.* **Nature Med.**, 2000, 6, 337-342.

ANDRE G. — *Diététique de l'enfant.* 1 vol., 1983, **Masson édit. Paris**, 276 pages.

ANGGARD E. — *Nitric oxyde: mediator, murderer and medicine.* **Lancet**, 1994, 343, 1199-1206.

ANGLADETTE A. — *Le riz.* 1 vol., 1966, **Maisonneuve et Larose édit. Paris**, 12-35.

ANTON R. et WICHTL M. — *Plantes thérapeutiques. Tradition, pratique officinale, science et thérapeutique*, 1 vol., 1999, **Tec & Doc édit.** Paris, 636 pages.

APPELBOOM T. et DUREZ P. — *Effet d'un régime sans produit lacté sur la symptomatologie des spondylarthritiques.* **Rev. Rhum.**, 1994, 661.

ARANEO B.A., DOWELL T., DIEGEL M. et coll. — *Dihydrotestostérone exerts a depressive influence or the production of IL-4, IL-5 and γ interferon but not IL-2 by activated murine T cells.* **Blood**, 1991, 78, 688-699.

ARICO M. et EGELER R.M. — *Clinical aspects of Langerhans cell histiocytosis.* **Hematol. Oncol. Clin. North. Am.**, 1998, 12, 247-258.

ASHCROFR F.M. — *Ion channels: exciting times for PIP2.* **Science**, 1998, 282, 1059-1060.

ASSOCIATION GREENPEACE — *Le soja transgénique aux portes de l'Europe.* **Biocontact**, 1997, n.° 59, 5-10.

ASSOCIATION MEDICALE KOUSMINE — *La méthode Kousmine.* 1 vol., 1989, **Jouvence édit. Onex/Genève**, 208 pages. [*El método Kousmine,* Ediciones Urano, S.A., Barcelona, 1992.]

Atkinson M.A. et Mac Laren N.K. — *Islet cell autoantigens in insulin-dependent diabetes.* **J. Clin. Invest.**, 1993, 92, 1608-1616.

Aubert J.P., Dubert J.M., Gros F. et coll. — *Introduction à la biochimie.* 1 vol., 1974, **Ediscience édit. Paris**, 421 pages.

Aubier M. et Marthan R. — *Études expérimentales des polluants.* **Rev. Mal. Respir.**, 1997, 14, 6S15-6S21.

Babbitt B.P., Allen P.M., Matsueda G. et coll. — *Binding of immunogenic peptides to Ia histocompatibility molecules.* **Nature**, 1985, 317, 359-361.

Bach J.F. — *L'origine immunitaire du diabète.* **La Recherche**, 1989, 214, 1206-1215.

Bach J.F. — *L'immunothérapie du diabète insulin-dépendant; acquis, limites actuelles et perspectives.* **Encycl. Med. Chir.**, 1991, n.° 6, 3-5.

Bach J.F. — *Traité d'immunologie.* 1 vol., 1993, **Flammarion édit. Paris**, 1205 pages.

Bahn R.S. et Heufelder A.E. — *Mechanisms of disease: pathogenesis of Graves' ophtalmology.* **N. Engl. J. Med.**, 1993, 329, 1468-1475.

Baldeyrou P. — *Dilatation des bronches: clinique et thérapeutique actuelles.* **Gazette Médicale**, 1995, 102, n.° 23, 8-13.

Ballara S.C., Siraj Q.H., Mainz R.N. et Venables P.J.W. — *Sustained response to doxycycline in two patients with SAPHO syndrome.* **Arthritis. Rhum.**, 1999, 42, 819-821.

Barinaga M. — *New Alzheimer's gene found.* **Science**, 1995, 268, 1845-1846.

Barker J.N.W.N. — *The pathophysiology of psoriasis.* **Lancet**, 1991, 338, 227-230.

Barnes P.J. — *Asthma: what is there left to find out?* **Br. Med. J.**, 1993, 307, 814-815.

Barroin G. — *Les phosphates, ou comment manipuler la science.* **La Recherche**, 1995, n.° 281, 56-60.

Bastard J.P., Jardel C., Guerre-Millo M. et Hainque B. — *Les transporteurs d'hexose chez l'homme: leur rôle dans l'insulinosensibilité des tissus périphériques.* **Rev. Med. Interne**, 1998, 19, 108-118.

Bayraktar Y., Ozaslan E. et Van Thiel D.H. — *Gastrointestinal manifestations of Behçet's disease.* **J. Clin. Gastroenterol.**, 2000, 30, 144-154.

Bayrou O. — *Urticaire chronique.* **Gazette Médicale**, 1995, 102, n.° 33, 38-40.

Beauvais P. — *La maladie de Creutzfeldt-Jakob, la plus importante des maladies à prion.* **Presse Med.**, 1997, 26, 378-382.

BELL I.R., BALDWIN C.M. et SCHWARTZ G.E. — *Illness from low levels of environmental chemicals: relevance to chronic fatigue syndrome and fibromyalgia.* **Am. J. Med.**, 1998, 105, 3A, 74S-82S.

BELL P.M. et HADDEN D.R. — *Metformin. Endocrinol. Metab.* **Clin. North Am.**, 1997, 26, 523-537.

BELLANGER J. et GENDRE J.P. — *Manifestations cliniques et diagnostic de la maladie de Crohn.* **Médecine Thérapeutique**, 1996, 2, 753-761.

BENJAMIN R. et PARHAM P. — *Guilt by association: HLA-B27 and ankylosing spondylitis.* **Immunol. Today**, 1990, 11, 137-142.

BENNETT J.C. — *The infectious etiology of rheumatoid arthritis.* **Arthritis Rheum.**, 1978, 25, 531-538.

BENSON K. et HARTZ A.J. — *A comparison of observational studies and randomized controlled trials.* **N. Engl. J. Med.**, 2000, 342, 1878-1886.

BÉRAUD V., KONE-PAUT I., SEBAHOUN G. et BERBIS Ph. — *Syndrome d'activation des macrophages. Manifestations cutanées.* **Ann. Dermatol. Venereol.**, 1995, 122, 632-636.

BERGAOUI N. — *Les manifestations rhumatologiques de la maladie de Behçet.* **Rhumatologie**, 1997, 49, 275-278.

BERGER E. et RUMBACH L. — *Les nouvelles stratégies thérapeutiques au cours de la sclérose en plaques.* **Rev. Med. Interne**, 1999, 20, 346s-350s.

BÉRI D., MALAVIYA A.N.; SHANDILYA R. et coll. — *Effect of dietary restrictions on disease activity in rheumatoid arthritis.* **Ann. Rheum. Dis.**, 1988, 47, 69-72.

BERLOW E.L. — *Strong effects of weak interactions in ecological communities.* **Nature**, 1999, 398, 330-334.

BERTIN P.H., TREVES R. et MAZIÈRES B. — *Le traitement médical de l'arthrose.* **Presse Med.**, 1996, 25, 653-656.

BERTHOUX F. — *La maladie de Berger ou glomérulonéphrite intercapillaire à dépôts d'IgA primaire.* **Gazette Médicale**, 1995, 102, n.º 12, 20-22.

BESSON P.G. — *Acide-base. Une dynamique vitale*, 1 vol., 1991, **Trois Fontaines édit. Les Tattes-Filinges**, 124 pages.

BESSON P.G. — *Le point sur... alimentation et cancer.* **Bulletin AMKI**, 1991, n.º 1, 2-9.

BESSON P.G., BONDIL A., DENJEAN A. et KEROS P. — *Les 5 piliers de la santé*, 1 vol., 1993, **Jouvence édit. Onex/Genève**, 302 pages. [*Los cinco pilares de la salud: el método global de la doctora Kousmine para mantener la salud y tratar enfermedades crónicas*, RBA Libros S.A., Barcelona, 1999.]

BESSON P.G. — *Je me sens mal, mais je ne sais pas pourquoi...! La candidose chronique, une maladie méconnue.* 1 vol., 1994a, **Trois Fontaines édit. Les Tattes-Fillinges,** 154 pages.

BESSON P.G. — *Régime alimentaire et suppléments nutritionnels dans le traitement de la sclérose en plaques (1re partie).* **Bulletin AMKI,** 1994b, n.° 8, 2-7.

BIECHE I. et LIDEREAU R. — *Biologie des cancers solides: l'exemple du cancer du sein. Première partie: systèmes géniques impliqués dans la cancérogénèse.* **J. Gynécol. Obstét. Biol. Reprod.,** 1996, 25, 131-141.

BIECHE I. et LIDEREAU R. — *Biologie des cancers solides: l'exemple du cancer du sein. Deuxième partie: Gènes dérégulés dans le cancer du sein.* **J. Gynécol. Obstét. Biol. Reprod.,** 1996, 25, 142-152.

BIGNON J. — *Nature et source des polluants.* **Rev. Mal. Respir.,** 1997, 14, 6S11-6S14.

BILLIARD M. et DAUVILLIERS Y. — *Narcolepsie: un rôle-clé des hypocrétines.* **Médecine/Sciences,** 2000, 16, 108-110.

BIRABEN J.N. — *Démographie historique et génétique. Génétique des populations humaines.* **Colloque Inserm,** 1986, 142, 29-40.

BIRMAN S. — *L'α-synucléine et la maladie de Parkinson: le grand méchant petit chaperon.* **Médecine/Sciences,** 2000, 16, 956-957.

BJARNASON I., MACPHERSON A. et HOLLANDER D. — *Intestinal permeability: an overview.* **Gastroentérol.,** 1995, 108, 1566-1581.

BJORKMAN P.J., SAPER M.A., SAMRAOUI B. et coll. — *Structure of the human class I histocompatibility antigen, HLA-A2.* **Nature,** 1987, 329, 506-512.

BLAAUW I. (de), DEUTZ N.E.P., VAN DER HULST R.R.W.W. et VON MEYENFELDT M.F. — *Glutamine depletion and increased gut permeability in non anorectic, non weight losing tumor bearing rats.* **Gastroenterol.,** 1997, 112, 118-126.

BLACHE D. et PROST M. — *Free radical attack: biological test for human resistance capability. In Proceedings of the IX College Park Colloquium on Chemical Evolution: A lunar based Chemical Analysis Laboratory (LBCAL). C.,* 1 vol., 1992, **C. Ponnamperuma & C.W. Gehrke édit. (NASA Washington),** 82-98.

BLACK D.W., DOEBBELING B.N., VOELKER M.D. et coll. — *Multiple chemical sensitivity syndrome: symptom prevalence and risk factors in a military population.* **Arch. Intern. Med.,** 2000, 160, 1169-1176.

BLAIS J.M., SCHLINDLER D.W. et MUIR D.C.G. — *Accumulation of persistent organochlorine compounds in mountains of Western Canada.* **Nature,** 1998, 395, 585-588.

BLALOCK J.E. — *The syntax of immune-neuroendocrine communication.* **Immunol. Today**, 1994, 15, 504-511.

BLAU J.N. — *Migraine: theories of pathogenesis.* **Lancet**, 1992, 339, 1202-1207.

BLOCH-JANIN F. — *Les acides gras w3 agissent sur le développement cérébral.* **Le quotidien du médecin**, 1998, n.º 6272.

BLOSTIN R. — *Diététique et pathologies subaiguës ou chroniques chez le chien.* **Aesculape**, 1999, suppl. n.º 21, 64-68.

BOEHM T., FOLKMAN J., BROWDER T. et coll. — *Antiangiogenic therapy of experimental cancer does not induce acquired drug resistance.* **Nature**, 1997, 390, 404-407.

BOGOMOLETZ W.V. — *Les colites microscopiques (colite collagène, colite lymphocytaire et autres formes): un concept nosologique unitaire.* **Gastroentérol. Clin. Biol.**, 1996, 20, 835-837.

BOISSAVY-VINAU M. — *L'ozone des villes et l'ozone des champs.* **La Recherche**, 1995, 26, 86-87.

BOISSEL J.P. — *Essais cliniques. Avant-propos.* **Rev. Prat.**, 2000, 50, 827-828.

BOISSON M. et AROCK M. — *Mastocytes et mastocytoses.* **Hématologie**, 1999, 5, 348-360.

BOKAERT J. — *Les récepteurs membranaires.* **La Recherche**, 1986, 17, 892-900.

BOLIN B. — *The Kyoto negotiations on climate change: A science perspective.* **Science**, 1998, 279, 330-331.

BOLLI G.B. et FANELLI C.G. — *Physiology of glucose counterregulation to hypoglycemia.* **Endocrinol. Metab. Clin. North Am.**, 1999, 28, 467-493.

BONDIL A. — *L'alimentation actuelle et ses conséquences. In* La méthode Kousmine. 1 vol., 1989, **Jouvence édit. Onex/Genève**, 23-45.

BONDIL A. — *Propriétés de l'huile d'onagre.* **Les Infos de l'A.F.M.O.**, 1997, n.º 13, 1-6.

BONJEAN A. et PICARD E. — *Les céréales à paille. Origine, histoire, économie, sélection.* 1 vol., 1990, **Softword/ITM édit. Poitiers**, 205 pages.

BONNET J. et MODIGLIANI P. — *Traitement médical de la maladie de Crohn.* **Médecine Thérapeutique**, 1996, 2, 762-767.

BORALEVI F. et TAIEB A. — *Physiopathologie de l'histiocytose langerhansienne.* **Ann. Dermatol. Vénéréol.**, 1998, 125, 856-859.

BORCH-JOHNSEN K., JONER G., MANDRUP-POULSEN T. et coll. — *Relation between breast-feeding and incidence rates of insulin-dependent diabetes mellitus. A hypothesis.* **Lancet**, 1984, 2, 1083-1086.

BOREL J.P., MONBOISSE J.C. et BELLON G. — *Inflammation, collagène et radicaux libres oxygénés.* **Médecine/Sciences,** 1988, 5, 304-310.

BOROTTO E., NAVEAU S. et CHAPUT J.C. — *Les colopathies fonctionnelles: profil du colopathe et thérapeutique.* **Gazette Médicale,** 1995, 102, n.º 37, 8-12.

BOTTAZZO G.F., PUJOL-BORRELL R., HANAFUSA T. et coll. — *Role of aberrant HLA-DR expression and antigen presentation in induction of endocrine auto-immunity.* **Lancet,** 1983, 2, 1115-1118.

BOTTAZZO G.F., TODD I., MIRAKIAN R. et coll. — *Organ-specific auto-immunity: A 1986 overview.* **Immunol. Rev.,** 1986, 94, 137-169.

BOUDET M. — *Le lait maternel: production et constitution.* **Bulletin AMKI,** 1993a, n.º 5, 3-8.

BOUDET M. — *Le lait animal et les produits laitiers. Pour quelle santé?* **Bulletin AMKI,** 1993b, n.º 6, 14-19.

BOUDET M. — *AGPI w3/w6 — grossesse, accouchement, allaitement.* **Bulletin AMKI,** 1997, n.º 18, 13-20.

BOUGEROL T. et SCOTTO J.C. — *Le déprimé: rémission ou guérison.* **L'Encéphale,** 1994, 20, 231-236.

BOUGUERRA M.L. — *Pesticides: un débat chasse l'autre.* **La Recherche,** 1995, 26, 882-883.

BOURRE J.M. — *La diététique du cerveau, de l'intelligence et du plaisir,* 1 vol., 1990, **Odile Jacob édit. Paris,** 302 pages. [*De la inteligencia y el placer,* Mondadori, Barcelona, 1992.]

BOUSQUET J., DEMOLY P., VIGNOLA M. et coll. — *Comprendre la maladie asthmatique.* **Médecine/Sciences,** 1999, 15, 823-832.

BOUTRON C. — *La mémoire des glaces.* **Pour la Science,** 1996, n.º 228, 34-41.

BOYE J.P. — *Vies et morts des antibiotiques. Espoirs de renaissances.* 1 vol., 2000, **Médicis Entrelacs édit.** (Orsay), 170 pages.

BRANTUS J.F. et DELMAS P.D. — *Ostéoporose.* **Rev. Prat.,** 1997, 47, 917-922.

BRESSLER R.B. — *Pathophysiology of chronic urticaria.* **Immunol. Allerg. Clin. North Am.,** 1995, 15, 659-677.

BRESSLER R. et JOHNSON D.G. — *Pharmacological regulation of blood glucose levels in non insulin dependent diabetes mellitus.* **Arch. Intern. Med.,** 1997, 157, 836-848.

BRESSY J. — *Étude de la coproflore anaérobie facultative de sujets atteints de polyarthrite rhumatoïde soumis ou non à un régime alimentaire.* **Thèse Pharmacie, Montpellier,** 1993, 130 pages.

BROGARD J.M., BLICKLE J.F. et ROBILLART I. — *Heurs et malheurs des biguanides.* **Rev. Prat. Med. Gener.,** 1996, 10, n.º 333, 19-26.

BROUCKER T. (de) — *La classification des céphalées de l'International Headache Society (IHS).* **Rev. Neurol.**, 2000, 156, 187-191.

BROWN J.C. — *An overview of gastrointestinal endocrine physiology.* **Endocr. Metab. Clin. North Am.**, 1993, 22, 719-729.

BROWN J.H., JARDETZKY T.S., GORGA J.C. et coll. — *Three dimensional structure of the human class II histocompatibility antigen HLA-DRI.* **Nature**, 1993, 364, 33-39.

BRUNE W. — *Ozone depletion. There's safety in numbers.* **Nature**, 1996, 379, 486-487.

BUCHSBAUM M.S. — *Schizophrenia: charting the circuits.* **Nature**, 1995, 378, 128-129.

BURGER G.C. — *La guerre du cru.* 1 vol., 1985, **Faloci Roger édit. Paris**, 221 pages.

BURGER G.C. — *La guerre du cru.* 1 vol., 1988, **Orkos édit. Soisy-Bouy**, 284 pages.

BURNEY P. — *Air pollution and asthma: the dog that dœsn't always bark.* **Lancet**, 1999, 353, 859-860.

BURSAUX E. — *Oui, le tabac est encore plus mauvais pour la santé que vous ne le pensiez!* **Médecine/Sciences**, 1994, 10, 1318-1320.

BUTLER D. — *BSE now a «European problem».* **Nature**, 1996, 382, 4.

BUUS S., SETTE A., COLON S.M. et coll. — *The relation between major histocompatibility complex (MHC) restriction and the capacity of Ia tobind immunogenic peptides.* **Science**, 1987, 235, 1353-1358.

CAMBIER J. — *Inventaire des dystonies.* **Presse Med.**, 1999, 28, 293-297.

CAMBON-THOMSEN A. et OHAYON E. — *Étude générale. Provinces françaises. II. Analyse globale de l'ensemble des données.* **J. Genet. Hum.**, 1986, 34, 93-94.

CAPERTON E.M., HEIM-DUTHOY K.L., MATZKE G.R. et coll. — *Ceftriaxone therapy of chronic inflammatory arthritis. A double blind placebo controlled trial.* **Arch. Intern. Med.**, 1990, 150, 1677-1682.

CAPRON L. — *La régression de l'athérosclérose est-elle possible?* **Presse Med.**, 1991, 20, 1021-1022.

CARILLO S., PARIAT M., JARIEL-ENCONTRE I. et coll. — *Le catabolisme protéique intracellulaire: une fonction biologique majeure. Partie 1: les mécanismes de dégradation.* **Médecine/Sciences**, 1995, 11, 723-734.

CASTILLO M.J., SCHEEN A.J. et LEFEBVRE P.J. — *Amylin/islet amyloid polypeptide: biochemistry, physiology, physiopathology.* **Diabetes Metab.**, 1995, 21, 3-26.

CATASSI C., GUERRIERI A., BARTOLOTTA E. et coll. — *Antigliadin antibodies at onset of diabetes in children.* **Lancet**, 1987, 2, 158.

CAVENEE W. et WHITE R. — *Anomalies génétiques et cancers.* **Pour la Science**, 1995, n.º 211, 60-68.

CERF M. — *Microécologie intestinale.* **Encycl. Med. Chir. Estomac Intestin**, 1991, 9000 B20, 8.

CERF M. — *Diarrhées aiguës bactériennes. Aspects physiopathologiques.* **Sem. Hop. Paris**, 1993, 69, 1454-1464.

CERF-BENSUSSAN N., JARRY A., BROUSSE N. et coll. — *Système immunitaire associé à l'intestin.* **Encycl. Med. Chir. Estomac Intestin**, 1991, 9000 B30, 10.

CHAMBOLLE M. — *Additifs alimentaires. Dans Alimentation et nutrition humaines. (H. Dupin et JL Cuq)*, 1 vol., 1992, **ESF édit. Paris**, 1377-1391.

CHAPPUIS P. — Coord. *Les oligoéléments en médecine et biologie*, 1 vol., 1991, **Tec & Doc édit. Paris**, 653 pages.

CHARLESWORTH E.N. — *The spectrum of urticaria: all that urticates may not be urticaria.* **Immunol. Allerg. Clin. North. Am.**, 1995, 15, 641-657.

CHEESEMAN K.H. et SLATER T.F. — *An introduction to free radical biochemistry.* **Br. Med. Bull.**, 1993, 49, 481-493.

CHEVALIER X. — *Le cartilage arthrosique.* **Presse Med.**, 1998, 27, 81-87.

CHIVOT M. — *L'acné: physiopathologie et clinique.* **Rev. Prat.**, 1993, 43, 2329-2336.

CLAVERIE J. M. — *Immunologie 1989: la révolution peptidique.* **Médecine/Sciences**, 1990, 6, 367-376.

CLIFFORD C. et KRAMER B. — *Diet as risk and therapy for cancer.* **Med. Clin. North Am.**, 1993, 77, 725-744.

COHEN J.J. — *Apoptosis.* **Immunol. Today**, 1993, 14, 126-130

COHEN-SOLAL M. et DE VERNEJOUL M.C. — *Cytokines et ostéoporose.* **Rev. Rhum.**, 1996, 63, 89-92.

COLGAN S.P., RESNICK M.B., PARKOS C.A. et coll. — *IL-4 directly modulates function of a model human intestinal epithelium.* **J. Immunol.**, 1994, 153, 2122-2129.

COLOMBANI J. — *HLA. Le complexe majeur de présentation et d'histocompatibilité humain. Fonctions immunitaires et applications médicales.* 1 vol., 1993, **John Libbey Eurotext édit Paris**, 285 pages.

COLOMBEL J.F. et GOWER-ROUSSEAU C. — *Étiologie de la maladie de Crohn. Données actuelles*, **Presse Med.**, 1994, 23, 558-560.

COMBY B. — *Nature contre SIDA.* 1 vol., 1989, **Éditions du Soleil édit. ChêneBourg/Genève**, 278 pages.

CONCATO J., SHAH N. et HORWITZ R.I. — *Randomized, controlled trials, observational studies, and the hierarchy of research designs.* **N. Engl. J. Med.**, 2000, 342, 1887-1992.

CONFRAVEUX C. — *Sclérose en plaques: épidémiologie, diagnostic, évolution, pronostic.* **Rev. Prat.**, 1993, 43, 2269-2277.

COOK P.J. et LIP G.Y.H. — *Infectious agents and atherosclerotic vascular disease.* **Q. J. Med.**, 1996, 89, 727-735.

CORDESSE R. — *Les méthodes utilisées pour l'élevage des animaux.* **Communication personnelle**, 1994.

CORDIER J.F. — *La sarcoïdose: pour la pratique.* **Rev. Prat.**, 1994, 44, 2064-2066.

COREY L. et HOLMES K.K. — *Therapy for human immunodeficiency virus infection. What have we learned?* **N. Engl. J. Med.**, 1996, 335, 1142-1144.

COSSA D. — *Poissons au mercure: une spécialité redoutable.* **La Recherche**, 1995, 26, 688-689.

COSTA D.C., TANNOCK C. et BROSTOFF J. — *Brainstem perfusion is impaired in chronic fatigue syndrome.* **Q. J. Med.**, 1995, 88, 767-774.

COUZIN J. — *Aging research: low-calorie diets may slow monkeys' aging.* **Science**, 1998, 282, 1018.

COUZY F. et MARESCHI J.P. — *Implications nutritionnelles des interactions entre les éléments minéraux.* **Cah. Nut. Diet.**, 1988, 22, 154-162.

CROSSMAN D.C. — *More problems with the endothelium.* **Q. J. Med.**, 1997, 90, 157-160.

CRYER P.E. — *Symptoms of hypoglycemia, thresholds for their occurrence, and hypoglycemia unawareness.* **Endocrinol. Metab. Clin. North Am.**, 1999, 28, 495-500.

CSILLAG C. — *Fibromyalgia: the Copenhagen declaration.* **Lancet**, 1992, 340, 663-664.

CUQ J.L. et LORIENT D. — *Influence de traitements technologiques sur la valeur nutritionnelle des protéines alimentaires. In Aspects nutritionnels des constituants des aliments. Influence des technologies.* 1 vol., 1992, **Lavoisier Tec et Doc édit. Paris**, 41 pages.

CURTAY J.-P. et SOUCCAR T. — *Le programme de longue vie*, 1 vol., 1999, **Seuil édit. Paris**, 309 pages.

DANCHIN A. — *L'étrange monotonie des récepteurs membranaires.* **La Recherche**, 1987, 18, 262-264.

DANESH J., COLLINS R. et PETO R. — *Chronic infections and coronary heart disease: Is there a link?* **Lancet**, 1997, 350, 430-436.

DANG P. — *Quels sont les vrais agents cancérogènes?* **Presse Med.**, 1990, 19, 1922.

DAPOIGNY M. — *Troubles fonctionnels intestinaux*. **Rev. Prat.**, 46, 1265-1270.

DARLINGTON L.G., RAMSEY N.W. et MANSFIELD J. — *Placebo controlled, blind study of dietary manipulation therapy in rheumatoid arthritis*. **Lancet**, 1986, 1, 236-238.

DARLINGTON L.G. — *Dietary therapy for arthritis*. **Rheum. Dis. Clin. North. Amer.**, 1991, 17, 273-285.

DARLINGTON L.G. et RAMSEY N.W. — *Diets for rheumatoid arthritis*. **Lancet**, 1991, 338, 1209.

DARMAUN D. — *Intestin et métabolisme de la glutamine*. **Médecine/Sciences**, 1993, 9, 884-890.

DA SILVA J.A.P., LARBRE J.P., SPECTOR T.D. et coll. — *Protective effect of androgens against inflammation induced cartilage degradation in male rodents*. **Ann. Rheum. Dis.**, 1993, 52, 285-291.

DAUSSET J. et PLA M. — HLA. *Complexe majeur d'histocompatibilité de l'homme*. 1 vol., 1985, **Flammarion édit. Paris**, 414 pages. [*El sello de la individualidad: el descubrimiento del grupo tisular HLA*, Ciudad de las Artes y de las Ciencias, S.A., Valencia, 2002.]

DAVIES J.L., KAWAGUCHI Y., BENNETT S.T. et coll. — *A genome with search for human type 1 diabetes susceptibility genes*. **Nature**, 1994, 371, 130-136.

DAVIES T.F. — *Editorial: the thyrotropin receptors spread themselves around*. **J. Clin. Endocr. Metab.**, 1994, 79, 1232-1233.

DEARNALEY D.P. et MELIA J. — *Early prostate cancer: to treat or not to treat*. **Lancet**, 1997, 349, 892-893.

DEBRY G. — *Effets des micro-ondes sur la santé des consommateurs et sur la valeur nutritionnelle des aliments*. **Rev. Prat. Med. Gener.**, 1992, 6, 63-66.

DEGOS L., CHOMIENNE C., ABITA J.P. et coll. — *Une cellule maligne peut-elle devenir normale?* **Médecine/Sciences**, 1985, 1, 42-46.

DEGOS L. — *Un concept nouveau: le traitement par différenciation de la cellule maligne de l'homme*. **Bull. Acad. Natl. Med.**, 1995, 179, 1689-1700.

DEIGHTON C.M., WALKER D.J., GRIFFITHS I.D. et coll. — *The contribution of HLA to rheumatoid arthritis*. **Clin. Genet.**, 1989, 36, 178-182.

DEIGHTON C.M., WENTZEL J., CAVANATH G. et coll. — *Contribution of inherited factors to rheumatoid arthritis*. **Ann. Rheum. Dis.**, 1992a, 51, 182-185.

DEIGHTON C.M., GRAY J.W., BINI A.J. et coll. — *Anti proteus antibodies in rheumatoid arthritis same-sexed sibships*. **Br. J. Rheum.**, 1992b, 31, 241-245.

DELANOE P. et DE PROST Y. — *Traitement de l'acné.* **Arch. Pediatr.**, 1997, 4, 1139-1143.

DELARUE J. — *Physiopathologie du diabète non insulino dépendant. Amer. Assoc. Diabetology (Congrès de Sydney).* 1 vol., 1991, **Laboratoire Servier édit. Neuilly-sur-Seine**, 133-149.

DEMOTZ S., GREY H.M. et SETTE A. — *The minimal number of class II MHC antigen complexes needed for T cell activation.* **Science**, 1990, 249, 1028-1030.

DENJEAN A. — *Les bases d'une alimentation saine. In* La méthode Kousmine. 1 vol., 1989, **Jouvence édit. Onex/Genève**, 47-60.

DENMAN A.M., MITCHELL B. et ANSELL B.M. — *Joint complaints and food allergic disorders.* **Ann. Allergy**, 1983, 51, 260-263.

DENNELL R.W. — *L'origine de l'agriculture en Europe.* **La Recherche**, 1986, 17, 480-488.

DHARANCY S., TALBODEC N., ASSELAH T. et coll. — *La synovite-acné-pustulose-hyperostose-ostéïte (SAPHO), une manifestation extradigestive rare de la maladie de Crohn. Présentation d'un cas et revue de la littérature.* **Gastroentérol. Clin. Biol.**, 1998, 22, 240-243.

DI MAI H.P., PORTA S., WIRNSBERGER G. et coll. — *Daily oral magnesium supplementation suppress bone turnover in young adult males.* **J. Clin. Endocrinol. Metab.**, 1998, 83, 2742-2748.

DOHAN F.C. — *Schizophrenia and neuroactive peptides from food.* **Lancet**, 1979, 1, 1031.

DOHOLLOU N. — *Les cancers les plus fréquents en 1995.* **Gazette Médicale**, 1995, 102, n.° 21, 8-12.

DONOHUE J.O. et WILLIAMS R. — *Primary biliary cirrhosis.* **Q. J. Med.**, 1996, 89, 5-13.

DONOVAN J. M. — *Physical and metabolic factors in gallstone pathogenesis.* **Gastroentérol. Clin. North Amer**, 1999, 28, 75-97.

DORDAIN G. — *Quels sont les mécanismes de la migraine et les modes d'action des antimigraineux?* **Concours Médical**, 1999, 121, 1217-1218.

DORMONT D. — *Les agents transmissibles non conventionnels ou prions.* **Rev. Prat.**, 1994, 44, 882-887.

DORMONT D. et BURSAUX E. — *L'encéphalopathie spongiforme bovine: commentaires sur un cyclone.* **Médecine/Sciences**, 1996, 12, 673-675.

DREVETS W.C. — *Functional neuroimaging studies of depression: the anatomy of melancholia.* **Annu. Rev. Med.**, 1998, 49, 341-361.

DRUEKE T., GAIRARD A., GUEGUEN L. et coll. — *Minéraux en alimentation humaine: état des apports nutritionnels recommandés pour divers groupes d'individus bien portants*. **Cah. Nut. Diet.**, 1996, 21, 339-356.

DUBOIS B. et DEWEER B. — *Maladie d'Alzheimer: les égarements progressifs de la pensée*. **La Recherche**, 1997, n.° 303, 62-67.

DUCHE A. — *Les mastocytoses systémiques*. **Presse Med.**, 1999, 28, 1955-1958.

DUCHÊNE F., BERTHIER S., DE WAZIÈRES B. et coll. — *Maladie de Behçet avec manifestations cardiaques et pulmonaires*. **Presse Med.**, 1998, 27, 1674-1676.

DUCLUZEAU R. — *Quoi de neuf dans l'écosystème bactérien du tube digestif?* **Euromédecine 93**, Montpellier le Corum du 10 au 13 novembre 1993, 27-28.

DUNNETT S.B. et BJORKLUND A. — *Prospects for new restorative and neuroprotective treatments in Parkinson's disease*. **Nature**, 1999, 399, A32-A39.

DUPIN H., ABRAHAM J. et GIACHETTI I. — *Apports nutritionnels conseillés pour la population française*, 1 vol., 1992, **Tec & Doc édit. Paris**, 146 pages.

DUPIN H. et HERCBERG S. — *Les déficiences minérales ou vitaminiques dans les situations d'abondance*. Dans Alimentation et Nutrition humaines. (H. Dupin et J.-L. Cuq), 1 vol., 1992, **ESF édit. Paris**, 51-65.

DUPIN H. et LEYNAUD-ROUAUD C. — *Évolution de la consommation des divers aliments en France au cours des dernières décennies. Comparaison avec d'autres pays*. Dans Alimentation et Nutrition humaines. (H. Dupin et J.-L. Cuq), 1 vol., 1992, **ESF édit. Paris**, 51-65.

EASTERLING D.R., MEEHL G.A., PARMESAN C. et coll. — *Climate extremes: observations, modeling and impacts*. **Science**, 2000, 289, 2068-2074.

EATON S.B. et KONNER M. — *Paleolithic nutrition. A consideration of its nature and current implications*. **N. Engl. J. Med.**, 1985, 312, 283-289.

EBRINGER R. — *Possible mechanisms: the clinical evidence for klebsiella infection. Immunogenetics in* Rheumatology. International Congress Series 602, 1982, **Excerpta Médica édit.**, 207-209.

EBRINGER R. — *The cross tolerance hypothesis, HLA-B27 and ankylosing spondylitis*. **Br. J. Rheum.**, 1983, 22, 53-66.

EBRINGER A., PTASZYNSKA T., CORBETT M. et coll. — *Antibodies to proteus in rheumatoid arthritis*. **Lancet**, 1985, 2, 305-307.

EGGER J., CARTER C.M., WILSON J. et coll. — *Is migraine food allergy?* **Lancet**, 1983, 2, 865-868.

EISINGER J. et DUPOND J.L. — *Faut-il doper les fibromyalgiques?* **Rev. Med. Interne**, 1996, 17, 977-978.

ERLINGER S. et BENHAMOU J.-P. — *La cirrhose biliaire primitive.* **Médecine/Sciences**, 1994, 10, 528-535.

EVAN G.I., BROWN L., WHITE M. et coll. — *Apoptosis and the cell cycle.* **Curr. Op. Cell. Biol.**, 1995, 7, 825-834.

EVENGARD B., SHACTERLE R.S. et KOMAROFF A.L. — *Chronic fatigue syndrome: new insights and old ignorance.* **J. Intern. Med.**, 1999, 246, 455-469.

EYMARD B. et CHILLET P. — *Myasthénie auto-immune: données physiopathologiques récentes.* **Presse Méd.**, 1997, 26, 872-879.

FAGIOLO U., PAGANELLI R., OSSI E. et coll. — *Intestinal permeability and antigen absorption in rheumatoid arthritis. Effects of acetylsalicylic acid and sodium chromoglycate.* **Int. Arch. Allergy Appl. Immunol.**, 1989, 89, 98-102.

FAIRCLOUGH P.D., HEGARTY J.E., SILK D.B. et coll. — *Comparisons of the absorption of two protein hydrolysates and their effects on water and electrolyte movements in the human jejunum.* **Gut**, 1980, 21, 829-834.

FAURE H. et FAVIER A. — *Rôle biochimique et intérêt physiopathologique des oligoéléments.* **Rev. Fr. Lab.**, 1988, n.° 177, 74-82.

FAURE M. — *Acné. Étiologie, physiopathologie, diagnostic, traitement.* **Rev. Prat.**, 1993, 43, 1301-1305.

FAVROT M.-C. — *La cellule cancéreuse.* **Rev. Prat.**, 1997, 47, 1029-1036.

FEIGHERY C. — *Coeliac disease.* **Br. Med. J.**, 1999, 319, 236-239.

FELIX B. et GENIAUX M. — *Urticaire et œdème de Quincke.* **Rev. Prat.**, 1996, 46, 615-622.

FENELON G. — *Maladie de Parkinson.* **Rev. Prat.**, 1996, 46, 2137-2144.

FLOCH M.H. et MOUSSA K. — *Probiotics and dietary fiber. The clinical coming of age of intestinal microecology.* **J. Clin. Gastroenterol.**, 1998, 27, 99-100.

FOLLEZOU J.Y., EMERIT J. et BRICAIRE F. — *Maladies neurodégénératives: rôle des espèces activées de l'oxygène et de l'apoptose.* **Presse Méd.**, 1999, 28, 1661-1666.

FONTANA L., CHAMOUX A. et ACHARD D. — *Le syndrome d'intolérance aux odeurs chimiques: 5 observations.* **Presse Méd.**, 1999, 28, 1816-1818.

Foster J. — *Shrimp and salmon farming.* **Science**, 1999, 283, 639-640.

FOUCARD T., BENNICH H., JOHANSSON S.G.O. et coll. — *Human antibodies to bovine γ-globulin. Occurrence in immunological disor-*

ders and influence on allergy radio-immunoassays. **Int. Arch. Allergy Appl. Immun.**, 1975, 48, 812-823.

FOURNIE B. — *Le territoire enthésique, une approche élargie du concept d'enthèse*. **Presse Med.**, 1993, 22, 1767-1769.

FRADIN J. — *L'alimentation hypotoxique*. **Énergie Santé**, 1991, n.º 13, 7-19.

FRADIN J. — *Détoxication: les risques de l'amaigrissement*. **Énergie Santé**, 1991, n.º 14, 7-17.

FRANCOU B., RIBSTEIN P. et POUYAUD B. — *La fonte des glaciers tropicaux*. **La Recherche**, 1997, n.º 302, 34-37.

FRENCH-CONSTANT C. — *Pathogenesis of multiple sclerosis*. **Lancet**, 1994, 343, 271-275.

FREXINOS J. — *Troubles fonctionnels intestinaux. Diagnostic, traitement*. **Rev. Prat.**, 1993, 43, 493-496.

FREZAL J., REY J. et REY F. — *Contrôle génétique des enzymes*. **Ann. Biol. Clin.**, 1974, 32, 379-383.

FRITH C.D. — *Vers une géographie de la schizophrénie*. **La Recherche**, 1996, n.º 289, 108-113.

FULBERT J.C. et CALS M.J. — *Les radicaux libres en biologie clinique: origine, rôle pathogène et moyens de défense*. **Path. Biol.**, 1992, 40, 66-77.

GAJDOS Ph., CHILLET P., CLAIR B. et coll. — *Traitement de la myasthénie*. **Rev. Neurol.**, 1997, 153, 91-105.

GALOCHA B., LAMAS J.R., VILLADANGOS J.A. et coll. — *Binding of peptides naturally presented by HLA-B27 to the differentially disease-associated B*2704 and B*2706 subtypes, and to mutants mimicking their polymorphism*. **Tissue Antigens**, 1996, 48, 509-518.

GANZ T. — *Paneth cells. Guardians of the gut cell hatchery*. **Nature Immunol.**, 2000, 1, 99-100.

GARGOT D. et CHAUSSADE S. — *Retentissement et effets indésirables des antiinflammatoires non stéroïdiens sur l'intestin. Première partie: données expérimentales et effets physiopathologiques*. **Gastroentérol. Clin. Biol.**, 1993, 17, 485-491.

GARRIC P. — *L'acidification source méconnue de nombreuses affections*. **Les Infos de l'A.F.M.O.**, 1985, n.º 18, 1-4.

GASTER B. et HIRCH I.B. — *The effects of improved glycemic control on complications in type 2 diabetes*. **Arch. Intern. Med.**, 1998, 158, 134-140.

GAY J.-P. — *Le maïs*. **La Recherche**, 1987, 18, 459-466.

GECZY A.F., ALEXANDER K., BASHIR H.V. et coll. — *HLA-B27, klebsiella and ankylosing spondylitis: biological and chemical studies*. **Immunol. Rev.**, 1983, 70, 23-50.

GENDRE J.-P., LUBOINSKI J., PRIER A. et coll. — *Anomalies de la muqueuse jéjunale et polyarthrite rhumatoïde: 30 cas.* **Gastroentérol. Clin. Biol.**, 1982, 6, 772-775.

GERSHWIN M.E. et MACKAY I.R. — *New knowledge in primary biliary cirrhosis.* **Hosp. Practice**, 1995, 30, n.° 8, 29-36.

GIBSON P.R. — *Anomalies cellulaires de l'épithélium au cours des maladies inflammatoires de l'intestin.* **Médecine/Sciences**, 1993, 9, 860-861.

GIRARD J. — *Insulinorésistance: quel rôle dans le diabète de type 2?* **Diabètes Métab.**, 1994, 20, 330-336.

GJERTSEN H.A., LUNDIN K.E.A., SOLLID L.M. et coll. — *T cells recognize a peptide derived from a α-gliadin presented by the celiac disease-associated HLA-DQ (α 1*0501, β1*0201) heterodimer.* **Hum. Immunol.**, 1994, 39, 243-252.

GLAICHENHAUS N. — *Coopération entre oncogènes: fonctions des oncogènes immortalisants.* **Path. Biol.**, 1986, 34, 819-821.

GLASS R.M. — *Treating depression as a recurrent or chronic disease.* **JAMA**, 1999, 281, 83-84.

GODARD Ph., REDIER H., CHANEZ P. et coll. — *L'asthme est une maladie inflammatoire.* **Rev. Fr. Allergol.**, 1993, 33, 132-135.

GOGGINS M., WHELAN A. et KELLEHER D. — *The immunology of coeliac disease.* **Ann. Med. Interne**, 1996, 147, 40-48.

GONZALES-ROCES S., ÁLVAREZ M.V., GONZÁLEZ S. et coll. — *HLA-B27 polymorphism and worldwide susceptibility to ankylosing spondylitis.* **Tissue Antigens**, 1997, 49, 116-123.

GOODWIN C.S. — *Gastric cancer and* Helicobacter pylori*: the whispering killer?* **Lancet**, 1993, 342, 507-508.

GORARD D.A., HUNT J.B., PAYNE-JAMES J.J. et coll. — *Initial response and subsequent course of Crohn's disease treated with elemental diet or prednisolone.* **Gut**, 1993, 34, 1198-1202.

GOROCHOV G. et KARMOCHKINE M. — *Apoptose.* **Rev. Med. Interne**, 1995, 16, 465-466.

GOTTESFELD J.M., NEELY L., TRAUGER J.W. et coll. — *Regulation of gene expression by small molecules.* **Nature**, 1997, 387, 202-205.

GOWER-ROUSSEAU C., COLOMBEL J.-F. et CORTOT A. — *Épidémiologie et génétique de la maladie de Crohn.* **Médecine Thérapeutique**, 1996, 2, 739-744.

GRAHAM J. — *L'huile d'onagre.* 1 vol., 1985, **Desclée de Brouwer édit. Paris**, 123 pages.

GRANFORS K., JALKANEN S., VON ESSEN R. et coll. — Yersinia *antigens in synovial-fluid cells from patients with reactive arthritis.* **N. Engl. J. Med.**, 1989, 320, 216-221.

Granfors K., Kalkanen S., Lindberg A.A. et coll. — Salmonella *lipopolysaccharide in synovial cells from patients with reactive arthritis.* **Lancet,** 1990, 335, 685-688.

Granger B. — *Schizophrénie et développement cérébral.* **Médecine Thérapeutique,** 1996, 2, 595-599.

Grant S.F.A. et Ralston H. — *Genes and osteoporosis.* **Trends Endocrinol. Metab.,** 1997, 8, 232-236.

Grasso G. et Muscettola M. — *The influence of beta-estradiol and progesterone on interferon gamma production in vitro.* **Intern. J. Neurosci.,** 1990, 51, 317.

Greider C. et Blackburn E. — *Télomères, télomérase et cancer.* **Pour la Science,** 1996, n.º 222, 72-77.

Grosshans E. — *La peau de l'allergique.* **Rev. Prat.,** 1996, 46, 968-973.

Guérin J.C. — *Bronchite chronique et asthme: ressemblances et différences.* **Rev. Fr. Allergol.,** 1995, 35, 570-574.

Guilhou J.-J. — *Pathogénie du psoriasis.* **Médecine/Sciences,** 1993, 9, 412-416.

Guillausseau P.-J. — *Anomalies de l'insulinosécrétion et diabète de type 2: données récentes.* **Diabètes Métab.,** 1994, 20, 325-329.

Guillausseau P.-J. — *La mortalité chez les diabétiques est liée à l'équilibre glycémique au long cours.* **Sang Thromb. Vaiss.,** 1996, 8, 67.

Guillet J.G., Lai M.Z., Briner J. et coll. — *Interaction of peptide antigens and class II major histocompatibility complex antigens.* **Nature,** 1986, 324, 260-262.

Guinnepain M.T. — *Place de l'allergie dans l'urticaire chronique.* **Rev. Fr. Allergol.,** 1996, 36, 247-252.

Guiot Y. et Rahier J. — *Apport de l'anatomopathologie à la compréhension des différents types de diabète.* **Rev. Franç. Endocrinol. Clin.,** 1993, 34, 261-271.

Gullberg R. — *Possible role of alterations of the intestinal flora in rheumatoid arthritis.* **Br. J. Rheum.,** 1978, 17, 5-10.

Gum J.R., Byrd J.C., Hicks J.W. et coll. — *Molecular cloning of human intestinal mucine cDNAs.* **J. Biol. Chem.,** 1990, 264, 6480-6487.

Gupta S., Leatham E.W., Carringon D. et coll. — *Elevated* Chlamydia pneumoniae *antibodies, cardiovascular events, and Azithromycin in male survivors of myocardial infarction.* **Circulation,** 1997, 96, 404-407.

Haber D.A. *Telomeres, cancer and immortality.* **N. Engl. J. Med.,** 1995, 332, 955-956.

HAFFEN K., KEDINGER M. et SIMON-ASSMANN P. — *Mécanisme du renouvellement et de la différentiation cellulaires de l'intestin.* **Encycl. Med. Chir. Estomac Intestin**, 1990, 9000 B35, 4.

HAFNER H. — *Épidemiologie de la schizophrénie.* **Triangle**, 1994, 34, 11-34.

HALL A.E., CANNELL G.H. et LAWTON H.W. — *Agriculture in semi-acid environments.* 1 vol., 1979, **Springer Verlag édit. New-York**, 340 pages.

HALPHEN M., LEMANN M. et BITOUN A. — *Traitement de la maladie de Crohn.* **Rev. Prat.**, 1993, 43, 1688-1694.

HAMBURGER J. — *Existe-t-il un système tueur endogène assurant la mort dite naturelle?* **Médecine/Sciences**, 1985, 85, 203-205.

HAMILTON E., BLACK M., FARQUHARSON M.A. et coll. — *Spatial correlation between thyroid epithelial cells expressing class II MHC molecules and interferon gamma containing lymphocytes in human thyroid auto-immune disease.* **Clin. Exp. Immunol.**, 1991, 83, 64-68.

HANNUN Y.A. — *Apoptosis and the dilemna of cancer chemotherapy.* **Blood**, 1997, 89, 1845-1853.

HARDING C.V. et UNANUE E.R. — *Quantitation of antigen presenting cell class II/peptide complexes necessary for T cell stimulation.* **Nature**, 1990, 346, 574-576.

HARRINGTON C.R. et COLACO C.A.L.S. — *Alzheimer's disease: a glycation connection.* **Nature**, 1994, 370, 247-248.

HART B.A., VAN MEURS M., BROK H.P.M. et coll. — *A new primate model for multiple sclerosis in the common marmoset.* **Immunol. Today**, 2000, 21, 290-297.

HEINECKE J.W. — *Eosinophil dependent bromination in the pathogenesis of asthma.* **J. Clin. Invest.**, 2000, 105, 1331-1332.

HELLMAN S. et VOKES E. — *Les progrès des traitements actuels contre le cancer.* **Pour la Science**, 1996, n.° 229, 86-92.

HENDERSON C.J. et LOVELL D. — *Nutritional aspects of juvenile rheumatoid arthritis.* **Rheum. Dis. Clin. North. Am.**, 1991, 17, 403-413.

HENQUIN J.C. — *Cinquante ans de sulfamides hypoglycémiants.* **Rev. Franç. Endocrinol. Clin.**, 1993, 34, 255-259.

HENRY R.R. — *Thiazolidinediones.* **Endocrinol. Metab. Clin. North Am.**, 1997, 26, 553-573.

HERESBACH D., LE GALL R., BRETAGNE J.F. et coll. — *Étude de la perméabilité intestinale chez l'homme.* **Gastroentérol. Clin. Biol.**, 1994, 18, 638-648.

HERMANN E., YU D.T.Y. et MEYER K.H. — *HLA B27 restricted CD8*

T cells derived from synovial fluids of patients with reactive arthritis and ankylosing spondylitis. **Lancet**, 1993, 342, 646-650.

HERVIEUX L. — *La pratique de l'immunothérapie à doses infinitésimales*. 2 vol., 1996 et 1998, **Jollois édit. Limoges**, 365 et 255 pages.

HIBBEIN J.R. — *Fish consomption and major depression*. **Lancet**, 1998, 351, 1213.

HICKLIN J.A., MC EWEN L.M. et MORGAN J.F. — *The effect of diet in rheumatoid arthritis*. **Clin. Allergy**, 1980, 10, 463-470.

HIGHAM C.F.W. — *La civilisation du riz en Asie du Sud Est*. **La Recherche**, 1989, 20, 178-186.

HILL C.H. et MATRONE G. — *Chemical parameters in the study of in vivo and in vitro interactions of transition elements*. **Fed. Proc.**, 1970, 29, 1474-1488.

HILLON P., FAIVRE J., BEDENNE L. et coll. — *Alimentation et cancérogénèse digestive en France et dans le Monde*. **Encycl. Med. Chir. Estomac Intestin**, 1985, 9118 A10, 8.

HIRAYAMA K., MATSUSHITA S., KIKUCHI I. et coll. — *HLA-DQ is epistatic to HLA-DR in controlling the immune response to schistosomal antigen in humans*. **Nature**, 1987, 327, 426-430.

HOCHBERG M.C. — *Adult and juvenile rheumatoid arthritis: Current epidemiologic concepts*. **Epidemiol. Rev.**, 1981, 3, 27-44.

HOPE J. — *Mice and beef and brain diseases*. **Nature**, 1995, 378, 761-762.

HOUVENAGEL E. — *La fibromyalgie: concepts pathogéniques*. **Rev. Rhum.**, 1993, 60, 223-228.

HOWARD R. — *Schizophrenia and the gut, again*. **Lancet**, 1993, 342, 1128-1129.

HUSBY S., JENSENIUS J.C. et SVEHAG S.E. — *Passage of undegraded dietary antigen into the blood of healthy adults. Quantification, estimation of size distribution, and relation to uptake to levels of specific antibodies*. **Scand. J. Immunol.**, 1985, 22, 83-92.

IANNONE F., LAPADULA G., DE BARI C. et coll. — *Antibacterial antibodies in Behçet's disease*. **Clin. Exp. Rheumatol.**, 1997, 15, 451-452.

IGNATOWICZ L., REES W., PACHOLCZYK R. et coll. — *T-cells can be activated by peptides that are unrelated in sequence to their selecting peptide*. **Immunity**, 1997, 7, 179-186.

INDERST R., RANSBERGER K. et MAEHDER K. — *Les enzymes, la base d'une thérapeutique naturelle*. **Asclépios**, 1992, 1, 47-51.

INGRAM J.M. et HEYMANN P.W. — *Environmental controls in the management of asthma*. **Immunol. Allergy Clin. North Am.**, 1993, 13, 785-801.

INMAN R.D. — *Antigens, the gastrointestinal tract and arthritis.* **Rheum. Dis. Clin. North Am.**, 1991, 17, 309-321.

ISAKOV N. — *Cell activation and signal initiation.* **Immunol. Today,** 1988, 9, 251-252.

JADOT G. — *Les superoxyde dismutases*, 1 vol., 1988, **Masson édit. Paris,** 212 pages.

JADOT G. — *Antioxydants et vieillissement*, 1 vol., 1994, **John Libbey édit. Paris,** 300 pages.

JAFFE I.A. — *Wegener's granulomatosis and ANCA syndromes.* **Neurol. Clin.**, 1997, 4, 887-891.

JAHN B., BURMESTER G.R., SCHMID H. et coll. — *Changes in cell surface antigen expression on human articular chondrocytes induced by gamma interferon. Induction of Ia antigens.* **Arthritis Rheum.**, 1987, 30, 64-74.

JANECEK H. — *Communication personnelle*, 1997.

JANEWAY C.A. Jr. — *A tale of two T cells.* **Immunity,** 1998, 8, 391-394.

JANIN N. — *Prédisposition génétique au cancer.* **Rev. Méd. Interne,** 1995, 16, 500-517.

JEAMBRUN P. — *Régime du diabète sucré.* **Concours Médical,** 1996, 118, 2096-2099.

JEHEL L., MIOCQUE D., LECRUBIER Y. et coll. — *Traitement de la dépression en médecine générale.* **Thérapeutiques,** 1996, n.º 16, 33-38.

JENKINS A. — *End of the acid reign?* **Nature,** 1999, 401, 537-538.

JENSEN G.E., GISSEL-NIELSEN G. et CLAUSEN J. — *Leukocyte glutathione peroxydase activity and selenium level in multiple sclerosis.* **J. Neurol. Sci.**, 1980, 48, 61-67.

JERNE N.K. — *Towards a network theory of the immune system.* **Ann. Immunol.**, 1974, 125c, 373.

JERSILD C., KURTZKE J.F., RIISOM K. et coll. — *Multiple sclerosis in the Faroe Islands. VI. Studies of HLA markers.* **Tissue Antigens,** 1993, 42, 105-110.

JONES D.E.J. — *T cell auto-immunity in primary biliary cirrhosis.* **Clin. Sci.**, 1996, 91, 551-558.

JONES D.E.J. et BASSENDINE M.F. — *Primary biliary cirrhosis.* **J. Intern. Med.**, 1997, 241, 345-348.

JONES P.M. et PERSAUD S.J. — *Protein kinases, protein phosphorylation and the regulation of insulin secretion from pancreatic β cells.* **Endocr. Rev.**, 1998, 19, 429-461.

JOUDRIER P. — *Contribution à l'étude génétique de la β amylase du grain du blé tendre.* **Thèse Paris-Sud, Centre d'Orsay,** 1983, 127 pages.

Joyce J., Hotopf M. et Wessely S. — *The prognosis of chronic fatigue and chronic fatigue syndrome: a systematic review.* **Q. J. Med.**, 1997, 90, 223-233.

Joyeux H. — *Changez d'alimentation.* 1 vol., 1994, **F.X. de Guibert édit. Paris**, 298 pages.

Joyeux H. — *Prévenir les cancers du sein. Ensemble relever le défi. Une économie pour la santé.* 1 vol., 1997, **F.X. de Guibert édit. Paris**, 394 pages.

Julien J.P. — *Rôle des neurofilaments dans la sclérose latérale amyotrophique.* **Médecine/Sciences**, 1997, 13, 549-556.

Kahaly G., Hansen G., Felke B. et coll. — *Immunohistochemical staining of retrobulbar adipose tissue in Graves' ophtalmology.* **Clin. Immunol. Immunopathol.**, 1994, 73, 53-62.

Kahan A. et Menkes C.J. — *Sclérodermie systémique.* **Encycl. Med. Chir.** Éditions Techniques, Paris (Appareil leucomoteur), 1995, 14-245-1-10, 8 pages.

Kahn A. et Kelly P. — *Présentation de l'antigène: le ligand «conditionne» le présentoir.* **Médecine/Sciences**, 1989, 5, 604-605.

Kahn A. — *Les gènes du vieillissement.* **Médecine/Sciences**, 1990, 6, 393.

Kahn A. — *Mitochondries, pores, Bcl-2... une image apparaît dans le puzzle de l'apoptose.* **Médecine/Sciences**, 1997, 13, 738-739.

Kahn A. — *Les aliments transgéniques, nourritures contre nature?* **Concours Médical**, 1998, 120, 548-550.

Kahn M.F. et Chamot A.M. — *SAPHO syndrome.* **Rheum. Dis. Clin. North Am.**, 1992, 18, 225-246.

Kahn M.F. — *Épidémiologie de la polyarthrite rhumatoïde.* **Rev. Rhum.**, 1993, 60, 56S-60S.

Kahn M.F. — *Fibromyalgie ou syndrome polyalgique idiopathique diffus.* **Gazette Médicale**, 1995, n.° 5, 8-12.

Kahn M.F. — *Le syndrome de fatigue chronique. Nouveaux développements.* **Rev. Rhum.**, 2000, 67, 483-485.

Kanis J.A. — *Stratégies thérapeutiques dans l'ostéoporose.* **Médecine Thérapeutique**, 1997, 3, 35-43.

Kapasi K. et Inman R.D. — *ME1 epitope of HLA-B27 confers class I mediated modulation of gram-negative bacterial invasion.* **J. Immunol.**, 1994, 153, 833-840.

Karjalainen J., Martin J.M., Knip M. et coll. — *A bovine albumin peptide as a possible trigger of insulin dependent diabetes mellitus.* **N. Engl. J. Med.**, 1992, 327, 302-307.

Karl T., Nicholls N. et Gregory J. — *Le climat de demain.* **Pour la Science**, 1997, n.° 237, 38-43.

KARL T. et TRENBERTH K. — *Modifions-nous le climat?* **Pour la Science**, 2000, n.° 267, 64-69.

KARRAS A. et CAILLAT-ZUCMAN S. — *Transglutaminase tissulaire: un autoantigène clé dans la maladie coëliaque?* **Médecine Thérapeutique**, 1999, 5, 73-76.

KAVELAARS A., KUIS W., KNOOK L. et coll. — *Disturbed neuroendocrine-immune interactions in chronic fatigue syndrome.* **J. Clin. Endocrinol. Metab.**, 2000, 85, 692-696.

KEROS P. — *Comment restructurer le terrain avec les minéraux et oligoéléments.* **Les Infos de l'A.F.M.O.**, 1998, n.° 14, 1-8.

KERR R.A. — *Ozone-destroying chlorine tops out.* **Science**, 1996a, 271, 32.

KERR R.A. — *1995 the Warmest Year? Yes and no.* **Science**, 1996b, 271, 137-138.

KERR R.A. — *Will the Arctic Ocean lose all its ice?* **Science**, 1999, 286, 1828.

KHALIL I., D'AURIOL L., GOBET M. et coll. — *A combination of HLA-DQβ Asp-57-negative and HLA-DQa Arg 52 confers susceptibility to insulin dependent diabetes mellitus.* **J. Clin. Invest.**, 1990, 85, 1315-1319.

KIEFFER D. — *L'homme empoisonné*, 1 vol., 1993, **Grancher édit. Paris**, 302 pages.

KING T.S., WOOLNER J.T. et HUNTER J.O. — *Diet is the best treatment of active Crohn's disease.* **Br. Med. J.**, 1997, 314, 1827-1828.

KJELDSEN-KRAGH J., HAUGEN M., BORCHGREVINK C.F. et coll. — *Controlled trial of fasting and one-year vegetarian diet in rheumatoid arthritis.* **Lancet**, 1991, 338, 899-902.

KLEIN R., KLEIN B.E.K. et MOSS S.E. — *Relation of glycemic control to diabetic microvascular complications in diabetes mellitus.* **Ann. Intern. Med.**, 1996, 124, 90-96.

KLOPPENBURG M., BREEDVELD F.C., TERWIEL J.P. et coll. — *Minocycline in active rheumatoid arthritis.* **Arthritis Rheum.**, 1994, 37, 629-636.

KOMAROFF A. — *The biology of chronic fatigue syndrome.* **Am. J. Med.**, 2000, 108, 169-171.

KOSTRABA J.N., CRUICKSHANKS K.J., LAWLER-HEAVNER J. et coll. — *Early exposure to cow's milk and solid foods in infancy, genetic predisposition, and risk of IDDM.* **Diabetes**, 1993, 42, 288.

KOUBI D. — *La santé dans votre bouche*, 1 vol., 1983, **Grancher édit. Paris.**

KOUSMINE C. — *Soyez bien dans votre assiette jusqu'à 80 ans et plus.* 1 vol., 1980, **Tchou édit. Paris**, 334 pages.

KOUSMINE C. — *La sclérose en plaques est guérissable*. 1 vol., 1983, **Delachaux et Niestle édit. Lausanne,** 240 pages.

KOUSMINE C. — *Sauvez votre corps*. 1 vol., 1987, **J'ai Lu édit. Paris,** 103 pages.

KREBS J.R., WILSON J.D., BRADBURY R.B. et coll. — *The second silent spring?* **Nature,** 1999, 400, 611-612.

KROEMER G. — *The proto-oncogene Bcl-2 and its role in regulating apoptosis*. **Nature Med.,** 1997, 387, 614-620.

KROKER G.P., STROUD R.M., MARSHALL R.T. et coll. — *Fasting and rheumatoid arthritis. A multicenter study*. **Clin. Ecol.,** 1984, 2, 137-144.

KRONFOL Z. — *Stress and immunity*. **Lancet,** 1993, 341, 881-882.

KRONTIRIS T.G. — *Oncogènes*. **N. Engl. J. Med.,** 1995, 333, 303-306.

KUNG A.W.C. — *Life events, daily stresses and coping in patients with Grave's disease*. **Clin. Endocr.,** 1995, 42, 303-308.

LABLANCHY J.P. et PAILLARD P. — *L'équilibre du pH urinaire. In* La méthode Kousmine. 1 vol., 1989, **Jouvence édit. Onex/Genève,** 113-120.

LA DU B.N. — *Structural and functional diversity of paraoxonases*. **Nature Med.,** 1996, 2, 1186-1187.

LAGARDE C. — *Radicaux libres et oligoéléments*. **Les Infos de l'A.F.M.O.,** 1991, n.º 1, 1-7.

LAHESMAA-RANTALA R., MAGNUSSON K.E., GRANFORS K. et coll. — *Intestinal permeability in patients with* Yersinia *trigerred reactive arthritis*. **Ann. Rheum. Dis.,** 1991, 50, 91-94.

LAMOUR Y. — *Physiopathologie de la maladie d'Alzheimer*. **Rev. Med. Interne,** 1994, 15, 41S-44S.

LANGE L.S. et SHINER M. — *Small bowel abnormalities in multiple sclerosis*. **Lancet,** 1976, 2, 1319-1322.

LAPLANCHE J.-L. — *Agents transmissibles non conventionnels et protéine prion: manque-t-il encore quelque chose?* **Ann. Biol. Clin.,** 1997, 55, 396-407.

LAROCHE-WALTER A. — *Le lait de vache, un aliment non spécifique à l'homme*. **Biocontact,** 1997, n.º 59, 19-28.

LARSEN C. S. — *Le déclin des Indiens*. **Pour la Science,** 2000, n.º 274, 42-48.

LAUGIER P., BERGER G. et DE VERNEJOUL M.C. — *Remodelage osseux: méthodes d'évaluation*. **Rev. Prat.,** 1998, 48, 1185-1190.

LEAN M. — *Alimentation du diabétique. Quels hydrates de carbone? Dans quelles quantités?* **Gazette Médicale,** 1995, 102, n.º 11, 5-7.

LEBOVITZ H.E. — *Alpha glucosidase inhibitors.* **Endocrinol. Metab. Clin. North Am.**, 1997, 26, 539-551.

LEHNER T. — *Immunopathogenesis of Behçet's disease.* **Ann. Méd. Interne**, 1999, 150, 483-487.

LEMAIRE V. — *Cheveux blancs, fausses dents et ostéoporose.* **Concours Médical**, 1996, 118, 1382.

LESSER M. — *La thérapie des vitamines et de l'alimentation pour retrouver son équilibre*, 1 vol., 1987, **Terre Vivante édit. Paris**, 222 pages.

LEVADE T., JAFFREZOU J.-P., ANDRIEU N. et coll. — *La voie sphingomyéline-céramide dans la réponse cellulaire aux effecteurs antitumoraux.* **Médecine/Sciences**, 1996, 12, 1219-1227.

LEVEY D.L. et SRIVASTAVA P.K. — *Alterations in T cells of cancer-bearers: whence specificity?* **Immunol. Today**, 1996, 17, 365-368.

LEVINE P.H. — *What me know about chronic fatigue syndrome and its relevance to the practicing physician.* **Am. J. Med.**, 1998, 105, 3A, 100S-103S.

LÉVY Y. — *Généralités sur la réponse immunitaire.* **Rev. Prat.**, 1994, 44, 1689-1694.

LÉVY Y. — *Voies alternatives dans le traitement du cancer*, 1 vol., 1988, **E.S. Roches édit. Paris**, 175 pages.

L'HIRONDEL J.-L., VASNIER P. et LOYAU G. — *Polyarthrite rhumatoïde (PR) et régime excluant gluten et produits laitiers. Étude prospective chez 25 patients.* **Rev. Rhum.**, 1991, 58, 660.

L'HIRONDEL J. et L'HIRONDEL J.-L. — *Les nitrates et l'homme. Le mythe de leur toxicité.* 1 vol., 1996, **L'Institut de l'Environnement édit., Liffré**, 142 pages.

LINDAHL G. HEDFORS E., KLARESKOG L. et coll. — *Epithelial HLA-DR expression and T lymphocyte subsets in salivary glands in Sjögren's syndrome.* **Clin. Exp. Immunol.**, 1985, 61, 475-482.

LINDOR K.D. — *Primary biliary cirrhosis: questions and promises.* **Ann. Intern. Med.**, 1997, 126, 733-735.

LONGSTRETH G.F. — *Irritable bowel syndrome: a multibillion dollar problem.* **Gastroentérol.**, 1995, 109, 2029-2031.

LORENZ K. — *Cereals and schizophrenia. Advances in Cereal Science and Technology*, 1990, 10, **Pomeranz édit. Saint-Paul (USA)**, 435-469.

LOSER CH., EISEL A., HARMS D. et coll. — *Dietary polyamines are essential luminal growth factors for small intestinal and colonic mucosal growth and development.* **Gut**, 1999, 44, 12-16.

LOTZ M., CARSON D.A. et VAUGHAN J.H. — *Substance P activation of rheumatoid synoviocytes: neural pathway in pathogenesis of arthritis.* **Science**, 1987, 235, 893-895.

LOUISOT P. — *Biochimie générale et médicale*. 1 vol., 1983, **Simep édit. Villeurbanne,** 1008 pages.

LOUVARD D. — *Mécanismes moléculaires ou trafic intracellulaire: sécrétion et endocytose par récepteur*. **Médecine/Sciences,** 1988, 4, suppl. 10, 6-20.

LOWENTHAL R.M. et EATON K. — *Toxicity of chemotherapy*. **Hematol. Oncol. Clin. North Am.,** 1996, 10, 967-990.

LUCAS A., MORLEY R., COLE T.J. et coll. — *Breast milk and subsequent intelligence quotient in children born preterm*. **Lancet,** 1992, 339, 261-264.

LUO G., FAN J.L., SEETHARAMAIAH G.S. et coll. — *Immunization of mice with* Yersinia enterocolitica *leads to the induction of antithyrotropin receptor antibodies*. **J. Immunol.,** 1993, 151, 922-928.

MA T.Y. et KRUGLIAK P. — *Viewpoints in intestinal permeability*. **Gastroentérol.,** 1996, 110, 967-968.

MAC DERMOTT R.P., LICHTENSTEIN G.R., IZUTANI R. et coll. — *Anomalies du système immunitaire de la muqueuse au cours des maladies inflammatoires de l'intestin*. **Médecine/Sciences,** 1993, 9, 853-859.

MAC GREGOR E.A. — *Menstruation, sex hormones and migraines*. **Neurol. Clin.,** 1997, 15, 125-141.

MAHLMAN J.D. — *Uncertainties in projections of human-caused climate warming*. **Science,** 1997, 278, 1416-1417.

MALE D., CHAMPION B. et COOKE A. — *Le système immunitaire et sa régulation*. Immunologie, 1 vol., 1988, **Medsi/McGraw-Hill édit. Londres,** 112 pages.

MALEWIAK M.I. et PEQUIGNOT G. — *La digestion*. In Alimentation et Nutrition humaines (H. Dupin et J.-L. Cuq), 1 vol., 1992, **ESF édit. Paris,** 193-244.

MANIVET P., SOLIMAN H.R., CALLEBERT J. et coll. — *Mécanismes biochimiques dans la physiopathologie migraineuse*. **Path. Biol.,** 2000, 48, 630-641.

MANN C.C. — *Future food: crop scientists seek a new revolution*. **Science,** 1999, 283, 310-314.

MANN G.V. — *Metabolic consequences of dietary trans fatty acids*. **Lancet,** 1994, 343, 1268-1271.

MARGULIS L. et SAGAN D. — *L'univers bactériel*. 1 vol., 1989, **Albin Michel édit. Paris,** 333 pages. [*Microcosmos,* Tusquets Editores, Barcelona, 1995.]

MARRACK P. et KAPPLER J. — *The staphylococcal enterotoxins and their relatives*. **Science,** 1990, 248, 705-711.

MARTIENSSEN R. — *Evolutionary biology: the origin of maize branches out*. **Nature,** 1997, 386, 440-443.

MARX J. — *Testing of auto-immune therapy begins.* **Science**, 1991, 252, 27-28.

MASCART F. et LOCHT C. — *Les muqueuses, sources d'immunité.* **Pour la Science**, 2000, n.° 273, 52-59.

MASON D. — *A very high level of crossreactivity is an essential feature of the T-cell receptor.* **Immunol. Today**, 1998, 19, 395-404.

MASSOL M. — *L'oligothérapie: un des piliers de la nutrithérapie.* **Cah. Biothérapie**, 1994, n.° 126, 69-74.

MASSOL M. — *Nutrithérapie: utilisation des macro et micro-nutriments dans la prévention et le traitement des maladies et du vieillissement.*, 1 vol., 1995, **A.R.P.M.N. édit. Toulouse**, 199 pages.

MASSOL M. — *La nutriprévention.* 1 vol., 1997, **Presses Universitaires de France édit. Vendôme**, 124 pages.

MASSOL M. — *La nutrithérapie.* 1 vol., 1998, **Presses Universitaires de France édit. Vendôme**, 127 pages.

MASSOL M. — *La nutrimédecine.* 1 vol., 1998, **Presses Universitaires de France édit. Vendôme**, 128 pages.

MASSON C. — *Oubliée des médias: «la céphalée dite de tension».* **Presse Med.**, 1999, 28, 1240-1241.

MATTSON M.P., CARNEY J.W. et BUTTERFIELD D.A. — *A tombstone in Alzheimer's?* **Nature**, 1995, 373, 481.

MAXWELL P.R., MENDALL M.A. et KUMAR D. — *Irritable bowel syndrome.* **Lancet**, 1997, 350, 1691-1695.

MAY G.R., SUTHERLAND L.R. et MEDDINGS J.B. — *Is small intestinal permeability really increased in relatives of patients with Crohn's disease?* **Gastroentérol.**, 1993, 104, 1627-1632.

MAY P. et MAY E. — *p53 et cancers.* **Path. Biol.**, 1995, 43, 165-173.

MC CORD J.M. — *The evolution of free radicals and oxydative stress.* **Am. J. Med.**, 2000, 108, 652-659.

MC PHADEN M.J. — *El Niño: the child prodigy of 1997-98.* **Nature**, 1999, 398, 559-562.

MEGRAUD F. — Helicobacter pylori, *chef de file des bactéries du mucus.* **La Lettre de l'Infectiologue**, 1993, 8, 151-159.

MENAT E. — *Dictionnaire pratique de la diététique*, 1 vol., 1998, **Grancher édit. Paris**, 521 pages.

MENDY F. — *Corps gras, acides gras. Nouvelles données, produits nouveaux.* **Information Diététique**, 1986, 1, 13-28.

MENETRIER J. — *Les diathèses. Symptômes, diagnostic et thérapeutique catalytique.* 1 vol., 1958, **Le François édit. Paris**, 194 pages.

MENOZZI P., PIAZZA A. et CAVALLI-SFORZA L. — *Synthetic maps of human gene frequencies in Europeans. These maps indicate that early farmers of the Near East spread to all of Europe of the Neolithic*. **Science**, 1978, 201, 786-792.

MESNIL M. et YAMASAKI H. — *Le cancer, un problème de communication?* **La Recherche**, 1993, 25, 76-78.

MEYER O. — *Lupus érythémateux disséminé*. **Encycl. Med. Chir** (Éditions Techniques, Paris) Appareil leucomoteur, 1994, 14-244-A-10, 11 pages.

MIDTVEDT T. — *Intestinal bacteria and rheumatic disease*. **Scand. J. Rheumatol.**, 1987, suppl. 64, 49-54.

MIELANTS H., DE VOS M., GOEMAERE S. et coll. — *Intestinal mucosal permeability in inflammatory rheumatic diseases. II. Role of disease*. **J. Rheumatol.**, 1991, 18, 394-400.

MIKKELSEN T.R., HAUSER T.P. et JORGENSEN R.B. — *Les gènes prennent la clef des champs*. **La Recherche,** 1997, n.° 295, 37-39.

MINAIRE Y., FORICHON J. et MEUNIER P. — *Digestion et absorption dans l'intestin grêle*. **Encycl. Med. Chir. Estomac-Intestin,** 1990, 9000 B10, 16 pages.

MIOSSEC P. — *Conceptions actuelles de la synovite rhumatoïde. Sixième cours d'immunorhumatologie & Séminaire international d'immunopathologie articulaire*. 1 vol., 1987, **Sany J., Brochier J. et Clot J. édit. Montpellier,** 5-19.

MITCHELL J.D. et coll. — *Cu/Zn superoxide dismutase free radicals and motoneuron disease*. **Lancet,** 1993, 342, 1051-1052.

MIZUKI N. et OHNO S. — *Immunogénétique de la maladie de Behçet*. **Rev. Rhum.**, 1996, 63, 607-614.

MOFFAT A.S. — *Ecology: global nitrogen overload problem grows critical*. **Science,** 1998, 279, 988-989.

MOLBERG O., MCADAM S.N., KORNER R. et coll. — *Tissue transglutaminase selectively modifies gliadin peptides that are recognized by gut-derived T cells in celiac disease*. **Nature Med.**, 1998, 4, 713-717.

MOLINA C. — *Pollution des sols et santé de l'homme*. **Bull. Acad. Natl. Méd.,** 1997, 181, 17-19.

MONIER R. — *La transformation cellulaire*. **Rev. Prat.,** 1995, 45, 1867-1871.

MONNIER L., AVIGNON A., COLETTE C. et LAPINSKI H. — *Alimentation et athérosclérose. I. Les résultats des études d'interventions nutritionnelles*. **Sang Thromb. Vaiss.,** 1997, 9, 417-427.

MONRO J., CARINI C. et BROSTOFF J. — *Migraine is a food allergic disease*. **Lancet,** 1984, 2, 719-721.

MONTAIN B. — *L'Europe et les amalgames dentaires. Le bonnet d'âne français*. **Aesculape,** 1999, n.° 17, 19-24.

MOUDON L. — *Le rôle des vitamines et des oligoéléments dans l'organisme. In* La Méthode Kousmine, 1 vol., 1989, **Jouvence édit. Onex/Genève**, 61-64.

MOULIN P. — *Diététique et exercice physique. Amer. Assoc. Diabetology*, Congrès de Sydney, 1 vol., 1989, **Laboratoire Servier édit. Neuilly-sur-Seine**, 272-281.

MOWAT A. Mcl. — *Dietary modifications: food dependent auto-immunity in coeliac disease.* **Gut**, 1998, 43, 599-600.

MUELLER T.I., KELLER M.B., LEON A.C. et coll. — *Recovery after 5 years of unremitting major depressive disorder.* **Arch. Gen. Psychiatry**, 1996, 53, 794-799.

MUIR J.-F. — *Bronchopneumopathies chroniques obstructives et leurs complications.* **Rev. Prat.**, 1995, 45, 2085-2097.

MURPHY E.A., MOWAT L. et STURROCK R.D. — *Antibodies to* Proteus *in rheumatoid arthritis.* **Br. J. Rheum.**, 1991, 30, 390-396.

MURRAY J.A. et VIMY J. — *Le risque d'intoxication mercurielle à partir des obturations en amalgame.* **Autredent**, 1998, n.º 21, 15-21.

MURRAY J.A. — *The widening spectrum of celiac disease.* **Am. J. Clin. Nutr.**, 1999, 69, 354-365.

NANDA R., JAMES R., SMITH H. et coll. — *Food intolerance and the irritable bowel syndrome.* **Gut**, 1989, 30, 1099-1104.

NAPARSTEK Y. et PLOTZ P.H. — *The role of autoantibodies in autoimmune disease.* **Ann. Rev. Immunol.**, 1993, 11, 79-104.

NAVEAU S., AUBERT A., POYNARD T. et CHAPUT J.C. — *Troubles fonctionnels intestinaux.* **Encycl. Med. Chir. Estomac-Intestin**, 1986, 9058-A-10, 8 pages.

NAYLOR R.L., GOLBURG R.J., MOONEY H. et coll. — *Ecology: nature's subsidies to shrimp and salmon farming.* **Science**, 1998, 282, 883-884.

NEU S. et RANSBERGER K. — *Les enzymes santé*, 1 vol., 1995, **Jouvence édit. Genève**, 231 pages.

NEUBERGER J. — *Primary biliary cirrhosis.* **Lancet**, 1997, 350, 875-879.

NEWMAN-TAYLOR A. — *Environmental determinants of asthma.* **Lancet**, 1995, 345, 296-299.

NEWMARK P. — *Multiple sclerosis and viruses.* **Nature**, 1985, 318, 101.

NICOLAS P., MOR A. et DELFOUR A. — *Les peptides de la défense antimicrobienne des vertébrés.* **Médecine/Sciences**, 1992, 8, 423-431.

NORDAU C.G. et BELJANSKI M. — *Beljanski, un novateur en biomédecine. Concepts, théories, applications*, 1 vol., 1996, **EVI Liberty Corp édit. New York**, 118 pages.

NORSTEDT C., LANNFELT L. et WINBLAD B. — *Alzheimer's disease: a molecular perspective.* **J. Intern. Med.**, 1994, 235, 195-198.

NOSEWORTHY J.H. — *Progress in determining the causes and treatment of multiple sclerosis*. **Nature**, 1999, 399, A40-A47.

O'FARRELLY C., MARTEN D., MELCHER D. et coll. — *Association between villous atrophy in rheumatoid arthritis and a rheumatoid factor and gliadin-specific IgG*. **Lancet**, 1988, 2, 819-822.

OGOREK C.P. et FISHER R.S. — *Differenciation between Crohn's disease and ulcerative colitis*. **Med. Clin. North Am.**, 1994, 78, 1249-1258.

OLSON R.A. et FREY K.J. — *Nutritional quality of cereal grains. Genetic and agronomic improvement,* dans les séries **Agronomy Madison (USA)**, 1 vol., 1987, n.º 28, 511 pages.

OTT P., LAIRON D. et VOGTMANN H. — *Quel avenir pour l'agriculture biologique?* **La Recherche**, 1990, suppl. n.º 227, 28-31.

OWEN R.L. — *M cells. Entryways of opportunity for enteropathogens.* **J. Exp. Med.**, 1994, 180, 7-9.

PAGANELLI R., LEVINSKY R.J., BROSTOFF J. et coll. — *Immune complexes containing food proteins in normal and atopic subjects after oral challenge and effect of sodium cromoglycate on antigen absorption*. **Lancet**, 1979, 1, 1270-1272.

PALMBLAD J., HAFSTROM I. et RINGERTZ B. — *Antirheumatic effects of fasting*. **Rheum. Dis. Clin. North Am.**, 1991, 17, 351-362.

PAMIES R.J. et CRAWFORD D.R. — *Tumor markers: an update*. **Med. Clin. North Am.**, 1996, 80, 185-199.

PANITCH H.S., HIRSCH R.L., HALEY A.S. et coll. — *Exacerbations of multiple sclerosis in patients treated with gamma interferon*. **Lancet**, 1987, 1, 893-894.

PANUSH R.S., CARTER R.L., KATZ P. et coll. — *Diet therapy for rheumatoid arthritis*. **Arthritis Rheum.**, 1983, 26, 462-471.

PANUSH R.S., STROUD R.M. et WEBSTER E.M. — *Food induced (allergic) arthritis. Inflammatory arthritis exacerbated by milk*. **Arthritis Rheum.**, 1986, 29, 220-226.

PARIENTE R. — *Traitement des bronchopneumopathies chroniques destructives*. **Rev. Mal. Respir.**, 1993, 10, 69-70.

PARKES A.L. et HUGHES G.R.V. — *Rheumatoid arthritis and food: a case study*. **Br. Med. J.**, 1981, 282, 2027-2029.

PARRY M., ARNELL N., HULME M. et coll. — *Adapting to the inevitable*. **Nature**, 1998, 395, 741.

PAUTHE C. et OZANNE J.M. — *L'alimentation crue en 400 recettes*. 1 vol., 1999, **F.X. de Guibert édit. Paris**, 518 pages.

PELMONT J. — *Enzymes, catalyseurs du monde vivant*, 1 vol., 1995, **Pug édit. Grenoble**, 1039 pages.

PELTIER A.-P. — *Le complément en rhumatologie. In ImmunoRhuma-*

tologie à l'usage du praticien. 1 vol. (J. Sany et J. Clot), 1980, **Specia édit. Paris,** 87-95.

PESCHANSKI M. — *Les jonctions communicantes (gap junctions) peuvent être monodirectionnelles.* **Médecine/Sciences,** 1994, 10, 218-219.

PETTERSSON E. — *IgA nephropathy: 30 years on.* **J. Intern. Med.,** 1997, 242, 349-353.

PETRIE J., SMALL M. et CONNELL J. — *Glitazones, a prospect for non insulin dependent diabetes.* **Lancet,** 1997, 349, 70-71.

PFEIFER J.D., WICK M.J., ROBERTS R.L. et coll. — *Phagocytic processing of bacterial antigens for class I MHC presentation to T cells.* **Nature,** 1993, 361, 359-362.

PFEIFFER C. et GONTHIER P. — *Equilibre psychobiologique et oligoaliments,* 1 vol., 1988, **Équilibres édit. Paris,** 515 pages.

PHILIP T., PHILIP I., FAVROT M. et coll. — *Une théorie génétique globale pour la cancérogénèse?* **J. Genet. Hum.,** 1984, 32, 313-333.

PHILLIPS P.E. — *How do bacteria cause chronic arthritis?* **J. Rheumatol.,** 1989, 16, 1017-1019.

PICARD S. — *Lipoprotéines de basse densité oxydées et athérosclérose: certitudes et incertitudes.* **Sang. Throm. Vaiss.,** 1996, 8, 245-250.

PICLET G. — *Le poisson. In* Alimentation et Nutrition humaines, 1 vol., 1992, **ESF édit. (Paris),** 811-832.

PIESEN Y. — *Pollution des sols: risques pour la santé.* **Concours Médical,** 1997, 119, 1582.

PIN I., PILENKO M.C., GUIGAN C. et coll. — *Épidémiologie de l'allergie respiratoire de l'enfant.* **Arch. Pediatr.,** 1999, 6, Suppl. 1, 6-13.

PINCUS T. et CALLAHAN L.F. — *What is the natural history of rheumatoid arthritis?* **Rheum. Dis. Clin. North Am.,** 1993, 19, 123-151.

PIPERNO-NEUMANN — *Les marqueurs tumoraux en 1996.* **Gazette Médicale,** 1996, 103, n.° 17, 17-20.

PIRONI L., MIGLIOLI M., VALPIANI D. et coll. — *Effect of non steroidal antiinflammatory drugs (NSAIDS) on intestinal permeability in first degree relatives of patients with Crohn's disease.* **Gut,** 1992, 33, S47.

PISACANE A., IMPAGLIAZZO N., RUSSO M. et coll. — *Breast feeding and multiple sclerosis.* **Br. Med. J.,** 1994, 308, 1411-1412.

PLOIN M. — *Colopathie: une gène permanente.* **Gazette Médicale,** 1996, 103, n.° 15, 37-38.

POITOUT V. et ROBERTSON R.P. — *An integrated view of b cell dysfunction in type II diabetes.* **Annu. Rev. Med.,** 1996, 47, 69-83.

PONCET E. — *Carences en AGPI et pathologies chez l'enfant.* **Les Infos de l'A.F.M.O.,** 1999, n.° 15, 1-4.

PORCELLI S.A. et MODLIN R.L. — *The CD 1 system: antigen presenting molecules for T cell recognition of lipids and glycolipids.* **Annu. Rev. Immunol.**, 1999, 17, 297-329.

PORCHET N., DUFOSSE J., DEGAND P. et coll. — *Les mucines humaines: pourquoi une telle hétérogénéité peptidique?* **Médecine/ Sciences**, 1991, 7, 1024-1030.

POTTS M. — *Six milliards d'hommes sur terre.* **Pour la Science**, 2000, n.° 269, 44-50.

POULTER L.W., DUKE O., HOBBS S. et coll. — *Histochemical discrimination of HLA-DR positive cell populations in the normal and arthritic synovial lining.* **Clin. Exp. Immunol.**, 1982, 48, 381-388.

PRADALIER A. et LAUNAY J.M. — *Immunological aspects of migraine.* **Biomed. & Pharmacother.**, 1996, 50, 64-70.

PRATHER M., MIDGLEY P., ROWLAND F.S. et coll. — *The ozone layer: the road not taken.* **Nature**, 1996, 381, 551-554.

PRIER A. — *Effets des manipulations diététiques sur l'évolution de la polyarthrite rhumatoïde.* **Presse Med.**, 1988, 17, 1181-1183.

PRIEUR A.M. et JOB-DESLANDRE C. — *Les arthrites juvéniles idiopathiques. Aspects nosologiques actuels.* **Presse Med.**, 2000, 29, 499-501.

PROUST J.J., QUADRI R.A., ARBOGAST A. et coll. — *Mécanismes moléculaires du dysfonctionnement lymphocytaire lié à l'âge.* **Path. Biol.**, 1996, 44, 729-736.

PRUSINER S. — *Les maladies à prions.* **Pour la Science**, 1995, n.° 209, 42-50.

RADMAN M., TADDEI F. et HALLIDAY J. — *Correction des erreurs dans l'ADN: de la génétique bactérienne aux mécanismes de prédisposition héréditaire aux cancers chez l'homme.* **Médecine/Sciences**, 1994, 10, 1024-1030.

RAJPUT A.H. — *Environmental causation of Parkinson's disease.* **Arch. Neurol.**, 1993, 50, 651-652.

RANSOHOFF R.M. et ESTES M.L. — *Astrocyte expression of major histocompatibility complex gene products in multiple sclerosis brain tissue obtained by stereotactic biopsy.* **Arch. Neurol.**, 1991, 48, 1244-1246.

RAVAUD P. et AULELEY G.R. — *Causes et profils évolutifs des arthroses.* **Rev. Prat.**, 1996, 46, 2173-2177.

REICHLIN S. — *Mechanisms of disease: neuroendocrine immune interactions.* **N. Engl. J. Med.**, 1993, 329, 1246-1253.

REID A.J.C., HARRISON B.D.W., WATTS R.A. et coll. — *Churg-Strauss syndrome in a district hospital.* **Q. J. Med.**, 1998, 91, 219-229.

REID S., CHALDER T., CLEARE A. et coll. — *Extracts from «clinical evidence» chronic fatigue syndrome.* **Br. Med. J.**, 2000, 320, 292-296.

RENAUD S. et DE LORGERIL M. — *Wine, alcohol, platelets, and the French paradox for coronary heart disease.* **Lancet**, 1992, 339, 1523-1526.

RICE R., GULLISON R. et REID J. — *Peut-on sauver les forêts tropicales?* **Pour la Science**, 1997, n.° 236, 58-62.

RIORDAN A.M., HUNTER J.O., COWAN R.E. et coll. — *Treatment of active Crohn's disease by exclusion diet: East Anglian Multicentre Controlled Trial.* **Lancet**, 1993, 342, 1131-1134.

RIVALS-JONQUET F. — *Diététique thérapeutique de la polyarthrite rhumatoïde.* Mémoire, **Université de Nancy**, septembre 1992, 57 pages.

ROBBANA-BARNAT S., RIALLAND E., RABACHE M. et coll. — *Les amines hétérocycliques dans les aliments: de la formation à la prévention.* **Publication de l'IME et du CNAM**, 1994, 23 pages.

ROBERT B. et ROBERT L. — *Le vieillissement du tissu conjonctif.* **Triangle**, 1974, 14, 163-171.

ROBERT J.M. — *Génétique.* 1 vol., 1983, **Flammarion édit. Paris**, 433 pages.

ROBERT M. — *Dégradation de la qualité des sols: risques pour la santé et l'environnement.* **Bull. Acad. Nat. Méd.**, 1997, 181, 21-42.

ROGERS P., HASSAN J., BRESNIHAN B. et coll. — *Antibodies to* Proteus *in rheumatoid arthritis.* **Br. J. Rheum.**, 1988, 27 (suppl. 11), 90-94.

ROHART C. et BENHAMOU C.L. — *Ostéoporose.* **Rev. Prat.**, 2000, 50, 85-92.

ROSBO N.K. (de), MILO R., LEES M.B. et coll. — *Reactivity to myelin antigens in multiple sclerosis. Peripheral blood lymphocytes respond predominantly to myelin oligodendrocyte glycoprotein.* **J. Clin. Invest.**, 1993, 92, 2602-2608.

ROSCH P.J. — *Stressful life events and Graves' disease.* **Lancet**, 1993, 342, 566-567.

ROSTOKER G., DELPRATO S., PETIT-PHAR M. et coll. — *IgA antigliadin antibodies as a possible marker adults with primary glomerulonephritis.* **N. Engl. J. Med.**, 1989, 320, 1283-1284.

ROTHSCHILD B.M. et WOODS R.J. — *La polyarthrite rhumatoïde vient-elle du nouveau monde?* **Rev. Rhum.**, 1990, 57, 271-274.

ROUGEMONT D. — *Régression de la plaque d'athérome: mythe ou réalité?* **Encycl. Med. Chir.** (Instantanés Médicaux), 1992, 3, 7-8.

ROUIS M., NIGON F. et CHAPMAN M.J. — *Rôle des macrophages dans l'athérogénèse.* **Presse Med.**, 1991, 20, 401-403.

ROUSH W. — *Protein studies try to puzzle out Alzheimer's tangles.* **Science**, 1995, 267, 793-794.

ROUSSAT J., LEMAIRE V. et VITALE C. — *Polyarthrite rhumatoïde et régime alimentaire.* **Actualités rhumatologiques Lariboisière-Viggo Petersen**, 1987, 25-32.

ROUX C. — *Le calcium dans la prévention et le traitement de l'ostéoporose.* **Rev. Rhum.**, 1995, 62, 783-786.

ROUX H. et FERSKO I. — *La maladie de Behçet en quête de son étiologie.* **Rev. Rhum.**, 1995, 62, 357-360.

RUDICK R.A. — *Betaseron for multiple sclerosis: implications for therapeutics.* **Arch. Neurol.**, 1994, 51, 125-129.

RUOSLAHTI E. — *Cancer et métastases.* **Pour la Science**, 1996, n.° 229, 44-49.

RUSCH H. P. — *La fécondité du sol.* 1 vol., 1972, **Le Courrier du Livre édit. Paris**, 311 pages.

RUSSELL I.J., ORR M.D., LITTMAN B. et coll. — *Elevated cerebrospinal fluid levels in substance P in patients with the fibromyalgia syndrome.* **Arthritis Rheum.**, 1994, 37, 1593-1601.

RUSSO-MARIE F. — *Mécanisme de la réaction inflammatoire. Dans Immuno-Rhumatologie (J. Sany et J. Clot)*, 1 vol., 1989, **Flammarion édit. Paris**, 63-82.

RUSTING R. — *Les causes du vieillissement.* **Pour la Science**, 1993, n.° 184, 54-62.

SABRAN-GUILLIN V. — *Maladie maniaco-dépressive. Aspects cliniques et nosographiques.* **Médecine Thérapeutique**, 1997, 3, 257-262.

SADOVNICK A.D., PATY D.W. et YANNAKOULIAS G. — *Concurrence of multiple sclerosis and inflammatory bowel disease.* **N. Engl. J. Med.**, 1989, 321, 762.

SAFINA C. — *Les excès de la pêche en mer.* **Pour la Science**, 1996, n.° 219, 28-36.

SAILOR W.C., BODANSKY D., BRAUN C. et coll. — *Nuclear power: A nuclear solution to climate change?* **Science**, 2000, 288, 1177-1178.

SAMSON J. et KUFFER R. — *Aphtes et aphtoses. Éditions Techniques.* **Encycl. Med. Chir. Dermatologie**, 1992, 12850 A 10 Paris, 14 pages.

SANDBORN W.J. — *Cyclosporine therapy for inflammatory bowel disease: definitive answers and remaining questions.* **Gastroentérol.**, 1995, 109, 1001-1003.

SANDS B.E. et PODOLSKY D.K. — *The trefoil peptide family.* **Annu. Rev. Physiol.**, 1996, 58, 253-273.

SANTIS A. (de), ADDOLORATO G., ROMITO A. et coll. — *Schizophrenic symptoms and SPECT abnormalities in a coeliac patient: regression after a gluten free diet.* **J. Intern. Med.**, 1997, 242, 421-423.

SANY J. — *Polyarthrite rhumatoïde. In Immuno-Rhumatologie à l'usage du praticien (J. Sany et J. Clot)*, 1 vol., 1980, **Specia édit. Paris**, 174-201.

SANY J. — *Les traitements de fond de la polyarthrite rhumatoïde.* **Presse Med.**, 1990, 19, 1479-1481.

SARKER S.A. et GYR K. — *Non immunological defence mechanisms of the gut.* **Gut**, 1992, 33, 987-993.

SATO M., KOJUNA H., TAKAYAMA K. et coll. — *Glomerular deposition of food antigens in IgA nephropathy.* **Clin. Exp. Immunol.**, 1988, 73, 295-299.

SAVARY S. et TENG P.S. — *Les protections des cultures dans une agriculture durable.* **La Recherche**, 1994, 25, 1322-1329.

SAXELIN M. — *Lactobacillus GG, a human probiotic strain with thorough clinical documentation.* **Food Rev. Int.**, 1997, 13, 293-313.

SCHATZKIN A., GREENWALD P., BYAR D.P. et coll. — *Cancer du sein: l'hypothèse des graisses alimentaires toujours d'actualités.* **JAMA**, 1989, 14, 901-906.

SCHWARTZ L. — *Le cancer résiste à la science.* **La Recherche**, 1996, n.° 284, 54-60.

SCHEIMAN J.M. — *NSAIDs, gastrointestinal injury and cytoprotection.* **Gastroentérol. Clin. North Am.**, 1996, 25, 279-298.

SCHLIENGER J.L., GRUNENBERGER F. et PRADIGNAC A. — *Insulino résistance: du concept aux conséquences cliniques.* **Rev. Franç. Endocrinol. Clin.**, 1993, 34, 635-643.

SCHMIDT K. — *Coming to grips with the World's greenhouse gases.* **Science**, 1998, 281, 504-506.

SCHUBBERT R., RENZ D., SCHMITZ B. et coll. — *Foreign (M13) DNA ingested by mice reaches peripheral leukocytes, spleen and liver via the intestinal wall mucosa and can be covalently linked to mouse DNA.* **Proc. Natl. Acad. Sci. USA**, 1997, 94, 961-966.

SCOTT D.L., SYMMONS D.P.M., COULTON B.L. et coll. — *Long-term outcome of treating rheumatoid arthritis: results after 20 years.* **Lancet**, 1987, 1, 1108-1111.

SCOTT-BURDEN T. — *Extracellular matrix: the cellular environment.* **News Physiol. Sci.**, 1994, 9, 110-115.

SCTRICK L. — *L'oligothérapie exactement*, 1 vol., 1991, **Roger Jollois édit. Limoges**, 312 pages.

SEGAL B.M., KLINMAN D.M. et SHEVACH E.M. — *Microbial products induce autoimmune disease by an IL-12-dependent pathway.* **J. Immunol.**, 1997, 158, 5087-5090.

SEIGNALET J. — *Le groupage HLA en rhumatologie.* 1 vol., 1986, **Masson édit. Paris,** 193 pages.

SEIGNALET J. — *Les associations entre HLA et polyarthrite rhumatoïde. II. Une théorie sur la pathogénie de la polyarthrite rhumatoïde.* **Rev. Internat. Rhum.,** 1989a, 19, 155-170.

SEIGNALET J. — *HLA et maladies. Dans Immuno-Rhumatologie (J. Sany et J. Clot),* 1 vol., 1989b, **Flammarion édit. Paris,** 99-116.

SEIGNALET J. — *Diet, fasting, and rheumatoid arthritis.* **Lancet,** 1992a, 339, 68-69.

SEIGNALET J. — *Résultats d'un régime riche en aliments crus, excluant céréales et produits laitiers dans la polyarthrite rhumatoïde.* **Lyon Méditerranée Méd.,** 1992b, 28, 825-832.

SEIGNALET J. — *Maladies auto-immunes et régime alimentaire.* **Vous et votre santé,** 1994, n.° 16, 8-11.

SEIGNALET J. — *Intérêt majeur d'un régime alimentaire dans la spondylarthrite ankylosante (Première partie).* **Bulletin AMKI,** 1995a, n.° 10, 2-6.

SEIGNALET J. — *Intérêt majeur d'un régime alimentaire dans la spondylarthrite ankylosante (Deuxième partie).* **Bulletin AMKI,** 1995b, n.° 11, 2-5.

SEIGNALET J. — *Un régime contre l'encrassage.* **Vous et votre santé,** 1996a, n.° 31, 14-17.

SEIGNALET J. — *Mieux manger pour mieux éliminer.* **Vous et votre santé,** 1996b, n.° 32, 15-18.

SEIGNALET J. — *La maladie de Crohn est souvent curable par un régime alimentaire bien choisi.* **Aesculape,** 1998, n.° 13, 11-14.

SEIGNALET J. — *Le diabète de la maturité est souvent curable par un régime alimentaire de type ancestral (1re partie).* **Bulletin AMKI,** 1999a, n.° 24, 3-10.

SEIGNALET J. — *Le diabète de la maturité est souvent curable par un régime alimentaire de type ancestral (2e partie).* **Bulletin AMKI,** 1999b, n.° 25, 3-10.

SEIGNALET J. — *Un régime alimentaire peut guérir la dépression nerveuse unipolaire endogène.* **Vous et les libertés,** 1999c, n.° 3, 10-13.

SEIGNALET J. — *Nutrithérapie et maladies auto-immunes.* **Aesculape,** 1999d, suppl. n.° 21, 30-63.

SEIGNALET J. — *La maladie de Behçet n'est pas incurable.* **Aesculape,** 2000, n.° 26, 27-37.

SEIGNALET J. et ASSENS C. — *Les associations entre HLA et polyarthrite rhumatoïde. I. Analyse des associations.* **Rev. Internat. Rhum.,** 1989, 19, 139-152.

SEIGNALET J., PAUTHE C., REYNIER J. et coll. — *Résultats préliminaires d'un régime sans blé et sans lait dans la polyarthrite rhumatoïde.* **Presse Med.**, 1989, 18, 1931-1932.

SEILLER N. — *Le tractus gastrointestinal comme source de polyamines dans la croissance tumorale.* Dans Les polyamines: chimie, biologie clinique, 1 vol., 1991, **Médecine/Sciences, Flammarion édit. Paris,** 222-236.

SEILLER N. et MOULINOUX J.P. — *Les polyamines présentent-elles un intérêt dans le traitement du cancer?* **Médecine/Sciences**, 1996, 12, 745-755.

SERRATRICE G. — *Le syndrome de Guillain-Barré: évolution des idées.* **Rev. Neurol. Paris**, 1996, 152, 333-338.

SEVERIJNEN A.J., KOOL J., SWAAK A.J.G. et coll. — *Intestinal flora of patients with rheumatoid arthritis: induction of chronic arthritis in rats by cell wall fragments from isolated eubacterium aerofaciens strains.* **Br. J. Rheum.**, 1990, 29, 433-439.

SHICHIKAWA K., TAKENAKA Y., YUKIOKA M. et coll. — *Polyenthesitis.* **Rheum. Dis. Clin. North Am.**, 1992, 18, 203-213.

SHUKLA V.K.S., JENSEN G.E. et CLAUSEN J. — *Erythrocytes glutathione peroxydase deficiency in multiple sclerosis.* **Acta Neurol. Scand.**, 1977, 56, 542-550.

SIEPER J., BRAUN J., DORING E. et coll. — *Aetiological role of bacteria associated with reactive arthritis in pauciarticular juvenile chronic arthritis.* **Ann. Rheum. Dis.**, 1992, 51, 1208-1214.

SILVERMAN E.K. et SPEIZER E. — *Risk factors for the development of chronic obstructive pulmonary disease.* **Med. Clin. North Am.**, 1996, 80, 501-522.

SIMMONDS N.W. — *Principes d'amélioration génétique des végétaux.* 1 vol., 1988, **Les Presses de l'Université Laval édit. Québec**, 406 pages.

SIMON A. — *Dépistage et prévention de l'athérosclérose.* **Concours Médical**, 1996, 118, 1264-1266.

SKOLDSTAM L., LARSSON L. et LINDSTROM F.D. — *Effects of fasting and lactovegetarian diet on rheumatoid arthritis.* **Scand. J. Rheumatol.**, 1979, 8, 249-255.

SKOLDSTAM L. — *Vegetarian diets and rheumatoid arthritis.* **Nord. Med.**, 1989, 104, 124.

SKOLDSTAM L. et MAGNUSSON K.E. — *Fasting, intestinal permeability and rheumatoid arthritis.* **Rheum. Dis. Clin. North Am.**, 1991, 17, 363-371.

SKUSE G.R. et LUDLOW J.W. — *Tumour suppressor genes in disease and therapy.* **Lancet**, 1995, 345, 902-906.

SKYLER J.S. — *Diabetic complications. The importance of glucose control.* **Endocr. Metab. Clin. North. Am.**, 1996, 25, 243-254.

SLAMA G. — *Hypoglycémie*. **Rev. Prat.**, 1998, 48, 1821-1826.

SLOAN-LANCASTER J. et ALLEN P.M. — *Altered peptide ligand induced partial T cell activation*. **Annu. Rev. Immunol.**, 1996, 14, 1-27.

SMITH A.D., JOHNSTON C., SIM E. et coll. — *Protective effect of apoe2 in Alzheimer's disease*. **Lancet**, 1994, 344, 473-474.

SOBOL H. — *Aspects génétiques des cancers. De la clinique à la génétique moléculaire*. **Path. Biol.**, 1994, 42, 92-93.

SOFAER G. — *Crohn's disease: the genetic contribution*. **Gut**, 1993, 34, 869-871.

SOLLID L. M. — *Molecular basis of celiac disease*. **Annu. Rev. Immunol.**, 2000, 18, 53-81.

SOULIER C., BARON D., SARAUX A. et coll. — *Quatre nouveaux cas de colite collagène associée à des manifestations articulaires*. **Rev. Rhum.**, 1996, 63, 697-704.

SOUTHWOOD S., SIDNEY J., KONDO A. et coll. — *Several common HLA-DR types share largely overlapping peptide binding repertoires*. **J. Immunol.**, 1998, 160, 3363-3373.

SPEICH M. et BOUSQUET B. — *Magnésium en biologie clinique*. **Feuillets de Biologie**, 1992, 33, 31-37.

SPENGLER U., PAPE G.R., HOFFMANN R.M. et coll. — *Differential expression of MHC class II subregion products on bile duct epithelial cells and hepatocytes in patients with primary biliary cirrhosis*. **Hepatology**, 1988, 8, 459-462.

STEENLAND K. — *Chronic neurological effects of organophosphate pesticides*. **Br. Med. J.**, 1996, 312, 1312-1313.

STEFANSON K., DIEPERINK M.E., RICHMAN D.P. et coll. — *Sharing of antigenic determinants between the nicotinic acetylcholine receptor and proteins in* Escherichia coli, Proteus vulgaris *and* Klebsiella pneumoniae. *Possible role in pathogenesis of myasthenia gravis*. **N. Engl. J. Med.**, 1985, 312, 221-225.

STEPHAN J.L. et GALAMBRUN C. — *Syndrome d'activation lymphohistiocytaire chez l'enfant*. **Arch. Pédiatr.**, 2000, 7, 278-286.

STOCK R. — *Spasmophilia*. **Aesculape**, 1998, 15, 19-25.

STOCKLEY R.A. — *The pathogenesis of chronic obstructive lung diseases: implications for therapy*. **Q. J. Med.**, 1995, 88, 141-146.

STREETEN D.H.P. — *The nature of chronic fatigue*. **JAMA**, 1998, 280, 1094-1095.

SWANK R.L., LERSTAD O. et STROM A. — *Multiple sclerosis in rural Norway: its geographic distribution and occupational incidence in relation to nutrition*. **N. Engl. J. Med.**, 1952, 246, 721-728.

SWANK R.L. — *Multiple sclerosis fat-oil relationship*. **Nutrition**, 1991, 7, 368-376.

TAKENO M., KARIYONE A., YAMASHITA N. et coll. — *Excessive function of peripheral blood neutrophils from patients with Behçet's disease and from HLA-B51 transgenic mice.* **Arthritis Rheum.**, 1995, 38, 426-432.

TAN G.H. et NELSON R.L. — *Pharmacologic treatment options for non insulin dependent diabetes mellitus.* **Mayo Clin. Proc.**, 1996, 71, 763-768.

TANDON N., METCALFE R.A., BARNETT D. et coll. — *Expression of the costimulatory molecule B7/BB1 in auto-immune thyroid disease.* **Q. J. Med.**, 1994, 87, 231-236.

TAUBES G. — *New study says low fat diet can lower blood pressure.* **Science**, 1997, 276, 350.

TAYLOR M. et KERR D. — *Diabetes control and complications: a coming of AGE.* **Lancet**, 1996, 347, 485.

TAZI A., SOLER P. et HANCE J. — *Pathogénie de la sarcoïdose.* **Rev. Prat.**, 1994, 44, 2017-2023.

TEDGUI A. et LEVY B. — *Biologie de la paroi artérielle. Aspects nouveaux et pathologiques.* 1 vol., 1994, **Masson édit. Paris**, 87 pages.

TEMIN H.M. — *L'origine des rétrovirus.* **La Recherche**, 1984, 15, 192-203.

THIERY J.P. et SASTRE-GARAU X. — *Processus métastatique.* **Rev. Prat.**, 1995, 45, 1909-1919.

THIVOLET J. — *Dermatite herpétiforme.* **Rev. Prat.**, 1994, 44, 2001-2003.

THOMAS J., TOMB E. et THOMAS E. — *La migraine. Sa guérison.* **Aesculape**, 2000, n.º 23, 17-22.

THOME A., EL KHOURY I. et GUAYAD E. — *La maladie de Behçet. Facteurs génétiques, aspects immunologiques et nouveautés thérapeutiques.* **Presse Med.**, 1999, 28, 1080-1084.

TILLEY B.C., ALARCÓN G.S., HEYSE S.P. et coll. — *Minocycline in rheumatoid arthritis. A 48 weeks, double blind, placebo controlled trial.* **Ann. Intern. Med.**, 1995, 122, 81-89.

TIMMERMAN A., OBERHUBER J., BACHER A. et coll. — *Increased El Niño frequency in climate model forced by future greenhouse warming.* **Nature**, 1999, 398, 694-697.

TIRELLI U., CHIERICHETTI F., TAVIO M. et coll. — *Brain position emission tomography (PET) in chronic fatigue syndrome: preliminary date.* **Am. J. Med.**, 1998, 105, 3A, 54S-58S.

TIWARI J.L. et TERASAKI P.I. — *HLA and disease associations.* 1 vol., 1985, **Springer Verlag édit. New York**, 472 pages.

TODD J.A., BELL J.I. et MC DEVITT H.O. — *HLA-DQβ gene contri-*

butes to susceptibility and resistance to insulin-dependent diabetes mellitus. **Nature**, 1987, 329, 599-604.

Tome D. — *Les protéines alimentaires: fonctions nutritionnelle et physiologique*. **Cah. Nutr. Diet.**, 1990, 25, 373-381.

Toon O.B. — *How pollution suppresses rain*. **Science**, 2000, 287, 1763-1765.

Toyka K.V. — *Eighty three years of the Guillain-Barré syndrome: clinical and immunopathologic aspects, current and future treatments*. **Rev. Neurol.**, 1999, 155, 849-856.

Trull A., Ebringer A., Panayi G. et coll. — *HLA-B27 and the immune response to enterobacterial antigens in ankylosing spondylitis*. **Clin. Exp. Immunol.**, 1984, 55, 74-80.

Tucker K.L., Hannan M.T., Chen H. et coll. — *Potassium, magnesium and fruit and vegetable intakes are associated with greater bone mineral density in elderly men and women*. **Am. J. Clin. Nutr.**, 1999, 69, 727-736.

Vallat J.M., Jauberteau M.O. et Couratier P. — *Syndrome de Guillain-Barré*. **Médecine Thérapeutique**, 1999, 5, 195-200.

Vallat J.M. et Vallat-Decouvelaere A.V. — *Histologie et pathologie élémentaire du nerf périphérique*. **Rev. Prat.**, 2000, 50, 713-718.

Van Arsdel Jr P.P. — *Autoimmune endocrinopathies*. **Imm. Allergy Clin. North Am.**, 1993, 13, 371-394.

Van Den Broek M.F., Van Bruggen M.C.J., Koopman J.P. et coll. — *Gut flora induces and maintains resistance against streptoccal cell wall-induced arthritis in F344 rats*. **Clin. Exp. Immunol.**, 1992, 88, 313-317.

Van Der Boog P.J.M., De Fijter J.W., Bruijn J.A. et Van Es L.A. — *Recurrence of IgA nephrophaty after renal transplantation*. **Ann. Med. Interne**, 1999, 150, 137-142.

Van Noesel C.J.M., Lankester A.C. et Van Lier A.W. — *Dual antigen recognition by B cells*. **Immunol. Today**, 1993, 14, 8-11.

Vasey C. — *L'équilibre acido-basique*, 1 vol., 1991, **Jouvence édit. Onex/Genève**, 134 pages. [*Curación y vitalidad por el equilibrio ácido-básico,* Ediciones Urano S.A., Barcelona, 1992.]

Vaux D.L. et Strasser A. — *The molecular biology of apoptosis*. **Proc. Natl. Acad. Sci. USA**, 1996, 93, 2239-2244.

Veisseyre R. et Lenoir J. — *Le lait, les fromages, le beurre et les produits gras à base de matière grasse laitière*. Dans Alimentation et Nutrition humaines (H. Dupin et JL Cuq). 1 vol., 1992, **ESF édit. Paris**, 847-885.

Venzor J., Baer S.C. et Huston D.P. — *Urticarial vasculitis*. **Immunol. Allerg. Clin. North Am.**, 1995, 15, 761-774.

VERNEJOUL M.C. (de) — *Prévention de l'ostéoporose post ménopausique*. **Gazette Médicale**, 1994, 101, n.° 38, 37-39.

VEYS E.M. et MIELANTS H. — *The role of the bowel in arthritis*. **Clin. Exp. Immunol.**, 1993, 11, 226.

VEYSSIER-BELOT C. et CALLOT V. — *Histiocytoses*. **Rev. Med. Interne**, 1996, 17, 911-923.

VINCENT D. et PRADALIER A. — *L'asthme: maladie inflammatoire*. **Rev. Med. Interne**, 1994, 15, 245S-251S.

VIOLA A. et LANZAVECCHIA A. — *T cell activation determined by T cell receptor number and tunable thresholds*. **Science**, 1996, 273, 104-106.

VIRALLY M.L. et GUILLAUSSEAU P.J. — *Hypoglycemia in adults*. **Diabetes Metab.**, 1999, 25, 477-490.

VOGEL G. — *Why the rise in asthma cases?* **Science**, 1997, 276, 1645.

VOUSDEN K.H. et FARRELL P.J. — *Viruses and human cancer*. **Br. Med. Bull.**, 1994, 50, 560-581.

WALKER W.A. et ISSELBAKER K.J. — *Uptake and transport of macromolecules by the intestine: possible role in clinical disorders*. **Gastroentérology**, 1974, 67, 531-550.

WALLACH D.W. — *Apoptosis: placing death under control*. **Nature**, 1997, 388, 123-126.

WAREHAM N.J. et O'RAHILLY S. — *The changing classification and diagnosis of diabetes*. **Br. Med. J.**, 1998, 317, 359-360.

WATSON J.D. et CRICK F.H.C. — *A structure for déoxyribose nucleic acid*. **Nature**, 1953, 171, 737-738.

WAUTHIER J.L. — *Produits avancés de glycation AGE et complications vasculaires dans le diabète*. **Médecine/Sciences**, 1994, 10, 1165-1166.

WAUTHIER J.L. — *Récepteurs des produits de glycation avancée et diabète sucré*. **Sang Thromb. Vaiss.**, 1997, 10, 637-641.

WAZIÈRES B. (de), GIL H., MAGY N. et coll. — *Traitement de l'aphtose récurrente par thalidomide à faible dose. Étude pilote chez 17 patients*. **Rev. Med. Interne**, 1999, 20, 567-570.

WECHSLER B., LE THI HUONG DU et GODEAU P. — *La maladie de Behçet et son traitement*. **Ann. Med. Interne**, 1992, 143, 426-427.

WECHSLER B. et DU BOUTIN L.T.H. — *Maladie de Behçet*. **Rev. Prat.**, 1996, 46, 1316-1322.

WECHSLER B. et DU BOUTIN L.T.H. — *Maladie de Behçet*. **Médecine Thérapeutique**, 1999, 5, 762-776.

WEINDRUCH R. — *Régime et vieillissement*. **Pour la Science**, 1996, n.° 221, 42-48.

WENDLING D., BIDET A. et GUIDET M. — *Intestinal permeability in ankylosing spondylitis.* **J. Rheumatol.**, 1990, 17, 114-115.

WILDER R.L., CALANDRA G.B., GARVIN A.J. et coll. — *Strain and sex variation in the susceptibility to streptococcal cell wall-induced polyarthritis in the rat.* **Arthritis Rheum.**, 1982, 25, 1064-1072.

WILLIAMS R. — *Rheumatoid arthritis and food. A case study.* **Br. Med. J.**, 1981, 283, 563.

WINROW V.R., WINYARD P.G., MORRIS C.J. et BLAKE D.R. — *Free radicals in inflammation: second messengers and mediators of tissue destruction.* **Br. Med. Bull.**, 1993, 49, 506-522.

WISNIESKI J.J., BAER A.N., CHRISTENSEN J. et coll. — *Hypocomplementaremic urticarial vasculitis syndrome. Clinical and serological findings in 18 patients.* **Médicine**, 1995, 74, 24-41.

WOKKE J. — *Riluzole.* **Lancet**, 1996, 348, 795-799.

WOLF R.C., SMITH A.D. et FORMAN D. — *Metabolic polymorphisms in carcinogen metabolising enzymes and cancer susceptibility.* **Br. Med. Bull.**, 1994, 50, 718-731.

WOLFE F. — *When to diagnose fibromyalgia.* **Rheum. Dis. Clin. North Am.**, 1994, 20, 485-501.

WOLFE F., MITCHELL D.M., SIBLEY J.T. et coll. — *The mortality of rheumatoid arthritis.* **Arthritis Rheum.**, 1994, 37, 481-494.

WOLPERT L. — *Mental health: malignant sadness the anatomy of depression.* **Science**, 1999, 284, 1474.

WUCHERPFENNIG K.W. — *Autoimmunity in the central nervous system: mechanisms of antigen presentation and recognition.* **Clin. Immunol. Immunopathol.**, 1994, 72, 293-306.

WURTMAN R. et coll. — *Precursor control of neurotransmitter synthesis.* **Pharmac. Rev.**, 1981, 32, 315-335.

WYATT J., VOGELSANG H., HUBL W. et coll. — *Intestinal permeability and the prediction of relapse in Crohn's disease.* **Lancet**, 1993, 341, 1437-1439.

YASUI K., OHTA K., KOBAYASHI M. et coll. — *Successful treatment of Behçet disease with pentoxyfylline.* **Ann. Intern. Med.**, 1996, 124, 891-893.

YEATMAN N., SACHS J. et BOTTAZZO G.F. — *Autoimmunity towards the year 2001.* **Immunol. Today**, 1992, 13, 239-240.

YOUBICIER-SIMO B.J., BOUDARD F., CABANER C. et BASTIDE M. — *Biological effects of continuous exposure of embryos and young chickens to electromagnetic fields emitted by video display units.* **Bioelectromagnetics**, 1998, 18, 514-523.

YOUDIM M. et RIEDERER P. — *La maladie de Parkinson.* **Pour la Science**, 1997, n.º 233, 60-67.

YOUINOU P. — *Bases physiopathologiques du traitement immunologique de la polyarthrite rhumatoïde.* **Immunologie Médicale**, 1992, 9, 167-172.

ZHANG Z.G., WALL J.R. et BERNARD N.F. — *Tissue distribution and quantitation of a gene expressing a 64-kDa antigen associated with thyroid associated ophtalmolpathy.* **Clin. Immunol. Immunopathol.**, 1996, 80, 236-244.

ZIMMERMAN B.R. — *Sulfonylureas.* **Endocrinol. Metab. Clin. North Am.**, 1997, 26, 511-522.

ZINKERNAGEL R.M. et DOHERTY P.C. — *Restriction of in vitro T cell mediated cytotoxicity in lymphocytic choriomeningitis within a syngeneic or semiallogeneic system.* **Nature**, 1974, 248, 701-702.